Nordseeküste im Krieg
1939–42

Holger Piening

Nordseeküste im Krieg 1939–42

Orte – Ereignisse – Geschichten

BOYENS

Titelfoto: Das Spezialregiment „Brandenburg“ übt im Sommer 1940 auf dem Tertiussand vor Büsum gemeinsam mit Fischern die Landung in England (Unternehmen „Seelöwe“). Offene Boote im Schlepp von Fischkuttern bringen Soldaten zum Dampfer DEIME.
(Foto: Amtsarchiv Büsum)

ISBN 978-3-8042-1316-6

Graphische Kartographie: Dr. Dirk Meier
Herstellung: Boyens Buchverlag
Druck: Boyens Offset
Printed in Germany

Inhalt

Vorwort . . . 7

Einleitung . . . 9

Hinweise zur Benutzung . . . 16

Abkürzungen . . . 16

I Ein Weltkrieg beginnt (1939) . . . 18
1 Der unheilvolle Stapellauf . . . 18
2 Ein letzter Versuch in Nordfriesland . . . 23
3 Heimliche Einberufungen . . . 26
4 Die Kriegsmaschinerie läuft an . . . 31
5 Norddeich mahnt zur Eile . . . 34
6 Schwimmende Leuchttürme . . . 37
7 Jähes Urlaubsende . . . 40
8 Die Schwabstedter Glocke – Von Bord der SCHLESWIG-HOLSTEIN? (1.9.1939) . . . 41
9 Das SZL-Telegramm (1.9.1939) . . . 45
10 Mit dem Zug an die Westfront . . . 48
11 Die ersten Gefallenen . . . 49
12 Die ersten Gefangenen . . . 54

II Der See- und Luftkrieg in der Deutschen Bucht 1939/1940 . . . 57
1 Teufelseier und Flugblätter – Der erste Kriegstag im Westen (3.9.1939) . . . 57
2 Englische Flieger vor Wilhelmshaven und Brunsbüttel (4.9.1939) . . . 62
3 Lauernde U-Boote . . . 73
Die deutschen Flugzeuge . . . 78
Die alliierten Flugzeuge . . . 79
4 Ereignisse im Herbst 1939 . . . 81
5 Die Luftschlacht bei Helgoland vom 14. Dezember 1939 . . . 91
6 Die Luftschlacht über der Deutschen Bucht am 18. Dezember 1939 . . . 93
7 Vom Minen- und Handelskrieg . . . 102
8 Ruhe vor dem Sturm: Januar bis April 1940 . . . 105
Drei britische U-Boote in der Deutschen Bucht versenkt . . . 106
Unternehmen „Wikinger“ . . . 111
Seeleute als Spione . . . 112
9 Spiro verrät Sylt . . . 116
10 Von der Süderpiep in die Südsee – Der Start der Kaperreisen . . . 121

III Der Krieg eskaliert 1940–1942 . . . 125
1 Verlängerung der Westwall-Minensperren . . . 125
2 „Weserübung-Süd“ – Die Besetzung Dänemarks (April 1940) . . . 126
2.1 Die Kriegsmarine landet in Jütland . . . 128
2.2 Einfall aus friesischen Fliegerhorsten . . . 133
2.3 Durchmarsch durch Nordfriesland . . . 136
2.4 Nordschleswig bleibt dänisch . . . 140
2.5 Doch eine winzige Grenzverschiebung . . . 142
3 Ereignisse vom 10. April bis Juli 1940 . . . 143

Der Angriff im Westen verschärft den Bombenkrieg (10. Mai 1940) 147
Strandleichen 156
4 „Adlertag“ – Luftschlacht um England 161
5 Generalprobe für „Seelöwe“ 162
6 Mit dem Kutter in den Krieg 165
7 „Seelöwe“ wird abgeblasen 170
8 Unternehmen „Herbstreise“ 173
9 Ereignisse vom August bis Dezember 1940 174
Böse Überraschungen von oben 175
Untergang in Brunsbüttel 176
10 Das Jahr 1941 182
Nordsee-Funknetz geknackt 184
Inferno auf der BREMEN 186
Tarnmantel Alberich 194
Sport und Bildung im Krieg 199
Die erste Schreckensnacht von Wrohm 203
Tod im Brunnenschacht 204
11 Das Jahr 1942 213
Unternehmen „Cerberus“ 215
Kein Ostern in Lübeck (28./29. März 1942) 219
Die zweite Schreckensnacht von Wrohm 221

IV Widerstand und Verfolgung in Nordfriesland und Dithmarschen . . . 252
1 Wider den politischen Gegner – Die Gestapo 252
2 Trotz Freispruch im KZ 255
3 Künstlerschicksale 256
4 Friesen und Dänen 257
5 Pazifist als Schimpfwort 259
6 Zuviel gewußt 259
7 Späte Scham 259
8 Mehr als 1000 jüdische Opfer 260

V Episoden 262
1 Schienen für die Ostfront 262
2 Jagd auf Bronze und Kupfer 263
3 Besondere Vorkommnisse in Nordfriesland (1942) 265
4 Doppelmord im Karolinenkoog 265
5 Abgeordnet ins „Ostland“ 266
Anhang: Landräte und NSDAP-Kreisleiter an der schleswig-holsteinischen Westküste in den Kriegsjahren 1939–1945 271

Deutsche und englische Dienstgrade (Luftstreitkräfte) 274

Quellen 276

Literatur 284

Anmerkungen 296

Ortsregister 307

Personenregister 308

Verzeichnis der Schiffsnamen 311

Verzeichnis der militärischen Einheiten 314

Vorwort

Zehn beziehungsweise 15 Jahre sind seit dem Erscheinen meiner Kriegsende-Bücher *Als die Waffen schwiegen* und *Westküste 1945* vergangen. Die rege Nachfrage hat mich zum Weitermachen angespornt. Der Titel *Als die Waffen schwiegen* erlebte vier Auflagen, verbreitete sich bald bis nach Hawaii und Australien und wurde von Profi- und Amateurhistorikern gleichermaßen als Quelle genutzt. Zu beiden Arbeiten habe ich viele Briefe von Zeitzeugen bekommen, die mir nicht selten gleich ihre Geschichte mitschickten. Jüngere Menschen meldeten sich meist mit der Frage, wie sie mehr über die Militärzeit ihrer Väter herausfinden können. Die Bücher inspirierten eine Briefmarken-Spezialschau zur Interniertenpost in den USA und ermöglichten es dem Frankfurter Regisseur Niki Stein, den ersten Film zu drehen vor dem Hintergrund der Internierung von 400 000 Wehrmachtsoldaten in Eiderstedt und Dithmarschen im Jahr 1945 – „Liebe deinen Feind" soll 2010/11 auf *Arte* und im *ZDF* erstausgestrahlt werden. Das schönste Lob war für mich aber immer, wenn ältere Menschen mir bestätigten: „Es war genauso, wie Sie es geschrieben haben."

Dieser bereits im Vorwort zu *Westküste 1945* angekündigte Folgeband behandelt das militärische Geschehen aller Jahre des Zweiten Weltkrieges und an der gesamten deutschen Nordseeküste. Was hatte sich in der extrem ereignisreichen Zeit von 1939 bis 1945 in der Heimat abgespielt? Beschränkte sich das Kriegsgeschehen wirklich auf Einflüge alliierter Bomber und Schüsse der deutschen Flak? Wie lief die Kriegsmaschinerie an? Wie reagierten die Menschen? Wo blieben die hier eingezogenen Soldaten ab? Was tat sich vor der Küste in der Deutschen Bucht?

Es gibt mittlerweile eine Reihe von Studien zu den ersten Herrschaftsjahren der Nationalsozialisten in unserer Region. Monographien über die Kriegsjahre haben aber absolute Seltenheit. Die meisten beschränken sich auf bestimmte Städte oder Inseln. Über den Seekrieg gibt es viele Veröffentlichungen, aber fast keine, die ihren Fokus auf die Nordsee oder gar speziell auf die Deutsche Bucht richten. Kurz: Die Heimatforscher haben sich selten um die Militärgeschichte gekümmert, und die Militärhistoriker kaum um die regional interessanten Aspekte. Mir erschien es sinnvoll, beide Bereiche zu verbinden. Meine anfängliche Verwunderung über diese Forschungslücke hat sich gelegt, seit ich weiß, welche Schwierigkeiten sich beim Recherchieren, Überprüfen und Einordnen der Ereignisse ergeben können. Viele hundert in- und ausländische Veröffentlichungen und Akten mußten beschafft und gesichtet werden. Immer wieder traten Widersprüche bei Namen, Daten, Uhrzeiten, Ortsangaben oder Opferzahlen auf. Eine Klärung konnte in mehreren Fällen erst mit Hilfe von Spezialisten in ausgesuchten Internet-Foren herbeigeführt werden. Um lokale Bezüge zu entdecken, galt es, die – leider ständig wechselnde – räumliche Verteilung schwimmender und fliegender Einheiten der Wehrmacht zu erarbeiten. Auch wollte ich keinesfalls auf die Befragung von Zeitzeugen verzichten. Ihnen danke ich besonders für Auskünfte.

Beim Ausformulieren der in zehnjähriger Kleinarbeit zusammengetragenen Computernotizen zeigte sich die Notwendigkeit, das vorhandene Material aus Platzgründen auf mehrere Bände zu verteilen. In diesem Band steht die Chronik der Kriegshandlungen und sonstiger besonderer Ereignisse von 1939 bis 1942 in den Küstenkreisen und in der Deutschen Bucht im Mittelpunkt. Die ereignisgeschichtliche Beschreibung wird ergänzt durch thematische Kapitel. Diese greifen bewußt auch wenig bekannte Nebenaspekte auf und liefern hoffentlich manches überraschende Detail.

Mit Beginn des Jahres 1943 wendete sich das Blatt, und die Deutschen traten an allen Fronten den Rückzug an. Gleichzeitig wurde die Kriegführung in ungeahnter Weise radikalisiert. Der geplante Band *Nordseeküste im totalen Krieg 1943–45* soll die chronologische Darstellung fortsetzen und den Inhalt mit Kapiteln zu wichtigen Bereichen wie ziviler Luftschutz, Flak, Änderungen im Alltag der Norddeutschen, Zwangsarbeit, Rüstung und Kriegswirtschaft, Frauen und Jugend abrunden.

Ein Einzelner kann unmöglich alle Quellen erschließen und jeder Spur nachgehen. Es wäre wünschenswert, wenn sich in jeder Landschaft eine Arbeitsgruppe zusammenfinden könnte, um Ältere zum Zweiten Weltkrieg zu befragen und mit ihrer Hilfe Szenerien und Ereignisse genau zu beschreiben und zu verorten. Beispielsweise sind die meisten Absturzstellen von deutschen und alliierten Flugzeugen und die Lage von Panzergräben und -sperren heute vergessen und auch nicht mehr zu rekonstruieren. Standorte von Scheinwerferstellungen, Barackenlagern, Reservelazaretten oder Ortskommandanturen sind vielfach nur noch Alteingesessenen bekannt. Ähnlich verhält es sich mit der Kenntnis von Personen und Vorgängen. Was dachten die Bürger über den Volkssturm? Wer leitete ihn? Wer beaufsichtigte Kriegsgefangene? Warum gab es so wenig Widerstand? Wer rettete eine Brücke vor der Sprengung? Wie wurden Flüchtlinge aufgenommen? So tun sich überall Fragen auf, die sich lediglich durch mündliche Überlieferung beantworten lassen. Aber die Zeit drängt!

Heide, im September 2010

Holger Piening

9. Juli 2009: An der zeitlich ins Jahr 1945 rückversetzten Friedrichstädter Eiderbrücke inszeniert Regisseur Niki Stein (3. von rechts, mit Handkamera) das Drama „Liebe Deinen Feind". Weitere Drehorte sind in Nordfriesland das Herrenhaus Hoyerswort bei Oldenswort, eine Eisenbahnbrücke nahe Schwabstedt sowie die Inseln Sylt und Nordstrand. (Foto: Piening)

Einleitung

Es ist eine unzulässige und selbst schädliche Unterscheidung,
wonach ein großes kriegerisches Ereignis
oder der Plan zu einem solchen
eine rein militärische Beurteilung zulassen soll.

Carl von Clausewitz (1780–1831): Vom Kriege

Der Krieg im Westen begann 1939 vergleichsweise überschaubar und geregelt. Allerdings kam es sehr bald auf deutscher und auf britischer Seite zur Überschreitung der Konventionen, zu zivilen Opfern, zu Eskalationen, die in einem Krieg unvermeidbar sind und die umso härtere Gegenschläge provozieren. Der Leser wird verschiedene Beispiele finden, wie Versehen und unbeabsichtigt schwere Folgen eines Angriffs die Spirale von Gewalt und Gegengewalt antreiben und auf diese Weise Haß und Rachegefühle weiter schüren. Die beiderseitige Kriegführung schaukelte sich auch im Westen in ihrer Brutalität auf – nicht vergleichbar mit der Ostfront und der südosteuropäischen Front, aber gleichwohl einer nicht zu stoppenden Logik folgend. Ein Vierteljahrhundert nach dem noch keineswegs verwundenen ersten Weltbrand sollte sich in furchtbarer Weise bewahrheiten, was Elias Canetti (1905–1994) schrieb: *Jeder Krieg enthält alle früheren.* Kaum je dürfte ein Krieg erbitterter geführt und blutiger beendet worden sein.

Das vorliegende Buch stellt den Versuch einer ersten Kriegsgeschichte der Nordseeküste 1939–1942 dar. Dabei beschränkt es sich nicht auf die militärhistorische Darstellung, sondern greift auch politische und soziale Gesichtspunkte auf. Private Äußerungen von Soldaten und Zivilisten erlauben hier und da einen Blick auf Geschichte „von unten". Um dem Leser ein eigenes Urteil über Aktion und Reaktion zu erlauben, wurde Wert gelegt auf eine exakte Darstellung der Abläufe in chronologischer Folge. An der deutschen Nordseeküste gewöhnten sich die Menschen schnell an das nächtliche Brummen britischer Flugzeuge, an das Umhergeistern der Suchscheinwerfer am Himmel und an das Ballern der Flugabwehrkanonen. Nach Freigabe der Angriffe auf das Hinterland überflogen die Alliierten die Küsten meist ohne Bombenwürfe. Ihre Ziele waren Städte und Verkehrsknotenpunkte. Die Menschen auf dem Land fühlten sich daher jahrelang verhältnismäßig sicher. Bei Fliegeralarm suchten viele gar nicht erst ihren Schutzraum auf.

In manchen Ortschroniken findet sich denn auch die Behauptung: „Vom Krieg merkte man bei uns nicht viel." Diesem Satz muß widersprochen werden. Auch in den ländlichen Gegenden des nordwestdeutschen Küstenraums griff der Zweite Weltkrieg stärker in das Leben der Bevölkerung ein, als wir es uns heute vorstellen können. In jeder noch so kleinen Siedlung kam es zur Zwangsbewirtschaftung, zu Einberufungen, wurden Abgaben eingeführt, Dienstverpflichtungen ausgesprochen und ausländische Zwangsarbeiter eingesetzt.

Auch ist die Bedrohung aus der Luft durchaus real vorhanden gewesen. Der Verfasser ist nach dem Erarbeiten der örtlichen Ereignisse überzeugt, daß während der sechs Kriegsjahre nahezu jede Gemeinde Bombeneinschläge zu verzeichnen gehabt hat. Dabei waren Dörfer fast immer nur Ausweich- und Zufallsziele. Oder sie bekamen verirrte oder im Notwurf ausgeklinkte Sprengbomben ab. Rechnet man die kleinen Stabbrandbomben dazu, die Brandplättchen, die Phosphorkanister, die Propagandaflugblätter, die Ballons und die von deutschen und alliierten Fliegern abgeworfenen Reservetanks, dann ist sicherlich keine Gemeinde von unliebsamem „Hagel" verschont geblieben.

Wer eine Flakstellung in der Nähe hatte, lebte zudem in der Gefahr, von Splittern eigener Flakgranaten getroffen zu werden. Den Gesetzen der Schwerkraft gehorchend, mußten sie nach dem Feuern auf Briten und Amerikaner als Eisenregen wieder zur Erde zurück. Auch kam es vor, daß Granaten viel zu früh noch in Bodennähe detonierten. An der schleswig-holsteinischen Westküste sind durch Splitterregen und Tiefzünder mehrere Zivilisten gestorben. Die Wahrscheinlichkeit, von Teilen getroffener Flugzeuge verletzt zu werden, war dagegen für die Bevölkerung äußerst gering. Die allermeisten Abschüsse und Abstürze erfolgten, wie wir sehen werden, über unbewohntem Terrain. Ganz selten sind Militärflugzeuge in Wohngebäude gerast. Fast immer steuerten die Piloten noch im Sturz eine Weide oder die Nordsee für eine Notlandung an. Die in der ersten Kriegshälfte verwendeten Flugzeugmuster verfügten übrigens noch nicht über Schleudersitze und boten wenig massiven Schutz vor Geschossen. Es ist erstaunlich, daß viele Flieger, deren Maschine in einem Luftkampf abgeschossen wurde, mit Hilfe ihres Fallschirms überlebten.

An der Küste wurde der Zweite Weltkrieg meist aus einer Beobachter- oder Verteidigerrolle heraus lediglich als Bombenkrieg wahrgenommen. Dessen regionalspezifischen Züge waren in der ersten Kriegshälfte: Einflugschneise der Briten für Angriffe auf das Reich sowie Bombardierung ausgesuchter Häfen und Rüstungsbetriebe, später auch der Innenstädte von Wilhelmshaven und Bremerhaven. An der schleswig-holsteinischen Westküste galten mehrfache Angriffe bis 1942 der Schleusenstadt Brunsbüttel und den Flugplätzen in Husum und auf Sylt. Dabei soll nicht vergessen werden, daß die Wehrmacht zeitgleich als Aggressor auftrat und in der Ferne einen Vernichtungskrieg führte. Eine mittelbare Verbindung dazu ergab sich durch abgeordnete Führungskräfte aus den schleswig-holsteinischen Kreisverwaltungen und Parteileitungen. Im „Reichskommissariat Ostland" gingen sie einer fragwürdigen Kolonisierungsaufgabe nach.

Der chronologische Überblick enthält viele Daten und nackte Fakten. Das Grauen, die Angst, der Schmerz und das Leid, die vielfach dahinter stehen, lassen sich leider nur selten sichtbar machen. Die Härte des äußeren Geschehens deutet aber bereits darauf hin, in welch einem emotionalen Ausnahmezustand die Menschen damals dauerhaft leben mußten. Es war eine Zeit, die niemanden unversehrt ließ.

Untersucht werden hier die unmittelbar an die Nordsee grenzenden deutschen Landkreise. Vom Bundesland S c h l e s w i g - H o l s t e i n (1939/45 preußische Provinz Schleswig-Holstein):

- Kreis Nordfriesland (damals Landkreise Südtondern, Husum und Eiderstedt)
- Kreis Dithmarschen (damals Landkreise Norderdithmarschen und Süderdithmarschen) und
- vom Kreis Pinneberg die Insel Helgoland.

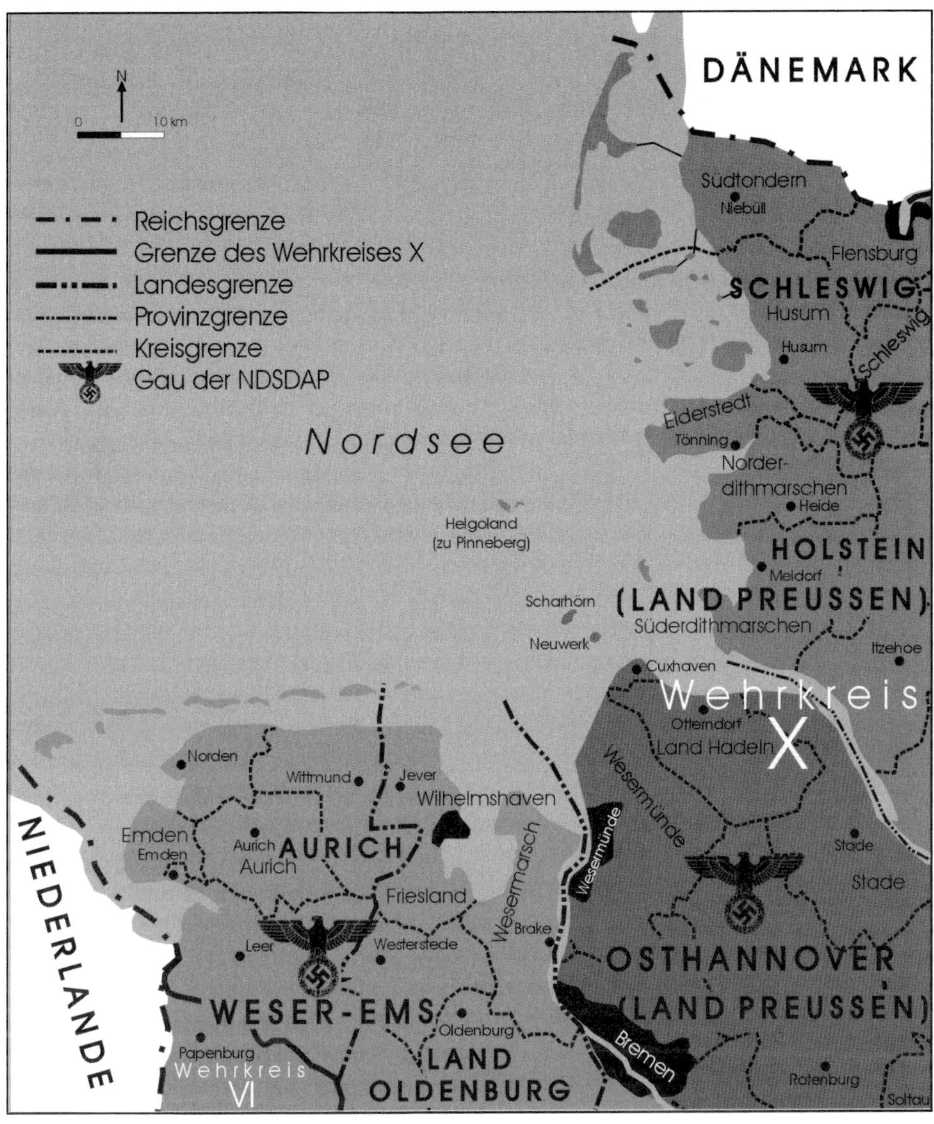

Die politischen und verwaltungsmäßigen Grenzen an der deutschen Nordseeküste im Zweiten Weltkrieg. Schleswig-Holstein und Hannover waren preußische Provinzen, während Oldenburg pro forma noch als Land existierte. Der Wehrkreis X umfaßte den gesamten nordwestdeutschen Küstenraum. In der Parteigliederung der NSDAP bildeten Oldenburg und der hannoversche Regierungsbezirk Aurich den Gau Weser-Ems, der Regierungsbezirk Stade gehörte mit zum Gau Ost-Hannover.

Vom Bundesland N i e d e r s a c h s e n (damals preußische Provinz Hannover und Land Oldenburg) werden betrachtet (von Ost nach West):

- Kreis Cuxhaven (damals Stadtkreis Cuxhaven und Landkreise Land Hadeln und Wesermünde)
- Kreis Wesermarsch (Oldenburg)
- Stadt Wilhelmshaven (Oldenburg)
- Kreis Friesland (Oldenburg)
- Kreis Wittmund
- Kreis Aurich (damals Landkreise Norden und Aurich)
- Stadt Emden und
- vom Kreis Leer die Insel Borkum.

Vom Bundesland B r e m e n :

- Stadt Bremerhaven (damals Stadtkreis Wesermünde in der Provinz Hannover).

Geographisch gesehen umfaßt der behandelte Raum die schleswig-holsteinische Westküste und in Niedersachsen den Norden des Elbe-Weser-Dreiecks und das nördliche Weser-Ems-Gebiet (beziehungsweise Ostfriesland im weiteren Sinne, jedoch ohne den Kreis Leer). Hinzu kommt das Küsten- und Seegebiet der D e u t s c h e n B u c h t.

Räumlicher Schwerpunkt ist die schleswig-holsteinische Westküste. Bei Dithmarschen, Nordfriesland und Helgoland wird stärker ins Detail gegangen, zumal über die Luftangriffe zwischen Ems und Elbe bereits einiges an Literatur und Material im Internet existiert. Abweichend vom ursprünglichen Konzept sollen aber auch für die niedersächsische Küste und Bremerhaven wichtige und tragische Ereignisse erwähnt werden sowie besondere, bei denen zum Beispiel erstmals eine neue Angriffstaktik angewendet wurde. Dies trägt der Tatsache Rechnung, daß Marine als auch Luftwaffe provinz-übergreifend organisiert waren. Durch die Darstellung des Geschehens an der gesamten deutschen Nordseeküste kommt zudem besser heraus, daß die kriegsbedingten Erfahrungen der Menschen auf Borkum ganz ähnlich waren wie auf Sylt, in Brunsbüttel ähnlich wie in Cuxhaven. Die Nöte der Fischer waren überall dieselben, nord- wie ostfriesische Inseln zu Festungen ausgebaut. Es gab kollektiv und weiträumig einen ganz ähnlichen Ablauf von Ereignissen, während Gemeindechroniken, ja die heimatkundliche Literatur insgesamt eher den Eindruck örtlich besonderer und einmaliger Vorfälle vermitteln. Flakfeuer störte aber auch im Nachbardorf den Schlaf der Küstenbewohner, in jeder Stadt gab es Kaufleute, die ihre Schaufenster nach einem deutschen Sieg umgestalteten. Die staatliche Verfolgung bestimmter Gesellschaftsgruppen folgte überall ähnlichen Mustern, das Kritikverhalten der Bevölkerung auch.

Beim Luft- und Seekrieg über dem Meer war der räumliche Rahmen noch weiter zu ziehen. Eine Beschränkung auf den Küstenbereich erschien wegen des Interesses an Helgoland und wegen der Organisation der Kriegführung nicht sinnvoll. Auch konnte zum Beispiel ein über Land von der Flak getroffenes Flugzeug bis zu seinem Absturz eventuell noch eine weite Strecke über der Nordsee fliegen. Die Wehrmacht teilte ihre Kräfte im Norden Mitteleuropas zwischen Nord- und Ostsee auf. Die Marine installierte einen „Admiral Deutsche Bucht", die Luftwaffe einen „Jagdfliegerführer Deutsche Bucht". Der technische Fortschritt ließ Entfernungen schrumpfen. Schiffe, die von Schillig-Reede, dem Ankerplatz vor Wilhelmshaven, losfuhren, konnten am nächsten Tag in südnorwegischen Gewässern sein. Militärflugzeuge hatten schon bei Kriegsbeginn einen Aktionsradius bis 500 Kilometer. Die damalige *Bristol Blenheim* erreichte 427 km/h und die *Messerschmitt Me 109E* 570 km/h, das heißt zwischen Borkum und Sylt lagen nur gut 20 Flugminuten, zwischen Helgoland und Hamburg noch etwas weniger. Die Strecke Helgoland–Büsum konnte die *Blenheim* bei Höchstgeschwindigkeit in neun, die *Me* in sieben Minuten schaffen. Längst war auch der Einsatz von Seeminen nicht mehr auf flache Gewässer beschränkt, sondern im Prinzip überall in der Nordsee möglich. Bei der niederländischen Insel Terschelling und damit am westlichen Rand der Deutschen Bucht begannen die ab September 1939 ausgebrachten Minensperren, der sogenannte „Westwall zur See". Der gesamte östlich davon gelegene Raum war damit von deutscher Seite abgeschottet.

Die Deutsche Bucht umfaßt den südöstlichen Teil der Nordsee, vor der dänisch-deutsch-niederländischen Küste. Sie reicht von den Westfriesischen über die Ost- und Nordfriesischen Inseln bis an die dänischen Wattenmeerinseln und weiter an den Ringköbing-Fjord. Die dortige Hafenstadt Hvide Sande ist ihre nordöstliche Abgrenzung. Nach Westen zu endet sie an der Doggerbank, einer Flachwasserzone. Ebenso ist das Seewettergebiet „Deutsche Bucht" als der Raum bis 56 Grad Nord und 4 Grad Ost (also bis einschließlich Texel) definiert. See- und Luftkriegsereignisse vor den Westfriesischen Inseln werden in diesem Buch in der Regel nur berücksichtigt, sofern sie im Bereich der heutigen deutschen Wirtschaftszone oder unmittelbar im deutsch-niederländischen Grenzbereich passierten. Dennoch geht es hier um etwa 40 000 Quadratkilometer Wasser- und Wattfläche gegenüber nur 9000 Quadratkilometern Landfläche. Dies relativiert Zahl und Umfang der Flugzeug- und Schiffsverluste doch stark.

„Dickschiffe" wie Kreuzer und Zerstörer sind für unser Thema nur interessant, soweit sie in Heimatgewässern lagen oder operierten. Ähnlich ist vom Einsatz der U-Boote nur der geringste Teil zu berichten. Immerhin fanden, was kaum bekannt ist, U-Boot-Kämpfe nicht nur im Atlantik, sondern auch bei Helgoland statt. Am stärksten aber prägten die Sicherungsstreitkräfte den militärischen Schiffsverkehr in der Deutschen Bucht: Minensucher, Räumboote und Hafenschutzkutter bewegten sich zum größten Teil im Küstenvorfeld und in den Häfen.

Friedrich von Schiller, Verfechter eines historischen Idealismus, hat erkannt, daß die Wahrheit in allem nur teilweise steckt, aber nirgends in ihrer reinen Form vorhanden ist. Um sie zu begreifen, bedarf es einer größtmöglichen Zahl von Zeugnissen. Trotz extremen Zeitaufwands bei den Recherchen zu diesem Buch bleiben Lücken. Beispielsweise fehlen sicherlich einige Flugzeugabstürze. Die meisten Kriegstagebücher und Abschußlisten deutscher Jagdgeschwader und Flakbatterien sind durch Kriegsereignisse oder bewußte Vernichtung vor der Kapitulation verloren. Der britische Bombenangriff auf Potsdam am 14. April 1945 mit 5000 Toten zerstörte das Reichsarchiv und das Heeresarchiv, wodurch Deutschland an nur einem Abend unermeßliche Aktenverluste erlitt. Was in den Besatzungsjahren unter dem Stichwort der „Demilitarisierung" verlorenging, weiß niemand. Die für die Royal Air Force, die Royal Navy oder für die US Army Air Force interessanten Akten sind zu einem Teil nach Großbritannien und in die Vereinigten Staaten verbracht worden. In welchem Umfang sie heute noch in den Nationalarchiven in London und Washington „schmoren", ist nicht vollständig nachvollziehbar. In das erst 1955 gegründete Militärarchiv in Freiburg sind nur winzige Bruchteile des einst gewaltigen Bestandes an Wehrmachtakten gelangt, obwohl es das in Deutschland für die Wehrmacht zuständige Archiv ist. Nicht wenige dort gehütete Dokumente sind Rückgaben der Alliierten und tragen ausländische Stempel. Von der Kriegsmarine existieren in Freiburg noch deutlich mehr Originalunterlagen als von der Luftwaffe. Während erstere aufschlußreiches Material über die See- und Küstenverteidigung enthalten, stellen für den Luftkrieg über Deutschland die Veröffentlichungen deutscher und britischer Forscher eine besonders wichtige Quelle dar.

Auch für dieses Buch haben viele Zeitzeugen Rede und Antwort gestanden. Teilweise sind die Gespräche bereits vor einer Reihe von Jahren geführt worden, teilweise war der Abstand zum abgefragten Geschehen allerdings auf über 60 Jahre angewachsen. In diesen Fällen stößt die „Oral History" an ihre Grenzen. In den 1980er und 1990er Jahren konnte der Verfasser noch von vielen kenntnisreichen Einheimischen und einfachen wie auch ranghohen Wehrmachtsoldaten detaillierte Auskünfte erhalten. Inzwischen sind die Teilnehmer des Zweiten Weltkrieges sämtlich über 80 Jahre alt, und es mußten mehr Männer und Frauen befragt werden, die in der Kriegszeit noch Kinder oder Jugendliche waren. Auf der anderen Seite fällt es der Erlebnisgeneration mit dem größeren Abstand zu den nicht selten schockierenden Erfahrungen mittlerweile offenbar leichter, auch über unangenehme Dinge zu sprechen. Einige suchten das Gespräch, um sich endlich etwas von der Seele zu reden. Nach Erfahrung des Autors ist die Auskunftsfreude gestiegen, die Erinnerung aber natürlicherweise ungenauer geworden beziehungsweise inzwischen noch stärker von erst nachträglich Erfahrenem überlagert, also rekonstruiert. Vor der Veröffentlichung wurden die in den Erinnerungsinterviews enthaltenen sächlichen Informationen auf ihre Plausibilität hin überprüft.

Die beschriebenen Ereignisse wurden soweit möglich lokalisiert, um sie für die Heimatforschung nutzbar zu machen. Zu manchen bekannten Einflügen alliierter Maschinen kann dieses Buch möglicherweise den Hintergrund nennen. Unbefriedigend bleiben die oft vagen Ortsangaben zu Flugzeugabstürzen über See. Mitunter heißt es bei britischen Flugzeugen „lost over sea", und es gibt eine deutsche Abschußmeldung, aus der sich der Ort ergibt. In vielen Fällen passen Verlust- und Abschußmeldungen aber nicht zusammen. Weil hier nur die Deutsche Bucht betrachtet werden sollte, mußte der Verfasser anhand von Route oder Uhrzeit abschätzen, ob sich der Absturz im Betrachtungsgebiet ereignete und somit ins Buch gehörte. Dies ist mit einiger Wahrscheinlichkeit anzunehmen, wenn alliierte Flieger in Gefangenschaft gerieten oder Tote auf deutsche Friedhöfe kamen. Im Zweifel wurde eher für die Aufnahme in die Dokumentation entschieden, damit Forscher und Interessierte in möglichst vielen Fällen ihre Angaben abgleichen können und sich die Chance auf eventuelle Übereinstimmungen und damit Schicksalsklärungen erhöht.

Nach Luftschlachten waren sehr häufig die deutschen Abschußmeldungen höher als die alliierten Verlustmeldungen. Die Luftwaffe war geneigt, auch kampfunfähig gewordene gegnerische Flugzeuge, die den Rückweg antreten mußten, als Abschüsse zu melden. Im Gefecht blieb Fliegern und Flaksoldaten selten Zeit, das weitere Schicksal des angeschossenen Gegners genau zu beobachten. Auf jeden Fall haben viele alliierte Maschinen, die nach Darstellung deutscher Piloten oder Flaksoldaten abgeschossen wurden, zwar Treffer erhalten, sind aber nicht gleich abgestürzt. Zwischen dem Ort des Abschusses (Position beim Luftkampf oder Position der Flak am Boden) und dem Absturzort konnten Hunderte von Kilometern liegen. Etliche beschädigte und angeschlagene Flugzeuge haben es noch bis vor die britische Küste geschafft, wo sie notwasserten, oder sogar bis auf britischen Boden, wo oft die erstbeste Gelegenheit für eine kontrollierte Bruchlandung genutzt wurde. Darin liegt mit Sicherheit ein Großteil der Zahlendifferenzen begründet. Natürlich ist es auch vorgekommen, daß mehrere Piloten ein und dasselbe gegnerische Flugzeug als „ihren“ Abschuß reklamiert haben, es also zu Doppelzählungen kam. Im einen oder anderen Fall kann auch die deutsche Propaganda überhöhte Abschußzahlen veröffentlicht haben, die die Luftwaffe in ihrem Prüfverfahren nicht mehr infrage stellen durfte.[1] Der Verfasser mußte häufig die Wahrscheinlichkeit der Aussagen beider Seiten prüfen und hat im Zweifel den niedrigeren Verlustzahlen den Vorrang gegeben, weil diese auf alliierter Seite objektiv leicht festzustellen waren. Es ist zwar möglich, daß die britische Propaganda sie in Einzelfällen nach unten korrigierte, aber bei den intensiv ausgewerteten neueren Veröffentlichungen britischer Autoren kann solche Absicht nicht unterstellt werden.

Hinweise zur Benutzung

Flugzeugtypen, Zitate, Medienbezeichnungen und Internetadressen sind *kursiv* gesetzt, Schiffsnamen in GROSSBUCHSTABEN. Die fortlaufenden Daten in der Chronologie erscheinen im **Fettdruck**. Die Decknamen deutscher militärischer Unternehmen beziehungsweise britischer Operationen (was dasselbe meint) sind durch S p e r r u n g hervorgehoben. In die Chronologie eingeschobene Kurzkapitel sind hellgrau hinterlegt, Hintergründe und längere Zitate dunkelgrau.

Die in diesem Buch vorkommenden Flugzeuge sind auf zwei Doppelseiten erläutert, die Herstellerkürzel sind dem Abkürzungsverzeichnis zu entnehmen. Zu sehr vielen erwähnten Personen sind Geburts- und Sterbejahr im Personenregister festgehalten. Die Größe erwähnter Schiffe läßt sich dem Verzeichnis der Schiffsnamen entnehmen. Deutsche und alliierte Dienstgrade und die Zusammensetzung der Geschwader der Luftwaffen sind im Anhang erläutert. Weil die Arbeiten an diesem Buch in den 90er Jahren begannen und eine Reihe älterer Quellen zitiert werden, ist die traditionelle deutsche Rechtschreibung beibehalten worden, wie sie bis zum 1.8.1999 gültig war.

Abkürzungen

a.D.	außer Dienst
Ar	Kürzel des Flugzeugherstellers Arado (Potsdam)
BDM	Bund Deutscher Mädel (Organisation für Mädchen und Frauen von zehn bis 21 Jahren)
Bf	Kürzel des Augsburger Flugzeugherstellers Bayerische Flugzeugwerke AG (diese wurden 1938 in Messerschmitt AG umbenannt; die bis dahin entwickelten Flugzeuge behielten offiziell dieses Kürzel, mitunter sprach man aber auch bei den alten Modellen von *Me* – in diesem Buch wechselnd verwendet)
BRT	Bruttoregistertonnen (Größeneinheit für den Schiffsraum auf das ganze Schiff verrechnet, nicht nur der Nutzraum; 100 Kubikfuß oder 2,83 Kubikmeter)
Bv	Kürzel des Flugzeug-, Flugboot- u. Schiffsbauers Blohm & Voss (Hamburg)
Do	Kürzel der Dornier-Flugzeugwerke (Friedrichshafen)
d.R.	der Reserve
f.	und die folgende (Seite oder Akte)
ff.	und die folgenden (Seiten oder Akten)
Flagruko	Flak-Gruppenkommando
Flak	Flugabwehrkanone (auch Kurzform für die Waffengattung Flakartillerie)
Fluko	Flugwachkommando
Fw	Focke-Wulf Flugzeugbau GmbH (Bremen)
gef.	gefallen
He	Kürzel des Flugzeugherstellers Heinkel (Rostock)
HJ	Hitler-Jugend (Organisation für Zehn- bis Achtzehnjährige)
HMS	His Majesty's Ship/Submarine, zu Deutsch Seiner Majestät Schiff bzw. U-Boot
Hs	Henschel Flugzeugwerke (Berlin)
i.R.	im Ruhestand
i.V.	in Vertretung

Ia	Erster Generalstabsoffizier (zuständig für Operationen u.a.)
Ib	Zweiter Generalstabsoffizier (Quartiermeister; für Versorgung)
Ic	Dritter Generalstabsoffizier (Feindbild, Abwehr)
IIa	Erster Adjutant (Personalabteilung für Offiziere)
IIb	Zweiter Adjutant (Personalabteilung für Unteroffiziere und Mannschaften)
1/Skl.	Erste Abteilung (Operationen) der Seekriegsleitung
JG	Jagdgeschwader (Luftwaffenverband mit einmotorigen Jagdflugzeugen)
I./JG 1	Erste Gruppe (3–4 Staffeln) des Jagdgeschwaders 1 (römische Ziffern vor dem Geschwader bezeichnen dessen Gruppe)
6./JG 2	Sechste Staffel (12–16 Flugzeuge) des Jagdgeschwaders 2 (arabische Ziffern vor dem Geschwader bezeichnen dessen Staffel)
Ju	Kürzel des Flugzeugbauers Junkers (Dessau)
Kaleu	Kapitänleutnant
KG	Kampfgeschwader (Luftwaffenverband mit Bombern)
Kgf.	Kriegsgefangene(r), Kriegsgefangenschaft
komm.	kommissarisch
LAT	Leichter Artillerie-Träger, nur leichte Flugabwehrwaffen an Bord, keine Kanonen
LG	Lehrgeschwader (Luftwaffenverband)
Me	Kürzel des Augsburger Flugzeugherstellers Messerschmitt AG (vgl. *Bf*)
MG	Maschinengewehr
MK	Maschinenkanone
NJG	Nachtjagdgeschwader
NSDAP	Nationalsozialistische Deutsche Arbeiter-Partei
OKH	Oberkommando des Heeres
OKL	Oberkommando der Luftwaffe
OKM	Oberkommando der Kriegsmarine
OKW	Oberkommando der Wehrmacht
o.V.	ohne Verfasserangabe
Pak	Panzerabwehrkanone
RAF	Royal Air Force, zu Deutsch Königliche Luftwaffe (die britischen Luftstreitkräfte)
RCAF	Royal Canadian Air Force, zu Deutsch Königlich Kanadische Luftwaffe
RM	Reichsmark
RN	Royal Navy, zu Deutsch Königliche Kriegsflotte oder Marine (die britischen Seestreitkräfte)
s.	siehe
SA	Sturmabteilung der NSDAP
Sanka	Sanitätskraftwagen (Krankenwagen beim Militär)
SS	Schutzstaffel der NSDAP
Stalag Luft	Gefangenenlager für Luftwaffenangehörige
Stuka	Sturzkampfbomber
T	Träger-Staffel/Träger-Gruppe (für Flugzeugträger vorgesehene Flugzeuge)
TO	Technischer Offizier
U	U-Boot (wenn Nummer folgt)
USAAF	United States Army Air Force, zu Deutsch Luftwaffe der Armee der Vereinigten Staaten (die Luftstreitkräfte der US-Armee)
US Navy	United States Navy, zu Deutsch Kriegsflotte oder Marine der Vereinigten Staaten (die Seestreitkräfte der USA)
V/Vp	Vorpostenboot
Vs	Vorpostensicherungsboot
V1	Vergeltungswaffe 1 (Flügelbombe)
V 2	Vergeltungswaffe 2 (Rakete)
verm.	vermißt
verw.	verwundet
Viermot	viermotoriges Bombenflugzeug
z.b.V.	zur besonderen Verwendung
ZG	Zerstörergeschwader (Luftwaffenverb. mit mehrmotorigen Jagdflugzeugen)

I Ein Weltkrieg beginnt (1939)

1 Der unheilvolle Stapellauf

80 000 Menschen kamen am 1. April 1939 zusammen, um den Stapellauf des größten jemals in Wilhelmshaven gebauten Schiffes mitzuerleben. Es waren Werftarbeiter, Soldaten und Zivilbedienstete der Kriegsmarine, Generäle aller Waffengattungen sowie Vertreter von Staat und Partei. Die meisten großen Kriegsschiffe Deutschlands waren in die Jadestadt beordert worden, um dem Spektakel mit ihrem Flaggenschmuck einen besonderen Rahmen zu geben. Das 254 Meter lange Schlachtschiff, um das es ging, sollte den Namen von Großadmiral Alfred von Tirpitz erhalten, eines kompromisslosen Militärs, der in seiner alldeutschen „Vaterlandspartei“ am Ende des Weltkrieges die Gegner eines Verständigungsfriedens um sich geschart hatte. Seine Tochter Ilse von Hassell taufte das Schiff auf den Namen TIRPITZ und ließ die obligatorische Sektflasche am Bug zerschellen. „Führer und Reichskanzler“ Adolf Hitler konnte in diesem stolzen Moment nicht ahnen, daß ausgerechnet ihr Mann, der Diplomat Ulrich von Hassell, zu seinen Todfeinden werden und sich noch 1939 aktiv dem konservativen Widerstand anschließen sollte.[2]

Hitler nutzte die Zeremonie in Wilhelmshaven, um den höchsten Dienstgrad der untergegangenen Kaiserlichen Marine wieder aufleben zu lassen. Er ernannte Erich Raeder,

Das Schlachtschiff TIRPITZ wird am 1. April 1939 in Wilhelmshaven getauft und vom Stapel gelassen. Bei der Großveranstaltung spricht Hitler mit seinen Admirälen über den von ihm geplanten Krieg. (Foto: BA 23-63-40)

den Oberbefehlshaber der Kriegsmarine, zum Großadmiral. Und er gab bei dieser Gelegenheit erste Anordnungen zur Ausarbeitung eines Feldzugs gegen Polen. Die TIRPITZ hatte 182 Millionen Mark gekostet. Die Investitionen in die Rüstung, da behielt von Hassell mit seinen Befürchtungen Recht, sollten sich nach Hitlers Kalkül möglichst bald auszahlen …[3]

Luftgefahr
bei Dunkelheit
Fliegeralarm!

Morgen Verdunkelungsübung in Friedrichstadt.

Beginn 20 Uhr, Ende 2.30 Uhr.

Zu Beginn und Ende erfolgt einfaches Hornsignal.

1. Arbeitsstätten still legen. **Alle Lichter löschen.**
2. In den Wohnungen **alle Lichter löschen.**
3. In den Läden **alle Lichter löschen.**
4. Treppen, Keller, Hof und Nebenräume **nicht vergessen.**
5. In Gaststätten, Operations- und Krankenzimmern und überall da, wo Licht auch nicht für eine halbe Stunde entbehrt werden kann
   Zahl der beleuchteten Räume **aufs Notwendigste beschränken**
   Helligkeit der Beleuchtung **aufs Notwendigste beschränken**
   Fenster, Türen und alle Oeffnungen **nach außen durch Wolldecken oder ähnliches lichtdicht verhängen**
6. Hauswirt oder Hauswart von außen prüfen, ob

kein kleinster Lichtstrahl nach außen dringt!

Fuhrwerke rechts heranfahren, Licht löschen, jeder Anweisung der Polizei oder Hilfspolizei nachkommen.

Luftschutz tut Not!

Alle müssen mithilfen! — Bereitet alles vor zur morgigen Verdunkelungsübung!

Um 18 Uhr werden Morgen auf dem Großen Garten die Wirkungen von einem Brandsatz von Gas-Riechbomben und eine Vernebelung gezeigt werden.

Es wird von der Bevölkerung der Stadt erwartet, daß sie in der angegebenen Zeit dem Inhalt der vorstehenden Anordnung und den Anordnungen der Luftschutzblockwarte durchaus Folge leistet.

Jeglicher Lichtschein ist für diese halbe Stunde zu vermeiden.

Der Bürgermeister
als Ortspolizeibehörde.
Coors.

Ab 1934 finden in Friedrichstadt Verdunklungsübungen statt. Bürgermeister Karl Coors (ab 1933 NSDAP) amtierte von 1925 bis 1937 und war danach bis Kriegsende Bürgermeister in Pinneberg.

Jungen aus dem nördlichen Dithmarschen 1937 bei einem 14-tägigen Jungvolkzeltlager in Wolmersdorf. Die meisten von ihnen fallen im Krieg. (Foto: H. Dethlefs)

Pimpfe im HJ-Lager Wolmersdorf, 3. von links Heinrich Dethlefs aus Preil *(Foto: H. Dethlefs)*

Die Kriegsgefahr verschärfte sich in diesen Tagen dramatisch. Die Reichsregierung verlangte neben exterritorialen Transitwegen nach Ostpreußen die Rückgliederung der Freien Stadt Danzig an Deutschland. Der polnische Botschafter Josef Lipski erklärte, dies würde Krieg mit Polen bedeuten. Die britisch-französische Garantieerklärung für den polnischen Staat stärkte Warschau den Rücken. Übergriffe auf Deutsche in Polen setzten sich fort. Am 3. April 1939 erließ Hitler die erste Weisung für den Fall W e i ß, den Angriff auf Polen. Anschließend begab er sich in Hamburg an Bord des Kraft-durch-Freude-Schiffs ROBERT LEY und nahm an dessen Jungfernfahrt nach Helgoland teil. In Brunsbüttel begann die NS-Volkswohlfahrt damit, in der Festgestraße 5 Volksgasmasken an die Einwohner auszugeben. Zur Gewöhnung an dieses greuliche Utensil fand am 10. Mai ein „Jugendluftschutztag" statt, an dem Hitlerjungen und BDM-Mädchen mit aufgesetzten Gasmasken durch die Innenstädte marschierten. Die Heeres-Nachrichtentruppe führte vom 2. bis 10. Juli in Nordwestdeutschland eine Nachrichten-Rahmenübung durch zur Erprobung der Kriegsgliederungen aller Nachrichteneinheiten des Heeres. Mehr als 10 000 Nachrichtensoldaten mit 3000 Kraftfahrzeugen nahmen teil.

Am 1. August startete das britische Militär die größten Manöver zu Lande und zur See seit 1918 – und die deutsche Wehrmacht ihr größtes Luftmanöver. Drei Tage lang übte die Luftwaffe über Norddeutschland das Zusammenspiel von Fliegern, Luftnachrichtentruppe, Flugmeldedienst, Luftwaffenflak und Marineflak. Die Leitung hatte General der Flieger Hellmuth Felmy, der Vater des späteren Schauspielers Hansjörg Felmy. Die Flugzeuge tankten im friesischen Upjever, dem wichtigsten der vielen neuen Fliegerhorste, die nun überall aus dem Boden gestampft wurden.

Vorbereitung von Kindern auf den Krieg: Zehn- bis 14jährige Flensburger Jungen marschieren am 10. Mai 1939 mit Gasmasken durch die Stadt. *(Foto aus: Schwensen/Nickel: Flensburg im Luftkrieg)*

2 *Ein letzter Versuch in Nordfriesland*

Die weißen Tauben sind müde,
sie fliegen lange schon nicht mehr.
Sie haben viel zu schwere Flügel,
und ihre Schnäbel sind längst leer.
Jedoch die Falken fliegen weiter,
sie sind so stark wie nie vorher;
und ihre Flügel werden breiter,
und täglich kommen immer mehr,
nur weiße Tauben fliegen nicht mehr.

Christoph Busse/Hans Hartz 1982

Am Morgen des 7. August 1939 rollte Hermann Görings Sonderzug auf der Marschbahnstrecke entlang der schleswig-holsteinischen Westküste nach Norden. Im Bredstedter Bahnhof ließ der Generalfeldmarschall Halt machen. Ein hochgewachsener Geschäftsmann mit Hut und Sommermantel stieg in den luxuriösen Zug ein. Es war der schwedische Maschinenfabrikant Birger Dahlerus, der sich mit dem zweitmächtigsten Mann des Dritten Reiches unterhalten wollte. Er kannte Göring schon länger und hatte ihn nun für seinen Versuch gewinnen können, doch noch den Frieden zu retten. Es sei alles vorbereitet, versicherte Dahlerus …

Der schwedische Großindustrielle Birger Dahlerus bemüht sich im Sommer 1939 mit einer Pendeldiplomatie um die Rettung des Friedens. (Foto aus: Der letzte Versuch, Nymphenburger Verlagshandlung)

Inzwischen hatten sich vor dem Bahnhof viele Schaulustige versammelt. Sie jubelten Göring zu, als dieser ins Freie trat. Mit Dahlerus bestieg er das am Ausgang wartende schnittige Mercedes-Cabriolet. Fliegergeneral Karl Bodenschatz und Ministerialrat Dr. Böttger setzten sich in einen zweiten Wagen. Die Chauffeure brauchten nicht lange zu fahren. Ziel war Elisabethbay, ein schneeweißer Hof mit grünem Blechdach im Sönke-Nissen-Koog.

Das Anwesen gehörte zu den sieben Höfen des Koogsgründers, die auf seine Witwe Elisabeth Nissen übergegangen waren. Diese hatte Dahlerus geheiratet, wobei Göring bürokratische Hinder-

7. August 1939: Generalfeldmarschall Hermann Göring und der Industrielle Birger Dahlerus – beide in hellem Sommermantel hinter dem Mercedes – verlassen den Bredstedter Bahnhof für ihre Geheimkonferenz. (Foto aus: Der letzte Versuch, Nymphenburger Verlagshandlung)

nisse aus dem Weg geräumt hatte. Birger Dahlerus protegierte im Gegenzug Görings in Schweden lebenden Stiefsohn Thomas Kantzow.

Offiziell hieß es, Göring wolle schwedische Bekannte treffen. Die schwedische Fahne über dem Hof schien das zu bestätigen. Tatsächlich erwarteten dort aber sieben britische Wirtschaftsführer den nach Adolf Hitler prominentesten Vertreter des NS-Regimes. Dahlerus hatte sie in London von der Fahrt nach Deutschland überzeugt. Die Gefahr eines neuen Weltkrieges war „sehr groß", schrieb der Industrielle später[4]. Die Konferenz in Schweden abzuhalten war nicht möglich gewesen wegen Hitlers Forderung nach absoluter Geheimhaltung. Dahlerus hatte den Engländern erklärt, daß es sich bei Elisabethbay sozusagen um schwedisches Territorium und damit um neutralen Boden handele.

Der englische Name konnte nun auch als Referenz vor den Gästen angesehen werden. Tatsächlich waren die Höfe hinter dem mit Nissens Geld ermöglichten Nordseedeich nach Bahnstationen in Südwestafrika benannt, wo der Ingenieur mit Diamanten reich geworden war. Elisabethbay war der schönste Hof, Sönke Nissen hätte ihn wohl selbst mit seiner Frau Elisabeth bewohnen wollen.[5] Aus dem bis heute weitgehend original erhaltenen Esszimmer reichte der Blick der Konferenzteilnehmer weit auf Kornfelder und Weideflächen der Marsch. Darum, den Horizont zu erweitern, ging es auch bei den Gesprächen.

Dahlerus hatte den Eindruck gewonnen, daß die Reichsregierung ein verzerrtes England-Bild habe und sich Illusionen über die Politik Großbritanniens mache. Gleichzeitig meinte er damals noch, daß Göring friedlichen Lösungen offener gegenüberstand als andere maßgebliche Nationalsozialisten.[6] Bei den Briten war Dahlerus ein tiefes Mißtrauen gegen die Deutschen aufgefallen. So sollte diese erste Konferenz das gegenseitige Verständnis fördern. Der Leiter der englischen Delegation, der führende Konservative Char-

Der Hof Elisabethbay im Sönke-Nissen-Koog im Sommer 1939, als er Schauplatz der internationalen Konferenz mit Göring und Dahlerus war. Er hat sich bis heute äußerlich kaum verändert.
(Foto: O. Piening)

les F. Spencer, legte die britische Position dar und verlangte ein Ende der Gewaltpolitik in Europa. Göring erklärte, die sehr gespannten Beziehungen zwischen England und Deutschland dürften sich keinesfalls verschärfen. Er bat die Briten, ihren Einfluß so wie er für die Erhaltung des Friedens geltend zu machen. Dahlerus und Böttger fungierten als Dolmetscher.

Der Gastgeber sorgte für eine aufgelockerte Atmosphäre und ließ schwedische Delikatessen servieren. Göring brachte beim Lunch ein „Skål" auf den Frieden aus. Er verstand es offenbar in dieser Runde, mit allgemeinen Floskeln Hitlers Angriffsabsichten gegenüber Polen zu verschleiern. Erst später erkannte Dahlerus, daß es auch Göring weniger um den Frieden ging als um Großbritanniens Einverständnis für eine deutsche Besetzung weiter Teile Polens.[7] Gabelbissen und Aquavit wurden gereicht. Das „sehr herzliche" Treffen dauerte acht Stunden und damit viel länger als geplant. Beide Seiten kamen überein, ihren Regierungen eine offizielle Konferenz vorzuschlagen. Beim Abschied tranken Briten und Deutsche einander zu. Der Pächter des Hofes, Elisabeth Nissens Bruder Hans Rabe, hatte bei den geheimen Gesprächen nicht dabei sein dürfen. Ein Engländer sagte ihm nun aber euphorisch: „In Ihrem Haus ist der Anfang zu einer historischen Tat gemacht worden."

Am nächsten Morgen erklärten die Briten ihrem Gastgeber, daß besser auch französische und italienische Regierungsmitglieder teilnehmen sollten. Dahlerus nahm noch am selben Tag den Zug von Niebüll nach Sylt, wohin Göring weitergereist war. Obwohl Hermann Göring und seine zweite Frau Emmy 1937 ein schmuckes Haus am südlichen Wenningstedter Strand hatten bauen lassen – es steht heute noch[8] –, fuhr Göring mit Dahlerus im Auto auf der Insel umher, um die neue Anregung zu besprechen. Grundsätzlich stimmte auch er diesem Vorschlag zu.

Die Konferenz im Sönke-Nissen-Koog leitete einen Dialog ein, der aber nicht fortgesetzt wurde. Das in Nordfriesland verabredete Treffen deutscher und britischer Regierungsvertreter kam im schwülen August 1939 nicht mehr zustande. Der überraschende

Das Esszimmer auf Elisabethbay, in dem die Delegierten der Konferenz tafelten, ist noch originalgetreu erhalten. *(Foto: Piening)*

Hitler-Stalin-Pakt veränderte die politische Lage schlagartig und gab dem deutschen Diktator freie Hand gegen Polen.

Nichtsdestotrotz bleibt es eine großartige Leistung, daß Dahlerus sich als Bürger eines neutralen Landes mit einer privaten Initiative (und auf eigene Kosten!) für den Erhalt des Friedens einsetzte. Es gelang ihm, in einer schon gänzlich verfahrenen Lage Deutsche und Briten an einen Tisch zu bringen. Er knüpfte Kontakte zur britischen Regierung und zu Hitler, um direkt vermitteln zu können – ohne Politiker oder Botschafter zu sein. Dahlerus entfaltete eine geschickte und zeitweise vielversprechende Pendeldiplomatie, um „die Katastrophe doch noch zu verhindern". Auch von Rückschlägen ließ er sich nicht entmutigen, ohne zu wissen, daß Hitler sich bereits auf einen Krieg gegen Polen festgelegt hatte.[9] Sein vorbildliches und einzigartiges Handeln wurde ihm kaum gedankt. 1957 starb er in Stockholm im Alter von 66 Jahren.

3 Heimliche Einberufungen

Am 25. August 1939 um 15.02 Uhr gab Hitler, auch Oberster Befehlshaber der Wehrmacht, den Marschbefehl für den Angriff auf Polen am Morgen des 26. August. Doch zwei Ereignisse desselben Tages brachten den Diktator ins Schwanken: Großbritannien und Polen unterzeichneten in London als Reaktion auf den Hitler-Stalin-Pakt einen Beistandsvertrag, der beide Länder zu gegenseitiger militärischer Hilfe verpflichtete. Und vom italienischen Ministerpräsidenten und Faschistenführer Benito Mussolini erhielt er die briefliche Mitteilung, daß Italien noch nicht Krieg führen könne. Um 18.15 Uhr hob Hitler den Marschbefehl wieder auf, um Zeit für Verhandlungen zu gewinnen.[10] So gab er unter anderem am nächsten Tag ein Garantieversprechen für die Neutralität der Niederlande, Belgiens und Luxemburgs. Hitler hatte für den Angriff auf Polen den X-Fall befohlen – die Mobilmachung ohne öffentliche Verkündung. Dies sollte die Wehrmacht in die Lage versetzen, den Krieg überfallartig zu beginnen. Die verdeckte Mobilmachung stoppte er nicht. Am späten Abend des 25. August wurden die ersten Gestellungsbefehle zugestellt, so auch Angehörigen der Husumer Stadtverwaltung, die sich schon am nächsten Tag an ihrem Bestimmungsort zur „Übung" einfinden mußten.

Im Meldorfer Rathaus trafen schon spätnachmittags weit über 100 Einberufungsbefehle ein für meist ältere Männer, darunter viele Veteranen des Ersten Weltkrieges. Kurz vor Mitternacht begann Hein Rusch, sie in der Stadt auszutragen. Ein städtischer Angestellter leuchtete ihm mit einer Stallaterne. Jedes Mal hieß es: „Aufmachen, Polizei!" Den geweckten Männern bleiben keine zwölf Stunden Zeit, ihre Angelegenheiten zu ordnen und zu packen – sie sollten (angeblich übungshalber) zwei Kraftfahrkolonnen bilden. In der ehemaligen Jugendherberge in der Österstraße 34, dem späteren Heimathaus, wurde am 26. August die Kolonne 7 (Betriebsstoff-Kolonne) und in der Bürgerschule die 8. Kolonne (Werkstattzug) der Nachschub-Kolonnenabteilung 616 mobilisiert. Die Kolonnen 1 bis 6 entstanden in Marne, Heide und Weddingstedt. Am 6. September wurden die 50 Last- und Kraftwagen anderer Art in Meldorf auf Bahnwaggons verladen. Malermeister Claus Wulff hatte den Lastwagen einen Wolfskopf, das Abteilungszeichen, aufgemalt. Die Abteilung rückte am 10. September für einen Monat in Polen ein. Die erste Unterkunft bezogen die Dithmarscher in Auschwitz, später zum berüchtigten Vernichtungslager ausgebaut. Die dann in Frankreich eingesetzte Heereseinheit wurde 1943 in Rußland in Kraftfahrabteilung 616 umbenannt.[11]

In Burg in Dithmarschen wurde am Abend eine Zirkusveranstaltung unterbrochen und eine lange Namensliste verlesen. Die Anwesenden erhielten draußen ihren Einberufungsbescheid ausgehändigt.

In Tönning versammelte Bürgermeister Fritz Gerlach die Ratsherren und Beigeordneten: „Wir dürfen stolz sein, daß wir uns opfernd einreihen dürfen in den Kampf auf Leben und Tod." Keine drei Monate zuvor hatten dieselben Männer das Ehrenmal für 108 im Weltkrieg gefallenene Söhne von Stadt und Kirchspiel Tönning eingeweiht!

„Unser Dreschdampferfahrer bekam schon acht Tage vor Kriegsausbruch den Gestellungsbefehl", berichtete Hilde Griese aus Odderade. Sehr überrascht sei der Dithmarscher nicht gewesen: *„Die Polen hatten ja auch provoziert."* Die Zeichen standen schon länger auf Krieg. Der Führer der Minensuchboote, Kommodore Friedrich Ruge, formulierte es so: *„Der Gegensatz zwischen wunderbarem Sommerwetter und politischer Schwüle war bedrückend."*[12] Millionen junger Männer fanden ab 26. August ihren Einberufungsbescheid im Briefkasten.

Wie überall in Deutschland brach damit auch in Dithmarschen und Nordfriesland hektische Betriebsamkeit aus. Kommunalverwaltungen und Polizei riefen ihre Urlauber zurück an den Arbeitsplatz. Es galt, für die angekündigten Soldaten und Dienststellen der Wehrmacht Schulen, Säle und andere geeignete Räume zu beschlagnahmen. Selbst kleinere Gemeinden, die nicht Garnison (Standort von Truppen) waren, wurden zu Aufstellungsorten für neue militärische Einheiten. So rief der Landwehr-Kommandeur des Wehrkreises X den Stab des neuen Infanterieregiments 333 in Büsum (Hedwigenkoog) und Friedrichstadt ins Leben. *„Das war eher eine fröhliche Abwechselung"*, beschreibt Stadthistoriker Karl Michelson den ungewohnten Rummel. *„Aufhorchen ließen jedoch Maßnahmen wie eine zehntägige Postsperre für außerhalb des Standortes befindliche*

Truppenteile oder das die Einwohner erheblich mehr belastende Ausfallen bestimmter Züge nach Süden oder gar die Einschränkungen im Zugverkehr nach Husum.“[13] Während das I. und II. Bataillon in Büsum und Heide entstanden, wurde das III. Bataillon in Husum aufgestellt und eingekleidet. Dieses „Bataillon Hampe“, bestehend aus der 9. bis 12. Kompanie, wurde auf die Knabenbürgerschule und verschiedene Gaststätten verteilt. Der Stab quartierte sich in der Gastwirtschaft „Schulterblatt“ in der Marktstraße 3/4 ein. Die Gastwirte erbaten nun Hilfen fürs Kartoffelschälen und Gemüseputzen, das Husumer Wehrmeldeamt forderte Frauen für die Wartung der Gasmasken an. Beide Wünsche leitete die Stadtverwaltung an die NS-Frauenschaft weiter.

Die Garnisonstadt Heide mußte Tausende junge und mittelalte Männer aufnehmen. In Anzug und Krawatte strömten sie, unter dem Arm einen Koffer oder ersatzweise einen Persilkarton, zu ihren jeweiligen Sammelplätzen. Die Räume der Infanterie-Kaserne (heute Westküstenklinikum) reichten nicht aus, die künftigen Soldaten auszurüsten. Kurzerhand wurden für die in der Nähe liegende, nach Hitler benannte Oberschule in der Rosenstraße (jetzt Werner-Heisenberg-Gymnasium) die Sommerferien verlängert und auch im Schulgebäude Soldaten eingekleidet.

In Heide lag außerdem das Ergänzungsbataillon des Infanterieregiments 46. Sein Stammpersonal bildete seit 1935 in Acht-Wochen-Kursen die bisher nicht zum Wehr-

Der Eingangsbereich der Infanteriekaserne in Heide/Holstein, abgebildet auf einer Ansichtskarte von 1936.

Ende 1939: Soldaten des Ersatzbataillons des Infanterieregiments 490, darunter Willy Asmussen (geboren 1906, oberste Reihe dritter von rechts), posieren vor der Heider Kaserne (jetzt Westküstenklinikum). *(Foto: Sammlung Piening)*

dienst herangezogenen „weißen Jahrgänge“ aus.[14] Das waren die zwischen 1901 und 1913 geborenen Männer. Sie waren nie Soldaten gewesen, weil es in Deutschland von 1919 bis 1935 keine Wehrpflicht gab. Diese Kurzausbildung wurde mit der Mobilmachung eingestellt. Das Heider Bataillon war zur Aufstellung der vierten Welle von Infanteriedivisionen vorgesehen. Ab 26. August 1939 bildete es wie geplant das III. Bataillon des neuen Infanterieregiments 490 der ebenfalls neuen 269. Infanteriedivision[15]. *„In Hemmingstedt bei Heide unterzeichnete Oberleutnant Pick*[16] *die ersten Dienstpläne der ‚Zigeuner-Artillerie‘, der 13. [Infanterie-Geschütz-]Kompanie. In den Mauern von Husum hob Hauptmann d.R. Hansen seine frischgebackene 14. Kompanie aus der Taufe.“*[17]

Mitten in den Kriegsvorbereitungen ließ das Regime am 27. August 1939 den 25. Jahrestag des Weltkriegsbeginns feiern, verbunden mit Sonderbeförderungen altgedienter Offiziere. Der spätere Chef der 9. Kompanie, Oberleutnant Bohne, erinnert sich an jene Tage: *„In den letzten Augusttagen erreicht ‚uns Alten‘, die wir schon einmal vor 25 Jahren die Grenzen des Vaterlandes mit verteidigt haben, und uns Reservisten die Einberufung zu einer militärischen Uebung ‚bis auf weiteres‘. Wir erkennen sofort, was los ist. Ohne rauschende Begeisterung, ohne lauten Patriotismus, allein der selbstverständlichen Pflicht gehorchend, dem Führer und dem Vaterland mit der Waffe zu dienen, treten wir die Fahrt an. Der Befehl lautet: Am 28. 8. 1939 bis mittags 12 Uhr Sammeln bei der Schule Loher Weg in Heide*[18] *unter der Nummer 12 748. Hier finden sich aus allen Teilen Schleswig-Holsteins, doch zum größten Teil aus Dithmarschen, 165 Männer zusammen aus den Jahrgängen 1893 bis 1915. Teilnehmer des Weltkrieges und Junge, die geboren wurden, als die andern schon einmal draußen standen … Um 16 Uhr der erste Dienst: Ein LKW transportiert uns in die Kaserne zur Untersuchung. Anschließend ist Einkleiden. Auf dem langen Fliesengang unter dem Kasernendach stehen, hocken und liegen wir alle durcheinander nach dem langen Tag. Nach durchwachter Nacht stecken alle am nächsten Morgen 6 Uhr (29. 8.) in einem mehr oder weniger passenden grauen Rock. Nach einigen Stunden Ruhe wird angereten zur Einteilung der Kompanie. Hauptfeldwebel Zörn gibt dabei bekannt, daß wir die 9. Kompanie des I.R. 490 sind … Nachmittags am selben Tage begrüßt Oberleutnant Behrens zum ersten Male seine Kompanie. Hauptmann Schaper übernimmt am 30. 8. in einer kurzen Ansprache das III. Bataillon … 1. September: Angehörige verschiedener Kameraden sind zum Teil von weither gekommen, um noch einmal Abschied zu nehmen. Auf dem Schulhof und am Gitter finden sie sich immer wieder ein … Als die Kompanie in Heide zusammengestellt wurde, bestand sie zu einem großen Teil (93 Mann) aus kriegsgedienten Männern, die nach dem letzten Krieg nie eine Uebung mitgemacht hatten und infolgessen weder die Kampftechnik der neuen Gruppe noch das MG 34 kannten. Um die Kompanie überhaupt einsatzfähig zu machen, mußte deshalb sofort eine rasche Erstausbildung an der neuen Waffe und in der neuen Kampfesart erfolgen. Das geschah noch in Heide (1. bis 6. 9.).“*[19]

Unter den Schützen der 9. Kompanie befanden sich überdurchschnittlich viele Teilnehmer des Ersten Weltkrieges. Das Heider Ergänzungsbataillon insgesamt sollte fast zur Hälfte aus Reservisten II (Wehrpflichtige der weißen Jahrgänge mit Kurzausbildung) bestehen, zu einem Fünftel aus Reservisten I (voll ausgebildete Wehrpflichtige mit ein oder zwei Jahren abgeleisteter Dienstzeit[20]) und zu einem knappen Viertel aus älteren Landwehrsoldaten, die teilweise noch im Ersten Weltkrieg ausgebildet worden waren. Das aktive Personal machte etwa ein Zehntel der Sollstärke aus. Am 6. September 1939 wurde in Heide noch das Ersatzbataillon des Infanterieregiments 490 aufgestellt. Es stellte Ersatz für die 269. Infanteriedivision.

4 *Die Kriegsmaschinerie läuft an*

Gut zwei Wochen dauerte es, die deutsche Marine in Kriegsbereitschaft zu versetzen. Am 15. August befahl das Oberkommando als Vorbereitung für den Fall W e i ß, zunächst alle für den Atlantik tauglichen U-Boote sowie das Panzerschiff ADMIRAL GRAF SPEE auslaufbereit zu machen. Am 19. August entsandte die Seekriegsleitung wegen der kritischen politischen Lage aus Wilhelmshaven neun und aus Kiel fünf U-Boote in den Nordatlantik in ihr vorgesehenes Operationsgebiet. Am 21. August meldete der Beobachtungsdienst der Kriegsmarine Spannungsmaßnahmen innerhalb der französischen Flotte. Die SPEE verließ Wilhelmshaven mit dem Ziel Atlantik, wo sie gegebenenfalls Handelskrieg führen sollte. Das Panzerschiff DEUTSCHLAND lief am 23. August von Wilhelmshaven aus, um im Nordatlantik Wartestellung zu beziehen, ebenso das zugeteilte Troßschiff WESTERWALD. Vor britischen und französischen Häfen stellte der militärische Geheimdienst Sperrmaßnahmen fest. Ab 25. August bildeten 15 deutsche U-Boote einen Vorpostenstreifen vor der Großen Fischerbank in der nördlichen und mittleren Nordsee sowie im Ärmelkanal. Die Briten schickten mehrere U-Boote vor die norwegische Küste. Die Deutschen bemerkten, daß ihre Dampfer von Franzosen gemeldet und überwacht werden.

Als am 25. August der formelle Befehl zur Mobilmachung erging, waren manche Punkte aus dem Mobilmachungskalender bereits abgehakt. Dem Kriegstagebuch des Küstenbefehlshabers Nordfriesland lassen sich die vorbereitenden Maßnahmen an Land entnehmen. So befahl die Marinestation der Nordsee in Wilhelmshaven am 16. August 1939, bis zum 22. August die Marinenachrichtenoffiziere einzusetzen, damit die Nachrichtenabteilungen ihre Arbeit aufnehmen konnten. Am 17. August kam der Befehl, bis zum nächsten Tag alle Marinesignalstationen, Marinefunkstellen, Hafenkommandanten und Küstenüberwachungsstellen aufzustellen (erst am 25. August war es tatsächlich soweit). Am 21. August wurde die S.B.-Bereitschaft hergestellt, das heißt, die Sonder-Betonnung und Befeuerung der Schiffswege für den Kriegsfall wurde vorbereitet (am 31. August hergestellt und Sonderlotsendienst eingerichtet, denn es herrschte von nun an Lotsenzwang). Am 22. August wurden die Offizierwachen eingerichtet und die in Nordholz eingetroffenen Jagdstaffeln der Luftwaffe in die Flugabwehr integriert. Neben Flugabwehrwaffen erhielten die militärischen Dienststellen Gewehre und Befehlsübermittler für den Fall der Landung gegnerischer Fallschirmspringer. Am 23. August wurden die Flakbatterien bemannt. Von der 4. Marine-Artillerieabteilung auf Sylt mußten dazu 220 Mann mit der Bahn nach Brunsbüttel transportiert werden. Ebenso waren von der 10. und 14. Schiffsstammabteilung (Wesermünde und Glückstadt) je etwa 40 Spezialisten zu den Abschnitten Brunsbüttel und Sylt zu bringen. Die Truppe sollte ihre Maschinengewehre in die befohlenen Stellungen schaffen. Daß dies nicht geschah, wurde zwei Tage später bemerkt und nachgeholt. Am 24. August wurde der Schichtdienst eingeführt und begannen die Kriegswachen. In den Marine-Annahmestellen wurden in den nächsten Tagen die vielen einberufenen jungen Männer empfangen. Die Funkstellen der Flugwachkommandos sollten schon am 24. August besetzt werden, aber das Personal war erst am 26. August da. Am 25. August traf um 17.07 Uhr der X-Befehl ein, wonach der nächste Tag der 1. X-Tag sei.

Nach Heer und Luftwaffe berief nun auch die Kriegsmarine an der Küste Kraftfahrzeuge ein. Seestreitkräfte im Hafen waren in den Flugabwehrschutz einzubeziehen. Alle Kampfeinheiten waren sobald wie möglich gefechtsbereit zu machen. In der Ausbildung sollte die Befehlsübermittlung geübt werden, die Flugzeugerkennung und der Scheinwerfergebrauch. Nächtliche Alarmübungen wurden angesetzt. Die Fliegerhorste hatten deutsche Flugzeuge den Flagrukos zu melden, damit diese Meß- und Richtübungen durchführen konnten. Bis 18 Uhr waren in der Annahmestelle Cuxhaven 21 Prozent des einberufenen Personals eingetroffen, in Brunsbüttel 57 Prozent und in Westerland 37 Prozent. Der Flugmeldedienst im Bereich des Küstenbefehlshabers Nordfriesland war „klar". Um 21 Uhr wurde der Verstärkte Grenzaufsichtsdienst an der Küste aufgerufen. Keine vier Stunden später war es soweit: Reservisten verstärkten nun die Strandpatrouillen.

Fortlaufend trafen junge Männer in den Dienststellen ein. Am 26. August waren um 14 Uhr in Cuxhaven 63 Prozent des Reservepersonals da, in Brunsbüttel 75 Prozent und in Westerland 81 Prozent. Aber erst etwa jeder zweite war schon bei seiner Einheit. In Wesermünde war noch keine einzige Batterie feuerbereit. Das Bekleidungsamt Wilhelmshaven mußte am Abend für 700 Ergänzungssoldaten im Abschnitt Brunsbüttel Marschrüstung nachliefern; Tornister, Kochgeschirr, Feldflaschen waren nur für die friedensmäßige Zahl von 1300 Soldaten vorhanden. Es wurde auch „Siebentageproviant" an die Küchen ausgegeben. In Brunsbüttel traf wegen eines falsch ausgelegten Befehls eine halbe Flugabwehr-Kompanie erst um 22 Uhr ein, mit mehr als zwei Tagen Verspätung. Am 28. August abends wurde die Marineannahmestelle Westerland aufgelöst. 1194 Reservisten wurden eingestellt und 22 weitere als untauglich entlassen. Am 28. und 29. erhielten auch die Reservisten Handwaffen, die mit Lastwagen herangebracht wurden. Am Abend des 30. wurde die Marineannahmestelle in Cuxhaven in der Kaserne aufgelöst. Am 31. August wurde die Zieldarstellung für die Luftwaffe zu Übungszwecken beendet wegen der Gefahr des Einflugs „echter" Feinde. Die Scheinwerfer sollten in dieser Nacht nicht leuchten, um keine Orientierungspunkte zu liefern. Am 1. September kam es zur ersten organisatorischen Änderung bei der Küstenverteidigung. Die Festungskommandanten (Kommandant der Befestigungen in Nordfriesland mit Sitz in Cuxhaven und Kommandant der Befestigungen in Ostfriesland mit Sitz in Wilhelmshaven) wurden in Küstenbefehlshaber umbenannt. Gleichzeitig wurden die Befehlsbereiche in mehrere Abschnitte aufgeteilt. Es waren von Nord nach Süd und Ost nach West folgende: im Bereich des Küstenbefehlshabers Nordfriesland die Abschnitte Sylt, Brunsbüttel und Cuxhaven und im Bereich des Küstenbefehlshabers Ostfriesland die Abschnitte Helgoland, Wesermünde, Wilhelmshaven, Wangerooge (einschließlich der Inseln Oldeoog, Spiekeroog und Langeoog), Norderney, Emden und Borkum.[21] Noch am selben Tag verbot der Küstenbefehlshaber Nordfriesland allen Dienststellen in seinem Bereich, ausländische Sender abzuhören.

Die Luftwaffe verfiel ebenfalls in fieberhafte Aktivität. Am 22. August 1939 traf auf dem Fliegerhorst in Jever der Führer der See-Luftstreitkräfte West ein, dem alle Küstenfliegerverbände an der Nordsee unterstanden. Er rief am 24. August alle Urlauber zurück wegen einer angeblich geplanten „Herbstverbandsübung". Am 25. August starteten um 2.34 Uhr früh fünf Maschinen der 3. Staffel der Küstenfliegergruppe 406 von List auf Sylt zu einer Aufklärungsübung. Alle fremden Kriegsfahrzeuge, auch U-Boote, sowie Bewachungslinien waren zu erkunden. Aber unauffällig: „Kein Fühlunghalten". Auch Dampfer sollten nicht näher angeflogen werden. Von der 1. und 2. Staffel der Küstenfliegergruppe 106 auf Norderney stiegen sechs Maschinen auf zu Erkundungsflügen. Dabei sollte nebenbei die Reichweite der *Heinkel 115* getestet werden. Auch die nächsten Tage bis zum Kriegsbeginn wurde Aufklärung über der Nordsee geflogen bis 50 Seemeilen vor die britische Ostküste. Auf den deutschen Militärflugplätzen blieb nun die Nachtbefeuerung ausgeschaltet. Stattdessen wurden die Flakzüge in Bereitschaft versetzt und die Kriegsstationen besetzt. Am selben Tage starteten auch sechs Maschinen der 1. und 2./106 zur Überwachung und Aufklärung. Auch ihnen war das Anfliegen von Dampfern verboten. Die 1./106 hatte auch die Reichweite ihrer *He 115* zu testen. Die Nachtbefeuerung der Häfen wurde eingestellt, der Flakzug in Bereitschaft versetzt und die Kriegsstationen besetzt.

Mit dem 24. August 1939 setzt das Kriegstagebuch der Fliegerhorstkommandantur Tönning ein. Der Wasserflugplatz an der Eidermündung war nicht mit Einsatzverbänden belegt, sondern diente als Luftpark der Materialversorgung der Seefliegerverbände und der Reparatur von Flugzeugen. Selbst an diesem ruhigen Standort wurde zeitpräzise die militärische Schlagkraft erhöht, wie der Wortlaut der Eintragungen zeigt.

Fliegerhorstkommandantur Tönning

24.8.39 1930 * Fernmündlicher Befehl vom Luftverteidigungskdo Hamburg (L.V.K.) die Geschütze der ortsfesten 8,8 cm Flak-Batterie in Stellung zu bringen. 1950 Die 4 8,8 cm Flak wurden in die befohlene Stellung – etwa 1000 m NW des Fliegerhorstes in Stellung gebracht. 2020 Ferner wurden die 4 MG 15 auf den Ständen der Hallendächer besetzt.

25.8.39 0005 Fernschriftliche Meldung an L.V.K. Hamburg: „Ortsfeste Flakbatterie Nro 7 in Stellung und einsatzbereit.“ 1815 Eingang folgenden Fernschreibens von Luftgau Kdo XI: „X – 26. August 39 für gesamte Luftwaffe (ohne Fl.Ausb.Rgt.** und Schulen) Eingang des X-Befehl beim L.G. Kdo XI am 25.8.39 1625“. 2130 Fernmündliche Durchgabe von L.V.K. Hamburg: „Bodenorganisation blau klar“. „Bodenorganisation rot klar.“ 2200 Kriegswachen werden bezogen.

26.8.39 1300 Die für den Landesschützenzug eingezogenen Soldaten treffen ein und beziehen im Laufe des Nachmittages die Quartiere. 1400 Eintreffen der Soldaten und Fahrzeuge der Fliegernachschubkolonne. Unterbringung im Hotel „Stadt Tönning“.

27.8.39 1500 Eintreffen und Ausrüsten des für die Horstkompanie eingetroffenen Ergänzungspersonales. 1800 Fernschriftliche Meldung an L.G. Kdo XI „Mobilmachung beendet“. Im Laufe des Tages wird der Flugmeldedienst eingerichtet. Ein vorgeschobener Flugmeldeposten am Strande bei St. Peter aufgestellt.“

28.8.39 1315 Der 2. Zug der Nachschubkompanie 1/See (1 Feldw., 6 Uffz., 72 Mann) traf aus Kiel-Holtenau ein und wurde im Landjahrheim*** untergebracht.

1.9.39 0600 Aufruf des zivilen Luftschutzes. 2000 Verdunkelung bis auf weiteres angeordnet und durchgeführt.

2.9.39 1830 M.S. „Annemarie“ trifft aus Hamburg ein und steht zur Verfügung des Luftparks (See) Tönning.

* 19.30 Uhr, ** Fliegerausbildungsregimenter, *** Hochsteg 33 in Tönning

(Quelle: BA-MA RL 21/118, Kriegstagebuch Nr. 1, 24.8.1939–1.3.1941)

Nun war auch in Tönning das Militär mobilisiert, ausgerüstet, motorisiert, einsatzklar und in Bereitschaft, die Geschütze so gut wie gefechtsbereit ...

Die Wehrmacht requirierte Ochsen, aber auch Kühe, Schweine und Schafe von Landwirten zwecks Schlachtung. So bekamen auch viele Bauern frühzeitig mit, daß ein Krieg unmittelbar bevorstand. Der Tetenbüller Johan Redlef Volquardsen notierte unter dem 27. August in sein Tagebuch: *„Mußte heute Vieh abliefern für die Heeresverwaltung. Es scheint ernst zu werden."*[22] In den Dörfern brachten Männer Pferde zu Sammelstellen, wo sie für den Militärdienst gemustert werden. Ob bei Infanterie, Artillerie oder Nachschub: Etliche Wehrmachtseinheiten waren nicht motorisiert und auf Zugtiere angewiesen. In Schlamm und Kälte hielten Pferde länger durch als Kraftfahrzeuge. Nach Untersuchungen sind von den insgesamt 2,75 Millionen bis Kriegsende von der Wehrmacht eingesetzten Pferden allerdings mindestens 60 Prozent gestorben!

Die Pferdesammelstelle X/10 auf dem Hof von Hugo Hennings in Koldenbüttel an der Chaussee (heute Bundesstraße 202 Nr. 4). In Meldorf mußten Bauern ihre vier- bis siebenjährigen Pferde auf dem Sportplatz einer Musterungskommission vorstellen. Die eingezogenen Pferde wurden nach Rendsburg und zum Heeres-Remonteamt Schönböken überführt. Aus dem kleinen Kaiser-Wilhelm-Koog wurden ab September 1939 98 Pferde an die Wehrmacht abgeliefert, wobei die im März 1945 eingezogenen 21 Pferde nie bezahlt wurden. *(Foto: KANF)*

5 Norddeich mahnt zur Eile

Ausländische Regierungen wiesen ihre Schiffe frühzeitig an, keine deutschen Häfen mehr zu berühren. Am 23. August passierten das letzte polnische und das letzte französische Schiff den Kaiser-Wilhelm-Kanal (heute Nord-Ostsee-Kanal). Am selben Tag wurden die britischen Reeder angehalten, Schiffe aus Deutschland zurückzurufen. Am 24. August verließ der letzte englische Dampfer den Hamburger Hafen. Zwei Tage später übernahm die britische Admiralität die Kontrolle über die Handelsflotte. Sie stellte die Schiffe zu Geleitzügen zusammen und sicherte diese mit Kriegsschiffen.[23]

Von der größten deutschen Küstenfunkstelle in Norddeich wurden unterdessen Fernsprechleitungen zum Oberkommando der Kriegsmarine geschaltet. Ein Korvettenkapitän und ein Fernschreib-Obergefreiter trafen ein, um die Wettertelegramme mit den Positionen der Schiffe an die Kriegsmarine zu übermitteln. *Norddeich Radio* konnte in kurzer Zeit zu jedem beliebigen Schiff auf den Weltmeeren eine drahtlose Verbindung herstellen. Die Funkstelle sollte ihre für die Sicherung der Schiffahrt wichtigen Seefunkdienste weiterführen und, wie sich nun abzeichnete, zusätzlich Aufgaben für die Seekriegsführung übernehmen. Ihr Personal wurde uk (unabkömmlich) gestellt. Leichte Marineflak bezog Stellung um die Sendefunkstelle *Norddeich Radio* und die Empfangsfunkstelle Utlandshörn. Die Einrichtungen selbst wurden von Landesschützen bewacht. Fünf Kilometer nordöstlich der Kreisstadt Norden wurde der Großrundfunksender Osterloog als „Versuchsanlage N“ für deutsche Sendungen mit englischsprachigen Nachrichten („Germany calling!“) in Betrieb genommen. Seine Wellenleistung war in Richtung England um das Dreifache erhöht.[24] Osterloog diente auch als Störsender gegen die Londoner *British Broadcasting Corporation (BBC)*, die ihrerseits mit ihrem deutschsprachigen Dienst Propaganda betrieb, wobei die Empfangsstation in der Gemeinde Upgant-Schott (Landkreis Aurich) stand. Für die Nachrichtenverbindungen mit Hilfskreuzern, Versorgern und Blockadebrechern arbeiteten die Norddeicher Übermittlungsverfahren aus, die sowohl den Inhalt geheimhalten als auch den Gegnern ein Einpeilen des Schiffes möglichst erschweren sollte.

Am 25. August 1939 gab Norddeich auf Order des Reichsverkehrsministeriums ab 1 Uhr morgens das erste Warntelegramm an die deutsche Schiffahrt heraus, die QWA 7. Ein mit dem Rufzeichen QWA beginnender Funkspruch war eine Weitergabenachricht, die vom Empfänger sofort an andere Schiffe, die vermutlich keine deutschen Stationen hörten, weiterzugeben war. Die verschlüsselte Botschaft lautete: *„Nächste Woche wie verabredet Beobachtungen nehmen für Deutsche Seewarte. Essberger.“* Dieses Stichwort bedeutete für die Schiffsführer, den versiegelten Brief zu öffnen. Der international bekannte Hamburger Unternehmer John T. Essberger war Vorsitzender des Verbandes Deutscher Reeder und Leiter der Reichsverkehrsgruppe Seeschiffahrt. Nun war nach der Sonderanweisung zu handeln: Sofort hatten die Schiffe die üblichen Schiffahrtswege zu verlassen und sich außerhalb der Dampfertrecks zu halten.

Wenige Stunden später kam aus Norddeich und Rügen die QWA 8:

„1. Warten Sie auf Anweisungen.
2. Inhaber des Steuermannspatentes Große Fahrt namhaft machen.
Essberger“.

Das war der Befehl, unter Meidung des Ärmelkanals nach Deutschland zurückzukehren, das Schiff zu tarnen und den geheimen Radioschlüssel zu gebrauchen. In der Nordsee kehrten jene Schiffe um, die die deutschen Gewässer gerade nach den Niederlanden oder Norwegen verlassen hatten. Aus den englischen Häfen lief alles aus, ohne lange auszuklarieren, ohne Lotsen, manche sogar, ohne die mitgebrachte Ladung zu löschen.

Die Fischereifahrzeuge wurden wie folgt gewarnt:

„Alle Fischdampfer Wesermünde Nr. 1 25/7, 16,53. An deutsche Fischdampfer: Südlich Rosengarten große Fänge. Hochseefang.“

Als Rosengarten werden die Fischgründe südöstlich von Island bezeichnet, eine weitere Tarnung. Gemeint war: Fangreise abbrechen und in den Heimathafen zurückkehren. Mit dem Kriegsfall verloren die Reeder das Recht, die Kurse ihrer Schiffe zu bestimmen, an das Reichsverkehrsministerium. Diesem unterstand nun die Handelsschiffahrt.

Der Rückruf der deutschen Handelsflotte wurde zu einem Wettlauf gegen die Zeit. Viele Rückführungen in heimatliche Gewässer gelangen. Der Dampfer UBENA auf der

Heimreise von Lissabon, änderte seinen Kurs und fuhr nun, statt die Häfen Southampton und Rotterdam anzulaufen, mit höchster Fahrt nördlich um Irland. Er wurde getarnt, ging allen Fahrzeugen aus dem Weg und fuhr nachts völlig abgeblendet. Maßnahmen zur Selbstversenkung waren getroffen. In der Nacht zum 29. August wurde Fair Island passiert und unmittelbarer Kurs auf Helgoland genommen. Durch den starken Nebel war kein Land und kein Leuchtturm auszumachen. *„Seit Lissabon war das Feuer von Helgoland die erste Landmarke."*[25] Am 30. August machte die UBENA in Hamburg fest.

Der Dampfer GENERAL SAN MARTIN war auf der Heimreise von Buenos Aires und mied nun Frankreich und den Ärmelkanal. Nach nördlicher Umfahrung von Großbritannien erreichte er am 1. September Hamburg.

Der Dampfer FALKENFELS stand vor besonderen Schwierigkeiten, als er nach Rückkehr aus Baltimore weit auf dem Atlantik stehend die Warnmeldung empfing. Den 18 deutschen Besatzungsmitgliedern standen 55 indische mit britischer Staatsbürgerschaft gegenüber, weil das Schiff in der Indienfahrt verwendet wurde. Kapitän Borgas verließ die übliche Dampferroute und ging auf Nordkurs. Zur Tarnung wurde der Schiffsname „Kjöbenhavn" angepinselt und die Schornsteinmarke geändert. Die Ausguckposten ließ Borgas verdoppeln. Der Funkverkehr wurde eingestellt, das Schiff vollkommen abgedunkelt. Den Indern sagte man, daß mit den Polen nur Streitigkeiten bestehen würden. Sie taten weiter ruhig ihren Dienst. Am 31. August war die norwegische Küste erreicht. Es war klarer Himmel, als die FALKENFELS in die Nordsee kam und zum Feuerschiff ALTE WESER steuerte. Dort ließ Borgas am 2. September den Anker fallen.

Doch die Deutschen machten Fehler. Am Morgen des 28. August wurde die missverständliche QWA 9 gesendet: *„Alle Möglichkeiten ausnutzen, um innerhalb der nächsten vier Tage Heimathafen zu erreichen. Falls nicht möglich, Spanien, Italien, Japan, Rußland, Niederlande, andernfalls neutrale Häfen gehen. Auf keine Fall Vereinigte Staaten. Marineleitung."* Die Vier-Tages-Frist sollte eigentlich nur zur Eile anhalten. Viele deutsche Schiffe in Übersee kehrten aber daraufhin wieder um, zumal auch ein Funkspruch vom Morgen des 28. August widersprüchlich war. Erst am Nachmittag wurde die klarere QWA 10 abgegeben: *„Auch über die W-Nachricht Nr. 9 gegebene Frist hinaus … möglichst Heimat zurückkommen."* Der Mangel an deutschen Bunkerstationen im Ausland wirkte sich für viele Schiffe verhängnisvoll aus. Die britischen Ölgesellschaften verkauften keinen Treibstoff mehr an deutsche Kapitäne oder bezichtigten diese einfach offener Rechnungen, so daß die Schiffe auch in neuträlen Häfen in die Kette gelegt wurden und nicht mehr auslaufen konnten. Je mehr Staaten in den Kriegszustand mit Deutschland traten, desto mehr festliegende Besatzungen wurden interniert. Ein rechtzeitiger Rückruf deutscher Schiffe aus den Kolonien jener Länder, die die Wehrmacht anzugreifen gedachte, unterblieb meist aus Geheimhaltungsgründen. Sie wurden einfach geopfert. Unter den Internierten war auch der Brunsbütteler Kapitän Herbert Suhr, der auf der WASGENWALD als zweiter Offizier fuhr, als diese am 10. Mai 1940 in Sabang (Sumatra) beschlagnahmt wurde. Er durchlief Lager in Niederländisch-Indien, Ceylon, Indien, Kanada und England, bis er 1947 wieder Brunsbüttel erreichte. Suhr arbeitete später noch 21 Jahre als Lotse auf dem Nord-Ostsee-Kanal. Rudolf Nicolaus aus Thalingburen bei Meldorf, damals 17-jähriger Schiffsjunge auf der PRIWALL, wurde in Chile vom Kriegsbeginn überrascht. Ein Jahr sitzt die Besatzung fest, dann forderte das neutrale Land die Deutschen zur Ausreise auf. „Das Schiff verschenkten wir an die Chilenen", bemerkt Nicolaus. Mit dem Dampfer FRANKFURT gelang es den Seemännern 1941, die britische Blockade vor der südamerikanischen Küste zu durchbrechen. Westlich der Azoren aber stoppte ein englischer Hilfskreuzer die FRANKFURT. „Da haben wir sie versenkt und uns in Rettungsbooten davongemacht.“ Nach acht Tagen gelangten die Schiffbrüchigen ins neutrale Portugal und von dort nach Deutschland. Nicolaus machte später sein Kapitänspatent, er war einer der letzten Kap Hornier.

Von den Handelsschiffen im Ausland erhielten die deutschen Reeder nach dem Krieg keines zurück. Das galt selbst für das wohlwollend neutrale Spanien: Der 1921 gebaute Hamburger Dampfer Etappen-Versorgungsschiff CORRIENTES, der auch einmal NORD FRIESLAND geheißen hatte, befand sich am 25. August 1939 bei den Kanarischen Inseln und blieb sicherheitshalber dort. 1943 mußte das Schiff aber Spanien als Ersatz für ein irrtümlich von deutschen Einheiten versenktes Schiff überlassen werden. Im Dezember 1943 mußte das Etappen-Versorgungsschiff BESSEL auf britischen Druck hin im Hafen Vigo Maschinenteile ausliefern und wurde so unbeweglich gemacht. Nach Kriegsende lieferte Spanien deutsche Schiffe an Großbritannien ab.[26]

Immer wieder kam es vor, daß deutsche Handelsschiffe die bei Kriegsbeginn ausgelegten britischen Minensperren und die Patrouillen glücklich umgingen und Heimatgewässer erreichten. Sie wurden als „Sperrbrecher“ gefeiert. Der normale Dienst nach niederländischen und belgischen Häfen lief weiter. Die deutschen und skandinavischen Handelsschiffe, die Erz aus Schweden holten, wurden nach Möglichkeit statt über die Nordsee durch das Skagerrak und über den Kaiser-Wilhelm-Kanal geleitet. Während in der Nordsee mit französischen und vor allem britischen Kontrollen und Beschlagnahmungen gerechnet werden musste, blieben die deutschen und die mit Deutschland verkehrenden neutralen Frachter in der Ostsee unbehelligt.

6 *Schwimmende Leuchttürme*

Feuerschiffe dienen der Seeschiffahrt als „schwimmende Leuchttürme“ für die Navigation. Sie werden – heutigentags unbemannt – auf einer festen Position auf See verankert, wo es wegen einer starken Strömung oder der Wassertiefe nicht möglich ist, einen festen Leuchtturm zu bauen. Bei Kriegsbeginn wurden die deutschen Feuerschiffe überwiegend von ihren Positionen abgezogen und auch auf manchen Leuchttürmen die Feuer gelöscht, weil man sie nicht der Fliegergefahr aussetzen und feindlichen Kräften keine Orientierung bieten wollte. Teilweise wurden auch Seezeichen eingezogen. Zugleich erhöhten losgerissene und treibende Minen die Gefährdung von Schiffen und Besatzungen.

Einzelne Feuerschiffe blieben auf ihren Positionen, wurden aber mit Flugabwehrwaffen bestückt. Dazu gehörte die AMRUMBANK II auf 54 Grad 33 Minuten Nord und 7 Grad 53 Minuten Ost, die 18 Seemeilen südwestlich von Amrum zur Warnung vor der Untiefe Amrumbank lag (heute Museumsschiff in Emden). Die alte AMRUMBANK mußte das Wasserbauamt Tönning an die Wehrmacht abgeben, sie fiel 1944 einem Bombenangriff auf Kiel zum Opfer. Auf der Außeneider verblieb das Feuerschiff AUSSENEIDER. Es war nur zeitweise als Reserve-Leuchtschiff vor der Jademündung eingesetzt. Noch heute existiert es als Museumsschiff in Lübeck.

Die Positionen Elbe 1 und Elbe 3 weit vor der Elbmündung wurden aufgegeben. Die Position Elbe 2 auf 53 Grad 59 Minuten und 37 Sekunden Nord und 8 Grad 24 Minuten und 51 Sekunden Ost wurde 1939 bis 1944 vom Feuerschiff WESER, das nun Leuchtschiff H hieß, übernommen. Auf der Position Elbe 4 in der Krümmung nördlich der Ku-

Feuerschiffe waren Leuchttürme zur See, im Bild die AMRUMBANK. (Foto: Sammlung Bernd Volkers)

Die Crew des Feuerschiffs AUSSENEIDER in den Kriegsjahren. Vorn von links: unbekannt (Maschinist), Kapitän Voigt, Curt (beide Tönning), unbekannt (Geschützbedienung), Joern Carstens (Rendsburg); hinten von links Friedrich Bergert (Tönning), Theo Carstens (Husum, später Hafenmeister in Husum), Peter Jaeger, Pohlmann, Adolf Witt (alle Tönning), unbekannt. (Foto: Sammlung Bernd Volkers)

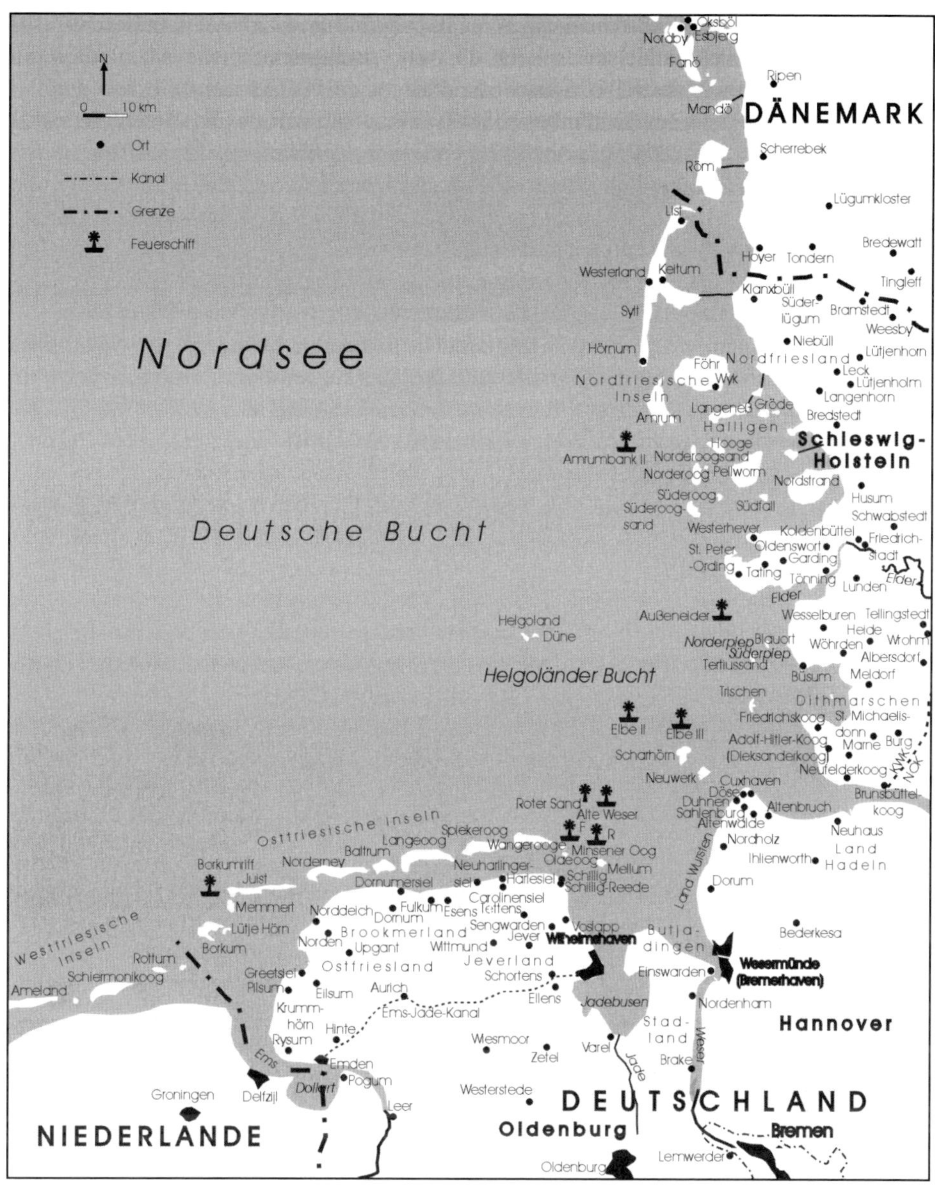

Die deutsche Nordseeküste zur Zeit des Zweiten Weltkrieges. In der Deutschen Bucht waren damals noch eine Reihe von Feuerschiffen stationiert. Am rechten Rand ist mit KWK/NOK der damalige Kaiser-Wilhelm-Kanal angedeutet, durch den die Kriegsmarine auch größte Einheiten von der Nordsee in die Ostsee und umgekehrt verlegen konnte.

gelbake auf 53 Grad 57 Minuten Nord und 8 Grad 29 Minuten Ost diente die BÜRGERMEISTER KIRCHENPAUER von 1939 bis 1945 als Leuchtschiff K.

Das Hauptfeuerschiff BORKUMRIFF III (auf 53 Grad 43 Minuten Nord und 6 Grad 23 Minuten Ost) gab am 15. September 1939 seine Position auf und wurde in den Emdener Hafen zurückgeholt. Das Feuerschiff BREMEN II verblieb bis Oktober 1942 in der Wesermündung südsüdwestlich Roter Sand nahe Tegeler Plate auf 53 Grad 47 Minuten Nord und 8 Grad 9 Minuten Ost als Leuchtschiff „R". Es wurde dann wegen Fliegergefahr eingezogen und durch die Leuchttonne „R" ersetzt.

Trotz der Flakbewaffnung griffen Bomber die Schiffe gelegentlich an. Am 6. September 1944 versenkten britische Jagdbomber vom Typ *Beaufighter* die als Feuerschiff E verwendete NORDERNEY II. Das 53 Meter lange Schiff stand östlich des Leuchtturms Roter Sand auf der Position Alte Weser (53 Grad 51 Minuten Nord, 8 Grad 7 Minuten Ost). Dem schwersten Angriff auf Wilhelmshaven fiel am 15. Oktober 1944 im Wangerooger Fahrwasser das 45 Meter lange Leuchtschiff F ex WESER II zum Opfer. Es sank auf seiner Position durch Fliegerbeschuß.

7 Jähes Urlaubsende

Für die Hoteliers, Pensions- und Zimmerwirte an der Nordseeküste ließ sich das Jahr 1939 gut an. Bäder wie Norderney und Wangerooge meldeten eine Rekordsaison. Doch genau wie 1914 sollte die hoffnungsvoll stimmende Saison jäh abbrechen. Bis zur dritten Augustwoche wurde die Kriegsgefahr von den Urlaubern weitestgehend verdrängt. Es herrschte die Meinung vor, daß sich die Regierungen wegen Hitlers Forderungen an Polen in letzter Minute einigen würden wie bisher in vergleichbaren Fällen. Aber dann schlug die Stimmung um. Hans-Ulrich Dill beobachtete damals auf Wangerooge folgendes: *„Am Strand erschienen zuerst vereinzelt, später häufiger Ausrufer und beorderten Gäste ins Hotel. Von dort kamen sie meist erregt zurück und berichteten, verließen dann den Strand, um zu packen und abzureisen ... Unter den Badegästen hatte sich große Nervosität und Sorge ausgebreitet."*[27] An der Rezeption lagen Telegramme aus der Heimat, weil die Männer Gestellungsbefehle bekommen hatten. Überall waren erleuchtete Fenster zu sehen, denn in fast jedem Haus mußten Koffer gepackt werden.

Schließlich wurde es hektisch. Am späten Abend des 26. August wurde im Radio die Einführung von Lebensmittelkarten in Deutschland bekanntgegeben. Sie sollten ab Montag, 28. August, gelten. Der Zeitpunkt war mit Bedacht gewählt, denn über das Wochenende konnte niemand mehr Waren hamstern.

Am 29. August hieß es, alle Gäste sollten die Inseln bis zum 30. August verlassen. Auch Frachtschiffe und Fischkutter wurden eingesetzt, um die Urlauber abzuholen. *„Und dann kam er. Der Krieg. Als die Kommandantur bekanntgab, daß die Insel bis zum nächsten Tag von allen Gästen zu räumen sei, verschwand der bunte Schwarm"*, erinnert sich der Helgoländer Inselarzt Walter Kropatscheck. *„Die Straßen lagen leer in der Sonne, als ich mich auf den Weg zur Intendantur machte, um mir die besten Hotels als Hilfslazarette zu sichern. Der Amtmann war in Spendierlaune, requirierte und gab, was ich nur immer wünschte. Während wir vor unseren Ortsplänen und Papieren saßen, schoß draußen die Batterie Schröder ihre langen Rohre, die schon die Schlacht am Skagerrak mitgemacht hatten, ein."*[28]

Durch die Abreise der Urlauber löste sich auf Wangerooge ein kurioser Konflikt. Landrat Ott schrieb dem Kommandanten des dortigen Seefliegerhorstes: *„Die Angelegenheit* *wegen der Flugzeugbesatzungen, die am Oststrand oft baden und wegen ihrer Dreieckshosen seitens der Badegäste Anstoß erregen, braucht wegen der veränderten Verhältnisse (Krieg) nicht weiter verfolgt zu werden.“*[29]

Die auf dem Festland liegenden Nordseebäder wurden kein Sperrgebiet, aber auch hier reisten die Gäste schlagartig ab.[30] Kur- und Urlaubseinrichtungen wurden weitgehend geschlossen oder Wehrmachtzwecken zugeführt. Die Gästebetten konnten jetzt nur noch an die Wehrmacht und Baufirmen, die beim Bunkerbau halfen, vermietet werden – mit großem Abschlag, versteht sich. In Westerland wurden alle Hotels in Truppenunterkünfte umgewandelt bis auf das „Stadt Hamburg“. Nur dort blieb ein markenfreies Essen möglich. Auf den Ostfriesischen Inseln kam es noch zu einer besonderen Härte, weil Einrichtungsgegenstände gewerblicher Vermieter enteignet wurden. Mobiliar, Wäsche und Geschirr waren an die Gemeinden abzugeben. Die Nord- und Ostfriesischen Inseln blieben den Krieg über für Zivilpersonen vom Festland gesperrt. Wer sie betreten wollte, brauchte einen Erlaubnisschein der Inselkommandantur. Reisen waren ohnehin nicht mehr gern gesehen. Züge glichen Truppentransportern. Zehntausende Privatautos wurden im Reich beschlagnahmt. Wer noch eines besaß, durfte es nur mit Ausnahmegenehmigung benutzen. Die Fahrzeughalter konnten das Verbot kaum umgehen: Tankstellen wurden verplompt oder gaben nur noch auf Bezugsschein Benzin aus, Drogerien und Apotheken hielten nur kleine Mengen davon bereit.

8 Die Schwabstedter Glocke – Von Bord der SCHLESWIG-HOLSTEIN? (Der 1. September 1939)

Es war noch dunkle Nacht, als sich das Kriegsschiff SCHLESWIG-HOLSTEIN durch den Danziger Hafenkanal tastete. Niemand ahnte, daß Kapitän Gustav Kleikamp einen schrecklichen Befehl hatte. Eine gute Stunde vor Morgengrauen notierte er: *4.43 Uhr mit Mittelmaschine allein, halbe Fahrt voraus, auf Westerplatte zugedampft.* Dann folgte der lapidare Tagebucheintrag: *4.47 Uhr Feuererlaubnis!* Mit seinen Breitseiten gegen das polnische Waffendepot auf der Halbinsel gab die SCHLESWIG-HOLSTEIN an jenem Freitag die ersten Schüsse des Zweiten Weltkrieges ab. Die Glocke dieses Schiffes, das traurige Berühmtheit erlangte, soll nach dem Krieg in dem nordfriesischen Treene-Idyll Schwabstedt eine neue Verwendung gefunden haben …

Gibt es wirklich einen Bezug zwischen dem kaiserlichen Linienschiff und der schleswig-holsteinischen Westküste? Der beste Kenner der Ortsgeschichte, Dr. Hans Meyer, schrieb schon 1968 in seinem Buch über den früheren Bischofssitz, die Stundenglocke im Dachreiter der Kirche stamme von der SCHLESWIG-HOLSTEIN. Die Kirchengemeinde wies in ihren Broschüren ebenfalls darauf hin. 1986 schließlich veröffentlichte Frenz Bertram, der Sohn des langjährigen Schwabstedter Kirchendieners, Einzelheiten der Geschichte. Demnach hatte die Kirche 1941 ihren Stundenschlag zum Einschmelzen für die Rüstungsproduktion abgeben müssen. 1945 kam eine Eisenbahnlasche, die früher wohl einmal Schienen zusammengehalten hatte, als Ersatz. Ihr schleppender, scheppernder Ton war dem Dorf nicht lange zuzumuten. Nun hatte Kreisjugendpfleger Willy Zähter von einer Glockensammelstelle auf dem Kieler Werftgelände eine Glocke für das Jugendzeltlager in der Sandkuhle bei Schwabstedt erhalten. Sie trug die Inschrift „SCHLESWIG-HOLSTEIN“, auffälligerweise in Großbuchstaben. In Kiel erklärte man Zähter, der Klangkörper solle vom gleichnamigen Linienschiff stammen.

1. September 1939: Das Linienschiff SCHLESWIG-HOLSTEIN feuert auf die von Polen festungsartig ausgebaute Westerplatte an der Einfahrt nach Danzig. Es sind die ersten Schüsse des Zweiten Weltkriegs. (Foto aus: OKW: Die Wehrmacht)

Das hörte sich durchaus wahrscheinlich an, weil das Schiff 1944 im westpreußischen Gotenhafen (Gdingen) nach Bombentreffern nur zwölf Meter tief gesunken war und die Kriegsmarine vor dem Einmarsch der Roten Armee 1945 noch Waffen und Gerät daraus bergen konnte. Zwischen Gotenhafen und Kiel pendelten ständig Schiffe. Es wäre naheliegend gewesen, den Klangkörper zur Glockensammelstelle auf dem Werftgelände zu bringen.

Zähter übergab die Glocke 1946 Kirchendiener Johann Bertram für den Dachreiter. Allerdings wurden die Schwabstedter auch damit nicht glücklich. „Anfangs war man noch froh über diesen Zugang, weil nach dem Krieg zuerst alle Glocken weg waren“, erzählt Pastor Michael Goltz. Die Glocke war aber aus Stahlguß und deshalb kein wohltönendes Musikinstrument. Sie klang „besser als die Lasche“, aber doch sehr blechern. „Selbst als Uhrenschlagglocke unerträglich“, befand ein Sachverständiger. Zudem fing sie bald an zu rosten. Küster Jürgen Tantow erinnert sich noch an den sehr hohen und „harten“ Stundenton, der über das Dorf schallte. Ums Jahr 1983 sei die Glocke außer Betrieb gesetzt worden, 2006 wurde sie aus dem Dachreiter entfernt. Stark verrostet fristet sie heute ein Schattendasein auf dem Boden. Ihren Platz hat eine „richtige“ Bronzeglocke eingenommen.

Goltz glaubt schon, daß im Dachreiter eine Schiffsglocke hing. Neue Hinweise, daß sich die Glocke der 1906 gebauten SCHLESWIG-HOLSTEIN im Militärhistorischen Museum in Sachsen befinde, lassen ihn aber an der alten Legende zweifeln. Tatsächlich wird in Dresden eine prächtige und erheblich größere Bronze-Schiffsglocke mit der eindeutigen Inschrift „S.M.S. SCHLESWIG-HOLSTEIN“ verwahrt. Zugangsjahr und -ort

Wilhelmshavener Kurier

Sonder-Ausgabe

Parteiamtliche Tageszeitung der NSDAP. und Nachrichtenblatt der Deutschen Arbeitsfront für Wilhelmshaven

Alleiniges Amtsblatt der Stadt und des Polizeipräsidenten Wilhelmshaven, amtliches Verkündungsblatt der Marine, der staatlichen und Gemeindebehörden des alten Amtes Jever (Gemeinden Stadt Jever, Kniphausen, Minsen, Oestringen, Wangerland und Wangerooge) sowie der Amtsgerichte Jever und Wilhelmshaven

Anzeigenpreise: Grundpreis für die 22 mm breite Millimeter-Zeile im Anzeigenteil 7,5 Rpfg. (Nachlaß nach Preisliste 9), für die 69 mm breite Millimeterzeile im Textteil 80 Rpfg. Ermäßigter Grundpreis für amtliche Anzeigen 6,4 Rpfg., für Familienanzeigen 6 Rpfg. Einspaltige „Kleinanzeigen" das Wort 6 Rpfg., jedes halbfette Wort 12 Rpfg. — Bezugspreise: Monatlich 1,90 RM., zuzüglich 30 Rpfg. Botenlohn. Postbezug 2,— RM. (einschließlich 31,80 Rpfg. Postzeitungsgebühr), zuzüglich 0,36 RM. Bestellgeld. — Einzelpreis: 10 Rpfg. — Fernsprechanschlüsse Wilhelmshaven Nrn. 1841 und 1842, Nach 19 Uhr: 1843 und 1844. Geschäftsstelle Jever 524.

Nr. 204 | Wilhelmshaven, Freitag, den 1. September 1939 | 9. Jahrgang

Die große Reichstagsrede Adolf Hitlers in historischer Stunde

Deutscher Wille und deutscher Stahl werden alle Not besiegen!

„Kampf solange, bis Sicherheit und Recht des Deutschen Reiches gewährleistet sind"

„Ich will jetzt nichts anderes sein als der erste Soldat des Deutschen Reiches"

„Ein Wort habe ich nie kennen gelernt: Kapitulation!"

Berlin, 1. September.

Der Sitzungssaal des Reichstages bietet an diesem Tage, an dem das ganze deutsche Volk von dieser Stelle die bedeutsamen Erklärungen des Führers erwartet, das Bild ganz großer entscheidungsreicher Stunden. Fast vollzählig sind die Abgeordneten des Großdeutschen Reichstages, schon lange, bevor die Stunde des Sitzungsbeginnes herannaht.

Im Sitzungssaal herrscht wie immer die Uniform vor, diesmal sieht man aber ganz besonders viel Feldgrau, eine große Anzahl von Abgeordneten tragen schon das Ehrenkleid des deutschen Soldaten, andere wieder sind schon zu den Waffen eingezogen und müssen dieser historischen Sitzung fern bleiben. In der Diplomatenloge finden sich zahlreiche Vertreter der in Berlin beglaubigten Mächte ein.

In der ersten Reihe sitzt der Stellvertreter des Führers Reichsminister Rudolf Heß, neben ihm der Reichsminister des Auswärtigen von Ribbentrop, Großadmiral Dr. h. c. Raeder, Reichsminister Dr. Goebbels, Reichsminister Frick und der Reichsprotektor Freiherr von Neurath. Besondere Aufmerksamkeit widmen die Abgeordneten den Befehlshabern der einzelnen Wehrmachtsteile, deren Haltung Sicherheit, Ruhe und Zuversicht ausströmen.

Der Führer in Feldgrau

Um 10.07 Uhr betritt der Führer, der die feldgraue Uniform trägt, den Sitzungssaal. Die Abgeordneten und die Tribünenbesucher erheben sich von den Plätzen. Dem Führer folgen der Präsident des Deutschen Reichstages, Generalfeldmarschall Göring, Reichsminister Dr. Frick. Kaum hat der Führer seinen Platz eingenommen, als die bis dahin mühsam zurückgehaltene Begeisterung sich Luft macht. Ein Orkan von Heilrufen und Händeklatschen schlägt dem Führer entgegen und dieser ungeheure, minutenlange Begeisterungssturm, der in solcher Stärke noch niemals erlebt wurde, ist ein neuer Beweis des tiefen Vertrauens des deutschen Volkes in die Entscheidung seines Führers, insbesondere in dieser ernsten und stolzen Stunde.

gebiete machte, die endlosen Versuche, die ich zu einer friedlichen Verständigung über das Problem Oesterreich unternahm und später über das Problem Sudetenland, Böhmen und Mähren.

Es war alles vergeblich!

Eines aber ist unmöglich: Zu verlangen, daß ein unerträglicher Zustand auf dem Wege friedlicher Revision bereinigt wird — und dann die friedliche Revision konsequent zu verweigern!

Es ist auch unnötig zu behaupten, daß derjenige, der in einer solchen Lage dann dazu übergeht, von sich aus diese Revisionen vorzunehmen, gegen ein Gesetz verstößt.

Das Diktat von Versailles ist für uns Deutsche kein Gesetz!

(Langanhaltende stürmische Zustimmungen)

Es geht nicht an, von jemand mit vorgehaltener Pistole und der Drohung des Verhungerns von Millionen Menschen eine Unterschrift zu erpressen und dann das Dokument mit dieser erpreßten Unterschrift als ein feierliches Gesetz zu proklamieren!

So habe ich auch im Falle Danzig und des Korridors versucht, durch friedliche Vorschläge auf dem Wege der Diskussion die Probleme zu lösen. Daß sie gelöst werden mußten, das war klar! (Tosende Beifallsstürme der Abgeordneten)

Und daß der Termin dieser Lösung für die westlichen Staaten nicht uninteressant sein kann, ist begreiflich, aber uns ist dieser Termin nicht gleichgültig. Vor allem aber war er und konnte er nicht gleichgültig sein für die leidenden Opfer. Ich habe in Besprechungen mit polnischen Staatsmännern die Gedanken, die Sie von mir hier in meiner letzten Reichstagsrede vernommen haben, erörtert. Kein Mensch kann behaupten, daß dies etwa ein ungebührliches Verfahren, oder gar ein ungebührlicher Druck gewesen wäre. Ich habe dann die deutschen Vorschläge formulieren lassen und ich muß es noch einmal wiederholen, daß es etwas Loyaleres und Bescheideneres als diese von mir unterbreiteten Vorschläge nicht gibt. Und ich möchte das jetzt der Welt sagen: Ich allein war überhaupt nur in der Lage, solche Vorschläge zu machen! (Nachdrückliche Zustimmungskundgebungen).

Denn ich weiß ganz genau, daß ich mich damals zur Auffassung von Millionen von Deutschen in Gegensatz gebracht habe. Diese Vorschläge sind abgelehnt worden. Aber nicht nur das!

Der Führer an Reichstag und Volk

Reichstagspräsident Göring eröffnet die Sitzung mit einer kurzen Ansprache.

Als der Führer danach die Rednertribüne betritt, schlägt ihm der Beifall stürmisch entgegen. Die verantwortungsbewußten Darlegungen des Führers werden von dem Hause mit einer Spannung verfolgt, wie sie nicht stärker denkbar ist. Die Abgeordneten hängen an den Lippen des Führers: Abgeordnete, Männer des Deutschen Reichstages! Seit Monaten leiden wir unter der Qual eines Problems, das uns einst das Versailler Diktat beschert hat und das nunmehr in seiner Ausartung und Entartung unerträglich geworden war.

Danzig war und ist eine deutsche Stadt!

Der Korridor war und ist deutsch!

Danzig wurde von uns nicht vergessen. Der Korridor wurde von Polen annektiert. Die dort lebenden deutschen Minderheiten wurden in der qualvollsten Weise gequält. Ueber eine Million Menschen mußten schon in der Zeit 1919—1920 ihre Heimat verlassen. Wie immer, so habe ich auch hier versucht, auf dem Wege friedlicher Korrektionsvorschläge eine Aenderung des unerträglichen Zustandes herbeizuführen. Es ist eine Lüge, wenn in der Welt behauptet wird, daß wir alle unsere Revisionen nur unter Druck durchzusetzen versuchten. 15 Jahre, bevor der Nationalsozialismus zur Macht kam, hatte man den Plan, auf dem Wege friedlicher Verständigung die Revisionen durchzuführen. Man hatte es vor, man tat es nicht.

Immer wieder Vorschläge gemacht

In jedem einzelnen Falle habe ich dann von mir aus nicht einmal, sondern oftmals Vorschläge zur Revision unverträglicher Zustände gemacht. Alle diese Vorschläge sind, wie Sie wissen, abgelehnt worden. Ich brauche sie nicht im einzelnen aufzuzählen: Die Vorschläge zur Rüstungsbegrenzung, ja wenn notwendig zu Rüstungsbeseitigung, die Vorschläge zur Beschränkung der Kriegsführung, die Vorschläge zur Ausschaltung von in meinen Augen mit dem Völkerrecht schwer zu vereinbarenden Methoden der modernen Kriegsführung. Sie kennen die Vorschläge, die ich über die Notwendigkeit der Wiederherstellung der deutschen Souveränität über die deutschen Reichs-

Meine Vorschläge wurden beantwortet: mit Mobilmachungen, mit verstärktem Terror, mit gesteigertem Druck auf die Volksdeutschen

in diesen Gebieten und mit einem langsamen wirtschaftlichem, politischem und in den letzten Wochen endlich auch militärischem und verkehrstechnischem Abdrosselungskampf gegen die Freie Stadt Danzig. Polen hat den Kampf gegen die Freie Stadt Danzig entfesselt! Es war weiter nicht bereit, die Korridorfrage in einer irgendwie billigen und den Interessen beider gerecht werdenden Weise zu lösen! Und es hat endlich nicht daran gedacht, seine Minderheitenverpflichtungen einzuhalten.

Ich muß hier erklären: Deutschland hat diese Verpflichtungen eingehalten! Die Minderheiten, die im Deutschen Reich leben, werden nicht verfolgt. Es soll kein Franzose aufstehen und erklären, daß etwa die im Saargebiet lebenden Franzosen unterdrückt, gequält und entrechtet werden! Keiner wird dies behaupten können.

Ich habe nun dieser Entwicklung vier Monate lang ruhig zugesehen, allerdings nicht ohne immer wieder zu warnen. Ich habe in letzter Zeit diese Warnungen verstärkt. Ich habe dem polnischen Botschafter vor nun schon über drei Wochen mitteilen lassen, daß, wenn Polen noch weitere ultimative Noten an Danzig senden würde, wenn es weitere Unterdrückungsmaßnahmen gegen das Deutschtum vornehmen würde, oder wenn es versuchen sollte, auf dem Wege zollpolitischer Maßnahmen Danzig wirtschaftlich zu vernichten, dann Deutschland nicht länger mehr untätig mehr zusehen könnte. (Tosende, minutenlange Zustimmungskundgebungen der Männer des Deutschen Reichstages.)

Ich habe keinen Zweifel darüber gelassen, daß man in dieser Hinsicht das heutige Deutschland nicht mit dem Deutschland, das vor uns war, verwechseln darf. (Mit stürmischem Beifall unterstreichen die Abgeordneten diese Feststellung des Führers.) Man hat versucht, das Vorgehen gegen die Volksdeutschen damit zu entschuldigen, daß man erklärte, sie hätten Provokationen begangen. Ich weiß nicht, worin die „Provoka-

Die NSDAP-Zeitung Wilhelmshavener Kurier gibt am 1. September 1939, dem Tag des deutschen Angriffs auf Polen, eine Sonder-Ausgabe zum Kriegsbeginn heraus.

Die von einem Schiff stammende frühere Glocke des Dachreiters der Schwabstedter Kirche. Ihre Herkunft dürfte nun geklärt sein. (Foto: Piening)

Der Schriftsteller Martin Luserke aus Meldorf, einer der führenden Vertreter der Reformpädagogik, geht bei Kriegsbeginn mit seiner schwimmenden Dichterwerkstatt auf der Tjalk „Krake" in Meldorf vor Anker.

können die Militärhistoriker nicht nennen. Sie entspricht aber einer Abbildung der Glocke, die der Verfasser in einer Publikation der Kriegsmarine fand. Und den Glocken, die andere Schiffe dieser Größe und aus dieser Bauzeit aufwiesen.

Ein ehemaliger Kadett der SCHLESWIG-HOLSTEIN wies Dr. Meyer 1969 auf die Diskrepanz bei der Größe hin. Möglicherweise habe es aber weitere Glocken auf dem Schiff gegeben. Der Chronist schränkte später in seinem Maschinenskript über die Schwabstedter Kirchenglocken ein, daß im Dachreiter „angeblich die Glasenglocke des Linienschiffes" hänge.[31]

Läutete in Schwabstedt vielleicht eine in den Innenräumen des Linienschiffes verwendete Nebenglocke zur Stunde und zum Vaterunser? Vermutlich nicht – auch einen solchen Klangkörper hätte man mit dem obligatorischen Zusatz S.M.S. (Seiner Majestät Schiff) versehen. Frenz Bertram gibt inzwischen die schlechte Qualität und Rostanfälligkeit der Dachreiterglocke zu denken. Der frühere Lundener Pastor Johann-Albrecht Janzen, der vor seiner kirchlichen Laufbahn bei einer Reederei tätig war, weist darauf hin, daß Schiffsglocken in der Regel aus Messing gegossen wurden.

Eine Ausnahme bildeten aber Notzeiten, in denen auch auf Stahlguß zurückgegriffen wurde. In dieser Tatsache liegt wohl der Schlüssel zu dem Rätsel um die Schwabstedter Kirchenglocke! Eine solche Notzeit herrschte 1922, als der mittelgroße Dampfer SCHLESWIG-HOLSTEIN in Hamburg gebaut wurde. Obwohl das Schiff der Reederei Ozean DC AG mit Heimathafen Flensburg den Namen SCHLESWIG-HOLSTEIN nur bis 1928 trug und danach als MATIGNON in Frankreich fuhr[32], paßt alles zusammen: Die geringere Größe[33], der fehlende Zusatz „S.M.S." und die Möglichkeit, eine deutsche Sammelstelle zu erreichen. Eine 1922 gegossene Glocke konnte, auch wenn sie nicht aus gutem Material bestand, nach 1945 noch verwendet werden. Und das endgültige Aus für die Glocke kam um die Jahrtausendwende. Durch den eingeschlossenen Luftsauerstoff rosten Stahlgußglocken von innen nach außen durch. Ihre Lebensdauer liegt daher nur bei etwa 80 Jahren. Die Schwabstedter Glocke müsste ihrem Zustand nach zu urteilen in den 1920er Jahren gegossen worden sein. Das Linienschiff SCHLESWIG-HOLSTEIN hatte damals schon einen Weltkrieg hinter sich.[34]

Das Postschiff verbindet 1939 die nordfriesischen Halligen miteinander und befördert auch Personen und Waren. Trotz ihrer abgeschiedenen Lage werden auch die kleinsten Eilande vom Krieg betroffen. (Foto: L. Pasternak)

9 Das SZL-Telegramm

Auch die zivilen Verwaltungen hatten für den Spannungsfall ihre Mobilmachungskalender. Sie wußten daher genau, was gemeint war, als am 1. September ab 4.45 Uhr das SZL-Telegramm über die Fernschreiber der Landratsämter tickerte. Bei der Verwaltung des Kreises Friesland in Jever ging es um 5.45 Uhr ein, beim Kreis Norderdithmarschen in Heide angeblich schon um 4.45 Uhr. Der Küstenbefehlshaber Nordfriesland erhielt es um 5.30 Uhr als Fernspruch vom Postamt und gab es sofort an seine Dienststellen weiter. Die Abkürzung bedeutete: „Sofort ziviler Luftschutz". Es war das Kennwort für höchste Bereitschaft. Schon um 6.35 Uhr meldete die – in Brunsbüttelkoog angesiedelte – Luftschutzwarnzentrale im Bereich des Küstenbefehlshabers Nordfriesland „klar".

Die Bürgermeister wurden nun zu örtlichen Luftschutzleitern. Im Landratsamt Jever wurde die Luftschutzbefehlsstelle eingerichtet, in den Gemeindeverwaltungen eine Warnstelle als ständiger Alarmdienst, der die Sirenen auslöst. Ordnungspolizei, Feuerwehren (inzwischen „Feuerlöschpolizei") und Technische Nothilfe („Technische Hilfspolizei") meldeten ihre Einsatzbereitschaft. Die Amtsträger des Reichsluftschutzbundes kümmerten sich um den Selbstschutz der Bevölkerung. Einem jeden Haus wurden – wo noch nicht geschehen – Luftschutzwart, Hausfeuerwehr, Melder und Laienhelfer zugeteilt. Die Luftschutzdienstpflicht erstreckte sich auf alle Bürger.

Das Deutsche Rote Kreuz bereitete sich auf den Sanitätsdienst nach Luftangriffen vor. Für jedes Luftschutz-Revier war mindestens eine splitter-, gas- und trümmersichere Rettungsstelle vorgesehen, die der Luftschutz-Sanitätsdienst nun zu aktivieren hatte. Sie konnte im Keller eines vorhandenen Krankenhauses eingerichtet werden, musste aber von dessen Betrieb getrennt werden können und wegen der Kampfstoffgefahr Dusch- oder Bademöglichkeiten bieten. Bei Luftgefahr wurde jede Rettungsstelle mit mindestens einem Arzt und ein bis zwei Helfern, dazu mehreren Schwesternhelferinnen sowie Hitlerjungen mit Fahrrädern als Melder besetzt.

Alle bei einem Luftangriff verletzten Menschen mussten erst zur Rettungsstelle, von dort erfolgte die Überführung in ein Krankenhaus oder die Entlassung nach Hause.

An der Nordseeküste waren Westerland, Brunsbüttel, Helgoland, Cuxhaven, Wesermünde, Nordenham, Wilhelmshaven und Emden als Luftschutzorte ausgewiesen. In den frühen Morgenstunden des 1. September wurden dort Plakate angeschlagen: *„Der zivile Luftschutz ist aufgerufen! ... Der Notruf durch Fernsprecher wird hiermit aufgehoben. Die öffentlichen Feuermelder werden außer Betrieb gesetzt. Wer Hilfe der Polizei oder der Feuerwehr benötigt muß sich an das zuständige Polizei-Revier wenden."*

Der nicht erklärte Krieg wurde publik gemacht. Die Zeitungen des 1. September verkündeten ihn bereits mit fetten Schlagzeilen. „Im Gegenangriff gegen Polen" oder „Polen zwingt uns den Krieg auf", titelten norddeutsche Blätter. Hilde Griese aus Odderade erfuhr es über den Rundfunk: *„Wir waren den Morgen gerade beim Hausputz, da kam es im Radio. Adolf Hitler redete. Er stehe als erster Soldat vorn und so weiter. Uns standen die Tränen in den Augen, gefreut hat sich keiner."* In „widerwilliger Loyalität", so die Genfer Historikerin Marlis Steinert, folgten die Deutschen Hitler in den Krieg. Eine Kriegsbegeisterung wie 1914 blieb aus. Der älteren Generation waren die Schrecken des Ersten Weltkrieges noch in schlimmer Erinnerung, und sie dämpfte die mitunter freudigen Erwartungen junger Männer, die sich „an der Front bewähren" oder „dem Vaterland zu Hilfe eilen" wollten. Die Bevölkerung blieb ruhig, aber Sorgen und Skepsis überwogen. Der Heider Studienrat „Bubi" Sörensen, der am Ersten Weltkrieg teilgenommen hatte, spazierte am ersten Kriegstag mit der Familie von Pastor Dr. Walter Manitius durch die Kreistannen. *„Das wird ein langer, blutiger und sinnloser Krieg"*, prophezeite der Gymnasiallehrer. *„Wir werden ihn verlieren, und der Hitler wird uns alle in den Abgrund ziehen."*[35]

Lieselotte Pasternak aus Marne ist in Erinnerung, daß die Stimmung ernster wurde. *„Veranstaltungen wie Vogelschießen und Bälle wurden abgesagt."* Im Geschichtsunterricht und auch beim BDM sei der Krieg nicht thematisiert worden. *„Am Anfang haben alle gedacht, das dauert nicht lange."* Der Kriegseintritt von Großbritannien und Frankreich zerstörte schon zwei Tage später diese Illusion. Landwirt Volquardsen aus Tetenbüll schrieb am 4. September: *„Allenthalben trübe Stimmung durch die Umwälzung. Es gibt Bezugsscheine für fast alles: Fleisch, Mehl, Seife, Kleidung, Schuhzeug."* Der 37-jährige war noch nicht eingezogen, *„aber es kann jeden Tag kommen ..."*

Der staatlich gelenkten Presse kam es nun zu, die Bevölkerung über „luftschutzmäßiges Verhalten" zu informieren. Gleich ab 1. September galt die Verdunklungspflicht. Aus Wohnhäusern durfte abends kein Lichtschein nach außen fallen, Fahrrad- und Taschenlampen waren abzudunkeln. Die jeweiligen Uhrzeiten waren der Tageszeitung zu entnehmen, ebenso das Zeichen für Fliegeralarm: ein an- und abschwellender Heulton. Bei Entwarnung wurde ein langgezogener Dauerton der Sirene gegeben. Geübt worden war alles schon.

Lieselotte Pasternak kam 1939 als Zwölfjährige in die Mädchenklasse an der Volksschule am Kirchhof in Marne. Als das Gymnasium in der Bürgermeister-Plambeck-Straße 9 Reservelazarett wurde und diese Schule mitbelegte, kam sie in die Knabenbürgerschule in der Hafenstraße. Dort erlebten die Mädchen die ersten Alarme, bei denen sie in den Schulkeller gehen mußten. „Angst hatten wir nicht, weil ja zuerst nie etwas passiert ist", erinnert sich die frühere Marnerin.

10 Mit dem Zug an die Westfront

In den Garnisonstädten marschierten in jenen Tagen feldgraue Kolonnen zu den Bahnhöfen. Vielfach rückten sie „singend oder mit klingendem Spiel zu den Verladerampen".[36] Erste Teile des Infanterieregiments 333 in Heide, Büsum und Friedrichstadt verlegten am 31. August mit der Eisenbahn in den Raum Aachen und Düren. Am 9. September rückte auch dessen Bataillon Hampe aus Husum nach dem Westen ab. Bei Schleiden südlich von Aachen wurden Bunkerstellungen des Westwalls bezogen hinter der deutsch-belgischen Grenze. Dort gab es in der Zeit des „Sitzkrieges" (3. 9. 1939–10. 5. 1940) keinerlei Gefechte. So waren die Soldaten von der Westküste nur mit Ausbildung und Ausbau der Verteidigungsstellungen beschäftigt. Am 10. Mai 1940 marschierte das Regiment von Kranenburg über Nimwegen und Mook über die Maas nach Holland ein. Als Teil der 225. Infanteriedivision griff es die belgische Festung Antwerpen mit an. Es folgten Einsätze in Frankreich. Heiligabend 1941 begann die Verlegung des Regiments per Bahn an die Ostfront, dort war es zunächst der 269. Infanteriedivision unterstellt. 1942 sank seine Sollstärke wegen der vielen Toten, Vermißten, Verwundeten und Soldaten mit Erfrierungen auf nur noch 40 Prozent.

Das Heider III. Bataillon des Infanterieregiments 490 gliederte sich in drei Schützenkompanien – bewaffnet mit leichten Maschinengewehren und Panzerbüchsen –, eine Maschinengewehr-Kompanie mit zwölf schweren MGs und eine Infanterie-Geschützkompanie mit acht leichten Geschützen von Kaliber 7,5 cm. Es ging mit dem übrigen Regiment im September 1939 zunächst zur Grenzsicherung in die Eifel. Oberleutnant Bohne berichtet davon: *„Das Abschiednehmen will kein Ende nehmen, bis am 7. 9. der Befehl bekannt wird, daß noch am selben Abend verladen werden soll. Um 20 Uhr beginnt das Verladen der Wagen und Geräte. Wir marschieren um 22.50 Uhr zum Bahnhof, und endlich um 1.15 Uhr (8. 9.) rollt der Zug nach Süden ab. Das Ziel ist ungewiß. Erst in Bremen merken wir, es geht in Richtung Westwall … Gegen 22 Uhr beginnt der Marsch ins Dunkle hinein, durch Aachen hindurch."*[37]

Der weitere Weg der Infanteristen aus Dithmarschen läßt sich genau rekonstruieren: Bei Würselen besetzte jede Gruppe einen Bunker an der deutsch-niederländischen Grenze. Die Tage waren gefüllt mit Schanzen, Stollenbau und dem Ausheben von Laufgräben für die Feldstellungen. Elektrisches Licht und Öfen waren zwar vorhanden, aber die Ver-

Von der Heider Kaserne rücken die Soldaten sechs Tage nach Kriegsbeginn im September 1939 an die Westfront aus.

pflegung blieb wochenlang äußerst monoton: *„Auf sechs Tage Weißkohlsuppe folgt mit mathematischer Genauigkeit am siebenten Rotkohlsuppe, und wir wissen: heute ist Sonntag!"* Weitere Stationen waren Aachen und Kohlscheid, wo Mitte Februar 1940 die alten Soldaten entlassen wurden.

Zeitweise konnten die Dithmarscher bequem in Privatquartieren wohnen. Das Fertigstellen der Bunker wurde bald der Organisation Todt und Baubataillonen überlassen. An die Stelle des Schanzens trat zunehmend Schulung für Kampf und Angriff. Bei einer Übung nahe Haumühle am 25. April wurden durch ein falsch justiertes Geschütz Schütze Kruse tödlich verletzt und fünf Soldaten der 9. Kompanie verwundet. Am 9. Mai war am Vormittag noch Gefechtsschießen angesagt. Am Nachmittag mußten die Soldaten in ein Barackenlager wechseln. *„Erst als gegen Mitternacht der Befehl eintrifft, die Grenze um 5.35 Uhr zu überschreiten, ist es klar: „Es geht los!" In pechschwarzer Dunkelheit werden Munition und Handgranaten ausgegeben. Um 3.20 Uhr (10. 5.) erfolgt der Befehl: „Das Bataillon steht um 4 Uhr auf dem Bendtplatz – in Omnibussen der Organisation Todt verladen – abmarschbereit." ... Während wir auf dem Bendtplatz stehen, fahren im grauenden Morgen endlose Kolonnnen an uns vorbei der Grenze entgegen. Kurz vor 5.30 Uhr brausen die ersten Geschwader Stukas über uns weg nach Westen ..."*[38] Das III. Bataillon setzte am 12. Mai über die Maas und überschritt den von den Belgiern befestigten Albert-Kanal. Bei Condé wurde am 24. Mai erstmals französischer Boden betreten. Nach zweieinhalb Monaten in Frankreich bildete es für knapp zwei Monate das Wachbataillon der 269. Infanteriedivision für Kopenhagen. Am 29. 9. 1940 wechselte das III. Bataillon zum Infanterieregiment 434 (131. Infanteriedivision), das auf dem Truppenübungsplatz Bergen gebildet wurde. 1941 erfolgte die Verlegung nach Polen und über Weißrußland und die Ukraine nach Rußland.

Das Ersatzbataillon des Infanterieregiments 490 verblieb in Heide. Im Mai 1940 wurden Teile für den Krieg gegen Frankreich abgegeben und per Bahn in Marsch gesetzt. Im Mai 1941 erfolgten Abgaben nach Norwegen, im Januar 1942 nach dem Osten. Im Oktober 1942 wurde das Regiment in das Grenadier-Ersatzbataillon 490 und das Grenadier-Ausbildungs-Bataillon 490 geteilt. Später wieder zusammengelegt als Grenadier-Ersatz- und Ausbildungsbataillon 490, lieferte das Bataillon auch den Ersatz für die 83. Infanteriedivision am Nordabschnitt der Ostfront, ab 1945 auch für die 542. Volksgrenadierdivision zwischen dem Narew-Gebiet in Nordpolen und Westpreußen.

11 Die ersten Gefallenen

Im Frieden werden die Väter
von ihren Kindern begraben,
im Krieg aber
die Kinder von den Vätern.

Krösus, König von Lydien, ca. 591–ca. 541 v. Chr.

Der Krieg gegen Polen ließ sich vermeintlich gut an. Täglich schrieben die Zeitungen von Geländegewinnen und Gefangennahmen, bei geringen eigenen Verlusten. Am 7. September 1939 wurde berichtet, daß auf 10 000 Mann im Durchschnitt vier Tote kämen. Am 11. September hieß es, in den ersten sechs Kampftagen habe es im Schnitt auf 10 000 Soldaten 9 Gefallene und 40 Verwundete gegeben.

Erst als Warschau eingeschlossen und die polnische Niederlage bereits absehbar war, erschien am 18. September im *Heider Anzeiger* die erste Gefallenenanzeige. Sie datierte vom 8. September und war möglicherweise bis zu diesem „günstigen" Zeitpunkt zurückgehalten worden. Die Witwe Helene Ritters aus Heide betrauerte ihren jüngsten Sohn, den Schützen Hans Ritters, der am 7. September bei einem Gefecht nahe Niewiesz (nordwestlich von Lodz) in Polen gefallen war. Im Zivilberuf war der 22-Jährige kaufmännischer Angestellter beim Kaufhaus Böttcher gewesen. Am 26. August hatte er seiner Mutter in seinem letzten Brief geschrieben: *„Wenn ich nun am Sonntag in den Krieg gegen Polen ziehe, so wartet auf mich sonst niemand als nur Du ..."* Interessant ist, daß die NSDAP-Kreisleitung den Brief mit diesem Datum veröffentlichte, denn unschwer ließ sich feststellen, daß Ritters mit Sonntag den 27. August meinte. Damit wurde eine frühe Angriffsabsicht der Deutschen zugegeben – unabhängig von den in der Propaganda herausgestellten letzten Auslösern wie dem vorgetäuschen Überfall auf den Sender Gleiwitz, der erst am 31. August stattfand. Ritters war Gefolgschaftsführer bei der Heider Hitler-Jugend gewesen und verstand seinen Fronteinsatz vorbehaltlos als Dienst am Vaterland: *„Wenn es das Schicksal aber will, daß ich nicht mehr zurückkomme, dann wissen wir, wofür es ist. Denn was bin ich schon im Leben! Es ist nicht notwendig, daß ich lebe, sondern daß Deutschland lebt!"*[39]

Am 7. September wurde auch der Gefreite Otto Paulsen (24) aus Heide bei Tschenstochau als vermißt gemeldet. Am 9. September fielen zwei Büsumer in Lentschütz (Leczyca) an der Bzura in Mittelpolen: Schütze Adolf Jannasch (22) und Infanterie-Leutnant der Reserve Karl-Heinz Elvers (24). Letzterer erlitt auf einem Erkundungsritt einen Kopfschuß. Helmut Hansen (23) aus Friedrichsgabekoog fiel am 10. September. Der Schütze Jonny Messer (20), landwirtschaftlicher Gehilfe aus Heide, starb am selben Tag in Piatek nördlich von Lodz. Am selben Tag und im selben Dorf starb aus dem Kreis Eiderstedt der in Tönning wohnende Feldwebel der Reserve Jan Diedrichsen Ronneburger (22), der den Staatshof in Tetenbüll von seinem Großvater erben sollte. Der Hof ging aus diesem Grund an seinen Bruder Uwe Ronneburger, den später bundesweit bekannten FDP-Politiker. Gleichfalls am 10. September bei Piatek starben aus Garding Otto Heinrich Tietgen, aus Kating Schütze Hermann Clausen (26),

„Es ist nicht notwendig, daß ich lebe, sondern daß Deutschland lebt", schrieb der Schütze Hans Ritters aus Heide seiner Mutter. Er fiel bereits am 7. September 1939 in Polen.
(Foto: Stadtarchiv Heide)

aus Enge (Südtondern) die Bauern Hermann Hansen (NSDAP-Blockleiter) und Moritz Thomsen. Hansen war Grenadier, Thomsen Schütze im Infanterieregiment 26. Am selben Tag und auch bei Piatek fiel ein Prominenter aus Schleswig: Obergruppenführer Jochen Meyer-Quade, Chef der schleswig-holsteinischen SA. Die deutschen Besatzer benannten Piatek zu seinem Gedenken in „Quadenstädt" um. In jeder Zeitung der Provinz erschien die große Todesanzeige. Wohl darauf bezog sich der Schriftsteller Felix Hartlaub, der in der ersten Septemberwoche 1939 nach Kudensee an den Nord-Ostsee-Kanal versetzt worden war, als er schrieb: *„Ein hoher SA-Führer der Gegend fällt. Die Leute lesen es mit einer Art Befriedigung."* Man erwartete, daß die für die Kriegspolitik verantwortlichen „hohen Tiere" der Partei ebenfalls Opfer brachten.

Vom 21. September an enthielt fast jede Zeitungsausgabe eine oder mehrere Gefallenenanzeigen. Zu den ersten Toten aus Dithmarschen gehörten auch:

- Schütze Fritz Kröger (22) aus Borgholz, gefallen am 9. September;
- Gefreiter Willy Thedens (23) aus Pahlkrug, gefallen am 10. September;
- Schütze Rudolf Andersson (22) aus Linden, gestorben am 10. September;
- Unteroffizier Hermann Steffens (24) aus St. Michaelisdonn, gestorben am 10. September beim Dorf Sobota an der Bzura;
- Gefreiter Hans Postel (23) aus Eggstedt, in Nordpolen verwundet und am 10. September im ostpreußischen Lyck – vermutlich im Lazarett – gestorben;
- Funker August Deinat (22) aus Tellingstedt, gefallen am 11. September.[40]

Bis zur Kapitulation der Reste der polnischen Armee am 6. Oktober 1939 starben 70 000 Polen und mindestens 14 000 Wehrmachtsoldaten.[41] Heruntergerechnet auf der Basis der damaligen Einwohnerzahlen würde dies etwa 20 bis 21 gefallene Männer aus dem heutigen Nordfriesland bedeuten (Südtondern rechnerisch 8 bis 9 Gefallene, Kreis Husum 9, Eiderstedt 3) und aus Dithmarschen 18 (Norderdithmarschen 8, Süderdithmarschen 10).

In Norderdithmarschen waren es in Wirklichkeit doppelt soviele[42], obwohl es hier nur eine Kaserne – in Heide – gab und *deren* Soldaten 1939 nicht in Polen eingesetzt wurden. Dies wird mitunter erzählt und hätte auch zu dem Ruf der Dithmarscher als kriegerischer Volksstamm gepaßt, doch dem war nicht so. Zwar lag in Heide bis August 1939 das Ergänzungsbataillon des Infanterieregiments 46, und dieses Regiment kämpfte im September in Polen. Zu dem Zeitpunkt hatten die Heider damit allerdings (wie im vorigen Kapitel erläutert) nichts mehr zu tun.[43] Einige der im Heider Bataillon kurz ausgebildeten Soldaten wurden natürlich den aktiven 46ern zugeteilt, doch damit waren sie dann auch nach Neumünster (I. und III. Bataillon) oder Rendsburg (II. Bataillon) versetzt.

Durch die Zuteilung an solche etwas entfernteren Standorte erklärt sich auch die hohe Zahl der Dithmarscher Gefallenen. Einberufungen erfolgten nur bedingt heimatnah: zwar regelmäßig innerhalb des Wehrkreises, in dem ein Wehrpflichtiger wohnte, aber längst nicht immer zum nächstgelegenen Standort. Viele Dithmarscher wurden zu Truppenteilen einberufen, die hohe Verluste hatten. Neben Einheiten aus Neumünster und Rendsburg (46er) waren das solche aus Flensburg und Schleswig (26er); ferner in Rendsburg das I. Bataillon der 26er, in Rendsburg und Flensburg das Artillerieregiment 30 und in Neumünster das I. Bataillon des Artillerieregiments 66. Die 46er rollten schon am 28. August per Bahn nach Osten und stellten sich in Schlesien auf. All diese Einheiten gehörten zu der rein schleswig-holsteinischen 30. Infanteriedivision unter General der Infanterie Kurt von Briesen. Sie wurde an der Bzura vom Hauptstoß der ausbrechenden polnischen Armee überrascht. Viele Schleswig-Holsteiner starben an dem Nebenfluß der Weichsel in der Schlacht bei Piatek. Einige wurden Opfer bewaffneter Freischärler. Das 46. Infanterieregiment geriet ab 9. September bei Lentschütz in schwere Gefechte – und die 3. Kompanie für acht Tage in Gefangenschaft. Das aus rund 3400 Soldaten bestehende Regiment verlor 245 Gefallene (sieben Prozent) und 280 Verwundete. Die Division (ungefähr 17 500 Soldaten) schrumpfte in den sieben Gefechtstagen um etwa 900 Gefallene (fünf Prozent). Ebensoviele Verwundete fielen aus.[44] Vom 21. September an wurde die Division in Polen abgelöst. Sie übernahm die Sicherung der Westgrenze in der Eifel, zwischen Krefeld und Trier.

Schließlich wurden zahlreiche Dithmarscher nach Itzehoe und Hamburg-Rahlstedt zum Infanterieregiment 76 beordert. Dieses Regiment unter Oberst Hans Gollnick[45] wurde innerhalb der 20. (motorisierten) Infanteriedivision von Anfang an in Polen eingesetzt. Zu den Heidern, die sich bereits vor dem 1. September an der deutsch-polnischen Grenze befanden, gehörte Unteroffizier Herbert Carl, in Heide zum Sanitätssoldaten ausgebildet. Er wurde von Rahlstedt aus an die Ostgrenze gefahren. Sein Regiment kämpfte um die Brahe, in der Tucheler Heide und um den Narew-Übergang. Die 76er nahmen die Zitadelle der Festung Brest-Litowsk ein. Am 5. Oktober wurden sie wieder in ihre Garnison verlegt. Carl hatte das Glück zu überleben und wurde nach dem Krieg Hausmeister an der St.-Georg-Schule. 1940 stieß das Regiment durch die Niederlande und Belgien nach Frankreich vor. 1941 nahm es am Angriff auf die Sowjetunion teil.

Der nach sechs Wochen abgeschlossene Westfeldzug 1940 war für die Deutschen deutlich verlustreicher als der vierwöchige Krieg gegen Polen.[46] Dabei starben aber verhältnismäßig wenige Dithmarscher. Die erwähnte 9. Kompanie des in Heide stationierten III. Bataillons/Infanterieregiment 490 rückte mit 165 Soldaten aus. In der dem Verfasser vorliegenden Ausgabe des Kriegstagebuchs sind hinter vier Namen handschriftlich Kreuze gesetzt (2 Prozent).[47] Das Bataillon insgesamt verlor lediglich fünf Gefallene (0,5 Prozent) und 24 Verwundete. Das Regiment hatte 50 Tote (1,5 Prozent) und 120 Verwundete in Frankreich, die gesamte 269. Infanteriedivision 224 Tote sowie 704 Verwundete und Vermißte (Tote und Vermißte zusammen schätzungsweise 2 Prozent).[48] Das 46. Infanterieregiment marschierte über die Niederlande und Belgien nach Frankreich ein und zählte 126 Gefallene (vier Prozent) sowie 421 Verwundete.

Diese truppengeschichtlichen Recherchen bestätigen, wie stark das Schicksal der Soldaten von Zufällen geprägt war. Welches Wehrmeldeamt war für ihren Wohnort zuständig, welche Einheiten sollte es bestücken? Die in Schleswig-Holstein in großer Zahl stationierten Infanteristen waren naturgemäß für den Einsatz an vorderster Front vorgesehen, aber es kam für den einzelnen schon sehr darauf an, ob es die Ost- oder Westfront sein würde, ein „gefährdeter“ oder ein „ruhiger“ Abschnitt. Zeitpunkt und Dauer des Einsatzes konnten ebenso lebensentscheidend sein wie die Qualität der vorausgegangenen soldatischen Ausbildung.

Bis zum 9. November 1941 starben im Zweiten Weltkrieg 238 Soldaten aus Norderdithmarschen, wobei in dieser Zahl auch, aber sicher nicht vollständig, die Vermißten enthalten sind.[49] Die Wehrmacht insgesamt hatte bis einschließlich Oktober 1941 378 000 Mann verloren, also 7,1 Prozent ihrer Gesamtverluste. Der Krieg gegen die Sowjetunion hatte gerade erst begonnen, die mörderischsten Schlachten folgten noch. Zwischen Juli 1944 und Kriegsende sind dann bekanntlich mehr Deutsche gefallen als in der gesamten Zeit des Krieges vorher.[50] Würde man den Stand vom 9.11.1941 einfach fortschreiben, käme man für Norderdithmarschen auf eine Gesamtzahl von 3352 Gefallenen. Diese Größenordnung stützt die Berechnung des Verfassers in *Westküste 1945* (S. 108–110), nach der etwa 7000 Soldaten aus ganz Dithmarschen im Zweiten Weltkrieg oder später in Gefangenschaft starben.

Im Krieg lagen für die Familien Trauer und Stolz dicht beieinander.

Neben den schlichten Todesanzeigen für Gefallene, mit dem Eisernen Kreuz gekennzeichnet, für die Zeitungsleser in aller Regel durch das Eiserne Kreuz sofort erkennbar, berichteten die Zeitungen laufend über Auszeichnungen, bei Persönlichkeiten auch über Beförderungen.

Am 4. Februar 1942 wurde erstmals ein Soldat aus dem Kreis Südtondern mit dem Ritterkreuz ausgezeichnet: Lorenz Möller aus Weesby, geboren in Medelby (beides heute Kreis Schleswig-Flensburg). Der Luftwaffenpilot erhielt es mit 25 Jahren als Oberleutnant und Staffelkapitän in der II. Gruppe des Kampfgeschwaders z.b.V. 1, die Transportflüge in der Ukraine und in Rußland bewerkstelligte. Schon am 27. Juni 1944 starb er, inzwischen Hauptmann, im Lazarett in Westerland auf Sylt an einer Krankheit.[51] Aus dem Amt Büsum blieb Hauptmann Otto Martens aus Warwerort, obwohl er das Ritterkreuz schon am 23. 11. 1941 erhielt, der einzige Träger der Auszeichnung.

Im Laufe des langen Krieges erreichte fast jedes Haus eine Todesnachricht. In den meisten Dörfern gab es auch Familien, die zwei Söhne verloren. Gleich drei Gefallene beklagten die Familien Gregersen und Paul P. Mommsen in Enge. In der Familie Wilkens in Friedrichskoog starben beide Söhne und der Schwiegersohn durch Kriegseinwirkung. Erst am 6. 2. 1942 ordnete das Oberkommando der Wehrmacht an: *„Hat eine Familie schon mehrere Kinder im Krieg verloren, wird der letzte Sohn aus der Front gezogen und im Ersatzheer verwendet."* Ob dieses Zugeständnis bis Kriegsende durchgehalten wurde, erscheint fraglich. Schon im Ersten Weltkrieg gab es eine solche „Zurückziehung letzter Söhne".

Zeitungen berichteten regelmäßig von Beförderungen und militärischen Auszeichnungen und suchten soldatische Vorbilder herauszustellen. Am 13. September 1941 teilt ein Dreizeiler von einer „Soldatenfamilie" in Rehm bei Lunden mit: *„Die Familie des Bauern Detlef Harder hat zwei Söhne und vier Schwiegersöhne bei der Wehrmacht."* Am 26. August desselben Jahres heißt es: *„Kürzlich herrschte im Hauses des Pastors Jensen zu Hemme große Freude. Vier Söhne, die bei der Wehrmacht stehen, waren gleichzeitig auf Urlaub. Der älteste Sohn hat schon den ganzen West- und Ostfeldzug mitgemacht. Der zweite war nach einer schweren Verwundung, die er sich in Frankreich holte, nicht mehr felddienstfähig; er bildet jetzt Rekruten aus. Der dritte Sohn steht als Obersteuermann bei der Kriegsmarine. Er erwarb schon das Spanienkreuz und vor Narvik das EK. Der vierte Sohn des Hauses ist soeben von einer Verwundung, die er sich im Osten holte, genesen. Alle vier Söhne hatten sich freiwillig zum Kampf fürs Vaterland gemeldet."* Ein weiterer Sohn von Lorenz Jensen wurde später Luftwaffenhelfer. Dieser und ein Bruder sollten noch in den letzten Kriegsmonaten fallen …

Selbst dies erschien am 10. Mai 1943 für die Leher berichtenswert: *„Drei Brüder Richard, Lothar und Günter Mellies, die verschiedenen Waffengattungen angehörten, trafen sich unerwartet im Westen. Die Freude war natürlich sehr groß."* Und, noch unspektakulärer, am 8. 6. 1944: *„Im Felde trafen sich die drei Gefreiten Paulsen aus Krempel, Christiansen aus Lehe und Busch aus Lunden. Die drei gehören verschiedenen Einheiten an."* Nicht einmal der Frontabschnitt war genannt.

12 Die ersten Gefangenen

In der seit Kriegsbeginn leerstehenden Itzehoer Gollwitz-Kaserne wurde ein Gefangenenlager für bis zu 1000 Offiziere eingerichtet, das sich schnell füllte. Am 13. September 1939 trafen die ersten größeren Transporte aus Polen ein, auch einige britische und französische Flieger wurden hier eingesperrt. Am 26. September kamen die ersten „Fremdarbeiter" aus dem besetzten Polen in Schleswig-Holstein an. 685 verwundete deutsche und polnische Soldaten wurden am 4. Oktober mit dem zum Lazarettschiff umfunktionierten früheren Kraft-durch-Freude-Dampfer WILHELM GUSTLOFF nach Rendsburg gebracht. Wer keinen anschließenden Lazarettaufenthalt benötigte, wurde zu seiner Garnison zurückgebracht (Deutsche) beziehungsweise in ein Gefangenenlager (Polen).

In Dithmarschen kamen am 18. Oktober 1939 die ersten polnischen Kriegsgefangenen an. Sie sollten beim Einbringen der Kohlernte helfen. 770 Polen wurden über Norder- und 480 über Süderdithmarschen verteilt. Die Bauern mußten für jeden Gefangenen 1,24 Reichsmark täglich zahlen, wovon der Gefangene 54 Pfennig in Lagergeld ausgezahlt erhielt.

In Heide hielt es sich Bürgermeister Karl Herwig (NSDAP) als fortschrittlich zugute, das damals nördlich der Sophie-Dethleffs-Straße gelegene Stadtbad einmal pro Woche für „Fremdvölkische" zu reservieren. Die medizinische Versorgung übernahmen die bestehenden Krankenhäuser mit. Angeblich auf Wunsch der Bevölkerung, tatsächlich aber wohl auf allgemeine Anordnung, wurde nach einiger Zeit eine Trennung der Patienten vorgenommen. Im Garten des Krankenhauses (jetzt DRK-Haus, Hamburger Straße 73) baute man 1941 eine Ausländerbaracke mit 30 Betten (Ende 1945 abgebrochen). Dort wurden von September 1939 bis Kriegsende 955 stationäre Behandlungen dokumentiert: 692 bei Polen, 219 bei Ostarbeitern anderer Nationen und 44 bei weiteren ausländischen Patienten. Eine unterschiedliche Behandlung von deutschen und ausländischen Patienten ist laut der damaligen Schwesternhelferin Lieselotte Pasternak nicht vorgegeben oder gar praktiziert worden – zumindest nicht im Städtischen Krankenhaus Marne. „Ein polnischer Kriegsgefangener, Nico aus Warschau, war unser Mann für alles." Allerdings lagen auch hier die Patienten getrennt. „So, wie eine Männerstation extra angebaut wurde, wurde 50 Meter weiter eine Ausländerbaracke aus Holz errichtet."

Im Juli 1940 kamen in Dithmarschen die ersten Transporte mit belgischen und auch schon französischen Kriegsgefangenen an. Henning von Rumohr, der aus einer Stellung im Reichsministerium des Innern heraus Landrat in Eiderstedt geworden war, meldete am 23. Juli 1940 elf Lager mit insgesamt 340 Kriegsgefangenen in Eiderstedt:

- St. Peter
- Tating
- Hermann-Göring-Koog (seit 1945 Tümlauer Koog)
- Welt
- Osterhever
- Sieversfleth (Gemeinde Tetenbüll)
- Kotzenbüll
- Osterende (Gemeinde Oldenswort)
- Uelvesbüll
- Witzwort
- Koldenbüttel.

Fast bezugsfertig war zu diesem Zeitpunkt aber auch im Norderfriedrichskoog die Baracke an der Koogstraat für französische Kriegsgefangene (später Flüchtlingsunterkunft, dann landwirtschaftlich genutzt). In Büsum kamen am 28. August 1940 zu den polnischen Gefangenen und Zivilarbeitern französische Kriegsgefangene hinzu. Sie wurden zusammen mit Belgiern in der Pension Siegfried untergebracht.

Ab Frühjahr 1941 trafen erste Gefangene aus dem Krieg auf dem Balkan ein, überwiegend Serben. Im Sommer 1941 kamen dann sowjetische Gefangene und Arbeitskräfte auch nach Eiderstedt. Am damals kleinsten Kreis der preußischen Provinz Schleswig-Holstein läßt sich das System der kleinen dezentralen Lager für Kriegsgefangene und ausländische Zivilarbeiter gut nachvollziehen. Es gab solche über die genannten Gemeinden hinaus in Augustenkoog (damals selbständige Gemeinde), in Garding in der Norderstraße, Kating, Oldenswort auf dem Hof Riep, Tönning und Westerhever. Mindestens 18 der damals 24 Städte und Gemeinden im Kreis Eiderstedt wiesen also Ausländerlager auf. Zur Arbeit sind Gefangene und Zivilarbeiter auf sämtliche Orte verteilt worden – Zwangsarbeit war ein flächendeckendes Phänomen.

An der nordfriesischen Festlandküste wurden 600 Kriegsgefangene für Landgewinnungsarbeiten benötigt. Die Wassergenossenschaft Gotteskoog und das Deichbauamt Niebüll setzten Hunderte Gefangene zur Dränung (Trockenlegung), Wasserregelung und zum Wegebau ein. Im Raum Neukirchen im Kreis Südtondern lebten daher viele russische Kriegsgefangene. Zu ihrer Beköstigung beschlagnahmte die Wehrmacht Küche und einige Zimmer der Gastwirtschaft Fegetasch. Mitunter für 450 Mann kochte Anna Nissen. *„Das war nicht immer einfach"*, erinnerte sie sich.[52] Die Lebensmittel, vor allem war es preisgünstiger Kohl, wurden geliefert. *„Morgens um 6 Uhr mußte der Kaffee fertig sein und wurde dann abgeholt, und nachmittags um 15 Uhr wurde das Mittagessen abgeholt. Die Gulaschkanone stand in der Durchfahrt. Später kamen Letten. Auch für sie mußte ich kochen. Kartoffeln und Vieh wurden gekauft von ihnen, sie schlachteten selbst. Wir hatten keine Schwierigkeiten dadurch und zu allen ein gutes Verhältnis. So blieb es auch 1945 nach Auflösung der Lager."*

In Büsum waren im September 1941 etwa 100 sowjetische Gefangene beim Seehafenbau beschäftigt. Sie bauten den im Volksmund heute noch so genannten Russendeich. In Heide arbeiteten 25 Russen bei der Holzfirma J.H. Gehlsen. Daß letztere anfangs Lebensmittelkarten für Schwerarbeiter erhielten, sorgte für Empörung bei der Kreis- und Gauleitung der Partei und wurde sofort durch Landrat Johannes Beck (NSDAP) beendet – diese ersten sowjetischen Gefangenen waren nicht in dem mitleiderregenden Zustand angekommen wie jene, die ab November 1941 eintrafen.[53]

Die nach Schleswig-Holstein gebrachten kriegsgefangenen ausländischen Soldaten unterstanden der Verwaltung des Stammlagers (Stalag) XB in Schleswig (1940 in XA umbenannt). Sie wurden in Arbeitskommandos zusammengefasst und von Landesschützen, nicht fronttauglichen Soldaten, bewacht. Für die Lager in Dithmarschen war zunächst das Landesschützen-Bataillon III/X in Itzehoe zuständig, ab 1940 dann das Landesschützenbataillon 682 in Kellinghusen mit der 1. Kompanie in Friedrichstadt, der 3. und 5. in der Kaserne Heide und der 6. in Meldorf. Das Gefangenenwesen wie auch die Landesschützendivisionen gehörten zu den Sicherungstruppen.

Kriegsgefangene waren stets in Lagern untergebracht. Arbeiteten sie einzeln bei Bauern, dann mußten sie sich abends zum Einschluß in ihre Sammelunterkunft begeben. Westeuropäische Gefangene sollten von Arbeitgebern und Bewachern den internationalen Gepflogenheiten entsprechend behandelt werden, während Polen und in noch größerem Maße Russen weitgehend entrechtet waren.

Eine rassistisch abgestufte Behandlung galt auch für die ausländischen „Zivilarbeiter“. Die wenigsten aus diesem Millionenheer arbeiteten freiwillig im Deutschen Reich. Ab März 1942 steuerte ein „Generalbevollmächtigter für den Arbeitseinsatz“ ihre Verwendung im Reich. Ausländer konnten sich einer Aufforderung zum Arbeitsdienst in Deutschland nicht entziehen. Wer floh, mußte die Deportation seiner Familienangehörigen befürchten. Mit dem Verlauf des Krieges wurden aus den besetzten Gebieten immer mehr Menschen zur Zwangsarbeit nach Deutschland verschleppt. Sie waren hier teils in Lagern, teils in Privatquartieren untergebracht. Ihre Behandlung variierte je nach Nationalität und Arbeitgeber. Manche erhielten keinen Lohn und wurden geschlagen. Die Polen mußten zur Kennzeichnung ein „P“ auf ihrer Kleidung tragen, die Russen den Schriftzug „OST“. Den ihnen zugewiesenen Ort durften sie, wenn überhaupt, nur mit Erlaubnis der Polizei verlassen. Ein Pole in Friedrichstadt, der am 6. Juli 1941 das Polenabzeichen entfernte und den Stadtbezirk verließ, bekam eine Strafverfügung über 30 Reichsmark. Soviel Geld dürfte für ihn schwer aufzutreiben gewesen sein, so daß er möglicherweise eine kurze Haftstrafe antreten mußte.[54]

II Der See- und Luftkrieg in der Deutschen Bucht 1939/1940

1 Teufelseier und Flugblätter – Der erste Kriegstag im Westen

Im August intensivierte Großbritannien seine militärische Aufklärung in Deutschland. Die Admiralität beauftragte Sidney Cotton damit, Sylt aus der Luft zu fotografieren. Am 26. August führte der für den britischen Geheimdienst tätige Geschäftsmann und Luftbildspezialist den Auftrag aus. Unter den Tragflächen seiner *Lockheed 12 A* befanden sich versteckt zwei Leica-Kameras, mit denen Cotton die Befestigungsanlagen aufnahm. Anhand der Fotos konnte die Royal Navy ihr Kartenmaterial auf den neuesten Stand bringen. Der britische Einflug blieb vermutlich unentdeckt, aber schon am 28. August befahl das Oberkommando der Kriegsmarine der Küstenflak *„gegenüber einwandfrei erkannten feindlichen Flugzeugen: Beim Einfliegen in deutsches Hoheitsgebiet (3 sm-Grenze) sind zunächst Warnungsschüsse zu geben. Bei Nichtbeachtung ist Bekämpfung freigegeben diese Regelung entspricht Befehl für Luftwaffe."* Tags darauf meldete die Flakbatterie Wittdün in Hörnum auf Sylt um 14.35 Uhr „Motorengeräusch in großer Höhe." Die Flugwache Wenningstedt stellte ab 15.04 Uhr etwa 20 Minuten lang ein unbekanntes Flugzeug fest, das sich von Südwest näherte und nach Nordost weiterflog. Der Typ habe einem deutschen *Heinkel*-Schnellbomber geähnelt. *„Ferner teilt Fliegerhorst List mit, daß ein im Norden der Insel in 600 m Höhe fliegendes eigenes Werkflugzeug ein unbekanntes zweimotoriges Flugzeug ähnlich Typ He 111 in 2000 m Höhe auf Ostkurs in Richtung Dänemark aus Sicht kommend, beoabachtet hat. Beobachtung erfolgte durch Flieger-Offizier."* Im Abschnitt Sylt wurde daher an diesem 29. August Alarm befohlen von 15.04 bis 17.15 Uhr.[55]

In seiner Weisung Nr. 1 für die Kriegführung vom 31. August befahl Hitler: *„Im Westen kommt es darauf an, die Verantwortung für die Eröffnung von Feindseligkeiten eindeutig England und Frankreich zu überlassen."* Was das Luftgaukommando XI am 1. September rund zwei Stunden vor den ersten Schüssen im nahenden Krieg dem Küstenbefehlshaber Nordfriesland mitteilte, war folglich defensiv zu verstehen: *„Am 1. 9. 1939 früh Feuererlaubnis ohne Einschränkung auf englische, französische und polnische Militärflieger. Deutschland ist zum Luftschutzgebiet erklärt."* Pünktlich um 4.45 Uhr startete von der Insel Norderney die gesamte 1. Staffel der Küstenfliegergruppe 106 mit acht *Heinkel*-Maschinen, um das neu ausgerufene Sperrgebiet zu überwachen. Bei der Küstenfliegergruppe 406 in List erhielten alle *Do 18*-Besatzungen die Weisung, 50-Kilo-Bomben mitzunehmen. Abgeworfen werden durften sie aber noch nicht.

Hitler und sein Luftwaffenchef Göring stellten also eine militärische Reaktion der beiden polnischen Garantiemächte durchaus in Rechnung, bevor sie die Wehrmacht in Polen einfallen ließen – obwohl sie bekanntlich enttäuscht reagierten, als Großbritannien und Frankreich am 3. September Deutschland in der Tat den Krieg erklärten. Die Briten hatten den Kriegszustand für 11 Uhr angekündigt, falls die Reichsregierung nicht bis dahin zusicherte, die Angriffe zu beenden und ihre Truppen aus Polen zurückzuziehen. Um

11.15 Uhr erklärte Chamberlain in einer Ansprache an die Nation: *„Es sind keine Anstalten unternommen worden, und folglich ist dieses Land im Krieg mit Deutschland."* Um 11.17 Uhr informierte die britische Admiralität ihre Schiffe über den Kriegsbeginn. Um 11.30 Uhr lehnte die Reichsregierung das abgelaufene Ultimatum in einem Memorandum ab. Die Seekriegsleitung gab den U-Boot-Krieg gegen Großbritannien frei.

Um 11.35 Uhr an jenem Sonntag schreckte ein falscher Luftalarm die Londoner auf. Man hatte ein englisches Sportflugzeug für einen deutschen Aufklärer gehalten. Gegen 12.20 Uhr überbrachte der französische Gesandte ein auf 17 Uhr befristetes Ultimatum. Hitler wies es um 14.30 Uhr in einer Rundfunkansprache ebenfalls ab. Damit mündete der deutsche Angriff auf Polen in einem europäischen Krieg, der sich zum Zweiten Weltkrieg ausweiten sollte.

Um 12.50 Uhr schickte die britische Luftwaffe (Royal Air Force) in Wyton das erste Flugzeug in den Kriegseinsatz: Die zweimotorige *Blenheim* N 6215 vom 139. Squadron sollte die deutsche Flotte in Wilhelmshaven aufklären. Nach drei Stunden kehrten Flying Officer A. Mc Pherson und sein Marinebeobachter wohlbehalten von ihrem Flug über die Deutsche Bucht zurück. Sie bestätigten, was Flying Officer Bob Niven schon zwei Tage zuvor in einem Sportflugzeug, das den Deutschen verborgen geblieben war, gesehen hatte: von Wilhelmshaven ausgelaufene Kriegsschiffe. Die Deutschen verlegten die Einheiten von der Nordsee ins Kriegsgebiet Ostsee. Umgehend sandten die Briten 18 *Hampdens* und neun *Wellingtons* zur Jademündung und nach Helgoland, um die Schiffe zu bombardieren. Aber es dunkelte schon, und die Sicht war schlecht. In einigen deutschen Küstenstädten wurde wegen unklarer Luftlage Fliegeralarm gegeben, aber die Briten sagten ihren Angriff ab und kehrten um, ohne Bomben geworfen zu haben.

Ein anderer Plan wurde ausgeführt. In der Dunkelheit machten sich zehn Whitleys in Leconfield auf den Weg. Bei diesem ersten Feindflug führten sie sechs Millionen Flugblätter mit sich. Diese 13 Tonnen Papier waren schon am 1. September unter strengster Geheimhaltung in die Bomber geladen worden. Sie segelten über Nord- und Westdeutschland zur Erde, mit den Schwerpunkten Ruhrgebiet, Wilhelmshaven, Bremen und Hamburg. Dies führte zu den ersten Fliegeralarmen im Reichsgebiet, beispielsweise um 1 Uhr morgens im Kreis Friesland.

Zu lesen war eine Note Chamberlains an das deutsche Volk. Die Royal Air Force sollte während der nächsten acht Monate noch häufig Propagandamaterial über Deutschland abwerfen. Ihre psychologische Wirkung tendierte gegen Null. Diese Art von „Papierkrieg" nahm die deutsche Bevölkerung nicht ernst. Gleichzeitig sammelten die britischen Bomberbesatzungen jedoch – und dies wog mehr – Erfahrungen in der Navigation bei Nacht, und sie erkundeten die Organisation der deutschen Flugabwehr.[56]

Flugblätter wurden an Ballons hängend abgeworfen, um sie gezielter zu verteilen. Dabei schützte ein Schirm die eigenartige Konstruktion vor Regen. Unter einem Holzrahmen hingen an Schnüren etliche Bündel von Flugblättern. Die Befestigungsschnüre wurden durch eine Zündschnur auf dem Rahmen geführt, so daß sie nach einer gewissen Zeit durchbrannten und die Flugblätter jeweils eines Bündels fallen ließen. Waren alle Flugblätter abgeworfen, so brannte die Lunte weiter bis zu einem Zündsatz an der Ballonhülle, der schließlich den Ballon zerstören sollte. Letzteres klappte aber nicht immer. Am 20. Februar 1941 wurden auf Langeoog ein

Ballon von vier Metern Durchmesser, der zum Transport von Flugblättern diente, und ein Registrierballon gefunden. Am 26. August desselben Jahres wurde um 9.43 Uhr ein mit Propagandamaterial beladener Ballon bei Büsum gesichtet. Dieser ging um 9.50 Uhr in der Nähe von Weddingstedt bei Heide nieder. Am 13. Juli 1943 wurden um 10.12 Uhr Flugblätter über Weddingstedt abgeworfen. Zwei Ballons, auch in diesem Fall mit vier Metern Durchmesser, kamen kurz darauf in Heide nieder und wurden im Flur der Polizeiwache (damals Am Markt 32) aufgestellt.[57]

Die Kommandeure der Küstenfliegergruppen bekamen am Abend des 3. September einen Befehl von Göring, der genau Hitlers Weisung Nr. 2 für die Kriegsführung entsprach: *„Angriffshandlungen gegen englische Seestreitkräfte in Kriegshäfen und auf hoher See (einschließlich Kanal) sowie gegen einwandfrei erkannte Truppentransporte sind erst dann freigegeben, wenn entsprechende englische Angriffsmaßnahmen zur Luft gegen gleiche Ziele erfolgt sind und besonders günstige Erfolgsaussichten vorliegen."* Die Luftwaffe hatte am 3. September 1939 um 22 Uhr ihre ersten Gefallenen zu beklagen. Nördlich der Accumer Ee, dem Seegatt zwischen Baltrum und Langeoog, stürzte ein deutsches Flugzeug ins Meer. Am 15. September trieb die letzte von sechs Leichen am Langeooger Inselstrand an.

Zur See gab Hitler Angriffshandlungen der Kriegsmarine gegenüber Großbritannien frei. Zur Durchführung des Handelskrieges waren am 28. August eine (bis heute fortwirkende!) Prisenordnung und eine Prisengerichtsordnung erlassen worden.[58] Daran waren zunächst auch die deutschen U-Boote gebunden. Das Handelsschiff mußte zuerst angehalten werden, zum Beispiel mit einem Schuß vor den Bug. Das Kriegsschiff mußte ein Boot aussetzen, dessen Besatzung sich an Bord des Handelsschiffes begab, um dort Papiere und Ladung zu untersuchen. Neutrale ohne Bannware für Großbritannien durften weiterfahren. Wenn sich aus Nationalität und Ladung ergab, daß das Schiff versenkt werden konnte, mußte das Kriegsschiff für die Sicherheit der Besatzung sorgen. Das Vereinigte Königreich erklärte umgehend die Seeblockade Deutschlands und verfuhr seinerseits nach Prisenrecht. Schiffe mit Konterbande, das heißt Gütern, die geeignet waren, die Kriegswirtschaft des Gegners zu fördern, konnten mitsamt ihrer Ladung entschädigungslos enteignet, übernommen oder versenkt werden. Bei Waffen und Brennstoffen war der Fall klar, doch bei Nahrungsmitteln etwa sollte erst der Nachweis geführt werden, daß diese Waren für die feindlichen Streitkräfte oder feindliche Behörden bestimmt waren. Die Reichsregierung beschwerte sich, daß die Briten die Beweislast praktisch den Schiffseignern der neutralen Staaten zuschöbe und verschärfte als Gegenmaßnahme schon am 12. September ihre Prisenordnung. Die „Neuinszenierung der Blockade, die königliche Konterbandenliste" konfrontierte die Mitteleuropäer mit sattsam bekannten Dingen aus dem Ersten Weltkrieg. Ein überwunden geglaubter, „schon völlig historisch gewesener Wortplunder" füllte plötzlich wieder die Nachrichten, wie der Schriftsteller und Historiker Dr. Felix Hartlaub entnervt feststellte.[59]

Die Wehrmacht wurde in Ost und West extrem unterschiedlich eingesetzt. In Polen unterstützte die Kriegsmarine das Heer mit ihren Schiffsgeschützen aktiv beim Vormarsch, und die Luftwaffe flog schwere Bombenangriffe, die auch zahlreiche Zivilisten töteten. Im Nordseegebiet hatte die Marine dagegen hauptsächlich Handelskrieg nach Prisenordnung zu führen, und auf Luftoffensiven wurde ganz verzichtet. Natürlich hatte dies mit den Kräfteverhältnissen zu tun. Die deutsche Marine und die Luftwaffe waren den britischen und französischen See- und Luftflotten hoffnungslos unterlegen, während die Wehrmacht in Polen Krieg führte. Da war es ratsam, nicht zu provozieren. Wenn etwas passierte, sollten wenigstens die Briten daran schuld sein. Zum anderen gab sich die deutsche Führung der Illusion hin, mit dem Schaffen von Fakten im Osten den Westen ruhigstellen zu können. Großadmiral Erich Raeder bestärkte Hitler in dieser Einschätzung, indem er am 7. September ausführte: *„Nach dem bald zu erwartenden Zusammenbruch Polens ist möglicherweise Frankreich und dann vielleicht auch England zu einer gewissen Anerkennung der inzwischen im Osten geschaffenen Lage bereit."* Der Oberbefehlshaber der Kriegsmarine empfahl daher, die defensive Haltung des Gegners mit eigener Zurückhaltung zu beantworten.[60]

Bei der Marine fürchtete man allerdings sofort nach oder gleich bei Kriegsbeginn den Einbruch der überlegenen britischen Home Fleet (Heimatflotte) in die Deutsche Bucht. Die Home Fleet diente dem Schutz der britischen Hoheitsgewässer. Im Zweiten Weltkrieg sollte sie hauptsächlich das Auslaufen deutscher Schiffe aus der Nordsee verhindern. Eine engere Blockade aber hätte Deutschland sofort in Versorgungsschwierigkeiten gebracht. Pläne zu einer Sicherung der Deutschen Bucht durch Minen waren schon vor dem Krieg bis ins Detail ausgearbeitet worden. Das Völkerrecht verbot allerdings das Verlegen von Minen in Friedenszeiten außerhalb der eigenen Hoheitsgewässer. Um sofort nach Kriegsbeginn die eigenen Flanken schützen und britische Hafenausgänge blockieren zu können, wurden die Minenoperationen frühzeitig vorbereitet. So liefen am 29. August zwei deutsche U-Boote aus zum südenglischen Kriegshafen Portland und zum westenglischen Bristol-Kanal. Am 3. September erhielten sie grünes Licht, dort ihre Magnetminen auszulegen. Wenn sich ein Schiff einem solchen „Teufelsei" näherte, brachte sein Magnetfeld die Sprengladung zur Explosion. U 23 kehrte am 4. September von einem Minenunternehmen vor der Humbermündung in Ostengland nach Wilhelmshaven zurück.

Die Bäderschiffe wurden in den letzten Augusttagen beschlagnahmt und für Zwecke der Kriegsmarine umgebaut, allein von Norderney vier. Der Arzt Walter Kropatscheck sah die ehemals weiße Flotte von Helgoland am 5. September wieder: *„Auf der Reede erschienen heute unsere Bäderdampfer. Sie sind auf den ersten Blick nicht wiederzuerkennen: grau gestrichen, das Promenadendeck durch Persennings verkleidet. Allzu große Neugierde für das, was jetzt in der Umwelt vor sich geht, ist nicht ratsam. Man erzählt sich, sie seien voll Minen gepackt und sollen in der Nacht westwärts auslaufen. Vermutlich auf Nimmerwiedersehen, wie im letzten Krieg."*[61] Die Spekulation stimmte. Die vergleichsweise schnellen Bäderdampfer wurden ihres Inventars beraubt und mit Ablaufschienen versehen, von denen Minen ins Meer rollen konnten. Hinzu kamen Nebelwerfer, Wasserbombenwerfer, Artillerie und Flak zur Selbstverteidigung. Die meisten Schiffe wurden in die Ostsee beordert. Vier Minenschiffe waren für die Nordsee bestimmt: die Helgoland-Bäderschiffe COBRA, ROLAND und KÖNIGIN LUISE sowie das Seebäderschiff KAISER. COBRA kam aus Cuxhaven und wurde vom dortigen Sperrzeugamt für seine militärische Aufgabe umgerüstet. ROLAND wurde dort am 25. August und KAISER am 28. August hergerichtet. Das Seebäderschiff KÖNIGIN LUISE ist interessant, weil es ein Vorgängerschiff gleichen Namens gab, das zur Kaiserzeit Feriengäste von Hamburg nach Sylt gebracht hatte und bei Kriegsausbruch 1914 auch sofort Minenschiff geworden war. Auf dieses Schiff war am 5. August 1914 der erste Schuß des Ersten Weltkriegs in einem Seegefecht abgegeben worden. Die Briten retteten seinerzeit nur 43 Mann der 120 Mann Besatzung und fuhren dann mit den Gefangenen ahnungslos auf das von der KÖNIGIN LUISE gelegte Minenfeld zu. Die Deutschen hielten den Mund, und so sank auch der britische Kreuzer AMPHION, wobei noch einmal 18 Deutsche und 130 Briten den Tod fanden. Es stimmt nachdenklich, daß in beiden Weltkriegen Schiffe, die den Menschen im Frieden Freude und Entspannung bereiteten, in Fallenleger verwandelt wurden, die Tod und Verderben brachten. In Friedenszeiten an schönen Sommertagen eingesetzt, fuhren sie nun im Schutz der Dunkelheit zu Nacht- und Nebelaktionen hinaus – als „Mitternachtsgeschwader“, wie Matrosen die Minenlegerverbände nannten.

Admiral Alfred Saalwächter leitete 1939 die Operationen in der Nordsee. Vom 3. bis zum 17. September bestand die Hauptaktivität der Kriegsmarine im Westen in der Verminung der Nordsee. Immer im Schutz der Nacht liefen die Minenleger von Cuxhaven, Wilhelmshaven und Emden aus. Der Westwall sollte quasi seeseitig verlängert werden, die Marine bezeichnete ihr Werk als „Westwall-Minensperren“. Neben den Minenschiffen waren Zerstörer der 1. Zerstörer-Flottille und Torpedoboote an dem Sperrunternehmen beteiligt. Aus Brunsbüttel liefen zur Deckung der Leichte Kreuzer LEIPZIG (175 Meter lang) und kleinere Schiffe aus, aus Wilhelmshaven der Leichte Kreuzer EMDEN (155 Meter lang) mit dem leicht bewaffneten Depeschenboot GRILLE. Dessen Bordarzt Dr. med. Lorenz Petersen stammte aus Hollingstedt an der Treene. Auf eben diesem Boot hatte Großadmiral Raeder dem Offizierskorps der Kriegsmarine noch am 22. Juli versichert: *„Der Führer wird dafür sorgen, daß es keinesfalls zum Krieg gegen England kommen wird.“* Ferner legten die Leichten Kreuzer NÜRNBERG sowie KÖLN und KÖNIGSBERG, in Cuxhaven ausgerüstet, Minen in der Nordsee.

Die Kriegsmarine sollte einerseits das Eindringen gegnerischer Schiffe in den deutschen Machtbereich verhindern und andererseits die Handelsschiffahrt in diesem Raum schützen. Dazu mußte zunächst ein großer geostrategischer Nachteil Deutschlands ausgeglichen werden: die Randlage an einem nur kleinen Sektor der Nordsee, der Deutschen Bucht. Diese Lebensader des Reiches war von Gegnern seeseitig leicht zu sperren durch Schiffe, Netze oder Minen. Es kam also darauf an, feindlichen Minenangriffen zuvorzukommen und gleichzeitig mögliche Operationen des Gegners in der Deutschen Bucht zu verhindern. Die Deutschen brauchten völlige Bewegungsfreiheit in ihrem Küstenvorfeld, zugleich aber Ausfallwege in die hohe See für eigene Minenunternehmen, Handelskrieg und sonstige Vorstöße. Wenn die Briten nördlich von Hornsriff (Dänemark) die Nordsee für Deutschland „abriegelten“, sollte auch wenigstens ihre Zufuhr zu den Bewacherlinien gestört werden können.

Die Zurückhaltung der Briten und Franzosen erlaubte es den Deutschen, ihr Sperrsystem nächtens ganz ungestört nach Plan auszubringen. Es handelte sich um 14 Minensperren gegen Überwasserkräfte zu Westen der Deutschen Bucht und eine Minensperre gegen U-Boote. Allein für die Sperre „Martha“ hatte ein Verband von zehn Schiffen vom 4. bis 17. September 3879 Minen ausgebracht. Am schlechtesten Einsatztag werden pro Schiff durchschnittlich 69 Minen gelegt, am erfolgreichsten Tag 250, je nach den Entfernungen, Wetterverhältnissen und Störungen durch feindliche Marine und Luftwaffe.

Sieben überwiegend nördlich der Deutschen Bucht gelassene Lücken, die Ein- und Ausfahrten für Eingeweihte, wurden mit Scheinsperren kaschiert.

„Großzügig“ begannen die deutschen Sperren schon vor der Insel Terschelling, 100 Kilometer westlich der deutsch-holländischen Grenze. Sie liefen von dort rund 275 Kilometer nach Nordnordwest bis auf den Breitengrad von Hornsriff. Die durchgängige U-Boot-Sperre zog sich von Borkum aus nordwestlich bis auf dieselbe Höhe hin. Damit unterwarf die Kriegsmarine fast die gesamte Fläche der Deutschen Bucht deutscher Kontrolle. Das Minenwarngebiet war durchschnittlich 110 bis 130 Kilometer breit. Das

System wurde durch sechs U-Boot-Sperren im Innern der Deutschen Bucht ergänzt. Die Minensperren verschafften den Deutschen eine gewisse Ruhe in der östlichen Nordsee trotz unterlegener Schiffszahl. Die Kriegsmarine verlegte zwar die U-Boot-Ausbildung ganz in die Ostsee, da diese als noch sicherer galt, aber durch die anfänglich über dem Küstenvorfeld auch innegehabte Luftherrschaft war das Risiko plötzlicher Angriffe auch in der Nordsee zunächst gering. Die Westwall-Minensperren bewährten sich. Allerdings hatten die Briten ihrerseits die deutschen Hoheitsgewässer in der Nordsee und die Deutsche Bucht zum Minenwarngebiet erklärt. Die britischen Minen führten insbesondere in der Handelsschiffahrt zu schweren Verlusten, wie in der Chronologie zu sehen sein wird. Daneben setzten die Briten auf eine für sie ungefährliche Fernblockade. Durch Verminen und Kontrollieren der Bergen-Enge riegelten sie die nördliche Nordsee ab, was allerdings nur unvollkommen gelang.[62]

Schon am 4. September 1939 verloren die Dänen ihr erstes Schiff. Der in Skagen beheimatete Fischkutter NORDSTRAND lief auf das britische Minenfeld, das von der Helgoländer Bucht – dem inneren Teil der Deutschen Bucht – bis Ringköbing-Fjord begonnen wurde. Vier Fischer starben bei der Explosion 130 Kilometer westlich von Hornsriff. Am 8. September sank die von Großbritannien zurückkehrende finnische Stahlbark OLIVE BANK auf einer Mine nicht sehr weit davon entfernt, 180 Kilomeer westlich vom dänischen Küstenort Henne. 14 Besatzungsmitglieder starben. Sieben Mann, die in die Takelage des Viermasters geklettert waren, wurden nach zwei Tagen von einem Esbjerger Fischkutter gerettet.

Britische Zerstörer legten in der Nacht zum 10. September eine Minensperre auf den vermuteten Auslaufwegen im deutschen Minenwarngebiet in der Nordsee. Vom 11. bis 16. September warfen britische Minenschiffe 3000 Minen in die Straße von Dover, um die Deutschen vom Ärmelkanal abzuschneiden.

2 Englische Flieger vor Wilhelmshaven und Brunsbüttel (4. September 1939 – Zweiter Kriegstag im Westen)

„Während der Nacht überflogen einzelne deutsche Flugzeuge den Bereich, von denen weder Startmeldung noch beabsichtigter Kurs vorlagen“, notierte der Kommandant im Abschnitt Brunsbüttel am 4. September verärgert im Kriegstagebuch. Am frühen Morgen waren aber auch britische Aufklärer über der deutschen Küste unterwegs. Eine zweimotorige *Anson* des Coastal Command griff auf Nordsee-Patrouille vor den Friesischen Inseln mit MG-Feuer ein deutsches Wasserflugzeug an. Die *He 60* der 1./Küstenfliegergruppe 106 von Norderney schoß die britische Maschine ab. Sie explodierte. Die Deutschen gingen nieder, konnten aber nur das Leben des Piloten L.H. Edwards retten.[63] In entsetzlichem Wetter machten die Briten Kriegsschiffe in der Elbmündung bei Brunsbüttel und in der Hauptbasis der deutschen Nordseeflotte in Wilhelmshaven aus.[64]

Am frühen Nachmittag muß es zu ersten Kampfhandlungen im Dreieck zwischen Wangerooge, Helgoland und Cuxhaven gekommen sein, denn der Brunsbütteler Kommandant schrieb weiter: *„Von 13 bis 14.47 Uhr hatte es wegen Gefechtstätigkeiten auf See Alarm für die Küstenbatterien gegeben.“*

Vermutlich handelte es sich um *Hampden*-Bomber, die aufgrund einer Fehlnavigation nicht Wilhelmshaven erreichten, sondern Helgoland. Diese Staffeln drehten nach dem langen Irrflug ab und warfen ihre Bomben im Notwurf in die See.[65] Verbürgt ist aber auch ein Luftkampf der 3./Küstenfliegergruppe 406 von List auf Sylt mit einem englischen Landbomber. Das Kommunikationsproblem zwischen Kriegsmarine und Luftwaffe bestand weiter, denn um 14.36 Uhr beschoß das in der Elbmündung befindliche Flottenflaggschiff, der Schlachtkreuzer GNEISENAU, mit seinem MG irrtümlich eine tieffliegende *Ju 52*.

Die Royal Air Force wollte es nun wissen und die gesichteten Kriegsschiffe in den Mündungen von Jade, Weser und Elbe bombardieren. Diesmal wurde nicht das Küstenkommando losgeschickt, sondern das Bomberkommando. Das Bomber Command sollte den ganzen Krieg über der wichtigste Gegenspieler der deutschen Luftwaffe in der Reichsverteidigung bleiben, neben dem Coastal Command, mit dem über der Nordsee und der deutschen Küste ebenfalls gerechnet werden mußte. Das britische Fighter Command zeigte sich erst ab 1942/43 über Deutschland als Begleitschutz für alliierte Bombenflugzeuge.[66]

Am späten Nachmittag näherten sich 24 zweimotorige Kampfflugzeuge der Deutschen Bucht. Es war regnerisch und diesig, die Wolken standen tief. Dieser Tagesangriff sollte ein großes Fiasko für die Briten werden. Aus deutschen und englischen Quellen läßt sich trotz mancher Widersprüche das Geschehen rekonstruieren.[67] Der Verband teilte sich in mehrere Gruppen auf. Zehn *Blenheims*, jede mit zwei 250-Kilo-Bomben an Bord, nahmen Kurs auf Wilhelmshaven. Auf Borkum, der äußersten ostfriesischen Insel, wurden die Eindringlinge zuerst gesichtet: zunächst zwei Flugzeuge auf 344 Grad, Kurs Ost. Norderney und Wangerooge bestätigten die Meldung. Auf der Wilhelmshavener Außenreede bei Schillig in der Jademündung war man noch nicht gewarnt, als diese ersten Flugzeuge in nur 200 Meter Höhe aus den Wolken stießen. Die schlechte Sicht zwang die Briten zum Tiefflug. Sie öffneten, kaum daß sie Schiffe unter sich gewahrten, die Bombenschächte. Nur zehn Meter neben dem Panzerschiff ADMIRAL SCHEER, das gerade aus einem Tenderschiff beladen wurde, gingen die Sprengkörper nieder.

Die Schiffsbesatzungen feuerten mit ihren Flugabwehrkanonen (Flak) auf die *Blenheim* N6184, so daß diese in der Luft explodierte. Nur Aircraftman First Class L.J. Slattery hatte rechtzeitig abspringen können. Schiffsflak traf auch die *Blenheim* N6240. Sergeant A.S. Prince starb dabei. Der Pilot Sergeant G.F. Booth rettete sich mit dem Fallschirm und erreichte watend die Mellumplate. Dort holte ihn am nächsten Morgen ein Flugsicherungsboot der Luftwaffe ab. Slattery und Booth gingen als erste Angehörige des Bomber Command in deutsche Gefangenschaft. Die Behörden hatten alle alliierten Piloten grundsätzlich zum Durchgangslager der Luftwaffe (Dulag Luft) nach Oberursel zu bringen, wo sie verhört wurden.

Die Briten hatten das Pech, daß ihre Bomben nicht zündeten. Vom gepanzerten Deck der ADMIRAL SCHEER sprangen die Sprengkörper einfach ab. Nur das Katapult des Kriegsschiffes für das Bordflugzeug wurde zerstört. Auch die unfertige TIRPITZ, deren Oberdeck mit fünf Zentimeter dickem Spezialstahl gepanzert war, wurde von Blindgängern nur leicht beschädigt. Eine dritte *Blenheim*, die inzwischen herangekommen war, wurde ebenfalls von Maschinengewehren und Flak der Schiffe zum Absturz gebracht und verschwand kopfüber im Meer (drei Tote).

Im vierten abgeschossenen Flugzeug starben vier Briten. Es hatte damit seine ganz eigene Bewandnis. Die *Blenheim* N6199 wurde von einem Flight Officer namens H.L. Emden geflogen und drang als einziges Flugzeug bis Wilhelmshaven vor. Allerdings hatte die Flak der ADMIRAL HIPPER die Maschine getroffen. Noch im Sturz steuerte Emden mitten auf ein deutsches Marineschiff zu. Es handelte sich ausgerechnet um den Leichten

Kreuzer EMDEN, auf dem sich nun sein Schicksal erfüllte. Die Maschine krachte seitlich auf das Vorschiff, zerstörte die Kadettenunterkunft und riß eine Reihe deutscher Soldaten in den Tod. Neun der gut 600 Besatzungsmitglieder der EMDEN starben sofort, zwei erlagen später ihren Verletzungen. Es waren die ersten Toten der Kriegsmarine im Zweiten Weltkrieg. Darüber hinaus wurden 18 Deutsche an Bord verwundet. Einen weiteren Toten hatte die Luftwaffe zu beklagen: Leutnant Hans Falke von der 2. Staffel des Zerstörergeschwaders 26 wurde in seiner Messerschmitt *Me 109 D-1* bei Mellum von der Bordflak der ADMIRAL SCHEER getroffen. In deren Kriegstagebuch heißt es: *„Ein eigener Jäger geriet durch falsches Verhalten in das starke Abwehrfeuer des Schiffes, Abstoppen erfolglos. Flugzeug wurde abgeschossen. Leiche des Flugzeugführers (Lt. Falke) geborgen."*

Der Warndienst auf dem Festland gab Alarm an alle militärischen Dienststellen, Flakbatterien, Scheinwerferstellungen, an die Fliegerhorste, die Schiffe, Gemeinden, Betriebe und Behörden. Zeitgleich um 17.55 Uhr wurde in den Abschnitten Sylt, Brunsbüttel, Cuxhaven, Wilhelmshaven und Wangerooge Fliegeralarm ausgelöst. Im Kreis Friesland läuteten die Kirchenglocken. Während die Bevölkerung in die Luftschutzräume ging, schossen die Küstenbatterien den Briten hinterher. Vermutlich geht der versehentliche Abschuß einer weiteren *Ju 52* bei Schillig auf ihr Konto. Die deutsche Maschine war auf einem Transportflug von Kiel nach Jever gewesen. Unterdessen stiegen die deutschen Jäger in Jever, Wangerooge und Nordholz auf.

Erst am 20. August war die II. Gruppe des Jagdgeschwaders 77 von Böhmen nach Nordholz bei Cuxhaven verlegt worden. Sie verfügte über rund 40 *Bf 109E*-Jagdflugzeuge, landläufig *Me 109* genannt, die auch auf die Fliegerhorste Upjever und Wangerooge verteilt waren. Die Gruppe von Major Carl Schumacher war während der ersten Kriegstage die einzige an der Deutschen Bucht belassene Jagdeinheit, die Erfahrung in der Zusammenarbeit mit der Marine hatte. Daneben sollten während des Angriffs auf Polen nur noch Stab und I. Gruppe des Zerstörergeschwaders 26 in Varel die Stellung halten. Als Zerstörer galten mehrmotorige und damit „schwere" Jagdflugzeuge, die auch Bodenziele angreifen konnten, insgesondere die *Bf 110*. Das Geschwader war allerdings teilweise noch mit der *Bf 109D* ausgestattet. Davon abgesehen lagen an der Nordseeküste nur die Küstenfliegergruppen von Norderney und List auf Sylt sowie eine für den niemals fertiggewordenen Flugzeugträger GRAF ZEPPELIN vorgesehene Staffel von Trägerflugzeugen (1./196) in Wilhelmshaven.

Den fünften Abschuß des Tages „nordöstlich Wilhelmshaven" ließ sich Leutnant Metz von der 4. Staffel des JG 77 anrechnen. Im Watt südöstlich von Spiekeroog mußte ein deutsches Flugzeug notlanden. Es wurde vom Zollboot CARL RÖVER auf Schlick gebracht und dann vom Luftwaffen-Bergungsschiff GUNTHER PLÜSCHOW geborgen.

Die Jäger versuchten, die britischen Flugzeuge in das Feuer der Küstenflak zu treiben. So wurde der vorgesehene britische Angriff auf Cuxhaven ganz vereitelt. Doch 14 der 24 Bomber, es waren Wellingtons des 9. und 149. Squadron mit je fünf Mann Besatzung, hielten unbeirrt Kurs auf Brunsbüttel. Ihr Ziel waren die Schlachtschiffe SCHARNHORST und GNEISENAU, die beiden einzigen einsatzbereiten modernen Großkampfschiffe, die Deutschland damals besaß. Vor der Schleusenstadt aber hatten die Briten nicht nur gegen die Schiffsflak und Jäger zu operieren, sondern auch gegen eine hellwache Marineartillerie an der Küste.

Der Kommandant im Abschnitt Brunsbüttel notierte um 17.55 Uhr *„Luftgefahr 20 auf Meldung von elbaufwärts fliegenden Feindfliegern"* und um 18 Uhr: *„Drei zweimotorige* *englische Bomber elbaufwärts. Batterie Zweidorf eröffnet Feuer bei Zielhöhe 1200 [Meter]. Batterie Oste, Ramhusen, Mole IV und auf Elbe liegende „Gneisenau" feuern ebenfalls. Gegner dreht ab und geht bei 1600 m in die Wolke. Im Abflug zwei Bomben querab Neufelderkoog; kein Schaden."*

Zwei *Wellingtons* des 9. Squadron traf es. Die L 4268 von Flight Sergeant I.E.M. Borley und die L 4275 von Flight Sergeant A.J. Turner waren um 16.05 Uhr in Huntingdon gestartet. Sie wurden um 18.15 Uhr bei Brunsbüttelkoog im Luftkampf Opfer der schnelleren Me 109-Maschinen der Jagdpiloten Feldwebel Alfred Held und Feldwebel Hans Troitzsch, beide von der 6. Staffel des Jagdgeschwaders 77.[68] Die beiden Abschüsse vor der Dithmarscher Küste lagen zeitlich noch etwas vor dem Jagdabschuß von Metz und gelten als die ersten Luftsiege über die Briten. Die beiden Crews der RAF starben (zehn Tote). Alle übrigen Flugzeuge wurden beschädigt, ohne zum Bombenwurf gekommen zu sein.

Die Einflüge des 4. September sorgten entlang der gesamten deutschen Nordseeküste für Verwirrung und Hektik. Arbeiter im Westen der Insel Wangerooge winkten vermeintlich deutschen Fliegern zu. *„Es waren aber Engländer, die zurückgewinkt haben"*, erinnert sich Frieda Jürgens. Der Wangerooger Gerd Harms berichtet: *„Als die 2-cm über das östliche Dorf ballerte und die Soldaten die Blenheims sahen, rief jemand „Alarm". Alles rannte durcheinander, einige versuchten sogar die Gasmasken aufzusetzen."* Die Inseljugend lief leichtsinnig auf die Dünen, „um bloß nichts zu verpassen."[69]

In den Chroniken von Büttel, Kaiser-Wilhelm-Koog, Dieksanderkoog, Friedrichskoog und Marne-Land wird das Ereignis fälschlich auf den 3. September datiert, während die Uhrzeit übereinstimmt.[70] Die Flugwache auf Friedrichskoog-Spitze meldete demnach die aus westlicher Richtung auf die Elbmündung zubrummenden Flugzeuge frühzeitig. *„Bei Brunsbüttelkoog erhob sich ein solches Abwehrfeuer der leichten und mittleren Flak, daß ein Herankommen an den Kanal einfach unmöglich war. Auf ihrem Rückflug kurvten die Bomber ziemlich niedrig, um der schweren Flak zu entgehen, die unser Küstengebiet zu beschützen hatte. Das war das erste unmittelbare Kriegserlebnis, das wir gut beobachten konnten. Wir haben uns über den Erfolg unserer Abwehr gefreut; der bittere Ernst der Sache wurde noch nicht erfaßt."*[71] An anderer Stelle heißt es: *„Der erste Besuch durch feindliche Flugzeuge an unserer Küste zeitigte doch einige Aufregung, er brachte die Erkennnis, daß die Heimat im modernen Krieg nicht mehr dem Kampfgebiet entrückt ist."*[72] In Büttel (östlich von Brunsbüttel im Kreis Steinburg) wurden sieben Maschinen in geringer Höhe gesichtet. Ein Schiff auf Brunsbüttelkoog-Reede habe das Feuer eröffnet. Wie unklar die Lage war, zeigt der Eintrag von Lehrer Paul Andrews in der Schulchronik: *„Es stellte sich heraus, daß es deutsche Maschinen waren."*[73]

Auch Tönning an der Eider wurde vom Geschehen noch berührt. Im Kriegstagebuch der dortigen Fliegerhorstkommandantur lautet der Eintrag:

4.9.39 1755 Fliegeralarm! Auf Grund der Meldung des Flugmeldedienstes waren 3 feindl. Flieger aus 4* zu erwarten. Ein Eindecker, Typ Wellington erschien plötzlich in 10 aus den Wolken in mittlerer Höhe. Er wurde von der ortsfesten 8,8 cm-Batterie mit 17 Schuss Dauerfeuer beschossen. Nach dem Beschuss drückte der Flieger steil nach unten und warf östlich Lunden auf dem Gelände des Preiler Aussendeiches 4 Bomben ab. 1855 Entwarnung."[74]

* Richtungsangabe nach dem Zifferblatt einer Uhr, wobei die 12 für Norden stand

Datum und Uhrzeit	Angabe des Ortes, Wind, Wetter, Seegang, Beleuchtung, Sichtigkeit der Luft, Mondschein usw.	Vorkommnisse
31.8.39.	Windstille, Luftfeuchtigkeit 98 %, 14°C, Mondschein, Frühnebel.	
1.9.39.	Heiter, leicht dunstig, Windstille, 22°C.	
0600		Aufruf des zivilen Luftschutzes.
2000		Verdunkelung bis auf weiteres angeordnet und durchgeführt.
2.9.39	Windstille, Nebel, 14°C, Mondschein.	
1830		M.S. „Annemarie" trifft aus Hamburg ein und steht zur Verfügung des Luftparks (See) Tönning.
3.9.39.	Wolkig, dunstig, OSO, Stärke 3, 15°C. Mondschein.	
4.9.39	OSO, Stärke 5, wolkig, 19°C.	
1755		Fliegeralarm! Auf Grund der Meldung des Flugmeldedienstes waren 3 feindl. Flieger aus 4 zu erwarten. Ein Eindecker, Typ Wellington erschien plötzlich in 10 aus den Wolken in mittlerer Höhe. Er wurde von der ortsfesten 8.8 cm-Batterie mit 17 Schuss Dauerfeuer beschossen. Nach dem Beschuss drückte der Flieger steil nach unten und warf östlich Lunden, auf dem Gelände des Preiler Aussendeiches 4 Bomben ab.
1855		Entwarnung.

Zu beziehen vom Amtlichen Vordrucklager der Kriegsmarine J. J. Augustin in Glückstadt. Auslieferungsstellen: Für Ostseebereich: in Kiel. Für Nordseebereich: in Wilhelmshaven. B. 36. Kriegstagebuch. Din A 3

Aus dem Kriegstagebuch der Fliegerhorstkommandantur Tönning. *(BA-MA RL 21/118)*

Preil in der Gemeinde Lehe (Norderdithmarschen) war nach diesem bisher unbeachtet gebliebenen Dokument das erste deutsche Dorf, auf das im Zweiten Weltkrieg Bomben fielen! Es ist dem Verfasser gelungen, einen Augenzeugen zu finden. *„Ich war gerade mit meinem Vater auf dem Feld bei der Ernte"*, berichtet der frühere Preiler Altbauer Heinrich Dethlefs, jetzt in Lunden wohnhaft. *„Da hörten wir die Flak schießen. Mehrere*

Bomben fielen. Ein sehr großer Krater wurde bestimmt von mehreren Bomben gerissen." Am nächsten Tag untersuchten Fachleute vom Flakschießplatz Hedwigenkoog die Abwurfstelle. Im Kriegstagebuch ist dies vermerkt: *„Ort: 1 km östlich von Preil, knapp am Eiderdamme. Es sind 3–4 Bomben auf einmal abgeworfen worden ..."* Die Spezialisten fanden Bombensplitter mit einer durchschnittlichen Wandstärke von einem Zentimeter. Die Trichter wurden zugeschüttet, von Hochwasser der Eider überspült und lassen sich heute weder vor Ort am Boden noch aus der Luft mehr erkennen. Nach Angaben von Zeitzeugen befanden sich die Einschlagstellen im Vorland in dem scharfen Winkel, den der Eiderdeich des Dammskooges in Lehe etwa in seiner Mitte aufweist, zwei Kilometer westlich der Eisenbahnbrücke und drei Kilometer westlich der Straßenbrücke bei Friedrichstadt. Für Dethlefs war klar: *„Die Engländer hatten es auf die Eisenbahnbrücke abgesehen."* Dies war die Meinung im Ort, kein gesichertes Wissen. Eine Angriffsabsicht ist aber ganz unwahrscheinlich. Da die Royal Air Force Zivilisten damals noch schonen sollte und auch militärische Festlandziele für die Briten zu dem Zeitpunkt tabu waren, galten die Bomben keinem Verkehrsziel, sicher nicht dem Tönninger Fliegerhorst oder seiner Flugabwehr und keinesfalls dem Dorf Preil. Aller Wahrscheinlichkeit nach waren es bewußt über unbewohntem Gelände ausgelöste Notwürfe, um das Flugzeug leichter zu machen und schneller aus dem Gefahrenbereich der Flak um Tönning herauszukommen. Dafür spricht auch, daß deutsche und britische Propaganda die Bombenwürfe ignorierten.

Kein Buch über den Luftkrieg erwähnt die Einschläge in Preil. Dagegen wird eine viel später, am 29. September, bei Vechta gefallene Sprengbombe als Besonderheit vermerkt. Sogar eine erst am 3. Dezember 1939 auf dem Gelände einer Helgoländer Flakbatterie niedergegangene Bombe wird als „wahrscheinlich erste britische Bombe" bezeichnet, „die im 2. Weltkrieg auf deutschen Boden fiel".[75] Nach britischer Darstellung fing das Königreich gar erst im März beziehungsweise Mai 1940 mit Bombenwürfen an.[76] Tatsache ist: Preil war ein allererster, noch harmloser Vorgeschmack auf den Bombenkrieg – eine wenig ernst genommene und doch ganz besondere Premiere.

Die *Wellington* erhielt gegen 18.10 Uhr einen Treffer in die Bug- oder Heckkanzel, denn sechs Kilometer nördlich von Tönning wurden beim Bahnhof Harblek (Gemeinde Oldenswort) neben Splittern eigener 8,8-cm-Granaten auch Plexiglas-Splitter gefunden. Das Geschehen sprach sich sofort herum. Der Tetenbüller Tagebuchschreiber Volquardsen schrieb am 4. September: *„Die ersten feindlichen Flieger über Eiderstedt."* Die Detonation der Bomben und das Schießen der Flak waren gegen 18 Uhr auch in Friedrichstadt zu hören. Ein Augenzeuge sah „zwei Flugzeuge, die steil hochgehen und in den Wolken verschwinden, in der Nähe über dem Bahnhof".[77] In Wilhelmshaven wurde um 19.05 Uhr Entwarnung gegeben. Trotzdem setzte danach ein Exodus ein. Tausende Bewohner der Jadestadt reisten per Zug und Auto zu Verwandten aufs Land – die allerersten deutschen Bombenflüchtlinge.

Der Angriff auf die vor der Schleuse liegenden Schiffe war möglicherweise der Anlaß dafür, das in der Brunsbüttelkooger Mittelschule im Aufbau begriffene Marinelazarett zu verlegen. Der Marner Oberstudiendirektor Hoppe schrieb: *„Da die zentrale Lage der Stadt Marne günstige Verkehrswege zu den zahlreichen Flak- und Scheinwerferstellungen am Nordufer der Elbmündung bot, erschien das Marner Oberschulgebäude der Marinekommission, die es besichtigte, für Lazarettzwecke vorzüglich geeignet."*[78] Die Leitung des in der Bürgermeister-Plambeck-Straße 9 gelegenen Gymnasiums erhielt die Weisung, Haupt- und Nebengebäude binnen drei Tagen zu räumen. Mit Hilfe eines Transportkommandos der Kriegsmarine zog die Oberschule in das Gebäude der Mädchen-

Genau an dieser Stelle fielen am 4. September 1939 die ersten Bomben des Zweiten Weltkriegs auf deutschen Boden. Heute grasen im Eidervorland östlich von Preil bei Lunden (Dithmarschen) Schafe. Die Sprengtrichter sind durch Einebnung und Überspülung längst spurlos verschwunden. Im Hintergrund rechts die Eisenbahnbrücke über die Eider in Koldenbüttel und links die Straßenbrücke bei Friedrichstadt. Es wurde zunächst vermutet, daß die Brücken das Angriffsziel des britischen Wellington-Bombers waren. *(Foto: Piening)*

Der abgewiesene britische Luftangriff am 4. September 1939 auf Schiffe vor Wilhelmshaven und Brunsbüttel wurde als „Englands erste Schlappe" gefeiert.

volksschule am Alten Kirchhof um. Die Mädchen einschließlich der letzten Klasse der Höheren Töchterschule aus der Museumsstraße 13 kamen mit in die Knabenbürgerschule in der Hafenstraße. Das Lazarett in der Plambeck-Straße blieb bis in die Nachkriegszeit bestehen.

Als die Schiffe vor Brunsbüttel angegriffen wurden, waren Soldaten und Beobachter vielfach der Meinung, daß die Schleusenanlagen das eigentliche Ziel der Bomber waren. Dafür gibt es aber keine Belege. Auch dies hätte auch den sowohl auf deutscher wie auf britischer Seite geltenden Direktiven zur Luftkriegführung widersprochen. Durch jeweils höchste Weisung war es Luftwaffe und RAF bis weit ins Jahr 1940 hinein untersagt, Bomben auf feindliches Land zu werfen. Das einzig erlaubte Angriffsziel waren Kriegsschiffe in freier See oder auf der Reede. *„Es war in diesem Stadium immer noch sehr ein Gentlemen-Krieg“*, analysiert der Autor John Weal. *„Weder RAF noch Luftwaffe durften in den Häfen liegende Kriegsschiffe angreifen aus Angst vor zivilen Opfern.“*[79] Kriegsschiffe im Hafen, in der Werft oder an der Pier sowie Handelsschiffe waren für die Bomber tabu. Neben der allgemeinen Strategie, nicht die Schuld am Ausbruch eines uneingeschränkten Bombenkrieges auf sich zu laden, gab es unterschiedliche Gründe für diese Zurückhaltung. Die Briten überschätzten die Luftwaffe bei weitem und wollten vor einer Eskalation erst ihre Bomberstreitmacht vergrößern. Hitler wiederum glaubte, Großbritannien werde bald „Vernunft annehmen“ und wollte die Möglichkeit einer „Verständigung“ offen lassen.

Die Eröffnung der Kampfhandlungen im Westen war für die Briten ein Fehlschlag auf der ganzen Linie. Sieben Bomber hatte die Royal Air Force verloren. 23 Briten waren tot, zwei in deutsche Gefangenschaft geraten. Die deutsche Presse berichtete groß über den Abwehrerfolg und vergaß nicht zu erwähnen, daß die RAF auf Hin- und Rückflug den holländischen Luftraum verletzt habe unter Mißachtung der Neutralität der Niederlande. Besonders peinlich für die Briten war die Tatsache, daß sich ein Pilot völlig verflogen und Bomben auf die dänische Hafenstadt Esbjerg abgeworfen hatte. Bei diesem Vorfall um 17.57 Uhr starb ein Däne, drei wurden verletzt. Ein Haus wurde von den Sprengbomben zerstört. Die dänische Regierung verlangte Schadenersatz. Die Briten machten zunächst die Deutschen verantwortlich, doch eine Untersuchung von den Überbleibseln der Bomben ergab einwandfrei deren britische Herkunft. Am 7. September entschuldigte sich Großbritannien offiziell für den Vorfall.[80]

In der britischen Presse wurde das Unternehmen als Erfolg dargestellt, obwohl es nicht gelungen war, der deutschen Flotte gleich zu Beginn schwere Schläge zu versetzen. An Squadron Leader Kenneth Christopher Doran, der den Angriff geleitet hatte, wurde das erste Flieger-Ehrenkreuz des Krieges (Distinguished Flying Cross) verliehen. Doch der deutschen Propaganda war ebensowenig zu trauen. Von den Toten der EMDEN verlautete nichts. Auch das 32-seitige Heft zu den Geschehnissen vom 4. September, das Reichsjugendführung und Wehrmacht später unter dem Titel „Englands erste Schlappe“ herausgaben, blendete die deutschen Verluste ganz aus.[81] Schon in diesen allerersten Kriegstagen zeigte sich, wie wirksam die Marineflak an der deutschen Nordseeküste aufgezogen war. Der dichte Abwehrgürtel bot Hitler zunächst ausreichend Rückendeckung für seine Expansionspolitik im Osten. Bei der Luftwaffe war man weniger zufrieden mit dem Verlauf des 4. September. Gruppenkommandeur Schumacher bemängelte die Zusammenarbeit mit den Marinedienststellen als „sehr fragwürdig“. Die Menschen an der Küste wurden sich in den ersten Septembertagen ihrer Bedrohung aus der Luft bewußter. Die

Brunsbütteler mußten bis zum Kriegsende noch gut 30 weitere Luftangriffe überstehen, die Wilhelmshavener über hundert.

Nach dem Luftangriff der Royal Air Force vom 4. September auf Kriegsschiffe im Hafen und auf Reede war der Luftwaffe Gleiches erlaubt. Am 6. September wurde auch der Angriff auf Küsteneinheiten zugelassen, wenn sie Handelsschiffe beim Befahren der

Datum und Uhrzeit	Angabe des Ortes, Wind, Wetter, Seegang, Beleuchtung, Sichtigkeit der Luft, Mondschein usw.	Vorkommnisse
1.9.39		
1500		Uebernahme der Dienstgeschäfte durch den Kommandeur. Kessler
2.9.39 bis 3.9.39.		Keine besonderen Ereignisse. Kessler
4.9.39.		Während der Nacht überflogen einzelne deutsche Flugzeuge den Bereich, von denen weder Startmeldung noch beabsichtigter Kurs vorlagen.
1436		"Gneisenau" beschießt eine "Ju 52" WL - AMAV mit M.G. C/30.
1755		"Luftgefahr 20" auf Meldung von elbaufwärts fliegenden Feindfliegern.
1800	dichte Wolkendecke 1600 m Höhe, Wind Ost Süd-Ost 4 - 5 gute Sicht.	3 zweimotorige englische Bomber elbaufwärts. Batterie Zweidorf eröffnet Feuer bei Zielhöhe 1200. Batterie Oste, Ramhusen, Mole IV und auf Elbe liegende "Gneisenau" feuern ebenfalls. Gegner dreht ab und geht bei 1600 m in die Wolken. Im Abflug 2 Bomben querab Neufelderkoog; kein Schaden. Verschossene Munition: Zweidorf 11, Oste 6, Ramhusen 2, Mole IV 23. M.G. C/30 Zweidorf 43, "Gneisenau" 3,7 cm - 241, M.G. C/30 - 44, 10 cm - 4. Kessler
5.9.39.		
1141		Meldung aus Gütersloh i.Westf., dass mit Großangriff zu rechnen ist (45 Flugzeuge); kein Angriff.
1718		"Alarm" auf Meldung aus Hamburg-West über Beschuß von 4 Feindfliegern, die Richtung Brunsbüttel fliegen.
1805		"Kriegswache" da gemeldete Flieger nicht erschienen. Kessler

Aus dem Kriegstagebuch des Kommandanten im Abschnitt Brunsbüttel. *(BA-MA RM 45 II/162)*

Das Panzerschiff ADMIRAL GRAF SPEE (Heimathafen Wilhelmshaven) läuft bei Brunsbüttel in den Kaiser-Wilhelm-Kanal ein. Im März 1939 war es Flottenflaggschiff bei der „Rückführung" des Memellandes, 29. bis 31. Mai Teilnahme an der Einholung der Legion Condor in der Deutschen Bucht, nach Kreuzerkrieg und Seegefecht am 17. Dezember 1939 Selbstversenkung in der La Plata-Mündung. (Sammlung Otto Karstens)

Deutschen Bucht und Minenwarngebieten unterstützten. „Bewaffnete Aufklärung" konnte auch mit Angriffen auf Seefliegerstationen und Inselbefestigungen verbunden sein. Ferner war der deutschen wie der britischen Luftwaffe das Minenlegen aus der Luft zugestanden. Neutrales Gebiet sollte nicht überflogen werden. Am 6. September überschritt die französische Armee erstmals die deutsche Grenze. Diese Vorstöße südwestlich von Saarbrücken wurden lediglich in Bataillonsstärke ausgeführt. Sie bedeuteten keine Entlastung Polens, zumal die Wehrmacht ihnen nur örtlich entgegentrat.[82] Die Briten stellten zwar ein Expeditionskorps für Frankreich auf, verwarfen aber Churchills Plan, die Durchfahrt in die Ostsee zu erzwingen, um Polen zu helfen (Operation C a t h e r i n e).

In der Weisung Nr. 3 für die Kriegführung vom 9. 9. 1939 befahl Hitler: *„Auch nach der zaghaften Eröffnung der Feindseligkeiten durch England zur See und in der Luft, durch Frankreich zu Lande und in der Luft behalte ich mir die Genehmigung vor:*

a) für jede Überschreitung der deutschen Westgrenze zu Lande,

b) für jedes Überfliegen der deutschen Westgrenze, sofern es nicht zur Abwehr stärkerer feindl. Luftangriffe notwendig ist.

c) Für Luftangriffe gegen England in der Deutschen Bucht und im Minenwarngebiet West sowie zur unmittelbaren Unterstützung von Seekampfhandlungen ist der Einsatz der Luftwaffe freigegeben." Der Gegner sollte auf See gestellt werden oder wurde vor seinen Hafeneinfahrten aufgesucht. Die U-Boote hatten den Handelskrieg weiter nach Prisenordnung zu führen.

In der 5. Weisung vom 30. 9. 1939 erlaubte Hitler der Luftwaffe den Angriff auf britische und französische Kriegs- und Handelsschiffe in der Nordsee. In der 7. Weisung vom 18. 10. gestattete er der Luftwaffe, gegnerische Kriegsschiffe auch in Kriegshäfen anzugreifen.

Am 7. Dezember weitete das X. Fliegerkorps seinen Kampfauftrag aus auf neutrale Schiffe unter dem Schutz feindlicher Schiffe und auf Schiffe mit unklarer Kennzeichnung. Das Kampfgeschwader 26 sollte sich nun mit seinen Schnellbombern *He 111* auf Handelsschiffe konzentieren und das Kampfgeschwader 30 mit seinem Horizontal- und Sturzkampfbomber *Ju 88* auf Kriegsschiffe.

3 Lauernde U-Boote

Bereits am 1. September fing die Kriegsmarine Geräusche von Elektromotoren eines fremden U-Boots in der Deutschen Bucht auf. Tatsächlich hatten schon am 31. August sechs U-Boote der 6. britischen Flottille Blyth verlassen, um in der Deutschen Bucht zu patrouillieren. Am 3. September standen britische U-Boote vor Hornsriff, der Elb- und Jademündung und bei Terschelling sowie zwischen den Shetland-Inseln und Norwegen. U 3 und U 4 verließen Wilhelmshaven am 4. September, um im Skagerrak in Lauerstellung zu gehen. Am 4. September sichteten die Deutschen feindliche U-Boote nordwestlich von Helgoland und am 5. September nördlich von Langeoog und Wangerooge.[83] Eine *Anson* des Coastal Command sichtete am 5. September ein U-Boot in der Nordsee und warf seine gesamte Bombenladung darüber ab. Das Flugzeug erreichte nur mit Mühe die britische Küste, die Besatzung rettete sich im Beiboot. Sie mußte erfahren, das eigene U-Boot HMS SEAHORSE angegriffen zu haben – und daß ihre vermeintlich wohl plazierte Bombenfracht keinen nennenswerten Schaden verursachte.[84]

Eine schwerwiegende Panne, die für den gesamten Handelskrieg auch in der Nordsee Folgen hatte, unterlief den Deutschen am 3. September. U 30 torpedierte um 19.43 Uhr nordwestlich von Irland irrtümlich den für einen Hilfskreuzer gehaltenen britischen Passagierdampfer ATHENIA. Das Fahrgastschiff sank im Laufe der Nacht, wobei 112 Menschen starben, darunter 28 US-Amerikaner. 1300 Passagiere und Besatzungsmitglieder wurden gerettet. Die Versenkung führte in der britischen Admiralität zur Annahme, daß Deutschland einen uneingeschränkten U-Boot-Krieg begonnen habe. Der Vorfall erinnerte an die fatale Versenkung des britischen Luxusdampfers LUSITANIA im Jahr 1915,

U 29 in rauher See vor Helgoland in den ersten Kriegswochen, vermutlich bei der Rückfahrt nach Versenkung des britischen Flugzeugträgers COURAGEOUS.

die viel zum Eintritt der USA in den Krieg gegen Deutschland beigetragen hatte. Hitler verbot nun als Reaktion alle Angriffe auf Passagierschiffe, auch wenn sie im Geleit fuhren und also wahrscheinlich Truppen transportierten (erst Mitte 1940 widerrief er diese Beschränkung). Die Briten sahen sich veranlaßt, stärker die Blockade Deutschlands zu betreiben. Am 6. September beschoß ein Dampfer erstmals mit Artillerie ein deutsches U-Boot. 20 Tage später kündigte der Chef der Admiralität, Winston Churchill, im Unterhaus an, daß alle britischen Handelsschiffe und Passagierdampfer bewaffnet würden, „um den Angriffen der U-Boote wirksam entgegentreten zu können". Am 1. Oktober gab die Admiralität die Anweisung an Handelsschiffe bekannt, U-Boote wenn möglich zu rammen. Auch die französischen Frachtdampfer wurden, wie im Ersten Weltkrieg, mit Kanonen und Rundfunksendern bestückt.

Damit ließ sich der in den ersten Wochen befohlene Einsatz nach Prisenrecht nicht mehr durchhalten. U-Boote konnten kaum allen Vorschriften nachkommen, ohne sich selbst zu gefährden. So war schon das Auftauchen zum Aussetzen eines Beibootes ein großes Risiko, wenn der Frachter bewaffnet war oder – noch in Fahrt – Rammkurs auf das U-Boot nahm. Auch ließ sich selten die ganze Besatzung eines Handelsschiffes, die ja vor der Versenkung gerettet werden sollte, in einem U-Boot unterbringen. Die nächste Eskalationsstufe war erreicht: In der Weisung Nr. 5 hob Hitler am 30. September weitere Beschränkungen in der Kriegführung auf: *„Der Seekrieg gegen Frankreich ist ebenso wie gegen England zu führen. Der Handelskrieg ist im allgemeinen nach Prisenordnung zu führen mit folgenden Ausnahmen: Einwandfrei als feindlich erkannte Handelsschiffe und Truppentransporter dürfen warnungslos angegriffen werden. Daßelbe gilt für abgeblendet fahrende Schiffe in den Gewässern um England."* Der Luftwaffe waren nun Angriffshandlungen gegen in See befindliche englische und französische Seestreitkräfte sowie der Handelskrieg nach Prisenordnung in der gesamten Nordsee erlaubt.[85]

Am 7. September verlegte die Kriegsmarine erste U-Boote vom polnischen Kriegsschauplatz in die Nordsee. Am 9. September liefen U 21, U 23, U 31, U 35 und U 36 von Wilhelmshaven zu Feindfahrten aus. Diese Situation nutzte ein britisches U-Boot zu den ersten Schüssen auf ein deutsches U-Boot. HMS URSULA verfehlte 43 Kilometer nördlich der westfriesischen Insel Schiermonnikoog und 60 Kilometer nordwestlich von Borkum U 35. Alle vier Torpedos, die Lieutenant-Commander George Chesterman Phillips zwischen 19.12 und 19.33 Uhr starten ließ, gingen daneben. U 23 berichtete, um 19.50 Uhr mit drei Torpedos angegriffen worden zu sein, und begab sich zur schottischen Küste zum Minenlegen.

Der Schwere Kreuzer ADMIRAL HIPPER nach seinem Umbau 1939/1940 auf dem Kaiser-Wilhelm-Kanal. Die Stromüberführungstürme am Kanal in Brunsbüttel, von denen einer in der Bildmitte zu erkennen ist, waren 1923 errichtet worden. (Sammlung Otto Karstens)

U 21 meldete die Sichtung von URSULA. Am 11. September sichtete U 4 ein britisches U-Boot 60 Kilometer westlich der Hallig Süderoog, verlor aber den Kontakt, als dieses tauchte. U 13 verließ Wilhelmshaven, um vor Orford Ness an der ostenglischen Küste Streife zu fahren. U 3 lief am 13. September von Wilhelmshaven aus. Ziel waren holländische Gewässer vor Terschelling.

Bis zum 20. September erfolgten zehn britische U-Boot-Vorstöße in die Helgoländer Bucht, an die jütische und norwegische Küste, ins Skagerrak sowie in den Raum westlich des deutschen Warngebiets. Am 20. September zog die Royal Navy ihre U-Boote aus der Shetland-Enge zurück.[86] Auch die übrigen sichteten wochenlang keine „lohnenden" Kriegs- und Handelsschiffe, sondern lediglich deutsche U-Boote. Die Operationsgebiete blieben in den Folgemonaten die gleichen, nur verschoben sich Einsätze aus den Gewässern vor Norwegen in Richtung Hornsriff und Terschelling. Im Wangerooger Fahrwasser wurde am 22. September ein verdächtiges niedriges Fahrzeug, wahrscheinlich ein U-Boot, gemeldet. Die Flakbatterie „Jade" auf Wangerooge schoß Leuchtgranaten, ohne das Boot damit sichtbar zu machen. Am 25. September lief HMS SPEARFISH auf eine Untersee-Abwehrsperre bei Hornsriff und wurde schwer beschädigt.

Während die Kriegsmarine durch ihre Funkaufklärung wußte, daß kein Großangriff der Royal Navy in der Deutschen Bucht bevorstand, richteten die Briten am 28. Oktober eine Anti-Invasions-Patrouille vor der Doggerbank ein. Bis zum 6. November behielten neun U-Boote das Gebiet im Auge. HMS UNDINE betrieb vom 22. Oktober bis 4. November Aufklärung nördlich von Helgoland. Auf der Suche nach britischen U-Booten ereignete sich am 13. November vor dem Lister Tief ein Unfall. Kommodore Ruge berichtet: *„Der Verband war auf Marschfahrt. Auf M 61 prüfte Fachpersonal die in Abrollgerüsten an beiden Seiten des Achterdecks liegenden Wasserbomben. Hierbei löste sich unerwartet eine scharfe Bombe, fiel ins Wasser und detonierte unter M 132, das im Kielwasser folgte."*[87] Das Minensuchboot der 4. Minensuchflottille wurde schwer beschädigt und mußte aufgesetzt werden. Die Besatzung wurde vollzählig gerettet, die Geheimunterlagen wurden geborgen. Es war eine kleine Ursache, die den Totalverlust von M 132 bewirkte: *„Wahrscheinlich hatte der Unteroffizier, der den elektrischen Teil nachprüfte, eine Feststellschraube gelockert, ohne sich darüber klar zu sein, und diese war dann hinausgefallen."*

U 48 unter Kapitänleutnant Herbert Schulze lief am 4. Oktober nach Kurzurlaub der Besatzung von Kiel durch den Kaiser-Wilhelm-Kanal zu seiner zweiten Feindfahrt aus. Am Abend befand sich das Boot in der mittleren Nordsee. Ziel war das Gebiet westlich von Irland. Am 17. Oktober lief U 47 unter Kapitänleutnant Günther Prien gegen 10 Uhr in die Jade ein. Das U-Boot mit dem Stier als Wappen am Turm kehrte zurück von dem gewagten Vorstoß in den Kriegshafen Scapa Flow. In dem stark geschützten „Herzen der britischen Flotte" hatte Prien das Schlachtschiff ROYAL OAK („Königliche Eiche") versenkt, wobei 833 Briten gestorben waren. In Wilhelmshaven begrüßten Großadmiral Raeder und der Führer der Unterseeboote, Kommodore Karl Dönitz, Prien als „Stier von Scapa Flow". An Bord ernannte Raeder Dönitz zum „Befehlshaber der Unterseeboote" unter gleichzeitiger Beförderung zum Konteradmiral. Am 9. November lief das Boot an Helgoland vorbei zur dritten Feindfahrt aus. Es erzielte drei Versenkungen, obwohl sechs Torpedos versagten.

Am 20. November erzielten die Briten ihren ersten U-Boot-Erfolg. In der Deutschen Bucht schoß HMS STURGEON unter Lieutenant George D.A. Gregory vier Torpedos auf zwei als Vorpostenboote laufende Fischdampfer ab. Einer traf und versenkte V 209.

HMS STURGEON erzielt am 20.11.1939 den ersten U-Boot-Erfolg der Briten: In der Deutschen Bucht versenkt es das Vorpostenboot V 209.

Das 55 Meter lange Schiff, zwei Jahre zuvor als GAULEITER TELSCHOW gebaut, gehörte der 2. Vorposten-Flottille (Wesermünde) an. Der Angriff erfolgte 180 km westnordwestlich von Helgoland auf 54 Grad 32 Minuten Nord und 5 Grad 10 Minuten Ost. Nachts um 22.30 Uhr lief in Kiel U 48 durch den Kaiser-Wilhelm-Kanal zur dritten Feindfahrt aus. Minensuchboote geleiteten es durch das Minenwarngebiet nach Norden. Genau einen Monat später, am 20. Dezember, passierte das U-Boot vom Raum Island kommend Norderney und lief durch den Kaiser-Wilhelm-Kanal wieder nach Kiel, wo es um 17.30 Uhr an der Tirpitzmole festmachte. Am ausgefahrenen Sehrohr flatterten vier Versenkungswimpel. U 48 wurde das „erfolgreichste" U-Boot des Zweiten Weltkrieges.

Obwohl den Briten anfangs wenig gelang, nahmen die Deutschen die U-Boot-Gefahr ernst. Das Flugsicherungsboot BERNHARD VON TSCHIRSCHKY verließ am 21. November seinen Heimathafen List auf Sylt und mußte „mit unregelmäßigen Kursen mittlere Fahrt hin- und herdampfen". Im Marinequadranten 9325, das wäre etwa 85 km westlich der dänischen Insel Fanö, bezog es Wartestellung bei „Tonne 1 Blink-Grün, deren Lage streng geheim zu halten ist."

Am 3. Dezember meldete die Küstenhorchanlage Wangerooge um 21 Uhr erstmals im Zweiten Weltkrieg ein U-Boot-Geräusch, in 290 Grad ostwärts auswandernd. Auf das Erkennungssignal der Marine-Signalstation kam keine Antwort, mit Scheinwerfern war nichts zu sehen. Der erste tödliche Kampf „U-Boot gegen U-Boot" ereignete sich am 4. Dezember auf der Kleinen Fischerbank in der Nordsee, etwa 120 Kilometer westlich des dänischen Limfjords. HMS SALMON (Lieutenant-Commander Bickford) schoß einen Torpedo-Sechserfächer auf U 36. Das Boot von Kapitänleutnant Wilhelm Fröhlich war zwei Tage zuvor von Kiel ausmarschiert auf Feindfahrt. Obwohl nur ein „Aal" das Boot traf, war sein Schicksal besiegelt. Die Briten beobachteten eine 60 Meter hohe Detonationswolke. Die 40 Mann Besatzung waren sofort tot.

Am Morgen des 13. Dezember holten die drei Leichten Kreuzer NÜRNBERG, LEIPZIG und KÖLN fünf Zerstörer, die bei Newcastle Minen gelegt hatten, von der nordostenglischen Küste ab. Bickford entdeckte den Verband auf der Großen Fischerbank und schoß einen Fächer auf die Kreuzer ab. Ein Torpedo traf die NÜRNBERG ins Vorschiff. Die LEIPZIG unter Kapitän zur See Heinz Nordmann erhielt einen schweren Treffer mittschiffs. Weil zwei Kesselräume zerstört waren, sackte die Höchstgeschwindigkeit mit nur noch vier Kesseln von 32 auf 23 Knoten. Tags darauf erreichte der angeschlagene Verband die Helgoländer Bucht. Vor der Elbmündung schlich das britische U-Boot URSULA umher. Wochenlang hatte sich an Bord nichts getan, nun entdeckte Lieutenant-Commander Phillips im Periskop plötzlich Kreuzer und Zerstörer, dazu Minensuch- und

Geleitboote. Die geringe Wassertiefe machte das Tauchen gefährlich, doch Phillips entschloß sich zum sofortigen Angriff. In Tauchfahrt hielt er auf den Verband zu. Als das Boot wieder auf Periskoptiefe stieg, befand es sich elf Kilometer südwestlich von Helgoland – und mitten zwischen den deutschen Schiffen. Im Fadenkreuz lag die LEIPZIG. Phillips ließ um 12.13 Uhr sechs Torpedos abschießen. Zwei Explosionen ereigneten sich, so dicht, daß sie HMS URSULA durchschüttelten. Wie Bickford am Vortag, hielt nun Phillips die LEIPZIG für versenkt. Doch der Leichte Kreuzer hatte anscheinend mehrere Leben. Kommandant Nordmann war es gelungen, den tödlichen „Aalen“ auszuweichen. Dadurch zischten die Torpedos allerdings weiter durchs Wasser und zerrissen das 80 Meter lange Flottenbegleitschiff F 9. Kessel- und Wasserbombenbereich waren getroffen, der Flottenbegleiter sank in weniger als 30 Sekunden. Fast 120 Deutsche erlagen ihren Verletzungen oder ertranken. Der herbeigeeilte Zerstörer RICHARD BEITZEN konnte nur 15 Überlebende retten. Die übrigen Zerstörer nahmen die Jagd auf das britische U-Boot auf. Phillips schaffte es, abgetaucht Wasserbomben wie auch Sandbänken zu entgehen. In Großbritannien erhielt er einen Tapferkeitsorden und wurde befördert. Das U-Boot SHARK sollte den deutschen Verband im Auge behalten, kam aber südlich von Helgoland nicht zum Schuß. Die beschädigte LEIPZIG taugte nicht mehr zum Fronteinsatz und wurde Schulschiff.

Am ersten Weihnachtstag 1939 hatten die Briten sechs U-Boote in Deutscher Bucht und Nordsee im Patrouilleneinsatz: STURGEON, TRIUMPH, TRUANT, SEALION, SNAPPER und UNITY. Zwei weitere befanden sich im Skagerrak südlich Norwegens: L. 23 und THISTLE. Am 6. Januar 1940 wurde den deutschen U-Booten „sofortiger und voller Waffeneinsatz gegen alle Schiffe“ befohlen in einem Gebiet der Nordsee, dessen Grenzen bestimmt wurden. Am 18. Januar ermächtigte das Oberkommando der Wehrmacht die U-Boote, ohne Warnung sämtliche Schiffe „in den Seegebieten vor den feindlichen Küsten … zu versenken …, in denen die Vortäuschung von Mineneinsatz möglicht ist.“ Es sollten also Schiffe torpediert und anschließend Spuren gelegt werden, die auf einen Minentreffer hindeuteten. Schiffe unter US-Flagge durften auf diese Weise nicht angegriffen werden.[88]

Blick von einem Zerstörer im Kaiser-Wilhelm-Kanal auf den Leichten Kreuzer LEIPZIG (1939).

Die deutschen Flugzeuge

Arado *Ar 196*: einmotoriges Schwimmerflugzeug, Küsten- und Seeaufklärer, auch per Katapult zu starten, 2 Mann Besatzung, 4 MGs, Aufhängung für zwei 50-Kilo-Bomben

Blohm & Voss *Bv 138*: dreimotoriges Hochdecker-Flugboot, See-Fernaufklärer, katapultfähig, 20 m lang, 6 Mann Besatzung

Dornier *Do 17*: zweimotoriger mittlerer Schnellbomber und Fernaufklärer (Radflugzeug), 410 km/h, 3–4 Mann Besatzung, Bombenlast bis 1000 Kilo

Dornier *Do 18*: zweimotoriges Langstrecken-Flugboot, Fernaufklärer und zu Patrouillenflügen über der Nordsee eingesetzt, 260 km/h, 4 Mann Besatzung

Dornier *Do 24*: dreimotoriges Hochsee-Flugboot, v.a. bei Seenotstaffeln eingesetzt, 22 m lang, 27 m Spannweite, 340 km/h, 1000 km Reichweite, 6 Mann Besatzung

Dornier *Do 26:* viermotoriges Flugboot, von dem nur sechs Stück existierten, eingesetzt für See-Fernaufklärung und Transporte, 25 m lang, 9000 km Reichweite

Dornier *Do 217*: zweimotoriger schwerer Schnellbomber und Stuka, ab Ende 1940 auch als Aufklärer und Nachtjäger eingesetzt (Radflugzeug), je nach Typ 460 bis 515 km/h, 2100 km Reichweite

Focke-Wulf *Fw 190 (Würger)*: einmotoriger Tag- und Nachtjäger sowie Jagdbomber, einsitzig, ab 1941 zweiter Standardjäger der Luftwaffe neben der *Me 109*, bis zu 670 km/h schnell

Heinkel *He 59:* zweimotoriger Doppeldecker – als Landflugzeug Bomber, als Wasserflugzeug Fernaufklärer, Minenleger, Torpedoträger und Seenotflugzeug; 220 km/h, 4 Mann Besatzung.
He 60: ein einmotoriger Doppeldecker, katapultfähig, 2 Mann Besatzung.

Heinkel *He 111*: zweimotoriger Schnellbomber, Transporter und Fernaufklärer, teilweise für Abschuß von Torpedos und der V1-Flügelbombe ausgerüstet; mit 2 Tonnen Bombenlast 415 km/h, 4–6 Mann Besatzung, Vollsichtkanzel, bis zu 8 MGs

Heinkel *He 115*: zweimotoriger Fernaufklärer, schwerstes Schwimmerflugzeug der Luftwaffe, 327 km/h, 3000 km Reichweite, 3 Mann Besatzung, 2 MGs, 1 Torpedo, drei 250-Kilo-Bomben oder zwei Luftminen Typ A (500 Kilo)

Henschel *Hs 126*: einmotoriger Hochdecker zur Nahaufklärung, 2 Mann Besatzung

Junkers *Ju 52*: dreimotoriges Verkehrs-, Transport- und Sanitätsflugzeug („Tante Ju"), 290 km/h, 3 Mann Besatzung, 3–4 MGs. Im Krieg wurden 2084 Stück gebaut, von denen im April 1945 noch etwa 130 einsatzfähig waren. Das Modell wurde in Frankreich und Spanien weitergebaut

Junkers *Ju 88*: zweimotoriges Kampfflugzeug, Stuka und Standardnachtjäger; 2730 km Reichweite (Version H 5150 km), je nach Version 460 bis 610 km/h, 4 Mann Besatzung, zunächst 5 MGs, bis 3 Tonnen Bombenlast

Messerschmitt *Me 109*: einmotoriger Tagjäger, einsitzig, bekanntestes deutsches Jagdflugzeug; 9 m lang, 10–12 m Spannweite; Typen D (Dora), E (Emil, 570 km/h), F (Friedrich), G (Gustav), K (Kurfürst) usw.

Messerschmitt *Me 110*: zweimotoriger Zerstörer und Nachtjäger; 12–13 m lang, 16 m Spannweite, Modell C-4 560 km/h; 2 Mann Besatzung

Die alliierten Flugzeuge

Britische Flugzeugmuster

Armstrong Whitworth *Whitley I*: zweimotoriger schwerer Nachtbomber, 370 km/h, 5 Mann Besatzung, 3175 Kilo Bombenlast

Avro *Anson*: zweimotoriger Tiefdecker für Küstenüberwachung und Aufklärung

Avro *Lancaster*: viermotoriger schwerer Langstreckenbomber, 1942 eingeführt, gegen Bodenangriffe gepanzert, bis 2030 km Eindringtiefe, für sechs Tonnen Bomben, Hauptträger des nächtlichen Bombenkriegs gegen deutsche Städte

Avro *Manchester*: zweimotoriger schwerer Bomber, im November 1940 in geringer Stückzahl eingeführt, 21 m lang, 27 m Spannweite, 402 km/h, 7 Mann Besatzung, 8 MGs, 4700 kg Bombenlast, durch die *Lancaster* abgelöst

Bristol *Beaufighter*: zweimotoriger Jagdbomber besonders des RAF-Küstenkommandos, 2000 km Reichweite

Bristol *Beaufort*: zweimotoriger Torpedobomber und Minenleger, von deutschen Piloten hin und wieder mit der *Blenheim* verwechselt

Bristol *Blenheim*: zweimotoriger Bomber und Aufklärer, ab 1940 auch beim Küstenkommando eingesetzt, bis 1942 eines der wichtigsten RAF-Frontmuster, über 3000 km Reichweite, 427 km/h, 3 Mann Besatzung, 600 Kilo Bombenlast

Fairey *Swordfish*: Trägerflugzeug (Doppeldecker), als Kampfbomber und Torpedoflugzeug eingesetzt

Handley Page *Halifax*: viermotoriger schwerer Bomber, 1830 km Eindringtiefe, Geschwindigkeit wurde von 320 auf 470 km/h gesteigert, 7 Mann Besatzung, 3 MGs, 4 Tonnen Bombenlast; ab Ende 1940 bei der Truppe, 75 532 Kriegseinsätze

Handley Page *Hampden*: zweimotoriger mittelschwerer Mittelstreckenbomber, 426 km/h, 4 Mann Besatzung, 4 MGs, 1,8 Tonnen Bombenlast

de Havilland D.H.98 *Mosquito*: zweimotoriger Zielmarkierer, schneller Jagdbomber und Nachtjäger, auch beim Küstenkommando eingesetzt; zum Schutz vor Radarerfassung fast ausschließlich aus Holz gebaut, 610 km/h, erster Kriegseinsatz 20.9.1941, taktischer Einsatz erst ab Juli 1942, flog mitunter Scheinangriffe, um die deutsche Abwehr vom Hauptziel abzulenken

Hawker *Hurricane*: einmotoriger Jäger und Jagdbomber, einsitzig, 507 km/h, Version Mk. IIB 542 km/h, 8–12 MGs, zuletzt Raketenbestückung

Blackburn *Skua*: einmotoriges Marinejagdflugzeug und Stuka, Trägerflugzeug, 362 km/h, 2 Mann Besatzung

Hawker *Typhoon*: einmotoriges Jagdflugzeug, einsitzig, zuletzt als Jagdbomber eingesetzt (u.a. Tiefangriffe, auch mit Raketen), 10 m lang, 13 m Spannweite, Version Mk. IB 656 km/h

Short *Stirling*: viermotoriger schwerer Bomber, 26 m lang, 30 m Spannweite, 416 km/h, 7–8 Mann Besatzung, 8 MGs, bis zu 6,35 Tonnen Bombenlast; vor allem ab Ende 1941, im Herbst 1944 vielfach durch *Lancaster* abgelöst

Vickers *Spitfire* (Feuerspeier): einmotoriges Jagdflugzeug, einsitzig, 8 MGs, ab 1943 zunehmend Begleitschutz für amerikanische Bomber über Deutschland

Vickers *Wellington*: zweimotoriger schwerer Langstrecken-Bomber, 378 km/h, 5–7 Mann Besatzung, anfangs sechs MGs, später acht, 2 Tonnen Bombenlast; Ende 1941 vielfach durch *Stirling* abgelöst

Bristol Blenheim. Verhältnismäßig kleines Kampf- und Aufklärungsflugzeug mit drei Mann Besatzung

Handley-Page Hampden und Hereford. Zweimotoriges Kampfflugzeug mit vier Mann Besatzung. Die Muster Hampden und Hereford unterscheiden sich nur durch die Verwendung verschiedener Motoren. Daher für beide kurz der Name Hampden-Hereford

Vickers Wellington. Schwerer Langstrecken-Bomber mit fünf bis sieben Mann Besatzung. Fliegerschützenstand hinter dem Leitwerk

Die Beilage des Hamburger Fremdenblatts vom 29.3.1941 zeigt „Maschinen der RAF".

US-amerikanische Flugzeugtypen

Boeing *B-17 (Flying Fortress*, Fliegende Festung*)*: viermotoriger schwerer Bomber; bereits ab 1941 mit britischen Besatzungen über Deutschland eingesetzt, F-Reihe erstmals am 27.1.1943 gegen Wilhelmshaven eingesetzt; 10 Mann Besatzung und 10 MGs, G-Version ab Herbst 1943 mit 11 Mann Besatzung, drittem Drehturm (unter dem Rumpf) und 13 MGs, 486 km/h, 8 Tonnen Bombenlast, 12 731 Stück produziert

Consolidated *B-24 (Liberator*, Befreier*)*: viermotoriger schwerer Bomber mit Doppelseitenleitwerk, Eindringtiefe 1700 km, 483 km/h, 8–12 Sitze, 10 MGs, Bombenlast 4 Tonnen

Douglas *Boston*: leichter Bomber und Nachtjäger, ab 1940 auch von der britischen Luftwaffe eingesetzt, 546 km/h, 2–3 Mann Besatzung, Bombenlast 1,8 Tonnen

Lockheed *Hudson*: leichter Bomber und Küstenaufklärer mit Doppelleitwerk, von Kriegsbeginn an auch von der britischen Luftwaffe eingesetzt, 405 km/h, 5 Mann Besatzung, Bombenlast 635 Kilo

Lockheed *P-38 Lightning*: zweimotoriger Jagdbomber und Zerstörer mit Doppelrumpf, einsitzig, 12 m lang, 16 m Spannweite, 666 km/h, Bombenlast 1,8 Tonnen, als Begleitschutz für Bomberverbände nicht bewährt und durch *Mustang* abgelöst

North American *P-51 Mustang:* einmotoriger Fernjäger, Jagdbomber und Aufklärer, einsitzig, Begleitschutz für Bomberverbände, auch von britischer Luftwaffe eingesetzt, 700 km/h

Republic *P-47 Thunderbolt:* einmotoriges Jagdflugzeug, einsitzig, 686 km/h, Bombenlast 1 Tonne

Niederländische Flugzeugtypen

Fokker *D. XXI*: einmotoriger Jäger, einsitzig, 8 m lang, 11 m Spannweite, 460 km/h

Fokker *G.I*: zweimotoriger Zerstörer mit Doppelseitenleitwerk, 475 km/h, 2–3 Mann Besatzung, 9 MGs

4 Ereignisse im Herbst 1939

Trotz der Niederlage am 4. September mit einer schmerzlichen Verlustrate von einem Viertel der eingesetzten Bomber führt die Royal Air Force ihre Offensiven über der Deutschen Bucht fort. Bis 19. September folgen sieben weitere Aufklärungsflüge, „bei denen die RAF sich nicht getraute, die Küste anzufliegen“.[89]

Die Deutschen befinden sich in nervöser Spannung, liest man im Kriegstagebuch der Fliegerhorstkommandantur Tönning den Eintrag vom **5. September**: *„0940 Fliegeralarm! 0950 Entwarnung (blinder Alarm!)“* und am **6. September**: *„1135 Fliegeralarm! Brunsbüttelkoog meldet: 3 feindliche Flugzeuge über Flensburg, Kurs Tönning. Die Flugzeuge wurden hier nicht gesichtet, ebenso war kein Motorgeräusch hörbar. 1235 Entwarnung!“* Für den Standort Heide weichen die Meldungen ab, obwohl er nur wenig mehr als 15 Kilometer Luftlinie weiter liegt. Dort wird am 5. September um 11.55 Uhr

„Luftgefahr 20" ausgerufen, das heißt, in 20 Minuten ist mit dem Auftauchen feindlicher Bomber zu rechnen. Nach 16 Minuten kommt Entwarnung. Erneute Warnungen um 15.10 und 17.15 Uhr werden nach 30 beziehungsweise 15 Minuten aufgehoben. Am 6. September ist es ähnlich wie in Tönning. Um 11.30 Uhr wird Luftgefahr 20 gemeldet und um 13 Uhr entwarnt. Brunsbüttel hat dann noch einmal von 18.41 bis 19.18 Uhr Alarm.

Helgoland erlebt im Morgengrauen des 6. September den nächsten Fliegeralarm. Der Inselarzt schreibt: *„Wir gehen auf den Hausbalkon; es tut sich nichts. Schließlich in den Krankenhauskeller, wo die Männer böse sind, daß die Schwestern sie aus den Betten gezogen haben. Einer, der 1914 bis 1918 dabeigewesen ist, meint, es sei schon damals alles nur halb so schlimm gewesen."*[90] Was für eine Unterschätzung des bevorstehenden strategischen Luftkrieges!

Im Landkreis Friesland wird am **8. September** um 2 Uhr morgens Fliegeralarm gegeben. Auf Wangerooge finden sich später Flugblätter mit der „Warnung – Großbritannien an das Deutsche Volk". Sylt wird laut *New York Times* von zehn bis 15 Bombern angegriffen.[91] Am **9. September** meldet Heide um 6.05 Uhr *„Friedliche Flieger kehren über Niebüll aus dem Osten zurück"*. Die RAF versucht ohne Erfolg, die GNEISENAU in Brunsbüttelkoog anzugreifen.

Drei *Do 18* von der 2. Staffel der Küstenfliegergruppe 106 aus Norderney kehren am **12. September** vom britischen Flottenstützpunkt Firth of Forth zurück. Ein dort angeschossenes Flugzeug muß auf See notwassern. U 13 rettet die Besatzung. Das Flugsicherungsschiff (kurz Flusi) GUNTHER PLÜSCHOW nimmt am nächsten Tag das Flugboot in Schlepp, doch die *Dornier* sinkt um 12.20 Uhr nahe Norderney. Sechs *He 115* der 1. Staffel/Küstenfliegergruppe 106 aus Norderney bemerken am **13. September** um 14.21 Uhr eine niederländische Fokker *T VIIIW*. Das neutrale Wasserflugzeug nähert sich plötzlich, aus der Sonne kommend, einem der deutschen Aufklärer. Die Deutschen können die Nationalität nicht erkennen und handeln nach dem Motto: Erst schießen, dann fragen. Die getroffene *Fokker* geht beim Absturz über Kopf. Das notgelandete Flugzeug sinkt. Eine *Heinkel* wassert und nimmt die vier Niederländer an Bord. Eine *Do 18* der 2. Staffel glaubt die gelandeten Deutschen in Not und geht ihrerseits nieder. Dabei schlägt die *Do 18* allerdings leck und wurde manövrierunfähig. Die hilfsbereite Besatzung treibt zur holländischen Insel Ameland ab, wo sie zunächst interniert wird. Die nur leicht verletzten Holländer werden nach Norderney gebracht und am 14. September an der holländischen Grenze den Niederländern übergeben.

Leutnant Wilhelm Machold von der 4./JG 77 stürzt am 13. September mit seiner *Me 109 E-1* bei der Landung in Nordholz ab und stirbt. Am **17. September** stürzt auch der erwähnte Feldwebel Held infolge Bodenberührung in Nordholz ab und verliert sein Leben. Schließlich stoßen am 20. November über Nordholz bei einem Übungsflug zwei Messerschmitt *Bf 109 E-1* der II./186 in der Luft zusammen, dabei stirbt unter anderem Leutnant Gary.[92] Im Nordwesten Wangerooges wird am **26. September** ein Verband von sechs feindlichen Flugzeugen ausgemacht, der jedoch außer Reichweite der Waffen bleibt. An diesem Tag entwickeln sich erstmals größere Kampfhandlungen in der Nordsee zwischen der deutschen Luftwaffe und der britischen Navy.

Eine Do 18 der Küstenfliegerstaffel 2./106 sichtet gegen 10.45 Uhr nördlich der Großen Fischerbank durch ein Wolkenloch die Home Fleet, den Hauptgegner der deutschen Kriegsmarine. Immer wieder kreist das Flugboot um das „Guckfenster". Pilot und Beobachter zählen einen Flugzeugträger, vier Schlachtschiffe, mehrere Kreuzer und Zerstörer. Bei dem Träger handelt es sich um die ARK ROYAL, von der am Vortag ein Flugzeug, eine Do 18 der Küstenflieger, über der Nordsee versenkt hat. Dabei ist auch der 262 Meter lange Schlachtkreuzer HOOD, das mächtigste Kriegsschiff seiner Zeit. Nur eine Viertelstunde später schrillen in Westerland auf Sylt die Telefone bei den Kampffliegern. Es wird Alarmstart befohlen. Die 1. Staffel vom KG 26 („Löwengeschwader") steigt mit neun He 111-Landbombern auf und die Bereitschaftskette der I./KG 30 („Adlergeschwader") mit vier „Wunderbombern" Ju 88 A-1.

Derweil halten immer mehr Do 18 und He 115 von fünf Küstenfliegergruppen Fühlung mit dem Feind. Einige sind mit Bomben und Torpedos für den Kampf gegen Geleitzüge ausgerüstet. Eine Do 18 wird aufs Wasser gezwungen. Ein britischer Zerstörer nimmt die vierköpfige Besatzung auf. Der kleine Bomberverband von Sylt erkennt nach knapp zweistündiger Flugzeit die 18 Kriegsschiffe in der mittleren Nordsee und gerät ebenfalls sofort in deren Flakfeuer. Die „Löwen" melden zwei Treffer auf einem Schlachtschiff. Der Gefreite Carl Francke vom „Adlergeschwader" meint, einen Nahtreffer neben und möglicherweise einen Treffer auf dem Träger gelandet zu haben. Als Aufklärer bald darauf die ARK ROYAL nicht finden, wird dessen Versenkung angenommen. Die Propaganda bemächtigt sich der noch gar nicht sicheren Geschichte und feiert den vermeintlichen „Erfolg durch nur eine Bombe". Pilot Francke wird gleich zum Leutnant ernannt (sein Kettenführer Hauptmann Walter Storp wird nicht außer der Reihe befördert, bringt es aber später noch zum General der Kampfflieger). Tatsächlich ist die HOOD nur von einem Blindgänger getroffen und die ARK ROYAL von dem Nahtreffer nicht beschädigt. Göring trifft Francke nach der internationalen Blamage und grummelt ihm zu: „Sie schulden mir noch einen Flugzeugträger!"[93]

Als am **27. September** die Festung Warschau bedingungslos kapituliert, wird im Deutschen Reich geflaggt. Auf Anordnung werden die Glocken der Kirchen zur Mittagszeit geläutet, zum Beispiel in Tönning eine Woche lang täglich eine Stunde.

Elf *Hampdens I* des 144. Squadron des Bomber Command unternehmen am **29. September** einen Aufklärungsvorstoß in die Deutsche Bucht. Bei Helgoland treffen sie auf die Zerstörer BRUNO HEINEMANN und PAUL JACOBI und greifen sie an. Die Kriegsmarine alarmiert die 1. Zerstörer-Flottille in Wilhelmshaven, die den Schiffen zur Hilfe eilen soll. Dazu kommt es nicht mehr, denn die britischen Angriffe zeitigen keinen Erfolg. Ein Teil der britischen Maschinen fliegt nach Süden weiter. Für eine Staffel *Me 109* auf Wangerooge wird um 9.48 Uhr Startbereitschaft befohlen. Die Jäger der 3./ZG 26 finden 15 Kilometer nördlich von Wangerooge die Engländer, es sind sieben Bomber. Die Deutschen stellen die nur 100 Meter über dem Wasser anfliegenden Briten zum Kampf und schießen südöstlich von Helgoland fünf Maschinen im Minutentakt ab.[94] In einem weiteren Flugzeug ist der Copilot durch die Schiffsflak verletzt worden. Von Langeoog aus werden gegen 10 Uhr drei Abschüsse beobachtet, die beiden anderen werden weiter östlich vor Spiekeroog und Wangerooge erfolgt sein. Nach nur 37 Minuten landen die Jäger wieder auf dem Wangerooger Fliegerhorst – bis auf eine *Me 109 D-1* und eine *Me 109 C-1*, die südöstlich Helgolands beschädigt niedergehen müssen.

Die meisten Briten an Bord der *Hampdens* starben. Die von Norderney herangebrausten Seenotflieger sichten nur Ölflecken und sehr kleine Wrackteile fünf Seemeilen nördlich von Langeoog. Ganz auf der falschen Fährte sind Pilot Karl Born und seine Crew: *„Plötzlich bemerkten wir eben voraus in Windrichtung einen treibenden Gegenstand – klar, einen menschlichen Kopf. Also nichts wie runter, trotz Seegang 4 und stark seitlich laufender Dünung. Die Landung kriegte ich tatsächlich hin und rollte nun auf den treibenden „Kopf" zu, nahm ihn zwischen die Schwimmer, und die Besatzung bemühte sich,* *ihn achtern über die Leiter einzuholen. Plötzlich ertönte ein tierisches Geschrei über die Eigenverständigungsanlage:,Das ist ja eine Treibmine!' So schnell haben die beiden Luftretter wohl noch nie ihre Leiter wieder hochgekriegt."* Auch der Dampfer ILMAR, der ein Boot ausgesetzt hat, findet offenbar keine Menschen. Ein Vorpostenboot bringt allerdings aus einem abgeschossenen Flugzeug zwei gefangene und einen toten Briten sowie die Codeschlüssel der Flieger mit. Laut britischen Quellen werden vier RAF-Angehörige gerettet und gefangengenommen. Acht Leichen habe man gefunden und acht blieben vermißt.[95]

Im Wehrmachtbericht vom 30. 9. heißt es nur: *„Ein Schwarm griff in der Deutschen Bucht Zerstörer ohne jeden Erfolg an. Die britischen Flugzeuge wurden durch Flakfeuer vertrieben ... Den anderen Schwarm stellten deutsche Jagdflieger in der Nähe der Ostfriesischen Inseln Wangerooge und Langeoog. Im Luftkampf wurden von sechs britischen Flugzeugen fünf abgeschossen. Die Besatzungen zweier deutscher Jagdflugzeuge, die auf See notlanden mußten, wurden unverletzt durch deutsche Kriegsschiffe gerettet. Im Zuge bewaffneter Aufklärung suchen neuerdings Gruppen von britischen Bombern über der Deutschen Bucht nach lohnenden Schiffszielen, sie führen die Bomben zum Angriff gleich mit."*

Born nennt noch ein anderes Vorkommnis, leider ohne Datum: Eine *Ju 88* entdeckt im Herbst 1939 etwa 30 Seemeilen nordwestlich Borkum ein Schlauchboot. Bei der Rettung stellt sich heraus, daß es sich um die Besatzung einer 13 Tage zuvor vor der englischen Ostküste im Nebel abgestürzten *He 111* handelte. Ein Deutscher ist bereits tot. Sein Ka-

Norderney, Herbst 1939: In einer dramatischen Aktion wird zum ersten Mal eine britische Flugzeugbesatzung vollzählig gerettet. Die Genugtuung bei den Rettern und ihren Schützlingen ist gleichermaßen groß. Den Briten stehen die überstandenen Strapazen noch ins Gesicht geschrieben.
(Foto aus: Born: Rettung zwischen den Fronten)

Pressezeichner Hans Liska hat den Einsatz der Seenotflieger detailgetreu nach Aussagen von Deutschen und Briten rekonstruiert. Das britische Flugzeug (rechts) war brennend in die Nordsee gekracht. Es ging im Augenblick der Rettung unter. (Foto aus: Born: Rettung zwischen den Fronten)

merad, Flugzeugführer Oberfeldwebel Klotz, hat nicht mehr die Kraft gehabt, ihn über Bord gleiten zu lassen. Durst, Hunger, Sonne und Salzwasser haben seinen Körper stark angegriffen, die Hände sind aufgesprungen. Klotz genest und wird anschließend passenderweise mit einer Aufgabe bei der Seenotbezirksstelle (Norderney) betraut. Es kommt bei mehreren Seenotfällen vor, daß britische Flugzeugbesatzungen über die Funkstelle Norderney deutschen Rettungsfliegern den genauen Unfallstandort durchgeben.[96] Im Ärmelkanal installieren die Deutschen später bewohnbare Rettungsbojen für abgeschossene Flieger, nicht jedoch in der Nordsee. Sie ist zu weiträumig, als daß Menschen in Seenot mit einiger Wahrscheinlichkeit eine Boje in der Nähe haben.

Über Ostfriesland werden **am 29. September** Flugblätter abgeworfen. Im **Oktober** erfolgen keine britischen Bombenabwürfe auf deutsches Gebiet.[97] Dazu mag der Mißerfolg am **30. September** beigetragen haben. Das Coastal Command schickt am Morgen zwei *Hudsons* vom 224. Squadron auf Aufklärungsflug nach Brunsbüttel und Wilhelmshaven und mindestens eine nach Sylt. Letztere wird von der Marineflakabteilung 264 (Sitz Hörnum) abgeschossen und stürzt keine 300 Meter vor dem Strand in die Bucht Königshafen vor List. Zwei der vier Flieger sind mit dem Fallschirm ausgestiegen, aber nur einer von ihnen kann gerettet werden, Pilot Officer D.G. Heaton-Nichols. Die Toten werden mit militärischen Ehren auf dem Lister Friedhof beigesetzt. Deutsche Soldaten mit Stahlhelm tragen die gezimmerten Särge, sie erhalten Kränze und Fahnenschmuck, ein Pastor hält die Trauerrede, über das gemeinsame Grab schießt ein Ehrenzug Salven.

Einer der beiden anderen Aufklärer wird um 7.50 Uhr Opfer der *Me 109* von Leutnant Heinz Demes (4./JG 77) nordöstlich von Helgoland. Von den vier Toten werden Sergeant R.S. Pitts am 17.11. in Dänemark und Flight Officer J.R. Hollington am 27. 11. westlich der Tammwarft auf Pellworm angespült. Hollington wird in Husum begraben und wie alle englischen Kriegstoten nach dem Krieg auf den British Military Cemetery in Kiel überführt.[98] Die Marineflakabteilung 216 auf Borkum schießt am Abend des 30. September eine britische Maschine ab, die von einer Flugblattaktion über Berlin zurückkehrt. Allein das Coastal Command der RAF verliert bis zu diesem Tag bei Operationen über Nordsee und Atlantik 16 Flugzeuge, überwiegend durch Unfälle, Motorausfall und schlechtes Wetter, aber auch durch Feindeinwirkung.

VERLUSTE DER SEEFLIEGER NORDSEE/ATLANTIK (Anzahl Maschinen)		
Monat	Coastal Command (Royal Air Force)	Küstenfliegergruppen (Luftwaffe)
September 1939	16	Mindestens 4
Oktober 1939	10	9
November 1939	11	10
Dezember 1939	5	7
1939 insgesamt	42, davon 31 im Kriegseinsatz und 9 außerhalb von Operationen oder am Boden	Mindestens 30
Januar 1940	17	3
Februar 1940	8 (keine Feindeinwirkung)	2
März 1940	7 (keine Feindeinwirkung)	6
April 1940	18, dazu mindestens 15 der Marineluftwaffe (FAA) sowie 11 der norwegischen Seeluftwaffe	14 (Kurowski: Seekrieg aus der Luft S. 57) bzw. mindestens 35 und 11 Seetransportflugzeuge (Rohwer/Hümmelchen)
1940 Januar–April	50	25 oder mindestens 46

In den folgenden Kriegsjahren bleiben die monatlichen Abgänge des Coastal Command zweistellig, täglich gehen ein bis zwei Flugzeuge in Nordsee und Atlantik verloren.

Die Flakbatterie Neudeich auf Wangerooge feuert am **1. Oktober** vier Salven auf ein tieffliegendes britisches Wasserflugzeug. Von der Meldung des Leitstandpostens bis zum ersten Schuß vergehen nur 37 Sekunden, aber der Aufklärer sucht schnell Deckung hinter einem deutschen Dampfer. Die GNEISENAU von Flottenchef Hermann Boehm läuft am **7. Oktober** von Brunsbüttel zu einem mehrtägigen Vorstoß nach Süd-Norwegen aus. Der Schlachtkreuzer stellt allerdings keine feindlichen Schiffe fest.

Eine zweimotorige *Hudson* wird am **8. Oktober** kurz vor 6 Uhr gemeldet.

Hauptmann Winterer startet mit einer Rotte der 1./Jagdgruppe 101 von Westerland. Wenig später stößt er nordwestlich von List auf die britische Maschine. Winterer schießt den rechten Motor in Brand, muß den Luftkampf aber laut Kriegstagebuch abbrechen, um nicht in dänisches Hoheitsgebiet einzudringen.

Der **9. Oktober** sieht den ersten großen Luftangriff auf britische Kriegsschiffe. Sie sind zwischen Shetland-Inseln und dem norwegischen Egersund entdeckt worden. Die

Luftwaffe schickt ihnen 159 Flugzeuge entgegen. Von den Sylter Fliegerhorsten starten acht Doppeldecker *He 59* mit Lufttorpedos, drei Flugboote *Do 18*, zahlreiche *He 111*- und einige *Ju 88*-Bomber. Schlechte Sicht und mangelhafte Ausbildung führen zu einem Mißerfolg. Von der ersten Hälfte des Verbandes kommen überhaupt nur zwei Flugzeuge zum Angriff. Letztlich werden acht Treffer gemeldet, doch in Wirklichkeit haben alle Bomber ihr Ziel verfehlt. Die britische Schiffsflak holt eine *Ju 88* vom Himmel (zwei Tote), eine *He 111*-Crew stirbt bei der Notlandung nahe Ludwigslust, eine Besatzung wird nach Notlandung in Norwegen interniert, eine *Do 18* der 2./Küstenfliegergruppe 606 aus Hörnum notwassert in einiger Entfernung von Helgoland. Schließlich stürzt eine *He 59* der in Norderney stationierten 3./Küstenfliegergruppe 706 nahe Sylt ab (drei Tote).

Als die II./Trägergruppe 186 ihre *Me 109* nach Wangerooge verlegt, wird für den Umzug am **10. Oktober** eine *Ju 52*-Transportmaschine von Kiel-Holtenau zu der ostfriesischen Insel geschickt. Sie hat Motorräder, Waffen, Munition und Gerät an Bord. Doch beim Landeanflug unterläuft ein Bedienungsfehler. Der Insulaner Wilhelm Maaß sieht das Unglück gegen 14.40 Uhr nahen: *„Was kommt die tief, wenn das man gutgeht!"* Zwischen Rösingstraße und Siedlerstraße kracht die „Tante Ju" nieder und gegen die Tischlerwerkstatt Maaß. *„Über Deichslers Hof ist sie nur noch 6 bis 10 m hoch. Die Antenne von Deichslers Werkstattschornstein wird schon weggerissen! Nur noch wenige Meter! ... Im letzten Moment springe ich zur Seite. Der Pilot muß die Maschine noch nach rechts herumgerissen haben ... Die Steuerbordtragfläche schlägt gegen die Nordost-Ecke der Werkstatt und bricht ab. Das Flugzeug haut mit dem Vorderteil durch das Werkstattdach, steht beinahe Kopf und schleudert durch den Anprall mit dem Rumpf und der Backbordtragfläche über unser und Fischers Haus. Hierbei kann es sich nur um Zentimeter gehandelt haben."*[99]

Zwei Unteroffiziere in der *Junkers*-Maschine sind die ersten Kriegstoten im Kreis Friesland, die übrigen beiden Besatzungsmitglieder erlitten Verletzungen.

Nur einen Tag später verliert die Trägergruppe 186 noch eine Maschine wegen Bedienungsfehlers. Die *Me 109 E-1* der 4. Staffel stürzt in Sande ab.

Mit 15 Ju 88 greift die I./KG 30 am **16. Oktober** britische Kriegsschiffe im Firth of Forth an. 1300 und mehr Kilometer legen die Landflugzeuge, die nicht auf dem Meer niedergehen konnten, bei solchen Einsätzen zurück. Gruppenkommandeur Hauptmann Pohle wirft eine schwere Bomber auf den Kreuzer SOUTHAMPTON. Diese durchschlägt drei Decks, verläßt seitlich das Schiff und versenkt dann noch eine längsseits liegende Fähre. Pohle versucht noch, den von der Kriegsmarine vor der schottischen Küste positionierten Rettungsdampfer HÖRNUM zu erreichen, wird aber vorher abgeschossen und als einziger seiner Crew von Briten gerettet. Leutnant Horst von Riesen, der den Zerstörer MOHAWK angreift, tötet auf dem Schiff acht Menschen. Die Flak zerschießt einen seiner beiden Motoren, so daß von Riesen in Westerland bruchlandet.[100]

Sechs Zerstörer verlassen am **17. Oktober** Wilhelmshaven, um im Schutz der Nacht die Humbermündung in Ostengland zu verminen. Die Wehrmacht verlor im Westen bisher 196 Tote und 114 Vermißte, dazu elf Jagd- und Kampfflugzeuge (ohne Küstenfliegergruppen). Am **18. Oktober** regnen britische Flugblätter auf die Ostfriesischen Inseln. *„Wenn sie weiter nichts abwerfen, sind wir froh!"*, notiert die Wangeroogerin Frieda Jürgens.

Unfall in Westerland: Leutnant Karl-Heinz Dürbas von der 1./Jagdgruppe 101 rammt am **21. Oktober** beim Start eine *Ju 88* der I. Gruppe des Kampfgeschwaders 30. Er und ein weiteres Besatzungsmitglied der *Me 109 E-1* sterben. Ein Flieger wird verletzt. Pech hat auch die benachbarte 1. Staffel der Küstenfliegergruppe 406 von List: Ihre neun bombenbeladenen *He 115* versuchen um 13.30 Uhr in der Nordsee einen Geleitzug mit sechs Zerstörern, einem U-Boot und 14 Vorpostenbooten anzugreifen. Doch bei der starken Gegenwehr, auch durch britische Jagdflugzeuge, werden alle Maschinen beschädigt. Vier kehren nicht mehr nach Sylt zurück. Die Seekriegsleitung weist das Marinegruppenkommando West in Wilhelmshaven daraufhin an, die Kampfeinsätze der Marinefliegerverbände einzuschränken. Die *He 115* sei nicht dazu geeignet, stark geschützte Geleitzüge anzugreifen.

Die Briten bemerken am **30. Oktober** eine Flugzeugkonzentration auf deutschen Fliegerhorsten und 20 bis 30 Schiffe in den Mündungen deutscher Flüsse. Sechs *Blenheims* sollen die Lage genauer aufklären. Kaum an der Küste, werden sie von Flak und Jägern angegriffen. Drei Flugzeuge werden beschädigt, einige Flieger verletzt. Eine *Blenheim* stürzt bei Helgoland in die See, abgeschossen um 15.23 Uhr von Feldwebel Erwin Sawallisch von der 4./JG 77.

Die Norderneyer Küstenflieger (Küstenfliegergruppe 106) greifen am **31. Oktober** einen Geleitzug von 25 Handelsschiffen, gesichert durch acht Zerstörer, mit Bomben an. Bei dem starken Flakfeuer kann das Resultat nicht erkannt werden. Am **1. November** werden die Stadt und der Stadtkreis Bremerhaven aus dem Land Bremen in die Stadt und den Stadtkreis Wesermünde in der preußischen Provinz Hannover eingegliedert. Dadurch wird Wesermünde zur Großstadt.[101] Der 3./Küstenfliegergruppe 106 werden am Nachmittag des **5. November** Zerstörer gemeldet. Die Staffel soll sie mit Lufttorpedos angreifen, die kleiner und leichter sind als die von U-Booten und Torpedobooten verschossenen Torpedos. Auch hier zeichnet sich kein Ergebnis ab, ähnlich am **7. November**. Als am Abend des 7. zwei *He 111* vom Stab des Kampfgeschwaders 26 im Dunkeln nach Westerland zurückkehren, kollidiert eine *Heinkel* mit einer *Me 109 D* der Jagdgruppe 101. Beide Maschinen müssen abgeschrieben werden.

Am **11. November** sollen drei *Blenheims IV* den Helgoländer Raum aufklären. Im Zielgebiet gehen die in Formation fliegenden Flugzeuge durch eine Wolkendecke tiefer, wobei zwei Flugzeuge zusammenstoßen und abstürzen. Alle sechs Besatzungsmitglieder sterben.[102] Die 3./406 aus Hörnum verliert eine *Do 18* durch Flakbeschuss 75 Kilometer südlich der englischen Küste. Ein Oberleutnant ertrinkt, die übrigen drei Mann werden ausgetauscht.

U 37 von Werner Hartmann trifft nach erfolgreicher erster Feindfahrt am **12. November** in Wilhelmshaven ein. In der nun folgenden zweimonatigen Werftliegezeit werden Umbauten vorgenommen, die den Aktionsradius des Bootes erhöhen. Es läuft am 31. Januar 1940 zur zweiten Feindfahrt aus.

Wegen plötzlichen Nebels will Pilot Stord von der Küstenfliegergruppe 106 auf Norderney am **17. November** notlanden. Die Maschine zerbricht, der Oberfeldwebel stirbt in den Trümmern. RAF-Aufklärer melden Kriegsschiffe auf Heimatkurs in der Deutschen Bucht. Sie seien aber nicht vor Einbruch der Dunkelheit einzuholen. Diese „laue Unentschlossenheit" bringt Churchill in Rage. Die britische Schiffahrt erleide steigende Verluste durch deutsche Minen und U-Boote, schimpft der Erste Lord der Admiralität im Kriegskabinett. Die Luftwaffe greife sogar die stark verteidigten Flottenstützpunkte Firth of Forth und Scapa Flow an. *„Warum wagt sich die RAF nicht nach Wilhelmshaven?"* Das Bomber Command erhält daraufhin die neue Weisung, die Deutschen auch innerhalb ihrer Luftverteidigungszone zwischen Helgoland und Wilhelmshaven anzugreifen.

Durch Fehlnavigation gerät am **18. November** eine Maschine der 1./Küstenfliegergruppe 106 beim holländischen Nordseehafen IJmuiden in das Feuer einer *Fokker G. I.* Wenig später wird die Maschine bei Terschelling von einem Flugzeug mit der französischen Kokarde beschossen. Die Deutschen erwidern das Feuer aus 150 Metern Entfernung. Eine *Do 18* der 2./406 stürzt am **21. November** beim Katapultstart ab. Oberfeldwebel Butzler kommt ums Leben, die drei anderen Männer an Bord werden verletzt. Die größten deutschen Schiffe, SCHARNHORST und GNEISENAU, verlassen um 11.45 Uhr Wilhelmshaven mit Ziel Nordatlantik. Sie versenken dort zwei Tage später den britischen Hilfskreuzer RAWALPINDI. Am 27. November sind sie um 11 Uhr zurück in Wilhelmshaven.

Von Norderney starten am **22. November** acht Flugzeuge der 3./Küstenfliegergruppe 106 und neun der 3./Küstenfliegergruppe 906 zum Magnetminenwerfen weit westlich der deutschen Gewässer, so auch auf der Reede von Dünkirchen. Solche Einsätze werden von den Küstenfliegern der Ostfriesischen Inseln in diesen Wochen zunehmend geflogen. *„Es galt, Sperrlücken zu verseuchen und festgestellte Ansteuerungspunkte und Zwangskurse im feindlichen Küstenvorfeld unpassierbar zu machen und so den Küstengeleitverkehr des Gegners lahmzulegen.“*[103] Eine an einem Fallschirm herabgleitende Luftmine wird von britischen Beobachtern gesehen und als erste deutsche von Tauchern zwecks Untersuchung geborgen.[104] Heilfroh sind die Matrosen des Dampfers TOGO, als sie am Nachmittag Heimatgewässer erreichen. Das in der Frachtfahrt zwischen Hamburg und Westafrika eingesetzte Schiff war am Morgen des 25. August in Duala im französischen Teil Kameruns eingelaufen. Wegen der drohenden Kriegsgefahr sprach der Hafenmeister von einer großen Dreistigkeit. Der Frachter bekam keine Ladung und wurde scharf bewacht. Erst nach einem Vierteljahr ergab sich bei vollem Tageslicht die Möglichkeit zur Flucht. Die gefahrvolle Rückfahrt verlief ohne Zwischenfälle.[105]

Die Briten halten sich in der Nordsee zurück, was Hitler zu falschen Schlüssen verleitet. Am **23. November** führt der Diktator vor den Oberbefehlshabern der Streitkräfte aus: *„Mit unserer kleinen Marine ist es gelungen, die Nordsee von den Engländern frei zu fegen.“* Der Diktator hegt weitergehende Kriegspläne: *„Wenn England und Frankreich durch Belgien und Holland in das Ruhrgebiet vorstoßen, sind wir in höchster Gefahr … Wir müssen zuvorkommen … Mein Entschluß ist unabänderlich. Ich werde Frankreich und England angreifen zum günstigsten und schnellsten Zeitpunkt… Ohne Angriff ist der Krieg nicht siegreich zu beenden.“*[106] Der 115 Meter lange und 30 Jahre alte Dampfer GERRIT FRITZEN strandet in einem Sturm in der Stromrinne Hubertgat vor Borkum.[107]

Ein zweimotoriges britisches Flugzeug stößt am **25. November** aus den tiefliegenden Wolken unmittelbar über dem Minensucherhafen Cuxhaven. Es wirft keine Bomben. Am **28. November** herrscht auf Wangerooge von 1.48 bis 2.21 Uhr Alarm. Es sind Flugzeuggeräusche über der Insel zu hören. Flugblätter trudeln zur Erde. Weil möglicherweise auch Minen geworfen wurden, sucht am Morgen die 2. Hafenschutzflottille das Fahrwasser vor der Insel ab. Ab 16.25 Uhr greifen zwölf *Blenheims* im Tiefflug den Fliegerhorst Borkum und die Schiffe auf Borkum-Reede an. Die Seefliegerstation soll als Ausgangspunkt deutscher Minenoperationen gestört werden. Die Briten treffen mit ihren Bord-Maschinengewehren zwei Flugzeuge und verletzen zwei Arbeiter. Einschüsse gibt es auch auf den Dampfern RHEIDERLAND und ROLSHOVEN.

Für die Küstenflieger wird der **29. November** zu einem schwarzen Tag. Am Morgen kollidieren zwei *Do 18* in der Luft und müssen wieder landen. Dann sollen 17 Fernaufklärer der Gruppen 106 (Norderney) und 406 (Hörnum) westlich von Bergen (Norwegen) mit zwei gegnerischen Schiffsverbänden Fühlung halten bis zum Eintreffen von Kampfflugzeugen des X. Fliegerkorps. Diese kommen jedoch nicht. Auf Nachfrage der Marineluftstreitkräfte heißt es bei der Luftwaffe, daß wegen einer gemeldeten Schlechtwetterfront an diesem Tag keine Kampfflugzeuge starten werden. Die Küstenflieger verlieren bei diesem sinnlosen Einsatz vier Besatzungen, die nach Feindbeschuß und technischen Defekten notwassern müssen und in Norwegen und Dänemark interniert werden. Eine weitere *Do 18* der 2./406 stürzt in den Dünen bei Hörnum ab, dabei sterben Oberfeldwebel Meindl, Leutnant zur See Jörgen Lorey (22), Feldwebel Schilling und Obergefreiter Gruber.

Der Motorsegler MAGDA sinkt am **1. Dezember** nördlich Helgoland. Am **3. Dezember** startet das Bomber Command mit 24 *Wellingtons* den ersten Angriff nach der neuen Direktive. Er richtet sich gegen den Stützpunkt Helgoland. Bei bewaffneter Aufklärung werden dort um 11.45 Uhr ankernde Schiffe gesichtet. Aus 3000 Meter Höhe klinken die Briten, kurz aus den Wolken kommend, ihre Bomben aus. 21 Sprengkörper fallen herab, die meisten ins Meer. Einige treffen die Insel, keine die Kriegsschiffe auf der engen Reede zwischen Insel und Düne. Nur eine Bombe verursacht Schaden: Sie durchschlägt die Back des kleinen Fischloggers[108] M 1407 und weckt unsanft einen Soldaten. Fast streift sie sein Kopfkissen, aber sie explodiert nicht. Das Boot sinkt in flachem Wasser und kann bald gehoben werden. Die Helgoländer Flak war vorbereitet und feuerte frühzeitig, denn das Freya-Funkmeßgerät der Kriegsmarine auf der Insel hatte die ungebetenen Besucher schon aus 50 Kilometer Entfernung geortet. Wolken schützten den geschlossen fliegenden Verband aber vor den Geschossen, und alle *Wellingtons* erreichen wieder britischen Boden. Die Jäger mit ihren *Me 109* und *Me 110* aus Jever, Neumünster und Nordholz wurden zu spät alarmiert. Nur einige der 28 gestarteten Maschinen konnten die Briten noch auf dem Rückweg bedrängen. Oberleutnant Günther Specht von der 1./ZG 26 mußte nordwestlich von Helgoland nach einem Luftkampf notwassern und verlor ein Auge. Später wird er Kommodore des Jagdgeschwaders 11, bis er am Neujahrstag 1945 fiel.

Am frühen Morgen des **6. Dezember** sollen von Borkum und Norderney 29 Flugzeuge der Küstenfliegerstaffeln 3./106, 3./506 und 3./906 einen Großeinsatz zur Verminung von Themse- und Humbermündung und Harwich-Reede fliegen. Es wird ein Chaostag. Zwei Flugzeuge müssen wegen Überladung den Start abbrechen, vier stürzen sofort ab: eine kommt nur bis zum Muschelfeld am Nordstrand von Borkum und bleibt dort zertrümmert liegen, eine zerplatzt beim Aufprall an der Nordkante der Seehundbank Hohes Riff vor Borkum (zwei Tote, nur der Pilot überlebt), eine vollführt einen Kopfstand und verliert vor dem Absturz ihre Mine im Fahrwasser der Ems (ein Überlebender), eine *Do 18* muß, versehentlich von einer *Me 110* abgeschossen, bei Ameland notlanden. Diese und zwei der verunglückten *He 59* werden von einem Vorpostenboot und Flugsicherungsboot nach Borkum transportiert. Damit nicht genug: Vier Maschinen kehren nach Fehlnavigation vorzeitig zurück, weil sonst das Benzin nicht gereicht hätte. Eine Maschine stürzt bei Cromer mit vier Mann ab. So erreichen elf Flugzeuge gar nicht ihre Minenabwurfpositionen. Eine *Do 18* der 1./406 wird bei einem Luftkampf beschädigt.

Eine *He 111* der I./KG 54 rollt am 6. Dezember in Nordholz gegen eine *Me 109 E-1* der II./186 und zerstört diese. Feldwebel Hans Hinrich Karl Petersen, der in Süderbrarup bei Schleswig zur Schule gegangen war, stirbt als Angehöriger einer Fernflugstaffel, als er mit einer *He 111* auf dem Weg nach England bei der Insel Texel abgeschossen wird. Während die Leiche des Piloten nach 14 Tagen auf Borkum antreibt, spült die See Petersens

Leiche erst am 2. Juni 1940 an den Wangerooger Strand. Ausgerechnet ein aus Süderbrarup stammender Soldat findet sie. Petersens Tochter Freya, die erst nach dem Tod ihres Vaters zur Welt kommt, erhält am 20. Oktober 1941 ein Beileidsschreiben vom Befehlshaber im Luftgau IX. Der General schickte dem Kleinkind „im Auftrage des Herrn Reichsmarschall Göring" ein Sparbuch mit. *„In den Abendstunden fanden fünf Einflüge britischer Flugzeuge von der Deutschen Bucht her nach Schleswig-Holstein statt. Flakfeuer zwang den Gegner zum Abdrehen nach Norden, wobei er versuchte, über dänisches Hoheitsgebiet zu entkommen. Bomben wurden über deutschem Gebiet nicht abgeworfen."*[109]

In der Nacht zum **8. Dezember** werden auf Norderney zwölf *He 59* und auf Borkum zehn *He 115* mit einer 1000-Kilogramm-Mine beladen. Obwohl die See glatt ist, werden beim Start zwei Maschinen beschädigt. Letztlich nur zehn Flugzeuge werfen ihre Minen in den Downs bei Dover. Vier der Rückkehrer machen bei der Landung Bruch, ein Flieger stirbt. Die Küstenflieger stellen nach diesem Fehlschlag den Mineneinsatz an der britischen Ostküste vorerst ein. Die Besatzung des Hamburger Dampfers ADOLF LEONHARDT, zu der Schiffsingenieur Arthur Dreessen aus Tönning gehört, befindet sich am **9. Dezember** auf der Fahrt von Angola nach Brasilien. Als sich ein britischer Kreuzer nähert, versenken die 25 Männer ihr Schiff selbst. Der Kreuzer SHROPSHIRE bringt sie nach Kapstadt.

Acht *Whitley*-Bomber greifen am Abend des **12. Dezember** die Seefliegerhorste auf Borkum und Sylt an. Vom Entschluß der Deutschen, das Minenlegen von hier aus einzustellen, wissen die Briten ja nichts. Zwischen 18 und 23 Uhr fliegen vier Maschinen alle halbe Stunde von See her nach Borkum. Leuchtbomben fallen. Die Flak wehrt fünf Angriffe ab. Erst beim sechsten Anflug werfen die Angreifer drei Sprengbomben. Sie explodieren im Watt und im Neuen Hafen auf Borkum. Eine angeschossene *Whitley* muß bei der Insel Rottum notlanden, hat aber neutralen niederländischen Boden erreicht. Für Sylt war es der erste britische Luftangriff.

5 Die Luftschlacht bei Helgoland vom 14. Dezember 1939

Am Mittag des 14. Dezember wehrte die Borkumer Flak um 12.15 Uhr zwei britische Flieger ab, die den Kran für die Seeflugzeuge beschädigen wollten. *„Zwei weitere britische Kampfflugzeuge versuchten die Insel Sylt anzugreifen"*, heißt es im Wehrmachtbericht. *„Vier abgeworfene Bomben fielen außerhalb der Insel ins Meer."* Nach anderer Quelle fielen fünf Sprengbomben auf Sylt. Zu regelrechten Luftgefechten kam es am Nachmittag.

Das britische U-Boot SALMON hatte am Vortag – wie bereits geschildert – in der Nordsee NÜRNBERG und LEIPZIG torpediert. Die Royal Air Force sandte nun am 14. Dezember zwölf *Wellingtons IA* des Squadron 99 in die Deutsche Bucht, um die Kreuzer endgültig auf den Meeresgrund zu schicken. Die jeweils sechsköpfigen Bomberbesatzungen entdeckten den Kriegsschiffverband trotz tiefliegender Wolken auf der Außenjade. Wegen der schlechten Sicht kreisten die Maschinen über eine halbe Stunde lang in gleicher Höhe über der Küste und über der Jade, um für einen Bombenwurf in die richtige Position zu kommen. Sie gerieten dabei ins Feuer der Küstenbatterien und der Schiffsflak und zogen die deutschen Jäger auf sich. Die II. Gruppe des JG 77 (Jagdgruppe Bülow) mit ihren *Me 109* stieg von Jever und Wangerooge auf und griff als erste an – gerade, als die

Bomben über den Schiffen ausgeklinkt werden sollten. So entwickelte sich der erste größere Luftkampf im Westen. Die Briten wurden nach Norden abgedrängt. Fast 30 Minuten schossen Deutsche und Briten aufeinander, was sich größtenteils im Dreieck der Inseln Wangerooge, Spiekeroog und Helgoland abspielte.

Zwei getroffene Bomber stießen in der Luft zusammen. Drei weitere stürzten ebenfalls nördlich von Wangerooge brennend in die See. Ein sechster angeschossener Bomber zerbrach später bei der Landung auf dem englischen Stützpunkt Newmarket. Nur in diesem Flugzeug gab es drei Überlebende. 33 Briten waren tot. Die sechs anerkannten Abschüsse erzielten Feldwebel Erwin Sawallisch (2), Leutnant Heinz Demes, Oberleutnant Helmut Henz (alle 4./JG 77), Leutnant Edgar Struckmann sowie Unteroffizier Herbert Kutscha (beide 5./JG 77). Sie lagen alle zwischen 15.28 und 15.50 Uhr.

Die II./JG 77 verlor im Luftkampf die *Me 109* von Leutnant Friedrich Braukmeier, der mit seiner Maschine nordwestlich von Wangerooge ins Meer stürzte und starb. Zwei Jagdflugzeuge waren vereist und machten eine Bruchlandung auf dem Platz. Hauptmann Werner Restemeyer von der 4. Staffel der Trägergruppe 186 war vom Fliegerhorst Jever in einer *Me 110* gestartet. Corporal A. Bickerstaff, der Heckschütze des britischen Führungs-Flugzeuges, landete im Raum Helgoland aus nächster Entfernung einen Treffer direkt in Restemeyers Pilotenkanzel. Er meldete ein Auflodern von Flammen und ein senkrechtes Niedergehen des Flugzeuges. Doch der Deutsche brachte die *Me* wieder unter Kontrolle. Frieda Jürgens von Wangerooge notierte: *„Er selbst hat Splitterverletzungen im Gesicht und in einem Auge. Man bewundert die fabelhafte Leistung, das Flugzeug mit dieser Verwundung noch nach Hause zu bringen und damit auch noch eine glatte Bauchlandung zu machen. Leider war das rechte Auge verloren."* (Jürgens S. 86, 92) Die Kanzel war blutverschmiert, als sie geöffnet wurde. Augenzeuge Heinrich Seeliger, Hauptmann in der II./JG 77, erinnerte sich: *„Die Messerschmitt machte eine glatte Bauchlandung auf dem Platz, doch schickte ich vorsorglich sofort einen Sanka und ein Krad zur Hilfe. Ich sah dann, wie der Flugzeugführer aus der Kabine stieg und sich auf den Kabinenrand setzte und gleich darauf den herannahenden Sanka mit einer wegwerfenden Handbewegung fortschickte; stattdessen setzte er sich auf den Soziussitz des Krads und ließ sich abtransportieren. Dabei konnte ich erkennen, daß sein Gesicht auf einer Seite vollkommen schwarz war ... Wenig später kam er tatsächlich wieder bei unserer Gruppe an, mit einer schwarzen Klappe vor dem verlorenen Auge. Er wollte sogleich wieder fliegen ..."* Frieda Jürgens schrieb am 15. Dezember, Restemeyer habe das Eiserne Kreuz bekommen: *„Sein größter Wunsch ist in Erfüllung gegangen, aber leider teuer erkauft!"* Und später: *„Seine größte Sorge und Hoffnung ist, daß er bei der Fliegerei bleiben darf."* Bei ihm wurde eine große Ausnahme gemacht: Er durfte mit nur einem Auge weiter fliegen. Im Mai 1940 wurde der Hauptmann Kommandeur der I. Gruppe des ZG 76. Wenige Tage später überlebte er einen Abschuß seiner Maschine. Im August 1940 wurde er nach einem Einsatz beim Firth of Forth beschossen, seine Maschine explodierte. Posthum beförderte man ihn zum Major.

Die Briten wollten in ihrer Manöverkritik nicht die Wirkung der deutschen Jäger – also eigene Niederlagen im Luftkampf – wahrhaben. *„Es ist keineswegs sicher, daß feindliche Jäger überhaupt eine der Wellingtons abgeschossen haben"*, faßte Air Vice Marshal Bottomley vom Bomber Command zusammen. Dort führte man die 50prozentige Verlustquote auf die Flak und das schlechte Wetter zurück. Konsequenzen blieben aus.[110]

Versuche britischer Bomber, in der Nacht **16./17. Dezember** die Inseln Norderney und Sylt anzugreifen, scheitern. Sechs *Whitleys* sind auf die Seefliegerhorste angesetzt, doch ihre Bomben fallen in die See. Am 17. Dezember versenken Stab und I. Gruppe des KG 26 mit *He 111* mehrere Fischdampfer in der Nordsee vor Großbritannien. Bei der Landung gerät eine *He 111H-2* in Brand und stürzt in Hörnum ab. Ein Crewmitglied stirbt. In der Nacht **17./18. Dezember** zeigen sich *Whitleys* über deutschen Nordseeinseln. Auf Borkum fallen sieben und auf Juist und Amrum jeweils fünf Sprengbomben. Vier Zerstörer werfen 240 Minen vor der Mündung der Ems.

6 *Die Luftschlacht über der Deutschen Bucht am 18. Dezember 1939*

Die Gefährdung der Nordseeküste erkennend, wurde dem neuen Jagdgeschwader 1 nach den Luftgefechten vom 14. Dezember zusätzlich die I. Gruppe des ZG 76 zugeteilt. Mit 23 *Me 110* verlegte die Zerstörergruppe am 16. und 17. Dezember vom niederrheinischen Bönninghardt nach Jever. Der Stab erreichte den Fliegerhorst am 18. Dezember gerade rechtzeitig zum Beginn der Luftschlacht über der Deutschen Bucht. Das Bomber Command war mit unveränderter Taktik zum Schiffeversenken eingeflogen. Weil die Briten dem schlechten Wetter schuld an ihrem Mißerfolg vom 14. Dezember gegeben hatten, probierten sie es nun erneut am hellichten Tag bei heiterem Himmel. Auf den Schutz durch Wolken, Dunkelheit oder Begleitjäger verzichteten sie, während das Wetter für die nun zahlenmäßig verstärkten deutschen Jagdflieger ideal war. Es sollte ein schwarzer Montag für die Royal Air Force werden.

Wie schon am 3. Dezember leitet Wing Commander Richard Kellett die Formation aus 24 *Wellingtons IA*. Zwei Maschinen drehen vorzeitig um, so daß 22 in die Deutsche Bucht einfliegen. Die Briten glauben, daß nur sie allein über Radar verfügen. Inzwischen hat aber die Kriegsmarine je ein Funkmeßgerät vom Typ Freya auf Helgoland und auf Borkum aufgestellt. Die erste Freya der Luftwaffe wird von der Flugmelde-Versuchskompanie (3./Luftnachrichten-Versuchsregiment) auf Wangerooge getestet. Auf diesem Gerät entdeckt Leutnant Hermann Diehl um 13.23 Uhr als erster den herannahenden Verband – aus einer für die damalige Technik sagenhaften Entfernung von 113 Kilometern. Doch die Warnung aus dem Versuchsstand dringt nicht durch. Es dauert seine Zeit, bis sie über die Nachrichtenzentrale in Wilhelmshaven an den Gefechtsstand des Geschwaders in Jever gelangt. Dort wird sie angezweifelt. Nur wenige Eingeweihte wissen von der Existenz der streng geheimen Freya-Geräte. Und wenn das Wunderteil nun bloß einen Möwenschwarm anzeigt? Oberstleutnant Schumacher, der Kommodore des JG 1 und frischgebackene „Jagdfliegerführer Deutsche Bucht“, ist gerade nicht erreichbar. Wer wollte einen Alarmstart auf Verdacht verantworten? Um 13.43 Uhr werden die britischen Maschinen auch von der Marine-Freya auf Helgoland geortet: nur noch 60 Kilometer nordwestlich. Doch die beiden Wehrmachtteile sind noch immer unzureichend miteinander vernetzt, sie arbeiten bestenfalls nebeneinander. Die Meldung geht zwar auf den langen Dienstweg – 20 Minuten bis Jever! – ist aber immer noch unbestätigt. Die Vorpostenboote der Marine bemerken nichts. Erst um 13.57 Uhr wird der britische Verband von Helgoland aus gesichtet. Er ist nach Südosten eingeschwenkt. Das Flagruko Helgoland meldet 18 Feindflugzeuge, die an der Insel vorbei in Richtung Dithmarschen passieren. Um 14.04 Uhr werden die Flak-Stellungen an der Nordseeküste alarmiert.

Etwa 30 Kilometer vor Wesselburenerkoog dreht der Verband scharf ab nach Süden. Um 14.07 Uhr werden zwölf Maschinen nördlich vom Leuchtturm Roter Sand gemeldet. Auch Wilhelmshaven gibt Flakalarm. Um 14.10 Uhr wird „Luftgefahr 15“ für Wilhelmshaven ausgerufen. Um diese Uhrzeit überfliegt der Verband bereits das Wurster Watt. Die Festlandküste ist ungehindert erreicht. Doch nun eröffnen die Marineflakabteilungen 214 (Cuxhaven), 244 und 264 (Wesermünde) das Feuer auf die Bomber, die dann Wilhelmshaven von Süden her anfliegen. Dort wird um 14.16 Uhr Fliegeralarm ausgelöst. Zweimal ziehen die Briten in 4000 Meter Höhe auf der Suche nach Schiffen über den Jadebusen und über den Ostrand der Stadt, ohne Bomben zu werfen. Sie haben die Direktive im Hinterkopf, nur Kriegsschiffe auf Reede oder auf offener See anzugreifen und keine Zivilisten zu gefährden. Die Marineflakabteilungen 212, 222, 252, 262 und 272 und die auf Schillig-Reede liegenden Schlachtschiffe SCHARNHORST und GNEISENAU schießen auf den Gegner, treiben ihn aber nur auseinander.

Jetzt erst starten die deutschen Jagdflieger. 34 *Me 109* steigen von den Plätzen Jever, Wangerooge und Neumünster auf und weitere 16 *Me 110* von Jever.[111] Schumacher erteilt um 14.20 Uhr den Angriffsbefehl. Die Briten sind schon auf dem Abflug. Nördlich von Wangerooge teilt sich der Verband. Die einen streben entlang der Ostfriesischen Inseln, aber außerhalb deren Flakzone, gen Heimat. Die anderen gehen erst zehn Kilometer vor Helgoland auf Westkurs. Auf Wangerooge erkennt Diehl die Gelegenheit und führt erstmals aus der Anzeige der Braunschen Röhre seines Freya-Geräts die zwölf von der Insel gestarteten Jagdflugzeuge der II./JG 77 an einen gegnerischen Verband heran. Der Leitstrahl gibt den Kurs zum Feind an, die Jäger werden direkt vom Boden über eine Kurzwellen-Sprechverbindung dirigiert – ohne eine dazwischen geschaltete Auswertezentrale. Es ist der weltweit erste erfolgreiche Einsatz eines Radargeräts für Flugmeldezwecke und Jägerführung. Wangerooge gelangt damit in die Annalen der Militärluftfahrt.

Die Jäger verfolgen die Eindringlinge teilweise 150 Kilometer auf See hinaus. Die einsitzigen *Me 109* sind schneller als die schwerfälligen Bomber, und ihre leichte Flak reicht weiter als die Maschinengewehre der Heckschützen in den *Wellingtons*. Empfindliche Verluste werden den Briten zugefügt. Von 14.30 Uhr bis 15.05 Uhr erzielen die Deutschen nachweislich zwölf Abschüsse. Schumacher schreibt: *„Überall fielen die englischen Bomber ins Wasser, lange Rauchfahnen hinter sich herziehend.“* Der Geschwaderkommodore selbst trifft eine *Wellington*. Sie macht einige Kilometer nördlich von Spiekeroog im niedrigen Wasser des Wattenmeeres eine Bruchlandung. Die Crewmitglieder werden von den Deutschen inhaftiert.

Der von Oberleutnant Walter Gresens von der 2./ZG 76 getroffene Bomber landet 25 Kilometer westnordwestlich von Borkum, also nicht mehr im deutschen Hoheitsbereich, im Wasser. Ein Besatzungsmitglied stirbt, die anderen vier werden vom britischen Trawler (Fischdampfer mit Schleppnetz) ERILLAS, der sich zufällig in der Nähe befindet, aufgelesen und heimgebracht. Die von Leutnant Helmut Lent von der 1./ZG 76 zehn Kilometer westnordwestlich Borkum getroffene *Wellington* fliegt dagegen noch in Richtung Deutschland weiter und setzt zur Notlandung auf Borkum an. In den Dünen schlägt der Bomber auf. Flying Officer P.A. Wimberley springt hinaus. Hinter ihm bricht das Flugzeug in einer Stichflamme auseinander. Die drei tot im Wrack aufgefundenen Flieger sind allerdings bereits in der Luft durch Einschläge gestorben. Die von einer *Me 110*, vermutlich geflogen von Oberleutnant Gordon Gollob (3./ZG 76), angegriffene *Wellington* von Pilot Officer J.H.C. Spiers stürzt nördlich Spiekeroog brennend senkrecht in die See. Ebenfalls von einem Zerstörer abgeschossen, stürzt ein Bomber nur 400 Meter vor Langeoog ins Meer. Ein Überlebender wird vom Strand aus beobachtet, wie er eine Stunde lang schwimmend versucht, die Insel zu erreichen. Hilfe ist nicht möglich, weil keine Rettungsmittel greifbar sind. Sechs weitere *Wellingtons* finden ihr Ende in der Deutschen

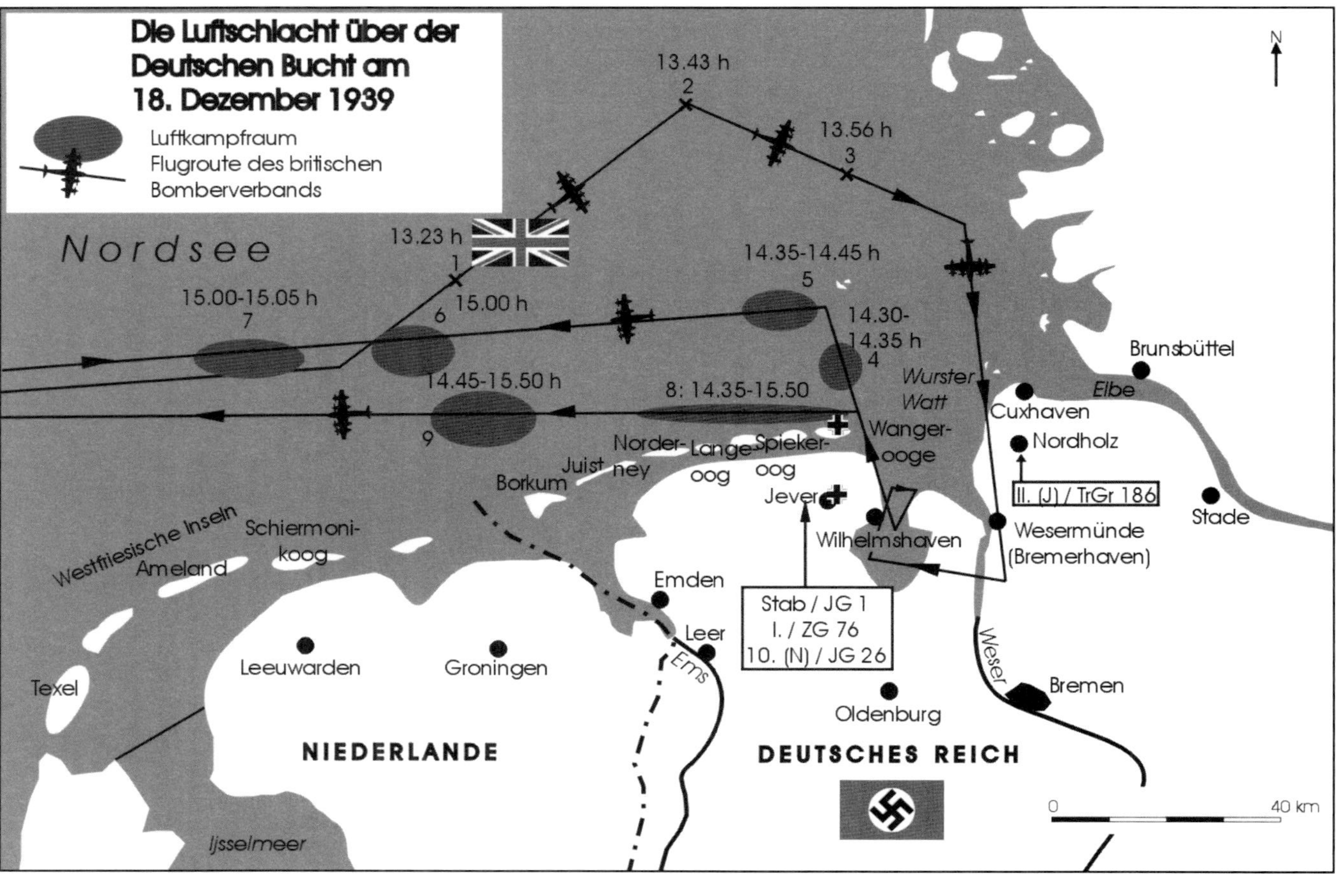

Ende 1939 konnte die Luftwaffe den bis dahin schwersten britischen Luftangriff abwehren und zahlreiche gegnerische Flugzeuge auf ihrem Rückweg über der Deutschen Bucht abschießen.

Bucht, davon zwei bei Schillig-Reede und eine vor Wangerooge. Anerkannt wurden auch die beiden Abschüsse von Johannes Steinhoff, Kapitän der in Jever beheimateten ersten deutschen Nachtjagdstaffel (10. [N]/JG 26) und später Inspekteur der Bundesluftwaffe. Die zwölfte Maschine hat einen Treffer in die Tanks bekommen. 40 Meilen vor Cromer stürzt sie mangels Benzin in die Nordsee. Niemand von der Besatzung wird gerettet. Sechs weitere Flugzeuge sind so stark beschädigt, daß sie in Großbritannien bruchlanden.

Der Kriegsberichterstatter Leutnant Dr. Rolf Bathe erzählt die kuriose Episode von einem Feldwebel, der während des Angriffs seine Munition verschossen hatte: *„Obwohl er wußte, daß er dem Feind nichts mehr anhaben konnte, stieß er trotzdem mitten in den fliegenden englischen Verband und flog noch etwa 100 km zwischen den feindlichen Maschinen nach Westen, wobei er in seiner Erbitterung, daß das leergeschossene Magazin keinen Schuß mehr hergab, den Engländern mit der geballten Faust drohte."* Um 15.43 Uhr war der Alarm für Wangerooge beendet. Josef Strasser, damals Schlosser in der Flugzeughalle und zweiter Tankwart auf der Insel, erinnert sich, daß dort an diesem Nachmittag von zwischenlandenden Jagdmaschinen 32 000 Liter Flugbenzin getankt wurden. Die Wilhelmshavener Flak hat die Briten wohl zum Rückzug gezwungen, erzielte aber faktisch keinen Abschuß. Obwohl die leichte Flak – 32 Maschinengewehre mit Kaliber 2 cm – den Feind aufgrund seiner Flughöhe gar nicht erreichen konnte, feuerte sie 1469 Schuss ab. Mittlere und schwere Flak gaben 1052 Schuss ab. Dem Autor Hans-Jürgen Jürgens ist zuzustimmen: Die Flakartilleristen agierten beim ersten starken Einflug nervös. Allerdings berichten Zeitzeugen auch für die späteren Kriegsjahre, daß an der Nordseeküste viel „geballert" worden sei, selbst wenn die Detonationswölkchen erkennbar unterhalb der Ziele blieben.

Zwölf Verluste bei 22 eingesetzten Maschinen bedeuteten ein einziges Desaster für die Royal Air Force. Von den Besatzungen der zwölf abgestürzten Bomber starben 56 Flieger, mindestens fünf gerieten in Gefangenschaft. In ihrem offiziellen Geschichtswerk räumen die Luftstreitkräfte ein: *„Wenn der 14. Dezember enttäuschend war, so erwies sich der 18. Dezember als verheerend."* Das Vertrauen der Briten in die Fähigkeiten ihrer Tagbomber war tief erschüttert. Hinzu kam, daß die Deutschen ihren Abwehrerfolg stark aufbauschten. Die Piloten hatten zunächst 38 Abschüsse gemeldet. Ein Medienrummel sondergleichen folgte. Auf den Bahnhöfen wurde über Lautsprecher der „große Luftsieg über der Deutschen Bucht" bekanntgegeben. Schaffner riefen: *„35 Flugzeuge über der Nordsee abgeschossen!"* Oberleutnant Rolf Kaldrack von der Jagdgruppe 101 aus Neumünster hatte mit seiner beschädigten *Me 109* einen Abschuß gemeldet (der später nicht anerkannt wurde) und war anschließend mit Ach und Krach auf dem Fliegerhorst Westerland gelandet, der der Jagdgruppe als Zweitplatz diente. Die Stadt Westerland nahm dies zum Anlaß, noch am selben Abend die Patenschaft über die 1. Staffel der Gruppe zu übernehmen. Die Einsatzverbände erhielten begeisterte Post aus der Bevölkerung. Kronprinz Wilhelm von Preußen, der sich 1933 bei Hindenburg für Hitlers Ernennung zum Reichskanzler stark gemacht hatte, schickte den Jagdfliegern kistenweise Sekt.

Schließlich blieben nach interner Prüfung der Luftwaffe 26 bestätigte Abschüsse in der Statistik. Bis heute lassen sich deutsche und britische Zahlen nicht in Einklang bringen. Die deutsche Seite verweist auf 44 oder 52 eingeflogene Maschinen, die von geschulten Flugmeldern gezählt worden seien. Manche Autoren vermuten, die Briten hätten noch einen Ausbildungsverband mitgeschickt und dessen Verluste schamvoll verschwiegen. Somit seien auch die Abschußzahlen nicht überhöht. Englische Veröffentlichungen – offizielle und nichtoffizielle – stimmen darin überein, daß nicht mehr als 22 britische Maschinen die Deutsche Bucht erreichten. Die Deutschen hätten sich schlicht verzählt und mehrere eigene Flugzeuge mitgerechnet.

Die britische Propaganda deutete das Geschehen in einen harterkämpften Sieg um und berief sich auf die Abschußmeldungen der RAF-Piloten. Demnach seien „mindestens“ sechs *Me 109* und sechs *Me 110* abgeschossen worden. Tatsächlich verloren die Deutschen aber nur zwei Piloten. Bei Johannes Fuhrmann von der 10. (N)/JG 26 blieb der Propeller stehen. Nach Beobachtung eines Marinepostens gelang dem Oberleutnant eine Notwasserung nur 200 bis 300 Meter vor Spiekeroog. Vom Strand aus war deutlich zu sehen, wie sich der verletzte Pilot mühsam aus seiner Kabine stemmte. Er gelangte ins eisige Wasser, ehe die *Me 109 D-1* unterging. Mit letzter Kraft schwamm der 28-jährige Berliner auf die Insel zu, doch die vollgesogene Fliegerkombination ließ ihn kaum vorankommen. Er versank vor dem rettenden Ufer, ehe ein Boot zur Stelle war. Roman Stiegler von der 6./JG 77 sprang mit dem Fallschirm aus seiner *Me 109 E-1*, die beim Leuchtturm Roter Sand abschmierte. Ein an die Unfallstelle beordertes Vorpostenboot nahm den leblosen Körper auf. Ärzte im Lazarett schlossen aus, daß der aus Graz stammende Leutnant mit seinen schweren Verletzungen noch hätte abspringen können. Ihre Schlußfolgerung, daß er am Fallschirm hängend beschossen worden sei (ein Kriegsverbrechen), erscheint jedoch abwegig und ist auch nicht durch Zeugenaussagen belegt.

Etliche deutsche Maschinen wurden in den Luftkämpfen beschädigt. Feldwebel Hans Troitzsch von der 6./JG 77 wurde erheblich verwundet, machte eine Bruchlandung auf Wangerooge und fiel dann nach Angaben Schumachers „für später ganz aus“. Seine *Me 109 E* war die dritte Maschine, die die Luftwaffe ganz abschreiben mußte. Unteroffizier Erwin Heilmayer von der 5./JG 77 setzte seine *Me 109 E* mit 50 MG-Einschüssen auf. Bei Wolfgang Falck von der I./ZG 76 wurde der rechte Motor zerschossen. Benzin lief in Strömen über die Tragfläche der *Me 110*. Kurz vor Wangerooge blieb auch der zweite Motor stehen. Im Gleitflug gelang es dem Hauptmann, mit stehenden Propellern auf der Landebahn des Inselflugplatzes aufzusetzen.

Die Luftschlacht vom 18. Dezember 1939 blieb das härteste Aufeinandertreffen deutscher und alliierter Luftstreitkräfte in der Phase des Sitzkrieges, also zwischen September 1939 und Mai 1940. Daß über die Abschußzahlen bis heute gestritten wird, ist nur ein Randaspekt. Ihre besondere Bedeutung gewinnt die Luftschlacht durch den erstmaligen Radareinsatz und durch ihre Folgenschwere. Die Deutschen entwickelten aus den gewonnenen Erkenntnissen ein Jägerleitverfahren und die Grundlagen für den späteren Aufbau der Kammhuber-Linie (dazu später mehr). Andererseits führte der 18. Dezember zu einer Überschätzung der eigenen Sicherheit, zum Irrglauben, daß die Zahl der Jagdflugzeuge auch für die Zukunft ausreichend sei, und zu einer Unterschätzung der Briten, die bei Hitler und Göring die Illusion nährte, die Luftherrschaft über England erreichen zu können. Eine sich aus den Luftschlachten aufdrängende Lehre zogen beide Luftwaffen nicht. Britische und deutsche Bomber flogen noch weit bis ins Jahr 1940 beim jeweiligen Gegner ein, ohne ihren Verband von Jagdflugzeugen schützen zu lassen. Ein wendiger Begleitschutz hätte auf beiden Seiten die Verlustraten senken können.

Die Royal Air Force machte sich nach dem 18. Dezember daran, die Brand- und Explosionsanfälligkeit ihrer Flugzeuge zu verringern und deren Schußkraft zu erhöhen. Das Bomber Command verzichtete für den Rest des Jahres auf „bewaffnete Aufklärung“. Vor allem aber beendeten die Briten nach dem 18. Dezember ihre Tagesangriffe und flogen fast nur noch im Schutz der Dunkelheit ein, obwohl dies die Treffgenauigkeit stark herab-

In den Luftlagemeldungen, die seit längerer Zeit über den Rundfunk verbreitet werden, um der Bevölkeru Einflug feindlicher Flugzeuge anzuzeigen, werden stets diejenigen Reichsgebiete genannt, die von den Feindflug überflogen oder, nach der Kursrichtung zu urteilen, voraussichtlich berührt werden. An Hand obiger Luftla aus der die Abgrenzung und Bezeichnung dieser Reichsgebiete hervorgeht, kann nunmehr jeder Volksgeno stellen, ob er von den Feindeinflügen betroffen werden kann. Bei der Durchgabe der Luftlagemeldung ist schutzmäßiges Verhalten noch nicht erforderlich. Das Wirtschafts- und Verkehrsleben muß vielmehr ung weitergehen. Die Bevölkerung wird nach wie vor durch öffentliche Alarmierung rechtzeitig gewarnt, wenn fahr eines feindlichen Angriffes besteht. Scherl-Bilderdienst

„Unsere Luftlagekarte", abgedruckt in norddeutschen Zeitungen 1939/40, sollte von den Lesern ausgeschnitten und aufbewahrt werden.

setzte. Bis Oktober 1944 führte das Bomber Command seine Operationen über Deutschland ganz überwiegend nachts durch. Tagsüber erfolgten Einflüge fast nur noch, wenn eine Wolkendecke Sichtschutz versprach. Indem nun mit Bombenabwürfen in der Nacht zu rechnen war, änderte sich auch das Leben für die Menschen an der deutschen Nordseeküste. Sie wurden durch die Fliegeralarme zunehmend um den Schlaf gebracht und mußten müde in ihre Luftschutzkeller hetzen. Von 1943 an waren zusätzlich wieder regelmäßige Tagesangriffe zu fürchten, ausgeführt von der US-Luftwaffe. Die Briten flogen erst ab März 1945 wieder die Mehrzahl ihrer Angriffe aufs Reichsgebiet tagsüber.

Inzwischen macht sich die ungewöhnliche Härte des Winters 1939/40 bemerkbar. Europa wird von Mitte Dezember bis weit in den April hinein von der stärksten Kältewelle seit Jahrzehnten heimgesucht.[112] Das Thermometer fällt häufiger auf bis zu 30 Grad unter Null. Ganz Deutschland friert. *„Kalt im Reich!"*, lautet ein gängiger Spruch, als die Kohlenkrise hinzukommt. Ein Grund für den Versorgungsengpaß ist, daß zuviele Güterwaggons im besetzten Polen in Gebrauch sind. In Tönning wird der Koksvorrat der Volksschule an die Bevölkerung verteilt. Wochenlang bleiben Schulen, Verwaltungen und öffentliche Einrichtungen wegen der Kälte geschlossen. Dazu drückt die militärisch-politisch unsichere Lage auf die Stimmung. In seinem „Berliner Tagebuch" notiert der US-Journalist William L. Shirer: *„Wenige Geschenke, spartanisches Essen, die Männer fort, die Straßen verdunkelt ... die Deutschen fühlen heute den Unterschied. Sie sind düster, deprimiert, traurig."*

Der Luftkrieg flaut ab, weil die Flugzeuge immer häufiger vereisen. Wenn die Luftfeuchtigkeit an den kalten Tragflächen gefriert und die Maschine Eis ansetzt, entsteht ein gefährlicher Auftriebsverlust. Versagen dann noch die Instrumente ihren Dienst, zwingt dies zur sofortigen Landung. Hinzu kommt häufiger Schneefall. Vom 17. Dezember 1939 bis zum 6. März 1940 kann keine Maschine im Bereich des Führers der Seeluftstreitkräfte West starten. Die Häfen frieren zu. Riesige Eisblöcke säumen die Ufer der gesamten deutschen Nordseeküste. Das X. Fliegerkorps übernimmt in dieser Zeit die Aufklärung über der Nordsee. Minen werfen die Küstenflieger erst wieder ab April 1940.

Sieben britische Bomber gehen am frühen Morgen des **20. Dezember** gegen die Seefliegerhorste der Ostfriesischen Inseln und Sylts vor. Die 10. (Nachtjagd-)Staffel des

Die schwimmende Flakbatterie ARCONA im Eiswinter 1939/40. Gegen Ende des Krieges lag der Flakkreuzer zum Schutz der Kanaleinfahrt vor Brunsbüttel. *(Sammlung Rasmussen)*

JG 26 liefert sich Luftkämpfe mit den Briten. Eine *Me 109 E-1* der II./JG 77 muß auf Wangerooge notlanden. Um 18.50 Uhr werfen vermutlich zum Coastal Command gehörige Flugzeuge am Außenrandzel südlich von Borkum drei Bomben. Sie verfehlen den nicht abgeblendeten schwedischen Dampfer HEDDA und fallen etwa 200 Meter von der WILGUM und 600 Meter von der RHEINLAND ins Wasser. Als Sonderzuteilung zu Weihnachten gibt es ein halbes Pfund Fleisch, ein halbes Pfund Butter, sechs Eier, drei Viertel Pfund Hülsenfrüchte, 300 Gramm Schokolade und 325 Gramm Lebkuchen zu kaufen.

15 britische Flugzeuge werden am **21. Dezember** in der Deutschen Bucht gemeldet. Um 14.04 Uhr heißt es auf Wangerooge: „Achtung vor Tieffliegern". Die Jagdstaffel steigt auf. Um 14.55 Uhr ist der Alarm beendet. Es ist mondhell, als am **23. Dezember** um 18.45 Uhr der Scheinwerfer 42 auf Spiekeroog zwei Feindflugzeuge mit Westkurs auffaßt. Um 18.48 Uhr wird dieselbe Maschine durch aufleuchtendes Kabinenlicht von Langeoog aus erkannt und vom schweren Maschinengewehr des dortigen Flugplatzes mit 27 Schuß beschossen. Die Besatzung schaltet sofort das Licht aus.

Britische Flugzeuge überfliegen am Nachmittag des **24. Dezember** die Deutsche Bucht. Zwei *Blenheims* fotografieren Wilhelmshaven, während die Luftwaffe in ihren Horsten bleibt. Auch den Marinesoldaten an der deutschen Küste und auf den Schiffen geht es nicht schlecht. Ein U-Boot hat ein für England bestimmtes Kühlschiff voller Weihnachtsputer als Prise aufgebracht, und das Geflügel wird an die Einheiten verteilt. Immer für vier Mann gibt es einen Truthahn und noch viele extra.

„Auch am ***25. Dezember*** *versuchten britische Flugzeuge wie am Vortage Vorpostenboote in der Deutschen Bucht anzugreifen. Im Abwehrfeuer der Maschinengewehre blieben die Angriffe erfolglos."*[113] Soweit der Wehrmachtbericht. Kommodore Ruge schreibt, Bomber hätten in den letzten Dezembertagen wiederholt die in See arbeitenden Minensuchflottillen angegriffen, ohne Treffer zu erzielen.[114] Der 1923 gebaute deutsche Transporter TANGER geht nach einer Kollision bei Brunsbüttel verloren.

Am **26. Dezember** bricht eine Bf 109 E-3 der 5./Trägergruppe 186 beim Start in Nordholz aus. Sie stößt gegen eine Bf 109 E-1. Der Pilot, Unteroffizier Fritz Heilmann, stirbt. Am **27. Dezember** dringen britische Flieger erneut an die deutsche Küste vor. Zwei *Blenheims* fliegen Aufklärung über dem Jadebusen, Schillig-Reede und dem Raum Wilhelmshaven. An Bord der einen Maschine erleidet ein Schütze eine akute Erfrierung. Die andere *Blenheim* wird um 13.51 Uhr in 6000 Meter Höhe über Wangerooge erkannt. Jagdfliegerführer Schumacher und weitere Jäger greifen den Aufklärer an. Der dreht in Richtung Jever ab und wird von der dortigen Flak zurückgedrängt. Schumacher gelingt um 14.02 Uhr zehn Kilometer nördlich von Langeoog der Abschuß. Die *Blenheim* stürzt zwischen Langeoog und Spiekeroog unweit des Langeooger Strands brennend ins Wasser. Die drei Besatzungsmitglieder sterben. Deutsche landen mit einem Wasserflugzeug neben dem Wrack und bergen daraus auch Gegenstände.

Silvester gibt es zweimal Alarm auf Wangerooge. Die Flaksoldaten sind wie so oft auf Gefechtsstation, ohne zum Schießen zu kommen. Ein britisches Flugzeug ist gegen 19 Uhr über der Insel zu hören, um Mitternacht setzen Briten Leuchtbomben ab, die die Insel drei Minuten lang erhellen. Ein Angriff bleibt aber aus. Nach der Luftschlacht vom 18. Dezember sollen die Briten bis Jahresende sechsmal auch Bomben auf deutschen Boden geworfen haben. Auf Sylt, Amrum, Helgoland, Juist und Borkum werden 55 Einschläge gezählt.[115]

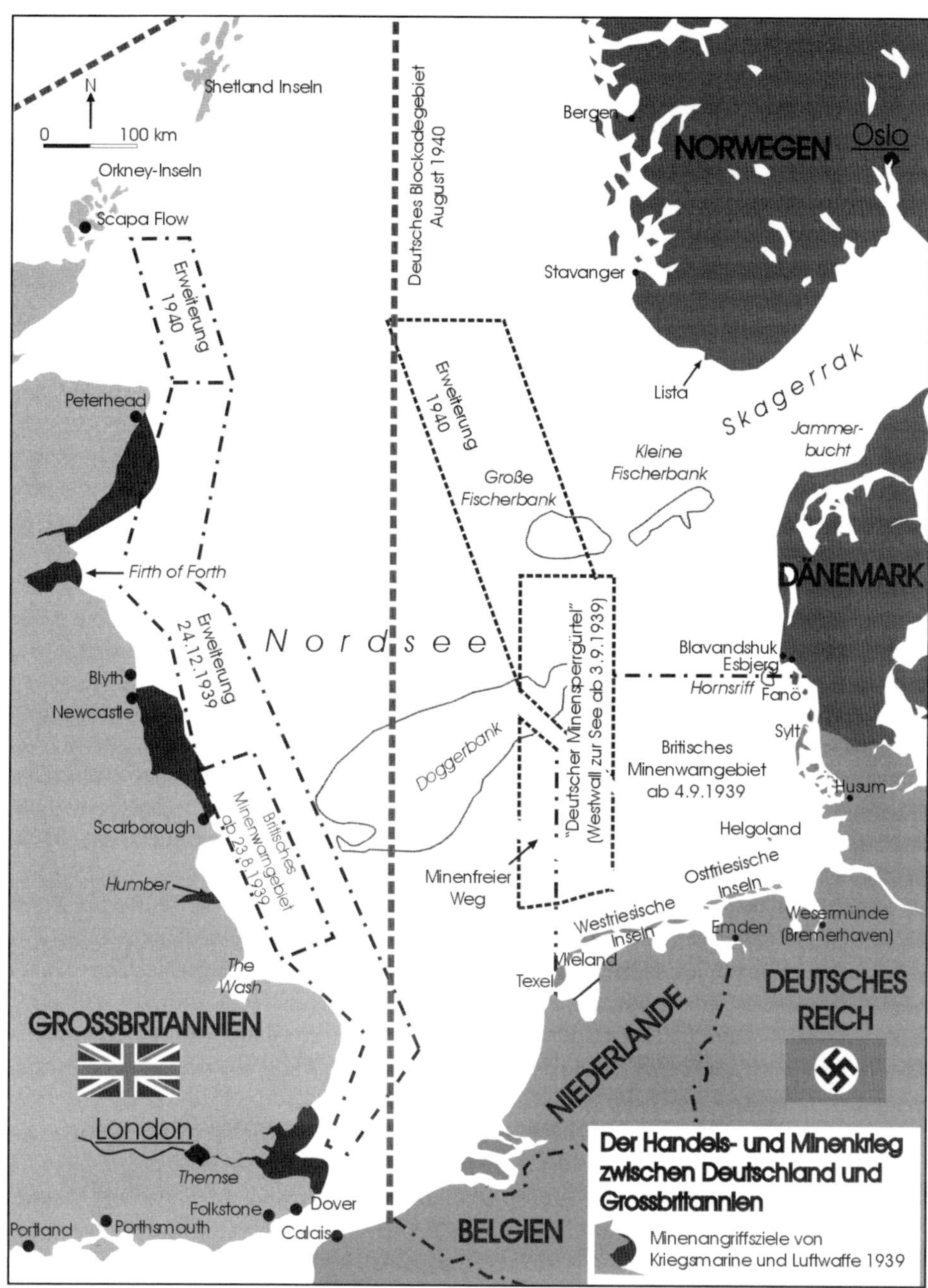

Bereits 1939 verminten Kriegsmarine und Luftwaffe offensiv britische Küstengewässer (dunkelgraue Flächen). Die Briten verminten umgekehrt die Schiffahrtswege in der Deutschen Bucht. Deutsche und Briten legten zudem passive Minensperren zum Schutz eigener Gewässer. Hindurch führten nur wenige Zwangswege. Im August 1940 erklärte Deutschland ein großräumiges Blockadegebiet um Großbritannien, das von der belgisch-französischen Grenze nach Norden verlief bis nördlich der Shetland-Inseln.

7 *Vom Minen- und Handelskrieg*

Am 17. September wurde das Auslegen der defensiven Westwall-Minensperren vorläufig abgeschlossen, und Raeder erteilte der Marine einen neuen Befehl. In der Nordsee sollte taktisch offensiv gehandelt werden. Das Augenmerk wurde nun ganz auf den Handelskrieg gegen die britische Zufuhr durch die Nordsee und unter der britischen Ostküste gelegt. Dafür sollten Zerstörer ins Kattegat und in den Skagerrak vorgehen. Verstärkt wurden Humber- und Themsemündung vermint. Dies lag auf der Linie von Hitler, der später erklärte: *„Die Versenkung von Handelsschiffen ist wichtiger als die Bekämpfung feindlicher Kriegsschiffe ... Denn durch die Verringerung des feindlichen Schiffsraumes wird nicht nur die kriegsentscheidende Blockade verschärft, sondern auch gleichzeitig jede Operation des Gegners in Europa oder in Afrika erschwert"*[116] Zerstörer der 2. bis 4. Z-Flottille und Schnellboote waren bis Februar 1940 damit beschäftigt, Minen an der englischen Ostküste zu werfen. Die Briten legten derweil im selben Raum eigene Minengürtel und U-Boot-Sperrnetze aus, um die Deutschen fernzuhalten. Die eigenen Schiffe wurden von Lotsen durch die verminten Gebiete geführt.

Am häufigsten verwendeten Deutsche und Briten Kontaktminen, die nach einem Prinzip aus dem 19. Jahrhundert an einem Ankertau dicht unter der Wasseroberfläche blieben und auf Berührung ihrer weit herausstehenden Bleikappen hin detonierten. Am zweithäufigsten wurden die im Ersten Weltkrieg entwickelten Magnetminen eingesetzt. Sie sanken auf den Meeresgrund und wurden durch das Magnetfeld eines überlaufenden Schiffes gezündet. Ab 1940 kamen die neuen Akustikminen hinzu.

Das Minenlegen durch U-Boote war wenig effektiv, weil nur wenige Minen an Bord Platz fanden und die dafür vorgesehenen Grundminen durch die Torpedoschächte ausgestoßen werden mußten. Dennoch sind besonders in der Frühphase des Krieges U-Boote eingesetzt worden, um in mehrtägigem Einsatz vielleicht nur ein halbes Dutzend Minen vor der britischen Küste zu legen. Zerstörer, Kreuzer und Torpedoboote konnten Dutzende Minen ins Operationsgebiet befördern. Doch die Überwasserverbände durften nur nachts den Einsatz in feindlichen Gewässern wagen. Eine Weile blieb ihr Tun sogar den Briten verborgen. Später aber wurde, wenn ein Zerstörer geortet war, umgehend sein vermutlicher Einsatzraum auf Minen hin abgesucht.

Am 18. November 1939 fand das erste Minenunternehmen durch deutsche Küstenflieger statt. Dieser erste Einsatz in der Nordsee war unbefriedigend: Die Verminung der Hafeneinfahrt von Harwich und der Themsemündung durch die 3./906 (Küstenfliegergruppe 106) mußte wegen schlechter Sicht abgebrochen werden. Zwei Tage darauf warf die Staffel von Norderney mit neun Maschinen gerade einmal sieben Luftminen – fünf Flugzeuge hatten sich verfranzt und waren vorzeitig zurückgekommen. Die Flak an Land, Suchscheinwerfer und Sperrballone, vielfach auch von Schiffen gesetzt in einer Höhe von 100 Metern – erschwerten den Mineneinsatz aus der Luft weiter. Immerhin warf die Luftwaffe ab Frühjahr 1940 jeden Monat Hunderte von Magnetminen in die Gewässer um Großbritannien, vor allem vor Häfen und Flußmündungen. Das Hauptproblem der Deutschen beim aktiven Mineneinsatz über See war aber auch nach britischer Einschätzung die mangelnde Abstimmung zwischen Kriegsmarine und Luftwaffe. Diese an sich sehr scharfe Waffe büßte dadurch an Wirkung ein.[117] Die britischen Militärs nannten ihre Minen „Vegetables" (Gemüse) und die häufigen Mineneinsätze ihrer Flugzeuge „Gardening" (Gartenarbeit).

Minen wurden wie im vorigen Weltkrieg eine ungeheure Gefahr für Schiff, Besatzung und Ladung. Lief ein Frachtdampfer oder Fischkutter auf eine solche Sprengfalle, dann spielten sich dramatische Szenen ab. Oftmals wurden dicht am Explosionsort stehende Matrosen oder Fischer getötet. Manchmal wurde ein Schiff so weit aufgerissen, daß es sofort sank und seine Besatzung mit in die Tiefe riß. Es war schon Glück, wenn nur Sachschaden entstand oder ein kleineres Leck, das der Crew noch genug Zeit ließ, in die Rettungsboote umzusteigen.

Am 6. Juni 1940 starben der Büsumer Gerhard Albrecht (30) und der gebürtige Westpreuße Alfred Gruhlke (43), dessen Angehörige in Büsum lebten, als ihr Schiff vor Amrum auf eine Mine lief. Nur drei Tage danach zerriß um 8.15 Uhr eine Mine nordwestlich von Helgoland den Kutter der Büsumer Fischer Hans Martens (62) und Johann Ruff (31). In der Nähe befindliche andere Fischer aus Büsum schreckten wegen des harten Knalls auf und bemerkten eine Rauchwolke. Sie bargen die Leichen ihrer Kollegen aus dem Wasser.[118] 1941 sank BÜS 70/EMMA bei Helgoland. Der elf Meter lange Kutter von Max Gruhlke war bei Schlechtwetter vermutlich auf eine Mine gelaufen, beide Männer an Bord starben. Als auf dem Kutter von Gustav Laß aus Husum das Netz eingeholt wurde, verfing sich darin eine Mine und explodierte. Der Kutter wurde entzwei gerissen. Der Luftdruck schleuderte die Besatzung im hohen Bogen ins Wasser. Die drei Mann wurden unverletzt von einem in der Nähe fischenden Kutter gerettet.

Einen Eindruck vom damaligen Marinedienst in der Deutschen Bucht vermittelt das Propagandaheft „Schnellboote am Feind", aus dem hier Auszüge folgen.

Dienst auf einem Schnellboot in der Propaganda

„Guckt mir ja scharf nach Sehrohren und Minen aus!" schärft der Kommandant beim Ansteuern des Schmal-Tiefs, unweit der Insel Pellworm, nochmals den an Deck Diensttuenden ein. Sie suchen ständig mit bloßen Augen oder Ferngläsern die Wasseroberfläche ab. Aber ihr Forschen nach britischen U-Booten, die sich hier ab und zu frech herumtreiben und auf dicke Beute lauern, bleibt ergebnislos. Vorsichtig wegen der eigenen Minensperren laufen die Boote westlich der Amrum-Bank vorbei, kommen durch das Lister Tief, lassen Sylt an Steuerbord liegen. Endlich hat die Flottille den schweren Kampf gegen Wind und Wogen gewonnen, sie befindet sich zur Sicherung und Aufklärung in dem ihr zugewiesenen Seegebiet. Vom Führerboot kommt das Signal: „Auf Positionen entlassen!" Immer zwei Fahrzeuge, eine sogenannte Rotte, laufen nun in Sichtweite mit wechselnden Kursen kleine Fahrt, lassen sich aber auch oft zum Zwecke der Ölersparnis treiben ... Mit einem Mal wird in der Luft Motorengeräusch hörbar – sind es eigene oder feindliche Flugzeuge? Auf jeden Fall: Fliegeralarm!" Die Bedienungsmannschaft macht das Fla-MG feuerfertig. Nachts müssen die Posten doppelt aufpassen: „Leicht können britische Zerstörer auf die weiter rückwärts kreuzenden Sicherungen Überrumpelungsversuche machen."

„Plötzlich ruft ein Ausguck: „Treibmine recht voraus*!" Nach kurzem Suchen haben auch alle anderen die gefährliche Kugel entdeckt, die sich vom Ankertau losgerissen hat." Die MG-Bedienung bekommt Feuererlaubnis. „Ein Zünder in Gestalt der abstehenden Bleikappen ist getroffen worden. Wenige Sekunden später hebt ein entsetzliches Dröhnen an, dem ein das Boot überschüttender Wasserschwall folgt."

* vorn in Fahrtrichtung

Quelle: A.C. Kuhn: Schnellboote am Feind. Berlin ca. 1941 (Spannende Geschichten Nr. 98), S. 11

Als am 17. September U 29 den britischen Flugzeugträger COURAGEOUS versenkte (515 Tote), waren im Handelskrieg nach deutschen Angaben schon 30 Dampfer mit 190 000 BRT auf den Meeresboden geschickt worden. Die britische Admiralität zählte in ihrer Statistik 21 verlorene Schiffe mit 122 000 BRT. Am 27. Oktober meldete der dänische Rundfunk, daß die britischen Einfuhren gegenüber 1938 um 32 Prozent zurückgegangen seien, die Ausfuhren sogar um 42 Prozent. Umgekehrt gelang es im Herbst und Winter 84 deutschen Handelssschiffen mit fast 500 000 Tonnen Laderaum, die englische Blockade zu durchbrechen und in die Heimat zurückzukehren („Sperrbrecher"). Am 20. Dezember waren nach amtlicher deutscher Zählung bereits 134 britische, 12 französische und 78 neutrale Handelsschiffe mit Sicherheit und weitere 55 mit großer Wahrscheinlichkeit versenkt worden – insgesamt 279 Handelsschiffe mit 1,03 Millionen BRT.[119]

Vergleichbare Erfolge hatten die Briten damals nicht aufzuweisen. Sie vernichteten im selben Zeitraum nach deutscher Zählung gerade einmal 18 Schiffe mit 128 689 BRT. Eine subtile Gegenmaßnahme des Londoner Handelsministeriums war das Anlegen „Schwarzer Listen". Die erste vom 18. September enthielt die Namen von 278 Firmen neutraler Länder, die mit dem Deutschen Reich Handel treiben. Die Briten zwangen schon mit ihrer Verordnung über Banngutkontrollhäfen neutrale Schiffe zu Umwegen mitten durchs Kriegsgebiet. Die Frachter wurden aufgefordert, sich abgeblendet in bewaffnete britische Konvois einzureihen, was die Gefahr ihrer Beschießung erhöhte. Um den Handel mit Deutschland nun noch wirkungsvoller zu unterbinden, verhängte Großbritannien am 27. November eine Ausfuhrsperre gegen Deutschland. Wer aus neutralen Ländern mit Ware „feindlichen Ursprungs" angetroffen wurde, mußte diese in einem alliierten Hafen löschen.[120] Im Dezember führten die Briten das Navicert-System ein: Britische Botschaftsbeamte stellten bereits in den Verladehäfen der neutralen Staaten navigation certificates aus. Diese Geleitpapiere für Handelsschiffe bescheinigten, daß sich keine Konterbande an Bord befand. Die bürokratische Prozedur sollte ebenfalls vom Verkehr mit Deutschland abschrecken. Reeder, die ihre Schiffe nicht vorab kontrollieren ließen, riskierten, diese auf der Fahrt zu verlieren. Denn ohne Zertifikat wurden sie auf See einfach als Prise behandelt. So geriet der neutrale Handel mehr oder weniger unter britische Aufsicht.

Die Deutschen führten den Tonnagekrieg mit entsprechender Härte fort. Während des Zweiten Weltkrieges fanden in Deutschland 626 prisengerichtliche Verfahren statt, aber es wurden mehr Schiffe versenkt als eingebracht.[121] Das Oberkommando der Wehrmacht meldete bereits für die ersten sechs Kriegsmonate, also bis einschließlich Februar 1940, die Kriegsmarine habe 532 Schiffe und die Luftwaffe 65 Schiffe versenkt. Demnach seien 1,98 Millionen Bruttoregistertonnen „feindlicher und dem Feind dienstbarer neutraler Handelsschifftonnage" vernichtet.[122] Diese abstrakte Zahl wird verständlicher, wenn man sie in Eisenbahnwaggons umrechnet. Um auf die Ladefähigkeit in Tonnen zu kommen, werden die BRT entsprechend multipliziert. Aufgeteilt auf 15-Tonnen-Güterwaggons von je 5,83 Meter Länge würden die 1,98 Millionen BRT rund 167 000 Waggons füllen. Das wäre ein Zug von 973 Kilometer Länge. Etwa zwei Drittel der Versenkungen waren auf U-Boote zurückzuführen, etwa ein Viertel auf Minen und der Rest zu gleichen Teilen auf Überwasserangriffe durch Schiffe einerseits und Luftangriffe durch Flugzeuge andererseits.

Sicherlich war diese offizielle Zahl übertrieben, denn nach Erkenntnissen der Funkaufklärung der Kriegsmarine waren Ende März 1940 erst 365 versenkte Schiffe mit 1,257 Millionen BRT britischerseits bestätigt worden. Das bedeutet aber nur, daß die erwähnten fast zwei Millionen Tonnen einige Monate später, vermutlich im Oktober 1940, tatsächlich erreicht waren. Erst in der zweiten Jahreshälfte 1943 sanken die deutschen Versenkungsziffern signifikant.

Angesichts der rechtlichen Hürden, der drohenden Umwege und Beschlagnahmungen und der Tücke der See- und Luftminen war es beachtlich, daß skandinavische Schiffe weiter Erz nach Deutschland brachten und neutrale Nordseeanrainer den regen Verkehr zum traditionellen Handelspartner Großbritannien fortsetzten. Hinzu kam ja noch die Gefahr, von U-Booten, Torpedobooten, Schnellbooten oder Kampfschiffen versenkt oder aus der Luft angegriffen zu werden. Die Seeleute damaliger Zeit benötigten viel Mut für ihre Aufgabe. Keine Selbstverständlichkeit war es auch, daß Fischer noch ihre Netze in der Nordsee auslegten. In Minenwarngebieten sollte eigentlich nicht gefischt werden, und die Kutter waren auch von Fliegerangriffen bedroht. Gerade Fischer haben damals aber viele Menschenleben gerettet, indem sie Schiffbrüchige aufnahmen – in aller Regel ohne Ansehen der Nation.

Die Zahl der Schiffsverluste in der Nordsee war entsetzlich hoch, wobei die Deutsche Bucht noch nicht einmal besonders betroffen war. Die Geleitzüge nach Westen liefen auf dem Zwangsweg „rot“, der ständig von Minensuchern kontrolliert wurde. Im November 1940 mußten allein auf dem Abschnitt Elbmündung–Antwerpen täglich 20 bis 25 Dampfer geleitet werden. Im Verlauf des Krieges standen für diese Aufgabe immer häufiger nur einige Vorpostenboote und nur noch selten Zerstörer und Minensuchboote zur Verfügung. Dabei häuften sich die Verluste schon allein durch die schwindende Luftherrschaft der Deutschen ab Mitte 1941.

Die für die Handelsschiffahrt in deutschen Diensten gefährlichste Strecke war zwischen Borkum und dem vor Rotterdam liegenden Hafen Hoek van Holland. Hier war nicht nur mit besonders vielen Minen und Luftangriffen zu rechnen, sondern ab 1942 auch vermehrt mit Attacken britischer Schnellboote. Auch zwischen Helgoland und der deutsch-niederländischen Grenze herrschte starke Minengefahr. Von Januar bis August 1942 gingen von den 2793 zwischen Ems und Elbe verkehrenden Schiffe zehn verloren (0,4 Prozent mit 0,5 Prozent der Tonnage), von den 1353 zwischen Borkum und Hoek van Holland 13 (1 Prozent mit 1,7 Prozent der Tonnage) – im Durchschnitt sank hier also alle zehn Tage ein Schiff. Würde man diese Statistik auf die gesamte Kriegsdauer umrechnen, käme man auf 200 Untergänge nur in diesen beiden Gebieten. Der Reichskommissar für die Seeschiffahrt, der Hamburger Gauleiter Karl Kaufmann, hielt es nicht für möglich, die Schiffstransporte auf Binnenwasserstraßen umzulegen. Er drängte aber auf eine Erhöhung der Eisenbahnkapazitäten im Verkehr nach Rotterdam.

8 Ruhe vor dem Sturm: Januar bis April 1940

Der Winter hielt Europa eisern im Griff. Die Zahl der Kriegshandlungen nahm ab. Im Luftraum über der Deutschen Bucht kehrte wieder etwas Ruhe ein. Sperrflüge im Schwarm oder in der Rotte und Überwachungsflüge bildeten die Routine an den Küstenstandorten der Luftwaffe. Eine harte Routine, denn diese Einsätze erfolgten in Höhen bis zu 6000 Metern und mehr, wo Temperaturen von bis zu minus 50 Grad herrschten. *„Gegen solche Kältegrade war ein Schutz kaum möglich; in den vereisten Kabinen erstarrten den Männern die Hände und jede kleine Bewegung erforderte große Anstrengung. Hinzu kam die unter diesen Bedingungen gegebene Anfälligkeit der Technik in den Maschinen*

– versagte etwa das in diesen Höhen unabdingbar nötige Sauerstoffgerät, so war die bald einsetzende Bewußtlosigkeit und in der Folge der tödliche Absturz nahezu unvermeidbar."[123]

Die Flugwachen entlang der deutschen Nordseeküste hielten rund um die Uhr Ausschau nach feindlichen Flugzeugen. Häufig sah eine Schicht so aus, daß auf 24 Stunden Wachdienst zwölf Stunden Freizeit folgten. Gemeldete Einflüge führten zu einigen Alarmstarts. Angriffe der Briten waren jetzt aber fast nur noch nachts zu fürchten. Der strenge Frost behinderte den Einsatz der Kriegsmarine im Küstenvorfeld. *„Anfang Januar hatten wir 20 Grad Kälte. Auf der Elbe wurde der Eisgang so stark, daß sieben R-Boote in Brunsbüttel blockiert waren und das Begleitschiff nicht mehr zu ihnen durchkam"*, schreibt Kommodore Ruge.[124] Es handelte sich dabei um die Räumboote R 33, R 34, R 35, R 36, R 38, R 39 und R 40. Damit war fast die ganze 3. Räumbootflottille in Brunsbüttel eingefroren. R 37 und das auch zur Flottille gehörige Begleitschiff VON DER GROEBEN lagen in Cuxhaven fest. Erst am 22. März konnten die Einsatzfahrten wieder aufgenommen werden.

Zwei *Me 109 E-3* der 1. (Jagd-)Staffel des Lehrgeschwaders 2 stoßen am **1. Januar** in der Luft zusammen und machen Bruchlandungen bei Hage. Eine *Me 109 E-1* der 3./Jagdgruppe 101 macht wegen Reifenschadens eine Bruchlandung in Westerland und wird zum Totalschaden. Die britischen Zerstörer IVANHOE und INTREPID verlassen am **2. Januar** Immingham, um in der Deutschen Bucht Minen zu werfen. Sieben Zerstörer der 1. Zerstörerflottille aus Harwich unterstützen die nächtliche Aktion. Das Bomber Command sendet am selben Tag erstmals seit dem 18. Dezember wieder Bomber zur bewaffneten Aufklärung in die Deutsche Bucht. Die 17 Flugzeuge sind besser bewaffnet worden. Ein in Jever gestarteter Schwarm der I./ZG 76 bekommt drei bereits abfliegende *Wellingtons* zu sehen. Zwei werden von den *Me 110* westlich von Helgoland abgeschossen. Ein deutscher Beobachter des Luftgefechts wird verwundet. Die Briten geben zu Hause an, von 12 bis 15 Flugzeugen angegriffen zu sein, obwohl es nur vier waren. Dafür entgeht den Deutschen, daß deutlich mehr als drei Maschinen eingeflogen waren.

„Kriegswache Achtung!", heißt es am **6. Januar** um 15.07 Uhr auf Wangerooge. Um 15.24 Uhr wird die Flak in Alarmbereitschaft versetzt. Etwa 30 Kilometer nördlich der Insel kreisen unbekannte Flugzeuge. Um 16.30 Uhr ist ein immer wieder aussetzendes Motorengeräusch zu hören. Offenbar geht ein Flugzeug im Gleitflug wenige hundert Meter vor Wangerooge im Eis nieder. *„Am Nachmittag kommen die Jungens vom Strand. Sie haben auf dem Eis Motorengeräusche gehört. Andere wollen die Rufe ‚Help, help' gehört haben."* Nach 20 Uhr sichten Flaksoldaten auf Wangerooge und Oldeoog SOS-Zeichen. Wegen Eisgang kann kein Rettungsboot zu Wasser gelassen werden. Tags darauf ist das vorbeitreibende Tragdeck eines Flugzeugs zu sehen …[125]

Drei britische U-Boote in der Deutschen Bucht versenkt

Die Untersee-Aktivitäten wurden im Winter 1939/40 in vollem Umfang aufrechterhalten. Eigene U-Boote sollten den Marineeinheiten gemeldet werden. Die Marine-Signalstelle Wangerooge forderte am 2. Januar mit Scheinwerfer und Sternsignal von einem nicht angemeldeten Fahrzeug, das die Küstenhorchanlage als U-Boot identifizierte, das Erkennungssignal an. Auch beim Küstenbefehlshaber Ostfriesland und beim Befehlshaber der U-Boote waren keine eigenen Bewegungen bekannt. Eine Flakbatterie mußte einen Warnschuß abgeben, danach erst meldete sich das Boot als eigenes U 25 (Kapitänleutnant Viktor Schütze, später fünfterfolgreichster U-Boot-Kommandant des Krieges).

In der ersten Januarwoche lief U 19 unter Oberleutnant zur See Joachim Schepke zur vierten Feindfahrt aus. Bei minus 15 Grad mußte unter Schlepperhilfe von Wilhelmshaven aus das Eisgebiet der Nordsee durchquert werden. Ziel war die englische Ostküste. Als das Boot zum Monatsende in Helgoland einlief, flatterten vier Versenkungswimpel am ausgefahrenen Seerohr. Im März endete auch die nächste Feindfahrt von U 19 mit vier Siegeswimpeln in Wilhelmshaven.

Auf ihrer vierten Kriegspatrouille befand sich am 7. Januar HMS UNDINE. Etwa 35 Kilometer[126] westsüdwestlich von Helgoland meinte Lieutenant-Commander Alan Spencer Jackson drei Frachter zu erkennen. In Wirklichkeit waren es die deutschen Hilfsminensucher M 1201, M 1204 und M 1207 (2. Rotte der 12. Minensuchflottille aus Cuxhaven). Um 9.40 Uhr ließ Jackson einen Torpedo auf das vorauslaufende M 1204 schießen. Das Suchboot wich aus, und nun rollten Wasserbomben ins Meer. Das britische U-Boot tauchte. Durch das defekte Sonar blind, ging es nach fünf Minuten Ruhe auf Sehrohrtiefe. In diesem Moment schleuderte eine Explosion UNDINE ganz empor. Die drei Offiziere und 26 Mann an Bord versuchten zu entkommen, aber das Ruder klemmte. An Flucht war nicht mehr zu denken, zumal die Artillerie der Minensucher auf sie gerichtet war. Die Männer öffneten die Flutventile. *„M 1204 geht längsseits und rettet die Besatzung, während Leutnant zur See Grau mit ein paar Mann hinüberentert. Das U-Boot fährt Kreise, bis es gelingt, die Maschine abzustellen. Da hat es aber schon soviel Wasser aufgenommen, daß das drei Jahre alte Boot schnell sinkt.“*[127] Aus dem Funkraum holte Flottillenchef Kapitänleutnant Petzel noch die Signalbücher heraus. Alle Bemühungen, UNDINE in Schlepp zu nehmen und einzubringen scheiterten jedoch. Das U-Boot sank. Die Besatzung ging in Kriegsgefangenschaft. Die Seekriegsleitung maß der Versenkung als dem „ersten greifbaren U-Jagderfolg“ große Bedeutung bei, weil sich schon Zweifel an der Wirksamkeit der U-Bootabwehr eingestellt hatten.

Das britische U-Boot HMS SEAHORSE wird am 7. Januar 1940 in der Deutschen Bucht nordwestlich von Helgoland von den Minensuchern M 122 und M 132 mit Wasserbomben vernichtet.

Für die Marineführung sollte es noch besser kommen. Ebenfalls am 7. Januar vernichteten M 122 und M 132 von der 1. Minensuchflottille (Cuxhaven) mit Wasserbomben das U-Boot SEAHORSE in der Deutschen Bucht nordwestlich von Helgoland. 24 Stunden lang dauerte die Jagd. Auslaufendes Öl verriet den Minensuchern ihr Ziel. Von den 39 Mann Besatzung überlebte niemand.[128]

Am 9. Januar entschieden die Deutschen schließlich ein Duell zwischen Minensucher und U-Boot für sich. 75 Kilometer nordwestlich von Helgoland sichtete HMS STARFISH um 10 Uhr das Minensuchboot M 7 von der 1. Minensuchflottille. Lieutenant T.A. Turner wollte angreifen. Er hatte die Deutschen aber noch nicht im Periskop, als diese durch das S-Gerät (Sondergerät zur Unterwasser-Schallortung) schon seine Position kannten und Wasserbomben warfen. Das britische U-Boot wurde beschädigt. Turner versuchte, den Angriff auf dem Grund liegend zu überstehen. Es waren bange Stunden für die 36-köpfige Crew. Als es dunkelte, legte M 7 zwei beleuchtete Fahrwasserbojen bei dem U-Boot aus und wartete, ob es sich rühren würde. *„Spät in der Nacht tauchte es auf, um zu versuchen, über Wasser abzulaufen. Als es an die Oberfläche kam, lag es genau zwischen den beiden Leuchtbojen und gab unter diesem Eindruck auf. M 7 rettete die Besatzung.“*[129]Die STARFISH sank anschließend, weil die Ventile geöffnet worden waren. Nach diesen drei U-Boot-Verlusten stellte die Royal Navy für etwa zwei Monate ihre Unterwasser-Operationen in der Deutschen Bucht ein. Nur beim Vorliegen besonderer Gründe sollte noch östlich der Westwall-Minensperren operiert werden.

Die Seenotbezirkstelle Norderney der Luftwaffe nimmt am **9. Januar** für die in dem strengen Winter von Packeis eingeschlossenen Ostfriesischen Inseln einen Eisnotdienst auf und bildet bis zum 22. Februar eine Luftbrücke, um Lebensmittel, Post und Personen zu transportieren. Im Februar wird mit vier Lastwagen und 22 Pferdefuhrwerken ein Versorgungstransport durch das Watt nach Norderney unternommen.

Frühmorgens am **10. Januar** legen die Zerstörer IVANHOE und INTREPID das kleine Minenfeld IE 1 in die deutschen Westwall-Minensperren auf 54 Grad 6 Minuten Nord und 5 Grad 29 Minuten Ost. Bei einem Tagesangriff auf Fliegerhorste mit zwölf *Blenheims* werfen die Briten zwei für die Seefliegerstation List bestimmte Bomben auf die dänische Insel Röm. Nahe Helgoland finden vier *Me 110* der I./ZG 76 den Verband. Bis weit nordwestlich von Sylt kommt es zu Luftgefechten. Um Geschwindigkeit zu gewinnen, stürzen die angegriffenen *Blenheims* bis wenige Fuß über der See in die Tiefe. Die Deutschen melden drei Abschüsse. Tatsächlich verliert das Bomber Command nur eine Maschine, die in der Luft explodiert (drei Tote), zwei schaffen eine Bruchlandung in Großbritannien. Die *Messerschmitts* landen beschädigt, aber vollzählig.

Die I./KG 26 verliert **am 11. Januar** zwei *He 111*, die Schiffe an der britischen Ostküste angriffen und beschossen wurden. Eine stürzt bei Helgoland in die See, für die Besatzung gibt es keine Rettung. Die zweite muß in Dänemark notlanden. Dort machen die Deutschen ihre *Heinkel* unbrauchbar, bevor sie von den Dänen interniert werden.

Am **12. Januar** wird der Fliegerhorst Westerland angegriffen, was zuweilen als „erste Bombenwürfe auf einen deutschen Wohnort“ kolportiert wird. Das ist falsch. Obwohl der Flugplatz dicht an der Stadt liegt, entsteht an jenem Morgen kein Schaden. Die Bomben – drei Stück – fallen vielmehr um 2.51 Uhr südlich des Hindenburgdamms ins Meer. Rudolf Förstemann aus Edemissen in Niedersachsen, zu der Zeit als Horcher beim Flakschutz des Westerländer Krankenhauses tätig, schreibt seiner Frau nach Hause: *„Oh oh, das war eine Nacht, das war schon ganz schön. Hier bekommt man was zu sehen, da, wo wir vorher waren, war ja nichts.“* Acht Bomber greifen Zerstörer der 4. Zerstörer-Flottille vor dem dänischen Hornsriff[130] an. Im Abwehrfeuer der drei Schiffe kommen nur zwei Flugzeuge zum Wurf. Sie treffen nicht. Eine *Hudson I* des 224 Squadron des Coastal Command wird abgeschossen, eine andere beschädigt. Die *Me 109 E-3* von Oberfeldwebel Joseph Peltzer stürzt nördlich Langeoog ab, der Pilot von der 3. (Jagd-)Staffel des Lehrgeschwaders 2 stirbt.

Ein britischer Flieger beschießt am **13. Januar** um 18.50 Uhr den Seefliegerhorst Norderney, ohne Schaden anzurichten. In der Nacht legen IVANHOE und INTREPID das Sperrfeld IE 2 in die Westwall-Minensperren.

Auf dem Minensuchboot M 98 ereignet sich am **14. Januar** ein schweres Unglück. Bei dem ohnehin untersagten Einholen einer deutschen treibenden Anti-U-Boot-Mine (UMA) in der Nordsee werden Sicherheitsbestimmungen mißachtet. Schaulustige Besatzungsmitglieder stehen viel zu dicht drumherum, als die Mine aufs Heck des Schiffes gehievt wird. Der Sprengkörper explodiert. 14 Besatzungsmitglieder sterben, darunter der aus Neumühlen in Altona stammende Kommandant Julius Lührs und der I. Wachoffizier. Zwei Männer werden schwer verletzt, vier leicht. Der Unglücksort läßt sich bisherigen Veröffentlichungen nicht entnehmen. Das Kriegstagebuch der in der Deutschen Bucht eingesetzten 18. Minensuch-Flottille enthält aber den Hinweis, daß diese am 13. Januar um 16.20 Uhr von der 6. Minensuch-Flottille, zu der auch M 98 gehört, abgelöst wird im Quadrat 9585. Als am 14. Januar M 1808 von der 18. Minensuch-Flottille im Quadrat 9582 ein treibendes UMA-Gefäß aufnimmt, bemerkt der Befehlshaber der Sicherung der Nordsee dazu: „Das Bergen von eigenen Minen ist grundsätzlich verboten worden.“ Das Kriegstagebuch der Seekriegsleitung erwähnt die wohl gleich darauf erfolgte „Detonation auf M 98“ und die 14 Toten. Die beiden angegebenen Planquadrate bezeichnen ein Gebiet etwa 15 bis 30 Kilometer nördlich der ostfriesischen Insel Baltrum. Nur durch diese Nähe zur Küste ist es den Überlebenden möglich, noch einen Hafen zur Reparatur anzulaufen. Das Minensuchboot wird später weiter eingesetzt.

Der 84 Meter lange Dampfer GRATIA läuft am **17. Januar** auf eine Mine, strandet auf der Außenems bei Borkum und sinkt. Wegen Motorschadens macht eine Bf 109 E-1 der Jagdgruppe 1 eine Bauchlandung bei Bredstedt (40 Prozent Beschädigung). Bei der Patrouille über die deutschen Seefliegerhorste bombardieren Briten nachts am **19. Januar** Anlagen auf Sylt. Neun Bomben fallen. Die Briten erhalten aus Dänemark Nachricht, daß der Hindenburgdamm an einer Stelle durchtrennt sei.[131] In einem Luftkampf zwischen britischen Aufklärern und deutschen Jägern **am 20. Januar** verlieren die Briten eine Maschine. Eine *Me* wird über Dänemark zu Boden gezwungen, eine zweite stürzt in die See. 18 Bomber greifen Kriegsschiffe vor Helgoland an, einer wird abgeschossen. Das Minensuchboot M 1201 läuft zwischen List-Ost und der etwas südlich gelegenen Rinne Lister Ley auf Grund. Das Flugsicherungsboot VON TSCHIRSCHKY hilft.

U 48 stoppt nach seiner Generalüberholung am **26. Januar** in Brunsbüttel. Kapitänleutnant Herbert Schultze genehmigt der Besatzung einen letzten Landgang. Danach läuft das Boot unter Eisgeleit eines Sperrbrechers im Schlepp zur Elbmündung. *„Auf dem Marsch nach Helgoland kamen die Motoren nicht mehr über 300 Umdrehungen. Das Eis mußte die Schrauben demoliert haben. Dies wurde von dem Taucher in Helgoland am 27. 1. bestätigt. Das Boot mußte nach Wilhelmshaven zurück, wo es nach dem Eindocken repariert wurde. U 48 legte am 30. 1. erneut ab, ergänzte am nächsten Tage an der Helgoländer Westmole den Brennstoff und machte am Nachmittag um 15 Uhr zur vierten Feindfahrt los.“*[132] Bei schwerem Sturm geht es durch die Deutsche Bucht, den Neuen Hebriden zu. Nach vier Versenkungen läuft U 48 am 22. Februar in Helgoland ein und am 24. Februar in Wilhelmshaven, wo die Besatzung tags darauf von Dönitz begrüßt wird. Anschließend marschiert das Boot durch den Kaiser-Wilhelm-Kanal nach Kiel und macht bei der Germaniawerft fest. Schultze erhält als zweiter Soldat der U-Bootwaffe das Ritterkreuz.

Aufregung bei der Küstenfliegergruppe 406 in Hörnum auf Sylt: Nach einem Luftangriff brennt am **5. Februar** das Offizierheim ab. Den Fliegern werden Baracken der Luftwaffen-Bauleitung und Wohnungen zur Verfügung gestellt. Dagegen bleiben die kleineren Angriffe auf Sylt am **6., 24. und 26. Februar** ohne Erfolg.

Am 5. Februar ankert das Flugsicherungsschiff HANS ROLSHOVEN auf der Nordreede von Helgoland. Um 23 Uhr legt das Beiboot ab zur Tour nach Helgoland. Am nächsten Tag, als es mit fünf Urlaubern von Helgoland-Hafen zurückerwartet wurde, bleibt es aus. Die Seenotretter vermuten, daß die Barkasse in dichtem Nebel abgetrieben ist. Am **7. Februar** wird sie um 8.15 Uhr gesichtet. Eine Stunde später läuft die ROLSHOVEN in die angegebene Richtung aus. Das Flugsicherungsschiff BERNHARD VON TSCHIRSCHKY wird hinbeordert, um in anderen Quadranten nach dem vermißten Boot zu suchen. Doch die Suche zieht sich bis zum Abend hin. Um 19.30 Uhr landet die Barkasse wegen Brennstoffmangel am Eisrand vor der Nordküste von Langeoog. „Fünf Mann ausgehungert und verfroren", heißt es im Schiffstagebuch.

In dichtem Nebel legt am **7. Februar** der deutsche Minenleger COBRA vor Borkum eine Minensperre gegen U-Boote. Britische Flugzeuge versuchen in die Deutsche Bucht einzudringen und werden abgewehrt. Die *Ju 88* von Feldwebel Friedrich Pfeiffer (I./KG 30 auf Sylt) wird beim Angriff auf einen Trawler nordwestlich der Insel von Flak getroffen und stürzt sofort in die See. Die VON TSCHIRSCHKY läuft umgehend von Kampen auf Sylt aus, findet aber nichts mehr. U 14 läuft am **11. Februar** um 5 Uhr von Wilhelmshaven zur vierten Feindfahrt aus. In der Nordsee versenkt es bis zur Rückkehr in Wilhelmshaven am 20. Februar je zwei dänische und schwedische Dampfer im Verkehr nach Großbritannien – 32 Tote an Bord der Handelsschiffe. U 54 läuft vermutlich auf eine der von IVANHOE und INTREPID gelegten Minen in den Westwall-Minenfeldern. Seit dem **14. Februar** ist das Boot mit seinen 41 Mann Besatzung in der Nordsee verschollen. V 1101 birgt einen Monat später ein Torpedoteil des U-Bootes 118 Kilometer westlich von List. 1989 wird ein U-Boot-Wrack in der Nordsee gefunden, 225 Kilometer westlich von St. Peter-Ording, inmitten des ehemaligen Auslaufweges II durch das britische Sperrfeld. Im Online-Lexikon *wikipedia* steht, es könne sich nur um U 54 handeln.

16. Februar, 5 Uhr: Das Freya-Gerät auf Helgoland zeigt ein sich näherndes Flugzeug an. Von Jever und Wangerooge starten mehrere Rotten der 4. und 5./JG 77 mit ihren *Me 109*. Die *Blenheim IV* wird vor Helgoland abgefangen und von Unteroffizier Herbert Kutscha abgeschossen. Die dreiköpfige Crew um Sergeant G.H. Tice stirbt. Nördlich Spiekeroog werden kurz vor 9 Uhr feindliche Flugzeuge gesichtet. Die gerade unter dem schon erwähnten Oberleutnant Steinhoff als neuem Staffelkapitän nach Langeoog verlegte 4./JG 52 steigt mit sieben Maschinen auf, dazu Jäger aus Jever und von der II./Trägergruppe 186 aus Nordholz. Die schwere Flakbatterie Horumersiel meldet um 9.10 Uhr zwischen den Vogelinseln Oldeoog und Mellum einen Fallschirmabsprung und ein brennendes Flugzeug auf dem Eis. Zwar reklamieren zwei Jagdpiloten jeweils eine abgeschossene *Blenheim* für sich, aber es handelt sich wohl um Unteroffizier Hans Behrmann von der Trägergruppe, der wegen eines Motorschadens kurz nach dem Start die Gewalt über seine *Me 109E* verlor und ausstieg. [133] Während er am Fallschirm hängend ins Meer fällt und in dem eiskalten Wasser ertrinkt, macht seine Maschine bei Nordholz eine Bruchlandung.

Eine *Blenheim IV* des 110. Squadron soll am Nachmittag des **17. Februar** Helgoland und Borkum aufklären. Selbst nördlich von Helgoland treiben noch geschlossene Eisfelder. Jagdpilot Wolfgang Falck von der 2./ZG 76 aus Jever schießt die *Blenheim* 55 Kilometer nördlich von Ameland ab (drei Tote). Unterdessen melden deutsche Aufklärer vor der englischen Ostküste einen Geleitzug auf Nordkurs. Kriegsschiffe laufen von der Jade bis Norwegen, ohne den Konvoi zu finden. Am frühen Morgen des **18. Februar** suchen zweimotorige *Whitleys* das Fahrwasser vor dem Jadebusen ab. Die Bomber beschießen den schweren Kreuzer HIPPER. Dieser schießt zurück, ebenso das Schlachtschiff SCHARNHORST, das Feuerschiff F und die leichte Flak der Inseln Wangerooge und Oldeoog.

Das britische U-Boot HMS SUNFISH verfehlt am **19. Februar** 55 Kilometer nordöstlich Helgoland mit vier Torpedos das rückkehrende Boot U 14 (Oberleutnant zur See Herbert Wohlfarth). Am **20. Februar** fliegen kurz nach 0 Uhr britische Flugzeuge über niederländisches Hoheitsgebiet in die Helgoländer Bucht ein. Am frühen Morgen des **21. Februar** fliegen 20 *Wellingtons* bewaffnete Aufklärung im Gebiet Helgoland. Schweres Flakfeuer schlägt ihnen entgegen. Flying Officer N. Hawxby, der sich um 3.06 Uhr das letzte Mal über Funk meldet, wird mit seiner Besatzung über Borkum abgeschossen. Etwas später stürzt eine *Me 109* etwa sechs Kilometer nördlich von Langeoog in die See. Das kleine Strandrettungsboot kann den Piloten zunächst nicht finden. Später wird er von einer treibenden Eisscholle gerettet. Es heißt, er habe vor der Insel eine *Wellington* abgeschossen.[134]

Unternehmen „Wikinger"

Als die Luftaufklärung britische Fischdampfer im Gebiet der Doggerbank in der westlichen Nordsee entdeckt, setzt die Kriegsmarine am 22. Februar das Unternehmen W i k i n g e r an. Es wird zu einem mörderischen Fiasko. Die 1. Zerstörerflottille soll in die westliche Nordsee vorstoßen und die Trawler versenken oder als Prise einbringen, weil die Marineführung in ihnen getarnte Vorpostenboote vermutet. Gegen 19 Uhr passieren die sechs Zerstörer mit 25 Knoten Fahrt in Kiellinie den südlichen Zwangsweg durch die Westwall-Minensperren. Der von der Luftwaffe angeforderte Begleitschutz durch Jagdflugzeuge ist ausgeblieben. Stattdessen kreist plötzlich eine *He 111* der II./KG 26 aus Neumünster über dem Verband. Sie gehört zur 4. Staffel, die an diesem Abend britische Handelsschiffe an der englischen Ostküste angreifen soll. Feldwebel Jäger und seine Besatzung halten es für möglich, die Royal Navy unter sich zu haben. Die Bomberstaffeln sind über die eigenen Schiffe in diesem Seegebiet nicht informiert. So nimmt 50 Kilometer nördlich von Terschelling das Unheil seinen Lauf.

Der im Verband mitfahrende Führer der Zerstörer, Kommodore Friedrich Bonte, läßt die Geschwindigkeit drosseln, um die für Angreifer gut sichtbare Hecksee zu verringern. Das vermeintlich britische Flugzeug wird beschossen. Da sind sich die deutschen Flieger ihrerseits sicher, es mit britischen Matrosen zu tun zu haben. Sie feuern mit Bordwaffen zurück. Dann werfen sie Bomben. Die LEBERECHT MAAß erhält drei Treffer. Korvettenkapitän Fritz Bassenge leitet ein Ausweichmanöver ein. Eigentlich bietet der elf Kilometer breite „Weg I" dafür genug Raum, doch der Zerstörer gerät auf die im Januar neu ausgelegten britischen Minen. Zwei Explosionen zerreißen das Kriegsschiff in zwei Teile. Fieberhaft wollen die Besatzungen der Schwesterschiffe helfen, da ertönen neue Detonationen. Die ebenfalls auf eine britische Mine gelaufene MAX SCHULTZ sinkt schnell.

Die Deutschen glauben, es möglicherweise auch mit U-Booten zu tun zu haben. Scheinbare Horchsignale werden gehört, scheinbare Torpedolaufbahnen im Wasser erkannt. Chaos bricht aus. Der Verband kreuzt aufgescheucht durcheinander, Wasserbomben werden ins Meer geworfen. Die ERICH KOELLNER bringt ein Rettungsboot zum

Kentern, die See schluckt die Mariner spurlos. Von der LEBERECHT MAAß ertrinken 282 Soldaten, nur 60 werden letztlich gerettet. Auf der MAX SCHULTZ stirbt die gesamte Besatzung von 308 Mann den „nassen Tod", so daß der Irrtum der Flieger 590 Deutsche das Leben kostet. Das Unternehmen W i k i n g e r wird abgebrochen. Einer der Geretteten stirbt noch auf der Heimreise in der Deutschen Bucht.

Im angreifenden Flugzeug hatte man unterdessen Verstärkung angefordert. Einer von sieben *Heinkel*-Bombern der Kampfgruppe 100 mußte aber auf dem Weg nach Westen mit technischen Problemen umdrehen. Die Marineflakabteilung 216 auf Borkum schoß Feldwebel Kurt Otto Späte und seine Besatzung versehentlich ab. Das Flugsicherungsschiff HANS ROLSHOVEN erhielt die Meldung, daß fünf Kilometer vor Langeoog ein „Jäger" abgestürzt sei. Die Retter liefen sofort aus, konnten aber nicht mehr helfen. „Es war eine schlimme Nacht für die Deutschen!", schreibt Shores.[135]

Die mangelhafte Verständigung zwischen Kriegsmarine und Luftwaffe bleibt auch nach dieser dramatischen Pannenserie ein Problem. Hitlers Befehl vom 11. Januar 1940 macht die Situation nicht gerade einfacher und lädt zur eifersüchtigen Geheimniskrämerei ein: *„Niemand: Keine Dienststelle, kein Offizier dürfen von einer geheimzuhaltenden Sache erfahren, wenn sie nicht aus dienstlichen Gründen unbedingt davon Kenntnis erhalten müssen."*

Seeleute als Spione

In der folgenden Nacht vom 23. auf den 24. Februar 1940 suchte die 1. Minensuchflottille die Gegend nach britischen Sprengfallen ab. M 1 rammte auf Weg I vier dänische Fischkutter, weil sie verschlüsselte Morsezeichen abgaben. Es ist erstaunlich, daß Kapitänleutnant Hans Bartels in seinem Gefechtsbericht nirgends auf das Unternehmen W i k i n g e r Bezug nahm, sondern nur einzelne Indizien für einen nachrichtendienstlichen Einsatz der Fischer zusammentrug. Der eigentliche Auslöser für das gescheiterte Unternehmen scheint also ein keineswegs gesicherter Verdacht gewesen zu sein. Skandalös war Bartels' Entscheidung, die Dänen einfach ertrinken zu lassen, statt sie an Bord zu nehmen. 16 Männer im Alter von 17 bis 50 Jahren starben im Nebel in den kalten Fluten, obwohl sich das Deutsche Reich nicht einmal mit Dänemark im Kriegszustand befand. Der aus Frankfurt stammende Kommandant, der wenige Monate später im Norwegenfeldzug die Tigerflagge hißte, mit seinem Minensucher (!) etliche Schiffe vernichtete und das Ritterkreuz angeheftet bekam, handelte eiskalt. Seine Darstellung der Ereignisse brachte er anscheinend ohne Gefühle aufs Papier.

Gefechtsbericht über die Versenkung von vier dänischen Fischkuttern
0135 Uhr [Kutter E 504] mittschiffs auseinander geschnitten. Die Untergangszeit betrug 1 Min. 10 Sek.
0146 Uhr Zwoten Kutter E 348 versenkt. Untergangszeit 40 Sek [...]
0234 Uhr Dritten Kutter E 456 gerammt, dreimal mit 17 sm* angelaufen. Vorschiff sank nicht. 0248 Uhr Bug gesunken.
0255 Uhr Vierter Kutter E 92 nach zwomaligem Anlauf versenkt [...]
Bei zwo Kuttern (standen) die Dänen bereits beim ersten Anlaufen schon an Oberdeck und (gaben) weder Zeichen mit Lampe noch irgendwelche Warnsignale ab, was durch-

aus noch zeitlich möglich gewesen wäre. Sie alle ahnten, was man mit ihnen vorhatte und fügten sich wortlos. Aus militärischen Gründen wurde niemand aufgenommen.
* 31 Stundenkilometer

(Quelle: Marinegruppenkommando West/Geheime Kommandosache Nr. B 507/40)

Die Verwendung von Fischdampfern und Krabbenkuttern zu Zwecken der Abwehrarbeit ist ein Kapitel für sich. Noch im Frieden hatte die Kriegsmarine zehn Fischdampfer von Reedereien gechartert. Ab 20. August 1939 wurden diese Fahrzeuge „zur besonderen Verwendung" für Aufklärungszwecke in der Nordsee eingesetzt. Aufgabe war die Beobachtung des zivilen und militärischen Luft- und Seeverkehrs. Sie waren nicht bewaffnet, die Besatzungen Zivilisten.

1940 griff der Militärgeheimdienst auf zwei Büsumer Kutter und ihre Besatzungen zu. Das von Admiral Wilhelm Canaris geführte Amt Ausland/Abwehr im Oberkommando der Wehrmacht ordnete BÜS 45/MARGARETHA von Alfred Becker am 30. Juli und BÜS 52/JUPITER von Erwin Köhn am 8. August seiner Abteilung Abwehr II zu. Deren Aufgaben waren Sabotage und Sabotageabwehr sowie die Ausbildung für und Vorbereitung von Kommandounternehmen. Die Gruppe II West war in Nord und Süd unterteilt. Der Abteilung II waren Frontaufklärungskommandos unterstellt und Formationen des Spezialregiments z.b.V. 800 „Brandenburg", das für Unternehmungen hinter den feindlichen Linien trainiert wurde. Die Kutter spielten also einerseits eine Rolle bei der Übung der geplanten deutschen Landung in England (Unternehmen S e e l ö w e). Andererseits wurden sie nicht mit der Invasionsflotte an die französische Küste verlegt, sondern bekamen Sonderaufgaben. Sie wurden auch erst 1941 und 1943 ihren Eignern zurückgegeben. Beim Kutter TÖN 5/HULDA ist die Abordnung an die „AST II Büsum" vermerkt, was in diesem Fall wohl als Abwehrstelle zu deuten ist. Diese geheime Institution mag einen Nachfolger gehabt haben in der 1944 erwähnten „FEP Büsum". Hinter dem Kürzel verbarg sich die Amtsgruppe Forschung, Erfindungs- und Patentwesen vom Marinewaffenhauptamt. Das 1934 gebaute Zollboot PREUSSEN (1960 vom Schauspieler Curd Jürgens gekauft) war ab 5. August 1944 Versuchsboot der „FEP Büsum". Zwar gab es in Büsum Am Hafen 1 eine „Forschungsabteilung Büsum", doch die gehörte zum Marschenbauamt Heide. Ihre Gewässerkundler befaßten sich ganz harmlos mit „Wattenforschung und Wegbereitung für Neuland". Die konkrete Tätigkeit der FEP in Büsum liegt noch im Dunkeln.

Von sechs Kuttern von der Insel Pellworm, aus Husum und Büsum wissen wir, daß sie 1942 bis 1944 der „AST Dänemark" zugeordnet waren. In einem Tagebuch der Marine fand der Verfasser einen dazu passenden Hinweis. Er liefert Aufschluß über die geheime Tätigkeit der Fischer – zu Zwecken der Spionage.

Kriegstagebuch der Seekriegsleitung

Besonderes.

20.9.42 Sonntag.

Zur abwehrmäßigen Beobachtung der dänischen Fischer an der Westküste Jütlands, im Skagerrak und Kattegat sind von Abwehr 10 nicht im Fischfang eingesetzte Motorfischkutter, die von Skl Qu A VI* z.Verf. gestellt wurden, eingesetzt. Die Kutter, die in

Esbjerg und Skagen stationiert sind, haben ihren Beobachtungsdienst im Skagerrak und Kattegat bereits aufgenommen. An der Westküste steht ihre Einsatzbereitschaft unmittelbar bevor.

* Schiffahrtsabteilung im Quartiermeisteramt in der Seekriegsleitung
(Quelle: BA-MA RM 7/40)

Wie heikel und lebensgefährlich solch eine Spionagetätigkeit war, hatte sich am brutalen Vorgehen von Kapitänleutnant Bartels gegen dänische Fischer bereits gezeigt. Über deren qualvolles Ende sind die deutschen Fischer aber sicher nicht offiziell informiert worden.

Oberfeldwebel Hermann Förster von der 11. (Nachtjagd-)Staffel des Jagdgeschwaders 2 meldet am 23. Februar den Abschuß einer Wellington 50 Kilometer nördlich von Norderney um 10.25 Uhr. Das Bomber Command schickt am **24. Februar** zwei *Blenheims* zur Aufklärung nach Helgoland, Cuxhaven und Brunsbüttel. Fünf *Me 109* der 1./JG 1, die gerade südwärts fliegen nehmen den Luftkampf auf. Die Briten entkommen. Am **26. Februar** greifen britische Flieger in Westerbur (Kreis Aurich) mit Maschinengewehren einen Scheinwerferstand an.

Eine *Blenheim IV* kehrt am **27. Februar** von einem Aufklärungsflug zwischen Helgoland und Elbe nicht zurück (drei Tote). Oberleutnant Gerhard Jahny von der 6./Trägergruppe 186 hat sie um 14.36 Uhr westnordwestlich Helgoland abgeschossen. Die 18. Minensuch-Flottille stellt zwölf Kilometer nördlich des Buntsandsteinfelsens eigene Anti-U-Bootminen fest, die trotz Anker „gewandert" waren. Sie werden gesprengt. COBRA und ROLAND legen am **28. Februar** vor der Mündung der Ems jeweils 238 Minen gegen britische U-Boote. Die Minensucher M 5 und M 7 sichern und unterstützen die Aktion. Ab **29. Februar** werfen die Briten nachts Propagandatexte über Nordwestdeutschland ab, die Friedenszitate von Hitler enthalten. Bereits gedruckte Flugblätter mit Luftaufnahmen von Wilhelmshaven, Wangerooge und anderen Militärstützpunkten aus geringer Höhe werden zurückgehalten – vermutlich, weil sie den Deutschen zu genaue Aufschlüsse über die Möglichkeiten der britischen Aufklärung geliefert hätten.

Eine *Heinkel* der 5./KG 26 stürzt am **1. März** bald nach dem Start vor Westerland in die Nordsee. Staffelkapitän Oberleutnant Sieghard Donner stirbt mit der übrigen Besatzung. Die Kampfflieger mit ihren *Heinkel*-Bombern von Westerland und Neumünster fliegen an der britischen Ostküste bewaffnete Aufklärung, wobei routinemäßig Minensucher und ähnliche kleinere Schiffe angegriffen werden. Dabei bringen sie aus Schleswig-Holstein oft genug den Tod mit. Als etwa Major Martin Harlinghausen von der III./KG 26 in Westerland am **2. März** im östlichen Ärmelkanal den Passagierdampfer DOMALA schwer beschädigt, sterben 98 Menschen an Bord.

Im März geht allmählich das Eis an der Nordseeküste zurück. Die Lage der Schiffahrt entspannt sich. U 14 läuft am **3. März** um 10.30 Uhr von Wilhelmshaven zur fünften Feindfahrt aus. In der Nordsee versenkt es bis zur Rückkehr in Wilhelmshaven am 11. März drei britische und einen niederländischen Dampfer. An Bord der Schiffe sterben 55 Menschen, 25 überleben. Der britische Minenleger TEVIOTBANK und die Zerstörer ESK, EXPRESS, ICARUS und IMPULSIVE verstärken das Minenfeld IE 1 im deutschen Zwangsweg durch die Westwall-Minensperren. Die Royal Air Force hat in den ersten sechs Monaten des Krieges insgesamt 33 Tonnen Bomben geworfen. Ihr Problem ist die Neutralität des niederländischen und belgischen Luftraums. Die Bomber müssen direkt von der Nordsee oder von Frankreich her einfliegen, wo entsprechend starke Flakgürtel zu überwinden sind. Die neutralen Staaten schützen einerseits das Ruhrgebiet vor überraschenden britischen Angriffen und andererseits England vor deutschen Direktvorstößen.

Das Oberkommando der Wehrmacht zieht eine Bilanz des Luftkrieges im Westen. Die Verluste durch Unglücke und Unfälle sind höher als die durch Luftkämpfe und britische Flak.

Zusammenfassender Wehrmachtbericht vom 3. März 1940:
„Seit Kriegsbeginn sind die deutsche Luftabwehr und die Bodenorganisation in dem geplanten Umfang voll ausgebaut, der Flugmeldedienst eingespielt und erprobt sowie Luftschutzmaßnahmen und Luftschutzeinrichtungen im ganzen Reich vervollkommnet worden. Wo der Gegner versuchte, mit stärkeren Verbänden in das deutsche Gebiet einzufliegen, wurde er durch Jagd- und Flakabwehr erfolgreich abgewiesen. Insgesamt wurden bisher 285 britische und französische Flugzeuge abgeschossen ... Demgegenüber verlor die deutsche Luftwaffe in diesen sechs Monaten an der Westfront und über dem britischen Kampfraum insgesamt durch unmittelbare Feindeinwirkung 35 Flugzeuge und auf Feindflug verunglückt (Notlandungen, Abstürze usw.) 43 Flugzeuge."[136]

Blenheims sichten am **4. März** um 15.35 Uhr ein U-Boot bei Schillig. Sie greifen es mit vier 250-Pfund-Bomben an. Die Deutschen können abtauchen, ohne Schaden zu nehmen. Einzelne britische Flugzeuge fliegen in der Nacht **5./6. März** ins nordwestdeutsche Küstengebiet ein, eines dringt nördlich von Sylt über dänisches Hoheitsgebiet nach Schleswig-Holstein ein. Auch in der Nacht **6./7. März** werden Einflüge in die Deutsche Bucht gemeldet. Ein Sicherungsschiff wird vor Borkum beschossen. Nur ein Flugzeug dringt bis zur Küste vor. Am **7. März** wird um 21.25 Uhr der in Emden beheimatete Dampfer AMERIKA neun Kilometer querab Hörnum erfolglos bombardiert. COBRA und ROLAND legen in der Nacht **7./8. März** zwei Minenbarrieren mit je 488 Minen gegen U-Boote westlich von Helgoland. Wieder wird ein Einflug über Dänemark gemeldet. Drei *Ju 88* der I./KG 30 starten am **8. März** von Westerland zur Aufklärung über Scapa Flow. Britische Abfangjäger schießen eine Maschine vor der Küste ab, die beiden anderen kehren ohne Informationen zurück, weil die Wolkendecke zu dicht war. Am **9. März** versenken deutsche Flieger den belgischen Fischdampfer SANTA GODELIEVA in der Nordsee.

11. März: U 31 fährt aufgetaucht im Jadebusen vor Wilhelmshaven und wird am helllichten Tag von einem britischen Bomber überrascht. Die *Blenheim* des 82. Squadron vom Bomber Command versenkt das Boot von Kapitänleutnant Johannes Habekost. Die Bombe fiel so dicht neben dem Boot, daß alle 58 Seeleute den Tod finden. Die *Blenheim* wird selbst durch die Explosion beschädigt. Der Dampfer STADT RÜSTRINGEN fährt auf seinem Weg von Wilhelmshaven nach Wangerooge in der Nähe vorbei. Alle Passagiere müssen unter Deck. Nach der Ankunft werden sie vom Ortspolizisten verhört und zur Verschwiegenheit über den Vorfall verpflichtet. Das U-Boot wird noch im März gehoben und im Juli wieder in Dienst gestellt, sinkt aber im November endgültig im Nordatlantik. Priens U-Boot 47 läuft am 11. März von Wilhelmshaven zur vierten Feindfahrt aus. Es kommt zunächst nicht weit. Wegen eines Schadens an der Kompaßanlage muß es nach Helgoland einlaufen. Beim Auslaufen werden drei Treibminen passiert. U 47 kehrt am 29. März mit einem Versenkungswinkel nach Wilhelmshaven zurück.

Am **12. März** ist Tag der Wehrmacht im Deutschen Reich. Handgranatenweitwurf und Platzpatronenschießen für jedermann werden angeboten – und gratis Erbsensuppe aus der Feldküche. Ein tödliches Unglück ereignet sich am **13. März** auf dem Fliegerhorst Westerland: Aus einer *Ju 88* der 6./KG 30 werden die 250-Kilo-Bomben ausgeladen zwecks Zünderwechsels. Sie detonieren jedoch, weil der Zündhebel in der Maschine nicht ausgeschaltet worden war. Sieben Mann der Betriebskompanie des Adlergeschwaders sterben.[137] Der Kontakt zu U 44 reißt ab. Vermutlich ist das Boot beim Ausmarsch auf dem Zwangsweg dem britischen Minenfeld IE 1 zum Opfer gefallen.

Die Briten intensivieren unterdessen ihre Unterseeaktivitäten. Die Funkaufklärung der Kriegsmarine liest am 13. März Befehle mit, nach denen bis zum **15. März** drei U-Boote in der inneren Deutschen Bucht und acht westlich von Dänemark und nördlich des deutschen Warngebiets ihre Positionen einnehmen sollen, dazu drei zwischen Skagen und Südostnorwegen. Normalerweise liegen bei den Ostfriesischen Inseln nur ein bis zwei Boote. Alfred Jodl, Chef des Wehrmachtführungsstabes im Oberkommando der Wehrmacht in Berlin, notiert tags darauf in sein Tagebuch: *„Engländer überwachen Nordsee mit 15 bis 16 U-Booten. Grund zweifelhaft, Sicherung eigener oder Verhinderung deutscher Aktion.“*[138] Der Befehlshaber der Sicherung der Nordsee befahl eine großangelegte U-Bootjagd. Sie blieb ergebnislos.

Drei *Me 109 E-3* der II./JG 77 machen am **16. März** wegen Schlechtwetters eine Notlandung in Westerland und werden beschädigt, zwei Maschinen sind auf dem Boden zusammengestoßen, eine ist ein Totalverlust. Neun *Blenheims* sollen am Vormittag „Flakschiffe“ angreifen.[139] Zwei werden in Kämpfe mit *Me 109* der II./186 verwickelt und verschwinden in den Wolken. Das Gegenfeuer hat eine deutsche Maschine beschädigt und zwingt sie zu einer Notwasserung nahe Borkum. Das Flugzeug wird geborgen, ist aber nicht mehr zu gebrauchen. Am Nachmittag „revanchiert“ sich die Luftwaffe mit einem Angriff auf Scapa Flow durch 21 *He 111* der I./KG 26 und 18 *Ju 88* der I./KG 30. Zu der Zeit lagen Stab und 1. Staffel der KG 26 sowie Stab und Zerstörerstaffel der KG 30 in Westerland. Es ist denkbar, daß von der I./KG 30 weitere Flugzeuge von Jever aus starteten. Etwa 100 Bomben werden ausgeklinkt und beschädigen den Kreuzer NORFOLK und das ehemalige Schlachtschiff IRON DUKE. Bei dem Angriff verliert der erste britische Zivilist sein Leben auf den Orkney-Inseln, sechs werden verletzt. Das Bomber Command plant daraufhin erste Attacken auf deutschen Festlandboden.[140]

9 Spiro verrät Sylt

Vielleicht war es kein Zufall, daß am 19. März 1940 Sylt das Ziel des ersten größeren Luftangriffs der Briten war. 1933 baute der ebenso reiche wie rätselhafte Südafrikaner Stanley Spiro in der Westerländer Norderstraße ein ausgefallenes Haus, das heute als Restaurant dient. Es hatte acht Ecken, ein kreisrundes Reetdach und verschiedene Gauben. Emmy Göring besichtigte es mehrmals, um sich für ihren eigenen Hausbau auf Sylt inspirieren zu lassen.

Die Insulaner erzählten sich, Spiro wollte in der Nähe der von ihm angebeteten österreichischen Schauspielerin Leopoldine Konstantin leben, die auch im Norden von Westerland wohnte. Der frühere Jagdflieger war durch Börsenspekulationen ein gemachter Mann und mit einer Engländerin verheiratet. Er hatte ein Bankgeschäft und Immobilien in London, besaß ein Privatflugzeug und besuchte Sylt auch mit seiner Luxusyacht. Auf der Insel verkehrte er mit den Offizieren und allen einflußreichen Leuten. 1937 floh er wegen Aktienbetrügereien aus London. Seine abenteuerliche Flucht soll die Gestapo an der deutsch-dänischen Grenze jäh gestoppt haben. Doch auch der Staatspolizei, die ihn für einen Spion hielt, entkam Spiro. Als er schließlich in Großbritannien verurteilt wurde, brauchte er nur einen Teil seiner Haftstrafe abzusitzen. Er hatte, wie er einem Reporter anvertraute, der britischen Luftwaffe Informationen über die Militäranlagen auf Sylt geliefert. *„Ich wurde in meiner Gefängniszelle von RAF-Offizieren besucht. Hinterher wurde Sylt bombardiert."* Seiner heimlichen Geliebten konnte Spiro damit nicht mehr schaden, sie war inzwischen emigriert.[141]

Zu dieser Geschichte passt nicht so ganz, daß das Bomber Command am Abend des 19. März sehr wenig ausrichtete. 30 *Whitleys* und 20 *Hampdens* griffen den Seefliegerhorst ab 19.57 Uhr nacheinander in kleinen Gruppen an. Aus 700 bis 1200 Meter Höhe klinkten sie etwa 80 Sprengbomben von 250 Kilogramm und 1200 Brandbomben aus. 41 Besatzungen meldeten: „Bomben im Ziel". Premierminister Neville Chamberlain bekam im Unterhaus einen Zettel gereicht und informierte die Abgeordneten. Unter ihrem Beifall bezeichnete er die noch laufende Operation auf Sylt als Vergeltung für den Angriff auf Scapa Flow[142] – die Kriegsführung im Westen hatte sich weiter verschärft.

Die Sicht war schlecht. Die Scheinwerfer auf der Insel suchten den Himmel nach Flugzeugen ab, und die Flak feuerte aus allen Rohren. Ein 22jähriger Pilot aus Neuseeland erinnerte sich später: „Es war, als ob ein Tollhaus Ausgang hätte." Flaksoldat Rudolf Förstemann war in einer Stellung am Sylter Ellenbogen an der Abwehr beteiligt. Er schrieb seiner Frau: *„Was sagst du denn zu unserem Erfolg, der T[ommy = Engländer] hat aber was aufs Dach gekriegt, da geht die Welt unter. Er hat es aber auch auf uns abgesehen, einen von uns hats erwischt. Aber es ist Krieg, man darf nicht viel dabei denken ... Hab nur keine Angst um mich, ich habe immer Glück gehabt und werde es auch weiter haben ... was denkst du wie unsere Geschütze zu feuern begannen, wir liegen nämlich direkt dabei, was unsere Baracke gezittert hat ... man gewöhnt sich daran, uns macht es nichts aus."*[143]

Erst um 2.40 Uhr zogen die letzten Maschinen ab. Britische Zeitungen schrieben von einem „Standard- und Paradeangriff" und bauschten dessen Wirkung stark auf. Von einer „Nacht der Rache" sprach der *Daily Mirror.* Deutsche Blätter erwähnten Sylt dagegen nicht und meldeten stattdessen nur die – versehentlich – auf Dänemark gefallenen britischen Bomben. Die von Chamberlain verkündeten „schweren Schäden" auf Sylt gab es nicht. Zum Beweis bot Propagandaminister Joseph Goebbels den in Berlin akkreditierten Pressevertretern neutraler Staaten eine Fahrt nach Sylt an. Amerikanische und skandinavische Journalisten erkannten nur geringen Sachschaden, berichteten über den intakten Hindenburgdamm und das „normale Leben auf den Straßen und Plätzen Westerlands." Dabei hatte die britische Presse behauptet, die Insel sei 1939 von Zivilisten geräumt worden. „Ausländer sahen auf Sylt, wie England lügt!", titelte die *Morgenpost* tags darauf.[144] Das Vertrauen in die englische Kriegsberichterstattung hatte international gelitten. Zu allem Überfluß legte die dänische Regierung in Kopenhagen in einer scharfen Note an

London Protest ein und forderte Ersatz für die auf der Insel Fanö und der Landzunge Holmland Klint angerichteten Schäden.

Die britische Luftwaffe war verunsichert: Sollte das Ziel so schlecht getroffen worden sein? Offenbar stimmten die Meldungen der englischen Agenten auf der Sylter Nachbarinsel Röm nicht, nach denen der Hörnumer Seefliegerhorst wirkungsvoll getroffen wäre und beim Lister Flugplatz das Treibstofflager und Munition in die Luft gegangen seien. Auch die Piloten, die einen Hangar zerstört und Kasernenanlagen beschädigt haben wollten, mußten sich geirrt haben. Tagelang kamen Aufklärungsflugzeuge wegen schlechten Wetters und der Flugabwehr nicht an die Insel heran. Dann ergab die Bildauswertung: Alle Gebäude und Flugzeughallen in Hörnum ebenso wie Start- und Landebahnen intakt, beim Seefliegerhorst List und am Hindenburgdamm keine Schäden feststellbar. *„Damit war für uns alle klar"*, formulierte der Autor Alastair Revie, *„daß sich das Bomber Command auf eine Taktik sogenannter Präzisionsangriffe bei Nacht eingelassen hatte, ohne über die Zielgenauigkeit, das Material oder gar die Besatzungsdisziplin zu verfügen."* Die Luftaufnahmen wurden der britischen Presse zur Verfügung gestellt, aber die RAF tat so, als ob sie vor dem Angriff aufgenommen worden wären.[145] Der 53-jährige Oberbefehlshaber des Bomber Command, Edgar R. Ludlow-Hewitt, wurde abgelöst durch Air Marshal Charles Portal, der wenige Monate auf diesem Posten blieb.

Nach deutschen Quellen war nur ein Haus zerstört und eine Holzhütte abgebrannt. Die meisten Bomben waren ins Wasser und in die Dünen gefallen.

Der von Förstemann erwähnte Flaksoldat erlag seinen schweren Verletzungen. Zwei Mann waren leicht verletzt. Das Abwehrfeuer der Deutschen mag viele Volltreffer verhindert haben, aber es wurde nur die *Whitley* von Flight Lieutenant Baskerville und dem kanadischen Pilot Officer E.O. Fennel abgeschossen. Das von der Flak getroffene Flugzeug des 51. Squadron stürzte brennend mit explodierender Bordmunition in das Lister Watt im Königshafen. Alle fünf Besatzungsmitglieder starben. Die Maschine war um 20.35 Uhr vom englischen Dishforth (North Yorkshire) gestartet. Ein Abschuß war ein mäßiges Ergebnis für den hohen Munitionsverbrauch. Marine- und Luftwaffenflak sowie Vorpostenboote hatten mit den schweren Flugabwehrkanonen (Kaliber 8,8 und 10,5 cm) 170 Schuß abgegeben, mit den mittleren (3,7 cm) 1085 Schuß und mit den leichten (2 cm) 5383. Hinzu kamen 317 Schuß aus Maschinengewehren.

Eine Heinkel *He 111J* der 2./Küstenfliegergruppe 806 wird am **20. März** beim Angriff von Schiffen östlich von Copinsay Island ihrerseits von einer *Skua* angegriffen und schwer beschädigt. Die Maschine muß nahe Duhnen westlich von Cuxhaven bruchlanden, der Funker stirbt. Eine *Me 110* beschießt am Vormittag eine *Blenheim* nahe Borkum. Gegen 13.40 Uhr werfen drei britische Flugzeuge Bomben bei Helgoland. Zwei *Blenheims* greifen den Westerländer Fliegerhorst und ein Vorpostenboot bei Borkum an, ohne Treffer zu landen. Eine Feindmaschine ohne Lichter gibt am Abend vor Wangerooge das gültige eigene Erkennungssignal. Um 21.47 Uhr passiert möglicherweise dieselbe Maschine die Nordseite der Insel und wird unter Flakbeschuß genommen. SCHIFF 18/ALTELAND und SCHIFF 37/SCHLESWIG der 16. Vorpostengruppe gehen westlich des deutschen Warngebietes in der Nordsee gegen Fischdampfer in diesem Gebiet vor.

Am **21. März** werden die niederländischen Fischdampfer BRUINVISCH und BEP aufgebracht und nach Borkum geschickt. Eine Blenheim IV macht nach Aufklärung des Helgoländer Raums am **23. März** in Suffolk eine Bruchlandung und überschlägt sich. In der Nacht **23./24. März** gerät eine *Wellington* nach Aufklärung über Weser, Elbe und

Ein Sylter Mädchen kniet am Grab des kanadischen Piloten E.O. Fennel, dessen Whitley am 20. März 1940 beim Angriff auf Hörnum abgeschossen wurde. *(Sammlung M. Rickert)*

Mittellandkanal beim Überqueren der französischen Grenze unter Flakbeschuß und muß notlanden. Die sechsköpfige Besatzung kann nach England zurückkehren. *Blenheims* des 110. Squadron führen am 24. März einen erneuten Angriff auf Hörnum aus, diesmal bei Tageslicht mit noch geringerem Effekt. In der Nacht klären drei *Hampdens* unter anderem die Elbmündung auf. Der deutsche Erzdampfer EDMUND HUGO STINNES 4 befindet sich am **25. März** auf der Fahrt von Nordenham nach Kopenhagen, als er von dem britischen U-Boot HMS TRUANT auf Höhe des Limfjordes dicht vor der jütischen Westküste nach Prisenrecht kontrolliert und anschließend torpediert wird (*„noch in der Dreimeilenzone nach vorheriger Plünderung auf Strand gesetzt“*[146]).

Fünf *Blenheims* des 107. Squadron greifen am **27. März** einen Zerstörer und Vorpostenboote an. Zwei weitere Flugzeuge der Einheit sollen die Bombenschäden in Hörnum und auf dem Rest der Insel Sylt aufklären. Flying Officer J.D. Murphy trifft auf starke Flak und einzelne Jäger im Hörnumer Raum und entkommt in die Wolken. Flight Sergeant D.W.G. Nicholls hat weniger Glück. Sein Flugzeug verschwindet ebenfalls in den Wolken, aber dicht gefolgt von Jägern. Ein *Me 109*-Pilot der 4./JG 77 schießt die *Blenheim* 50 Kilometer westlich von Sylt ab.[147] Vorpostenboote aus Wesermünde fischten zwei bewußtlose Briten, das Logbuch und Trümmer aus der See.

Die Küstenfliegergruppe 406 von Hörnum fliegt am **28. März** mit 20 Seeflugzeugen, die zwischen 6.08 Uhr und 7.20 Uhr starten, Aufklärung zu den Orkneys und den Shetland-Inseln, um Geleitzüge zu finden. Bei Einsatzende zwischen 14.50 und 17.58 Uhr fehlen zwei Maschinen der 2./106 und 2./906: Erstere wurde nach Sichtung von Handelsschiffen und Zerstörern möglicherweise von einer später als vermißt gemeldeten *Skua* der britischen Marineluftwaffe beschossen und mußte 175 Meilen nordwestlich von Hörnum notwassern. Der Funker meldet danach den Notruf „Flugzeug beschädigt, sinkend!". Sechs Minuten darauf wird von Hörnum der Funkspruch abgesetzt, daß VON TSCHIRSCHKY und *He 115* zur Bergung unterwegs seien. Doch die Suche nach der *Do 18* verläuft ergebnislos. Die Crew um Leutnant zur See Karl-Friedrich Bölck von der 2./106 ist tot. Die andere notgewasserte *Do 18* wird von U 30 bemerkt, die Besatzung wird an Bord des Unterseebootes genommen. Eine zur Flugzeugbergung hinausgeschickte *He 115* der 1./ 506 kracht nachts bei Lista, einer Südspitze Norwegens am Eingang des Skagerrak. Alle Besatzungsmitglieder sterben. – Die Flakstellungen am Strand von Borkum wehren vermutlich am Abend den Angriff von drei britischen Flugzeugen ab. Im März stürzt ein Bordflugzeug des Schlachtschiffs SCHARNHORST bei einem Übungsflug über der Außenjade ab. Die Besatzung der *Arado Ar 196* stirbt bei dem Flugunfall.

1. April: Wie schon im Ersten Weltkrieg wird in Deutschland die Sommerzeit eingeführt. Die Uhren werden um eine Stunde von 2 auf 3 Uhr vorgestellt (bis 6. Oktober). Polnische Zivilarbeiter im Reich müssen auf der rechten Brust ein violettes P auf gelbem Grund tragen, damit sie sofort als solche zu erkennen sind. Die Küstenfliegergruppe 406 startet mit 15 *Do 18* von Hörnum und die Küstenfliegergruppe 506 mit acht *He 115* von List. Der massierte Einsatz wird aber wegen dichten Nebels abgebrochen. Westlich von Amrum greifen neun *Blenheim IV* des 82. Squadron ergebnislos Boote der 11. Vorpostenflottille an. Es wird aber kein Boot versenkt. Ein Pilot der II./JG 77 schießt um 14.16 Uhr 180 Kilometer westlich der nordfriesischen Insel eine der *Blenheims* ab.

Bei der Landung in Jever rammt am **2. April** eine *Bf 109 D-2* eine *Bf 110* – Totalschaden. Unteroffizier Friedrich Fricke von der 5./JG 2 gerät bei einem Übungseinsatz ab Nordholz mit seiner *Bf 109 E* ins Flachtrudeln. Er stürzt bei Ihlienworth (Kreis Cuxhaven) ab und stirbt. Bei einem Aufklärungsflug werden zwei Maschinen der 3./506 von einer Kette *Hurricanes* beschossen. Eine Maschine muß notwassern und kentert dabei. Die Besatzung klammert sich an die Schwimmer. Ein von einem anderen Wasserflugzeug der Staffel ausgesetztes Schlauchboot rettet die Männer. Eine *Ju 88* der 4./KG 30, die am Nachmittag mit neun weiteren Bombern der II./KG 30 an einem Angriff auf Scapa Flow beteiligt war, macht bei dem Versuch, Bremen im Nebel zu erreichen, bei Bederkesa eine Bruchlandung. Staffelkapitän Hauptmann Fritz Koch und die drei Mitglieder seiner Besatzung sterben.

Das britische U-Boot NARWHAL legt 95 Kilometer nordwestlich von Helgoland ab **4. April** das Minenfeld FD 1. Der kleine Frachter DEUTSCHLAND wird am 13. April auf dieser Sperre beschädigt. U 14 läuft um 15 Uhr von Wilhelmshaven zu seiner sechsten Feindfahrt aus. Sie endet am 5. Mai in Kiel ohne Ergebnisse. Die Royal Air Force schickt sechs *Blenheims* nach Wilhelmshaven, wo Aufklärer zwei Kriegsschiffe gesichtet haben. In dem schlechten Wetter verfehlen die Bomber ihr Ziel und werden von der I./ZG 76 und der II./Trägergruppe 186 angegriffen. Unteroffizier August Wilcke von der 4. Staffel der Trägergruppe hat in seiner *Me 109 E-1* Probleme. Wegen Motorschadens stürzt die Maschine in der Dunkelheit zehn Kilometer südöstlich von Wangerooge in die See. Der Pilot stirbt. Neun *Blenheims* sollen den Auftrag am **5. April** abschließen. Weil auch diese Bomber die beiden Schiffe nicht finden, greifen sie stattdessen den Fliegerhorst Norderney an. Im Watt zwischen Norderney und Norddeich beschießen sie einen Fischer mit dem Maschinengewehr. Die Inselflak beschädigt zwei Angreifer leicht. Um den **6. April** gehen U 1 und U 50 beim Ausmarsch durch das deutsche Westwall-Minengebiet verloren. Ihnen wird das von vier britischen Zerstörern ausgelegte Field No. 7 zum Verhängnis.

10 Von der Süderpiep in die Südsee – Der Start der Kaperreisen

Die Marine schickte – wie schon im Ersten Weltkrieg – unauffällige Frachter getarnt und unter falscher Flagge auf die Meere. Diese Piratenschiffe, offiziell als „Handelsstörkreuzer" bezeichnet, wurden stark bewaffnet. Sie fuhren um den Erdball, um überraschend gegnerische Schiffe zu versenken und neutrale Staaten vom Handel mit den verfeindeten Ländern abzuschrecken. Wenn ein Schiff gekapert oder versenkt werden sollte, wurden die als Deckshäuschen verkleideten Geschütze feuerbereit gemacht und die Kriegsflagge mit dem Hakenkreuz gehisst. Zudem banden die Hilfskreuzer gegnerische Kräfte, denn die Jagd auf sie verlangte insbesondere der Royal Navy einen hohen Aufwand ab. Fast die Hälfte der deutschen Kaperfahrten nahm an der Nordseeküste ihren Anfang.

Am 11. März 1940 legten in Kiel die drei Hilfskreuzer ATLANTIS, WIDDER und ORION ab. Im Kielwasser des als Eisbrecher eingesetzten Schlachtschiffes HESSEN durchfuhren sie den Kaiser-Wilhelm-Kanal. Drei Schnellboote sicherten ihre Passage. In der Nordsee probierten die Hilfskreuzer alle Spielarten ihrer Artillerie durch. Besonders heftig übten die schon ausgebildeten 347 Mann Besatzung auf der ATLANTIS. Unter Kapitän Bernhard Rogge veranstalteten sie einen solchen Feuerzauber vor der Jademündung, daß Küstenstationen eine Seeschlacht in deutschen Gewässern signalisiert wurde. Die ORION und die einst in Kiel bei Howaldt gebaute WIDDER verlegten zurück in die Ostsee, um dort die Ausbildung zu beenden. Rogge dagegen erklärte seinen Männern, die ATLANTIS werde zur ersten Reise starten. Am 23. März ankerte das Schiff in der Süderpiep-Bucht vor Büsum und nahm seine erste Tarnung an. Über Nacht wurde aus dem deutschen Motorfrachter mit zwei Schornsteinen die norwegische KNUTE NIELSON mit einem Schornstein – und 2000 Registertonnen weniger in den falschen Papieren. Es war gängige Praxis, ganz bestimmte, auch wirklich bestehende Schiffsexistenzen anzunehmen. So konnte glaubhafter eine andere Nationalität vorgetäuscht werden.

Am 31. März lief der erste deutsche Hilfskreuzer des Zweiten Weltkrieges aus. Der Ausbruch in den Atlantik sollte über Norwegen erfolgen. In der Deutschen Bucht begleiteten die Torpedoboote WOLF und LEOPARD sowie einige Räumboote das Schiff. Vor der nordnorwegischen Küste tarnten sich die Deutschen als sowjetisches Flottenhilfsschiff KIM um. Bei der Fahrt durch die Dänemark-Straße zwischen Grönland und Island sicherte U 37 den Hilfskreuzer unauffällig. Doch das eigentliche Zielgebiet des Schiffes war der Südatlantik. Auf einer kaum glaublichen Weltreise versenkten die Deutschen 16 gegnerische Schiffe und kaperten sechs weitere. Trotz überlegener Funkaufklärung der Alliierten, die intensiv nach dem Schiff fahndeten, blieb die ATLANTIS 622 Tage auf See. 102 000 Seemeilen hatte sie zurückgelegt, als ein britischer Kreuzer sie am 22. November 1941 stellte.

U 37 unter Kapitänleutnant Werner Hartmann läuft am 18. April 1940 in Wilhelmshaven ein.
(Foto: Bundesarchiv Koblenz)

Für die 370 Mann an Bord des schweren Hilfskreuzers ORION wurde es am 30. März 1940 Ernst. Um Mitternacht erreichten sie den Kaiser-Wilhelm-Kanal und um 9 Uhr morgens Brunsbüttel. Über die Elbe ging es auf Cuxhaven zu. Vor Wangerooge ankerte die Orion am Mittag des 31. März. Am Abend verwandelten Arbeitstrupps den Hilfskreuzer in den niederländischen Frachter BEEMSTERDIJK. Dafür wurde auch hier ein Schornstein abgebaut. Am Morgen des 1. April kam das Schiff in der Süderpiep an, dem südlichen nach Büsum führenden Fahrwasser. Am selben Tag trat die Beförderung von Kommandant Kurt Weyher zum Fregattenkapitän in Kraft. Die nächsten drei Tage und Nächte wurde die ORION vor Büsum von grau auf schwarz umgestrichen mit einem dicken gelben Streifen, die Aufbauten weiß, der Schornstein weiß-grün geringelt, um glaubwürdig die Identität des niederländischen Schiffes anzunehmen. Am 6. April 1940 verließ der falsche Holländer die schleswig-holsteinische Westküste in Richtung Norden, begleitet von den Torpedobooten SEEADLER und LUCHS und acht Schnellbooten. Die Schnellboote drehten am Nachmittag ab, die Torpedoboote folgten später zurück in heimische Gewässer. U 64 blieb noch zur Unterstützung. Weil Weyher aber nicht ausreichend über das bevorstehende streng geheime Unternehmen W e s e r ü b u n g und über die Bewegungen der britischen Flotte informiert worden war, traf die ORION während des Marsches zur Dänemark-Straße auf die britischen Schiffe, die Norwegens Gewässer zum Schutz vor den Deutschen verminen wollten. Zwei Zerstörer näherten sich dem getarnten Schiff, drehten aber ab, ohne es genauer zu untersuchen. Trotzdem wurde etwas später eine Umtarnung als UdSSR-Werkstattschiff SOWJET vorgenommen. Die ORION umschiffte auf ihrer ersten und einzigen Kaperreise das stürmische Kap Hoorn und stieß zu den Atollen der Südsee vor. Nach 120 000 Seemeilen, zehn Versenkungen und 510 Tagen auf See erreichte das Schiff im August 1941 unbeschadet die mittlerweile deutsch besetzte Atlantikküste Frankreichs. Ein Husarenstück, das aber vom Tod vieler unschuldiger Zivilisten befleckt war.

Die WIDDER, Deutschlands dritter Hilfskreuzer, warf am 5. Mai 1940 in Kiel die Leinen los zur Kaperfahrt im Mittelatlantik. Drei Schnellboote sicherten das Schiff im Kaiser-Wilhelm-Kanal. Dann wurde Kurs auf Norwegen genommen. Schon in der Deutschen Bucht sichtete der Ausguck das Sehrohr eines britischen U-Bootes. Am 6. Mai kam ein dänisches Fischereiboot in Sicht, von dem die Deutschen ungern bemerkt werden wollten. Korvettenkapitän Hellmuth Max von Ruckteschell ordnete an, einen weiten Bogen zu fahren. Durch dieses Manöver entging die WIDDER zwei Torpedos, die ein britisches U-Boot gerade auf sie abgeschossen hatte. Noch am selben Tag war Bergen erreicht, wo sie in den schwedischen Dampfer NARVIK verwandelt wurde. Die WIDDER kehrte nach 180 Tagen und zehn Versenkungen zurück.

Hilfskreuzer THOR fuhr am 27. April 1941 vom ersten Beutezug im Südatlantik zurückkehrend durch den Ärmelkanal. In diesem brisanten Bereich wurde er getarnt als Sperrbrecher HAMBURG und gesichert von sieben Räumbooten und fünf Minensuchern. Zehn Handelsschiffe und einen Hilfskreuzer hatte die THOR versenkt, ein Handelsschiff als Prise aufgebracht und zwei Hilfskreuzer beschädigt. Von Hoek van Holland aus erreichten die Kaperfahrer am 30. April durch die Elbe nach 329 Tagen Hamburg. Ein halbes Jahr lang wurde die THOR in Kiel umgebaut und neu ausgerüstet, dann lief sie am Abend des 20. November 1941 durch den Kaiser-Wilhelm-Kanal. Vor der Elbmündung, in Brunsbüttel, rammte sie im Nebel die 73 Meter lange schwedische BOTHNIA. Der mit Eisenerz auf dem Weg von Lulea nach Rotterdam beladenene Frachter sank sofort. Die Kollision wurde geheimgehalten. Die THOR mußte in die Kieler Werft zurückkehren. Erst am 29. November lief sie wieder aus, nach Wilhelmshaven. Dort begann am 2. Dezember in Begleitung der Torpedoboote T 2, T 4, T 7 und T 12 von der 2. T-Flottille die zweite Kaperfahrt. Der neue Kommandant, Kapitän Günther Gumprich, schlich sich nur über Nacht und in kurzen Etappen entlang der niederländischen Küste und durch den Ärmelkanal. Nach wiederum zahlreichen Versenkungen im Atlantischen und Indischen Ozean ereilte die THOR ihr Schicksal in der japanischen Hafenstadt Yokohama. Der deutsche Flottenversorger UCKERMARK explodierte, was zu einer Kettenreaktion führte. Die Munition der THOR detonierte auch und zerstörte den Hilfskreuzer. Auf beiden Schiffen starben 66 deutsche Marinesoldaten. Die Überlebenden sollten auf dem Blockadebrecher DOGGERBANK nach Europa zurückgebracht werden, doch dieses Schiff wurde irrtümlich durch U 43 (Oberleutnant Hans-Joachim Schwantke) bei den Azoren versenkt. Nur ein einziger Schiffbrüchiger wurde 26 Tage später halbtot gerettet.

Die KOMET marschierte nach einem Gefecht mit britischen Schnellbooten im Ärmelkanal am 29. November 1941 in die südliche Nordsee. Dort griffen britische Flugzeuge den als Sperrbrecher getarnten Hilfskreuzer an. Eine *Blenheim* landete einen Bombentreffer, der aber nur kleine Schäden verursachte. Am 30. November lief die KOMET nach

516 Tagen Feindfahrt in Begleitung zweier echter Sperrbrecher durch die Elbe in Hamburg ein. Sechs Schiffe waren allein und zwei zusammen mit ORION versenkt worden. Der Hilfskreuzer MICHEL lief am 9. März 1942 durch den Kaiser-Wilhelm-Kanal nach Brunsbüttel und von dort über Cuxhaven nach Helgoland. Am Morgen des 10. März verließ er die dortige Reede. Beim Versuch, in der Nacht vom 12. auf den 13. März ungesehen den Ärmelkanal zu passieren, strandete die MICHEL vor Ostende. Trotz dieses Fehlstarts operierte das Schiff „erfolgreich" im Südatlantik und Indischen Ozean.

Auch die in Kiel gebaute STIER startete ihre Kaperreise mit der Passage des Kaiser-Wilhelm-Kanals am 9. Mai 1942. Über Rotterdam wurde der Atlantische Ozean erreicht. Nach 140 Tagen mußte die Besatzung ihr schwer beschädigtes Schiff im Südatlantik versenken. Letztmals passierte am 3. Februar 1943 ein Handelsstörkreuzer die Deutsche Bucht. Die CORONEL hatte einen Durchbruchversuch nördlich von Island vorgetäuscht und lief nun von Norwegen aus Richtung Süden. Der Hilfskreuzer kam in einen heftigen Sturm. Losgerissene Minen zwangen zum Ankern vor Sylt. Erst am 7. Februar wurde die Reise, gesichert durch acht Minensucher der 1. und 2. Minensuchflottille, fortgesetzt. Am 8. Februar fuhr ein Sperrbrecher voraus und geriet auf eine Mine. Die CORONEL lief in der folgenden Nacht zweimal auf Grund. In den Folgetagen zeigte sich auch immer deutlicher, daß die britische Funkaufklärung über den Hilfskreuzer Bescheid wußte. Die ganze Unternehmung wurde abgebrochen und das Schiff zurückgerufen. 1956 kauften die Deutschen Afrika-Linien aus Hamburg das Schiff von Norwegen zurück und setzten es unter dem alten Namen TOGO noch einige Jahre in der Afrikafahrt ein. 1984 ging der verhinderte Kaperkreuzer bei einer Strandung vor Mexiko endgültig verloren.

III Der Krieg eskaliert 1940–1942

1 Verlängerung der Westwall-Minensperren

Dänemark hatte als einziges nordisches Land einen Nichtangriffspakt mit dem Deutschen Reich abgeschlossen (Mai 1939). Auf Druck aus Berlin hin legten die Dänen – wie auch die Schweden – eigene Minensperren im Anschluß an die deutschen. So verminte Dänemark im November 1939 den Großen Belt, um der Royal Navy die Ostsee zu sperren. In den ersten Apriltagen 1940 bereiteten sowohl Großbritannien als auch Deutschland die Besetzung Norwegens vor. Die Briten wollten ab 5. April zunächst Minen in den neutralen Gewässern vor der norwegischen Küste legen, um die Erztransporte nach Deutschland zu unterbinden (Operation W i l f r e d). In der Erwartung einer militärischen Reaktion Hitlers sollten dann nach dem „Plan R 4“ Truppen gelandet werden. Um die sicherlich einschreitende Kriegsmarine abzufangen, positionierten die Allierten Großbritannien und Frankreich 19 U-Boote im Kattegat, Skagerrak und in der südlichen Nordsee. Von ihnen befanden sich am Morgen des 8. April die französischen Boote AMAZONE und ANTIOPE vor den Friesischen Inseln und Helgoland, wo sie britische U-Boote in deren Wartestellungen abgelöst hatten. HMS UNITY lag vor Hornsriff. Zusätzlich zog HMS SEVERN in der Deutschen Bucht seine Bahnen. HMS SHARK und HMS SEAWOLF patrouillierten vor Terschelling. UNITY griff am 5. April 85 Kilometer westlich vom Ringkjöbing-Fjord U 2 an. Die Torpedos verfehlten das Boot.

W i l f r e d wurde, weil die Vorbereitungen noch nicht abgeschlossen waren, auf den 8. April verschoben. So kam das Deutsche Reich im „Wettlauf nach Norwegen“ einer britischen Invasion um zehn Stunden zuvor. Während die Briten am 7. April nur ihre Minenleger losschickten und erst mit der Einschiffung der Landungstruppen begannen, setzte die Kriegsmarine schon ihre Invasionsflotte in Marsch.

Erste vorbereitende Maßnahme der Wehrmacht war wiederum, einen Minengürtel an der westlichen Flanke anzulegen. Er sollte die eigenen Kriegsschiffe auf ihrem Weg nach Norden und bei den weiteren Operationen schützen. Die Westwall-Minensperren wurden zunächst bis zur Höhe des Eingangs zum Skagerrak verlängert. Dort warfen in der Nacht vom 8. auf den 9. April die Minenschiffe COBRA, ROLAND, KÖNIGIN LUISE und PREUSSEN, gesichert von acht Minensuchbooten, erst einmal 800 Minen. Nach der Invasion wurde der „Westwall zur See“ bis zur Höhe der Shetlands erweitert[148] und regelmäßig auch das Skagerrak im Bereich von Hanstholm an der jütischen Westküste bis Kristiansand in Südnorwegen vermint. Von Mai bis September 1940 verlängerte die Kriegsmarine ihr Minensperrgebiet um je vier Sperren nach Norden und Süden. Von Dezember 1940 bis März 1941 warfen Minenschiffe zwei zusätzliche Sperren westwärts in der südlichen Nordsee. Damit war das deutsch kontrollierte Küstenvorfeld durchgängig gesichert von Höhe Ostende (51 Grad 28 Minuten Nord) bis Höhe Bergen (60 Grad 31 Minuten Nord). Der „Westwall zur See“ bestand nun aus 40 Sperren und wies eine Gesamtlänge von 1425 Kilometern auf. Die Minensperren erwiesen sich als so wirkungsvoll, daß Deutschland seine Nachschub- und Erztransporte von und nach Skandinavien bis zum Kriegsende aufrechterhalten konnte.

2 *„Weserübung-Süd" – Die Besetzung Dänemarks (April 1940)*

Unternehmen W e s e r ü b u n g war der militärische Deckname für die Besetzung Dänemarks und der wichtigsten norwegischen Häfen am 9. April 1940. Im Schutze der Nacht sollten an jenem „Wesertag" Flugzeuge und Schiffe überfallartig landen und an ausgewählten strategischen Punkten gleichzeitig auftreten. Weil die Kriegsmarine ein von der Royal Navy beherrschtes Gebiet durchfahren mußte, beruhte der Plan auf Geheimhaltung, Überraschung und Schnelligkeit. Dem Angriff sollte nach Möglichkeit der Charakter einer „friedlichen Besetzung" gegeben werden. Offiziell ging es nur um den „bewaffneten Schutz" der Neutralität beider Länder und darum, einem „Angriff der Westmächte" zuvorzukommen. Der Schönheitsfehler an diesem Kommuniqué war, daß weder Dänemark noch Norwegen um Beistand gebeten hatten!

Großadmiral Raeder hatte Hitler seit Herbst 1939 vor einer möglichen britischen Landung gewarnt. Er sah dadurch auch die Deutsche Bucht gefährdet, wie er 1946 vor dem Internationalen Militärtribunal in Nürnberg betonte: *„Ich hatte das Gefühl, daß eine solche Besetzung unsere ganze Kriegführung auf das schwerste beeinträchtigen und gefährden würde. Wenn die Engländer norwegische Stützpunkte, im Süden Norwegens besonders, besetzten, so könnten sie von dort aus sowohl die Ostsee-Eingänge beherrschen als auch unsere Seekriegführung aus der Deutschen Bucht heraus – Elbe, Jade, Weser – flankieren, es war also der zweite Ausgang, den wir hatten, schwerstens gefährdet, sowohl die Operationen der Kriegsschiffe als auch die Fahrten unserer Handelsschiffe. Ferner konnten sie von ihren Flugstützpunkten in Norwegen aus auch unseren Flugverkehr, also die Operation unserer Flieger, sei es zur Aufklärung der Nordsee, sei es zum*

April 1940: Nächtliche Einschiffung deutscher Truppen nach Skandinavien.
(Foto: Prokop, Propaganda-Kompanie)

In Cuxhaven gehen am 6. April 1940 Soldaten des Gebirgsjägerregiments 138 samt Ausrüstung an Bord des Schweren Kreuzers ADMIRAL HIPPER. Ihr Ziel ist das norwegische Drontheim.
(Foto: Bundesarchiv Koblenz)

Angriff gegen England, gefährden."[149] Sein Stabschef, Vizeadmiral Erich Schulte-Mönting, erklärte noch drastischer, daß eine Kriegführung in der Nordsee „fast unmöglich" und „die Gefahr aus der Luft für Norddeutschland furchtbar" geworden wäre.

Nach Professor Walther Hubatsch, der Hauptmann im Wehrmachtführungsstab und ausgewiesener Kenner der Kriegsdokumente war, lag W e s e r ü b u n g ausschließlich in den Vorbereitungen der Alliierten begründet, sich selbst in Norwegen Marine- und Luftstützpunkte zu verschaffen und Deutschland vom Erz abzuschneiden. Die neuere These von Hans-Martin Ottmer, die Besetzung Dänemarks und Norwegens wäre als Voraussetzung für die Fortsetzung der deutschen Kriegführung auch ohne englische Aktivitäten erfolgt, überzeugt den Verfasser nicht. Skandinavien war keines von Hitlers Eroberungszielen. Hitler sträubte sich längere Zeit gegen den Invasions-Vorschlag der Kriegsmarine, weil er glaubte, daß dem Reich die Neutralität der nordischen Länder am meisten diene. Erst als sich die Anzeichen für ein britisches Eingreifen mehrten und nach dem ALTMARK-Zwischenfall vom 16. Februar 1940 (Befreiung britischer Gefangener von Bord des Handelsschiffes), bei dem Norwegen untätig blieb, erließ er am 1. März die Weisung für den Fall W e s e r ü b u n g.[150]

Die militärischen Hauptziele waren die Sicherung der Eisenerz-Importe für die Rüstungsindustrie und die Gewinnung eigener Atlantikstützpunkte für Kriegsmarine und Luftwaffe. W e s e r ü b u n g bestand aus den Teilplänen Nord und Süd. Die aufeinander abgestimmten Aktionen von Kriegsmarine, Luftwaffe und Heer in Dänemark, die hier besonders interessieren, liefen unter der Tarnbezeichnung W e s e r ü b u n g - S ü d. Die deutschen Interessen waren hier rein strategischer Natur. Um Dänemark selbst ging es Hitler weniger, das kleine Königreich wurde als Landbrücke nach Norden gleichsam nebenbei okkupiert. Ohne Dänemark gab es keine Verbindung nach Norwegen, es war der unverzichtbare Nachschubweg. Die Kriegsmarine hatte darüber hinaus ein starkes Interesse, die Schlüsselstellung Jütlands am Ostsee-Eingang in ihren Besitz zu bekommen.

In Dänemark sollten auf dem Seeweg über die Ostsee Heerestruppen bei Middelfart, Nyborg (beides Insel Fünen), Korsör, Kopenhagen (beides Insel Seeland) und Gedser (Insel Falster) angelandet werden. Gleichzeitig sollten eine Infanteriedivision und eine durch Panzer verstärkte motorisierte Schützenbrigade die deutsch-dänische Festlandgrenze bei Flensburg überschreiten. Da zur selben Zeit auch die Luftwaffe angriff, ist das Unternehmen W e s e r ü b u n g als erste große konzertierte Aktion dreier Teilstreitkräfte in die Militärgeschichte eingegangen. Im folgenden werden hier die Aktivitäten in der Deutschen Bucht sowie an der schleswig-holsteinischen und jütischen Westküste detailliert beleuchtet.

2.1 Die Kriegsmarine landet in Jütland

Die Kriegsmarine setzte für W e s e r ü b u n g alles auf eine Karte, indem sämtliche einsatzbereiten Überwasserkräfte und 36 der 39 U-Boote eingebunden wurden.[151] In der Deutschen Bucht mußte die Marine dadurch beispielsweise sieben Wochen lang ohne Schnellboote auskommen.

Sieben Frachter gingen am 3. April als erste Ausfuhr-Staffel für die Operation von Hamburg aus nach Norwegen in See. Damit sollte unauffällig Gerät und Material vorausgeschickt werden (sechs der Frachter gingen in Norwegen verloren). Am selben Tag machte sich auch bereits eine Staffel von acht Tankern auf den Weg. Die meisten gehörten Hamburger Reedereien. Sie liefen aus Wilhelmshaven, Hamburg und Brunsbüttel aus, darunter von Brunsbüttel der kleine Tanker BELT.

Am 4. April registrierte die Seekriegsleitung sichtbare britische Vorbereitungen zu einer Landung in Norwegen. Am 6. April bemerkten die Briten, daß sich große und kleine Kriegsschiffe in Wilhelmshaven konzentrierten. Die Schiffsansammlungen in Kiel wurden am 7. April entdeckt. Oberst Hans Oster von Canaris' Amt Ausland/Abwehr hatte W e s e r ü b u n g schon Tage zuvor verraten. Der dänische Marineattaché Frits Kjölsen in Berlin warnte Kopenhagen und Oslo vor, wie sich aus dem Kriegstagebuch der Seekriegsleitung ergibt. Der Eintrag vom 7. April lautet: *„Telephonüberwachung erfaßt Telephongespräche des dän. Marineattachés mit dem dän. und norw. Gesandten, in denen er* *um eine sofortige Unterredung bittet, da er Mitt. von höchster pol. Bed. und Tragweite zu machen habe.“* Die Regierungen unternahmen nichts auf diese Warnung hin.

Der Kriegsmarine fielen der Seetransport der Landungstruppen, Sicherung diverser Häfen und des Nachschubs sowie die Vorbereitung der Küstenverteidigung zu. Am 6. April bildete sie für das Unternehmen elf Kriegsschiffgruppen. Die Seetransportstaffeln sollten Truppen, Pferde, schweres Gerät, Material und Nachschub bringen. **Kriegsschiffgruppe 1** bestand aus den zehn Zerstörern WILHELM HEIDKAMP, GEORG THIELE, WOLFGANG ZENKER, BERND VON ARNIM, ERICH KOELLNER, DIETHER VON ROEDER, HERMANN KÜNNE, ANTON SCHMIDT, ERICH GIESE und HANS LÜDEMANN. Sie sollte in den hohen Norden nach Narvik.[152] In **Wesermünde** nahmen die Zerstörer das vom Bremer Bahnhof hergebrachte Gebirgsjägerregiment 139 mit 1700 Mann auf. Die Gruppe lief um 23 Uhr aus. Keiner dieser Zerstörer kehrte je nach Deutschland zurück.

„Weserübung“: Der Leichte Kreuzer EMDEN fährt am 8. April 1940 durch die Nordsee nach Oslo. (Foto: Bundesarchiv Koblenz)

Der Schwere Kreuzer ADMIRAL HIPPER und die Zerstörer PAUL JACOBI, THEODOR RIEDEL, BRUNO HEINEMANN und FRIEDRICH ECKHOLDT nahmen als **Gruppe 2 in Cuxhaven-Steubenhöft** 1200 Mann vom Gebirgsjägerregiment 138 auf. Damit war der wesentliche Teil der 3. Gebirgsdivision unter Generalmajor Eduard Dietl eingeschifft. Um Mitternacht befahl Kapitän zur See Hellmuth Heye[153] von der HIPPER der Kriegsschiffgruppe 2, abzulegen. Nun erst erfuhren die gefechtsmäßig ausgerüsteten Jäger ihren Kampfauftrag. Ihr Ziel war Drontheim (heute Trondheim) in Mittelnorwegen.

Nördlich von Schillig-Reede vereinten sich beide Gruppen und liefen gemeinsam nach Norden. Um 2 Uhr am 7. April schlossen sich ihnen die von Wilhelmshaven anmarschierten Schlachtkreuzer SCHARNHORST und GNEISENAU, welche die kleineren Schiffe decken sollten, südwestlich von Helgoland an. Um 5.10 Uhr trat der Großverband die

Fahrt in Richtung Norwegen an. Bei Windstärke neun, hoher See, Regen und Nebel war die Überfahrt unangenehm. Eine britische *Hudson* entdeckte die Gruppe 2 mit der HIPPER 30 Kilometer westlich der dänischen Landspitze Blavands Huk, woraufhin ab 10.45 Uhr 18 *Blenheim IV* und 24 *Wellingtons* angesetzt wurden. Der RAF-Verband fand stattdessen die Gruppe 1 mit SCHARNHORST und GNEISENAU und griff diese sofort an. *Me*-Jäger unterstützten die Schiffsflak bei der Abwehr und schossen zwei Wellingtons ab. Die Briten erzielten keine Treffer auf den Schiffen. Die schleche Sicht schützte das waghalsige Unternehmen der Kriegsmarine. Am 9. April 1940 wurden SCHARNHORST und GNEISENAU auf der Höhe des norwegischen Westfjords in ein Gefecht mit dem britischen Schlachtkreuzer HMS RENOWN verwickelt. Die GNEISENAU erhielt drei Artillerietreffer. Beide Schiffe liefen am 12. April wieder in Wilhelmshaven ein.

Als der britische Zerstörer GLOWWORM am 8. April bei Drontheim neutrale norwegische Gewässer verminte, sichtete die Wache Schiffe der Gruppe 2. Die Briten nebelten sich ein und schossen Torpedos auf den Schweren Kreuzer ADMIRAL HIPPER. Doch deren Artillerie war viel weitreichender und stärker. Lieutenant Commander Gerard Roope entschloß sich zu einer verzweifelten Aktion, um das mehr als doppelt so lange deutsche Schiff zu versenken. Er rammte die HIPPER. Die GLOWWORM geriet dabei unter den acht Zentimeter dick gepanzerten Bug des Kreuzers, verlor das Vorschiff und geriet in Brand. 111 Besatzungsmitglieder starben, 39 wurden gerettet und gefangengenommen. Die HIPPER hatte ein acht Meter langes Leck, konnte aber weiterfahren. Auch sie kehrte am 12. April nach Wilhelmshaven zurück.

Die Narvik-Gruppe hatte weniger Glück. Sturm und grobe See beschädigten die Schiffe. Mehrere Mann wurden über Bord gespült. Die Gebirgsjäger erreichten ihren Einsatzort, aber in Gefechten mit britischen Schiffen gingen am 10. und 13. April sämtliche zehn Zerstörer von Gruppe 1 verloren! Die HIPPER war dagegen am 12. April zurück in Wilhelmshaven, wo sie zwei Monate lang repariert und gewartet wurde.[154]

Die Leichten Kreuzer KÖLN und KÖNIGSBERG und das Artillerieschulschiff BREMSE nahmen je ein Bataillon der 69. Infanteriedivision an Bord. Dies geschah in **Wilhelmshaven**. Von dort fuhren sie am 8. April um 0.40 Uhr mit Ziel Bergen in Südnorwegen ab. In Cuxhaven liefen die Torpedoboote LEOPARD und WOLF mit dem Schnellbootbegleitschiff CARL PETERS aus und von Helgoland die fünf S-Boote S 19, S 21, S 22, S 23 und S 24 der 1. Schnellbootflottille. Diese **Kriegsschiffgruppe 3** marschierte zunächst getrennt. Erst um 21.40 Uhr sammelte sich der Verband vor der norwegischen Küste, wo die Hilfsschiffe SCHIFF 9/KOBLENZ und SCHIFF 18/ALTELAND dazustießen. Der Einsatz verlief dramatisch: S 19 und S 21 kollidierten und mußten nach Cuxhaven zurückgebracht werden. Mehrfach wurde die norwegische Marine getäuscht, dann beschädigten Schüsse einer Küstenbatterie drei Schiffe. Britische Flugzeuge bombardierten die KÖLN und töteten mehrere Besatzungsmitglieder. Die Deutschen konnten aber schließlich mehrere Flakbatterien und Widerstandsnester einnehmen, die Handelsschiffe im Hafen Bergen sicherstellen und den Hafen verminen. Am 11. April waren KÖLN, LEPOARD und WOLF zurück in der Deutschen Bucht. Die Zerstörer HERMANN SCHOEMANN und RICHARD BEITZEN geleiteten sie nach Wilhelmshaven.

Ebenfalls am 8. April starteten von **Wesermünde** aus die **Kriegsschiffgruppen 4 und 6** mit Teilen der 163. Infanteriedivision. Gruppe 4 bestand aus dem Leichten Kreuzer KARLSRUHE und den T-Booten LUCHS, GREIF, SEEADLER sowie dem Schnellbootbegleitschiff TSINGTAU und den S-Booten S 9, S 14, S 16, S 30, S 31, S 32 sowie S 33. Sie legte um 5.30 Uhr ab. Bestimmungsorte waren Kristiansand-Süd und Arendal am norwegischen Skagerrak. Die **6. Gruppe** umfaßte die 2. Minensuchflottille mit den M-Booten M 1, M 2, M 9 und M 13. Sie ging um 5.45 Uhr ankerauf. Bisher waren Geleit- und Minensuchdienst in der Nordsee ihre Hauptaufgaben. Nun waren Infanteristen zu transportieren. M 1 hatte die Radfahrschwadron 234 der 163. Infanteriedivision an Bord. Einer der 50 Radfahrer drehte aus Neugier, was passieren würde, an den Flutventilen. Die „Landratte" ließ das Schiff fast untergehen. Am Zielort Egersund an der südnorwegischen Westküste konnten die Soldaten den Ort und die Kabelstation einnehmen. Sie stießen auf keinen Widerstand. Erst am späten 8. Mai erfolgte in Norwegen eine – auch nur teilweise – Mobilmachung.

Die letzten beiden **Kriegsschiffgruppen 10 und 11** hatten es nicht so weit und fuhren erst am 9. April gegen 0 Uhr los. Sie hatten etwa 500 Mann der 170. Infanteriedivision an Bord und waren zur Invasion an der dänischen Nordseeküste vorgesehen. Die Gruppe 10 mit zwei Infanteriekompanien steuerte von **Cuxhaven** kommend die Hafenstadt Esbjerg sowie Nordby auf der Insel Fanö an. Zur 10. Gruppe gehörten die aus diversen Flottillen abgezogenen Minensuchboote M 4, M 20, M 84 und M 102, weiter die 12. Minensuchflottille mit den acht großen Fischdampfern M 1201, M 1202, M 1203, M 1204, M 1205, M 1206, M 1207 und M 1208 sowie die 2. Räumbootflottille mit den acht R-Booten R 25, R 26, R 27, R 28, R 29, R 30, R 31 und R 32. Das Führerboot war die KÖNIGIN LUISE, schwimmendes Quartier des Führers der Minensuchboote West, Kommodore Ruge. Seine 10. Gruppe traf weder in Esbjerg noch auf Fanö auf Gegenwehr. *„In den westjütischen Häfen gab es keinerlei Schwierigkeiten"*, schreibt Ruge.[155] Er stattete der dänischen Fregatte BESKYTTEREN einen Besuch ab, um sein Bedauern über die notwendig gewordenen Maßnahme auszudrücken. *„Eine Hafenkommandantur, deren Personal aus Cuxhaven mitgekommen war, übernahm die Aufgaben an Land."* Am 25. April war die KÖNIGIN LUISE zurück in Cuxhaven.

In Gruppe 11 eingesetzt waren die 4. Minensuchflottille, bestehend aus M 61, M 89, M 110, M 111, M 134 (schon 1920/21 zum Minenräumen in der Nordsee eingesetzt und für Fischereischutzfahrten, 1928–1939 Stationstender der Marinestation der Nordsee) und M 136, sowie die bereits erwähnte 3. Räumbootflottille mit dem Räumbegleitschiff VON DER GROEBEN. Diese Gruppe, die eine Kompanie Infanteristen in Tyborön am westjütischen Limfjord anlanden sollte, hatte sich von Cuxhaven zunächst nach **Helgoland** begeben. Wie es dort am Vortag der Operation zuging, ist dem schon zitierten Propagandaheft „Schnellboote am Feind" zu entnehmen: *„Kurs: Helgoland! Pünktlich um 8 Uhr früh öffnen sich die mächtigen Schleusentore von Brunsbüttel, der westlichen Einfahrt zum Kaiser-Wilhelm-Kanal. Am Mast des Führerbootes der Schnellbootflottille weht die Flagge „Anton" aus, das Signal zum Ablegen."* Vor der Hochseeinsel waren vor allem leichte Seestreitkräfte zusammengezogen. *„Zerstörer und Minensucher liegen auf der Reede, an den Kais stauen sich zahlreiche Vorpostenboote und sonstige Kriegsfahrzeuge. Am frühen Vormittag des 8. April 1940 gleicht der Hafen von Helgoland einem aufgescheuchten Ameisenhaufen. Alle dort liegenden Fahrzeuge treffen umfangreiche Vorbereitungen zum Auslaufen. Auch die Schnellboote füllen ihren Treiböltanks … Dazu kommt eine Menge Proviant von ‚Mutti', dem Begleitschiff, an Bord und mancherlei andere Dinge, die auf eine weite Reise schließen lassen."* Nach dem Ablegen erklärten die Kommandanten der Schnellboote ihren Besatzungen Zweck und Ziel dieses Einsatzes. Die Schnellboote sollten die Truppentransporter auf ihrem Weg nach Norwegen sichern. *„Während die Flottille auf dem befohlenen Treffpunkt wartet, ziehen Rudel von Zerstörern und Minensuchern mit großer Fahrt nach Norden. Später folgen einzelne Kampfgruppen –*

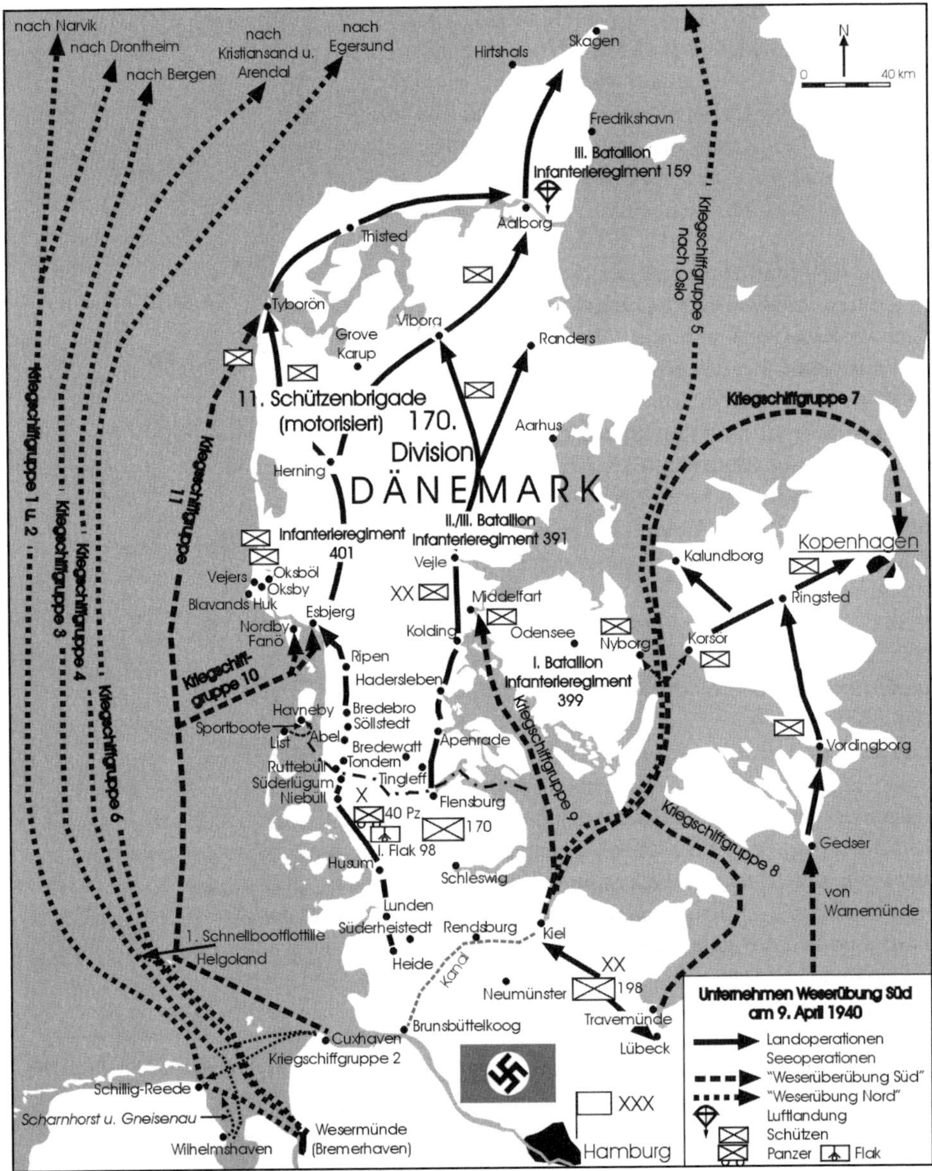

Weserübung Süd – Die Besetzung Dänemarks lief als erstes triphibisches Unternehmen genau nach Plan ab. Von den Nordseehäfen liefen Kriegsschiffgruppen nach Norden aus, von den Fliegerhorsten aus wurden skandinavische Flugplätze besetzt, die Landtruppen zogen teilweise über die Reichsstraße 5 von Hamburg über Heide, Husum und Niebüll nach Jütland.

Schlachtschiffe, Kreuzer und Torpedoboote. Deutlich ist durch die Ferngläser zu erkennen, daß sich überall an Deck Waffen für den Landkrieg und Feldgraue befinden." Die Schnellboote zickzackten an den Flanken der Kriegsschiffe, auf Sehrohre, Minen und Flugzeuge achtend. Auf halbem Weg, bei der Kleinen Fischerbank, begann der „Gefahrenbereich feindlicher Einheiten", die vor dem Skagerrak und der norwegischen Küste umherstreiften.

Kurios mutet die Besetzung der Insel Röm an. Die Invasoren kamen mit Sportbooten von Sylt herüber. Obwohl sich 80 Grenzpolizisten auf Röm aufgehalten haben sollen, wurde kein Widerstand geleistet.[156]

Admiral Saalwächter war taktischer Leiter der Marineoperationen gegen die dänische und norwegische Westküste. Während von den Nordseehäfen die meisten Aktionen gegen die norwegische Atlantikküste ausgingen, lief die Kriegsmarine von Kiel und Lübeck nach Kopenhagen und Oslo aus. Für die zivile Schiffahrt wurde es nun noch brenzliger. Die britische Admiralität gab am 9. April um 13.24 Uhr die warnungslose Versenkung eines jeden deutschen Handelsschiffs im Skagerrak, Kattegat und in der Deutschen Bucht frei. Am selben Tag meldete das U-Boot HMS UNITY, in der Deutschen Bucht von einem Handelsschiff mit Wasserbomben angegriffen worden zu sein.[157] Am 12. April kamen die ersten an der Besetzung Norwegens beteiligten Schiffe wieder in Wilhelmshaven an.[158]

2.2 Einfall aus friesischen Fliegerhorsten

Der deutsch-britische Krieg zur See wurde durch die jeweiligen Luftstreitkräfte unterstützt. Die Wehrmachtführung hatte der Luftwaffe bei der Invasion in Norwegen und Dänemark darüber hinaus die Aufgabe gestellt, dortige Flugplätze einzunehmen und die Luftverteidigung zu sichern. Wie gering Hitler den Gegner schätzte, zeigt sich in seiner Weisung, die deutschen fliegenden Verbände in Dänemark „in erster Line zu Demonstrationszwecken und für Flugblattabwurf" vorzusehen. Die entlang der Nordseeküste stationierten Flieger hatten keinen geringen Anteil an der Besetzung Dänemarks und den Kämpfen in Norwegen.

Am 15. März 1940 wurde die II. Gruppe des Jagdgeschwaders 77 (Major Harry von Bülow-Bothkamp) von Jever nach Westerland verlegt. Dies war bereits Teil der Vorbereitungen zur W e s e r ü b u n g, was aber bei der Einheit noch niemand wußte. *„In den ersten Tagen des April 1940 beobachteten wir eine große Anzahl von Schiffen, die auf Kurs Nord längs der Küste fuhren"*, erinnert sich Georg Schirmböck 1990.[159] *„Wir hatten keine Ahnung, was uns bevorstand – unsere Vermutungen gingen in alle möglichen Richtungen, nur nicht dahin, daß wir Dänemark und Norwegen besetzen sollten."* Am 8. April verlegten die fliegenden Teile der II. Gruppe auf den Fliegerhorst Husum-Narrenthal (am Rand der Siedlung Schauendahl). Die Bodenteile der II. Gruppe verlegten ebenfalls ins südliche Nordfriesland. Der Motorenwart der 6. Staffel, Karl Holland, schreibt: *„Alles wurde auf die Lkws verladen, und wir fuhren dann, wir wußten nicht warum, etwas ziellos auf der Halbinsel Eiderstedt herum und haben dann in Garding und Tönning auf die Schnelle in Tanzsälen geschlafen."* Mitten in der Nacht wurde die Truppe geweckt und mit ihrem Auftrag vertraut gemacht. So jagte die II./JG 77 am Angriffstag über Jütland.

Die 4. Staffel sollte die Besitzergreifung des Flugplatzes Esbjerg „durch Luftdemonstration" vorbereiten, den Start der dortigen Jagdflugzeuge verhindern und „die herankommende Erdtruppe bei der Besetzung" unterstützen, wie im Befehl des X. Fliegerkorps stand. *„Die Vorbereitungen dafür waren wieder genau so miserabel wie immer"*, berichtet Schirmböck. *„Unsere 4. Staffel sollte Esbjerg besetzen, wir hatten aber keine Karten und keine Aufnahmen vom dortigen Flugplatz, so daß die 4./JG 77 auf einem Sportfliegerplatz landete, auf dem weder militärische Einrichtungen noch irgendwelche Nachrichtenmittel, ja nicht einmal ein Telefon vorhanden waren."* Der Flugplatz Esbjerg wurde dann kampflos besetzt. Stab, 5. und 6. Staffel besetzten von Husum aus – zeitgleich mit Luftlandetruppen – Aalborg-West in Nordjütland.[160] Danach übte die Gruppe den Jagdschutz über Jütland und dem westlichen Küstenvorfeld aus gegenüber etwaigen englischen Luftangriffen.

Die 4. Staffel stieß erst am 10. April in Aalborg zum Rest der Gruppe. Diese verlegte tags darauf nach Norwegen.

Die II./JG 77 mit ihren *Me 109 E* war die einzige an W e s e r ü b u n g beteiligte Jagdgruppe mit einmotorigen Maschinen. Die beiden anderen Jagdgruppen, die I./ZG 1 unter dem inzwischen zum Hauptmann beförderten Wolfgang Falck und die I./ZG 76 unter Hauptmann Günther Reinecke, flogen die zweimotorigen Zerstörer *Me 110 C*. Die I./ZG 76 war Anfang April von Jever nach Westerland verlegt worden. Die I./ZG 1 agierte vom westpommerschen Barth aus, nur ihre 3. Staffel war am 8. April für den Angriff in Westerland stationiert worden. Die Zerstörerflugzeuge sollten in den Anfangsstunden der Operation vor allem die deutschen Kriegsschiffe schützen. Sie landeten dann ebenfalls in Aalborg-West. Nur die 1./ZG 76 aus Westerland besetzte den Flugplatz Oslo-Fornebu mit. Es war ein kleines Aufgebot von zusammen 38 *Me 109* und 64 *Me 110*. Davon starteten 78 Flugzeuge von Nordfriesland aus in den Kampfeinsatz gegen die nördlichen Nachbarn.

Wenden wir uns als nächstes den Bombern zu. Wichtigste beteiligte Einheiten an der Nordseeküste waren die Kampfgeschwader 26 (Oberst Robert Fuchs) und 30 (Oberstleutnant Walter Loebel). Hauptbasis des KG 26 mit seinen *He 111 H* war Westerland. Am 8. April wurden der Stab und die 1. Staffel von Westerland nach Varel und die II. Gruppe (36 *Heinkels*) nach Marx verlegt. Dafür kam am selben Tag von Schwerin die III. Gruppe nach Westerland. Am 9. April flog das Geschwader – von Varel, Westerland, Marx und Schleswig aus – zwecks Besetzung Dänemarks nach Norden. Es belegte den Flugplatz Aalborg-West und verlegte nach einer Woche ins umkämpfte Norwegen. Bereits am 9. April waren die 2. und 3./KG 26 aus Marx über Norwegen eingesetzt: 16 *He 111* bombardierten die Flakbatterien von Odderöya und Gleodden bei Kristiansand, ein Munitionsdepot explodierte. Kampfbomber des Typs *He 111 P* von der 9./KG 4 aus Vechta tankten in Westerland nach und griffen dann um 7.06 Uhr die Bergener Batterien Kvarven und Sandviken an.

Stab, I. und II. Gruppe sowie die Zerstörerstaffel des KG 30 lagen im nordfriesischen Westerland, die III. Gruppe im ostfriesischen Marx – alle mit der *Ju 88 A*, die Zerstörerstaffel mit sechs *Ju 88 C-2*. Zu Beginn von W e s e r ü b u n g wurde nur bewaffnete Aufklärung über der Nordsee geflogen. Erst ab 11. April nutzten Teile der I. Gruppe und die Zerstörerstaffel Stavanger als vorgeschobene Basis. Die Kampfgruppe 100 startete am 9. April um 6.15 Uhr in Nordholz mit 27 *He 111 H* zum ersten von 15 Bombeneinsätzen. Eine Verlegung fand aber erst am 12. April statt nach Schleswig und drei Tage später von dort nach Norwegen.

Betrachten wir nun die Transportstaffeln. Insgesamt 500 Transportflugzeuge bildeten bei der Besetzung Dänemarks und Norwegens die erste große Luftbrücke in der Geschichte. Das Kampfgeschwader z.b.V. 1 brachte mit der dreimotorigen *Tante Ju* viele hundert Soldaten in den Kampfraum, die I. Gruppe hauptsächlich von Uetersen, die II. Gruppe hauptsächlich von Schleswig aus. Für die Eroberung des modernsten norwegischen Flugplatzes Stavanger-Sola starteten an jenem nebligen Morgen um 5.30 Uhr zwölf *Ju 52* der 7. Staffel in Stade mit 135 Männern der 3. Kompanie des Fallschirmjägerregiments 1 an Bord. Um 5.40 Uhr wurden 53 weitere *Ju 52* mit zwei Kompanien des 193. Infanterie-Regiments der 69. Infanterie-Division und zwei Kompanien Luftwaffen-Bodenpersonal losgeschickt. Sie sollten gleichzeitig mit den *Me 110* des ZG 76 aus Westerland und einem Dutzend *Ju 88*-Bombern aus Lübeck ankommen, um den landenden Fallschirmtruppen Unterstützung aus der Luft zu gewähren. Die Piloten von Sylt waren besonders auf einen schnellen Erfolg angewiesen, denn ihr Treibstoff reichte nicht für einen Rückflug. Die 4. Kompanie des Fallschirmregiments 1 wurde mit neun Ju 52 von Uetersen aus zur Brücke zwischen Falster und Seeland in Dänemark gebracht. Dort sprangen die 96 Fallschirmjäger ab. Es war der erste Kampfeinsatz von Fallschirmtruppen aus der Luft. Die Storströmbrücke war eine der wenigen Stellen, an denen sich dänischer Widerstand entfaltete. Aber die überraschten Brückenwachen wurden nach kurzem Gefecht entwaffnet. Um 8.51 Uhr starteten von Uetersen weitere *Ju 52* mit der 1. Kompanie des 193. Infanterie-Regiments.

Die Kampfgruppe z.b.V. 108 war im März 1940 offenbar eigens für W e s e r ü b u n g mit vier Staffeln in Rantum und Hörnum auf Sylt aufgestellt worden. Ihr wichtigstes Flugzeugmuster war die mit Schwimmern ausgerüstete *Ju 52 See* („Pantinen-Ju"). Im April verlegte die Transportgruppe mit 13 *Junkers* nach Aalborg und Bergen, wo auch *He 59 D* und die Flugboote *Do 24*, *Do 26* sowie *Bv 138 A* zum Einsatz kamen.

Schließlich hatten Seeluftstreitkräfte erheblichen Anteil an dem Überfall auf Dänemark und Norwegen. In Norderney ging am 1. April der geheime Einsatzbefehl Nr. 1 des Transportchefs See ein zur W e s e r ü b u n g. Die Küstenfliegergruppe 108 hatte dafür die Transportgruppe 108 mit *He 59* zu bilden mit blindflugfähigen Besatzungen und *Ju 52 See*. Deren erste Gruppe sollte von Norderney aus eine Kompanie des Heeres in Stärke von 150 bis 160 Mann und eine z.b.V.-Truppe von 120 bis 130 Mann nach Bergen fliegen. Dazu standen auf Norderney zehn *Ju 52* und 24 *He 59*-Doppeldecker zur Verfügung. Die II./108 wurde mit zehn *He 59* in List aufgestellt, um weitere Soldaten und Material nach Norwegen zu bringen. Da es sich um Wasserflugzeuge handelte, wurde wegen der gleichmäßigen Startbedingungen das Rantumbecken zum Ausgangspunkt der Operation bestimmt. Am 9. April erfolgte um 5.58 Uhr der erste Start von Rantum, um 7.24 Uhr der letzte. Alle zehn *Heinkels* landeten im Seefliegerhorst Drontheim.

18 *Do 18* der Küstenfliegergruppe 406 aus Hörnum klärten am 7. April im Bereich Peterhead/Shetland-Inseln und nördlich von Bergen auf, ob sich Widerstand gegen den Zug der deutschen Marine nach Norden entwickelt. Sechs *He 111 J* der Küstenfliegergruppe 806 (Uetersen) flogen am selben Tag direkten Begleitschutz für die ersten ausgelaufenen Kriegsschiffe. Es galt auch, Liegeplätze an der norwegischen Küste zu erkunden und Fühlung mit feindlichen Verbänden zu halten. Am 9. April startete ab 5.20 Uhr die gesamte Küstenfliegergruppe 406, um den Seeraum westlich von Sylt zu kontrollieren. Die *Do 18*-Besatzungen sichteten nur Fischdampfer. Einige Maschinen wurden als Luftvorpostenstreifen eingesetzt zur Sicherung des Skagerrak-Ausgangs.

Zwischen 6.03 Uhr und 6.59 Uhr stiegen acht *He 115* der 1./Küstenfliegergruppe 106 von Norderney und jeweils zehn *He 115* von der 1. und 2./Küstenfliegergruppe 506 aus List zu Aufklärungsflügen auf. Als Überwachungsraum war ihnen das Seegebiet zwischen Bergen und den Orkney-Inseln zugeteilt. Bald nach Mittag landeten die ersten Maschinen der Küstenfliegergruppe 506 in Drontheim, 90 Minuten später gefolgt von den übrigen. Bei Anbruch der Nacht war Oslo, als erste Hauptstadt von Fallschirmtruppen erobert, in deutscher Hand. Wo deutsche Stellungen in Norwegen abgeschnitten waren, brachten Flugboote ihnen Material. Die *Do 18* von Unteroffizier Otto Backhaus von der 2./Küstenfliegergruppe 906 machte nach einem Einsatz eine Bruchlandung vor dem Hörnumer Seefliegerhorst (zwei Tote).

Die *Me 109* auf Föhr waren am Angriff auf Dänemark nicht beteiligt. Die 3. Staffel des Lehrgeschwaders 2 in Wyk auf Föhr verlegte erst am 2. Mai nach Esbjerg. – Am „Wesertag" feuerten im westlichen Jütland zwei dänische Flakbatterien auf die Angreifer. Eine 7,5-cm-Stellung in Esbjerg traf ein deutsches Flugzeug. Die Batterie Lügumkloster, frühzeitig durch Motorengedröhne aus Richtung Sylt aufgeschreckt, meldete einen möglichen Treffer.

Die Luftwaffenverbände für den Fall W e s e r ü b u n g wurden vom X. Fliegerkorps befehligt, das sein Hauptquartier seit März 1940 im Hamburger Hotel Esplanade zwischen Dammtorbahnhof und Binnenalster hatte. Bei deutlich über 1000 von Deutschland aus gestarteten Flugzeugen bildete die Nordseeküste als Ausgangsbasis für den Sprung nach Dänemark und Norwegen keinen besonderen Schwerpunkt. Nichtsdestotrotz diente sie der Luftwaffe in großem Umfang als Aufmarsch- und Absprungraum für das Unternehmen. Dies konnte auch nicht anders sein, weil die Kriegsmarine die Nordseehäfen und die Deutsche Bucht als Ausgangspunkt für W e s e r ü b u n g intensiv nutzte.

2.3 Durchmarsch durch Nordfriesland

Für das Gelingen von W e s e r ü b u n g in Dänemark war der Kommandeur des Höheren Kommandos z.b.V. XXXI, Leonard Kaupisch in Hamburg, verantwortlich. Die zur Besetzung Dänemarks vorgesehenen Einheiten des Heeres reisten teilweise mit der Bahn an die Grenze, teilweise zogen sie über die Hauptstraßen in den südschleswigschen Bereitstellungsraum zwischen Aventoft und Krusau. Am bequemsten hatten es jene, die in schleswig-holsteinischen Ostseehäfen auf Schiffe gehen und in dänischen Häfen wieder aussteigen konnten. Beispielsweise brachte die SCHLESWIG-HOLSTEIN, die eigentlich schon 1939 ausgemustert werden sollte, Teile der 198. Infanteriedivision von Kiel nach Korsör auf Seeland. Während die 198. Infanteriedivision die dänischen Inseln und Kopenhagen erobern sollte, wurde die 170. Infanteriedivision im Osten und in der Mitte der jütischen Halbinsel eingesetzt.

Im Westen, an Nordfriesland anschließend, war die 11. Schützenbrigade (motorisiert) eingesetzt. Es handelte sich um eine selbständige Brigade der Heerestruppe im Wehrkreis IX (Raum Hessen-Thüringen). Sie bestand aus den Schützenregimentern 110 und 111, dem MG-Bataillon 14 und der extra für W e s e r ü b u n g aufgestellten leichten Panzer-Abteilung z.b.V. 40. Die Schützen wurden von der Gefechts- und Verbandsausbildung in der Lüneburger Heide weg zum Angriff auf Dänemark in Marsch gesetzt. Die Bahn brachte sie schon am frühen Morgen des 8. April nach Heide in Holstein. Dort stiegen die Schützen unter Oberst Günther Angern auf die mitgebrachten Fahrzeuge um. Ihre endlose Militärkolonne fuhr durch den Schuhmacherort, wie der Heider Gustav Vehrs beobachten konnte. Stundenlang waren Halbkettenfahrzeuge mit Geschützen im Schlepp zu sehen, Lastwagen mit Soldaten, Versorgungsfahrzeuge, Sanitäter, Feldküchen und Kradmelder. Ein „mulmiges Gefühl" habe er gehabt, bekennt Vehrs.

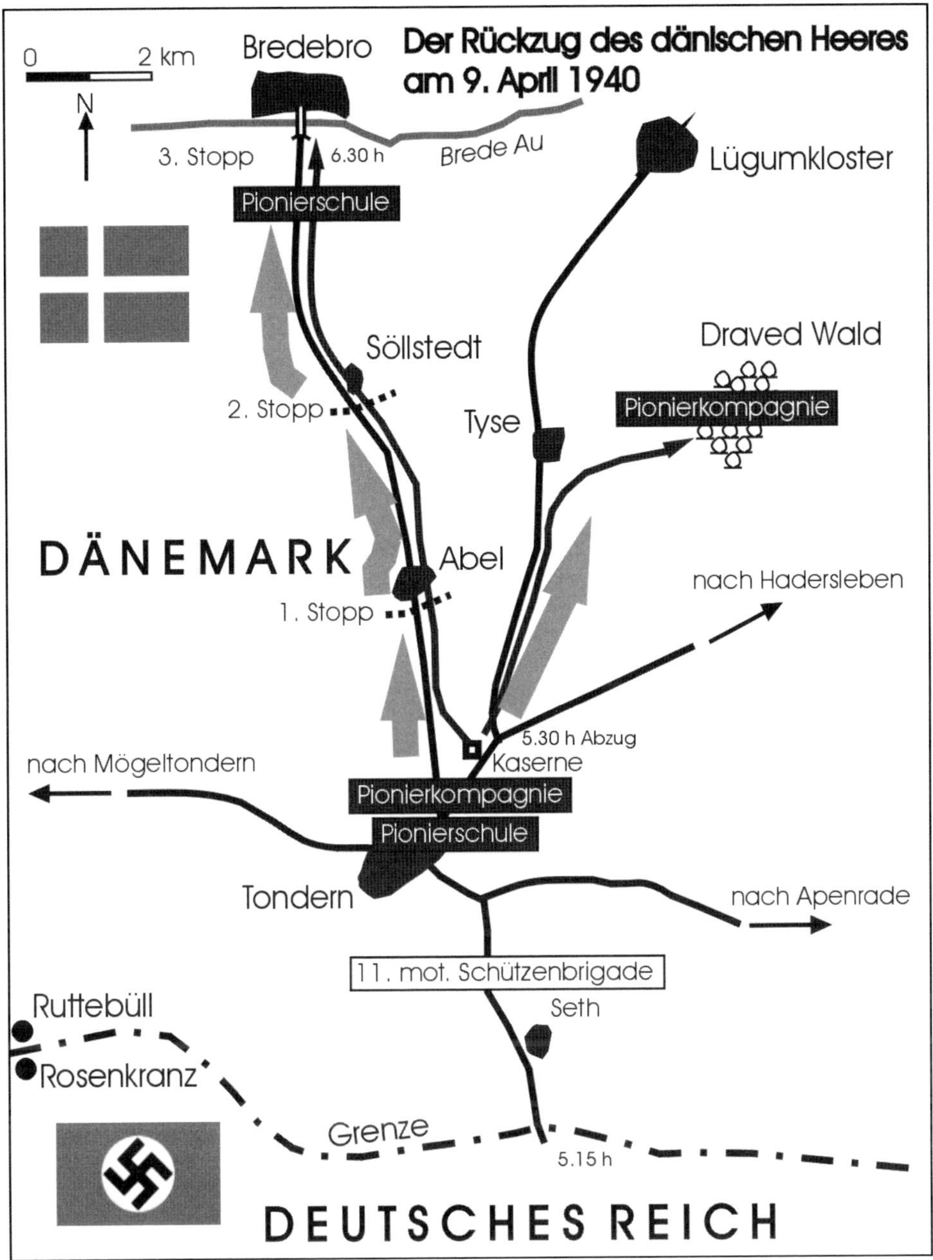

Der deutsche Vormarsch traf in Dänemark nur stellenweise auf Widerstand. Rekruten der Pionierschule Tondern hielten die von Nordfriesland her eingefallene 11. motorisierte Schützenbrigade mehrfach kurz mit Straßensperren auf.

Die Marschgruppe Nord zog mit langen Lastwagen-, Panzer- und Motorradkolonnen auf der Reichsstraße 5 über Heide und Lunden durch Dithmarschen und über Husum durch Nordfriesland. In Süderheistedt nordöstlich von Heide sammelten sich Soldaten mit Halbkettenfahrzeugen und Haubitzen im Eichenhain. Der damals zehnjährige Willy Georg Timm fand das „alles ziemlich aufregend". Er erfuhr schnell, was hier vorging. Ein Soldat sagte zum Bürgermeister: *„Ich darf zwar nichts sagen, aber morgen sind wir in Dänemark."*[161]

Süderlügum, nördlich von Niebüll am historischen Ochsenweg nach Jütland gelegen, spielte bei der Besetzung Dänemarks eine besondere Rolle. Zu den Bereitstellungsräumen des Heeres an der dänischen Grenze hatte das Höhere Kommando sowohl von Münster nach Flensburg (für die 170. Infanteriedivision) als auch von Altengrabow nach Süderlügum (für die 11. Schützenbrigade) Fernsprech- und Fernschreibverbindungen zur sofortigen Schaltung vorbereitet.

Südlich der deutsch-dänischen Grenze herrschte am Morgen des 9. April dichter Nebel, als sich die 11. Schützenbrigade im Raum Niebüll sammelte. Um 5.15 Uhr deutscher Sommerzeit sollten die Infanteristen die Grenze überschreiten. Um 5.10 Uhr bemerkten die Dänen am Grenzübergang Ruttebüll/Rosenkranz, daß etwas im Busch war. Vermehrt wurden Wehrmachtsoldaten und Fahrzeuge gesichtet. Dann zischten drei weiße Leuchtkugeln empor und gaben Signal zum Angriff. Die Garnison in Tondern – bestehend aus einer kleinen Pionierschule und einer Pionierkompanie – wurde um 5.30 Uhr alarmiert. In letzter Minute zogen die Soldaten aus ihrer Kaserne ab.

Die Rekruten gingen genau nach Norden, die Pionierkompanie nach Nordosten in den Draved-Wald östlich von Tyse. Die wenig später eintreffenden Deutschen fanden nur noch leere Blöcke vor. Die nach Norden gezogenen Soldaten stellten sich zuerst in Abel (dänisch Abild) den Angreifern entgegen. An einer provisorischen Straßensperre schaltete eine 2-cm-Maschinenkanone zwei Panzerspähwagen aus. Die Deutschen drangen dennoch vor.

Die Dänen, teilweise mit Fahrrädern ausgestattet, sammelten sich daraufhin ein paar Kilometer weiter in Söllstedt. Mit Fuhrwerken und massiven Holzbalken wurde die Straße gesperrt, und Infanteristen gingen in Stellung. Erneut wurden die vordersten Panzerspähwagen der Deutschen mit einem 2-cm-Geschütz außer Gefecht gesetzt. Die Deutschen schickten Kompanien links und rechts der Straße los, um die Dänen seitlich einzuschließen. Sie blieben im Abwehrfeuer liegen. Der Kommandeur forderte Verstärkung an. Wenig später erschienen drei *Henschel Hs 126* am Himmel. Sie beschossen die dänische Stellung mit ihren Maschinengewehren und warfen mehrere Bomben, nur etwa zwölf Kilometer hinter der deutsch-dänischen Grenze. Die Dänen zogen sich daraufhin nach Bredebro zurück. Es kam dort zu kurzen Gefechten, bis die Nachricht von der Aufgabe der dänischen Armee durchdrang. Knapp 50 Soldaten hatten die motorisierte Wehrmachteinheit immerhin fast eine Stunde aufgehalten.

Die 11. Schützenbrigade fuhr weiter über Ripen, Herning und Viborg nach Aalborg und nahm die Stadt ohne Schwierigkeiten ein. Während ein Teil dort blieb, ergriff der andere noch am 9. April Besitz von Hirtshals, Skagen und Frederikshavn. Später an der Westfront eingesetzt, erwarben sich die Schützen der 11. bei ihren Gegnern den Spitznamen „Gespensterbrigade".

Zu den in Westjütland eingesetzten Korpstruppen gehörten neben der Schützenbrigade die I. Abteilung des Flakregiments 8 (gemischt motorisiert) und das MG-Bataillon 4 (motorisiert). Deutsche Luftnachrichteneinheiten sollten in Dänemark frühzeitig die wichtigsten Flugplätze mit Flugwachen umgeben. Sie wurden in die Marschgruppe Nord eingeteilt. Die 6. (motorisierte) Flugmeldekompanie des Luftgau-Nachrichtenregiments 8 nahm ab Tondern einen anderen Weg als die 11. Schützenbrigade, nämlich über Lügumkloster und Rödding. Weiter nördlich sollte noch am ersten Tag über Brörup, Bäkke und Grindsted Holstedt erreicht werden. Aalborg wurde am 10. April erreicht. Ein Teil der Kolonne hielt sich dichter an der jütischen Westküste und ging über Scherrebek und Ripen auf die Hafenstadt Esbjerg und Oksböl zu. Die Besetzung der dortigen Flugplätze durch Erdtruppen und fliegende Verbände erfolgte ohne Widerstand (Hoffmann S. 66 f.). Die 1. (motorisierte) Kompanie des Regiments General Göring stieß „im beschleunigten Landmarsch" auf Motorrädern auf Esbjerg zu und sicherte die Flugplätze Esbjerg und Oksböl.

Das MG-Bataillon 4 ging ostwärts Tondern über die Reichsgrenze und dann an der dänischen Westküste über Esbjerg, Holstebro und Thisted nach Aalborg, um die Fallschirmjäger mit abzulösen. In derselben Nacht besetzte das Bataillon weitere Teile Nordjütlands. Im mittleren Jütland, nördlich der südtondernschen Dörfer Bramstedt und Weesby, gab es kurz nach dem Grenzübertritt schwachen Widerstand. Deutsche und Dänen erreichten fast zur selben Zeit die große Straßenkreuzung in Bredewatt. Die Dänen konnten gerade noch eine behelfsmäßige Sperre anlegen. Nachdem die Angreifer einen Warnschuß ignoriert hatten, eröffneten die etwa 60 Verteidiger Dauerfeuer mit ihrem Maschinengewehr. Drei Panzerwagen wurden zerschossen. Zwei Wehrmachtsoldaten wurden gefangengenommen – als einzige in Dänemark und nur für ein paar Stunden. Die Deutschen zogen sich in Bredewatt kurz zurück. Als sich aber von Osten, aus Richtung Tingleff, auch Wehrmachtsoldaten näherten, blieb den Dänen nur die Ergebung.

Im nordschleswigschen Bredewatt hält eine dänische Straßensperre die deutschen Soldaten für eine Weile auf.

2.4 Nordschleswig bleibt dänisch

Fünf Minuten nach Beginn der handstreichartigen Besetzung übergab der deutsche Gesandte in Kopenhagen dem dänischen Außenminister ein Memorandum, Widerstand zu unterlassen. Strategisch wichtige Punkte im Land würden besetzt, um den „Schutz" Dänemarks zu übernehmen. *„Die deutschen Truppen betreten den dänischen Boden daher nicht in feindseliger Gesinnung"*, hieß es in dem Dokument. Entscheidend war die durch eine Drohung verstärkte Forderung: *„Die Reichsregierung erwartet daher, daß die Königlich Dänische Regierung und das dänische Volk dem deutschen Vorgehen Verständnis entgegenbringen und ihm keinerlei Widerstand entgegensetzen. Jeder Widerstand müßte und würde von den eingesetzten deutschen Streitkräften mit allen Mitteln gebrochen werden und daher nur zu einem völlig nutzlosen Blutvergießen führen."* Gleichzeitig wurde zugesichert, „die territoriale Integrität und politische Unabhängigkeit des Königreiches Dänemark" nicht anzutasten.

Vormarsch deutscher Kolonnen am „Wesertag" in Dänemark. (Foto: Bieling, Propaganda-Kompanie)

König Christian X. beugte sich im Gegensatz zu seinem Bruder, dem norwegischen König Haakon VII., den deutschen Bedingungen. Er äußerte zwar Protest, forderte sein Volk aber auf, keinen Widerstand zu leisten. Dadurch war nach gut drei Stunden der Krieg beendet, die letzten Kampfhandlungen wurden eingestellt. Schon am Abend des 9. April konnte die Wehrmacht das dänische Eisenbahnnetz und die Flugplätze in Jütland zur Versorgung und Unterstützung ihrer Truppen in Norwegen benutzen. Weserübung-Süd wurde am 10. April abgeschlossen. Großbritannien besetzte im Gegenzug die dänischen Färöer-Inseln. In der zweiten Aprilwoche fuhren endlose Wagenkolonnen der Wehrmacht von Dänemark durch Schleswig-Holstein zurück. Die Fahrer hatten stolz ihren Einsatz mit Kreide an die Wagen geschrieben. Zum Beispiel war dann zu lesen: „Dänemark 9.–16. April".

Ein leichter deutscher Panzerspähwagen (Sonder-Kfz. 223) fährt am 12. April 1940 durch eine jütische Stadt. (Foto: Bundesarchiv Koblenz)

Die „friedliche Besetzung" war lediglich Fiktion. Dänemark hatte zum Zeitpunkt des deutschen Überfalls 15 000 Soldaten unter Waffen. Nur etwa 2000 von ihnen waren in Südjütland stationiert. Dagegen überschritt die Wehrmacht in einer Stärke von etwa 15 000 Mann die 67 Kilometer kurze Landgrenze in Jütland, und weitere 15 000 besetzten die Inseln. Die dänischen Verluste bei der Besetzung werden – je nach Quelle – auf 13 bis 23 Gefallene und 20 bis 32 verwundete Soldaten einschließlich Fliegern im gesamten Königreich beziffert. Hinzu kommen drei in Pattburg getötete Grenzpolizisten. Die deutschen Verluste waren vermutlich höher. Anders im hohen Norden: Die Norweger leisteten zwei Monate lang erbitterten Widerstand und erhielten Unterstützung durch alliierte Truppen. Erst am 10. Juni 1940 kapitulierten die letzten Verbände der norwegischen Armee. Mindestens 6000 Männer fielen.

General Kaupisch wurde im Anschluß an die Besetzung erster Befehlshaber der deutschen Truppen in Dänemark. Das Königshaus in Kopenhagen, Regierung, Parlament und Verwaltung blieben unangetastet, Heer, Marine, Polizei und Zoll unter dänischer Führung. Es gab kein deutsches Verordnungsrecht, aber in der Praxis mußte die dänische Regierung trotz formaler Souveränität Dänemarks die deutsche Oberherrschaft anerkennen. Die Dänen empfanden die Besetzung ihres Landes in ihrer großen Mehrheit als feindlich und als nationale Katastrophe. Die innerliche Haltung der Bevölkerung war ablehnend, auch wenn sich – insbesondere auf wirtschaftlicher Ebene – eine vielfache Zusammenarbeit mit den Deutschen ergab.

In dem 1920 von Deutschland an Dänemark abgetretenen Nordschleswig wohnten noch 15 Prozent Deutsche. Die Organisationen der Volksgruppe forderten im Verbund mit der NSDAP Nordschleswig seit langem die Rückgliederung des Landesteils. Euphorisch begrüßten sie die Wehrmachtsoldaten. In Bredewatt entwaffnete eine Gastwirtin einen in ihr Haus geflüchteten dänischen Soldaten, in Tondern wurden auf mehreren öf-

Soldaten sammeln sich in Oslo vor einem Schiff der 1. Seetransportstaffel, vermutlich der WIEGAND.

fentlichen Gebäuden Hakenkreuzflaggen gehißt. Berlin wünschte allerdings keine Zwischenfälle. Das Auswärtige Amt wies die deutsche Volksgruppe in Dänemark an, die Grenzfrage nicht mehr zu erörtern: „keine Provokationen, kein Triumphgeschrei und korrektes Verhalten gegenüber den dänischen Behörden".[162] Die Fahnen wurden eingeholt, die Grenzgendarme taten trotz Besatzung weiter ihren Dienst. Die Grenze wurde unter Würdigung der dänischen Kooperation, mit Rücksicht auf die Wahlchancen der Dänischen Nationalsozialistischen Arbeiterpartei (DSNAP) und ferner wohl auch aus Gründen der Kriegspropaganda nicht verlegt. Nordschleswig war die einzige als Folge des Versailler Vertrags zustande gekommene Gebietsabtretung, die Hitler in seiner Revisionspolitik nicht rückgängig machte. Die NSDAP-N und die Führung der deutschen Nordschleswiger akzeptierten dies nur widerstrebend.

2.5 Doch eine winzige Grenzverschiebung

Nach Südverlegung der Landgrenze zwischen Deutschland und Dänemark 1920 mußte auch die Seegrenze verschoben werden. Ein internationaler Grenzausschuß legte sie 1921 im Bereich des Lister Tiefs auf die damalige Mittellinie des Fahrwassers fest. Weil sich die Fahrrinne durch Wanderung des Salzsandes nach Norden verschob, legten beide Länder die Mittellinie 1937 neu fest. Aufgrund einer deutschen Verbalnote wurde am 5. September 1941 die Grenze mit Wirkung vom 3. Januar 1942 nochmals nach Norden verlegt, in „einvernehmlicher Regelung", wie der Staatsrechtler Professor Walter Rudolf betont. Sein Kollege Rüdiger Wolfrum schreibt, damit sei „eine für beide Seiten verbindliche Vereinbarung erzielt worden". Der eine Generation jüngere Völkerrechtler Daniel-Erasmus Khan hegt dagegen in seiner Habilitationsschrift *„ernsthafte Zweifel an der Freiwil-*

ligkeit der territorialen Zugeständnisse an Deutschland ... angesichts der Tatsache, daß sich Dänemark zu jenem Zeitpunkt unter deutscher militärischer Besetzung befand.“[163] Bei deutsch-dänischen Verhandlungen zum Verlauf des Festlandsockels 1965/1971 wurde auf die Grenze von 1921 Bezug genommen – das ist tatsächlich ein Hinweis darauf, daß das dänische Einverständnis im Kriegsjahr nur unter dem Eindruck der damaligen Machtverhältnisse erzielt worden war. Der genaue Grenzverlauf im Seegebiet von Sylt und Röm ist bis heute teilweise strittig.

Die scheinbare politische Unabhängigkeit des besetzten Königreiches blieb nur bis 1943 gewahrt. In diesem Jahr wuchsen die Vorbehalte und mehrten sich die Aktionen der dänischen Bevölkerung gegen die Besatzer. Nach einer Welle von blutigen Anschlägen und Sabotageakten des Widerstands sowie Streiks rief der deutsche Reichsbevollmächtigte in Dänemark, Werner Best, den militärischen Ausnahmezustand aus. Die „Verhandlungspolitik“ gehörte nun der Vergangenheit an. Der König wurde unter Hausarrest gestellt, die Regierung trat zurück, die dänische Armee wurde entwaffnet. Die Flotte versenkte sich selbst oder rettete sich nach Schweden. Sondergerichte wurden eingerichtet, die Saboteure und Widerständler mit dem Tod bestrafen durften. 1944 erfolgte die Auflösung der dänischen Polizei.

Die „Friedensbesetzung“ endete mit Kriegsrecht. Zunehmender Terror der gleichzeitig einziehenden Gestapo und die für die Alliierten günstige Kriegswende im Osten führte zu einem starken Anschwellen des dänischen Widerstands. Immerhin bekannten sich auch Vertreter der deutschen Volksgruppe zehn Wochen nach Verhängung des Kriegsrechts zur Demokratie und erkannten die Grenze von 1920 an. Der „Haderslebener Kreis“ erklärte am 11. November 1943: *„Wir erstreben ein gutes Verhältnis zu unseren dänischen Mitbürgern, das nur auf gegenseitigem Vertrauen aufgebaut werden kann und sich auf eine absolute Loyalität gründen muß ... Durch Gewaltmaßnahmen läßt sich überhaupt kein Grenzproblem lösen. Wir meinen, daß, wo immer sich zwei Völker begegnen, es dort zu einer lebendigen Bereicherung der beiden Volksgruppen kommen muß.“* Die deutsche Besatzungsherrschaft endete in Dänemark mit dem Waffenstillstand am 5. Mai 1945. Zu dem Zeitpunkt befanden sich neben einer sechsstelligen Zahl von Wehrmachtsoldaten hunderttausende deutscher Flüchtlinge in dem kleinen Königreich. Am 9. Mai liefen englische Kriegsschiffe im Kopenhagener Hafen ein. Die Briten trugen Sorge für die schnelle Entwaffnung der deutschen Soldaten und ihre Internierung in den schleswig-holsteinischen Sperrgebieten Eiderstedt/Dithmarschen und Ostholstein.

3 Ereignisse vom 10. April bis Juli 1940

Am **10. April** stürzt eine *He 111* der 1./KG 26 auf dem Rückweg von Großbritannien vor Sylt in die See. Oberleutnant Otto Houselle und zwei Leute seiner Besatzung ertrinken. Der Bomber von Leutnant d.R. Hubert Schachtbeck von der 2./KG 26 wird nach sehr schweren Beschädigungen in Marx bei der Landung zum Totalausfall. V 105/CREMON sinkt am **11. April** in der Deutschen Bucht als Boot der 1. Vorpostenflottille durch eine Mine. In der Nacht **13./14. April** werfen 15 britische *Hampden*-Bomber erstmals in die Priele um Sylt, vor der Küste Dänemarks, in der Kieler Bucht und im Großen und Kleinen Belt Luftminen. *Beauforts* verminen die Ems- und Wesermündung mit Magnetminen. Gleichzeitig unternehmen acht *Blenheims* einen Störflug in den Raum von Wilhelmshaven. Am **14./15. April** wiederholen 23 *Hampdens* den Luftmineneinsatz. Für die

Elbmündung sind 42 Minen vorgesehen. Eine *Hampden I*, die Minen in der Elbe legen soll, geht spurlos verloren mit vier Fliegern an Bord.

Zwei *Blenheims* des 110. Squadron greifen am 15. April Vorpostenboote auf der Außenweser an. Der schon erwähnte Squadron Leader Kenneth Doran wird in den rechten Motor getroffen und fliegt nach Helgoland weiter (am 30. April erfüllt sich sein Schicksal bei Stavanger, wo Leutnant Demes sein Flugzeug abschießt). Von der Bordflak und einem Jäger wird eine Feindmaschine nordöstlich von Helgoland abgeschossen. Das JG Schumacher erringt damit seinen 70. Luftsieg. Es handelt sich nach britischer Darstellung um eine *Blenheim IV*, die den Raum Helgoland aufklären sollte und beim Angriff auf das Vorpostenboot von dessen Gegenfeuer getroffen wurde. Die drei Besatzungsmitglieder sterben.[164] Der von Wyk aufgestiegene Staffelkapitän Oberleutnant Georg Graner 3. (Jagd)-Staffel des Lehrgeschwaders 2 schießt um 10.37 Uhr westlich von Sankt Peter-Ording die *Blenheim* von Flight Lieutenant M.L. Morris vom Himmel. Neun Beauforts des Coastal Command werfen in der Nacht **15./16. April** Luftminen in der Deutschen Bucht.

Die Küstenflieger unternehmen nach ihrer Rückkehr aus Skandinavien in der Heimat wieder die Morgenaufklärung und bewaffnete Abendaufklärung bis zum Winter. Bis zu 1000 Kilometer Reichweite gehen Aufklärungsflüge in dieser Zeit beiderseits hin und her. Die Gruppe 406 fliegt in der zweiten Aprilhälfte neun Bombenangriffe, ohne nennenswerten Schaden anzurichten. 28 *Ju 88* der II./KG 30 starten am **17. April** um 10 Uhr von Westerland, um den schweren britischen Kreuzer SUFFOLK, der die Deutschen in Stavanger bekämpft hatte, zu vertreiben. Zwölf Bomber finden das Schiff und beschädigen es auf seinem Rückweg nach Scapa Flow schwer.

24 *Hampdens* werfen in der Nacht **20./21. April** Luftminen in der Weser- und Emsmündung. Wegen der schlechten Wetterbedinungen sind es nur elf Minen. Zur selben Zeit werfen 22 deutsche *Heinkels* an der britischen Ostküste 26 Minen. 36 *Hampdens* werfen in der Nacht **21./22. April** Minen, davon acht Flugzeuge in der Elbmündung. Der deutsche Frachter SAYN geht am **23. April** im Hubertgat, dem Fahrwasser südwestlich von Borkum, durch Minentreffer verloren, ebenso am **27. April** der Sperrlotsendampfer BODENWINKEL.

23./24. April: Kurze Gefechtsberührung dreier französischer Großzerstörer der 8. Zerstörer-Division mit V 702 und V 709 der 7. deutschen Vorpostenflottille. Dabei passieren die Minenleger ROLAND und COBRA auf dem Marsch von Wilhelmshaven nach Kristiansand in unmittelbarer Nähe, ohne gesichtet zu werden. Ein Angriff deutscher Bomber auf den Zerstörerverband am 24. April bleibt folgenlos. Sieben *Swordfish*-Doppeldecker des Coastal Command werfen Minen in der Emsmündung. Britische Bomber fliegen in derselben Nacht in die Deutsche Bucht ein. In Heide sind um 1 Uhr früh mehrere schwere Einschläge zu hören. Im Süderholmer Moor sind vier Sprengbomben gefallen und drei weitere beim Bauern Willy Rolfs in der Nähe des Wasserwerks Süderholm.

Es fallen vermutlich für die Insel Pellworm bestimmte Bomben bei der Hallig Süderoog. In Wenningstedt auf Sylt wird das Hotel „Zum Kronprinzen“ am Kliff bombardiert, obwohl das ehedem weiße Gebäude einen dunkleren Tarnanstrich erhalten hatte. Splitter beschädigen auch das Kinderheim Decker und das Haus Leisner in der Nähe, während das Sommerhaus der Görings heil bleibt. Auf die Fliegerhorste Rantum und Westerland fallen jeweils einige Spreng- und Brandbomben. In Westerland wird eine Junkers *W 34* zerstört. Dort gibt es einen Verwundeten – und vier Tote und drei Schwerverletzte, als am 6. Mai 1940 ein Blindgänger mit Langzeitzünder entschärft werden soll. Auch der Strand wird getroffen. Die Flak schießt ein britisches Flugzeug über Sylt ab.

Wehrmacht und Propagandaministerium heben diesen nächtlichen Angriff besonders hervor. Der *Heider Anzeiger* vom 25. April meldet: *„England hat den Luftkrieg gegen unverteidigte deutsche Orte eröffnet. Bomben auf den Badeort Wenningstedt und die Stadt Heide in Holstein.“* Im Bericht des Oberkommandos der Wehrmacht am selben Tag heißt es: *„Bei dem bereits gemeldeten Einflug britischer Flugzeuge auf die Insel Sylt wurde der Badeort Wenningstedt mit Bomben belegt und mehrere Häuser beschädigt. Auch am Rande der kleinen Stadt Heide in Schleswig-Holstein warfen feindliche Flugzeuge in der Nacht zum 24. Juli mehrere Bomben ab, obwohl sich weder in Heide noch in seiner weiteren Umgebung irgendwelche militärischen Ziele befinden. Der Feind hat damit den Luftkrieg gegen unverteidigte Orte ohne militärische Bedeutung eröffnet.“* Der zeitgenössische Schriftsteller Rolf Bathe wertet dies als „brutale Verschärfung des Luftkrieges“.[165] Dabei ist dem 8. Frontbrief der NSDAP Norderdithmarschen zu entnehmen, daß in dem Dorf Süderholm „nicht eine Scheibe“ kaputtgegangen sei. Die Stadt Heide selbst wurde gar nicht getroffen.

28 *Hampdens* kehren in der Nacht **25./26. April** von einer Minenoperation in der Kieler Bucht zurück. Die Maschine von Flying Officer David White vom 49. Squadron wird nahe Hörnum von Oberfeldwebel Hermann Förster von der 11. (Nachtjagd-)Staffel/JG 2 in seiner *Me 109 D* abgeschossen. Um 1.10 Uhr stürzt sie brennend ins Watt. Ein oder mehrere Mitglieder der vierköpfigen Besatzung leben noch, geben Blinksignale und rufen. Den Deutschen ist aber „Hilfeleistung wegen diesigen Wetters nicht möglich“[166], so daß alle umkommen. Die Leichen werden nahe Pellworm, auf Süderoogsand und vor Sylt geborgen. Es ist das erste nachts von einem deutschen Jäger abgeschossene Flugzeug des Bomber Command. Eine *Hampden I*, die zwischen Borkum und Sylt Minen legen soll, stürzt ab (vier Tote). Wahrscheinlich verursachte diese Maschine um 0.52 Uhr beim Aufschlag auf Süderoogsand durch die beiden noch an Bord befindlichen Grundminen die Explosion mit Feuerschein, die noch auf Sylt zu sehen war. Hermann Neuton Paulson von der Hallig Süderoog fand und barg die Leichen der vierköpfigen Besatzung. Eine dritte Maschine stürzte vermutlich weiter westlich in die Nordsee.[167]

Das Jagdgeschwader 2 verliert am **27. April** eine Maschine im Wattenmeer nördlich von Cuxhaven. Der Flugzeugführer gerät bei Nebel in Bodenkontakt und wird verletzt. In der Nacht **30. April/1. Mai** werfen zwölf *Hampdens* sieben Luftminen in die Elbmündung. Dieser Elbbereich muß zeitweise für den Seeverkehr gesperrt werden. Im April 1940 gibt es auf Wangerooge nur an neun Tagen keinen Alarm. Dennoch wird am 1. Mai die letzte Ausbildungsbesatzung des Luftnachrichten-Versuchsregiments von der Insel für den bevorstehenden Westfeldzug abgezogen. Das auf der ostfriesischen Insel entwikkelte Jägerleitverfahren bewährt sich am **5. Mai**, als die Abschüsse zweier *Blenheims* über der Deutschen Bucht der Wangerooger Freya-Stellung zuerkannt werden.

In der Nacht **2./3. Mai** bemerken zwei *Hampdens* des 50. Squadron beim Minenlegen vor der nordfriesischen Küste zwei *Bf 110* über dem Raum Husum mit eingeschalteten Navigationslichtern. Die Briten verschwinden in den Wolken. Zwei *Hudsons* des Coastal Command unternehmen am 3. Mai einen Aufklärungsflug zur Elbmündung. Nahe Norderney werden sie von zwei *Bf 109* der II./Trägergruppe 186 angegriffen. Aus der Nordsee werden die Schlachtschiffe zur Ausbildung der Besatzungen in die Ostsee verlegt. Flieger greifen in der Nacht **4./5. Mai** Norderney und Juist mit Maschinengewehrfeuer an. Es entsteht kein Schaden. Die *Blenheims* sollten vor Wilhelmshaven aufklären. Drei *Bf 109* der II./Trägergruppe 186 greifen sie an. Ein Bomber wird getroffen, erreicht aber mit einem Motor Großbritannien.

In der Emsmündung sinkt am **6. Mai** das Vorpostenboot V 811/HUGO HOMANN. Die Leutnante Peter Emmerich und Wilhelm Schopper von der 6./Trägergruppe 186 schießen um 6 Uhr eine *Wellington* 20 Kilometer nördlich Norderney und um 6.03 Uhr eine *Blenheim* 40 Kilometer nördlich Juist ab. Kapitän Parlow aus der damals noch mit Deutschland verbündeten Sowjetunion erhält eine schriftliche Ausnahmegenehmigung: Er darf unter strenger Geheimhaltung und in Begleitung deutscher Kriegsschiffe sechs in den Niederlanden erworbene Schlepper und Arbeitskräne durch den Kaiser-Wilhelm-Kanal leiten.

Sechs *Beauforts* sollen am **7. Mai** einen Kreuzer der Nürnberg-Klasse, der zwischen Norderney und Juist gemeldet ist, angreifen. Eine Maschine muß vorzeitig umkehren, die anderen werden vom Freya-Gerät aufgefaßt, so daß ihnen frühzeitig sechs *Me 109 E* entgegenfliegen. Unteroffizier Herbert Kaiser von der II./Trägergruppe 186 meldet den Abschuß eines Flugzeuges vor Norderney (vier Tote). Sein Kamerad Leutnant Hans-Wilhelm Schopper gibt an, eine zweite Maschine vor Norderney beschädigt zu haben. Das Flugzeug konnte in Großbritannien noch eine Bruchlandung machen, alle überlebten. In der zweiten Maiwoche muß eine *Ju 88* auf Wangerooge notlanden und wirft vorsichtshalber vorher fünf 250-kg-Bomben an den Strand nordöstlich der Ostdüne. Zwei zwanzigjährige Artilleristen untersuchen in ihrer Freizeit eine der Bomben und holen den scharfen Zünder heraus. Dann erst melden sie den Fund. Der Inselkommandant brummt beiden wegen „Gefährdung des eigenen Lebens“ 24 Stunden gelinden Arrest auf.

Noch vor Mitternacht starten am **8. Mai** 15 *He 111* der Kampfgruppe 126 in Marx und 48 *He 115* von den Seefliegerhorsten Norderney und Borkum und werfen insgesamt 100 Minen in die Einfahrten von Den Helder, Ijmuiden, Rotterdam, Vlissingen, Zeebrügge und Ostende. Es ist eine vorbereitende Maßnahme für den Westfeldzug. Die Kampfgruppe 126 verliert vier *Heinkels*, meist durch Flak. Von den auf Norderney gestarteten Maschinen der Küstenfliegergruppen 506 und 906 machen sechs beim Rückflug Bruch. Am 12. Mai werfen die *Heinkels* noch einmal 32 Minen an den gleichen Orten.

In der Nacht **8./9. Mai** sichtet die 2./406 aus Hörnum einen Kriegsschiffverband. Britische *Lockheeds* greifen an: Eine deutsche Maschine erhält 26 MG-Treffer, eine andere sogar 65. Sie schaffen es zurück, während eine Maschine der 2./106 aus Rantum nach Treffer in den hinteren Motor notlandet und dann noch fünf Angriffe über sich ergehen lassen muß. Die Besatzung geht ins Schlauchboot und wird von einem anderen Flugzeug der Staffel gerettet. Das Flugzeug wird durch Kanonenbeschuß von den Deutschen selbst versenkt. Der erwähnte Oberfeldwebel Förster meldet für 2.50 Uhr den Abschuß einer *Whitley* 20 Kilometer nördlich von Helgoland.

Der Frachter EMSSTROM sinkt am **9. Mai** auf dem Weg von Bremen nach Stettin vor Borkum durch eine Mine. Er wird später gehoben und geht wieder in Fahrt. Der Zerstörer JACOBI kehrt von Trondheim zurück und läuft in Wilhelmshaven ein, wo Reparaturen und Überholung anstehen, ebenso am **10. Mai** der Zerstörer RIEDEL. Am Abend des 9. Mai laufen die Minenleger ROLAND, COBRA, PREUSSEN und KAISER aus, gesichert von drei Zerstörern, vier Schnell- und einem Torpedoboot. Westlich der Großen Fischerbank werfen sie als Verlängerung der Westwall-Sperren die Minensperre 16. Die Schnellboote wehren den britischen Kreuzer BIRMINGHAM und sieben Zerstörer ab. Zur Unterstützung nähern sich von Scapa Flow fünf weitere Zerstörer. Sie drehen aber am Morgen wegen des deutschen Angriffs auf die Niederlande und Belgien nach Süden ab. Die Zerstörer ESK, EXPRESS und INTREPID legen am 10. Mai das Minenfeld ZMC vor Helgoland.

Der Angriff im Westen verschärft den Bombenkrieg (10. Mai 1940)

Nicht weniger als 29 mal verschob Hitler seinen ursprünglich für den 12. November 1939 vorgesehenen Westfeldzug. Der Kältewinter, die feste Haltung Großbritanniens, das Fehlen militärischer Voraussetzungen und Unentschlossenheit des Diktators führten zu immer neuen Terminen. Am 10. Mai 1940 aber begann Fall G e l b wirklich. Durch eine schnelle Besetzung Hollands sollte dieses einem möglichen Zugriff Großbritanniens entzogen werden. Der Einmarsch in Belgien und Luxemburg sollte es ermöglichen, Frankreich an dessen schwächerer Nordflanke angreifen zu können. Ohne Vorwarnung griff die Wehrmacht die Niederlande, Belgien und Luxemburg sowie französische Flughäfen an. Hitlers lockendes Memorandum, das eine „friedliche Besetzung“ verhieß, wenn kein Widerstand geleistet würde, verfing nicht. Das alliierte Expeditionskorps marschierte in die Benelux-Länder, um die Offensive zurückzuschlagen. Nach acht Monaten war der „Sitzkrieg“ im Westen, der auch schon so ruhig gar nicht gewesen war, beendet. Das große Sterben begann.

Das schon bekannte Infanterieregiment 46 lag in Schaag bei Viersen, als in der Nacht der Fernspruch „Ludendorff 100535“ einging. Er enthielt neben dem vereinbarten Stichwort schon Angriffstag und Uhrzeit des Grenzübertritts. Die 30. Division befahl damit den Übergang über die Maas hinter der deutsch-niederländischen Grenze und Durchstoß über Millert bis zur belgischen Grenze. Die Holländer hatten erst am 8. April mobilgemacht, und sie waren den deutschen Truppen unterlegen. Der Husumer Holzbildhauer Walther Nehm geriet gleich an diesem ersten Kampftag als Infanterist in den Niederlanden in Gefangenschaft. Später überwiesen Briten ihn an ein kanadisches Lager. Erst im Mai 1947 konnte Nehm nach Husum zurückkehren, wo er später als Journalist und Fotograf wirkte. Nach zwei Tagen erreichte das Regiment belgischen Boden. Am 3. Juni wurde die französische Grenze überschritten. Die 30. Infanteriedivision übernahm die Besatzung von Paris.

Für den Angriff um 5.35 Uhr früh waren Jäger auch von deutschen Küstenstandorten abkommandiert: Die auf Wangerooge stationierten *Bf 109 E* der II. (Jagd-)Gruppe der Trägergruppe 186 griffen von dort aus im Tiefflug holländische Flugplätze auf Texel und De Kooy bei Den Helder und zerstörten zahlreiche Flugzeuge am Boden. Über Den Helder schossen sie am 10. Mai vier *Fokker D. XXI* ab, hatten aber zwei eigene Abstürze (ein Pilot starb, einer geriet in Gefangenschaft) und eine Notlandung mit Beschußschäden auf Borkum. Weiter waren die 1. (Jagd-)Staffel des Lehrgeschwaders 2 von Wyk auf Föhr und die II. Gruppe des JG 2 aus Nordholz beteiligt, beide Einheiten ebenfalls mit Bf 109 E. Unbeteiligt blieben der Stab/JG 1 und die Jäger in Varel und Westerland. Die Kriegsmarine hatte das Heer vor allem bei der Besetzung der holländischen Inseln zu unterstützen.

Holländer und Belgier zogen sich rasch zurück, obwohl ihre Regierungen vom Vatikan über den Angriffstermin informiert worden waren – Hans Osters Vertrauter Dr. Josef Müller, später als „Ochsensepp“ bekannter CSU-Chef, hatte dem Heiligen Stuhl den Plan hintertragen. In Westeuropa wurde dem deutschen Widerstand allerdings nicht geglaubt.

Der neuerliche deutsche Überfall veränderte die Londoner Politik. So besetzten britische Truppen am 10. Mai das neutrale Island, um dort Militärstützpunkte anzulegen. Premierminister Neville Chamberlain trat zurück. Auf den Appeasement-Politiker

folgte der militärische Hardliner Winston Churchill. Der neue Kriegspremier übernahm zugleich das Verteidigungsministerium und bildete ein Allparteien-Kabinett. Im Unterhaus kündigte er in seiner Antrittsrede Kriegführung gegen „eine monströse Tyrannei" bis zum Sieg an. Gleichzeitig schwor er die Nation auf harte Zeiten ein: *„Ich habe nichts zu bieten außer Blut, Mühsal, Tränen und Schweiß."* Die Briten begannen, eine Bürgerwehr gegen eine mögliche Invasion der Wehrmacht aufzustellen. Freiwillige wurden für die örtliche Verteidigung ausgebildet.
Am folgenschwersten war Churchills Strategiewechsel im Luftkrieg. Bisher wurde die Royal Air Force nur zu begrenzten taktischen Bombenangriffen auf militärische Ziele und militärisch nutzbare Anlagen wie Häfen und Verkehrsknotenpunkte eingesetzt. Das neue Kriegskabinett gab dem Bomber Command den Luftkrieg gegen das deutsche Hinterland frei, losgelöst von der Bekämpfung feindlicher Truppen. Dieser strategische Luftkrieg bedeutete ein Flächenbombardement, dem auch und gerade Zivilisten zum Opfer fallen konnten (später: sollten). Bei solchem Einsatz ergab sich ein „unterschiedsloses" Bombardieren. Die Menschen in den Zielgebieten unterstellten bei Treffern oft Absicht und Willkür, wo tatsächlich – technisch bedingt – der Zufall regierte. Die meisten Bombenflugzeuge konnten ihre tödliche Last nur horizontal abwerfen. In nächtlicher Dunkelheit war erst recht kein genauer Zielwurf möglich. Die Bomben trafen, wo sie hinfielen, und das war nicht unbedingt dort, wo die Piloten sie haben wollten.
Am 12. Mai überschritt die Wehrmacht die Grenze zu Frankreich. Viele französische Flugzeuge hatte die Luftwaffe zu diesem Zeitpunkt schon durch Bombardierung der Horste am Boden zerstört. Zum Beginn der britischen Bomberoffensive am 15. Mai schrieb Air Marshal Portal: *„Verluste unter der Zivilbevölkerung waren unvermeidlich, wenn wir mit Nachtbombenangriffen angemessene Ergebnisse erzielen wollten. Es lag eine neue Rechtfertigung für ein solches Vorgehen in der Tatsache vor, daß die Deutschen Rotterdam systematisch bombardiert hatten."* Tatsächlich hatten am Vortag 57 deutsche Bomber mit 97 Tonnen Sprengbomben in der niederländischen Hafenstadt eine ungeahnte Katastrophe angerichtet. Weil die Hauptwasserleitung getroffen war und Ölbunker ausliefen, brannte die Altstadt aus. 850 Menschen starben. Unter diesem Eindruck kapitulierten die niederländischen Streitkräfte am 15. Mai.

Oberleutnant Armin Schmidt von der 6./Trägergruppe 186 startet am **11. Mai** von Wangerooge mit seiner *Me 109*. Um 8.19 Uhr schießt er eine *Blenheim* nördlich von Borkum ab. Für die Seeflieger von Norderney ist es ein schwarzer Tag: Die 3./906 verliert eine *He 115* bei einer Bruchlandung auf Norderney durch Aufschlagbrand – die Besatzung stirbt in den Flammen – und eine *He 115* bei einer Bruchlandung auf Juist – zwei Tote und ein Schwerverletzter. Eine *He 115* der 3./506 geht durch Notlandung vor Norderney verloren, die Besatzung wird tot geborgen.

Eine Hudson I des 206. Squadron des Coastal Command wird am **12. Mai** nördlich der ostfriesischen Insel Baltrum durch Jäger der II. (Jagd-)Gruppe der Trägergruppe 186 abgeschossen.[168] Eine bei einem Aufklärungsflug entdeckte *Hudson* wird von *Me 109 E* der 5./Trägergruppe 186 angegriffen und um 8.17 Uhr nördlich Borkum zum Absturz gebracht.[169]

In der Nacht **13./14. Mai** werden sieben Einflüge in die Deutsche Bucht und über Schleswig-Holstein gezählt. Britische Flugzeuge verseuchen den Kaiser-Wilhelm-Kanal mit Luftminen. Der Kanal muß streckenweise gesperrt werden.

In der Nacht **14./15. Mai** etwa 18 Einflüge in die Deutsche Bucht, über die Ostfriesischen Inseln und über niederländisch-belgisches Gebiet. In der Nacht **17. /18. Mai** greifen etwa 40 bis 50 britische Flugzeuge das norddeutsche Küstengebiet und erstmals Hamburg und Bremen an. Es werden Leuchtbomben eingesetzt, die das Zielgebiet erhellen. In Hamburg sterben 34 Menschen, in Bremen 16. Um 5.05 Uhr schießt die 5. Staffel der Trägergruppe 186 gemeinschaftlich die Hudson I von Flight Sergeant G.A. Turner (206. Squadron des Coastal Command) ab. Auch im Kreis Friesland fallen die ersten Bomben: Ein Dutzend Sprengbomben gehen im Moor Bockhornerfeld-Jührdenerfeld nieder, aber nur zwei davon explodieren. Blindgänger werden in der Regel dem nächsten Fliegerhorst gemeldet, der dann einen Feuerwerker zur Entschärfung schickt.

Eine von drei *Hudsons* des Coastal Command, die in der Helgoländer Bucht Fotoaufklärung betreiben sollen, wird am **19. Mai** um 15.55 Uhr 50 bis 60 Kilometer nordwestlich Helgoland von der II./Trägergruppe 186 abgeschossen (vier Tote). Im Landkreis Süderdithmarschen fallen britische Bomben. Erstmals werden hier Stabbrandbomben eingesetzt. Das Flugzeug flog über Heide nach Süden und zurück über Heide zur Eidermündung. Die 1. Schnellboot-Flottille (S 22–25) und die 2. Schnellboot-Flottille (S 13, S 30–32, S 34) sollen nach Holland verlegen. Sie erreichen am 19. Mai mit dem Schnellboot-Mutterschiff CARL PETERS zunächst Borkum. Von hier aus erfolgen Kriegseinsätze gegen den alliierten Schiffsverkehr in den Nächten zum 21., 22. und 24. Mai. Anschließend verlegen die Flottillen nach Den Helder.

Zwar außerhalb der Deutschen Bucht, aber dennoch erwähnenswert: Das britische U-Boot SPEARFISH versenkt am **20. Mai** 350 Kilometer westlich von Esbjerg die dänischen Fischkutter ORKNEY und SÖSTJERNEN – ungewöhnlicherweise nicht mit Torpedos, sondern mit seiner Artillerie.

Am **21. Mai** bringt eine *Do 18* der Fernaufklärungsstaffel List einen Frachter in der Nordsee auf. Der deutsche Frachter HELENE sinkt am **22. Mai** bei der Ansteuerungstonne Hubertgat nahe Borkum durch Auflaufen auf eine Mine. Eine *Blenheim IV* soll am **24. Mai** zwei *Hudsons* von Borkum bis zur Emsmündung begleiten. Die Maschine wird von zwei Me 109 angegriffen und stürzt vor Schiermonnikoog in die See (drei Tote). Die Beaufort I von Wing Commander H.M. Mellor vom 22. Squadron des Coastal Command geht am **25. Mai** nachts beim Minenlegen in der Deutschen Bucht vor Helgoland verloren (vier Tote).

Ein Teil der II./186 mit *Me 109* soll von Wangerooge nach Antwerpen verlegen. Eine der *Ju 52* mit dem Vorauskommando an Bord verunglückt. Sie hat schwere Kleider- und Waffenkisten geladen, auf denen die Soldaten sitzen. Die überladene Transportmaschine schafft es nicht über den Deich. Beim Vollgasgeben rutschen die ungesicherten Kisten nach hinten. Das Flugzeug zieht steil hoch und schmiert dann um 14.30 Uhr über die linke Fläche ab. Sofort quillt Rauch auf. Dem Artillerie-Maat Hildebrand gelingt es, die Maschine mit einer Axt aufzuschlagen und fünf Männer zu retten. Sieben Menschen verbrennen. Insgesamt sterben neun Soldaten: fünf der Trägergruppe 186, drei des JG 1 und einer der Fliegerhorst-Kompanie Jever. Ein Kamerad der Trägergruppe berichtet von einem besonders tragischen Fall: „Ein Schreiber vom Gruppengefechtsstand hatte sich aus Angst vor dem Fliegen in den Dünen versteckt. Der Spieß ließ ihn suchen und dann mit dem Motorrad zur *Ju* bringen. Er mußte noch mit rein, die Motoren liefen schon. Minuten später war er tot." Die Überlebenden fahren mit dem Zug nach Antwerpen. Dabei ist die Sinnhaftigkeit der Verlegung anzuzweifeln: Schon nach acht Tagen geht es für die Gruppe zurück nach Jever, zwei Tage später nach Norwegen.

Ein britisches Flugzeug bombardiert am **31. Mai** um 1.55 Uhr im Tiefflug den Scheinflugplatz auf Langeoog im „Großen Schlopp“, etwa drei Kilometer östlich des Ortes. Um Angreifer irre zu führen, war die elektrische Randbeleuchtung wiederholt für kürzere Zeit eingeschaltet worden. 61 Stabbrandbomben und drei Sprengbomben fallen. Die Sprengtrichter sind nach dem Abwurf aus 100 bis 120 Meter Höhe drei bis fünf Meter breit und eineinhalb Meter tief. Schaden entsteht nur an Telefonleitungen.

Elektrifizierung von Wangerooge: Im Mai wird mit Hilfe von 100 Soldaten des Bataillonsstabes I aus Wilhelmshaven die erste 20 000-Volt-Leitung zur Insel verlegt. Sie soll von der Wehrmacht und für das Ortsnetz genutzt werden und wird am 16. Juli 1940 in Betrieb genommen. Im **Juni** beginnen die aufwendigen Bauarbeiten für eines der noch ganz seltenen Offshore-Projekte: 23 Meter unter dem Meeresspiegel wird der Leuchtturm Mellumplate gegründet. Ein quadratischer Riesenklotz wächst empor, mit sieben Stockwerken über der Wasserlinie. Das Bauwerk am Ausgang der Jade, im Vorfeld Wilhelmhavens, soll auf Wunsch der Kriegsmarine auch als Bastion gegen Angriffe feindlicher Schnellboote dienen. Innen entsteht eine Kaserne für bis zu 40 Soldaten, auf dem Turm ein Flakstand. 1942 wird der Leuchtturm bezogen.

Norderneyer Seenotflieger entdecken am **1. Juni** eine auf See notgelandete He 111 und retten vier Männer in einem Schlauchboot. Eine *Bf 109 D-1* der 11. (Nachtjagd-)Staffel des Jagdgeschwaders 2 stürzt durch einen Bedienungsfehler bei Wangerooge ab – Totalschaden.

Von Wilhelmshaven verlegen SCHARNHORST, GNEISENAU und HIPPER am **4. Juni** durch den Kaiser-Wilhelm-Kanal nach Kiel. Dort brechen sie zum Unternehmen J u n o auf. Der Vorstoß zum Nordmeer soll die Front bei Narvik entlasten. Der Flot-

Die Schlachtkreuzer SCHARNHORST und GNEISENAU sowie das Troßschiff DITHMARSCHEN (von links) – fotografiert durch die Zieloptik der ADMIRAL HIPPER – laufen zum Unternehmen „Juno“ aus. (Sammlung Laarman)

tentanker DITHMARSCHEN betankt am 6. Juni vor Norwegen HIPPER und mehrere Zerstörer, die die Schlachtschiffe bei der Operation unterstützen sollen. Ziel sind britische Räumungstransporte westlich Harstad. Als SCHARNHORST und GNEISENAU am 8. Juni zur Ölübernahme auf die DITHMARSCHEN zulaufen, wird ein britischer Verband entdeckt. Die Schlachtschiffe ändern sofort ihren Kurs. Sie versenken den britischen Flugzeugträger GLORIOUS und zwei Zerstörer. U 8 läuft am **5. Juni** mit dem schwer verletzten Kaleu Eitel-Friedrich Kentrat in Esbjerg ein. Während des Rückmarsches von Nordschottland war nach einem Fliegerangriff ein Echolot in der rechten Hand des Kommandanten zersplittert. Kentrat muss nach diesem Unfall über drei Monate im Lazarett Esbjerg behandelt werden.

Mit der Kapitulation der letzten norwegischen Truppen ist am **10. Juni** das Unternehmen W e s e r ü b u n g abgeschlossen. Mussolini erklärt den Kriegseintritt Italiens an der Seite von Deutschland.

Vom **10. bis 15. Juni** werden von Wangerooge für die großen U-Boot-Stützpunkte Brest und Lorient alle vier 28-cm-Geschütze der Batterie Graf Spee, drei der sechs 15-cm-Geschütze der Jade-Batterie und ein 8,8-cm-Geschütz der Batterie Neudeich abtransportiert. Am frühen Morgen des **17. Juni** geht U 99 zur ersten Feindfahrt ankerauf. Von Kiel geht es durch den Kaiser-Wilhelm-Kanal und dann durch die Elbmündung in die Nordsee. Die Männer um Kaleu Otto Kretschmer erleben am eigenen Leib die Auswirkungen unzureichender Kommunikation selbst innerhalb der Kriegsmarine: Auf dem Marsch ins Operationsgebiet wird das Boot in den Sicherungsbereich der SCHARNHORST hineingesteuert. Ein Bordflugzeug belegt U 99 mit Bomben. Das beschädigte Boot muß nach Wilhelmshaven zurückkehren. Nach dreitägiger Reparatur fährt es durch die nördliche Nordsee in den Nordatlantik. Aus der Deutschen Bucht erfolgen am **19. Juni** zwischen 0 und 6.30 Uhr Einflüge nach Bremen und Hamburg bis zur Lübecker Bucht. Die etwa 60 Bomben töten und verletzen einige Menschen. Auf Langeoog werden viele Brand- und Sprengbomben geworfen. In Ruttelerfeld, Ruttel und Bockhornerfeld fallen Sprengbomben und verursachen erste kleine Gebäudeschäden im Kreis Friesland. Hilfsminensucher M 1802/FRIEDRICH MÜLLER von der 18. Minensuchflottille sinkt nordwestlich von Helgoland durch eine Mine.[171]

Westlich der Friedrich-August-Kaserne fallen am **20. Juni** um 2.18 Uhr die ersten vier Bomben auf Wangerooge. Ziel könnte die Stellung mit dem Freya-Gerät gewesen sein. Eine Zeitzünderbombe explodiert erst um 11.22 Uhr. Erneut wird der Scheinflugplatz Langeoog bombardiert, am **22. Juni** zusätzlich mit MG und Bordkanone beschossen. Am 28. Juni und in der Nacht 13./14. Oktober wird der Scheinplatz erneut mit Bomben belegt.

Am 22. Juni wird der deutsch-französische Waffenstillstand unterzeichnet. Deutsche Truppen besetzen zwei Drittel Frankreichs, so daß die gesamte Kanal- und Atlantikküste in deutsche Hand gelangt. Nach diesem Sieg wird im Reich geflaggt; in Tönning werden zehn Tage lang Fahnen aufgezogen und die Kirchenglocken geläutet.[170] OKW-Chef Wilhelm Keitel nennt Hitler den „größten Feldherrn aller Zeiten". In der Nacht zum **23. Juni** werfen britische Bomber einige Sprengbomben in Norderdithmarschen auf das Brunomenfeld (Gemeinde St. Annen) ab.

Das britische U-Boot TRIDENT verfehlt am 23. Juni vor Drontheim, wo tags zuvor das Schlachtschiff GNEISENAU einen Torpedotreffer am Bug erhielt, den Kriegsmarine-Tanker DITHMARSCHEN. Die Marineflak von Schillig schießt am frühen Morgen des **24. Juni** ein tieffliegendes britisches Flugzeug ab bei Mellum. Die *Hampden I* sollte vor Helgoland Minen legen. Zwei Besatzungsmitglieder werden tot und zwei lebend nach Wilhelmshaven gebracht. Um 3.26 Uhr fallen zwei Sprengbomben auf Hallig Norderoog. Der weithin bekannte „Vogelkönig“ Jens Wandt zieht sich leichte Verletzungen zu.

Eine zunehmende Variante der britischen Luftkriegführung sind Störflüge. Oftmals vermag es ein einziges Flugzeug, weitreichende Alarmierungen auszulösen und die Menschen um den Schlaf zu bringen. Aus Heide heißt es am 24. Juni: *„Seit mehreren Wochen kommt ein Tommy von der Eidermündung her, kurz nach 1 Uhr, fliegt nach Süderdithmarschen und kommt 2.45 Uhr auf dem gleichen Wege zurück, wieder nach der Eidermündung zu. Er wird stets beschossen. 26.6.: Der Tommy kam auch heute früh trotz eines Gewitters und wurde schwer beschossen.“* In der Nacht 1./2. Juli können die Heider erstmals seit langer Zeit wieder durchschlafen: *„Der Tommy ist in dieser Nacht nicht gekommen.“* Für ausreichend Schlaf soll auch eine neue Anordnung sorgen: Bei Fliegeralarm nach Mitternacht brauchen die Schüler am Morgen erst zwei Stunden später zur Schule, also gegen 10 Uhr.

Die neuerdings in Borkum stationierte 3. Räumbootflottille hat am **26. Juni** ihre ersten Gefallenen zu beklagen. Beim Exerzieren an einer 2-cm-Flak lösten sich versehentlich einige Schüsse und töteten und verletzten mehrere Besatzungsmitglieder. Eine *Hampden I* des 110. Squadron wird beim Minenlegen in der Nacht **26./27. Juni** von der Flak abgeschossen und stürzt in den Kaiser-Wilhelm-Kanal. Zwei Sergeants sterben – sie werden im Kieler War Cemetery beigesetzt –, der Flight Lieutenant und der Pilot Officer werden gefangengenommen. Der 54 Meter lange Passagierdampfer STADT RÜSTRINGEN, von der Kriegsmarine für die Strecke Wilhelmshaven–Wangerooge gechartert und mit dunklem Tarnanstrich versehen, hat am 27. Juni 37 Männer an Bord. Um 12.58 Uhr läuft er am Eingang des Wangerooger Fahrwassers auf Höhe der Batterie Neudeich auf eine Mine, die vermutlich ein britisches U-Boot gelegt hatte. Der Dampfer sinkt in wenigen Minuten auf den flachen Grund. Vier Männer sterben, zwei werden schwer verletzt. Schiffe in der Nähe nehmen die Schiffbrüchigen auf. Frieda Jürgens beobachtet das Geschehen von Wangerooge aus: *„Da hörten wir eine furchtbare Detonation, und im selben Augenblick war das Schiff durch eine hochaufsteigende Wassersäule verdeckt. Als die Wassermasse in sich zusammenfiel und das Schiff wieder sichtbar wurde, sah man, daß es schwere Schlagseite hatte … Ich hatte ein gleichsam unwirkliches Gefühl dabei, als ich diesem Schiffsuntergang zusah. Es kam einem vor, als wenn man träumte. Bald kreiste ein Sanitätsflugzeug über der Unglücksstelle und warf Rettungsringe und Gummiboote ab. Von allen Seiten fuhren Dampfer auf das todwunde Schiff zu, um zu retten.“*

Großbritannien erklärt am **27. Juni** die Blockade Europas vom Nordkap bis zur spanischen Küste. Auf den Kaiser-Wilhelm-Kanal werden im Bereich zwischen Grünentaler Hochbrücke und Rendsburg am **28. Juni** sechs feindliche Anflüge gezählt. Die Stadt Husum löst zum ersten Mal Fliegeralarm aus, es fallen Bomben auf den Flugplatz. In Heide werden am **30. Juni** die Kinder im gesamten Stadtbereich zum Sammeln von Granatsplittern angehalten. 200 Artilleristen der weitgehend desarmierten Wangerooger Flakbatterie Graf Spee verlassen ihr Quartier in Fedderwardergroden, um mit einer neu zusammengestellten Abteilung nach St. Mathieu bei Brest zu gehen. Wangerooge soll dafür 250 Rekruten bekommen.

In der Nacht **30. Juni/1. Juli** fallen Bomben auf Norderney und Langeoog. Auf Langeoog sterben durch sechs Bomben drei Menschen, und es entsteht beträchtlicher Sachschaden. Jever wird mit Bordwaffen beschossen. Sprengbomben fallen um 3 Uhr auch auf den Flugplatz Varel, wo eine *Ju 52* beschädigt wird. Eine RAF-Maschine stürzt bei

Hörnum ins Wattenmeer. Am Abend des 1. Juli werfen britische Bomber über Kiel erstmals eine fast 1000 kg schwere Bombe ab.

Der Störflieger über Dithmarschen taucht am **3. Juli** wieder auf um 0.45 Uhr und auf dem Rückflug um 1.15 Uhr. Die Flak schießt. Nachmittags zwischen 14 und 17 Uhr werden erstmals seit September 1939 tagsüber britische Flugzeuge gemeldet, vermutlich eine Kette (drei Flugzeuge) und eine Rotte (zwei Flugzeuge). Erste Bomben auf Wilhelmshavener Stadtgebiet fallen in der Nacht **4./5. Juli**. Obwohl Ballons als Luftsperre aufgelassen sind, detonieren sechs Bomben auf dem Werftgebiet. Das Oberkommando der Wehrmacht berichtet von schweren Bombenangriffen auf Schleswig-Holstein: *„Militärisch wichtige Ziele wurden nicht angegriffen. Dagegen wurden Wohnhäuser, Bauernhöfe usw. durch Bombenwürfe beschädigt oder in Brand gesetzt und dabei mehrere Zivilpersonen getötet."* Als am Abend des 5. Juli erneut Bomben auf die Kriegsmarinewerft fallen und ein Soldat stirbt, hat Wilhelmshaven seinen ersten Luftkriegstoten zu beklagen.

Am **6. Juli** werden um 0.42 feindliche Flieger über Büsum festgestellt. Um 1.15 Uhr registriert die Flak der Deutschen Erdölwerke in Hemmingstedt bei Heide weitere Einflüge von der Küste her. Über der Nordsee kommt es zu Luftkämpfen mit deutschen Jägern. Das mittlerweile berühmte U-Boot von Günther Prien kehrt von seiner sechsten Feindfahrt aus dem Atlantik zurück und bemerkt in der Deutschen Bucht drei Menschen in Seenot. Es sind deutsche Küstenflieger, die U 47 sofort an Bord nimmt. Statt wie geplant gleich den Heimathafen Kiel anzulaufen, läßt Prien in Brunsbüttelkoog festmachen, am Marinedalben auf der Südseite. Dort gehen die Geretteten an Land, und die Besatzung vertritt sich bester Laune die Beine. Acht Versenkungswimpel sind gehißt. Die Crew ahnt nicht, daß an Bord ihres letzten Opfers, des britischen Passagierdampfers ARANDORA STAR, auch hunderte deutsche Landsleute als Gefangene ertranken.

Die Bordfliegerstaffel 1./196 aus Wilhelmshaven beschädigt das britische U-Boot HMS SEALION in der Nordsee. Tags darauf, am **7. Juli**, versenkt sie vor Südwestnorwegen das U-Boot SHARK und in den folgenden vier Wochen vermutlich zwei weitere U-Boote. Nach einem Luftangriff auf Langeoog detoniert eine Zeitzünder-Bombe erst nach 18 Stunden. Beim Flugplatz Jever stürzt eine angeschossene *Wellington* des 37. Squadron in den Forst Upjever. Die Maschine durchtrennt zahlreiche Eichenstämme,

1939 bis 1940 wird in Husum an der Flensburger Chaussee die Marineartilleriekaserne gebaut, heute als Fliegerhorstkaserne geläufig. Vorn Marinehelferin Anne Maria Gamelin.
(Sammlung Trittmaack)

7. Juli 1940: Die 8. Ersatz-Marineartillerieabteilung stellt sich mit einem Marsch durch die Innenstadt den Husumern vor. Die am Vortag mit dem Zug von Altenwalde nach Husum verlegten Soldaten beziehen die neu erbaute Kaserne an der Flensburger Chaussee, wodurch Husum wieder Garnisonstadt wird. *(Foto: KANF)*

wird dabei völlig zerrissen und geht in Flammen auf. Die fünf toten Briten werden mit militärischen Ehren beigesetzt.

Langeoog und Wangerooge werden am **8. Juli** erneut bombardiert. Eine bei Reepsholt zwischen Aurich und Schortens abgeschossene Maschine ist von unten mit Sperrholz verkleidet und zur Tarnung gegen Scheinwerfer mit schwarz geteerter Leinwand überzogen. Vermutlich gehörte sie zum Coastal Command. In Wilhelmshaven stirbt bei Bombenabwürfen der erste Zivilist, in ganz Deutschland sind laut *Wochenschau* schon 488 Zivilisten durch britische Bomben getötet worden. In der Nacht 8./9. Juli fallen Bomben auf das Kurhaus in Wollersum bei Lunden und vermutlich auch in die Eider. Am Morgen des **9. Juli** schießt um 2.05 Uhr Oberfeldwebel Paul Förster von der IV. Gruppe des Nachtjagdgeschwaders 2 eine *Whitley V*, die Kiel angegriffen hatte, 20 Kilometer nördlich von Helgoland ab. Es ist die erste Nachtjagd im Abschnitt Sylt. Die mit Fallschirm abgesprungene und aufgefischte fünfköpfige Besatzung geht in Gefangenschaft.

Eine *Whitley V* wird in der Nacht **12./13. Juli** beim Angriff auf Emden in 3300 Meter Höhe von Flak in den Backbordmotor getroffen. Sergeant R.T. Langton gelingt es, das Flugzeug 70 Kilometer vor Cromer (Norfolk) notzuwassern, so daß die fünf Mann Besatzung gerettet werden. Am 13. Juli meldet Leutnant Hermann Behrend vom Stab des Jagdgeschwaders 1 den Abschuß einer Blenheim über Brunsbüttelkoog um 19.45 Uhr. Fast in jeder Nacht sind Störflieger und Minenleger über der deutschen Nordseeküste. Am **14. Juli** werden die Inseln Spiekeroog und Oldeoog bombardiert.

Die Minenleger ROLAND, KÖNIGIN LUISE, KAISER, PREUSSEN, COBRA und HANSESTADT DANZIG laufen am **15. Juli** unter der Sicherung von Torpedobooten aus Wilhelmshaven aus, um nördlich der Westwall-Minensperren und westlich des Skager-

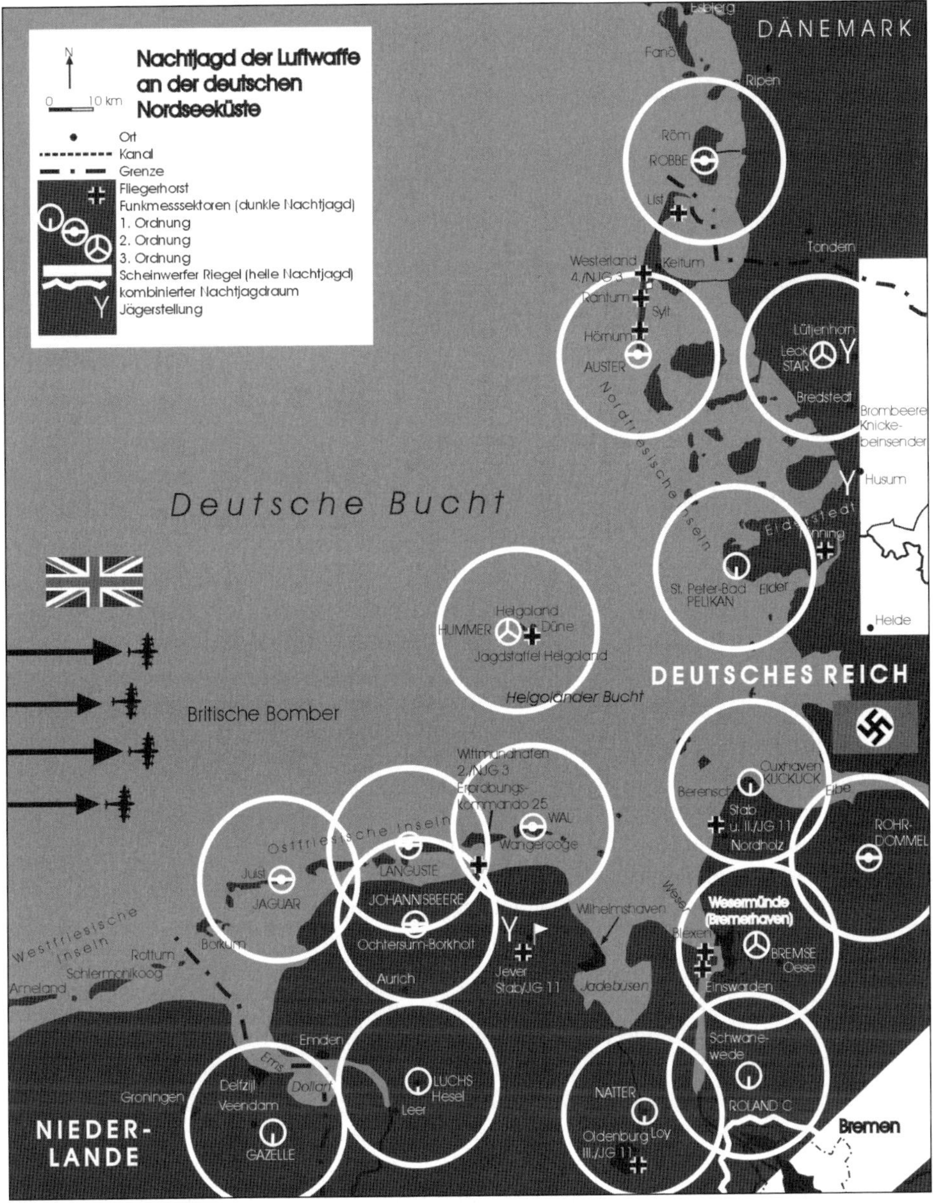

Ein fast lückenloses Netz von Funkmeßstellungen sollte die deutschen Nachtjäger bei britischen Einflügen an den Feind heranführen. Die Radarstationen trugen in der Regel einen aus dem Tierreich stammenden Decknamen und hatten einen Erkennungsradius von 35 Kilometern.

rak die Minensperre 19 zu legen. Sie soll aus 660 EMC-Minen (Einheitsmine C – in der Kugel befinden sich 250 Kilogramm Sprengstoff) und 900 Sprengbojen entstehen. Letztere werden gesetzt, um feindliches Minensuch- und Räumgerät durch Sprengung zu zerstören und damit die Minenfelder zu schützen. Als Luftaufklärer östlich von Schottland einen britischen Verband aus zwei Kreuzern und sieben Zerstörern melden, kehren die Minenleger am **16. Juli** nach Wilhelmshaven zurück, laufen am **17. Juli** wieder aus mit fünf Torpedobooten und legen die Sperre am **19. Juli** wie geplant. Auf dem Rückweg werden sie erfolglos von einem britischen Flugzeug angegriffen. Derselbe Verband läuft am 23. Juli erneut von Wilhelmshaven aus, um südöstlich anschließend die Minensperre 18 zu legen. Zusätzlich zu den fünf Torpedobooten sichern diesmal zwei Minensucher M 18 und M 19. Nach Abwehr eines Luftangriffs wird die Sperre am 24. Juli gelegt. Wegen gemeldeter Schnellboote wird durch die nördliche Nordsee zurückmarschiert.

Mitte Juli 1940 fallen Bomben auf St. Peter ohne größeren Schaden anzurichten. In der Nacht 19./20. Juli greifen RAF-Bomber das in der Kriegsmarinewerft Wilhelmshaven liegende Schlachtschiff TIRPITZ und den Schweren Kreuzer ADMIRAL SCHEER ergebnislos an. Wangerooge, Langeoog, Juist und Spiekeroog werden bombardiert. Auf Juist wird dabei ein Haus zerstört. Am Abend des **20. Juli** folgt der bisher stärkste Einflug der RAF: Zwölf Flugzeuge verminen die See etwa 30 bis 40 Kilometer westlich von Sylt und Amrum, 89 Kampfflugzeuge erreichen kurz vor Mitternacht die Küste zwischen Jade und Ems. Sie werfen ebenfalls Minen, bombardieren aber auch Wilhelmshaven und den Küstenbereich. Fünf Bomber greifen erneut die SCHEER an, im Tiefflug mit speziellen Minenbomben. Die 1000-Mann-Kaserne in Wilhelmshaven wird beschädigt. Die Flak schießt nach eigener Beobachtung alle fünf Bomber ab, zwei davon krachen in die Stadt. Der auf der Jade postierte Flakkreuzer ARCONA und die Flak von Schillig-Horumersiel schießen eine Maschine ab, deren fünf mit Fallschirm abgesprungenen Soldaten festgenommen werden. Auf die Stadt Jever und den Flugplatz Upjever sowie einige Dörfer werden Tiefangriffe geflogen. Aus Emden meldet die Flak einen sechsten Abschuß. Britische Quellen räumen den Verlust von drei *Hampdens I* des 61. Squadron ein: Eine stürzte in den Großen Hafen nahe der Kaiser-Wilhelm-Brücke (drei Besatzungsmitglieder tot, eines in Gefangenschaft), eine machte eine Bruchlandung beim Irmenhof sieben Kilometer südwestlich Jever (vier Kriegsgefangene) und eine krachte brennend auf Schlammflächen nahe Wilhelmshaven (drei Briten konnten sich mit dem Fallschirm retten und trugen nur Kratzer und blaue Flecken davon, der vierte, dessen Schirm sich nicht geöffnet hatte, starb).[172] Der finnische Frachter TRIO läuft auf dem Weg von Sundswall nach Leer am **22. Juli** vor Borkum auf eine Mine und sinkt. Um 23.55 Uhr wird der Abschuß einer *Wellington* durch einen deutschen Nachtjäger über der Nordsee gemeldet.

Strandleichen

Am Ufer von Wangerooge trieben am 22. Juli die Leichen einer Frau und eines Mannes an. Es waren die ersten Strandleichen von vielen, die hier wie auf den anderen Inseln angespült wurden: Franzosen, Belgier und Engländer, die bei den Kämpfen nahe Dünkirchen und bei dessen spektakulärer Evakuierung zwei Monate zuvor ums Leben gekommen waren. Am 30. Juli war von 17 Leichen auf Wangerooge – einschließlich der Inseln Oldeoog und Spiekeroog – und über hundert auf Borkum die Rede.[173]

Am 31. Juli wurden neun Strandleichen auf Wangerooge beerdigt, am 5. August drei Briten. Bei ihnen fand man Post. Leutnant Adolf Heger, Chef der Batterie Ostdüne, notiert: *„Der eine hatte eine Karte an seine Mutter bei sich, auf der er ihr mitteilen wollte, daß er in Frankreich angekommen sei. Der andere war nach dem Inhalt der Briefe verheiratet und hatte zwei Kinder ... Irgendwie wird den Angehörigen Nachricht zuteil werden."* Tatsächlich wurden bei identifizierbaren feindlichen Soldaten gewöhnlich über das Internationale Rote Kreuz in Genf die Angehörigen informiert. So erhielten die Eltern eines seit 1940 vermißten britischen Soldaten Mitteilung, daß ihr Sohn auf Wangerooge beerdigt sei – wenn auch erst zwei Jahre später.
Bis 7. August wurden auf Wangerooge 21 Leichen geborgen, darunter neun von der Insel Oldeoog. Unter den Toten waren auch belgische Zivilisten und mindestens drei deutsche Flieger. Auf Langeoog schwemmten am 4. August zwei und am 5. August drei Leichen an. Die Zahl der Strandleichen an der deutschen Nordseeküste ging in die Hunderte. Sie wurden normalerweise auf dem Friedhof der nächstgelegenen Kirchengemeinde beigesetzt. 1940 und 1941 kamen drei englische Piloten vor der Westküste der Halbinsel Eiderstedt zu Tode und wurden am Südhang der Kirchwarft von Westerhever beerdigt. Am 24. 10. 1943 besichtigte Jörg Benz in List auf Sylt *„auch den Friedhof, auf dem neben acht deutschen gefallenen Fliegern 35 englische Soldaten liegen, die abgeschossen oder angespült wurden. Alles ist sehr gepflegt."*
An der Waterkant wurde es zur traurigen Gewohnheit, Leichen zu finden. Aus St. Peter-Ording heißt es: *„Bi Hollebb keek hier und doar een Flugzeugwrack ut de Schlick, afschoaten vun de Flak op unse oder de Dithmarscher Sied. Un de Strand leeg vull vun Kartuschen, Pulverstangen un Karbid; af und to uk mol een Liek, de dat Water denn friegeben har."*[174] Der Besitzer der früheren „Hallig der Jungs" Süderoog, Hermann Neuton Paulsen, barg mit seinem Fuhrwerk mehrmals Tote vom Süderoogsand und erhielt dafür das Kriegsverdienstkreuz. Grausig war es für seine Besucher, wenn sie am Strand der Nordsee unvermittelt und unvorbereitet dem Tod begegneten. Elly Witthahn erinnert sich: *„Nun habe ich von allem Schönen erzählt und darf wohl nicht das unendlich Traurige verschweigen, das wir dort während des Krieges erlebten. Einen besonders schweren Tag habe ich in Erinnerung ... Das Meer hatte Leichen und Leichenteile von Soldaten auf die Sandbank gespült, die wohl mit ihren Flugzeugen ins Meer gestürzt waren ... Es war erschütternd. Alles wurde auf dem Wagen nach der Hallig gefahren und auf dem Soldatengrab beigesetzt. Wenn noch Papiere zu finden waren, hat Herr Paulsen die Angehörigen der Toten benachrichtigt."*[175]
Die toten alliierten Soldaten wurden nach 1945 auf Veranlassung der britischen Militärregierung auf Sammelfriedhöfe umgebettet. Für Schleswig-Holstein war dies besonders der britische Zentralfriedhof in Kiel und für Niedersachsen der Sage War Cemetery in der Gemeinde Großenkneten im Landkreis Oldenburg, ein nach dem Krieg von der Commonwealth War Graves Commission eingerichteter Friedhof. Dort sind 948 britische, kanadische, australische und neuseeländische Soldaten vor allem der Luftwaffe beigesetzt.

Eine *Do 17 Z* der 1./Küstenfliegergruppe 606 aus Westerland greift am **23. Juli** in der Nordsee vor Kristiansand ein U-Boot an, das Minen legt. Dabei versenkt die Crew von Fliegerleutnant Karl Müller vermutlich die HMS NARWHAL. Die Küstenflieger von Sylt erleiden aber auch eigene Verluste. Bei Rantum auf Sylt verunglücken am **25. Juli** zwei Feuerwerker der Kriegsmarine beim Entschärfen einer Anti-U-Bootmine. Eine *Blenheim IV*, die Wilhelmshaven angreifen soll, geht am frühen Morgen des **26. Juli** über See verloren (drei Tote). Der deutsche Frachter MONTAN sinkt in der Emsmündung durch britische Luftminentreffer.

Die Einwohner von Heide müssen unterdessen die eigene Flak mehr fürchten als die britischen Bomber. In der Nacht **26./27. Juli** landet ein Blindgänger der 3,7-cm-Flak im Landweg 86 im Schlafzimmer des Oberpostsekretärs i.R. Holmer. Ein Blindgänger gleichen Kalibers landet in der Weddingstedter Chaussee 91 im Schlafzimmer von Frau Ebe-

Kriegsgefangene Franzosen werden in Heide in der Landwirtschaft eingesetzt. (Foto: Stadtarchiv Heide)

Kriegsgefangene bauen 1940 Torf im Moor bei Braaken (Gemeinde Hemmingstedt) ab. (Foto: Stadtarchiv Heide)

Das ab 1940 verwendete großformatige Propagandaplakat „Verdunkeln!“ erinnerte in öffentlichen Gebäuden drastisch an die abendliche Verdunklungspflicht für Eigentümer und Mieter.
(Original im Stadtarchiv Heide)

ling. Am 2. September fällt um 1.45 Uhr ein Blindgänger der 3,7-cm-Flak in der Großen Westerstraße durch das Dachgeschoß ins Erdgeschoß der Wohnung des Wachmanns Willy Claußen. Ebenso rauscht in der Nacht 4./5. September ein 3,7-cm-Flakgeschoß am Landweg 23 ins Haus von Steinmetzmeister Hargens. Frauen und Kinder an der „Heimatfront“ gewöhnen sich auch an den gefährlichen Splitterregen, wenn die Flak schießt. „Es kam öfter was aufs Dach geprasselt“, erzählt ein in Kating aufgewachsener Zeitzeuge dem Autor. Das Personal des Städtischen Krankenhauses in Marne in der Hafenstraße (jetzt Pflegeheim) mußte aufpassen, wenn es während eines Luftalarms vom Hauptgebäude zu den Baracken wechselte. „Einmal wurde ich von einem Splitter fast in die Wade getroffen“, berichtet eine ehemalige Marnerin.

An der Chaussee von Heide nach Rendsburg fallen auf Höhe Bennewohld-Wald am **29. Juli** gegen 1.13 Uhr 20 Brandbomben. Der inzwischen zum Oberst beförderte Kommodore Schumacher erhält das Ritterkreuz. Sein reichsweit bekanntes Jagdgeschwader 1 in Jever vernichtete bisher 151 Flugzeuge. In der Nacht **2./3. August** richten Bombenwürfe zwischen Lunden und Wollersum keinen Schaden an. In den ersten Augusttagen fallen in jeder Nacht einige Bomben auf Ostfriesland, so am **6. August** auf den Flugplatz Wangerooge. Nach heftigem Flakbeschuß stürzt die Maschine zwischen Wangerooge und Helgoland ins Meer. Im Kaiser-Wilhelm-Koog (Süderdithmarschen) beschädigten Spreng- und Brandbomben das Haus Hamann und töteten zwei Pferde. In der Nacht **7./8. August** wirft ein britisches Flugzeug im Westen des Husumer Fliegerhorstes nahe der Kampsiedlung eine Bombe, die aber nicht detoniert.

Die Minenschiffe ROLAND, COBRA und BRUMMER legen in der südwestlichen Nordsee die offensive Minensperre SW 1 mit rund 600 Minen. Die Sicherung übernimmt die 5. Torpedobootflottille. Am 31. August geraten auf die Sperre drei britische Zerstörer, die ihrerseits nordwestlich von Texel die Minensperre CBX.5 ausbrachten.

In der Nacht **8./9. August** wird Emden aus der Luft angegriffen. Am **10. August** kommt das Geleitboot F3/HAI in Cuxhaven an, bisher Führerboot des Führers der Minensuchboote Ost, Konteradmiral Hans Stohwasser. Als Stohwasser nun F.d.M. Nord wird und den Bereich der Deutschen Bucht übernimmt, erfolgt die Verlegung. Für zwei Monate bleibt Cuxhaven Standort des Bootes. Im Oktober wird Stohwasser jedoch Befehlshaber der Sicherung der Ostsee. Der neue F.d.M. Nord, Kapitän Kurt Böhmer, bleibt mit HAI vom 17. 10. 1940 bis zum 21. 5. 1941 in Wilhelmshaven stationiert, um dann zur Vorbereitung des Angriffs auf die Sowjetunion in die Ostsee auszulaufen. Am **12. Au-**

Der deutsch-britische Luftkrieg an der Nordsee mit den im Buch erwähnten RAF-Startbasen und den deutschen Militärflugplätzen an der Nordseeküste.

gust wird eine *Whitley* gegen 5.50 Uhr bei Wilhelmshaven durch Flak leicht beschädigt und zur Landung in Upjever gezwungen. Die fünfköpfige Besatzung geht in Gefangenschaft.

4 „Adlertag" – Luftschlacht um England

In seiner „Weisung Nr. 17" gab Hitler den „verschäften Luft- und Seekrieg" gegen England ab 5. August 1940 frei. *„Die deutsche Fliegertruppe hat mit allen zur Verfügung stehenden Kräften die englische Luftwaffe möglichst bald niederzukämpfen."* Danach sollten die Häfen bombardiert werden. Zweck der geballten Schläge war es, eine deutsche Landung auf der britischen Insel zu ermöglichen. Die Invasion wollte der Diktator nur wagen, wenn vorher die Luftherrschaft errungen war. Die Kriegsmarine bereitete die Landung als Unternehmen S e e l ö w e parallel zur laufenden Luftschlacht vor. Diese erreichte ab 13. August (A d l e r t a g) ihren Höhepunkt.

Die Deutschen hatten auf ihren Basen in Frankreich etwa fast 1500 Bomber und 980 Jagdmaschinen und Zerstörer zusammengezogen. Von Norwegen aus konnten weitere 200 Maschinen eingesetzt werden. Die Zeit drängte, denn schon Mitte September sollte die Invasion erfolgen. In pausenlosen Einsätzen wurden Angriffe geflogen. Bei der Bombardierung englischer Städte spielte der Knickebein-Sender auf dem nordfriesischen Stollberg (Gemeinde Bordelum bei Bredstedt) eine wichtige Rolle. Zu Beginn der nächtlichen Luftangriffe wurden lediglich dieser Sender und ein zweiter in Kleve am Rhein auf den Zielort ausgerichtet. Dieses Funkleitstrahl-System wurde dann um mehrere Standorte erweitert, aber bereits 1940 von den Briten gestört.

Die Briten erkannten die Anflüge mit Hilfe ihres fortgeschrittenen Radarsystems von weitem und schickten frühzeitig Jäger zur Abwehr. Die Bomber der Luftwaffe konnten auch mangels Reichweite kaum zu den entscheidenden britischen Flugplätzen und Rüstungsstätten vordringen. Es gelang ihnen nicht, die Radarstellungen auszuschalten. Die britische Jägerwaffe erwies sich als ebenbürtig. Beide Seiten verloren hunderte Flugzeuge.[176] Ab 7. September ließ die Luftwaffe von der Royal Air Force ab und griff stattdessen vier Wochen lang London an. Da die Allierten inzwischen auch Berlin bombardierten, handelte es sich nicht zuletzt um eine Prestigefrage. Militärisch gesehen war der deutsche Strategiewechsel falsch. Die durchaus angeschlagene RAF konnte zwischenzeitlich produzierte Flugzeuge zuführen und ihre beschädigten Bodeneinrichtungen reparieren. Die Luftwaffe rieb sich noch weiter auf und erlangte ihre alte Stärke nie wieder. Es war Hitlers erste große Schlappe in diesem Krieg.

Die deutsche Bomberoffensive gegen England führte zu einer weiteren Eskalation der Kriegführung, in der moralische Bedenken und Rücksichtnahme auf die Zivilbevölkerung verschwanden. Der britische Informationsminister Duff Cooper kündigte im August im Rundfunk an, die Royal Air Force werde Hamburg „pulverisieren". Als Erwiderung drohte Hitler am 4. September im Berliner Sportpalast: „Wenn sie erklären, sie werden unsere Städte in großem Ausmaß angreifen – wir werden ihre Städte ausradieren!"

Diese kurzen Ausführungen mögen reichen, weil an der Luftschlacht um England kaum Einheiten von der Nordseeküste beteiligt waren. Die an der Deutschen Bucht verbliebenen Flugzeuge unterstützten indirekt durch Fernaufklärung und Minenaktionen. Anders verhält es sich mit dem Unternehmen S e e l ö w e, das für die Schiffahrt an der Nordseeküste einschneidende Folgen zeitigte …

5 *Generalprobe für „Seelöwe"*

Am 2. Juli 1940 entschied Hitler, daß „unter bestimmten Voraussetzungen" eine Landung in England in Frage komme. Die britischen Oberbefehlshaber erwarteten dies schon. Das britische Luftfahrtministerium beauftragte die Royal Air Force bereits am 4. Juli, deutsche Kriegsschiffe der „Invasionsflotte" in den Häfen Rotterdam, Wilhelmshaven, Bremen, Brunsbüttel, Hamburg und Kiel zu bekämpfen. Am 16. Juli erließ Hitler die „Weisung Nr. 16" für die Vorbereitung einer Landung in England (Unternehmen Seelöwe). Alle drei Wehrmachtteile begannen mit den Vorbereitungen. Der Termin der Landung war mit den Worten „wenn nötig" nur unbestimmt angegeben.

Die Luftwaffe rang im August, wie geschildert, verbissen um die Luftherrschaft wenigstens über dem Ärmelkanal und Südengland. Das Heer bestimmte die 9. und 16. Armee für den Hauptstoß von der französischen Kanalenge aus. Ab August 1940 nahm die 30. Infanteriedivision, der viele Schleswig-Holsteiner angehörten, an den Vorbereitungen für Seelöwe teil. Nach fünf Wochen im besetzten Paris wurde das 46. Infanterieregiment nach Livarot in die Normandie verlegt. In dem Abschnitt zwischen Caen und Lisieux bereitete die Division das Unternehmen mit vor. *„Für viele Wochen wurden viele Küstenstädte zum Schauplatz ausgedehnter Manöver, die das Verladen und Anladen von Truppen auf See und an Steilküsten zum Übungsgegenstand hatten"*, heißt es in der Regimentsgeschichte (S. 29). Die Landung sollte insgesamt in breiter Front von Ramsgate bis westlich der Insel Wight erfolgen. Die Briten gingen von einer Invasion zwischen Themse-Mündung und der Straße von Dover aus, also auf einem viel kleineren und weiter nördlich gelegenen Küstenabschnitt.[177]

Die Kriegsmarine hatte nun für einen möglichst minenfreien Kanal zu sorgen, gleichzeitig das geplante Unternehmen aber auch nach Ost und West mit eigenen Minen abzuschirmen. Die Kriegsschiffe an der englischen Südküste mußten verschärft bekämpft werden. Die deutsche Marineartillerie entlang der französischen Küste wurde verstärkt durch Verlegung von Flakbatterien aus dem Reich.[178]

Das Fehlen besonderer Landungsboote stellte für die Kriegsmarine die größte Schwierigkeit dar, sollten doch schon in der ersten Angriffswelle 90 000 Mann auf die britische Insel übergesetzt werden. Man verfiel auf antriebslose Prähme und Leichter als Ersatz. Diese brauchten aber Schlepper, die sie in die Nähe der britischen Küste brachten, und dort hätten die Landungstruppen – wahrscheinlich längst unter britischem Artilleriefeuer und Luftangriffen – erst noch auf kleine Boote und Schiffe umsteigen müssen! Der unausgegorene, ja selbstmörderische Plan wurde ernsthaft verfolgt. Demnach bedurfte es tausender unterschiedlicher Fahrzeuge und entsprechend vieler qualifizierter Schiffsführer. So wurden Fischer zur Marine eingezogen und in Übungen auf eine Invasion vorbereitet. Eine der größten Kutterflotten an der Nordsee lag in Büsum. Daher fand 1940 eine solche größere Übung auf dem Tertiussand vor Büsum statt.

Mit drei Bataillonen des Lehrregiments z.b.V. 800 „Brandenburg", Einheiten aus Aachen und der Büsumer Marine-SA übten die Fischer die Landung. Die Soldaten gingen im Büsumer Hafen auf die Kutter und auf kleine offene Boote. Sie wurden zum Dampfer DEIME gebracht, der sie auf der Tertius-Sandbank absetzte. Im Wattenmeer wurde das Ausladen, Schießen und Sprengen geübt, auf Helgoland anschließend das Überwinden von Steilufern. Drei Wochen lang dauerte die Übung.

Die für Transporter zuständige Schiffahrtsabteilung des Marinekommandoamtes bildete ein Sonderkommando, das bei Emden Landungserprobungen vornahm.[179] Der Land-

Das Spezialregiment „Brandenburg" übt im Sommer 1940 auf dem Tertiussand vor Büsum die Landung in England (Unternehmen „Seelöwe"). Das Bild zeigt das Ausbooten. (Foto: Amtsarchiv Büsum)

Schießübungen der „Brandenburger" auf dem Tertiussand. (Foto: Amtsarchiv Büsum)

Ein Motorrad mit Beiwagen wird nebst anderem schweren Gerät an Land gesetzt.
(Foto: Amtsarchiv Büsum)

kampf wurde hauptsächlich auf Sylt geprobt. Mehr als 1000 Soldaten nahmen teil. Am 20. Juli startete östlich von Hörnum ein spektakulärer Truppenversuch. Auf ein Versuchsschiff verladene Panzer rollten auf einer Rampe ins Wasser und fuhren getaucht an die Küste, eine Boje für Belüftung und Funkantenne hinter sich herschleppend. Die in Hörnum eingerichtete Lehr- und Versuchskompanie leitete diese Waffenerprobung. An der Sylter Westküste übten Pioniere derweil den Bau von Holzrampen für das schwere Gerät aus den für die Landung vorgesehenen Transportschiffen. Knüppeldämme wurden verlegt und Küstenabschnitte versuchsweise mit Nebelbomben der Sicht entzogen. Die Versuche waren derart geheim, daß der Kommandant im Marineabschnitt Sylt erst Wochen später nach deren Beendigung seinen Vorgesetzten, den Küstenbefehlshaber Nordfriesland in Cuxhaven, davon unterrichtete. Die Züge, der Briefverkehr und die Gäste in den Sylter Hotels wurden verstärkt überwacht. Hohe und höchste Generäle des Heeres flogen am 2. August in zwei *Ju 52* von Frankreich nach Westerland, wo sie vom Befehlshaber des Luftgaues XI, General der Flieger Wolff, begrüßt wurden.[180] Neben Heeres-Oberbefehlshaber Generaloberst Walther von Brauchitsch und OKH-Generalstabschef General Franz Halder gehörte General Alfred Jacob zu der Abordnung. Letzterer hatte in Frankreich ein „Versuchsbataillon des OKH für den Bau seetüchtiger Fähren aus Behelfsgerät, Mitteln des Landes und Kriegsbrückengerät" aufzustellen. Seine Pioniere sammelten jedwedes schwimmfähige Material, von den Pflanzendaunen des Kapokbaumes über Benzintanks bis hin zu Weinfässern – ein überdeutlicher Beleg dafür, wie unzulänglich die Mittel für eine Invasion waren und wie überstürzt sie durchgeführt werden sollte.

Sommer 1940: In Wilhelmshaven sind Prähme und Kähne für das Unternehmen „Seelöwe" zusammengezogen worden. *(Foto: Bundesarchiv Koblenz)*

6 Mit dem Kutter in den Krieg

Deutschland verfügte bei Kriegsbeginn über die siebtgrößte Fischereiflotte der Welt. An der Nordseeküste waren Wesermünde, Cuxhaven und Büsum die wichtigsten Häfen für die Fischerei. Die meisten an der Nordsee liegenden Krabben- und Fischkutter wurden zu Seelöwe herangezogen. Von den 172 bei Gröner[181] verzeichneten Motorfischkuttern der schleswig-holsteinischen Westküste tragen 133 oder 77 Prozent einen entsprechenden Vermerk. Von Nord nach Süd:

Heimathafen Pellworm 6 von 6 Kuttern (100 Prozent)
Heimathafen Husum 11 von 16 Kuttern (69 Prozent)
Heimathafen Tönning 10 von 16 Kuttern (63 Prozent)
Heimathafen Wesselburenerkoog 1 von 1 Kutter (100 Prozent)
Heimathafen Büsum 75 von 91 Kuttern (82 Prozent)
Heimathafen Warwerort 0 von 1 Kutter (0 Prozent)
Heimathafen Adolf-Hitler-Koog 23 von 34 Kuttern (68 Prozent)
Heimathafen Neufeld 7 von 7 Kuttern (100 Prozent).

Obige Zahlen sind nicht ganz vollständig. Laut Deutschem Fischerei-Almanach 1939 gab es zu Kriegsbeginn in Husum 20 Krabbenkutter. 14 davon (70 Prozent) nahmen nach Angaben im Husumer Schiffahrtsmuseum teil.[182] In Büsum gab es laut Almanach 132 Kutter. Von ihnen wurden nach Informationen von Randolf Kugler und Kurt Winter 93 zum Kriegsdienst gechartert[183] (ebenfalls 70 Prozent), davon aber nur 76 unmittelbar für Seelöwe (58 Prozent). Nach den Rückführungen blieben bei Kriegsende 106 Büsumer Kutter nach (2010 ist die Flotte auf 13 Kutter geschrumpft).

Die zur Kriegsmarine eingezogenen Büsumer Fischer bekamen in Neustadt von Kapitänleutnant Leydholt den Auftrag, Sportboote aus Berlin zu holen. Mit 30 bis 40 Motorbooten und Motoryachten erreichten sie über Oder und Elbe mit Ach und Krach die Stadt in Ostholstein. Zwei Drittel der Boote hatten Motorschaden. Daraufhin mußten die Büsumer ihre eigenen Kutter holen. Um den 12. Juli herum startete die erste Teilflottille mit neun Kuttern. Über Helgoland, Delfzyl und Ostende ging es nach Calais und Boulogne. Es handelte sich um eine Vorhut. Die Marineleitung ging nun dazu über, gleichzeitig Kutter, deren Eigner und ihre Helfer einzuziehen. Anfang August gingen die kurzfristigen Mitteilungen an die Fischer in den Nordseehäfen hinaus. 1940 zog die Wehrmacht an sich noch keine 16-Jährigen zum Kriegsdienst heran. Als Mitglied einer Kutterbesatzung wurde aber der Büsumer Fischer Wilhelm Lundt in diesem Alter mit einberufen. Einsatzbeginn war nach den Angaben bei Gröner zwischen dem 10. und dem 16. August 1940.

Der bei Dawartz in Tönning gebaute Krabbenkutter FRI 75/ALICE wurde am 10. August ohne Zwischenstopp nach Emden überführt, wie auch die 14 Kutter aus Husum. Bei der Fahrt im Konvoi rätselten die Fischer, was wohl das eigentliche Ziel sei. Der Husumer Claus Lass mußte mit seinem Kutter HUS 9 mitmachen und ist einer der letzten lebenden Teilnehmer. In Emden, erinnert er sich, begrüßte ein höherer Offizier der dortigen Marine die Seeleute. Insgesamt waren es mehrere hundert. In der Kaserne wurden sie als Marinesoldaten eingekleidet. *„Wi kreegen een Uniform hinschmeeten un weern glieks Maat."* Tatsächlich durfte nun jeder Schiffsführer auf einem kleinen Boot als Maat, auf einem größeren Kutter als Obermaat herumlaufen.

Eine Formalausbildung fand nicht statt. Warten war angesagt. *„Eenmol keem een Kaleu an un meen, wi schulln gröten"*, so der 89-Jährige. Die Fischermeister aber ließen durchblicken, daß sie nicht zum Grüßen ausgebildet wurden, sondern in besonderer Mission als Sondermaat unterwegs seien. *„Dor harr he denn Respekt vör."* Eine Vereidigung fand nicht statt, den deutschen Fischern wurde vertraut. Die Kutter wurden registriert und die Männer endlich über ihren Einsatz in Frankreich unterrichtet. Die Fischer sollten nach Calais fahren, aber wegen Geheimhaltung und Minengefahr auf Binnenwasserstraßen. In Gemeinschaftsarbeit wurden die Masten abgebaut und an Land eingelagert, denn es waren viele Brücken zu unterqueren. Je 15 Boote bildeten eine Gruppe und fuhren in Kiellinie unter Leitung eines Marineoffiziers. Nach vielen Windungen und Schleusen wurde Calais erreicht. Dort legten die Fischer in einem Fluß an. Sie beobachteten jeden Morgen, wie Panzer in Frachtschiffe hineinfuhren. Abends wurden sie anscheinend wieder ausgeladen, damit sie bei eventuellen Luftangriffen nicht mit versenkt wurden. Auch wurden jeden Morgen die feindlichen Flugzeuge gezählt. Einmal holte Lass einen abgeschossenen Piloten mit aus dem Wasser. *„De reep uns op Plattdüütsch to: Hol mi mol rut"* – es war ein Hamburger. Lass betont, das Unternehmen sei „dilettantisch vorbereitet" gewesen. Schlepper sollten die Prähme mit den Landungstruppen auf die andere Seite des Ärmelkanals bringen. Dann war geplant, daß die Fischerboote längsseits gehen und Soldaten, Gerät und Material aufnehmen und anlanden. *„Bi den groten Tidenhub gung dat gorni, awer een Minschenlewen weer för de Föhrer ni veel wert"*, gibt Lass zu bedenken. Der Wasserstand variiert in Südostengland zwischen den Gezeiten teilweise um mehr als sechs Meter. Der Tidenhub war also mehr als doppelt so hoch wie im nordfriesischen Wattenmeer.

Aus Büsum lief am 15. August die zweite Teilflottille aus.[184] Der Büsumer Kapitän Paul Christiansen mit seinem neuen Kutter SC 21/FEUERLAND II sollte die Flottille führen und erhielt den Rang eines Obersteuermannsmaates.[185] Auf Helgoland mußte wegen

Von Deutschland überführte Fischkutter warten 1940 mit Tarnanstrich in Frankreich auf eine mögliche Landung in England. (Sammlung Kurt Winter)

Büsumer Fischer in einer französischen Hafenstadt 1940. (Sammlung Kurt Winter)

Büsumer Fischer halten ihren Kutter 1940 für das Unternehmen „Seelöwe" bereit.
(Sammlung Kurt Winter)

Sturms und Treibminen zwei Tage pausiert werden. In Emden dauerte es zwei Tage, die Männer in Marineblau einzukleiden. Besatzungsmitglieder, die über 45 Jahre alt waren, durften bereits hier nach Hause fahren. Nach zwei Wochen mußten auch die Büsumer für die holländischen Kanäle die Masten entfernen. Auf der Weiterfahrt von Brügge nach Ostende wurden einige Kutter von britischen Fliegern angegriffen. Nach einem „touristischen" Stopp in Dünkirchen erreichten die Büsumer am 13. September Boulogne. Hier war schon die englische Küste zu sehen, wo etliche mit Drähten zusammengekoppelte Fesselballons gegen deutsche Flieger emporgelassen waren.

Die Dithmarscher Kutter wurden der Hafenschutzflottille Boulogne zugeteilt und erhielten Geschütze. Auf einem dieser Kutter fuhr der spätere Büsumer Schulleiter Kurt Schulte auf Vorposten. Nachts wurde auf etwaige Landungsversuche der Briten geachtet, tags mußten zwischen dem Cap Gris Nez im Norden und Le Touquet im Süden – ein Küstenabschnitt von fast 40 Kilometern – abgeschossene Flieger aus dem Kanal gerettet werden, denn es tobte gerade „The Blitz" über London.

Kurt Winter, wie Schulte lange Jahre Büsumer Amtsarchivar, tat damals Dienst auf einem Vorpostenboot weit vor der norwegischen Küste. Auch dort wurde der Dienstablauf für S e e l ö w e geändert. Statt Geleitzugsicherung stand nun das Ablaufen bestimmter Kurse an. *„Wir waren da fast näher an England als an Norwegen, mußten jedes Seefahrzeug in Sicht und Flugzeuge melden"*, erinnert sich der 91-Jährige. *„Dann mußten wir auch schon sehen, daß wir wegkamen. Auf dem gleichem Strich sind wir zurückgefahren."* Flugzeuge bekämpfen konnten sie nicht. „Die waren zu hoch für unsere Flak." Der Büsumer bestätigt, daß die Seeüberwachung auf beiden Seiten große Lücken aufwiesen: *„In der Deutschen Bucht waren die Abstände zwischen den Streifen nicht so groß."*

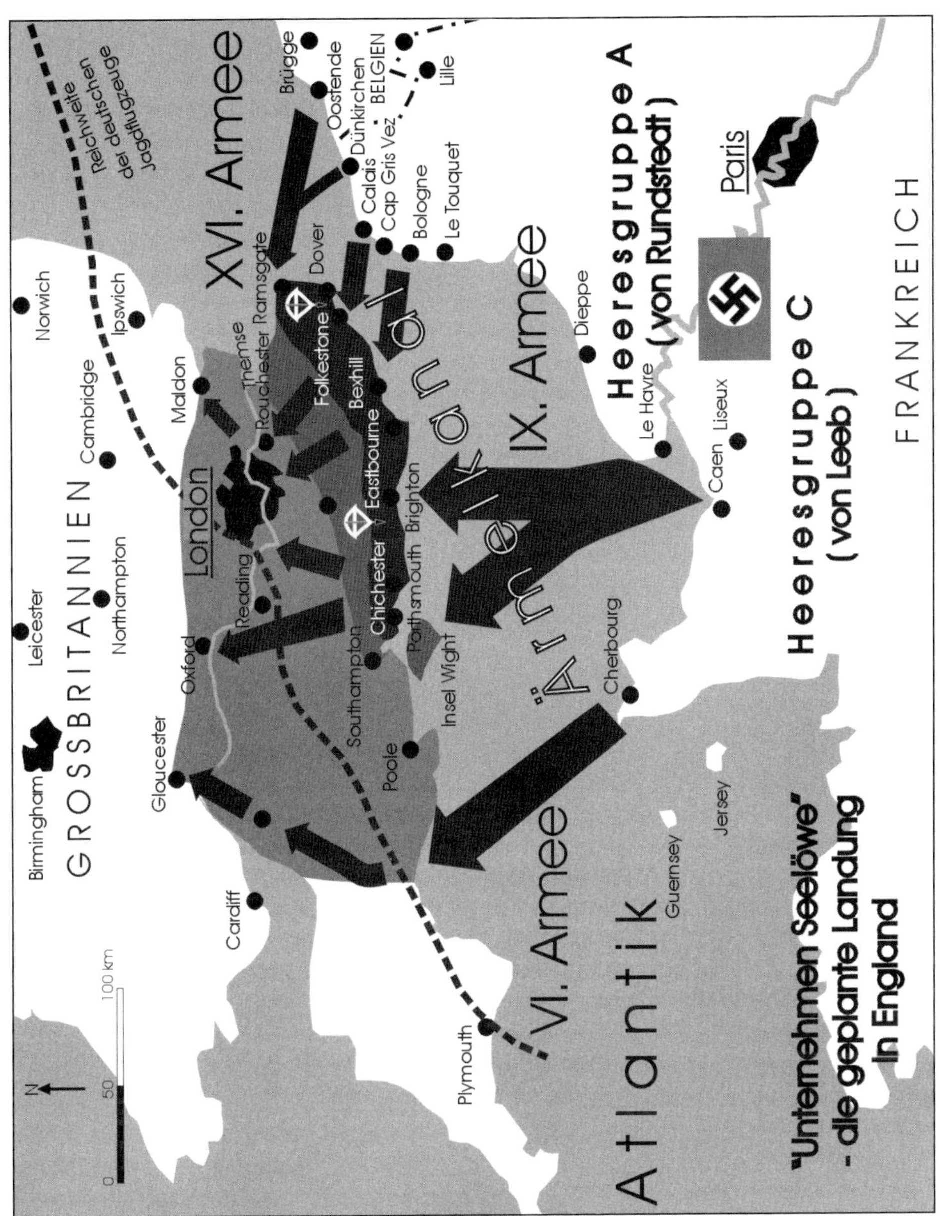

Für die 1940 geplante Landung an der südenglischen Küste sollten sich die Heeresgruppen A (Generalfeldmarschall Gerd von Rundstedt) und C (Generalfeldmarschall Wilhelm Ritter von Leeb) bereithalten. Eine Vielzahl verschiedenster Boote und Schiffe wurde in den Kanalhäfen zusammengezogen, um die Armada zu transportieren. Der Luftwaffe gelang es aber nicht, die nötige Luftherrschaft über dem Operationsgebiet zu erringen, so dass die Voraussetzung für „Seelöwe" entfiel.

Die Boote aus Emden waren in der „Motorbootabteilung Emden“ zusammengefaßt. In den Bereitstellungshäfen, überwiegend in der Normandie, wurden die Kutter aus Nordfriesland und Dithmarschen größtenteils der 60. Motorbootflottille (vermutlich Calais) und der 80. Motorbootflottille (Le Havre) zugeteilt.

7 „Seelöwe“ wird abgeblasen

Inzwischen erwies sich, daß Hitler die nötigen Vorbereitungen für S e e l ö w e bei weitem unterschätzt hatte. Zunächst gab er vier Wochen Zeit, am 31. Juli teilte er Großadmiral Raeder den 15. September als Invasionsdatum mit. Der endgültige Termin sollte nach einem einwöchigen verschärften Luftkrieg gegen England festgelegt werden. Obwohl der Erfolg ausblieb, griff das Oberkommando der Wehrmacht zu einem weiteren Mittel im Kampf gegen Großbritannien, das auch im Kontext zu S e e l ö w e gesehen werden kann: der „totalen Blockade“ Englands. Das Seegebiet um die britische Insel wurde am 17. August zum Sperrgebiet erklärt. Dieses begann an der belgisch-französischen Grenze östlich von Calais und erstreckte sich dann strikt nach Norden in die Nordsee bis nördlich der Shetland-Inseln. Es umfaßte den Ärmelkanal bis auf das französische Küstenvorfeld und reichte westlich weit in den Atlantik hinein. In dem Gebiet, das sich fast genau mit der Kriegszone deckte, deren Befahren amerikanischen Schiffen verboten war, durften nach deutscher Lesart künftig alle Schiffe warnungslos versenkt werden. Jedes neutrale Schiff setzte sich der Gefahr der Vernichtung aus.

Am 29. August siedelte das Vorauskommando der Operationsabteilung des Befehlshabers der U-Boote nach Paris über, weil alle Befehlsstellen der Marine für die Operation S e e l ö w e in Paris zusammengefaßt werden sollen. Am 1. September folgte Dönitz’ Stabsabteilung aus Sengwarden. Raeder meldete, daß die Kriegsmarine nicht vor dem 20. September einsatzbereit sei. Am 3. September nahm Hitler den 21. September für die Invasion in Aussicht.

Anfang September erkannten britische Aufklärer Schiffsansammlungen in den französischen Kanalhäfen. Das Bomber Command konzentrierte sich nun ganz auf die Bekämpfung der deutschen Landungsflotte in ihren Bereitstellungshäfen an der Westküste des Kontinents. Insgesamt waren am 4. September für das Unternehmen erfaßt: 168 Transportdampfer mit 700 000 Bruttoregistertonnen, dazu 419 Schlepper und Fischdampfer, 1910 Prähme und Leichter sowie 1600 Motorboote. 1200 Kähne lagen zwischen Ostende und Le Havre, als die Royal Air Force zuschlug: 200 Schiffe und Boote wurden durch Bomben zerstört.

Ein herber Rückschlag für die Invasoren, doch das Projekt ließ sich ohnehin nicht länger verheimlichen und aufrechterhalten. Die Bereitstellung des Schiffsraums in den Niederlanden, Belgien und Frankreich führte zu dramatischen Engpässen in der deutschen Kriegswirtschaft. Die Versorgung von Industrie und Bevölkerung war nicht mehr in vollem Umfang möglich. In den Häfen fehlten Schlepper, für den Fischfang mußten zum Teil nicht seefähige Binnenschiffe herangezogen werden. Weil die Besatzungen weg waren, stellten sich notgedrungen die Altfischer wieder zur Verfügung. Die Werften waren fast nur noch mit Umbauten an den für die Landung vorgesehenen Schiffen beschäftigt, die Neubauraten sackten ab, selbst die U-Boot-Produktion wurde gestreckt. Eine längere Entnahme der Schiffskapazitäten hätte auch die Lebensmittelversorgung bedroht: un-

Frankreich 9. Oktober 1940: Im Hafen von Fécamp stehen deutsche Gebirgsjäger bereit, an Bord der getarnten Fischkutter zu gehen. Da die Landung in England „bis auf weiteres" verschoben ist, geht es zurück in Richtung Heimat. *(Foto: Bundesarchiv Koblenz)*

mittelbar die Belieferung der Großstädte und mittelbar durch das Ausbleiben von Düngermittellieferungen die nächstjährige Ernte.

Die Briten wurden am 5. September noch in Schrecken versetzt, weil wegen der starken Luftangriffe erstmals „Invasionsalarm" ausgelöst wurde. Doch die deutsche Luftwaffe war über England schon gescheitert, die unerläßliche Voraussetzung für S e e l ö w e entfallen. Hitler beerdigte die Landungspläne praktisch, indem er am 6. September die Verlegung von 15 Divisionen nach Osten befahl.

Die Kriegsmarine wurde dagegen noch hingehalten. Die Eisenbahnfähre SCHWERIN zum Beispiel mußte am selben Tag nach Cuxhaven verlegen, um beim Unternehmen S e e l ö w e beim Legen von Minensperren mitzuwirken. Täglich vernichteten britische Bomber Schiffe der Transportflotte, am 21. September sogar gleich neun Dampfer, 51 Prähme und einen Schlepper. Weitere Verluste wurden den deutschen Zivilschiffen durch die Verminung der dortigen Küsten beigebracht.

Auch die Wetterbedingungen wurden immer ungünstiger. *„Fast zwei Monate dauerten die Vorbereitungen, dann konnte auch der letzte Landser an den zunehmenden Herbststürmen erkennen, daß die Aktion ‚Seelöwe' in diesem Jahre nicht mehr zur Durchführung gelangen würde"*, so die Chronik des Infanterieregiments 46.[186] Am 17. September verschob Hitler das Unternehmen „bis auf weiteres". Am 12. Oktober nannte er den Zeitraum Frühjahr 1941. Die Vorbereitungen sollten bis dahin fortgesetzt werden in der realitätsfernen Annahme, sie stellten ein Druckmittel gegenüber London dar. So wurden noch weitere Fischdampfer zu Leichten Artillerieträgern für Flak und MGs umgerüstet, die meisten Schiffe aber ihren gewohnten wirtschaftlichen Aufgaben wieder zugeführt. Die Emder Fischlogger waren nicht länger Hilfskriegsschiffe, Minensucher und Vorpostenboote, sondern wurden ihren Eignern zurückgegeben. Ebenso kehrten die Fischerboote von Tönning zurück und daraus konnten die Eiderstedter schließen, daß eine Landung in England aufgegeben worden war. Die Husumer Fischer wurden im Herbst unterrichtet, daß der Einsatz nicht stattfinde. Sie schlichen über die Kanäle zurück nach Emden, bauten dort ihre Masten wieder an und gaben die Uniformen ab. Ende Oktober waren sich auch die Briten sicher und begannen mit der Verlegung von Truppen nach Ägypten zum Kampf gegen Italien. Die Reichsregierung aber verheimlichte dem Volk die Niederlage im Ringen mit Großbritannien und den nicht mehr auszugleichenden Verlust etlicher Schiffe. Daß die NSDAP im Oktober 1940 in Schleswig-Holstein 700 Propagandaveranstaltungen abhielt, sollte sicherlich von diesen ersten militärischen Rückschlägen ablenken.

Die Rückgaben an die Eigner erfolgten zwischen dem 12. September und dem 11. Dezember 1940[187], falls die Kutter nicht – was oft der Fall war – neuen militärischen Aufgaben zugeführt wurden. Dazu einige Beispiele:

Der Tönninger Kutter TÖN 14/SEESTERN und der Husumer Kutter HUS 15/HANS kamen 1943 zur Nebelträgergruppe Brunsbüttel. Das heißt, sie mußten Nebelsäure transportieren. SEESTERN geriet am 20. Mai 1944 auf der Überführung von Tönning nach

Abschrift

4

Der Admiral
der Kriegsmarinedisnststelle
Hamburg
B.=Nr. Schiffahrts-Abtl.

(24) Hamburg13, den 2.Mai 1945
Harvestehuderweg 5

B e s c h e i n i g u n g.

Der Mfk. "Olv. 1/Marie Wilhelmine" war vorübergehend während des Krieges von der Kriegsmarine erfasst und ist mit dem heutigen Tage, dem 2. 51 45 dem Eigentümer: Hans Petersen, Olversum 69, wieder zur Verfügung gestellt. Der Eigner ist berechtigt das Fahrzeug nach Auffinden im Nordostseeekanal bezw. einem Hafen an der Ostküste Schleswig-Holsteins wieder in seinen Besitz zu nehmen und nach Olversum zu überführen.

Dienstsiegel der
Admiral der Kriegsmarine-
dinststelle Hamburg

Im Auftrage
gez. Unterschrift
Kapitän

Die Richtigkeit der Abschrift beglaubigt:

Kating, den 17.Januar 1953

Standesamt in Kating Kreis Eiderstedt

Der Standesbeamte
in Vertretung

Auf verblüffend einfache Weise entledigt sich die Kriegsmarine im Mai 1945 ihrer Verpflichtungen gegenüber einem enteigneten Eiderstedter Fischer: Er könne seinen Motorfischkutter im Nord-Ostsee-Kanal oder an der Ostsee selber suchen und nach Auffinden zurückführen. Das Schiff bleibt jedoch verschollen.
(KANF B 3/1166)

Cuxhaven auf Grund und sank. HANS wurde am 1. Juni 1945 dem Eigner zurückgegeben. HUS 25 war 1942 bis 1944 Vorpostenboot. Die Motorfischkutter AHK 10/ALBERT und AHK 28/DIAMANT aus dem Dieksanderkoog kamen im Mai 1942 als Feuerlöschboote zur Kriegsmarinewerft Kiel beziehungsweise zum Torpedoerprobungskommando und kehrten erst in der zweiten Jahreshälfte 1945 zurück. NEU 128 aus Neufeld und AHK 5 kamen 1944 zur II./Marine-Unteroffizier-Lehrabteilung nach Glückstadt und wurden Ende Juni 1945 ihren Eignern zurückgegeben. Die WAR 5 aus Warwerort kam 1944 zur Hafenschutzflottille Borkum und am 1. Oktober 1945 zurück (später BÜS 100, TÖN 17, TÖN 44 und zuletzt Sportboot). AHK 40/HANNA sank am 31. Juli 1944 in Granville in der Normandie, während der Kutter AHK 63/FAHREWOHL 1943 bis 1945 in Dünkirchen eingesetzt war (bis 1976 dann wieder in der Friedrichsköger Fischerei, 1981 als Museumsschiff restauriert). Er liegt heute im Büsumer Museumshafen und gilt, da er ursprünglich einem Büsumer Fischer gehörte, mit seinem Baujahr 1912 als ältester fahrtüchtiger Büsumer Krabbenkutter.

Büsumer Kutter wurden in der Normandie als Seenotboote der Luftwaffe eingesetzt oder kamen zu den Hafenschutzflottillen Boulogne, Le Havre, Cherbourg, Jersey und Guernsey. Aus dieser Zeit lassen sich daher auf den Kanalinseln im Museum Informationen über Dithmarscher Kutter finden. An die zehn Büsumer Kutter gingen an der Kanalküste verloren. Kurt Winter hat darüber bereits geschrieben.

Das Schicksal einiger nordfriesischer Schiffe erhellt sich aus Akten des Kreisarchivs in Husum zur Feststellung von Kriegsschäden. Der Kutter TÖN 40 war im strengen Winter 1940/41 im Eis eingeschlossen. Weil Eigner Heinrich Wiebling wie alle Tönninger Fischer „nach auswärts dienstverpflichtet" war, übernahmen französische Kriegsgefangene das Freieisen, aber wohl unsachgemäß. Der Kutter sank jedenfalls im Frühjahr 1942. Die Olversumer Kutter OLV 1/MARIE WILHELMINE (Hans Petersen) und OLV 9/WILHELMINE (Otto Greve) gingen offenbar im Osten verloren. Mit Schreiben vom 2. Mai 1945 gab die Kriegsmarine Petersen sein Schiff zurück. Er müsse es sich aber selbst an der Ostsee oder im Nord-Ostsee-Kanal suchen (von der bisherigen offiziellen Bezeichnung Kaiser-Wilhelm-Kanal wurde hier bereits abgewichen). Was die Marinedienststelle und Petersen nicht wußten: Der Kutter lag zu dem Zeitpunkt im Swinemünder Hafen. Das ergibt sich aus einem anderen Entschädigungsantrag. Ein Zeuge erklärt darin, OLV 1 und OLV 9 hätten zu den vier Motorfischkuttern der 4. Minensuchflottille in Swinemünde gehört, die dort am 4. Mai 1945 ausliefen. Danach verlor sich allerdings jede Spur. Das Verfahren schleppte sich bis 1973 hin.[188]

8 Unternehmen „Herbstreise"

Die zur Absicherung von S e e l ö w e vorgesehenen Ablenkungsmanöver liefen unter dem Stichwort H e r b s t r e i s e. HIPPER und SCHEER sollten fünf bis sechs Tage vor der Invasion zwischen Färöer-Inseln und Island die Aufmerksamkeit der britischen Navy auf sich ziehen. Auffällige Truppenbewegungen in Dänemark und Norwegen sollten eine Invasion von dort aus vortäuschen. Die in Norwegen stationierte 163. Infanteriedivision sollte die Deutsche Bucht als Absprungraum beziehen, um einen Vorstoß in Richtung der nordenglischen Stadt Blyth zu mimen. Daneben sollten aber auch leere Verbände durch die nördliche Nordsee in Richtung Großbritannien fahren. In der Deutschen Bucht hatte Geleit IV morgens Helgoland zu passieren und sich am Abend weit westlich des dänischen Limfjords zu befinden. Uhrzeiten und Positionen waren schon festgelegt. Die Seekriegsleitung sah zudem vor, die für Seelöwe zu großen Schnelldampfer BREMEN und EUROPA, das Tankmotorschiff GERMANIA und den Dampfer POTSDAM als Drohkulisse aufzufahren. Trotz aller Vorbereitung hatte die Landung in England nie eine Chance auf Erfolg. Die Briten verfügten im September 1940 allein in ihren Heimatgewässern über drei Schlachtschiffe, zwei Schlachtkreuzer, zwei Flugzeugträger, acht schwere und 20 leichte Kreuzer, 76 Zerstörer und 39 U-Boote.

9 Ereignisse vom August bis Dezember 1940

In Dithmarschen wird am **13. August** zum ersten Mal der Abwurf von Brandplättchen auf Felder festgestellt. Der weitaus größte Teil der Ernte ist aber schon eingebracht. Das Räumboot R 21 wird am **14. August** in der Deutschen Bucht durch Minentreffer beschädigt. Die *Bf 109 E-1* von Oberleutnant Friedrich Hauck von der 3./JG 77 stürzt am **15. August** südwestlich von Wyk auf Föhr ab, der Pilot stirbt. Die Seenotstaffel Norderney sucht am **16. August** eine *He 111*, die beim Doggergebiet vom Einsatz gegen einen britischen Geleitzug nicht zurückgekehrt ist. Vier Mann werden in einem treibenden Schlauchboot gefunden. Eine *He 59* wassert und nimmt sie an Bord. Dann schießt jedoch eine *Blenheim* auf die Rettungsmaschine. Der Kommandant, Leutnant zur See Boerner, und der Bordfunker werden tödlich verletzt. Zwei Schlauchboote sind zerschossen, die Maschine kentert. Die beiden verbliebenen Besatzungsmitglieder setzen die Geretteten in das dritte Schlauchboot und binden sich selbst an den Schwimmer. Als am nächsten Morgen weitere Seenotflugzeuge kommen, zerbricht eines davon bei der Landung. Die sechs Überlebenden werden in letzter Minute gerettet. Während die Motorrettungsboote der Deutschen Gesellschaft zur Rettung Schiffbrüchiger über die Schweizer Regierung gemeldet und unter den Schutz der Genfer Konvention gestellt waren, hat der Generalstab der Luftwaffe die Anmeldung der Seenotflugzeuge versäumt.

Zwei 16 und 17 Jahre alte Jungen finden am **17. August** auf Wangerooge eine deutsche Sprengboje. Mit einem Spaten schrauben sie den Zünder heraus. Beim Hantieren explodiert er. Der 17jährige stirbt sofort, der 16-Jährige erleidet 69 Splitterverletzungen, läuft noch 40 Meter fort und bricht dann zusammen. Am Abend stirbt er im Lazarett der Insel.

In der Nacht **19./20. August** fliegen etwa 50 britische Maschinen in breiter Front über die Deutsche Bucht ein. Wilhelmshaven wird bombardiert. Die Städter können selten durchschlafen. Sie bleiben möglichst in der Nähe ihrer Wohnung, um nicht womöglich stundenlang in einem fremden Luftschutzkeller sitzen zu müssen. Eine *Blenheim IV*, die Bremen angreifen sollte, stürzt in die Nordsee (zwei Tote, ein Gefangener). In der Nacht **20./21. August** richtet ein englischer Sperrballon durch das nachschleifende etwa 1000 m lange Drahtseil an Fernsprech- und Lichtleitungen in Ostfriesland große Schäden an. Auf Langeoog kommen am **22. August** 250 kriegsgefangene Franzosen an. Eine *Hudson I* des Coastal Command fliegt am **27. August** über Husum nach Cuxhaven ein. Die dortige Flak trifft einen Tank und das Leitwerk. 15 Kilometer vor der britischen Küste muß die Maschine auf der Nordsee notlanden. In der Nacht **30./31. August** zerschellt eine *Blenheim IV*, die Emden angreifen soll, und geht in Flammen auf. Nordwestlich von Texel sinkt am 31. August der britische Zerstörer ESK. Mindestens neun Besatzungsmitglieder treiben zwischen dem 24. September und 8. Oktober auf der nordfriesischen Insel Pellworm an, fünf weitere auf Hallig Süderoog, drei auf Föhr, zwei auf Sylt und einer auf Nordstrand.

Böse Überraschungen von oben

Ende August 1940 begannen die Briten mit dem massenweisen nächtlichen Abwurf von Brandplättchen aus Zelluloid. Sie waren etwa fünf mal fünf Zentimeter groß und hatten eine mit Phosphor überzogene Scheibe in der Mitte. Die Plättchen fingen nach Erwärmung durch die Sonne bei 12 bis 15 Grad Celsius von selbst an zu brennen und sollten Bauernhöfe, Getreidefelder und Wälder in Brand setzen. Am 29. August wurden die ersten auf Wangerooge gefunden, am 25. September die ersten auf dem Festland im Kreis Friesland in der Gemeinde Friesische Wehde. Sie brannten nur etwa zehn Minuten und verursachten selten größeren Schaden. Nachdem sich Plättchen an Bord eines Bombers selbst entzündet hatten und wegen ihrer geringen Wirkung stellten die Briten die Abwürfe schon im Oktober 1940 ein.
Zusätzlich zu den „normalen" Sprengbomben wurden aber zunehmend Brandbomben eingesetzt. Sie wogen meist nur wenige Kilogramm. Es wurden viele zusammen in Streubehältern ausgeklinkt. Die Magnesium-Stabbrandbomben waren vergleichsweise leicht zu löschen. Die ab 1943 verstärkt eingesetzten und meist auch Phosphor enthaltenden Flüssigkeitsbrandbomben konnten meistens nicht gelöscht werden.
Ungefährlich waren die Markierungs- oder Leuchtbomben. Sie stießen jeweils 60 Leuchtstäbe aus, die auf der Erde einen Leuchtfleck von etwa 100 Meter Durchmesser erzeugten („Christbäume"). Das Zielgelände war so bei klarem Wetter weiß erhellt, bei Nebel gelb oder orangefarben. Treffer der Flak verursachten öfters einen „Teile-Regen" über dem Festland, während sich Luftkämpfe und Abschüsse der Jäger meistens über der See abspielten. Dennoch stürzten hunderte eigener und gegnerischer Maschinen aufs Land. Da dies fast immer nachts geschah, wurden selten Zivilisten in Mitleidenschaft gezogen. Flugzeugwracks wurden bis zu ihrem Abtransport bewacht, um Andenken- und Schrottsammler fernzuhalten, und regelmäßig technisch untersucht.
Mitunter krachten auch Zusatztanks zu Boden, derer sich die Flugzeugführer gern in Notsituationen entledigten. Für das Auffinden von Kraftstofftanks deutscher Flugzeuge gab es Finderlohn. Die Metallbehälter trugen eigens die Aufschrift: *„Achtung! Kraftstoffbehälter. Keine Bombe. Sofort bei der nächsten Polizeidienststelle oder Fliegerhorst Lage des Behälters melden. Belohnung RM 10,–"*. Ein Reservetank fiel in Heide auf das Grundstück Kreuzstraße 41. Durch die Benzindämpfe erstickten drei Kaninchen. Am 11. April 1944 erschlug ein Zusatztank eines Flugzeugs bei Hohenlieth einen Schafbock. Im Bereich Hemme-Karolinenkoog fanden Kinder einen Zusatztank in der Feldmark. Als sie Streichhölzer anzündeten, explodierten die noch im Tank befindlichen Gase. Ein Kind starb, eines wurde verletzt.
Britische Ballons schleppten mitunter Flugblätter mit, manche Brandflaschen, andere Störsender, wieder andere Sende- und Empfangsapparaturen für Agenten und diejenigen, die es werden wollten (Untergrund, Ausländer in Deutschland). Auch hier galt der allgemeine Aufruf „Feindliche Abwurfstücke nicht berühren!"
Um die deutsche Volkswirtschaft zu schädigen, warfen die Alliierten auch falsche Lebensmittelkarten ab. Sie trafen aber vor allem in der Farbgebung nie genau die Originale. Es gelang nicht, damit Verwirrung zu stiften. 1943/44 warfen Briten und Amerikaner auch über Nordwestdeutschland sackweise Larven von Kartoffelkäfern ab, um die Ernährungslage zu beeinträchtigen. Die Säcke öffneten sich noch über den Äckern. Besonders die Schüler wurden angehalten, Kartoffelfelder nach Käferlarven abzusuchen. Der Schädling trat nach den Abwürfen tatsächlich spürbar häufiger auf.

Untergang in Brunsbüttel

Die zehnte Feindfahrt sollte für U 57 unter Oberleutnant Erich Topp zugleich die letzte werden. Das 1937/38 bei den Deutschen Werken in Kiel gebaute U-Boot vom Typ IIC hatte auf dem Heimmarsch von Lorient zwei Dampfer und einen Tanker versenkt. Gleichzeitig hatte es 67 Seeleute auf den Meeresgrund geschickt. Es war angeschlagen. Als der 3. September 1940 anbrach, stand es endlich vor der Schleuse Brunsbüttel. *„Sie hatten es geschafft. So schien es jedenfalls"*, schreibt Franz Kurowski.[189] Aber im selben Augenblick, als U 57 in die Schleuse hineinwollte, glitt der norwegische Frachter RONA heraus. Er zeigte die rote Backbord-Positionslaterne. Auch auf U 57 wurde rot gezeigt. Alles ging glatt. Plötzlich jedoch zeigte die RONA mit grün-rot beide Positionslichter. Während das Heck des Norwegers noch im Stillwasser der Schleuse lag, drückte der Flutstrom den Bug unvermittelt gegen U 57. Topp befahl: „Beide AK zurück!" – beide Maschinen äußerste Kraft zurück. Aber das voll gerammte Boot kam nicht frei. „Alle Mann aus dem Boot! Auf Frachter überspringen!", befahl der Kommandant. Das war um 0.15 Uhr. *„Sekundenlang lag der Turm von U 57 genau gleichauf mit dem Deck der RONA. Männer sprangen über, andere sprangen in die See und wurden von dem mit vier Meilen laufenden Flutstrom mitgerissen. U 57 sackte wie ein Stein weg und verschwand. Die RONA setzte sofort Boote aus. Stundenlang wurde in der Finsternis nach den Männern gesucht, doch sechs Besatzungsangehörige blieben verschwunden."*
Im Morgengrauen traten die 18 geretteten U-Boot-Männer auf der Brunsbütteler Schleuse vor ihrem Kommandanten an. Der Wachoffizier machte Meldung: „Herr Oberleutnant, Besatzung von U 57 angetreten. Bis auf sechs Mann. – Die Besatzung bittet darum, zusammenzubleiben und unter Ihrem Kommando weiterfahren zu dürfen!" Laut Kurowski legte Topp nur stumm die Hand an die Mütze. *„Dann wandte er sich erschüttert ab."*[190] Wenige Tage später wurde U 57 gehoben, doch es sollte nie mehr Frontboot sein. Nach der Reparatur war es in Gotenhafen und später Kiel Schulboot für angehende U-Bootfahrer. Am 3. Mai versenkte die Besatzung es nach dem „Regenbogen-"Befehl selbst in Kiel.

Die Flak auf Wangerooge trifft am **9. September** eine Feindmaschine, die nach Notwürfen um 2.27 Uhr nordwestlich von Spiekeroog brennend über See abstürzt. Um 23.24 Uhr schießt ein von Jever gestarteter Nachtjäger 15 Kilometer nördlich von Wilhelmshaven einen englischen Bomber ab. Die Flak Wesermünde schießt eine Feindmaschine ab, die südöstlich von Wangerooge brennend niedergeht. Etwa 130 Holländer kommen am **11. September** zum Arbeitseinsatz nach Langeoog, am 16. September weitere hundert. Beim Angriff auf Bremerhaven stürzen in der Nacht **11./12. September** zwei *Hampdens I* ab (acht Tote). Ein Bomber war auf die Dampfer BREMEN und EUROPA angesetzt. Eine von der Flak Wesermünde getroffene Maschine stürzt südöstlich Wangerooge brennend in die See, die andere in der Wesermündung.

Der Schriftsteller Martin Luserke aus Meldorf, Verfasser von „Hasko", unterhält am 12. September im Wangerooger Offizierskasino mit einem Vortrag und einer Erzählung. Luserke war bereits im Kaiserreich einer der führenden Köpfe der Reformpädagogik gewesen und hatte nach Schließung seiner „Schule am Meer" auf Juist 1934 auf der Tjalk „Krake" seine schwimmende Dichterwerkstatt eingerichtet. Mit seinem Sohn Dieter auf Nord- und Ostsee unterwegs, schrieb er an Bord Seegeschichten aus unmittelbarer Erfahrung. Bei Kriegsbeginn ging er mit seinem Segelboot in Meldorf vor Anker und verbrachte dort am Jungfernstieg 37 die letzten Jahrzehnte seines Lebens.

Ein größerer Bombenangriff auf Wilhelmshaven verursacht am **16. September** nur geringen Sachschaden. In der Nacht **17./18. September** treiben britische Fesselballons nach Büsum und gefährden die Stromleitungen. Die Flak schießt am **22. September** über Heide einen britischen Sperrballon ab. Er stürzt brennend ins Rüsdorfer Moor bei Sandfall. Um 12.30 Uhr tauchen britische Flieger zwischen Borkum und Sylt auf. In der Nacht **23./24. September** fallen reihenweise Spreng- und Brandbomben im Ortskern von Brunsbüttelkoog. Bei Kirche und Kriegerehrenmal wird das Wohnhaus eines Lotsen zerstört, ein weiteres vom Luftdruck angehoben, so daß es breite Risse aufweist. In einigen Wohnungen der Kautzstraße ist alles wüst durcheinander geworfen, die Möbel und Einrichtungsgegenstände sind mit Mörtelstaub und Schmutz bedeckt. Am Abend des 24. wird um 22.42 Uhr, erneut wegen rückfliegender britischer Maschinen, Alarm in Brunsbüttelkoog ausgelöst. Tönning meldet am **25. September** um 0.30 Uhr drei Detonationen, wahrscheinlich in die Eider gefallene Sprengbomben.

Vier Bomben fallen am **30. September** auf Cuxhavener Gebiet. Die ADMIRAL HIPPER verlegt durch den Kaiser-Wilhelm-Kanal von Kiel nach Hamburg zur Werft Blohm + Voss, wo Maschinenstörungen und die Folgen eines Großbrands im Maschinenraum beseitigt werden müssen. Am 28. Oktober geht der Schwere Kreuzer durch den Kaiser-Wilhelm-Kanal zurück in die Ostsee zu Gefechtsübungen und Maschinenerprobungen. Am 29. November entdeckt die britische Luftaufklärung die HIPPER in Brunsbüttelkoog. Angegriffen wird das Schiff nicht. Am 30. November 1940 läuft es von Brunsbüttel aus mit dem Auftrag, Handelskrieg im Atlantik zu führen. Im Februar 1942 verlegt es wieder von Kiel durch den Kaiser-Wilhelm-Kanal nach Hamburg zu Blohm + Voss. Am 19. März 1942 geht es, zusammen mit den Zerstörern Z 26, Z 24, Z 30 und den Torpedobooten T 15, T 16 und T 17 durch die Deutsche Bucht erneut nach Drontheim. Im Februar 1943 durchfährt die HIPPER ein letztes Mal den Kaiser-Wilhelm-Kanal in ost-westlicher Richtung nach Wilhelmshaven, wo sie am 28. Februar 1943 außer Dienst gestellt wird.[191]

Am **3. Oktober** wird die erste Brandbombe auf das Heider Stadtgebiet geworfen. Zwischen 4.30 und 4.35 Uhr fällt sie ins Lager der RAD-Abteilung 6/74 in der Meldorfer Straße 51, das vom Reichsarbeitsdienst und einem Wachkommando der Wehrmacht belegt ist. Der Brandsatz schlägt zwischen zwei Baracken auf dem Rasen auf und bohrt sich etwa 80 Zentimeter tief ins Erdreich. Dort brennt er aus. Um 5.02 Uhr demolieren vier Sprengbomben und etwa 30 Brandbomben auf dem Fliegerhorst Westerland Startbahn und Rollfeld leicht. Fünf dem Scheinflugplatz Archsum geltende Sprengbomben beschädigen Bauernhäuser. Im Oktober fallen einige britische Sprengbomben auf den Ostdeich in Büsum. Die Schäden können leicht ausgebessert werden, die Bauarbeiten an der Schleuse werden nicht in Mitleidenschaft gezogen.

Ein im Herbst auch an der Küste abgeworfenes britisches Flugblatt listet die Bombenangriffe bis zum **5. Oktober** auf. Von der Nordseeküste werden als Ziele genannt:

Borkum (zehn Bombenangriffe mit Ziel Flugplatz),
Bremerhaven (drei auf Hafen),
Cuxhaven (vier auf Flugplatz, gemeint wahrscheinlich Nordholz, und Hafen), Deichshausen (bei Lemwerder, Landkreis Wesermarsch; fünf auf Flugplatz, Flugzeugfabrik und Tanklager),
Emden (19 auf Hafen, Tank- und Munitionslager),
Helgoland (acht auf Hafen und Munitionslager),

BOMBEN ÜBER DEUTSCHLAND – bis 5. Oktober

In den auf dieser Karte dargestellten Städten wurden militärische Objekte durch die britische Luftwaffe bombardiert. Die Bombenangriffe werden immer umfangreicher.

Das nachstehende Städteverzeichnis ist nur eine Auslese. Die Ziffern bedeuten die Zahl der auf die einzelnen Städte bis 5. Oktober stattgefundenen Bombenangriffe.

ZEICHENERKLÄRUNG

(betr. die zerstörten oder beschädigten militärischen Ziele):

F—Flugplätze, Flughäfen für Seeflugzeuge, Flugzeugfabriken, Flugzeuglager

S—Kriegshäfen, Stützpunkte der Kriegsmarine, Docks, Landungsplätze, Häfen, Hafendämme, Kanäle, Schiffswerfte, Boote

T—Öl-, Petroleum- und Benzinlager, Raffinerien, Tanks, Fabrikanlagen der Treibstoffproduktion

B—Bahnlinien, Knotenpunkte, Rangier- und Güterbahnhöfe, Verladungsplätze

W—Munitionsbetriebe, Hochöfen, chemische Werke, Kraft-(Elektrizitäts) werke

M—Munitionslager

Unter den zerstörten oder schwer beschädigten kriegswichtigen Betrieben befinden sich:

Bayer Sprengstoffwerke (Leverkusen), Bayrische Motorenwerke (München), Blohm u. Voss Werft (Hamburg), Bosch Akkumulatoren (Stuttgart), Daimler-Benz (Stuttgart), Deutsche Schiffs-u. Maschinenbau (Bremen), Dornier (Wenzendorf und Wismar), Fieseler (Kassel), I. G. Farben (Leuna), Junkers (Bernburg und Dessau), Krupp (Essen), Messerschmitt (Gotha und Augsburg), Mockau-Erla (Leipzig), Rheinische Kraftwerke (Köln), Siemens u. Schuckert (Berlin), Zeiss (Jena).

Ort	Ziel	Bombenangriffe
Aachen	F B	7
Augsburg	F	2
Berlin	F T B W	17
Bernburg	F	2
Bitterfeld	W	2
Bohlen	T	1
Bonn	F B	4
Borkum	F	10
Bottrop	T	5
Bremen	F S T B	32
Bremerhaven	S	3
Cuxhaven	F S	4
Deichshausen	F T	5
Dessau	F	3
Diepholz	F	6
Dortmund	F T B W M	14
Dortmund-Ems-Kanal	S	11
Duisburg	S B	13
Düsseldorf	F T W	7
Ehrang	B	11
Emden	S T M	19
Emmerich	S T B	9
Eschwege	F	5
Essen	B W	17
Frankfurt	T W	12
Finkenherd	W	1
Gelsenkirchen	B T W	20
Gladbach	B W	4
Gotha	F	3
Göttingen	F	2
Grevenbroich	W	2
Griesheim	W	2
Hamborn	F	3
Hamburg	S T B W	37
Hamm	B M	63
Hannover	F T B	20
Helgoland	S M	8
Höchst	W	3
Homberg	T B	12
Hornum	F	4
Huntlosen	F	2
Jena	W	1
Kamen	T B	6
Kassel	F W	6
Kastrop-Rauxel	T	3
Keltersbach	W	1
Kiel	S T	18
Kochem	W	1
Kölleda	F	1
Köln	F T B W	33
Krefeld	F B M	13
Leipzig	F W	3
Leuna	T	3
Leverkusen	W	4
Lippstadt	B W	2
Lingen	F B	4
Ludwigshafen	T B W	9
Lünen	B W	6
Magdeburg	F T B W	11
Mannheim	T B	17
Monheim	T W	11
Misburg	T	4
München	F	1
Münster	F B	7
Nordenham	T	2
Norderney	F S	14
Osnabrück	B M	22
Osterfeld	B M	2
Paderborn	F M	5
Pölitz	T	3
Quakenbrück	F	3
Regensburg	T	1
Reisholz	T W	5
Rheinberg	F	1
Recklinghausen	B	2
Rheine	B M	5
Rotenburg	F	4
Ruhrort-Hafen	B	2
Salzbergen	T	3
Schwerte	B M	10
Soest	B M	30
Sterkrade	T W	5
Stuttgart	W	4
Wanne-Eickel	T B	3
Warnemünde	F	1
Wesel	F T B W	13
Wenzendorf	F	5
Wilhelmshaven	S T	22
Wismar	F S	8

Britisches Flugblatt vom Herbst 1940. Es wird auch über Nordwestdeutschland abgeworfen.

Hörnum (vier auf Flugplatz),
Nordenham (zwei auf Tanklager),
Norderney (14 auf Flugplatz und Hafen),
Wilhelmshaven (22 auf Hafen und Tanklager).

Am späten Abend des **8. Oktober** erfolgt ein Angriff auf Wilhelmshaven, wobei zwei Menschen sterben und acht verletzt werden, und Bombenwürfe auf Emden und in den Kreisen Wesermarsch und Friesland.

Das bei der Deschimag AG gebaute U 107 legt am **12. Oktober** unter Kaleu Günter Hessler in Bremen ab, läuft mit dem Sperrgeleit bis Brunsbüttel und von dort nach Kiel zu Erprobungen. Am 20. Dezember macht das Boot in Wilhelmshaven fest, um sich zur ersten Feindfahrt zu rüsten. Diese beginnt am 24. Januar 1941 mit dem Prüfungstauchen auf Schillig-Reede. Von da aus geht es nach Helgoland. Kurz nach Mitternacht läuft U 107 dort aus und wird noch ein Stück weit von Überwasserfahrzeugen geleitet. Hessler, durch seine Hochzeit mit Ursula Dönitz Schwiegersohn des Befehlshabers der U-Boote, gelingt später „die erfolgreichste Feindfahrt des Zweiten Weltkrieges" mit 14 Versenkungen. Bei Kriegsende war er als Admiralstabsoffizier A1 bei der U-Boot-Führung in Plön und zuletzt in Flensburg tätig. Die Briten entließen ihn als „freien" Zeugen nach Nürnberg, doch die Amerikaner hielten ihn bis September 1946 gefangen. Mit seiner Frau und seinen drei Kindern wohnte der Ritterkreuzträger dann in Brunsbüttel. Er wollte als Maurer beginnen und strebte als Fernziel Architekt an. 1949 gründete er mit einem Ingenieur in Brunsbüttel eine Firma zur Herstellung von Metallspritzanlagen und Durchführung von Aufspitzarbeiten. Dabei verhalfen sie der Lichtbogen-Spritztechnik zur Betriebsreife. Für die Kriegshistorische Abteilung der Royal Navy und der US Navy schrieb Günter Hessler bis 1951 die Geschichte des U-Boots-Krieges.[192]

Am **14. Oktober** greifen Wellingtons gegen 1 Uhr Wilhelmshaven an. Südwestlich vom Bahnhof Varel fallen drei Sprengbomben. Gegen 13 Uhr erfolgt überraschend nach langer Zeit wieder ein britischer Tagesangriff: Im Tiefflug wirft ein Flugzeug zwei Bomben südlich von Tettens (Kreis Friesland; die Deutschen fliegen am 20. Oktober den vorerst letzten Tagangriff mit Bombern auf England). Am 15. Oktober fallen bei Kleinhastedt (Gemeinde Süderhastedt) fünf Sprengbomben. In der Nacht **16./17. Oktober** greift das Bomber Command Bremen, Cuxhaven, Hamburg und Kiel an. Um 0 Uhr findet der erste und zugleich schwerste Luftangriff auf Tönning statt. Britische Maschinen, die zuvor Flensburg bombardiert hatten, werfen drei Sprengbomben in der Nähe des Hafens ab. Eine trifft mitten auf die Werkstatt von Schmiedemeister Georg Wagenknecht (Am Hafen 26). Das daneben befindliche Wohnhaus Am Hafen 25 und das Viktoria-Hotel Am Hafen 27 müssen wegen schwerer Schäden neu aufgeführt werden. Die zweite Bombe landet direkt vor dem Haus von Bertha Börm in der Fischerstraße 29. Dieses wird total zerstört, die umliegenden Häuser sind abrissreif. Die dritte Bombe kommt vor dem Wohnhaus und der Krabbenkonservenfabrik von Heinrich Steimle (Neustadt 55) herunter und vernichtet die Gebäude. Insgesamt sind drei Häuser zerstört, sechs müssen abgebrochen werden, fünf sind leicht beschädigt. Wie durch ein Wunder ist niemand getötet worden. Die Fabrik wird 1942 bis 1943 wieder aufgebaut, das Wohnhaus von Steimle nicht. Am **21. Oktober** werden um 22.18 und 23.15 Uhr zwei britische Flugzeuge bei Wangerooge und südlich Langeoog schwer getroffen. Als in Bösbüttel (St. Annen, Kreis Norderdithmarschen) am **22. Oktober** das Reetdachhaus der Familie Berelsen abbrennt, werden britische Brandplättchen als Ursache vermutet. Der Schwere Kreuzer ADMIRAL SCHEER läuft am **23. Oktober** von Gotenhafen aus nach Brunsbüttel. Dort erhält er am 27. den Auslaufbefehl zum Kreuzerkrieg im Atlantischen und Indischen Ozean (Unternehmen N o r d). Das Schiff legt um 11.10 Uhr ab, erreicht am 28. Oktober Stavanger und passiert dann unbemerkt die Dänemarkstraße zwischen Island und Grönland. Bei dem fünfmonatigen Handelsstöreinsatz versenkt er 17 Schiffe.

Auf Emden erfolgt am **23./24. Oktober** ein Nachtangriff. Die Küstenfliegerstaffel 1./506 greift am 24. von Norderney aus in der Abenddämmerung einen Konvoi bei Flamborough Head an der englischen Ostküste an. Trotz starken Flakfeuers wird ein großer 5000-Tonnen-Dampfer getroffen und am nächsten Morgen ein britischer Zerstörer. Der deutsche Frachter HELGOLAND unternimmt am 24. vom kolumbianischen Hafen Puerto Colombia aus den Versuch, die Blockade deutscher Schiffe zu durchbrechen. Er schüttelt drei Zerstörer ab und erreicht Ende November das deutsch besetzte Saint Nazaire in Frankreich.

29./30. Oktober: Nachtangriff auf Wilhelmshaven. Bei einer NSDAP-Veranstaltung in Lunden erhalten am **31. Oktober** ein Mitglied aus Lunden und eines aus Lehe das von Hitler gestiftete Westwall-Ehrenzeichen an die Brust geheftet. Parteianwärter aus BDM und HJ erhalten nach Ablegung eines Gelöbnisses und Berühren der „Blutfahne“ von Wöhrden (siehe „Westküste 1945“) ihre Abzeichen und werden in die NSDAP aufgenommen. Der kleine Schlepper HINRICH strandet am **3. November** bei Scharhörn und geht verloren.

Auf den zum Schutz des Hafens Varel errichteten Scheinflugplatz bei Bockhornerfeld, wo Gebäude- und Flugzugattrappen stehen, fallen am **5. November** einige Spreng- und Brandbomben. In Wilhelmshaven wird das Wohnschiff MONTE PASCOAL der Kriegsmarine durch Luftangriff beschädigt. Eine *Hampden I*, die in der Kieler Bucht Minen legen soll, kracht in der Nacht **5./6. November** in den Kaiser-Wilhelm-Kanal, die vierköpfige Besatzung ist in Kiel beigesetzt.[193] Der finnische Frachter MINERVA strandet am **9. November** bei schlechtem Wetter nördlich vor Borkum. Die Flugwache Carolinensiel meldet am **10. November** um 22.28 Uhr nach Beschuß durch Wangerooger Flak ein abstürzendes Flugzeug in westlicher Richtung. Der von der Kriegsmarine als Munitionstransporter eingesetzte Kieler Dampfer CONTINENTAL strandet am **13. November** bei schwerem Wetter vor Helgoland. Das 57 Meter lange Schiff ist 32 Jahre alt. Das Helgoländer Rettungsboot der Deutschen Gesellschaft zur Rettung Schiffbrüchiger läuft aus, um der Mannschaft zu Hilfe zu kommen. Vormann Rickmer Bock berichtet: *„Die Unfallstelle lag etwa 1200 m von der Insel auf Wittekliff, dem von der Düne nach NW sich ziehenden inneren gefährlichen Klippenzug ... Das Schiff stieß in der wilden Brandung hart auf den Felsen und mußte jeden Augenblick leck schlagen. Die Besatzung gab Notsignale. Wir versuchten in der Grundsee ans Heck heranzukommen, was uns auch gelang, und nahmen die aus 13 Mann bestehende Besatzung an Bord. Eine halbe Stunde später waren von dem gestrandeten Dampfer nur noch Masten und Schornstein zu sehen.“* Bock erhielt die Prinz-Heinrich-Medaille für die schwerste Rettung des Jahres 1940.[194]

In der Nacht 13./14. November versinkt eine von Flak getroffene *Hampden*, die Hamburg bombardiert hatte, in der Nordsee (vier Tote). In Wilhelmshaven wird am **14. November** eine weitere Kaserne bezogen: In der Ebkeriege finden die Belegschaft der Kriegsmarinewerft und das Lehrlingsheim III eine feste Unterkunft.[195] Am **15. November** fliegen ab 19 Uhr 82 britische Bomber über die Nordsee ein, zum größten Teil mit Kurs Berlin. Bomben fallen auf den Langeooger Flugplatz, fünf schwere Bomben und etwa 200 Brandbomben auf Norderney. Zwei deutsche Nachtjäger, die die Gegner zurückdrängen sollen, stoßen über Moorhausen (Gemeinde Kniphausen, Kreis Friesland) zusammen und stürzen ab. Zwei Flieger können notlanden, einer erreicht mit dem Fallschirm heil die Erde. Der vierte zieht die Reißleine zu früh und bleibt mit dem Schirm am Flugzeug hängen. Die Maschine explodiert, als sie auf dem Boden aufschlägt.

Beim zweiten Luftangriff auf Heide fallen am **16. November** drei etwa 110 Kilo schwere Sprengbomben und rund 100 Stabbrandbomben. Der Angriff gegen 5 Uhr morgens dauert nur drei Minuten und wird aus großer Höhe von britischen Bombern auf dem Rückflug ausgeführt. Offenbar war die Bahnlinie das Ziel. Die Sprengbomben treffen den Grünen Weg 15, wo das Haus von Rentner Hermann Claußen abgebrochen werden muß, und 17, wo Vorderhaus und Stall von Bauer Friedrich Ralfs beschädigt werden, sowie das freie Gelände zwischen der Rüsdorfer- und der Tunnelstraße (so nannte man die Kreuzstraße östlich der Bahn). In der jeweiligen Umgebung gehen einige Fensterscheiben zu Bruch oder verrutschen Dachziegel. Die Stabbrandbomben treffen vor allem Heistedter Straße, Brahmsstraße, Bahnhofstraße (westlich der Gleise), Bahnhofgang, Tunnelstraße links und rechts der Gleise, daneben Grüner Weg, Bahnhofsgelände, Lerchenstraße, Österweide, Hofgelände Schumacherort und Heistedter- und Weddingstedter Straße. Mehrere Brandbomben durchschlagen das Dach des Hotels „Stadt Hamburg“ in der Bahnhofstraße 25. *„Durch das beherzte Eingreifen des Hotelbesitzers August Brinkmeier, seiner Angehörigen und des Hotelpersonals kamen größere Brände nicht zum Ausbruch“*, heißt es im Kriegstagebuch der Polizeibehörde Heide. *„Die freiwillige Feuerwehr trat in Aktion. Der größte Schaden entstand durch Wasser.“* Das Haus des Rentners Julius Pingel in der Bahnhofstraße 18 wird auch von mehreren Bomben getroffen, die Brände löscht der Besitzer. Weiter berichtet Polizeimeister Alfred Hornig: *„Bei dem Bauern Johann Claussen sen., Brahmsstraße Nr. 4, durchschlug eine Brandbombe das Dach und die Decke und fiel in die Badewanne. Die Badewanne wurde sehr stark beschädigt.“* Der Sohn Johann löscht die Bombe. Eine zweite Brandbombe durchschlägt in der Bahnhofstraße 11 beim Wäschereibesitzer Jacob Schneider das Dach und die Decken und landet im Ladenraum auf einem Stuhl mit Wäsche. Im Haus daneben (Nr. 13), bei dem Seilermeister (Reepschläger) Johann Hennings, schlägt eine Brandbombe durch das Dach und die darunter befindliche Decke. Sie dringt weiter durch ein Kinderbett, in dem ein vierjähriges Kind schläft, und durch die Stubendecke in die Küche. Das Kinderbett, die Matratze und Betten brennen stark an. Obwohl die meisten Bomben im Freien ausbrannten oder nicht zündeten, entsteht in Heide ein Sachschaden von 70 000 Reichsmark.

Gegen 9 Uhr wird die Heese zwischen Windbergen und Gudendorf erstmals von Bomben getroffen. Neben 45 Brandbomben werden drei Sprengbomben auf den Koppeln von Willi Offt und Willi Bahr registriert.[196] Ein Blindgänger hat sich in die Heesekoppel von Heinz Kloth gebohrt. Wegen der Zeitzündergefahr beginnt man erst acht Tage später mit dem Ausgraben. Polizeiwachtmeister Johannsen und sein Fahrer aus Brunsbüttel sowie Amtsvorsteher Fritz Hinrichs machen sich mit einer Sonde an die Ortung der Bombe. In zwei Metern Tiefe stoßen sie unglücklich an den Zünder, und plötzlich explodiert die Bombe. Die Männer fliegen meterweit durch die Luft. Hinrichs verliert einige Zähne und blutet, der Wachtmeister bricht sich das Hüftgelenk. Ihr Glück war, daß sie direkt über der Bombe nur vom Druck, nicht aber von den Splittern erfaßt worden sind.

Am **17. November** trifft es Meldorf. Nach Angriffen auf Kiel und Hamburg klinken rückfliegende britische Maschinen an diesem Sonntag um 7.30 Uhr fünf Sprengbomben über dem Stadtgebiet aus. Die erste schlägt ins Haus Hindenburgstraße 17 und tötet den 42jährigen Max Rommel. Er ist das erste zivile Todesopfer der Stadt. Die *Bf 109 E-1* von Unteroffizier Fritz Tegtmeier von der 2./JG 54 stürzt wegen Motorschadens über Jever ab, der Pilot wird verletzt. Die *Bf 109 E-1* von Unteroffizier Hans-Helmut Habermehl von der 1./JG 54 muß am **18. November** wegen Motorschadens auf Langeoog notlanden und wird zum Totalschaden. Am **22. November** stürzt um 19.15 Uhr eine vom Feindflug zurückkehrende *Me 110* in die Scheune des Hofes von Enno Mettcker in Moorhausen und setzt diese in Brand. Der Pilot war beim Anflug auf Upjever „abgerutscht“. Er und der Bordfunker verbrennen, vier Zivilisten am Boden werden verletzt. Britische Torpedoflugzeuge versenken am **27. November** den norwegischen Fracher HAVBORG auf der Fahrt von Bremen nach Odda in der Außenweser.

Die niederländische PORJUS (SPERRBRECHER 38), die bis Ende 1939 zur 1. Vorpostenbootflottille gehört hatte, wird am **1. Dezember** vor Brunsbüttelkoog von dem etwas größeren ostpreußischen Frachtdampfer TILSIT gerammt und sinkt.[197] Eine *Beaufort I* des Coastal Command geht am **5. Dezember** auf einem Patrouillenflug verloren (vier Tote). Die Briten sahen die Maschine zuletzt um 9 Uhr vor Wilhelmshaven. Das deutsche Radio meldet später einen Abschuß. Der 42 Meter lange Fischkutter JUPITER ex SEYDLITZ von 1915, 1920 schon einmal nach Strandung vor Jütland gehoben und repariert, strandet am **6. Dezember** bei Borkum, wird 1941 erneut gehoben und in Hamburg in Dienst gestellt.[198] In Neuenburg im Kreis Friesland fallen am **10. Dezember** zwei Spreng- und neun Brandbomben, die Gebäudeschäden verursachen. Bei einem Planfeuer explodiert am **20. Dezember** in der Flakbatterie Ostdüne auf Wangerooge eine 10,5-cm-Granate und zerreißt das Geschützrohr. Ein Marine-Artillerist stirbt, vier Soldaten werden leicht verwundet.

Auf Wilhelmshaven fallen am **22. Dezember** Bomben, ohne größeren Schaden zu verursachen. Jäger schießen um 8.30 Uhr ein britisches Flugzeug bei Schoost (heute zu Schortens, Kreis Wesermarsch) ab. In Husum in Nordfriesland fällt eine britische Splitterbombe in einen Garten in der Lornsenstraße und beschädigt die Häuser Nr. 29 und 31.

Vermutlich war es ein Notabwurf. Drei *Hampdens* werfen am **23. Dezember** vor Cuxhaven Minen. Zu Weihnachten wird das Tanzverbot gelockert. Der deutsche Frachter ADRIANA läuft am **29. Dezember** in der Unterelbe bei Freiburg auf eine von Flugzeugen geworfene Mine. Der 122 Meter lange Transporter P.L.M. 23 bricht auf der Außenelbe bei Scharhörn im Sturm auseinander.[199]

1940 hatte die Wangerooger Flak-Batterie Neudeich 417 mal Alarm. Die Zahl wirklicher Angriffe machte natürlich nur einen kleinen Bruchteil dessen aus, denn alarmiert wurde auch bei bloßen Überflügen. Durch die üblichen Richtungswechsel der Bomber kam es häufig sogar bei Vorbeiflügen zur vorherigen Alarmierung.[200] Zusammen mit der Batterie Ostdüne wurden sechs anerkannte Abschüsse erzielt, beide Batterien verbrauchten 2670 Schuß Gefechtsmunition. Die Nachtalarme erreichten dort im Oktober mit 58 die höchste Zahl. Im Dezember waren es nur 15.

Wohl 1940 oder 1941 stürzt am westlichen Außendeich von Westerhever ein alliiertes Flugzeug ab. Trude Vollert, damals 2. Lehrerin in Westerhever, erinnert sich: *„Im Krieg hörten wir einmal ein Flugzeug schwerfällig über uns hinwegfliegen. Der Lärm hörte plötzlich auf. Es war auf dem Deich (Richtung Sandbank) aufgeschlagen, der Pilot tot. Herr Runge vom Zoll untersuchte es, der Pilot wurde begraben.“*[201] Ebenfalls für 1940/41 wird ein Abschuß bei Stedesand angenommen.

10 Das Jahr 1941

Das Jahr 1941 bringt eine weitere Steigerung der britischen Luftangriffe. Die Deutschen reduzieren dagegen die Bombardierung süd- und ostenglischer Städte bereits im Februar.[202] Ihnen fehlen nun die Kapazitäten. Die Luftwaffe verlegt, schon im Hinblick auf den Krieg gegen die Sowjetunion, in großem Stil ihre Flugzeuge nach Osten. Die Flak trifft zwar immer noch viele britische Flugzeuge, und die deutschen Abwehrjäger fliegen den Briten nun häufiger schon von der holländischen, belgischen und französischen Küste entgegen, aber es schaffen doch mehr Besatzungen, wieder Großbritannien zu erreichen. Viele beschädigte Flugzeuge gehen dort erst bei Bruchlandungen verloren, denn sie sind technisch weiter verbessert worden.

1941 forcieren die Briten gleich in der **Neujahrs**nacht ihre Angriffe auf Wilhelmshaven, auch in der zweiten und dritten Nacht des neuen Jahres fallen Bomben. Am **8. Januar** beginnen 36 Maschinen um 21.50 Uhr einen vierstündigen Angriff auf Wilhelmshaven, wobei erstmals massenweise Brandbomben abgeworfen werden. Es ist der erste schwere Angriff auf die Jadestadt. In Wilhelmshaven sterben sieben Menschen, 16 werden verletzt. In Jever legen Bomben die Gas- und Wasserversorgung für vier Tage lahm. In der Nacht **9./10. Januar** greifen 35 *Hampdens* und *Wellingtons* Wilhelmshaven an, es fallen 49 Spreng- und Brandbomben. Ein Junge stirbt durch einen herabfallenden Granatsplitter. Insgesamt sind wieder sieben Tote zu beklagen. Ein Haus brennt ab. Geschosse der eigenen Flakartillerie verursachen in Varel und Umgebung etliche Schäden. Blindgänger detonieren am Boden. Der Bürgermeister von Varel-Land meldet dem Landrat: „Die Bevölkerung ist durch das Explodieren der eigenen Artilleriegeschosse beunruhigt“. Am **12. Januar** setzen Brandbomben einige Dachstühle in Brand im Raum Wilhelmshaven und Varel. In Brunsbüttel töten Bomben drei Menschen. Der 1918 in Emden gebaute ehemalige Fischdampfer BORKUM, jetzt Lotsenschiff, strandet am **14. Januar** am Hubertgat – ein Totalseeschaden.

Der **15. Januar** sieht den ersten britischen Großangriff auf Wilhelmshaven. Von 150 angesetzten Bombern dringen 96 bei Vollmond bis zur Stadt vor. Ab 21.30 Uhr fallen 100 Spreng- und 6000 bis 7000 Brandbomben. 78 Brände brechen aus. Der Feuerschein ist noch in 60 Kilometer Entfernung zu erkennen. Erstmals müssen Feuerwehren aus dem Kreis Friesland in Wilhelmshaven Löschhilfe leisten. Zehn Löschgruppen rücken bei minus 7 Grad Kälte an und sogar Feuerwehren im offenen Mannschaftswagen aus Vechta und Cloppenburg. Insgesamt helfen 22 Oldenburger Wehren. 21 Tote und 34 Verletzte werden gezählt. Frieda Jürgens schreibt von dem Waffenwart K., der sich immer geweigert habe, den Luftschutzkeller aufzusuchen. Bei diesem schweren Angriff, so erzählte man sich, war er seiner Frau zuliebe nun mit hinunter gegangen. *„So saßen K. und Frau Hand in Hand, während sie hörten, wie draußen die Hölle los war. Plötzlich ein Schlag, das Licht ist weg, und die meisten Insassen des Kellers stürzen nach draußen. Frau K. bleibt ruhig sitzen, hält die Hand ihres Mannes und denkt:‚Er bleibt ja auch sitzen!' Als ihr Mann nichts sagt, bekommt sie Angst und ruft die anderen. Als spärliches Licht gemacht wird, sehen sie das Entsetzliche: Der Mann hat keinen Kopf mehr! Ein Splitter hat mehrere Wände durchschlagen und gerade diesen Mann erwischt, der zum ersten Mal im Luftschutzkeller war."*[203] Das alte Rathaus an der Ecke Peterstraße/Gökerstraße und die Reichspost werden zerstört. Insgesamt sind 127 Bauten vernichtet oder schwer beschädigt, unter letzteren die Stadtkaserne und beide Torpedokasernen in der Roonstraße. Zerstörte Häuser werden in den Tagen nach den Angriffen schnell abgeräumt. Es bleiben dann nur die Lücken in den Häuserzeilen. Der Angriff gilt auch dem noch nicht in Dienst gestellten Schlachtschiff TIRPITZ und verzögert geringfügig dessen Indienststellung. Ein Dutzend Segel- und Motorboote sinken im Hafen. Die Flak schießt eine *Whitley* ab. Im Morgengrauen sind die Löscharbeiten noch nicht abgeschlossen, da erfolgt wieder ein Angriff und am Abend des **16. Januar** ein weiterer. Die Feuerwehrmänner müssen durchhalten, weil sonst die Schlauchleitungen eingefrieren würden. Am Abend werden 81 Bomber auf Wilhelmshaven angesetzt. Die erste Welle greift um 20 Uhr an, die zweite am **17. Januar** um 5.50 Uhr morgens. Nur einige Maschinen finden das Ziel, fünf kehren nicht zurück. Dennoch flammen einige Brände des Vortages wieder auf – insgesamt sind es 92 Feuer – und sterben zwei Zivilisten. Die Briten werfen auch zahlreiche Minen ins Wasser und bombardieren ostfriesische Ortschaften. In der Stadt Norden zerstört eine Sprengbombe ein Haus. Darin kommt ein Kind ums Leben.

Die USA geben ihre Neutralitätspolitik nach und nach auf. Am **24. Januar** beginnen in Washington britisch-amerikanische Generalstabsbesprechungen über eine gemeinsame Strategie für den Fall des Eintritts der USA in den Krieg. Die Bekämpfung Deutschlands wird als vordringlich festgelegt („Germany first"). Am Morgen des **30. Januar** werfen 40 britische Bomber rund 40 Sprengbomben auf Wilhelmshaven. Durch Volltreffer auf zwei Luftschutzkeller werden 17 Menschen getötet, darunter elf Frauen und drei Kinder. Auch auf den Kreis Friesland fallen zwischen 5.45 und 8 Uhr Bomben. In der dortigen Gemeinde Sande verursacht um 5.52 Uhr eine Granate der deutschen Flak ein schweres Unglück. Sie durchschlägt die Decke des Gasthofs J.H. Rohlfs und detoniert im Saal. Der dient einer motorisierten Kolonne des Marinebaubataillons 312 aus Varel als Schlafraum. Fünf Soldaten sterben, vier werden schwer verletzt. Der erste Sonderzug mit Kindern aus Wilhelmshaven verlässt die luftgefährdete Stadt. Durch Minentreffer geht in der Elbmündung bei der Position Elbe 1 (54 Grad 1 Minute Nord, 8 Grad 13 Minuten Ost) das deutsche Fährschiff KÖNIGSBERG-PREUSSEN verloren. Am **31. Januar** läuft der dänische Frachter MAJA in der Elbmündung auf eine Minensperre und sinkt.

Von Wilhelmshaven läuft U 108 am **6. Februar** zur ersten Feindfahrt aus. Zunächst wird der U-Boothafen von Helgoland angesteuert. Dort liegt bereits U 46. Nach zwei Versenkungen im Nordatlantik ist U 108 Anfang März zurück in Wilhelmshaven. Das bei der Germania-Werft in Kiel gebauter VII-C-Boot U 69 läuft am **10. Februar** unter Jost Metzler zur ersten Feindfahrt aus. In der Holtenauer Schleuse winken Frauen, Mütter und Kinder Lebewohl. *„Brunsbüttel wurde passiert, und der Kampf gegen die dicken, in der Nordsee treibenden Eisschollen begann“*, schreibt Kurowski.[204] Hinter der Position Elbe 1 empfing sie der Nebel. Dreimal entging das Boot in dieser Waschküche dank des schnellen Reagierens des 1. Wachoffiziers, Oberleutnant zur See Heydemann, treibenden Minen. *„Eine vierte Mine jedoch schrammte längsseits am Boot vorbei. Wenn eines ihrer gefährlichen Hörner an der Bordwand zerbrach, dann war diese Feindfahrt schon jetzt zu Ende. Als das Teufelsei endlich achteraus trieb, fühlten sich alle Männer im Boot wie neu geboren.“*

Nordsee-Funknetz geknackt

Im Januar 1940 konnten die Briten die ersten Funksprüche der Luftwaffe entschlüsseln und im April 1940 den Funkverkehr des Heeres. Besondere Freude herrschte in der Aufklärungszentrale Bletchley Park aber am 13. Februar 1941: Die Dechiffrier-Spezialisten auf dem Landsitz zwischen London und Birmingham waren in den Marinefunkverkehr mit dem Schlüsselbereich „Heimische Gewässer“ eingebrochen. Nun konnten sie Funksprüche zwar nicht jeden Tag, aber immer wieder für bestimte Zeiträume mitlesen (ab August 1941 vollständig). Es war das wichtigste Funknetz der Kriegsmarine für Überwasserschiffe in der Nord- und Ostsee. Die Chiffriermaschine Enigma („Rätsel“) war damit entmythisiert, auch wenn die Briten eine gewisse zeitliche Verzögerung bis zum Rekonstruieren des deutschen Klartextes in Kauf nehmen mußten. Aus den entschlüsselten Sprüchen für Fahrzeuge, die ein- und auslaufende U-Boote begleiteten, konnten die Briten auch in gewissem Umfang Erkenntnisse über den Einsatz der U-Boote gewinnen.

Bald sollten es die Entschlüsselungsexperten noch leichter haben. Am 9. Mai zwang die Royal Navy im Nordatlantik ein deutsches U-Boot mittels Wasserbomben zum Auftauchen. Es war U 110, das Boot von Kapitänleutnant Fritz-Julius Lemp, der einst die ATHENIA versenkt hatte. 32 Überlebende wurden an Bord des Zerstörers HMS BULLDOG geholt. Sie ahnten nicht, daß die Briten aus ihrem U-Boot noch eine unversehrte Enigma erbeuten konnten.

Am 1.1.1943 benannten die Deutschen die Enigma-Funkschlüssel um, aus „Heimische Gewässer“ wurde „Hydra“. An der Dechiffrierung durch die britische Funkaufklärung änderte dies nichts. Den U-Boot-Schlüsselkreis „Triton“ knackten die Fachleute im Bletchley Park am 13. Dezember 1942.

Der offizielle Historiker der britischen Geheimdienste, Harry Hinsley, glaubte, dieses Wissen habe Großbritannien vor der Niederlage im U-Boot-Krieg bewahrt und den Zweiten Weltkrieg um etwa drei Jahre verkürzt. Bemerkenswert ist, daß die Briten die Informationen der Funkaufklärung nicht grundsätzlich zu gezielten Vorstößen gegen die Kriegsmarine nutzten. Sie wollten ihr Wissen nicht offenbaren. Die deutsche Marineführung ahnte denn auch nichts Böses und hielt an ihrem Schlüsselsystem bis Kriegsende fest.

In der Emsmündung geht am **19. Februar** durch Minentreffer der Schleppdampfer ENAK verloren. Am **21. Februar** gegen 22.30 Uhr greift die Royal Air Force mit 34 *Wellingtons* Wilhelmshaven an. 19 Maschinen kommen zum Bombenabwurf. Eine wird über Norderney abgeschossen – das Bomber Command vermisst eine *Wellington* mit sechs Mann Besatzung nach einem „Aufklärungsflug". Eine weitere (von den Briten über der Nordsee vermißt) wird bei Helgoland abgeschossen (sechs Tote, zwei Leichen wurden geborgen und in Kiel und Oldenburg beigesetzt). In Minser-Hammrich (Minsen) brennt nach einem Bombentreffer der Hof Leiner nieder.

Am **22. Februar** wehrt sich eine angegriffene *He 111* gegen eine *Blenheim I* des Coastal Command 35 bis 40 Kilometer vor Borkum. Die *Blenheim* stürzt bei einer Kehre vor Jütland ins Meer (drei Tote). U 74 fährt am **24. Februar** von Helgoland nach Bergen, wo es am 27. Februar anlangt. In Wilhelmshaven wird am 25. Februar das Schlachtschiff TIRPITZ in Dienst gestellt. Auf der Elbe geht am 26. Februar der Fischdampfer SCHAUMBURG-LIPPE verloren. Das Hafenschutzboot der 4. Hafenschutzflottille (Cuxhaven) sinkt bei Spierentonne E durch Kollision mit dem Minenschiff COBRA.[205] In der Außenjade geht am **27. Februar** der Frachtdampfer ADELE OHLROGGE auf einer Minensperre verloren. Der finnische Frachter BORE VIII strandet am **28. Februar** im Hubertgat und sinkt.

In der Nacht 28. Februar/1. März greift das Bomber Command mit 116 *Blenheims, Hampdens, Wellingtons* und *Whitleys* erneut Wilhelmshaven und speziell die dort ankernde TIRPITZ an. 75 Flugzeuge kommen zum Abwurf. In Neuenwege werden drei Häuser an der Reichsstraße 69 (jetzt A 29) schwer beschädigt. Ein Bombensplitter dringt durch das Kopfkissen schlafender Kinder. Die Flak von Hooksiel und Wangerooge schießt gegen 1.08 Uhr eine Blenheim ab. *„Sechs Stunden lang brummten die Flugzeuge über unserem Landgebiet herum"*, registriert die Feuerlöschpolizei (Feuerwehr) Kniphausen. Auf dem Schulhof des Gymnasiums in Jever, welches inzwischen als Lazarett genutzt wird, werden durch einen Flak-Tiefzünder zahlreiche Fensterscheiben zertrümmert. Auf Norderney fallen am **2. März** um 14.15 Uhr vier Bomben auf den Scheinflugplatz.

Die Kriegswinter sind lang und streng. Am **6. März** wird Wilhelmshaven eisfrei gemeldet, am 20. März auch Hörnum. Die Bf 109 E-1/B von Feldwebel Paul Ponzet von der 2./JG 54 stürzt am **8. März** über Wesermünde ab, der Pilot stirbt.

Das Bomber Command greift in der Nacht **11./12. März** Kiel und Bremerhaven an, in der Nacht **12./13. März** mit 86 Flugzeugen Bremen. Dabei wird eine *Bf 109 E-1* der 1./JG 1 bei einer Bruchlandung in Jever zum Totalschaden. Eine auf Spiekeroog geworfene Zeitzünderbombe detoniert erst am 16. März um 18.19 Uhr. Die Briten beginnen am 13. März mit Überraschungsangriffen auf Einzelziele über der gesamten von deutschen Truppen besetzten Küste, einschließlich der Deutschen Bucht (Operation C i r c u s). Um 0 Uhr früh am **14. März** wird von den Ostfriesischen Inseln aus der Feuerschein eines kurz vorher von Helgoland aus beschossenen Flugzeugs auf See beobachtet. Britische Bomber versenken den in deutschem Auftrag fahrenden finnischen Frachter WIRMA auf dem Weg von Emden nach Stockholm nördlich von Juist.[206]

Inferno auf der BREMEN

Der Turbinenschnelldampfer „Bremen", bereedert vom Norddeutschen Lloyd, wurde 1928/29 bei der AG Weser in Bremen gebaut und holte 1929 das „Blaue Band". Das Schiff erreichte 27,5 Knoten Höchstgeschwindigkeit.

Unmittelbar vor Kriegsausbruch verließ am 30. August 1939 der deutsche Rekord-Turbinendampfer BREMEN New York zur Rückkehr nach Deutschland. Das 286 Meter lange Schiff mit einer Leistung von 135 000 PS war zehn Jahre zuvor international gefeiert worden, als es zum ersten Mal seit 1904 das Blaue Band für die schnellste Atlantik-Überquerung wieder nach Deutschland geholt hatte. Die Fahrt durch den englischen Kanal aber war bereits ein unkalkulierbares Risiko. Ein verschlüsselter Funkspruch befahl dem Kommodore Adolf Ahrens einen Kurswechel in den sowjetischen Hafen Murmansk. In voller Fahrt wurde auf hoher See von ausgeschwenkten Rettungsbooten aus das weiße Schiff zur Tarnung grau gestrichen. Am 6. September erreichte die BREMEN das Nördliche Eismeer. Das größte Schiff der deutschen Handelsflotte war gerettet. Drei Monate später gelang die Überführung in die Heimat mit Durchbruch der Seeblockade *„trotz Nebel, Kälte und Eisschollen, trotz englischer Minensperren, Torpedo- und U-Boote, Kreuzer und Flugzeuge".*[207]

Am 12. Dezember 1939 kehrte der Lloyd-Schnelldampfer vom Kola-Fjord nach einer abenteuerlichen Fahrt durch die englische Blockade in die Heimat zurück. Fünf Zerstörer hatten den Ozeanriesen vor dem Skagerrak in Empfang genommen. Im britischen U-Boot HMS SALMON wollte Kommandant Bickford die Zerstörer und die BREMEN torpedieren. Die Geleiter in der Luft aber waren aufmerksam: SALMON mußte vor einem *Do 18*-Flugboot tauchen. Die BREMEN machte neben ihrem Schwesterschiff EUROPA an der Columbus-Kaje in Wesermünde (Bremerhaven) fest. Die Royal Air Force hoffte, die gesichteten großen Schiffe am Abend angreifen zu können. In der Deutschen Bucht zwang sie aber starkes Flakfeuer zur Umkehr schon im Küstenvorfeld. Die Royal Navy hatte am 14. Dezember mehr Glück. Sie fand die vom Skagerrak zurücklaufenden Zerstörer. Das U-Boot HMS URSULA kam zum Schuß. Sein Torpedo traf F 9, das Führerboot der Geleitflottille. Es sank innerhalb weniger Minuten und nahm 120 Mann mit in die Tiefe. Nur 25 Besatzungsangehörige wurden gerettet – „völlig ölverschmiert", wie Ruge schreibt.[208]

Der Luxusdampfer erhielt indes in Wesermünde einen neuen Tarnanstrich und diente fortan an der Unterweser der Kriegsmarine als Wohnschiff und Flakposten, wie auch die EUROPA mit Marinesoldaten belegt war. Am 16. März 1941 erfüllte sich das Schicksal des stolzen Schiffes auf ungewöhnliche Weise. Ein 17-jähriger Schiffsjunge legte Feuer an Bord, angeblich, um sich für eine als ungerechtfertigt empfundene Ohrfeige von einem Matrosen zu rächen. Vor dem Kriegsgericht sagte er aus, daß er die Matrosen auch mal rennen sehen wollte.

Die ersten Löschversuche an Bord waren dilettantisch. Munition, Öl und Benzin gerieten in Brand. Das Schiff ließ sich daraufhin nicht mehr retten. Die Feuerwehren von Wesermünde, Cuxhaven, Bremen und Hamburg konnten die Flammen erst am 18. März löschen, Ölbrände loderten noch bis zum 19. März auf. Der mutmaßliche Brandstifter Gustav Schmidt hatte sich selbst angezeigt, aber bis heute gibt es Zweifel daran, daß er allein handelte. Er wurde verurteilt und hingerichtet. Die Kriegsmarine kaufte dem Norddeutschen Lloyd das Wrack ab, ließ es heben und in den Bremerhavener Kaiserhafen verholen. Das ausgebrannte Schiff wurde 1942 bis zur Wasserlinie abgewrackt. Die Reste des Rumpfs versenkte man nach dem Krieg auf der rechten Weserseite bei Nordenham. 1953 wurden sie als Schrott eingeschmolzen. 2004 erinnerte die Deutsche Post mit einer Sonderbriefmarke an die BREMEN.

In der Nacht **17./18. März** führen die Briten mit 21 Blenheims einen Nachtangriff auf Wilhelmshaven aus. Am **18. März** versenken Torpedoflugzeuge des Coastal Command bei Borkum den deutschen Frachtdampfer WIDAR. Am Abend Luftangriffe des Bomber Command auf Kiel (erster großer Angriff) und Wilhelmshaven. 40 feindliche Flugzeuge fliegen ab 21.20 Uhr auf verschiedenen Wegen zwischen Cuxhaven und Esbjerg ein und bilden einen weit gespannten Halbkreis über Brunsbüttel, Husum, Flensburg, Lolland bis Travemünde. Dann greifen sie Kiel von allen Seiten an. In Wilhelmshaven entstehen leichte Gebäudeschäden. Der Abflug erfolgt bis 2.15 Uhr. Die Briten verlieren eine *Blenheim IV* über der Nordsee (drei Tote). Die ersten zivilen Luftkriegsopfer in Jever gehen auf das Konto der deutschen Flak. Gegen 23.30 Uhr detoniert eine Granate als Blindgänger am Wohnhaus der Familie Holm. Marie Holm (43) und ihre Tochter Anna (16) werden verschüttet und sterben. Der Kommandierende Admiral der Marinestation der Nordsee, Admiral Hermann Densch, gibt am **20. März** den 100. Abschuß eines Feindflugzeuges in seinem Befehlsbereich bekannt, am 1.7.1941 den 150. Abschuss und am 19.9.1941 den 200. Im Bereich des Küstenbefehlshabers Deutsche Bucht werden bis zum 15.11.1941 exakt 206 Abschüsse anerkannt, darunter von Helgoland 18 und von Wangerooge 8 (jeweils Marineflak) sowie von der 6. Hafenschutz-Flottille auf Borkum (dazu gehörten die Leichten Artillerieträger LAT 4 und 5) 14.

In Wilhelmshaven trifft U 37 am **25. März** mit einem demolierten Turm ein. Bei einem Angriff auf einen Konvoi war das Boot von einem plötzlich wegzackenden feindlichen

Tanker unter Wasser gerammt worden. Ab **30. März** beschlagnahmen die USA deutsche Vermögen im Land. Vom 30. März bis 1. April werden in amerikanischen Häfen zwölf deutsche, zwei dänische und 47 italienische Handelsschiffe requiriert. In mittel- und südamerikanischen Häfen versenken sich mehrere deutsche Handelsschiffe selbst, um eine Beschlagnahme durch die nationalen Behörden unter dem Druck der USA zu verhindern, darunter als größte Schiffe die ORINOCO in Tampico (Mexiko) und die FRIESLAND vor Paita (Peru). Die 5. Zerstörerflottille verlegt mit den Zerstörern ERICH STEINBRINCK, BRUNO HEINEMANN und FRIEDRICH IHN durch den Kaiser-Wilhelm-Kanal über Wilhelmshaven nach Brest, wo sie am 6. April ankommt. Oberleutnant zur See Hans Diedrich von Tiesenhausen stellt am **31. März** mit U 331 das erste bei den Nordseewerken in Emden gebaute U-Boot in Dienst.[209] In der Nacht 31. März/1. April greifen unter anderem 28 *Wellingtons* Bremen und Wilhelmshaven und sechs *Wellingtons* Emden an. Auf Emden fallen erstmals 1800-Kilo-Bomben. Die Deutschen nennen sie „Luftmine", die Engländer „blockbuster", weil sie leichter gebaute Bunkerdecken durchschlagen können. Sie werden später zur hauptsächlichen Waffe des Bomber Command. Zum 1. April läßt sich der alkoholabhängige SA-Stabschef Viktor Lutze von seinem Amt als Oberpräsident der preußischen Provinz Hannover entbinden. Nachfolger wird der SS-Gruppenführer und Gauleiter von Süd-Hannover-Braunschweig Hartmann Lauterbacher, früher stellvertretender Reichsjugendführer.

Am frühen Morgen des **8. April** greifen 229 RAF-Bomber Kiel an. Bei diesem bisher schwersten Angriff sterben 88 Menschen. Heide wird zum dritten Mal bombardiert: 29 Brandbomben fallen in der Siedlung Meldorfer Straße 130 am südlichen Stadtrand. Sie richten keinen Schaden an. In Wesermünde sind elf Tote zu beklagen. Es sind die ersten Bombenopfer an der Unterweser. Die Flakbatterie Neudeich auf Wangerooge schießt einen *Hampden*-Bomber in Brand. Nach 25 Kilometern setzt der Motor der getroffenen Maschine aus.

In der Nacht 8./9. April greifen 160 RAF-Bomber Kiel an, ferner auch Emden und Berlin. In Kiel sterben in dieser Nacht 125 Menschen, 8300 werden ausgebombt und zum Teil auf dem Land untergebracht. Der kleine Heizöltanker SUND sinkt am **9. April** nach Luftminentreffer in der Elbmündung bei Altenbruch östlich von Cuxhaven. Juist wird überraschend von Tieffliegern angegriffen. Am Nachmittag des **10. April** greifen neun britische Tiefflieger von See mit Spreng- und Brandbomben die Siedlung auf Norderney an. Mehrere Häuser werden getroffen. 15 Einwohner sterben.

Die Kaserne wird leicht beschädigt. Es ist aber der letzte schwerere Angriff auf diese Insel. Zwar wurde 1940/41 der Südstrandpolder-Deich für den großen Militärflugplatz errichtet, doch dieser wird noch im selben Jahr eingestellt (heute Natur- und Vogelschutzgebiet). Drei *Blenheims* führen von 14.11 bis 15.39 Uhr einen solchen „Coastal raid" (Küstenangriff) weiter nördlich aus. Mit drei Sprengbomben richten sie auf Amrum Gebäudeschaden an. Neun Sprengbomben fallen in Dünen und Watt bei Hörnum. Durch Bordwaffenbeschuß im Tiefflug auf Amrum, Hörnum und den Fliegerhorst Westerland gibt es einen Verwundeten. In Husum werden unter anderem die Häuser Schillerstraße 50–68 beschädigt.

21 *Blenheims* sollen am **11. April** an der deutschen Nordseeküste überraschend Einzelziele angreifen. Sechs davon greifen elf Kilometer vor Wangerooge drei deutsche Minensuchboote im Tiefflug an. Sie werden beschossen. Nach 14 Uhr werfen sie im Tiefflug Bomben auf Langeoog und Wangerooge und drehen dann nach Norden ab. Zwei werden laut OKW-Bericht abgeschossen (eine *Blenheim* 50 Kilometer westlich von Röm). Das

Die drei Bilder zeigen Bombenschäden am Siedlungsweg in Husum, der späteren Schloßstraße, am 10. April 1941. (Foto: KANF)

Hafenschutzboot H 453/GRETCHEN der 4. Hafenschutzflottille (Cuxhaven) sinkt am **14. April** nach Kollision mit dem Hafenschutzboot H 432 in der Elbe bei Tonne 7. Am **15. April** beschädigen um 3.04 Uhr zwei Sprengbomben am Südrand von Wenningstedt auf Sylt Häuser und Straßen, das Haus „Eleonore" von Karl Aschemann wird weitgehend zerstört.

Ein Tieffliegerangriff mit Bomben auf Borkum ruft in der Nacht **15./16. April** erheblichen Sachschaden hervor. Den dänischen Dampfer FAFNIR trifft bei Borkum eine Sprengbombe aufs Vordeck. Er läuft schwer beschädigt nach Emden zurück. Über den Nordfriesischen Inseln sind am Nachmittag des 16. April Tiefflieger unterwegs. So werfen vier *Blenheims* um 14.09 Uhr neun Sprengbomben auf Nebel

(Amrum), die Haus- und Glasschäden vor allem im Sanatorium und Kinderheim anrichten, und eine Sprengbombe auf das Nachbardorf Wittdün, wo ein Haus in der Hauptstraße zerstört wird. Um 14.15 Uhr erfolgt ein Angriff mit Sprengbomben und Bordwaffen auf Motortransportfahrzeuge im Vortrapptief zwischen Tonne D und F. Eine Person wird verletzt, es entsteht leichter Sachschaden. Fünf Spreng- und etwa 150 Brandbomben fallen auf den Seefliegerhorst und die Ortschaft Hörnum, wo ebenfalls eine Person verwundet wird.

Am **17. April** wirft eine zweimotorige britische Maschine zwischen 3 und 4 Uhr morgens Bomben auf Zetel. Die sechsjährige Lehrertochter Ingrid Fischer aus dem Ortsteil Klein-Schweinebrück stirbt. Sie wird aus dem Bett und etwa 200 Meter weit auf eine Hofeinfahrt geschleudert.

Eine *Blenheim IV* des 21. Squadron wird beim Einsatz gegen deutschen Schiffsverkehr am **18. April** von Flak getroffen und stürzt vor Helgoland in die Nordsee (drei Tote). In der Nacht **24./25. April** greifen RAF-Bomber Kiel und Wilhelmshaven an. Um 13.45 Uhr fallen fünf Sprengbomben auf Juist, durch MG-Beschuß werden einige Insulaner verletzt. Auf Wangerooge Notwurf von Spreng- und Brandbomben im Osten der Insel. Bombeneinschläge auch in Zetelermarsch und Ellens. In der Nacht **25./26. April** verursachen Bomben in Wilhelmshaven leichte Gebäudeschäden. Sprengbomben töten am 26. April auf Norderney zwei Menschen. Der Jagdpilot Oberleutnant Gerhard Ködderitzsch von der 1./JG 54 meldet den Abschuß einer *Blenheim* 30 Kilometer nördlich Juist um 10.31 Uhr. Die Westerländer Küstenfliegerstaffel 1./506 bombardiert einen Dampfer, der mit schwerer Schlagseite liegenbliebt.

Eine *Hampden I* des 83. Squadron startet um 21.10 Uhr in Scampton und soll in der Nacht **26./27. April** Hamburg angreifen. In Averlak stürzt die Maschine ab, sechs Kilometer nordnordwestlich von Brunsbüttel.[210] Die vier Toten ruhen in Kiel. Auf Emden erfolgt ebenfalls am 27. April ein Luftangriff. Im April 1941 wird auf Wangerooge das Militär viermal tags und 30 mal nachts alarmiert (Waffenalarm), die Zivilbevölkerung einmal am Tag und zehnmal nachts. Im April müssen die Insulaner für siebeneinhalb Stunden in Keller oder Bunker. Im Mai werden es insgesamt 24 angstvolle Stunden.

Das 1930 als Fischdampfer gebaute Vorpostenboot V 808 der 8. Vorpostenbootflottille wird am **2. Mai** um 17.42 Uhr nordwestlich Borkum durch vier Fliegerbomben versenkt, vier Besatzungsmitglieder sterben. In der Nacht 2./3. Mai, bei einem Luftangriff auf Wilhelmshaven, fallen auch Bomben auf Victorbur (heute zu Südbrookmerland, Kreis Aurich), wo es mehrere Tote gibt. Die Flak in Cuxhaven schießt morgens ein Flugzeug ab, das brennend beim Leuchtturm Roter Sand versinkt. Eine *Blenheim IV* des Coastal Command greift am **5. Mai** einen Konvoi vor Borkum an. *Me 110* schießen die Maschine ab (drei Tote). Am **6. Mai** stürzt eine *Blenheim IV* des Coastal Command über der Deutschen Bucht ab (drei Tote auf dem Friedhof Sage). In der Nacht **8./9. Mai** führt die RAF mit 359 Flugzeugen ihren bis dahin schwersten Nachtangriff auf Deutschland durch. Die Hälfte der Flugzeuge greift Hamburg an, wo 185 Menschen sterben. Auch auf Langeoog fallen Bomben, wie in dieser Zeit fast jede Nacht. Drei *Wellingtons* und eine *Hampden* kehren nicht nach England zurück. Die Wangerooger Batterie Neudeich hat eine abgeschossen, die 2. Hafenschutz-Flottille eine weitere von Osten kommende Maschine, die nördlich von Wangerooge trudelnd in die See gestürzt ist. Um 2.03 Uhr schießt Oberfeldwebel Reinhard Eckardt von der 6./NJG 1 nach dem britischen Angriff auf Bremen 25 Kilometer westlich von St. Peter vermeintlich eine *Blenheim* ab. Vermutlich ist es die vom Bomber Command ab 1.55 Uhr vermißte, ebenfalls zweimotorige *Wellington IC* des

301. Squadron (sechs Tote). Nach dem Angriff auf Hamburg stürzt um 5.15 Uhr eine von seinem Staffelkameraden Oberfeldwebel Johann Schönherr abgeschossene *Wellington IC* in die See zehn Kilometer nördlich von Helgoland. Der Luftkampf spielte sich zuletzt nur etwa sechs Meter über dem Meer ab. Vier Besatzungsmitglieder starben, zwei wurden gefangengenommen. Feldwebel Berthold Graßmuck von der 1./JG 52 meldete den Abschuß einer *Wellington* 20 Kilometer westlich von Helgoland um 5.35 Uhr (möglicherweise eine Doppelmeldung).

Der Balkanfeldzug hat Hitlers Angriff auf die Sowjetunion um mehrere Wochen verzögert, doch Anfang Mai beginnen bei Heer und Luftwaffe die konkreten Vorbereitungen für den Krieg.[211] Die schon bekannte 30. Infanteriedivision war nach S e e l ö w e bis 1941 Besatzungstruppe in Südholland zwischen Den Haag und Utrecht. Nun stellt sie Vorkommandos für die Verlegung nach Ostpreußen ab. Gegen Monatsende wird die gesamte Division in den Raum Insterburg verlegt und der 16. Armee unterstellt. „*Nur die höhere Führung stimmt die nur 8–10 km Breite der Division und 40 km tiefe Gliederung (ähnlich wie vor dem Polenfeldzug) bedenklich*“, heißt es in der Geschichte des Infanterie-Regiments 46, das im Mai und Juni 1941 zwischen dem 26. und dem 6. Regiment an der Reichsgrenze liegt.[212]

Auch die Luftwaffe stellt sich auf neue Aufgaben ein. Sie fliegt in der Nacht **10./11. Mai** mit 507 Flugzeugen den letzten Großangriff auf London für die nächsten drei Jahre. 1212 Tote werden gezählt. Das Bomber Command der Royal Air Force greift mit 110 Flugzeugen Hamburg und andere norddeutsche Ziele an. Auf Norderney fallen zwei Sprengbomben auf den Scheinflughafen. Bei Spiekeroog schlagen neun Bomben im Watt auf. Zwischen die Hallen des Luftparks Tönning fallen Spreng- und Brandbomben. Nur die Tarnung fängt Feuer. An der schleswig-holsteinischen Westküste gelingen den Nachtjägern einige Abschüsse zurückfliegender Maschinen. Nach deutschen Abschußmeldun-

Beim Hof Grünhaus nordwestlich von Tönning stürzt am 11. Mai 1941 die Wellington IC R1379 KO-B ab. (Sammlung Koopmann)

Dieselbe Maschine von der Gardinger Chaussee aus gesehen. *(Sammlung Koopmann)*

Aus der bei Grünhaus abgestürzten Wellington haben sich fünf der sechs Besatzungsmitglieder durch Absprung mit dem Fallschirm retten können. *(Sammlung Koopmann)*

gen müßte es am Morgen des 11. Mai fünf Abstürze gegeben haben, es passen dazu aber nur drei britische Verlustmeldungen.

In der zeitlichen Abfolge ist der gemeldete Abschuß einer *Wellington* um 0.57 Uhr fünf Kilometer westlich von Westerhever (Eiderstedt) durch Hauptmann Walter Ehle vom Stab der II. Gruppe des Nachtjagdgeschwaders 1 der erste. Hierzu fehlen aber nähere Angaben, so daß die beschossene Maschine es möglicherweise zurück nach Großbritannien geschafft hat. Oberleutnant Karl-Heinz Hollborn von der 5./NJG 1 trifft um 1.15 Uhr angeblich eine *Whitley* bei der Hallig Helmsand in der Meldorfer Bucht. Da die *Whitley* mit der ebenfalls zweimotorigen *Manchester* zu verwechseln ist, könnte es sich um die *Manchester I* des 97. Squadron gehandelt haben. Sie stürzte nach Teilnahme am Angriff auf Berlin frühmorgens in die Nordsee. Die sechsköpfige Besatzung wurde gerettet und gefangengenommen, was auf einen Absprung in Küstennähe hindeutet.

Leutnant Eckart-Wilhelm von Bonin von der 6./NJG 1 reklamiert den Abschuß einer *Wellington* bei Tönning um 2.20 Uhr für sich. Nach britischen Informationen startete die *Wellington IC* R1379 KO-B von Marham und geriet nach der Bombardierung Hamburgs in den Scheinwerferkegel der Flak über Tönning. Für den dort tätigen Luftwaffenhelfer Rolf Steen aus Tönning ist es der erste und einzige Abschuß, den er miterlebt: *„Wir schossen auf ein tief fliegendes Flugzeug, das im Scheinwerferkegel beleuchtet war. Die Wellington stürzte in Richtung Gardinger Chaussee nordwestlich von Tönning ab auf der Wiese beim Hof Grünhaus, der damals Familie Hansen gehörte. Später stellte sich heraus, daß es schon vorher angeschossen war und wohl auch ohne unser Zutun abgestürzt wäre."* Der Pilot, Sergeant J. Anderson, stirbt und wird in Hamburg zur letzten Ruhe gebettet. Die fünf weiteren Besatzungsmitglieder springen mit dem Fallschirm ab und gehen in Gefangenschaft. Es sind die Sergeants A. Mc Kerr, W.J.A. Legg, G.W. Hogg, A.B. Morgan und D.W. Fraser. Der Abschuß war von Bonins erster Erfolg in der noch jungen Nachtjagd. 50 Jahre später, am 10. Mai 1991, findet auf dem Bundeswehr-Flugplatz Hohn eine Feierstunde statt mit drei der überlebenden Briten, die von Bonin eröffnet.[213] Sein Staffelkamerad Oberleutnant Eckhardt meldet für 2.48 Uhr den Abschuß einer *Whitley* sechs Kilometer südlich von Husum. Das ist die *Whitley V* P5048 ZA-H des 10. Squadron, die um 22.25 Uhr von Leeming gestartet war und sich zuletzt um 2.23 Uhr meldete mit der Information, das Ziel Hamburg bombardiert zu haben. Sie stürzte nieder in Platenhörn, Gemeinde Witzwort in Eiderstedt. Die fünfköpfige Besatzung starb dabei.[214]

Oberfeldwebel Schönherr von derselben Staffel schließlich meldet für 3.02 Uhr den Abschuß einer *Blenheim* westlich von Wesselburen in Norderdithmarschen. Hierzu fehlen nähere Angaben.

In der Nacht **11./12. Mai** greifen 173 Bomber Bremen und Hamburg an. Die Wangerooger Flak schießt eine *Wellington* ab, die ins Wasser stürzt. Aber auch Oberleutnant Helmut Lent von der 6./Nachtjagdgeschwader 1 meldet den Abschuß einer *Wellington* am 12. Mai um 2.49 Uhr über der Nordsee. Das Bomber Command vermißt eine *Wellington IC* des 40. Squadron nach Angriff auf Hamburg mit sechs Mann über See. Dieselbe deutsche Staffel meldet an diesem Morgen weitere Abschüsse an der schleswig-holsteinischen Küste, die aber auf britischen Verlustlisten nicht zu finden sind:

1.16 Uhr Leutnant Lothar Linke eine *Wellington* südöstlich von Ostenfeld bei Husum;

1.40 Uhr Lent eine *Wellington* südwestlich Süderstapel an der Eider;

1.42 Uhr von Bonin eine *Blenheim* drei Kilometer westlich St. Peter-Ording.

Für 3.15 Uhr meldet Oberfeldwebel Gerhard Herzog von der 2./NJG 1, eine *Stirling* drei Kilometer westlich von Pellworm abgeschossen zu haben.

Wahrscheinlich auf dem Rückflug wirft ein Flieger eine Sprengbombe über Husum und vernichtet das Haus Hafenstraße 20.

Zehn britische Bomber greifen am **13. Mai** um 18.09 Uhr bei Tageslicht Helgoland im Tiefflug an und klinken 60 Sprengbomben aus. 35 treffen die Insel und insbesondere die Siedlung. 20 Insulaner sterben, 37 werden verletzt. Hans-Jürgen Jürgens notiert: *„Die Tommys sollen auf die Leute in den Straßen geschossen haben."*[215] Auch Spiekeroog wird angegriffen.

Der Schlepper ARGENTINA sinkt am **14. Mai** im Helgoländer Hafen. Britische Torpedoflugzeuge versenken in der Deutschen Bucht nördlich von Norderney am **15. Mai** den schwedischen Erzfrachter OSSIAN und beschädigen den deutschen Frachter BOLTENHOF. Bei dem Tagesangriff gegen deutschen Schiffsverkehr wird eine *Blenheim IV* des 21. Squadron vor Helgoland von einer *Me 109* abgeschossen (drei Tote).

Tarnmantel Alberich

Wie U 67 wurde auch U 480 mit dem Tarnmantel „Alberich" bekleidet. Die Gummischicht sollte es für die gegnerische Ortung unsichtbar machen.

Auch an der Nordseeküste experimentierte die Kriegsmarine mit sonderbaren Erfindungen, so beim Unternehmen A l b e r i c h: Wie einst König Alberich sich mit seinem Tarnmantel unsichtbar machen konnte, so wollte die Kriegsmarine ihre U-Boote den Blicken des Gegners entziehen. Zu diesem Zweck wurde im Mai und Juni 1941 in Wilhelmshaven das zur dortigen 2. U-Flottille gehörende U 67 mit großen Gummiplatten beklebt. Die vier Millimeter starke Schicht enthielt Luftbläschen, deren Anzahl auf die abzuschirmende Frequenz abgestimmt war. Schon auf der Fahrt nach Kiel lösten sich einige Platten. Die Versuche in der Ostsee und vor Bergen zeigten eine gewisse Wirksamkeit der Anti-Ortungsbeschichtung, die dennoch keine volle Einsatzreife erlangte. Auf U 67 fuhr ein Dithmarscher mit: Karl Behrens, 1915 in Heide geboren.

Vertreter der Industrie kommen am **17. Mai** nach List auf Sylt zu einer Besprechung mit Hans Ritter, dem General der Luftwaffe beim Oberbefehlshaber der Marine. Der Chef der Küstenflieger bezeichnet dabei die Typen *Bv 138 B* und *C* als ungeeignet für die Fernaufklärung. Für das Unternehmen R h e i n ü b u n g, die Atlantikoperation des Schlachtschiffs BISMARCK und des Schweren Kreuzers PRINZ EUGEN, werden die Begleittanker HEIDE und WEISSENBURG am **18. Mai** im europäischen Nordmeer stationiert. Eine *Bristol Mk I* stürzt am **19. Mai** in der Gemeinde Ahrenviöl bei Husum ab. Ein britischer Angriff auf Helgoland am Nachmittag des **21. Mai** kommt so überraschend, daß kein Alarm ausgelöst worden ist. Tiefflieger töten fünf Menschen und verletzten acht schwer und zehn leicht. Eine *Blenheim* des 107. Squadron wird in der Nähe der Insel abgeschossen (zwei Gefangene, ein Toter). Nach den wiederholten Tiefangriffen wird für Helgoland – vergeblich – eine Ballon- oder eine Drachensperre gefordert.

Der Dampfer DITMAR KOEL sinkt am **23. Mai** bei Juist nach Minentreffer. Er wird später gehoben. Der dänische Dampfer H.P. HANSSEN sinkt am **24. Mai** westlich von Borkum, von britischen Flugzeugen bombardiert. Es ist der Tag, an dem BISMARCK und PRINZ EUGEN vor Island den Schlachtkreuzer HOOD – Stolz der britischen Marine – vernichten. Er sinkt mit 1416 Mann, nur drei Besatzungsangehörige können gerettet werden. Von 30 *Blenheims*, die am **25. Mai** über die Deutsche Bucht eindringen, davon 19 im Bereich Langeoog und Norderney, schießen deutsche Jäger drei ab. Zwei Abschüsse erfolgen nördlich von Norderney, um 17.02 Uhr durch Oberfeldwebel Karl Munz von der 2./JG 52 und um 16.35 Uhr durch Oberleutnant Karl-Heinz Leesmann vom Stab der I./JG 52. Die von letzterem getroffene *Blenheim IV* des 18. Squadron war um 14.07 Uhr von Oulton zum Angriff auf Norderney gestartet (drei Tote). Die im Gefecht mit der HOOD schwer getroffene BISMARCK sinkt am **27. Mai** nach einem weiteren Gefecht im Nordatlantik vor Brest. 2371 Mann ertrinken, darunter die Maate Werner Bubbers (22) aus Büsum und Carl Bischof (25) aus dem benachbarten Westerdeichstrich. Nur 116 Mann überleben. Die Wilhelmshavener 1. Staffel der Bordfliegergruppe 196 verliert bei dem Untergang vier *Ar 196* und acht Flieger. Weil der Katapult beschädigt war, wurde ein Flugzeug über Bord geschoben, während die drei anderen mit dem Schiff in die Tiefe sanken. Das kampfstärkste Schlachtschiff der Welt war in Hamburg gebaut. 1989 wird das Wrack in 4800 Meter Tiefe geortet.

In der letzten Maiwoche läuft U 108 von Wilhelmshaven zur dritten Feindfahrt aus, die Anfang Juli nach sieben Versenkungen endet. 1942 sollte das Schiff von Kaleu Scholtz vor der US-Ostküste Angst und Schrecken verbreiten. Drei *Blenheims* fliegen am **28. Mai** gegen 15 Uhr einen Tiefangriff auf Helgoland, anschließend Abflug nach Westen. Eine *Blenheim IV* wird dabei auf See vermißt. Von den drei Toten wird später einer auf Terschelling angestrandet. Eine weitere, aber dem Coastal Command zugehörige *Blenheim IV*, wird von einem deutschen Jäger zwischen Texel und Terschelling abgeschossen. Zwei der drei Besatzungsmitglieder werden an die nordfriesische Küste angespült, so Sergeant Roland Harry Johnson (23) auf Norderoogsand, geborgen erst am 15. August. Gemeinsam mit Sergeant Orlando John Dee (20) wird er auf dem Friedhof der Alten Kirche auf Pellworm beerdigt (später nach Hamburg überführt).

Das Bomber Command greift am Abend des **2. Juni** den Kaiser-Wilhelm-Kanal an. Der Rückweg führt über Ostfriesland. Um 18.30 Uhr wirft eine von Nordwesten anfliegende *Blenheim* zwölf Spreng- und Brandbomben auf Langeoog. Oberfeldwebel Oskar Wunder von der 2./JG 52 schießt um 19.05 Uhr 50 Kilometer nördlich von Borkum eine *Blenheim* ab. Es dürfte die vom Bomber Command vermißte *Blenheim IV* vom 139. Squadron sein. Eine weitere *Blenheim* stürzt nach britischen Angaben in niederländischem Seegebiet ab. Das deckt sich mit der Abschußmeldung von Unteroffizier Karl Hammerl (1./JG 52), der 70 Kilometer nordwestlich von Borkum in der Deutschen Bucht eine *Blenheim* traf (zusammen sechs Tote). Deutsche Aufklärer melden ein Geleit an der englischen Ostküste mit einem vermeintlichen Flugzeugträger. Die *He 115* der 3./Küstenfliegergruppe 506 in List auf Sylt verfügen aufgrund von Streitereien zwischen Luftwaffe und Kriegsmarine aber nicht über Lufttorpedos. So wird um 20.56 Uhr eine einzelne *He 111* von Westerland gestartet. Zwei ihrer Lufttorpedos treffen das Ziel. In der folgenden Nacht versenkt die 4. S-Flottille das gewaltige Schiff, das jedoch nur ein als Trägerattrappe hergerichteter Flottentender ist.

Die *Bf 109 F-2* von Unteroffizier Harry Krause von der auf Wangerooge stationierten 2./JG 54 stürzt am Pfingstmontag (**4. Juni)** in Carolinensiel ab, wobei Krause stirbt. Der 78 Meter lange Dampfer CONSUL HINTZ stößt am **6. Juni** in Wilhelmshaven bei einem Luftangriff gegen die Kaimauer. Das 61 Jahre alte Schiff zerbricht dabei infolge Altersschwäche. Auf dem Flugplatz Langeoog kollidieren am **8. Juni** zwei gleichzeitig startende *Bf 109 F-2*. Der Pilot der einen Maschine, die Totalschaden ist, Fähnrich Arno Gaefke, stirbt.

Französische Kriegsgefangene helfen 1941 in Heide bei der Ernte. *(Foto: Stadtarchiv Heide)*

Am 4. Juni 1941 nutzt die Wehrmacht den Heider Marktplatz als Kriegslager. Die Nummernschilder der Kraftfahrzeuge weisen auf Luftwaffeneinheiten hin. Auf ähnliche Weise sammelten sich Militärkolonnen Anfang April 1940 zur Vorbereitung auf die Besetzung Dänemarks in Heide. (Fotos: Stadtarchiv Heide)

Sport und Bildung im Krieg

Der totalitäre Herrschaftsanspruch der Nationalsozialisten achtete auch den Körper des einzelnen nicht als Privateigentum. Nach völkischer Weltanschauung war der „Volksleib“ ein formbares Allgemeingut. Demzufolge sollte jeder „Volksgenosse“ zur Reinheit, Gesundheit und Kräftigung seines Volkes beitragen. Diese Ideologie stand hinter der staatlichen Leibeserziehung im Dritten Reich. Neben rassistischen und gesundheitspolitischen Motiven erforderten aus Sicht des Regimes soldatische Übung und militärische Wehrhaftmachung geradezu den Massensport. Der Krieg änderte nichts an dem erhöhten Stellenwert des Sports. Insbesondere Turnen, Leichtathletik, Schwimmen, Ball- und Geländespiele sowie Kampfsportarten wurden in Deutschland weiter intensiv betrieben, sofern es kriegsbedingt möglich war.

Trotz des bevorstehenden Angriffs auf die Sowjetunion entfalteten so die Wehrmachtsoldaten an der Nordsee scheinbar unbeschwerte sportliche Aktivitäten. Am Pfingstmontag standen sich in Lunden die Mannschaft einer Flakbatterie und eine Mannschaft des Lundener Sportvereins gegenüber. Die Soldaten gewannen das Fußballspiel mit 11:1. Am 8. Juni wurde das Team des Marinenachrichtenoffiziers Helgoland Fußballmeister 1941 der Marinestation der Nordsee. Unterdessen stieg der Betrieb an der Badestelle in Wollersum an der Eider. *„Jung und alt tummeln sich im Wassser und am Strande. Täglich sieht man dort Soldaten, Angehörige der Aufbauschule und die Kleinen des Kindergartens.“*[216]

Mit Aufbauschule war der Staatliche Aufbaulehrgang für Volks- und Mittelschüler gemeint, die neuerdings Lehramtsstudenten werden konnten. Solche Lehrgänge waren 1939 in Lunden (Mühlenstraße 21, jetzt Jugendaufbauwerk) und in Burg in Dithmarschen (in der ehemaligen Landwirtschaftsschule) eingerichtet worden. 1941 entstanden daraus die Lehrerbildungsanstalten (LBA) anstelle von Hochschulen für Pädagogen. Die angehenden Volksschullehrer brauchten dort ganz im nationalsozialistischen Sinne kein Abitur nachzuweisen, wohl aber eine aktive HJ-Mitgliedschaft. Die Dienstabläufe orientierten sich teilweise an denen der Wehrmacht. Lehrer und Schüler trugen Uniform. Bei den Unterrichtsinhalten stand „Leibeserziehung“ an erster Stelle. Mit militärischem Drill war ein straffes Sportprogramm zu absolvieren. Die „Jungmannen“ aus Lunden maßen sich am 5. Juli bei einem ersten Staffellauf von Lunden nach Friedrichstadt mit den Soldaten. Sie benötigten für die 19,5 Kilometer lange Strecke 61 Minuten und gewannen den Wettkampf. Eine „kämpferische Einstellung“ wurde intensiv auch im Boxring trainiert. Neben Sport hatte die politische Schulung einen hohen Stellenwert. Die LBA-Absolventen meldeten sich im Krieg mehrheitlich zur SS, manche ehemaligen Schüler wurden in die als elitär geltende „Leibstandarte Adolf Hitler“ aufgenommen. „Schulführer“ und damit für die ideologische Prägung der Ausbildung zuständig war Studienassessor Hans Hartz, der schon 1939 mit der Leitung des Lundener Aufbaulehrgangs betraut worden war. Mit seiner Frau Sophie, Kindergärtnerin von Beruf, hatte er vier Kinder. Das jüngste, Hans, kam 1943 in Lunden zur Welt. 1950, als der Vater Studienrat am Hermann-Tast-Gymnasium wurde, zog es mit der Familie nach Husum um. Hans Hartz junior wuchs in Husum auf und schrieb sich später mit sozialkritischen Songs in die deutsche Musikgeschichte ein. Der Sänger mit der rauhen Stimme kokettierte ab und an mit seiner nordfriesischen Herkunft, ist aber gebürtiger Dithmarscher. Von seinem autoritären Vater sprach er

wenig. Hartz lebte später noch einmal in Dithmarschen (bis 1995 in Schalkholz) und Nordfriesland (bis 1996 in Friedrichstadt).
Einer der Lundener Ausbilder („Zugführer") war Karl Knoop, der „bisweilen einmal in der schwarzen SS-Uniform" erschien. Er lehrte von 1962 bis 1976 als Professor an der Pädagogischen Hochschule Kiel.[217] Einer der Lundener Schüler, James Krüss, wurde als Schriftsteller bekannt. Der Helgoländer mußte wohl an seine Zeit in Dithmarschen denken, als er in einem Tiergedicht ein „Fräulein Lunden" vorkommen ließ.
Eine Einschränkung der Freizeitmöglichkeiten erfolgte am 14. Juni, als der Küstenbefehlshaber Deutsche Bucht aus Gründen der militärischen Abwehr das Segeln im Watt verbot.

Die Borkumer Flak, zur 8. Flakdivision der Luftwaffe gehörig, meldet am **12. Juni** den Abschuß einer Blenheim. An der schleswig-holsteinischen Nordseeküste werden am **20. Juni** kleine Strandämter und Strandvogteien aufgelöst, einige aber neu errichtet, darunter Adolf-Hitler-Koog (Dieksanderkoog bei Friedrichskoog).

Mit drei Millionen Soldaten überschreitet die deutsche Wehrmacht am **22. Juni 1941** ab 3.05 Uhr die sowjetische Grenze. Das Infanterieregiment 46 marschiert in Richtung Kowno und Dünaburg. Weitere 600 000 Mann stellen die Verbündeten Rumänien, Finnland, Italien, Ungarn, Slowakei und Kroatien. Die sowjetischen Streitkräfte umfassen rund fünf Millionen Mann. Die gesamte 30. Infanteriedivision nimmt vom ersten Tag an am Krieg gegen die Sowjetunion teil. Die Soldaten kämpfen sich durch Litauen nach Lettland vor. Nach Angriff bis auf die nordwestrussischen Waldai-Höhen am Ilmensee werden die 30. und weitere Divisionen im September bei Demjansk eingeschlossen und zu Stellungskämpfen gezwungen.[218] Eine Reihe von Dithmarschern sind dem 252. Infanterieregiment der 110. Infanteriedivision zugeteilt und sitzen am Angriffstag in Transportzügen. Der Landwirtssohn Peter Matthias Nagel aus Helse bei Marne ist mit 19 Jahren jüngster der Kompanie, die über Suwalki und Seiny nach Weißrußland marschieren soll. *„Gestern morgen in aller Frühe haben wir verladen"*, schreibt er in sein Tagebuch. *„Das große Rätselraten begann: Wo geht es hin? Heute sind wir sehr weit im Osten. Drei Kameraden haben heut Geburtstag. Kaum haben wir ihnen gratuliert, da kommt plötzlich die Meldung, daß zwischen Deutschland und Rußland Krieg ist. Wir kommen also doch zum Einsatz. Sofort empfängt jeder scharfe Munition. Es werden jungsmäßig allerlei Witze dabei getrieben. Es ist uns aber auch klar, daß Sowjetrußland uns ein ungeheures Heer entgegensetzen kann."* Am 30. Juni sehen die jungen Panzergrenadiere „die ersten toten Russen am Weg liegen". Nagel nimmt es seltsam unberührt hin: *„Ich habe mir eigentlich garnichts dabei gedacht. Sie sahen aus wie Wachsfiguren."* Die Heftigkeit der Kämpfe steigert sich. Der Dithmarscher schreibt am 19. Juli: *„Punkt 14 Uhr wachte ich plötzlich auf von einem Geratter von Maschinengewehren und Gewehren. Dazwischen hörte man Hurrägeschrei der Russen. Von allen Seiten pfiffen die Kugeln über uns hinweg."* Die gegenseitigen Feuerüberfälle zehren an den Nerven. Nagel vertraut seinem Tagebuch an, *„ein Sonntag zu Haus wäre schöner als das Weihnachtsfest"*. Schon am 20. Juli ahnt er, daß dies kein gewöhnlicher Feldzug ist: *„Später beim Weitermarsch hörten wir hinter uns Geschieße, und wir bekamen den Eindruck, daß irgendetwas mit den Gefangenen passierte."*

Die militärischen Dienststellen in Deutschland werden am frühen Morgen des Angriffstages angewiesen, den jeweils als Verschlußsache vorliegenden Geheimbrief zu öffnen. Die Nachricht vom Beginn des Einmarsches in Rußland ist auch an alle Flakbatterien an der Nordseeküste weiterzugeben. In der Heimat herrscht Bestürzung, nun wieder wie im Ersten Weltkrieg in einem Zweifrontenkrieg zu stehen. Die Siegeszuversicht schwindet jäh. Die Wehrmacht hat nun einen unersättlichen Personalbedarf. Wer sich freiwillig meldet, kommt schnell zur Front – bei militärischer Vorbildung oft nur einen Tag nach dem Gestellungstermin.

70 britische Bomber attackieren am **23. Juni** kurz nach Mitternacht Bremen und weitere 27 Wilhelmshaven. In Cäciliengroden, der 1938 errichteten Siedlung für Arbeiter der Kriegsmarinewerft Wilhelmshaven, werden ein Vierfamilienhaus zerstört und 30 weitere Häuser beschädigt. Unter den Trümmern sterben zwei junge Frauen, drei kleine Kinder und ein 65-jähriger Mann. Hilde Willms (24) und ihre drei kleinen Kinder Hermann, Toni und Martin, Gina Weers (20) und Stellwerkswärter Gerhard Kleemann (65). Am Vormittag setzen britische Flieger Lufttorpedos – üblicherweise eine Waffe zur Schiffsbekämpfung – bei Langeoog ein. Am frühen Morgen des **25. Juni** geht eine *Wellington IC* beim Angriff auf Emden verloren (sechs Tote). Am Abend verliert das Bomber Command die in Scampton gestartete *Hampden I* AD788 EA-V vom 49. Squadron, die Kiel angreifen soll und dort von Flak oder Nachtjäger getroffen wird. Die Maschine stürzt zwischen Ipernstedt und Ostenfeld bei Husum ab.[219] Drei Besatzungsangehörige sterben, einer wird gefangengenommen.

Auf der Reede vor dem Spiekerooger Hafen wird am **26. Juni** das Zollschiff LANGEOOG II von einem überfliegenden Flugzeug angegriffen. Die sechs niederstürzenden Sprengbomben richten keinen Schaden an. Um 23.01 Uhr startet von Hemswell eine *Manchester I* (L7304 QR) Richtung Kiel. Der zweimotorige Bomber des 61. Squadron stürzt nahe Brunsbüttel ab. Die sechs Toten werden in Kiel beigesetzt. Die um 23.36 Uhr von Coningsby gestartete *Manchester I* (L7374 OF) des 97. Squadron gerät in einen Kampf mit einem Nachtjäger, wobei ein Besatzungsmitglied getötet wird. Später stürzt der Bomber in die See vor Westerhever. In Heide wird der Abschuß einer *Whitley* an der Westküste notiert – wie gesagt, sind diese beiden Flugzeugmuster im Eifer des Gefechts durchaus zu verwechseln. Vier Leichen werden in Kiel beigesetzt, drei nie gefunden.[220]

In der Nacht **27./28. Juni** greifen 108 britische Bomber Bremen, Cuxhaven, Emden und Wilhelmshaven an. Die Luftwaffe bietet so viele Nachtjäger wie nie auf, was die anfliegenden Einheiten irritiert. Es ist eine Ausnahme, denn der Krieg gegen die Sowjetunion bindet den Großteil der Luftwaffe. Angeblich werden 14 Feindmaschinen abgeschossen, darunter eine an der Westküste getroffene *Whitley*, deren sechs Mann Besatzung tot aufgefunden werden. Eine *Stirling I* mit Ziel Hamburg wird in der Nacht **29./30. Juni** von Oberleutnant Helmut Lent von der 6./NJG 1 abgeschossen. Die Viermotorige stürzt in Wesermünde-Bremerhaven ab, wobei die sieben Insassen sterben.

Am stark bewölkten 30. Juni wagen die Briten zur Mittagszeit mit 28 *Blenheims* Anflüge auf Norderney, Bremen und Sylt. Dort werden 17 Flugzeuge bombardiert. Westerland wird um 12.08 Uhr und 12.36 von sieben bis acht *Blenheims IV* des 107. Squadron im Tiefflug angegriffen. Ihre Bomben fallen aber ins Watt. Zwei Maschinen stürzen weit vor Sylt in die See. In einer *Blenheim* stirbt die dreiköpfige Besatzung (die Leichname werden 1945 vom Westerländer Friedhof nach Kiel überführt). Von der anderen, durch Flak getroffenen Maschine geht die Drei-Mann-Crew in Gefangenschaft. Die Abschußmeldungen geben wieder Rätsel auf. Piloten der 1. und 2. Staffel des Nachtjagdgeschwaders 1 wollen zwischen 13.20 und 13.35 Uhr vier *Halifaxes* über der Halbinsel Eiderstedt abgeschossen haben. Dabei war der viermotorige Flugzeugtyp gar nicht im Einsatz, und in

Eiderstedt gibt es keine Überlieferung gehäufter Abstürze an einem Tag. Die behaupteten Abschußorte waren zweimal südwestlich Husum, einmal östlich Tönning und einmal südlich Garding.

Eine *Wellington IC* des 115 Squadron, die Hamburg angreifen soll, wird über Bremen von Flak getroffen und gerät dann ins Feuer einer *Me 110*. Die Besatzung steigt aus. Vier Mann werden gefangengenommen. Der bereits schwerverwundete Sergeant J.V. Gill landet in einem Baum und fällt nach Lösen des Schirms zwölf Meter tief zu Boden. Die Deutschen bringen ihn in ein Krankenhaus. Dort erliegt Gill am nächsten Tag seinen Verletzungen. Der Pilot A.F. McSweyn verbirgt sich unterdessen. Nach drei Tagen auf der Flucht wird er festgenommen beim Versuch, auf einem Fliegerhorst eine *Me 110* zu besteigen. Später bricht er aus der Gefangenschaft aus, schlägt sich nach England zurück und wird mit dem Military Cross ausgezeichnet.

In Dithmarschen ziehen die Schüler aus Lehe stolz Bilanz. Sie sammelten im ersten Halbjahr an Altmaterial 1696 Kilo Eisen, 742 Kilo Papier, 658 Kilo Knochen, 490 Kilo Lumpen, 60 Kilo Gummi und 56 Kilo Buntmetall.

Die *Blenheim IV* V6396 YH-W vom 21. Squadron hat am Morgen des **1. Juli** den Auftrag, den Kaiser-Wilhelm-Kanal zu bombardieren. Die künstliche Wasserstraße ist jedoch durch eine Reihe von Flakstellungen geschützt. Die Flak an der Hochbrücke Hochdonn bringt die Maschine zum Absturz.[221] Die drei Flieger versuchen auszusteigen. Flight Sergeant J.S. Robertson, dessen Schirm sich vorschnell öffnet, bleibt am Leitwerk hängen und wird in die Tiefe gerissen. Flight Sergeant J.H. Simpson verletzt sich ebenfalls, vermutlich beim Aufprall auf den Boden tödlich. Nur Squadron Leader H.D.H. Cooper überlebt und kommt in Gefangenschaft. Um 14.20 Uhr fallen 18 Bomben auf Borkum, davon fünf dicht beim Wachtschiff POSEIDON. Einige Wasserleitungen werden zerrissen. Unteroffizier Georg Brey von der 1./JG 52 meldet um 14.30 Uhr den Abschuß einer *Stirling* 150 Kilometer nordwestlich von Borkum. Da eine Stirling für die Entfernung mehr als 20 Minuten braucht, sind entweder die Uhrzeiten ungenau oder Brey traf ein nicht an dem Angriff beteiligtes Flugzeug (das Bomber Command verzeichnet keinen Verlust).

Am **4. Juli** um 8.35 Uhr werfen Bomber im Tiefflug zehn bis 15 Sprengbomben auf die Inselsiedlung Juist, wobei ein Insulaner stirbt und Gebäude erheblich beschädigt werden. Vor Norderney fallen ebenfalls Bomben. Der deutsche Dampfer AKKA wird durch Fliegerangriff schwer beschädigt, dabei fünf Tote und einige Verletzte. Das Schiff kommt nach Emden ins Dock. Die 8. Flakdivision schießt eine *Blenheim IV* ab, die zwischen Norderney und Juist in die See stürzt. Drei britische Flieger sterben. Auf Juist und Spiekeroog werden je eine englische Brieftaube eingefangen und bei der Polizei abgeliefert. Durch Minentreffer britischer Flugzeuge sinkt am **5. Juli** der schwedische Frachter STIG GORTHON in der Wesermündung. Zwölf britische Flugzeuge attackieren am **7. Juli** zwischen Baltrum und Langeoog im Tiefflug zwei Seeleichter mit Bomben und MG-Feuer. Einige Gewehrkugeln schlagen an Deck der Leichter ein, die 25 Bomben fallen ins Wasser. Bevor die *Me 109* der 3./JG 52 von Wangerooge da sind, sind die Briten nach Norden abgeflogen.

Die Rüstungshilfe der Amerikaner für die Alliierten macht sich immer stärker bemerkbar. In der zweiten Jahreshälfte 1941 tauchen zunehmend viermotorige Bomber über Deutschland auf, aber es sind nicht mehr nur die britischen Modelle *Halifax* und *Stirling* – die Briten fliegen am **8. Juli** ab 16.30 Uhr erstmals mit US-amerikanischen Bombern *Boeing Fortress I* ein. Diese „fliegenden Festungen“ sind in einer Flughöhe von 8000

Metern von leichter und mittlerer Flak nicht zu erreichen. Eine zerstört mit Sprengbomben das Hauptpostamt in Wilhelmshaven, wobei es 13 Tote gibt. Verschüttete im Keller der Post geben Klopfzeichen, aber erst nach vier Tagen kommen Retter zu ihnen durch. Die beiden einzigen noch lebenden Personen sterben den Helfern unter den Händen. In der Nacht **11./12. Juli** töten Sprengsplitter zwei Fischer auf einem Kutter vor Wilhelmshaven. Bei einem Luftangriff auf Wilhelmshaven sinkt am 12. Juli im Hafen der Fischkutter LUNA/AW 3. Eine *Bf 109 F-2* der 6./JG 53 stürzt am **13. Juli** bei einem Werkstattflug über der Deutschen Bucht wegen Motorschadens fünf Kilometer südlich von Süderoog ab. Leutnant Walter Hempfling stirbt.

Die erste Schreckensnacht von Wrohm

Im Kreis Norderdithmarschen zerstörten Brandbomben in der Nacht 16./17. Juli 1941 mehrere Bauernhöfe. In Rickelshof bei Heide fiel ihnen das Anwesen Dyrssen zum Opfer, obwohl ein Teil der Bomben noch aus dem Stall geworfen werden konnte. Bei der späteren Tankstelle Prickner an der Straße nach Büsum wurde ein Wachmann der Texaco schwer verwundet. Auch Sprengbomben gingen nieder. In Süderholm und Ostrohe fand man Bombensplitter, in Neuenkirchen entstand leichter Schaden, in Dellstedt wurden um 1.30 Uhr durch vier Sprengbomben das Haus Karl Lambach (Lerchenfeld 1) schwer beschädigt und das Haus Hermann Elvers (zwischen Süderort 4 und 6) zerstört. *„Steine und Bombensplitter flogen über das ganze Dorf und beschädigten viele Dächer“.*[222] 1500 Scheiben wurden zertrümmert. Klempnermeister Lambachs Tochter hatte Angst, weil es auf dem Hausdach raschelte. *„Man hörte das Singen der Bomben, das sich zu einem furchtbaren Heulen entwickelte ... Es gab ein Splittern und Krachen. Die ganze Luft verfinsterte sich, und die Erde bebte.“* Landmann Elvers hatte seinen siebenjährigen Jungen im Bett liegen, als eine Bombe im Hühnerstall einschlug. „O Helmut, o Helmut, das Kind!“, schrie seine Frau. *„Darauf lief ich über Glassplitter, Steine und Geröll sowie Holzteilen in die Schlafstube, wo die Tür bereits herausgerissen war, ebenfalls das Fenster, und fand meinen Sohn unter der Decke, welche mit Glasscherben und Stein- und Holzteile bedeckt war, ruhig liegend vor.“* Der Junge hatte ebenso überlebt wie der Vater des Bauern, der vom Bett aus nun plötzlich den freien Himmel sehen konnte, denn Reetdach und Zimmerdecke waren hinweggefegt worden. Die Familie Elvers wurde nach Erkrün umgesiedelt.

Der Treffer in eine Trafostation legte die DEA in Hemmingstedt für einige Stunden lahm. Es ist davon auszugehen, daß britische Flieger örtliche Meiereien wegen ihrer hohen Schornsteine mit Fabriken verwechselt und auch aus diesem Grund Dörfer bombardiert haben.

Am schlimmsten wurde die Gemeinde Wrohm getroffen. Die vorausfliegenden Flugzeugbesatzungen zündeten Leuchtraketen, um das Dorf für die nachfolgenden Bomber zu erhellen. Johann Jürgens aus Wrohm zählte 15 solcher Raketen. Zwischen 1 und 2 Uhr fielen um das Dorf herum 25 Sprengbomben, teilweise fünf Zentner schwer, und etliche Brandbomben. Das Wirtschaftsgebäude des Bauern Ernst Dohrwardt ging in Flammen auf. Drei Häuser wurden beschädigt. Auf den Krug von Georg Agge prasselten sieben Brandbomben. Eine durchschlug das Ziegeldach und die Stubendecke und bohrte sich ins Parkett der großen Gaststube. Diese fing Feuer und brannte gänzlich aus. Im Haus von Heinrich Storm warf dessen Frau eingeschlagene Brandbomben

mit der Hand hinaus. Über eine solche Art von Selbsthilfe berichteten die Zeitungen damals durchaus anerkennend – diese Handlung erforderte zweifellos Mut, lag aber zwischen Geistesgegenwart und leichtsinniger Gefährdung des eigenen Lebens. Empfohlen wurde dagegen, ins Haus gefallene Brandbomben in sicherem Abstand zum Körper mit einer Schaufel hinauszubefördern.
„Die Luft war erfülllt von einem nervenden Gebrumme und Getöse, und das schauerliche Heulen der niederfallenden Bomben hat viele Einwohner verängstigt und durcheinandergebracht", heißt es in der Gemeindechronik.[223] Gruppenweise liefen sie aufs freie Feld hinaus, um hinter dem Wall an der Straße nach Altenfähre Schutz zu suchen. Als eine Bombe dort auf der Koppel von Hermann Glüsing – dem späteren Kreispräsidenten – einschlug, riß sie drei Menschen in den Tod: Anna Stolley (64), Stellmacher Friedrich Messer (69) und die zu Besuch im Ort wohnende Schülerin Irma Thee (12) aus Eckernförde. Drei verwundete Wrohmer mußten für zwei Wochen ins Krankenhaus. Eine andere Bombe blieb neben dem Straßenrand liegen. Sie trug einen Zeitzünder in sich und explodierte um 10.30 Uhr vormittags. Glücklicherweise befanden sich keine Passanten oder Schaulustige mehr an der Stelle. Daraufhin wurde ein weiterer Blindgänger nahe der Reichsstraße 203 zwischen Heide und Rendsburg acht Tage lang beobachtet: erst von der Dorfwache, dann von Soldaten der Heider Genesendenkompanie (diese war in Heide im RAD-Lager in der Meldorfer Straße 51/53 untergebracht). Der Verkehr wurde in dieser Zeit durch das Dorf geleitet. Ein aus politischen Häftlingen zusammengesetztes Sprengkommando aus Brunsbüttel brachte die 250-Kilo-Bombe schließlich zur Detonation.
Die drei Toten von Wrohm erhielten eine Art Staatsbegräbnis mit Fahnenträgern, Ehrenwache durch SA-Männer und politische Leiter, Ehrengästen und Trauermusik der SA-Kapelle. Der Schulungsleiter der NSDAP-Kreisleitung, Lehrer Bruno Meynerts, führte aus, die Toten seien „für uns eine heilige Verpflichtung zum festen Zusammenhalten." Im Dezember wurde Dohrwardts Stall auf Reichskosten neu aufgebaut. In der Nacht 19./20. August fielen vier Bomben nördlich des Dorfes hinter dem Gehölz Sarkhorn. Da sie freies Feld trafen, blieb Sachschaden aus.

Eine *Beaufort I* des Coastal Command wird am **17. Juli** beim Minenwerfen von Flakgeschossen getroffen. Um 3.28 Uhr beobachten andere Besatzungen eine Minute lang einen roten Schein am Himmel zwischen Schiermonnikoog und Borkum (drei Tote, ein Gefangener). Am selben Tag kracht in Tönning eine Sprengbombe beim Hotel Johann Methmann auf den Marktplatz. Das Postgebäude wird beschädigt. Verletzt wird niemand. Weitere Bomben landen in der Eider.

Tod im Brunnenschacht

Im Wasserwerk der Stadt Heide in Süderholm ereignet sich am 18. Juli 1941 ein schwerer Betriebsunfall. In den Wasserbrunnen Nr. 4 wird Salzsäure eingebracht zur Reinigung des Filters. Der Brunnenbauer Hinrich Siems (58) aus Barmstedt will den fünf Meter tiefen Schacht verlassen. Als er fast oben ist, stürzt der 58-Jährige von den Steigeisen. Der 16-jährige Lehrling Claus Schmidt aus Wildpfahl bei Weddingstedt eilt zur Hilfe und klettert in den Brunnen. Auf halbem Weg fällt er in die Tiefe. Daraufhin läßt

sich Betriebsleiter Paul Linde (54) aus der Gasstraße in Heide anseilen. Zur Sicherheit bindet er sich noch ein nasses Taschentuch vor Mund und Nase. *„Als er eben den Fuß auf die Brunnensohle setzte, schrie er auf und kippte um“*, schreibt Polizeimeister Cornils in seinem Bericht. Leblos zogen die städtischen Arbeiter Linde nach oben. *„Es wurden sofort Wiederbelebungsversuche angestellt, die jedoch nach längerer Zeit immer noch erfolglos waren.“*
An Siems und Schmidt kann die inzwischen eingetroffene Freiwillige Feuerwehr Heide nicht herankommen, weil die giftigen Gase im Brunnen auch durch ihre Heeresatmer dringen. Die mit dem Dienstwagen des Heider Bürgermeisters herbeigeholte Rettungsmannschaft der DEA kann sich ebenfalls nur mit Heeresatmern schützen. Sie holt die beiden Toten unter größten Schwierigkeiten empor. Ursache des Unglücks war, daß sich die Salzsäure mit Eisensulfid metallischer Rohre zu Schwefelwasserstoff verbunden hat. Drei Menschen sind diesem starken Lungengift erlegen. Die Tragödie gerät durch den Krieg schnell in Vergessenheit.

Der Sommer 1941 ist extrem heiß. Auf Norderney werden 33 Grad Celsius gemessen. Durch Minentreffer britischer Flugzeuge wird am **20. Juli** die deutsche ASIEN vor der Emsmündung beschädigt. Auf Langeoog fallen sechs Sprengbomben auf den Flugplatz und auf den Scheinflugplatz. Auf Juist werden ebenfalls einige Sprengbomben abgeworfen. Das Sterben an der Ostfront trifft auch die Norderdithmarscher Parteiprominenz. Am **22. Juli** fällt der seit 1937 im Amt befindliche Kreisleiter Adolf Lorenzen. Der gebürtige Lindener war 1933 Kreisgeschäftsführer der NSDAP in Südtondern geworden und später im Kreis Schleswig und in Norderdithmarschen in dieser Funktion tätig. Zuletzt führte er als Obertruppführer den SS-Sturm 3/I 53. Er ist neben Jochen Meyer-Quade der einzige Kreisleiter aus Schleswig-Holstein, der an der Front stirbt. Am 2. August stirbt Ernst August Poggensee (19) aus Heide, SS-Schütze in der elitären Leibstandarte Adolf Hitler, bei Nowo Archangelsk. Kreisgeschäftsführer Klaus Diener (28) fällt am 23. August als Leutnant. Damit liegt auch die Geschäftsführung der Norderdithmarscher NSDAP in den Händen des stellvertretenden Kreisleiters Hans Hinrichsen. Im Januar 1943 fällt Obersturmbannführer Rudolf Reymer, der die SA-Standarte 85 „Dithmarschen“ geführt hatte, als Leutnant und Kompaniechef.

In Dithmarschen erfolgt im Krieg keine Landgewinnung, aber es werden einige Deiche gebaut. So entsteht 1939 auf Betreiben der Luftwaffe in dem Hedwigensommerkoog nördlich Büsum der 120 Hektar große Hedwigen-Westerkoog, anfangs Luftwaffenkoog genannt. Er wird für den Flakartillerieschießplatz benötigt. Das zweite Projekt ist der Büsumer Hafenkoog (100 Hektar). Er wird 1939 bis 1941 als reiner Wattkoog zum Schutz des Hafens und zur Gewinnung von Hafengelände gebaut. Der Ausbau des Büsumer Fischereihafens genießt Priorität, weil dieser aufgrund der Strömungsverhältnisse im Winter noch eisfrei ist, während andere Häfen schon nicht mehr zu benutzen sind. Zudem führt mit der Piep ein tiefes Fahrwasser bis direkt vor den Hafen. Die Bauarbeiten führen allerdings zu einem Unglück. Das 17 Meter lange Hafenschutzboot H 443 der 4. Hafenschutzflottille sinkt am **23. Juli** eben vor Büsum auf einer Mine. Weil Mole und Schleuse im Bau befindlich sind, ist die Hafeneinfahrt nur provisorisch markiert und kontrolliert. Das wird dem Kutter zum Verhängnis, er sinkt dort um 10.50 Uhr. Der Kutter war 1917 in Esbjerg für den erwähnten Fischer Paul Christiansen als SC 11/FEUERLAND gebaut worden. Er wird gehoben und nach Reparatur als HEIMKEHR von Gottfried Kohnert bewirtschaftet. Das Schiff kommt 1943 zur Hafenschutzflottille Cuxhaven und 1945 zurück als FEUERLAND. 1955 wird es Hilfstonnenleger. Es ist auch bei Urlaubern bekannt, weil es noch bis etwa 1990 als Begleitfahrzeug bei der Büsumer Kutterregatta eingesetzt wird.

Das Bomber Command verliert in der Nacht **24./25. Juli** den Kontakt zu einer *Wellington IC* mit Ziel Emden (sechs Tote). Eine *Wellington* mit dem Auftrag Kiel stürzt vor den Friesischen Inseln in die Nordsee. Drei Leichen werden in Oldenburg beigesetzt, eine wird nicht gefunden, zwei Crewmitglieder gehen in Gefangenschaft. Eine *Wellington* geht spurlos verloren. Die Briten werfen am 25. Juli 500 bis 800 Brandbomben auf Oldeoog. Sie zünden nicht. Auf Sylt setzen etliche um 1.03 Uhr niedergegangene Brandbomben und sechs Sprengbomben die Heide zwischen Braderup und Kampen in Brand. Um 23.57 Uhr wird eine *Hampden* bei der westfriesischen Insel Schiermonnikoog von einem Nachtjäger abgeschosssen. Aus Hedwigenkoog bei Büsum wird am **26. Juli** um 1.01 Uhr ein Bombenwurf gemeldet, aus der benachbarten Gemeinde Süderdeich um 1.11 Uhr.

Der dänische Frachter KNUT WILLEMOES läuft am **27. Juli** nördlich von Helgoland auf eine von britischen Flugzeugen geworfene Mine und wird beschädigt. Vom Seefliegerhorst List startet am **28. Juli** um 20.16 Uhr eine *He 115* der 1. Staffel der Küstenfliegergruppe 406. Am **29. Juli** um 0.36 Uhr landet der Bomber einen Treffer auf einen 5000-Tonner. Durch die Flakabwehr wird ein Besatzungsmitglied verwundet. Beim vierten Angriff trifft Leutnant zur See Rohwer einen weiteren Dampfer von 4000 Tonnen achterschiffs. Der 51 Jahre alte Dampfer BERNHARD kollidiert mit dem schwedischen Dampfer FRONDE und sinkt bei Norderney. Um 15.36 Uhr wird der Bahnhof Süderdeich von einem einzeln fliegenden Flugzeug beschossen, ebenso am **30. Juli** um 17.35 Uhr. Der Flieger schießt bei letzterer Gelegenheit mit seinem Maschinengewehr auch auf die Wesselburener Kirche, wovon Einschlagslöcher in der Mauer zeugen. Auch die Straßen bestreicht der Angreifer mit Schüssen. Es wird sofort Luftwarnung durchgegeben, doch dem Vernehmen nach wird ein Kriegsgefanger verwundet. Der Dampfer INGA ESSBERGER wird in der Elbmündung bombardiert und beschädigt, der Kutter PICKHUBEN versenkt. Das Cuxhavener Hafenschutzboot CH 92 sinkt beim Fischfang vor Esbjerg.

An diesem Tag führt das Bomber Command einen größeren Angriff auf den Kaiser-Wilhelm-Kanal. Eine Blenheim IV des 82. Squadron geht bei Helgoland verloren (drei Tote), die dreiköpfige Besatzung einer Maschine vom 18. Squadron gerät in deutsche Gefangenschaft, die dritte Blenheim IV stürzt an der dänischen Nordseeküste ab (drei Tote).

Eine *Wellington II* mit Ziel Berlin stürzt in der Nacht zum **3. August** in die Nordsee. Die sechsköpfige Crew rettet sich in das winzige Dingi, das für solche Fälle mitgeführt wird. Starke Weststürme treiben das Beiboot am 10. August bei Dikjen Deel südlich von Westerland auf Sylt an. Es sind nur noch die Leichen des Piloten und eines Sergeants an Bord. Beide werden in Westerland beerdigt. 17 Tage später gibt die See den Körper eines weiteren Besatzungsmitglieds frei.[224] Um 2.08 Uhr erfolgen Bombenabwürfe über Sylt. Eine Hochspannungsleitung wird durchschlagen. Ein Feindflugzeug – vermutlich vom Coastal Command – wird um 2.45 Uhr als abgeschossen gemeldet. Der Küstenbefehlshaber Deutsche Bucht beantragt am **6. August** nach Abzug der schweren Luftwaffenflak aus dem Küstengebiet erhebliche Verstärkung, sobald es die militärische Lage im Osten erlaubt. Im Winter sei mit häufigeren Einflügen zu rechnen, begründet Vizeadmiral Johannes Bachmann seinen Wunsch.

Die Flugunfälle bleiben zahlreich. Unteroffizier Fritz Metzler von der auf Langeoog liegenden 2./JG 52 hat am **8. August** Probleme mit seiner *Klemm 35 B*, einem Schul- und Sportflugzeug. Der Tiefdecker stürzt über Spiekeroog ab und wird zum Totalschaden.[225] Um 16.44 Uhr stürzt südlich des Flugplatzes Wangerooge eine *Me 110* ab, wobei ein Mann stirbt und ein zweiter verletzt wird. Drei Kilometer nördlich Helgoland schießt Oberleutnant Walter Fenske (1./NJG 1) am **9. August** um 3.22 Uhr eine *Wellington* ab. Westlich von Hörnum stürzt ein britisches Flugzeug brennend ab. Der Frachter GERTRUD läuft bei Sylt auf eine Mine, kann aber beschädigt zum Hafen Wyk geschleppt werden. Drei *Hudsons* des Coastal Command sichten am **10. August** 30 Kilometer nördlich von Borkum fünf Torpedoboote. Bordflak der 6. Minenräumflottille schießt um 13.24 Uhr eine *Hudson V* ab (vier Tote). Die *Bf 109 E-4/B* von Unteroffizier Erich Rux von der 1. Staffel der Ergänzungsgrupe des JG 52 stürzt am **12. August** in die Nordsee. Das Unglück ereignet sich zwei Kilometer nördlich Langeoog. Der Pilot stirbt. Eine *Wellington IC* mit Ziel Hannover kracht in der Nacht 12./13. August vor Sylt in die See. Unter den sechs Toten sind zwei Kanadier. Am frühen Abend des **13. August** verlegen zwei *Me 110* von Westerland auf Sylt nach Wittmundhafen. Weil sie nicht gemeldet sind, wird die Flak im dortigen Raum alarmiert. Bei Luftangriffen des Coastal Command wird am **14. August** der Frachtdampfer LOTTE HALM nördlich von Borkum versenkt. Es ist der Tag, an dem Roosevelt und Churchill auf einem US-Kriegsschiff den britisch-amerikanischen Schulterschluß vollziehen. In der Atlantik-Charta nennen sie die „endgültige Vernichtung der Nazityrannei“ als ein Kriegsziel. Sie bekennen sich zum Freihandel und versichern, daß „ihre Länder keinerlei Gebiets- und sonstige Vergrößerungen erstrebten“, die „nicht mit den frei zum Ausdruck gebrachten Wünschen der betreffenden Völker übereinstimmten“. Stalin stimmt grundsätzlich zu, erhebt aber weiter Anspruch auf die von der Sowjetunion in Polen annektierten Gebiete.

Eine zur Seeaufklärung gestartete *Hampden I* geht am **15. August** über der Nordsee mit einem Motorschaden verloren. Von den vier Toten werden zwei in Oldenburg beigesetzt. Um 3.20 Uhr hat Oberleutnant Lent (4./NJG 1) nördlich Ameland eine *Whitley* als Abschuß gemeldet. Es könnte sich wegen der Ähnlichkeit beider Flugzeugtypen um dieselbe Maschine handeln. In Wesermünde sterben bei Luftangriffen am **17. August** zwei und am **18. August** sechs Menschen. An letzterem Tag fallen sechs Sprengbomben in Wohnviertel, zwölf Personen werden schwer verletzt. Eine *Wellington IC* mit Ziel Kiel wird von Flak getroffen und stürzt am **20. August** um 0.35 Uhr ins Watt zwei Kilometer südlich von Hoyer-Schleuse, unmittelbar nördlich der deutsch-dänischen Grenze. Die sechs Toten werden mit militärischen Ehren von deutschen und dänischen Soldaten in Tondern beigesetzt. Eine *Wellington II* geht nach dem Angriff auf Kiel um 3.18 Uhr über der Nordsee verloren (sechs Tote). Der Leichnam von Sergeant J. Haney wird am 19. September in der Norderpiep angeschwemmt und in Büsum beerdigt (nach 1945 umgebettet nach Kiel).

Der finnische Frachter WISA wird am **23. August** vor der Emsmündung durch Minentreffer beschädigt und muß nach Emden eingeschleppt werden. Das Bomber Command verliert bei einem Angriff auf Helgoland am **26. August** zur Mittagszeit vier *Blenheims IV* des 82. Squadron, die zwischen 10.22 Uhr und 10.53 Uhr in Bodney gestartet waren. Von den vier jeweils dreiköpfigen Besatzungen überlebt niemand. Den ersten Abschuß – nur fünf Meter über dem Meeresspiegel – meldete Leutnant Paul-Heinrich Dähne von der 2./JG 52 um 14.15 Uhr zwischen Juist und Helgoland. Die Toten sind in Oldenburg beigesetzt. Nördlich von Juist schossen um 14.15 Uhr Feldwebel Heinrich-Wilhelm Ahnert und um 14.20 Uhr Gefreiter Wilhelm Freuwörth, beide von der 3./JG 52, eine *Blenheim* ab. Auch die vierte *Blenheim* soll dieser Jagdstaffel zum Opfer gefallen sein. Die *Bf 109 E-7* von Oberleutnant Hans-Joachim Klug vom Stab/JG 1 stürzt am **29. August** wegen Motorschadens bei Husum ab, der Pilot wird verletzt. Östlich des Sylter Dorfes Kampen richten am **31. August** zwei Sprengbomben geringen Sachschaden an.

Auf der durch britische Luftminen verseuchten östlichen Ems sinkt am **2. September** der Schlepp- und Bergungsdampfer PETER WESSELS. Leutnant Rudolf Schoenert (4./NJG 1) schießt gegen 23.35 Uhr 15 Kilometer nördlich von Wangerooge und ostsüdöstlich vom Leuchtturm Roter Sand in 4400 Meter Höhe eine von sechs eingedrungenen *Blenheims* ab. Eine *Hampden I* streift beim Minenlegen vor den Friesischen Inseln im Tiefflug eine Sandbank und kracht in die See. Vier Männer der Crew werden von den Deutschen abgeholt und gehen in Gefangenschaft. Nachts werden durchschnittlich über 200 Einflüge von Einzelmaschinen im Küstenbereich gezählt. Wilhelmshaven, Emden und Helgoland werden durch Ballonsperren gesichert. Sind die grauen Fesselballons am Boden oder stehen sie in nur 200 Metern Höhe, besteht keine Gefahr. Hängen sie hingegen in Flughöhe, dann ist ein Bomberverband gemeldet und mit dem Schlimmsten zu rechnen.

Am **5. September** fliegen zwei *Ju 88* der 2./Küstenfliegergruppe 906 von Westerland aus am Morgen bewaffnete Aufklärung gegen die englische Küste. Über Peterhead werfen sie aus 1100 Meter Höhe Bomben auf Hafen und Stadt. Die Maschine von Leutnant zur See Walter Both wird vermißt. Feldwebel Griener von der 2./JG 1 meldet den Abschuß einer *Blenheim* bei Borkum. In der Nacht **7./8. September** greifen 197 Bomber Berlin und 51 Kiel an. Außerdem werfen acht *Hampdens* vor den Inseln Minen. Ab 23.40 Uhr fallen auf Langeoog 200 Brandbomben. Die Anlegebrücke und zwei Schiffe werden beschädigt. Südlich Norderney fallen mehrere Sprengbomben ins Wasser. Auf Borkum detonieren zwei Bomben in der Nähe des Zollamts. Ein Mensch wird verletzt, zwei Häuser werden schwer beschädigt. Um 0.02 Uhr wird das erste Flugzeug über Dithmarschen abgeschossen. Der zweimotorige Bomber, vermutlich eine *Wellington*, stürzt im Dorf Heuwisch (Gemeinde Neuenkirchen, Kreis Norderdithmarschen) nahe dem Haus Siedler ab. Die fünf Mann der Besatzung werden tot geborgen. Die Briten verlieren in dieser Nacht 18 Maschinen. Am Vormittag des 8. September fallen in Büsum je eine Sprengbombe auf den Außendeich und auf den Hafendeich.

Zwischen Helgoland und den Ostfriesischen Inseln verseuchen am **12. September** 20 *Hampdens* die Fahrwasser mit Minen. Die *Bf 109 F-2* von Leutnant Siegfried Lüken von der 3./JG 1 stürzt nach dem Start drei Kilometer westlich vom Fliegerhorst Jever ab und explodiert beim Aufschlag. Der Pilot stirbt. Bei einem Luftangriff wird der deutsche Frachter NARVIK nördlich von Ameland beschädigt, am 28. September die norwegische ASPE in derselben Gegend durch eine von Flugzeugen geworfene Mine. Der deutsche Dampfer JOHANN WESSELS geht am **15. September** zwischen Norderney und Juist durch Luftangriff verloren. In der Nacht 15./16. September greift das Bomber Command Hamburg, Bremen, Cuxhaven und Wilhelmshaven an. Auch über dem nördlichen Nordfriesland werden starke Einflüge festgestellt. In der Sander Schulchronik heißt es: *„Im zusammengefaßten Licht der vielen Scheinwerfer ist ein Bomber zu sehen, der von einem Nachtjäger mit Leuchtspurmuntion beschossen wird. Etwa 12 Uhr Bombenkrachen im Westen und kurz hinterher starker Feuerschein: Es brennt in Risum (2 Bauernhöfe).“*[226] Ein dritter fängt noch Feuer, denn die Briten haben auch Brandbomben geworfen. Im benachbarten Dorf Klockries (damals zur Gemeinde Lindholm) vernichten Bomben ein Haus.

14 *Hampdens* werfen am **17. September** zwischen Helgoland und der Elbmündung Minen; um 3.05 Uhr beschießt eine Maschine im Tiefflug einen Bagger vor Langeoog. Vier angetriebene Leichen britischer Flieger werden auf Wangerooge beerdigt. Mit einem brennenden Motor geht eine *Wellington IC* nach einem abendlichen Angriff auf Emden am **26. September** vor den Friesischen Inseln nieder (sechs Tote). Oberfähnrich Dietmar Rothfelder von der Ergänzungsgruppe des JG 27 stürzt am **27. September** über der Insel Nordstrand mit seiner *Bf 109 E-4/B* ab und stirbt. Am **28. September** beschädigt ein britischer Flieger mit Sprengbomben die Bahnstrecke zwischen Jever und Carolinensiel schwer. Eine *Spitfire I* des Coastal Command, die Hamburg und Kiel fotografieren soll, wird am **30. September** über der Nordsee abgeschossen. Der neuseeländische Pilot J.F. Swift stirbt. Seine Leiche wird angespült und zunächst in Wilhelmshaven beigesetzt, später in Sage.

In der dunklen Jahreszeit häufen sich die britischen Luftangriffe wieder. Die Flak auf Wangerooge wird im Oktober an 27 Tagen alarmiert. Bei Nacht werden 192 Durchflüge beobachtet, am Tag einer. Die Batterien erhalten Angora-Kaninchen, die zur Selbstversorgung der Flaksoldaten beitragen sollen. Oberleutnant Adolf Kitzinger vom Stab I./JG 54 meldet am **8. Oktober** den Abschuß einer *Spitfire* um 11.55 Uhr 30 Kilometer westsüdwestlich Emden.

In der Nacht **9./10. Oktober** werden neben Hamburg auch Emden und Cuxhaven angegriffen. Am 10. Oktober attackieren 17 *Hampdens* die in Wilhelmshaven im Dock liegende TIRPITZ. Am Abend des **11. Oktober** wird Emden bombardiert. Das schwedische Schiff INGEREN wird am **18. Oktober** westlich von Borkum durch Luftangriff beschädigt.

Am Abend des **20. Oktober** herrscht an der ostfriesischen Küste ab etwa 20.30 Uhr für vier Stunden Fliegeralarm. Das Bomber Command hat 153 Bomber gegen Bremen geschickt, 47 gegen Wilhelmshaven und weitere gegen Emden. Eine *Wellington IC* mit Ziel Emden stürzt bei Helgoland in die Nordsee (sechs Tote). In Twixum bei Leer geht eine schwere Bombe nieder, die anscheinend mit flüssiger Luft gefüllt ist. Der Luftdruck deckt einer Gestapo-Meldung zufolge 20 Hausdächer ab. Acht weidenden Kühen werden die Beine abgeschlagen. Etwa 30 Bomber werden am **21. Oktober** über dem Kreis Friesland gezählt. In Neudorf landen die ersten, gut 20 Kilo schweren Phosphorkanister. Sie werden ohne Zünder abgeworfen. Beim Aufschlag platzt das Blech des Kanisters auseinander, und der Phosphor spritzt meterweit heraus. Beim Trocknen mit den ersten Sonnenstrahlen entzündet er sich dann durch den Sauerstoff der Luft.

Kampen wird am **23. Oktober** erneut bombardiert. Rund 100 Brandbomben beim RAD-Lager Vogelkoje lösen einen Heidebrand aus. Eine *Wellington IC* stürzt nach einem Angriff auf Hamburg am **26. Oktober** südlich von Röm ins Watt. Drei Besatzungsmitglieder sterben, drei überleben. Ein Marineschiff bringt die Briten nach Sylt. In der Nacht zum **27. Oktober** werden Wilhelmshaven und Emden angegriffen. Um 0.01 Uhr stürzt ein britisches Flugzeug brennend nördlich von Wangerooge in die See. Am **30. Oktober** wird der Seefliegerhorst Borkum angegriffen. Wieder landen die Bomben im Watt.

18 zweimotorige Bomber werfen am Abend des **31. Oktober** vor den Ostfriesischen Inseln und in der Wesermündung Minen. Nachtjäger melden folgende Abschüsse:

21.30 Uhr *Wellington* bei Schiermonnikoog
21.37 Uhr *Halifax* nördlich Wangerooge
22.05 Uhr *Halifax* 15 Kilometer nördlich Langeoog
0.50 Uhr *Whitley* nördlich Norderney.

Am **1. November** fallen um 23.47 Uhr drei Sprengbomben auf Wyk. Das Haus Badestraße 42 a wird vernichtet. Eine Person stirbt, eine wird verletzt.

Mit einigen Maschinen der 1. und 2. Staffel beginnt am **2. November** von Westerland aus der neuerliche Einsatz der Küstenfliegergruppe 506 gegen England. Britische Bomber beschädigen westlich von Borkum zum zweiten Mal die schwedische INGEREN. Am **5. November** versenken sie in der Emsmündung bei Tonne 33 den Leichten Artillerieträger LAT 4, das Hafenschutzboot H 642 der 6. Hafenschutzflottille.[227] Drei *Hudsons V* des Coastal Command kehren nicht zurück – der in Wittmundhafen gestartete Oberleutnant Helmut Woltersdorf von der 4./ NJG 1 meldete einen Abschuß, ebenso um 4.52 Uhr Unteroffizier Heinz Grimm (5./NJG 2 in Leeuwarden) bei Spiekeroog.

In der Nacht 1./2. November 1941 zerstören britische Bomben die Häuser Museumstraße 5 und 7 in Wyk auf Föhr. *(Foto: KANF)*

Elf *Hampdens* sollen am **6. November** die Fahrwasser vor den Ostfriesischen Inseln und die Elbe nach deutschen Schiffen absuchen. Ein Vorpostenboot feuert auf ein Flugzeug, das über dem Wangerooger Fahrwasser Minen wirft. Um 1.13 Uhr schießt der Nachtjäger die britische Maschine ab. Ein weiterer deutscher Nachtjäger schießt um 4.51 Uhr eine *Hampden* westlich von Spiekeroog ab. Sie explodiert. Zwei Hilfszollassistenten der Grenzaufsichtsstelle Spiekeroog finden drei abgesprungene Engländer tot auf und nehmen einen überlebenden Fliegerleutnant gefangen. Der Kommandant im Abschnitt Wangerooge beauftragt den Einsatzleiter der Insel Spiekeroog, Artilleriemaat Cramm, damit, den Briten in Empfang zu nehmen. Die Toten werden am 10. November mit militärischen Ehren auf dem Wangerooger Friedhof begraben.

Am **7. November** werfen die Westerländer Küstenflieger auf Blyth als Ausweichziel zwei 500-Kilo-Sprengbomben ab. Am Abend des 8. November treffen sie einen Dampfer schwer. Die 8. Flakdivision meldet am 7. November den Abschuß einer *Wellington* bei Varrelbusch. Eine *Whitley* vom 51. Squadron wird spätabends auf dem Weg nach Berlin über Kiel von der Flak getroffen. Nach Notabwürfen kehrt das Flugzeug um, muß aber gegen Mitternacht inmitten der Nordsee notlanden. Zwei Mann ertrinken, als das mitgeführte Schlauchboot kentert. Von den drei anderen überlebt nur Feldwebel Brian S. Walley bis zur Entdeckung des Dingis durch deutsche Seenotflieger am 9. November. Er wird im Krankenhaus auf Norderney behandelt. Auf dieser Insel werden auch seine beiden toten Kameraden beigesetzt.

Am **8. November** und in der Nacht **9./10. November** werden Cuxhaven und Emden angegriffen. Nach Angriff auf Berlin stürzt am 8. November eine *Whitley V* 100 Kilometer nördlich von Borkum in die Nordsee (fünf Tote). Die Wangerooger Flak schießt am selben Tag ein Flugzeug ab. RAF-Angriff auf Berlin. Der schwedische Erzfrachter VOLLRATH THAMM geht am **10. November** auf dem Weg nach Rotterdam in der Nordsee nördlich von Borkum durch eine Seemine britischer Flugzeuge verloren. Bei einer Bruchlandung in Husum wird eine *Bf 109 F-4* der 8./JG 53 zum Totalschaden und Feldwebel Heinz Rahlmeier verletzt. Auf Heider Stadtgebiet fällt eine Sprengbombe, in der Feldmark südlich des Landweges. Am 10. und 16. November verlieren die Westerländer Küstenflieger je ein Flugzeug spurlos. Insgesamt absolviert die Küstenfliegergruppe 506 im November 33 Starts, von denen 21 mit Bombenangriffen enden. Zweimal kommt es zu Luftkämpfen. Das Bomber Command verliert in der Nacht **15./16. November** beim Angriff auf Emden und Borkum eine *Wellington IC* (sechs Tote).

Der schwedische Erzfrachter HEDDA läuft auf dem Weg nach Rotterdam im Seegebiet nördlich von Borkum am **23. November** auf eine britische Mine und sinkt. Die *Bf 109 E-4* des Rudolf Reinfelder von der 1. Staffel der Ergänzungsgruppe des JG 52 stürzt nördlich Borkum ab, der Gefreite stirbt. Drei britische Flugzeuge werfen am **24. November** in der Borkumer Fischerbalje zehn Sprengbomben auf den Versetzdampfer NORDEN, ohne Schaden anzurichten. Alle Ostfriesischen Inseln sind weiterhin mit Militär belegt, auf Wangerooge sind es noch knapp 1000 Mann. Auf Langeoog treffen am **26. November** bei der Ersatzausbildungskompanie 200 Rekruten ein.

Am **30. November** fallen mindestens vier Brandbomben auf Heider Stadtgebiet. Am Abend wird auch Emden angegriffen. Bei Greetsiel und in Norden beim Bremer Sender fallen Bomben, ohne Schäden anzurichten. Bei Neuharlingersiel werden Bomben ins Watt geworfen. Vor Borkum versenken Flieger die beiden dänischen Frachter ESTER und OLUF MAERSK. Auf Norderney fällt eine Bombe an den Badestrand und verursacht Dach- und Glasschäden. Die Briten verlieren eine *Whitley V* im Raum Emden. Sie stürzt um 20.33 Uhr nach Flakfeuer ab (vier Tote, ein Gefangener). Der inzwischen zum Oberleutnant beförderte Nachtjäger Schoenert schießt um 20.54 Uhr eine *Whitley V* zehn Kilometer westlich von Aurich ab. Sie stürzt in die Emsmündung (fünf Tote). Schoenert gilt als Erfinder der „schrägen Musik“ (nach oben gerichtetes MG im Jagdflugzeug). Bei einer *Wellington* hat ein Flaksplitter die Benzinzufuhr getroffen, der Bomber muß auf der deutsch besetzten Insel Schiermonnikoog notlanden.

Das 20 Meter lange Küstenmotorschiff MIMI sinkt am **2. Dezember** auf der Oberweser nach einer Havarie. Am **6. Dezember** erfolgt ein Nachtangriff auf Wilhelmshaven und den Fliegerhorst Borkum. Auf den japanischen Angriff auf die US-Flotte in Pearl Harbour am 7. November folgt am **11. Dezember** die Kriegserklärung Deutschlands und

Italiens an die USA. Die faschistischen Regierungen werfen den Vereinigten Staaten vor, immer mehr von ihrer Neutralitätspolitik abgerückt zu sein. Umgekehrt haben deutsche U-Boote amerikanische Schiffe torpediert, so erst am 31. Oktober den Zerstörer USS REUBEN JAMES. Das kleine Kriegsschiff, das früher auch den Kaiser-Wilhelm-Kanal durchquerte, hatte sich zwischen U 552 und einen britischen Frachter gestellt. Der Kriegseintritt Amerikas garantiert – wie schon im Ersten Weltkrieg – die Übermacht der Alliierten und längerfristig die Niederlage der deutschen Seite.

Eine *Hampden* beschießt am **12. Dezember** aus kaum 50 Meter Höhe mit Bordwaffen Flakstellungen, Fliegerhorst und die Siedlung Wangerooge. Ein Soldat der Jagdstaffel wird verletzt und ein Flugzeug beschädigt. In Dörpling bei Pahlen (Norderdithmarschen) beschießt ein britisches Flugzeug den Hof Voß. Das Anwesen fängt Feuer und brennt ab. Am **15. Dezember** beschießen britische Flieger in Dithmarschen Bauern auf den Feldern. Am **16. Dezember** greifen ab 20 Uhr 83 zweimotorige RAF-Bomber Wilhelmshaven an und verursachen leichten Schaden. Ein Flugzeug gerät um 22.40 Uhr bei Wangerooge in Brand. Bei einem Nachtangriff auf Wilhelmshaven zerstören am **22. Dezember** zwölf *Whitleys* und zehn *Wellingtons* mehrere Häuser. Zwei Kinder sterben, acht Personen werden verletzt. Am **26. Dezember** sinkt bei einem neuerlichen Luftangriff die Segelyacht PASSAT im Hafen.

Am **28. Dezember** fliegt das Bomber Command mit 86 *Wellingtons* von 20.30 bis 22.30 Uhr einen schweren Nachtangriff auf die Jadestadt. 272 Sprengbomben, über 1500 Brandbomben und erstmals gut 100 Kanister mit flüssigem Phosphor werden abgeworfen. Die Bilanz: zehn Tote, 75 Verletzte. Drei große Kaufhäuser, Petri-Kirche, Christus-Garnisonskirche, Bahnhof und zahlreiche weitere Gebäude werden stark beschädigt. 24 Löschgruppen aus dem ganzen Land Oldenburg werden zu Hilfe gerufen. Der Zerstörer PAUL JACOBI wird beschädigt, an Bord sterben drei Mann. Die etwa 400 Brandbomben, die auf dem Gelände der Kriegsmarinewerft gezählt werden, richten kaum Schaden an. Die Flak kann nur ein Flugzeug abschießen. Beim abendlichen Angriff auf Emden stürzt eine *Wellington II* ab, die sechs Toten werden in Oldenburg beigesetzt.

In Marne geht 1941 – das genaue Datum liegt dem Verfasser nicht vor – eine Luftmine beim Jahnplatz nieder und beschädigt eine Reihe von Häusern an der Wilhelmstraße. Im eiderstedtischen Wilhelminenkoog (Gemeinde Tating) schlägt im selben Jahr in der Nähe des Westerhofs eine Fliegerbombe ein. Ebenfalls 1941 stürzt im Kaiser-Wilhelm-Koog westlich von Karl Schoof am Außendeich ein Flugzeug ab.[228] In Koldenbüttel fällt vermutlich 1941 eine Bombe in den Garten der Schule im Ortsteil Norddeich. Sie reißt einen großen Obstbaum aus und schleudert ihn über den Spielplatz bis zum Rand der Warft. Die vorderen Fenster zerbersten, das Dach wird schwer beschädigt, im Haus zeigen sich gefährliche Risse. Die Frau von Lehrer Heinrich Schröder und ihre Kinder kommen mit dem Schrecken davon.

Der Winter 1941/1942 ist erneut ein äußerst strenger. Die vom 27. Dezember bis 11. Januar laufende reichsweite Sammlung von Woll- und Wintersachen für die Front erbringt 67 Millionen Stück, darunter vier Millionen Pelze. Hitler befiehlt am 30. Dezember, „daß in Zukunft jeder Truppenzug, der die Reichsgrenze nach Osten verläßt, mit den für den Kampf im Osten völlig unentbehrlichen Wintersachen ausgestattet ist." Die „aus der Wollsammlung fortlaufend anfallenden Wintersachen" sollen sofort auf geeigneten Durchgangsbahnhöfen ausgelegt „und den durchfahrenden Truppen in großzügger Weise zugeteilt werden."[229] Wangerooge hat am 14. Januar 1942 zum vorerst letzten Mal Schiffsverbindung zum Festland, dann erlaubt das Eis den Verkehr erst wieder ab 16. März.

11 Das Jahr 1942

Die Stadt Varel in Friesland besetzt ab **1. Januar** jede Nacht eine Brandwache auf dem Wasserturm. 26 Nationen bekennen sich in Washington im Pakt der „Vereinten Nationen“ zu den Grundsätzen der Atlantik-Charta und erklären, keinen Sonderfrieden mit Deutschland oder Japan zu schließen. Dem Bomber Command geht am **3. Januar** eine *Hampden I* beim Minenwerfen vor den Friesischen Inseln spurlos verloren (vier Tote). Am **4. Januar** beschießen Flieger mit dem MG im Kreis Wittmund Westeraccum, Fulkum, Dunum und Roggenstede, im Kreis Norden Dornumergrode und im Landkreis Aurich Walle und Extum. In Fulkum gerät dadurch eine Scheune in Brand. In Zissenhausen bei Tettens (Kreis Friesland) detoniert am **7. Januar** gegen 7.15 Uhr eine 500-Kilo-Bombe zwischen Wohnhaus und Stall des Hofes Ihnken. Beide Gebäude stürzen ein. Der polnische Arbeiter Andreas Pasternack (22) wird verschüttet und stirbt. Bei den Aufräumarbeiten treten 45 Speckseiten und Schinken sowie viele Würste zu Tage. Empörte Bürger fragen sich, wie jemand in der Kriegsnot so viele lebenswichtige Waren besitzen kann. Zissenhausen heißt nun für lange Zeit im Volksmund „Schinkenhausen“.[230]

In der Nacht **10./11. Januar** sollen 124 britische Flugzeuge Wilhelmshaven angreifen. 91 erreichen die Stadt, wo die Bomben sechs Einwohner verwunden. In Emden kommt es zu Zerstörungen. Auf Aurichs Westervorstadt fallen sechs Sprengbomben und töten drei Menschen. Fünf *Hampdens* verminen die Jade.

Fünf Sprengbomben treffen um 20.57 Uhr den Fliegerhorst Wangerooge. Ein Soldat wird getötet, mehrere werden verwundet. Die Briten verlieren drei *Wellingtons* und zwei *Hampdens*: Eine *Wellington* landet um 20.30 Uhr bei Connhausen (Kirchspiel Sillenstede, Kreis Friesland), die Besatzung kann noch rechtzeitig aussteigen. Eine *Wellington IC* muß nach einem Motordefekt notwassern. Zwei Crewmitglieder sterben, vier gehen in Gefangenschaft. Die dritte wird von Flak getroffen und stürzt vor Borkum ab (sechs Tote). Eine *Hampden I* mit Ziel Wilhelmshaven erhält ebenfalls Flaktreffer und stürzt bei Kampen auf Sylt ab. Zwei Flieger sterben, zwei gehen in Gefangenschaft. Die zweite *Hampden* geht dem Bomber Command spurlos verloren (vier Tote).

Sechs Sprengbomben fallen am **14. Januar** auf die Scheinwerferstellung Klein-Heiselhusen (Kreis Aurich) und töten drei Luftwaffenangehörige. Gegen 21 Uhr stürzt bei Sandelermöns (Kreis Friesland) ein zweimotoriger Bomber von der Flak getroffen brennend ab. Ein Besatzungsmitglied zerschmettert ohne Fallschirm am Boden, die drei Fallschirmspringer werden gefangengenommen. In Barkel tötet die erste über dem Kreis Friesland abgeworfene Luftmine um 21.15 Uhr die Witwe Friederike Janßen (39), die verschüttet wurde. Luftminen wirken durch Splitter und Luftdruck auf große Breite verheerend. Sie lassen teilweise noch kilometerweit Fensterscheiben bersten.

Emden erleidet in dieser Jahreshälfte besonders viele Luftangriffe, wie auch Wilhelmshaven und Bremen. In der Nacht **15./16. Januar** sterben mehrere Emder, die Briten verlieren sechs Mann in einer *Wellington II*. 83 britische Maschinen sind am Abend des **17. Januar** auf Bremen angesetzt, doch nur acht kommen dort zum Bombenabwurf, alle anderen werden von deutschen Nachtjägern zerstreut. Drei *Wellingtons* werden abgeschossen, davon eine durch Flak ostsüdöstlich von Wangerooge. Beim Angriff auf Emden geht eine *Whitley V* verloren (sechs Tote). Über der Jade werfen acht *Hampdens* Minen ab. In der Nacht **20./21. Januar** verliert das Bomber Command bei seinem neuerlichen Angriff auf Emden eine *Wellington IC* (sechs Tote). Am Abend des 21. Januar folgt der nächste Angriff auf Emden. Diesmal gehen eine *Whitley V* mit fünf Mann an Bord und eine *Hampden I* mit vier Mann spurlos verloren. Auch die Abwehr erleidet Verluste. Die *Bf 109 E-4* von Unteroffizier Bruno Wolny von der 2./JG 1 stürzt am 21. Januar nach dem Alarmstart ab. Aus ungeklärter Ursache verlor der Pilot in 8500 Metern Höhe über Carolinensiel die Kontrolle. Er starb beim Aufschlag der Maschine. Beim abendlichen Angriff auf Emden am **26. Januar** schießt die Wangerooger Flak eine *Whitley V* ab. Eine weitere *Whitley V* schafft es ebenfalls nicht zurück nach Großbritannien (zusammen zehn Gefallene). Eine *Bf 109 E-7* der 8. Staffel des JG 1 muß am **29. Januar** wegen Kraftstoffmangels bei Oldenswort auf der Halbinsel Eiderstedt notlanden. Die Maschine wird dabei zu 65 Prozent beschädigt.[231]

ADMIRAL SCHEER verlegt am **3. Februar** durch den Kaiser-Wilhelm-Kanal nach Brunsbüttelkoog. Der Schwere Kreuzer soll mit dem Schlachtschiff SCHARNHORST nach Norwegen marschieren. Bei einem Luftangriff auf Wilhelmshaven sinkt das Transportboot JOHANN der Kriegsmarinewerft. Das Bomber Command wirft vom 3. bis 9. Februar in der Operation F u l l e r 98 Magnetminen vor den Friesischen Inseln, um einen plötzlichen Ausbruch der Kriegsmarine unmöglich zu machen.

Fünf deutsche Jagdflugzeuge schießen am **7. Februar** um 15.18 Uhr einen englischen Bomber ab, der gleich an der Eisgrenze nördlich von Langeoog ins Wasser stürzt. In der Nacht schießen deutsche Jäger nach eigenen Angaben drei von 32 *Hampdens* ab, die Minen vor den Friesischen Inseln legen. Die Briten beklagen offiziell nur den Verlust einer *Hampden I* des 144. Squadron. Nur ein Mitglied der fünfköpfigen Besatzung wird Monate später angespült und am 10. Juni zunächst auf Wangerooge beigesetzt (später nach Oldenburg umgebettet).

In Kiel läuft U 155 zur ersten Feindfahrt aus. Der aus Süderende auf Föhr stammende Kapitänleutnant Adolf Piening hatte das von der AG Weser in Bremen gebaute Boot am 23. August 1941 in Dienst gestellt und nun die Erprobungen abgeschlossen. Am **8. Februar** erreicht es um 15.50 Uhr Helgoland. Von dort legt es am nächsten Tag um 18.45 Uhr ab. 47 Tage und drei Versenkungen später läuft U 155 im französischen Lorient ein. Der Kommandant hat eine besondere Affinität zum Meer und wird Namensgeber für die „Piening-Route". Zwei Seefahrer von Bedeutung stehen in der Ahnenreihe des gebürtigen Friesen: der 1305 ermordete Roger de Flor, Pirat und später Oberkommandierender der byzantinischen Armee und Flotte, sowie Didrik Pining aus Hildesheim, der 19 Jahre vor Kolumbus Amerika (wieder) entdeckte und Statthalter des dänischen Königs auf Island wurde.

Britische Fliegerangriffe mit Lufttorpedos kommen eher in der westlichen Nordsee und im Ärmelkanal vor. Der Dampfer WOLFRAM wird jedoch am **10. Februar** vor Borkum auf diese Weise versenkt. Am **11. Februar** von 4.05 bis 7.30 Uhr erfolgt ein rollender Angriff auf Emden und Wilhelmshaven. In Emden fallen etwa 50 Sprengbomben. Dort sterben vier Menschen, sechs werden verletzt. Zehn Häuser werden zerstört und 120 beschädigt.

Der Luftkrieg wird am **12. Februar** britischerseits mit einem Abendangriff auf Emden fortgesetzt. Am **14. Februar** billigt das Kriegskabinett unter Winston Churchill in London die neue Direktive Nr. 22 des Luftfahrtministeriums für das Bomber Command. *„Es ist entschieden worden, daß das Hauptziel ihrer Operationen sich gegen die Moral der Zivilbevölkerung richtet, insbesondere gegen die der Industriearbeiter."* Der Bombenkrieg wird uneingeschränkt freigegeben und ist nicht länger auf militärische Anlagen und Fabriken begrenzt. Die „Area bombing directive" markiert den Kurswechsel von

Unternehmen „Cerberus"

Das Unternehmen C e r b e r u s lief am 11. Februar 1942 an, der Durchbruch der Schlachtschiffe SCHARNHORST und GNEISENAU und des Schweren Kreuzers PRINZ EUGEN von Frankreich aus durch den Kanal. Cerberus war in der griechischen Sage ein Wächter, der Neuankömmlinge einließ, sie aber verschlang, wenn sie wieder hinauswollten. Die Meerenge wurde von der britischen Marine streng überwacht, so daß es intensiver Vorarbeiten bedurfte. Wochenlang waren sechs Minensuch- und drei Räumflottillen im Kanal und in der südlichen Nordsee im Einsatz. Zur Irreführung von Beobachtern wurde an die Besatzungen der Kriegsschiffe Tropenpäckchen ausgegeben. Als die Verlegung begann, wurden durch technische Maßnahmen die britischen Radargeräte an der Kanalküste unauffällig gestört. 176 Jagd- und Zerstörerflugzeuge waren zur Luftsicherung abgestellt, mindestens 16 sollten ständig am Konvoi „kleben". Die Luftnachrichtentruppe richtete in Jever die Hauptführungszentrale dieses Unternehmens für die Jagdflugzeuge im Raum Deutsche Bucht ein. Die zum Schutz vorgesehenen S-Boote sammelten sich in Boulogne, Ostende und Ijmuiden, die Torpedoboote in Le Havre, Dünkirchen und Vlissingen, die Zerstörer in Brest.

Dennoch wurde es für die Deutschen immer wieder brenzlig. Der Flottenverband wurde von britischen Küstenbatterien beschossen, von Schiffen, U-Booten und Flugzeugen angegriffen. Es gab mehrere Ausfälle. Auf der PRINZ EUGEN starb ein Mann durch Bordwaffen eines Flugzeugs, zwei wurden verwundet. Die Besatzung schoß drei Torpedoflugzeuge ab. Die Flak der GNEISENAU meldete fünf Treffer. Insgesamt verloren die Briten 43 und die Deutschen 17 Flugzeuge bei der Verlegung der Großkampfschiffe. Ein Markboot der deutschen Sicherungsstreitkräfte wurde versenkt. Durch schweres Abwehrfeuer hielten die Schlachtschiffe angreifende Zerstörer der Royal Navy auf Abstand. Die GNEISENAU (Kapitän zur See Fein) lief jedoch am **12. Februar** um 20.55 Uhr nördlich der westfriesischen Insel Texel auf eine Mine auf, das Schwesterschiff SCHARNHORST (Kapitän zur See Hoffmann) geriet gegen 22.35 Uhr nördlich Terschelling gleich auf zwei detonierende Minen. 1000 Tonnen Wasser liefen ins Schiff. Der an Bord befindliche Verbandsführer, Befehlshaber der Schlachtschiffe Otto Ciliax, mußte mit seinem Stab auf einen Zerstörer umsteigen.

Beide Schlachtschiffe erreichten dennoch mit eigener Kraft am **13. Februar** heimatliche Gewässer. GNEISENAU und PRINZ EUGEN fuhren zur Elbmündung und gingen um 4 Uhr auf der Reede vor Brunsbüttel vor Anker. PRINZ EUGEN blieb in Brunsbüttelkoog, während die beschädigte GNEISENAU kurze Zeit später durch den Kaiser-Wilhelm-Kanal nach Kiel lief. Die demolierte SCHARNHORST passierte um 7 Uhr morgens das Feuerschiff F vor Wangerooge und schlich durchs Eis nach Wilhelmshaven. Die Zerstörer nahmen Kurs auf Wesermünde, die Torpedo- und Schnellboote liefen zunächst Helgoland an. Cerberus war gelungen.

Wohl in Zusammenhang mit dem Kanaldurchbruch verminten am Abend des 16. Februar 39 englische Bomber die Fahrwasser vor den Friesischen Inseln. Eine *Hampden I* (vier Tote) und eine *Manchester* stürzten ab. Ein Abschuß ging auf das Konto der Wangerooger Flak.

An Cerberus schloß sich ab 20. Februar das Unternehmen S p o r t p a l a s t an: PRINZ EUGEN und ADMIRAL SCHEER sowie nach ihrer Reparatur auch SCHARN-

HORST und GNEISENAU sollten vor der norwegischen Westküste die Alliierten zu möglichst umfangreicher Sicherung ihrer Konvois zwingen und so Kräfte binden. Auf die in der Brunsbütteler Schleuse liegende PRINZ EUGEN hatten sich zwischenzeitlich noch rund 250 Soldaten eingeschifft, die nach ihrem Urlaub zurück nach Norwegen sollten. Auch hatte Vizeadmiral Ciliax als Befehlshaber des Verbandes an Bord seine Flagge gesetzt. Um 22 Uhr lief PRINZ EUGEN mit der hinzugestoßenen ADMIRAL SCHEER in die Nordsee. Am 21. Februar gegen 2.25 Uhr vereinigten sich die Schweren Kreuzer in der Deutschen Bucht mit fünf zu ihrer Sicherung bestimmten Zerstörern (RICHARD BEITZEN, HERMANN SCHOEMANN, PAUL JACOBI, FRIEDRICH IHN und Z 25) sowie zwei Torpedobooten (FALKE und SEEADLER).
Die Briten waren auf der Hut, weil sie durch einen entschlüsselten Funkspruch von der Verlegung wußten. Bereits auf der Höhe des dänischen Limfjords erfaßten britische Aufklärungsflugzeuge gegen Mittag den Verband. Ihre Meldung wurde wiederum vom Beobachtungsdienst an Bord der PRINZ EUGEN mitgelesen. Anstelle der beiden Kreuzer meldeten die Aufklärer gleich „zwei Schlachtschiffe, drei Kreuzer“ nach London. Die Deutschen erwarteten demzufolge einen schweren Luftangriff. Ciliax ließ den Verband wenden in Richtung Heimat. Die tatsächlich anrückenden britischen Torpedobomber stießen dadurch ins Leere. Ein britisches Flugzeug, das Fühlung mit dem Verband halten sollte, war durch deutsche Jäger abgeschossen worden. Der einzige Bomber, der den Verband fand und bombardierte, fiel der Bordflak der PRINZ EUGEN zum Opfer.
Am 22. Februar fanden *Spitfire*-Aufklärer den Verband wieder beim Einlaufen und Ankern im Grimstadfjord in Norwegen. Die Briten dirigierten einen Flugzeugträger, einen schweren Kreuzer und vier U-Boote in die Gegend, um die Deutschen bei deren Weiterfahrt abzufangen. HMS TRIDENT feuerte drei Torpedos auf den Verband. Zwei trafen die PRINZ EUGEN, auf der Turbinen und Ruderanlage ausfielen. Vorsichtig wurde das Schiff über die Schrauben weiter nach Norden gesteuert, doch es war nicht in Norwegen zu reparieren und mußte nach Kiel zurück (Unternehmen Zauberflöte).
So war Cerberus nur ein Augenblickserfolg, der die seestrategische Lage der Deutschen nicht verbesserte. Die GNEISENAU erreichte Norwegen gar nicht erst, weil sie in der Nacht 26./27. Februar bei einem britischen Luftangriff auf Kiel einen schweren Bombentreffer ins Vorschiff erhielt und bis Kriegsende nicht mehr fahrtüchtig war. Die SCHARNHORST konnte erst nach achtmonatigem Werftaufenthalt in Wilhelmshaven nach Norwegen laufen. Die Großkampfschiffe stellten von Norwegen aus keine besondere Bedrohung Englands dar und blieben auch nicht bis Kriegsende dort. SCHARNHORST wurde 1943 bei einem Gefecht versenkt, die SCHEER kenterte nach einem Bombenangriff 1945 in Kiel.[232]

speziellen zu großflächigen Zielen in deutschen Städten, zu einem Luftkrieg, der nicht mehr zwischen militärischen und zivilen Zielen unterscheidet. Im Anhang an die Weisung sind Wilhelmshaven und Emden als vorrangige Angriffsziele an der deutschen Nordseeküste genannt. Man könnte darin eine Überschätzung der Bedeutung Emdens als Marine- und Rüstungsstandort erkennen, doch war die Stadt wegen ihrer Lage ganz im Westen des Reichs am schnellsten und einfachsten für die britischen Bomber zu erreichen. Air Marshal Sir Arthur Harris wird am **20. Februar** zum Chef des Bomberkommandos berufen und damit Vollstrecker der britischen Luftkriegsstrategie des Flächenbombardements und des „moral bombing“.

Flugunfall in Husum: Am **21. Februar** berühren sich zwei *Me 109 F-2* der 2./JG 1 bei der Landung auf dem Flugplatz Husum. Die Maschinen werden zu 30 und 60 Prozent beschädigt.[233] In der Nacht **22./23. Februar** greifen 50 zweimotorige Maschinen Wilhelmshaven an. 28 weitere Maschinen werfen vor den Ostfriesischen Inseln, vor der Jade und bei Helgoland Minen. 196 Rekruten einer Ausbildungskompanie werden am 23. Februar von Sankt Peter (Eiderstedt) mit der Bahn nach Esens gebracht, wo sie übers Watt zur Insel Langeoog marschieren müssen. 51 englische Bomber werfen am Morgen des **24. Februar** Minen über der Jade, zwischen Helgoland und den Ostfriesischen Inseln und im deutsch-dänischen Küstenbereich. Mehrere *Hampdens* suchen gleichzeitig im Tiefflug das Wangerooger Fahrwasser nach Schiffsgeleiten ab. Die *Hampden I* P 4323 des 106. Squadron wird von den Flakbatterien Wittdün und Puan Klent auf Sylt getroffen und stürzt in die Hörnumer Dünen.[234]

Am **26. Februar** erfolgt ein britischer Nachtangriff auf Wilhelmshaven. Zum sechsten Mal wird am **27. Februar** Heide bombardiert. Fünf Sprengbomben fallen aufs Stadtgebiet, in der Feldmark südlich des Landweges. Es entsteht nur Flurschaden. In der Stadt

In der Nacht vom 12./13.3.1942 werfen die Briten bei ihrem Anflug auf Kiel Flugblätter über Ostrohe und Hennstedt in Dithmarschen ab. Eines zeigt Hitler auf einem Leichenberg mit einem durch die Montage zynisch wirkenden Ausspruch des Diktators vom 24.2.1941.

Westerland verursachen zwei Sprengbomben Gebäudeschäden an Wohnhäusern in der Steinmannstraße. Nordwestlich von Langeoog schießt die Inselflak um 21.39 Uhr eine *Whitley V* ab. Ein Nachtjäger schießt mit MG-Feuer um 21.41 Uhr eine weitere *Whitley V* ab, die „mit langer dunkelroter Feuerfahne" bei Esens zu Boden stürzt (zusammen zehn Tote).[235] Die Maschinen waren am Angriff auf Wilhelmshaven beteiligt. Bei einem Angriff auf Emden geht am **3. März** eine *Wellington IC* spurlos verloren (sechs Tote).

Der nur acht Meter lange Lotsendampfer RÜSTRINGEN strandet am **5. März** gegen 8.40 Uhr bei Schneesturm im Eis zwei bis drei Kilometer nördlich von Langeoog. 19 Menschen sterben. Vier Männer haben sich vor der großen Kälte im rußigen Schornstein verkrochen und klammern sich darin an den Steigeisen fest. Sie überleben zunächst. Das Minensuchboot M 225 eilt zur Hilfe und setzt einen Kutter aus. Dieser kentert bei 11 Grad minus. Im eiskalten Wasser ringen die Helfer mit dem Tod, ein Matrose versinkt. Das Vorpostenboot V 2001 der 20. Vorpostenflottille kommt heran und nimmt die im Wasser treibenden Überlebenden des Kutters auf. Dann läuft V 2001 selbst auf eine Sandbank auf und schlägt leck. Die Motoren und die Heizung fallen aus. Von Langeoog ist inzwischen das offene Ruderrettungsboot herangekommen. Es nimmt zwölf Mann mit Erfrierungen von der Besatzung des Vorpostenbootes auf. Dadurch überladen, gerät das Rettungsboot selbst in Seenot. Es muß aufgegeben werden. In tiefer Nacht kriechen Retter und Gerettete über das Scholleneis an den Strand der Insel Baltrum. Die 25 anderen Besatzungsmitglieder des Vorpostenbootes müssen frierend bis zum Mittag des nächsten Tages an Bord ausharren. Ein eingesetztes Seenot-Wasserflugzeug *He 115* aus Norderney konnte nicht herankommen, ebensowenig Tonnenleger und Motorrettungsboote von Cuxhaven und Helgoland. Die bedauernswerten Männer im Schornstein der RÜSTRINGEN werden erst gegen 13 Uhr gerettet. Alle haben schwere Erfrierungen erlitten. Einer von ihnen stirbt noch, ein anderer verliert alle Finger und Zehen.[236]

Die Stimmung der Bevölkerung ist ernst – die lange Kälteperiode, die fortschreitende Verknappung von Lebensmitteln und Bedarfsartikeln sowie die schwindende Hoffnung auf ein schnelles Kriegsende schlagen aufs Gemüt. In der Nacht **12./13. März** werfen die Briten bei ihrem Anflug auf Kiel über Ostrohe und Hennstedt in Norderdithmarschen ihr vielleicht eindrucksvollstes Flugblatt ab. Es zeigt einen zufriedenen Hitler auf einem Leichenberg. Die Zweifel am Krieg, der nicht zuende gehen will, mehren sich langsam. Dabei haben die Deutschen gezielten Luftterror gegen die Zivilbevölkerung, wie ihn die Luftwaffe längst in Warschau und anderen Städten vorexerziert hat, bisher kaum am eigenen Leib zu spüren bekommen. Die Ausmaße des kommenden Bombenkrieges gegen die Großstädte kann sich zu diesem Zeitpunkt auch noch niemand vorstellen.

Beim Angriff auf Emden in derselben Nacht geht eine *Whitley V* spurlos verloren (fünf Tote). Vor Helgoland gerät am **14. März** der Transporter KELLERWALD auf eine Mine und sinkt. Der Dampfer mit dem ostfriesisch klingenden Namen UTLANDSHÖRN läuft am **16. März** bei Petsamo in der Barentssee auf eine Mine sowjetischer Schnellboote und geht verloren. Die in Westerland stationierte 3. Staffel der Küstenfliegergruppe 506 wird am **19. März** gegen einen norwegischen Blockadebrecher angesetzt, findet das Schiff aber nicht. Eine Maschine der Küstenflieger muß nördlich Blavands Huk notlanden und brennt aus. Die Besatzung entkommt den Flammen unverletzt. Vor Helgoland geht am **21. März** der norwegische Schlepper TALYN durch eine Mine verloren. Ein Nachtjäger schießt am 27. März um 23.21 Uhr nördlich Norderney eine heimfliegende *Hampden* ab. Sie gehörte zu 15 Flugzeugen, die in dieser Nacht die deutsche Küste verminen sollten. Insgesamt kehrten drei der Flugzeuge nicht nach Großbritannien zurück.

Kein Ostern in Lübeck (28./29. März 1942)

Da standen Städte. Doch jetzt liegen Steine.
Auf den Ruinen sitzt die Nacht.
Daneben hockt der Tod und lacht:
so habe ich es gut gemacht!
Da waren Menschen. Doch jetzt leben keine.

Dagmar Nick: Städte (1946)

„Bomber-Harris“ erkor Lübeck zum Ziel des ersten großen Angriffs nach der neuen Luftkriegsstrategie. Die aus dem Mittelalter stammende Innenstadt war seinen Studien zufolge sehr brandanfällig, viel mehr als etwa das steinerne Zentrum Kiels. Die verdichtete Bebauung mit vielen Fachwerkhäusern, getrennt nur durch enge Gassen, verhieß einen hohen Zerstörungsgrad. Außerdem war die Stadt leicht aus der Luft zu erkennen und nach Erkenntnissen der Aufklärung lediglich von fünf schweren und vier leichten Flakbatterien geschützt. Die Wahl war getroffen: Das alte Lübeck sollte in Flammen aufgehen. 257 Flugzeuge wurden in der Nacht 28./29. März 1942 zur Hansestadt geschickt. Eingesetzt waren *Wellingtons*, *Stirlings* und erstmals die viermotorigen *Lancasters*. Diese große Streitmacht steuerte mit Hilfe des neuen Radarsystems Gee nördlich von Helgoland auf ihr Ziel zu. Gleichzeitig wurde eine neue Taktik ausprobiert: Die Vorhut sollte das Ziel entzünden, der Rest des Verbandes flog als Bomberstrom hintereinander ein. Mit dieser Formation mußte das deutsche Jägerleitsystem überfordert sein.
Der Plan ging auf. Tausende Stabbrandbomben und Kanister mit einer Mischung aus Phosphor, Kautschuk und Benzin setzten in der Vollmondnacht zum Palmsonntag die Altstadt in Flammen. Das Vernichtungswerk begann um 23.16 Uhr. Die einströmenden Bomber verstärkten mit Brandbomben die Feuersbrunst und klinkten dazu Sprengbomben aus, die die Hausdächer öffneten, Wasserleitungen zerstörten und Löschkräfte zurückhielten. 160 Tonnen Sprengbomben und 144 Tonnen Brandbomben prasselten auf Lübeck. Die Hitze der Flammen entfachte einen Feuersturm. Es war der bisher längste und schwerste Angriff auf eine deutsche Stadt. Erst nach vier Stunden flog der letzte Bomber ab, um 3.35 Uhr kam endlich Entwarnung.
Die Lübecker waren von der Schwere des Angriffs völlig überrascht. Rund 200 Mal hatten sie nun schon Fliegeralarm gehabt, aber die Schäden waren immer überschaubar und meistens auf die Vorstädte begrenzt gewesen. *„Dann hörten wir das Sausen der Sprengbomben“*, schilderte eine Lübeckerin die schlimme Nacht in einem Privatbrief. *„Jedesmal beugten wir uns über unsere Kinderwagen, bereit zu sterben, und immer blieben wir verschont ... Die Hilfsmannschaften kamen aus Kiel und Hamburg, das Wasser war abgesperrt, denn es waren zu viele Rohrbrüche in der Stadt, und in den Kellern saßen die Menschen, die hätten ja ertrinken müssen.“*[237]
Als die Einwohner aus den Bunkern stolperten und krochen, war ihre Heimat ein brennender Trümmerhaufen. Mit dem alten Stadtkern waren 312 Einwohner gestorben, 784 Zivilisten waren verwundet. Ganze Straßenzüge lagen in Schutt und Asche, auch unersetzliche Kulturdenkmäler wie Rathaus, Museum, Salzspeicher, Dom und Petrikirche. Am Markt stand kaum mehr ein Haus. In der brennenden Marienkirche stürz-

Zerstörtes Lübeck: Hausruinen und Schuttberge in der Alfstraße. *(Foto: Bundesarchiv Koblenz)*

ten aus 60 Meter Höhe die Glocken nieder. Ihre geborstenen und geschmolzenen Reste ließ man liegen als Mahnung, was Menschen aufbauen und auch zerstören können.
Die Stadt war in diesem ersten Flächenbrand zu einem Viertel zerstört. Von den 22 000 Häusern waren 1400 vernichtet, 2000 schwer und 8400 leicht beschädigt. Fast 4000 Wohnungen galten als nicht mehr benutzbar. Von den 170 000 Lübeckern waren mehr als 15 000 obdachlos. Einige fanden an der schleswig-holsteinischen Westküste eine provisorische Unterkunft.
Wer blieb, sah sich ebenfalls einem Überlebenskampf ausgesetzt. Tagelang hatte Lübeck kein Wasser, kein Gas, keinen Strom. Der Rundfunk konnte nicht empfangen werden, die Telefone waren gesperrt, Post wurde nicht befördert. Etliche Geschäfte waren zerbombt, und es gab kaum noch Lebensmittel zu kaufen. Der materielle Schaden wurde von den Behörden auf 200 Millionen Reichsmark beziffert. Der immaterielle Schaden kann nur erahnt werden. Das Inferno nahm den Menschen jede Sicherheit und verstörte sie. An innere Einkehr war nicht zu denken. Die Lübeckerin schrieb: *„Palmsonntag und das Osterfest sind in diesem Jahr nicht gefeiert worden. Die Kirchen sind ja fast alle zerstört, unser schönes Lübeck, ich könnte heulen!“* Gerda Söllner ging in einem Brief an ihre Schwester noch weiter: *„Hier gibt es keinen Frühling mehr, sondern nur grenzenloses Leid und Elend.“*
Fern jeder christlichen Denkweise kommentierte Goebbels die Zerstörung Alt-Lübecks: *„Gott sei Dank handelt es sich um die norddeutsche Bevölkerung, die im allgemeinen viel widerstandsfähiger ist als die süddeutsche oder südostdeutsche.“*[238]
Bei anderer Gelegenheit lobte der Fanatiker, der ganz von einer irrealen Überhöhung der „nordischen Rasse“ eingenommen war, „die Friesen“ als besonders resistent ge-

genüber Bombardierungen. Sie seien nicht aus der Ruhe zu bringen.[239] Schon bei der zentralen Trauerfeier für die Opfer suchte das Regime die seelischen Schäden in Richtung einer kriegsverlängernden Trotzhaltung zu kanalisieren, mit dem Motto: „Lübecks Herzen sind stärker als Englands Bomben".
Flak und Nachtjäger schossen zwölf Bomber ab, davon einige an der Nordseeküste. Noch vor dem Angriff erwischte es am 28. März um 23.07 Uhr ein Flugzeug 45 Kilometer nordwestlich Borkum und eines 15 Kilometer südwestlich Helgoland. Zwei Bomber wurden bei Wangerooge zum Abschuß gebracht, jeweils ein weiterer bei Hohenwestedt und bei Ottendorf nahe Rendsburg. Eine *Wellington IC* stürzte nach dem Angriff in die Nordsee. Von den sechs toten Besatzungsangehörigen wurde einer am 11. Juni angeschwemmt und auf dem Langeooger Friedhof beigesetzt, ein zweiter vor Helgoland in der See treibend gefunden. Eine *Wellington III* wurde von mehreren *Me 110* angegriffen. Die bedrängte britische Maschine warf ihre Bomben außerhalb des Ziels und krachte mit fast 300 Meilen pro Stunde in die Küstenmarsch bei Wilhelmshaven. Zwei Verwundete erlagen ihren Verletzungen, drei Überlebende gingen schwer und einer leicht verletzt in Gefangenschaft. Das ist wohl die von der Marineflak um Mitternacht 60 bis 80 Meter vor dem Deich bei Voslapp abgeschossene Maschine. Auch eine der *Messerschmitts* wurde abgeschossen.
Angesichts der recht niedrigen Verlustquote wertete Luftmarschall Harris den Angriff auf Lübeck als „vollen Erfolg". Daß weder militärische Anlagen noch Rüstungswerke zerstört wurden, verschleierten die Briten. Churchill ließ die Öffentlichkeit trotz des Strategiewechsels in dem Glauben, Großbritannien richte seine Luftangriffe ausschließlich gegen militärische Ziele. Das Bomber Command behielt die in Lübeck erprobte Taktik bei. Massierte Brandbombenangriffe erzeugten größere Zerstörungen als Einsätze nur mit Sprengbomben. Dieser Erkenntnis folgend sollten noch viele deutsche Innenstädte in Brand gesetzt werden.
Die Luftwaffe übte Vergeltung für die britischen Angriffe auf Lübeck, Essen, Rostock und Köln. Vom 23. April bis 6. Juni 1942 flog sie die sogenannten Baedecker-Angriffe auf die englischen Touristenstädte Exeter, Bath, Norwich, Canterbury und York. 1600 Engländer starben. Die Luftwaffe bombardierte damit selbst im Westen unterschiedslos, wenn auch mangels Flugzeugen nur für kurze Zeit.
Lübeck wurde aufgrund seiner starken Verwüstung für zwei Jahre von der Angriffsliste gestrichen. Die Alliierten konzentrierten ihre Einsätze im westlichen Ostseeraum 1942 bis 1944 auf Kiel. Erst am 25. August 1944 folgte ein schwerer Tagesangriff der Amerikaner auf Lübeck, bei dem 111 Menschen starben. Danach kehrte wieder relative Ruhe ein, denn das Internationale Komitee des Roten Kreuzes bestimmte im September 1944 Lübeck und Göteborg zum Umschlagplatz für Post und Pakete an Kriegsgefangene beider Seiten.

Die zweite Schreckensnacht von Wrohm

In der Nacht vom 8. auf den 9. April 1942 wurde das Dorf Wrohm zum zweiten Mal angegriffen. Sprengbomben zerstörten viele Fensterscheiben. 147 Brandbomben und Phosphorkanister wurden gezählt und gelöscht. Eine Brandbombe hatte sich senkrecht auf dem Mühlenberg eingebohrt. Meterhohe Flammen schlugen heraus. Erneut fielen zwei Sprengbomben auf den Dohrwardtschen Hof, davon eine direkt vor den Eingang der Diele. Als nach dem Angriff die Familie wieder zusammenkam, fehlte die Bäuerin Antje-Dora Dohrwardt. Ihr Mann ging rufend durchs Haus und fand sie blutend und ohne Bewußtsein auf der Diele liegend. Die 55-Jährige erlag am nächsten Vormittag ihren schweren Verletzungen. Das Wrohmer Suchkommando meldete noch zahlreiche Brandbomben nach und kam schließlich auf eine Gesamtzahl von 360 Stück im Gemeindegebiet. Kein Dorf im Kreis Norderdithmarschen hatte mehr Tote und Verletzte durch Bombenangrife zu beklagen als Wrohm. In derselben Nacht fielen noch vier Bomben im Kaiser-Wilhelm-Koog: zwei etwa 100 Meter östlich von H. Kruse – sie beschädigten dessen Haus und verletzten ein Pferd im Stall – und zwei östlich vom Anwesen von der Geest.

Fünf Boote der 12. U-Jagdflottille gehen am **1. April** von Wesermünde nach Antwerpen in See. Nördlich von Wangerooge sinkt U-Jäger UJ 1203/Heinrich Günther nach Minentreffer ohne Personalverluste. Die Flottille kehrt nach Wesermünde zurück. Sie wiederholt am **3. April** den Verlegungsmarsch. Am **6. April** werden die Lebensmittelrationen gekürzt: für Normalverbraucher beim Brot von 2250 auf 2000 Gramm wöchentlich, bei Fett von 269 auf 206 Gramm, bei Fleisch von 400 auf 300 Gramm. Dazu dürfen ausreichend Kartoffeln gekauft werden. 40 Prozent der Deutschen gelten als Normalverbraucher. Weitere Kategorien sind Kleinstkinder unter drei Jahren, Kleinkinder, Jugendliche, Langarbeiter, Nachtarbeiter, Schwerarbeiter, Soldaten und Selbstversorger. In der Nacht **9./10. April** sollen 272 Bomber Hamburg angreifen, doch wegen Sturm und Vereisung erreichen nur 14 die Hansestadt. 40 Flugzeuge greifen Wilhelmshaven an. Bei Langeoog schießt ein Nachtjäger eine Feindmaschine ab. 24 britische Minenleger verseuchen das Seegebiet um Helgoland. Eine *Stirling I* wird in der Nacht **13./14. April** bei dem von 47 britischen Bombern ausgeführten Minenlegen nördlich der Ostfriesischen Inseln von einem Nachtjäger der II./NJG 2 abgeschossen (acht Tote). Am **15. April** beginnt im Übungsbetrieb der Kampfgruppe 506 in Westerland eine Unglücksserie. Fünf *Ju 88* stürzen vor Sylt ab: am 15. April vor Westerland ins Meer (drei Tote), am 16. April Notlandung südlich des Hindenburgdamms (Besatzung gerettet), am 17. April bei Blidsel ins Meer (zwei Tote), am 30. Mai Bruch- und Notlandung zweier *Ju 88* im Watt (kein Personenschaden). Am 3. September macht eine *Ju 88* der 12./KG 26 – vormals auch zur Kampfgruppe 506 gehörig – eine Bruchlandung am Hindenburgdamm bei Morsum. Wer mit der Bahn nach Sylt fährt, kann bei Hohlebbe und guter Sicht heute noch etwa drei Kilometer südlich des Hindenburgdamms Teile des Wracks eines dieser Flugzeuge erkennen. Es ist vermulich die am 16. April abgeschmierte Maschine, von der erzählt wird, daß der Pilot bei dem Übungsflug eine Bauchlandung mit eingezogenem Fahrwerk machte. Während die Besatzung überlebte, war die *Junkers* ein Totalschaden und wurde nach dem Ausbau der Instrumente an Ort und Stelle belassen.

Beim Angriff auf Hamburg in der Nacht **17./18. April** gehen drei *Wellingtons* im betrachteten Gebiet nieder: Eine des 12. Squadron stürzt um 2.55 Uhr ab in Heuwisch. Der Bomber hatte nach einem Flaktreffer schon über Heide eine dicke Rauchfahne gezeigt. Die fünf Toten wurden zunächst in Wesselburen beigesetzt und später nach Kiel umgebettet. Die Maschine war in Binbrook gestartet. Eine *Wellington* des 57. Squadron stürzt um 3.18 Uhr nahe Mulsum bei Dorum (Land Wursten) ab (sechs Gefangene), eine des 300. Squadron wird schon bei der Annäherung an die deutsche Küste von einem Nachtjäger über der Nordsee getroffen und zum Absturz gebracht (sechs Tote). Zwischen 1.27 Uhr und 5.08 Uhr werden Brandbomben abgeworfen auf das Rantumer Becken auf Sylt sowie auf die Insel Amrum, wo eine Baracke abbrennt.

Südlich und westlich der Heider Gasanstalt fallen am 18. April etwa 60 Brandbomben, ohne Schaden anzurichten. In dem gleichfalls getroffenen Haus Meldorfer Straße 50 löschte Familie Thews gleich das aufkommende Feuer und entfernte die Reste des Phosphors. Der 100 Meter lange deutsche Frachtdampfer SEEFAHRER sinkt auf einer der neuen britischen Minen zwischen Borkum und Juist. Beim Minenlegen vor den Friesischen Inseln gehen in der Nacht **19./20. April** eine *Hampden I* (vier Tote) und eine *Wellington III* (sechs Tote) über See verloren.

Die Heinkel He 115 findet bei den Küstenfliegergruppen an der Nordsee vielfältige Verwendung.

Am **26. April** gegen 0.20 Uhr schießt ein Nachtjäger 35 Kilometer vor Wangerooge eine aus Nordwesten anfliegende Maschine ab. Beim Minenlegen vor Helgoland geht am **27./28. April** eine *Stirling I* des 7. Squadron über See verloren. Von den sieben Leichen gibt die Nordsee nur eine frei, sie wird am 6. Oktober, also mehr als ein halbes Jahr später, auf Röm angeschwemmt. Meistens wurden die Körper von der Strömung in nordöstlicher Richtung getrieben.[240] Oberleutnant Günter Köberich von der II./NJG 3 schießt am **30. April** um 2.30 Uhr über dem Watt eine *Manchester I* beim Minenlegen ab. Der deutsche Gewehrschütze an Bord der *Messerschmitt* wird bei dem Gefecht tödlich verwundet. Das britische Flugzeug stürzt auf eine Sandbank vor Rantum. Die beiden Toten – ein Brite und ein Australier – werden erst auf dem Westerländer Friedhof beigesetzt und später nach Kiel überführt. Fünf Mann gehen in deutsche Gefangenschaft.

Eine *Manchester I* des 106. Squadron wird am **2./3. Mai** beim Minenlegen abgeschossen und stürzt in unmittelbarer Nähe von Pellworm ab. Die siebenköpfige Besatzung geht in Gefangenschaft. Eine *Halifax II*, die Hamburg angreifen soll, wird am Morgen des **4. Mai** um 2.42 Uhr von der Wangerooger Flak abgeschossen und stürzt in die Nordsee (sieben Tote). Eine von einem Nachtjäger beschossene *Wellington IV* mit gleichem Ziel ereilt das gleiche Schicksal. Nur einer von sechs Mann überlebt und geht in Kriegsgefangenschaft. Eines der beiden Flugzeuge kam über Süderdithmarschen herunter, denn das Kriegstagebuch der Polizei Heide erwähnt um 2.44 Uhr den Abschuß eines Flugzeuges „im Kaiser-Wilhelm-Koog". In der alten Koogschronik von 1949 heißt es, ein feindliches Flugzeug sei 400 Meter vom Seedeich entfernt brennend ins Watt gestürzt. *„Ein Besatzungsmitglied wurde am nächsten Tage, mit einer Schwimmweste bekleidet, tot aufgefunden."*[241]

RAF-Bomber des Coastal Command versenken bei Borkum den Frachter SIZILIEN. Eine *Wellington II* des 12. Squadron stürzt in der Nacht **8./9. Mai** nach Teilnahme am Angriff auf Warnemünde in die Nordsee. Drei Tote werden auf Sylt beigesetzt und später nach Kiel überführt. Der deutsche SPERRBRECHER 36/EIDER läuft am 9. Mai vor Helgoland auf eine Mine. Das Schiff kann zwar eingebracht werden, doch sind die Schäden so groß, daß es außer Dienst gestellt werden muss. Aufgrund von Mitteilungen über Möglichkeiten von Unternehmungen und Unruhen in den Niederlanden wird am **11. Mai** für die Ostfriesischen Inseln „Erhöhte Aufmerksamkeit" befohlen.

In der Hafeneinfahrt von Esbjerg kentert und sinkt am **14. Mai** der 58 Meter lange deutsche Hilfsminensucher M 1307 der 13. Minensuchflottille, 1938 in Hamburg gebaut als Fischdampfer NEUFISCH I nach Auflaufen auf eine Grundmine, wobei acht Mann sterben. Der Leiter des NSDAP-Gaus Weser-Ems und Reichsstatthalter für Oldenburg und Bremen, Carl Röver, stirbt am **15. Mai** 54jährig in Berlin an „Lungenentzündung". Der „Ostfriesenführer" war psychisch krank. Eine *Welllington III* des 75. Squadron, die in der Kieler Bucht Minen werfen sollte, wird am **16. Mai** um 3.15 Uhr von einem Nachtjäger östlich Hörnum abgeschossen. Die fünfköpfige Crew wird zunächst auf dem Westerländer Friedhof beigesetzt und später nach Kiel überführt.

Wenige Meilen westlich von List beobachten britische Flieger am **18. Mai** um 1.38 Uhr, wie eine *Wellington* unkontrolliert an Höhe verliert und in die Nordsee stürzt. Die Leiche von Pilot Officer John Fisher (25) vom 115. Squadron wird zunächst neben der Alten Kirche auf Pellworm beerdigt und später nach Hamburg umgebettet. Das im Adolf-Hitler-Koog beheimatete Motorrettungsboot AUGUST NEBELTHAU läuft am **23. Mai** von Cuxhaven aus, wo es im Seenotdienst eingesetzt wird. Um 7.30 Uhr gerät das erst fünf Jahre alte Boot in der Elbmündung auf eine Magnetmine – sieben Kilometer nördlich von Cuxhaven-Döse und 15 Kilometer westlich der Nordecke des Kaiser-Wilhelm-Kooges. Vormann Hans Hartmann, der mit seiner Mannschaft 71 Seeleute gerettet hat, befindet sich zum Zeitpunkt der Explosion im Ruderhaus und wird sofort getötet. Sein Begleiter Cornelius Haiungs wird im Maschinenraum an die Decke geschleudert und erleidet zehn Knochenbrüche. Helmut Haiungs, der dritte Mann an Bord, ist nur leicht verletzt. Das Boot sinkt. Das Vermessungsschiff SÜDEROOG nimmt die Besatzung an Bord und bringt sie nach Cuxhaven. Das Boot wird später vom Taucher WULF gehoben und im November 1942 an die Pahlwerft in Hamburg verkauft.[242] Elf Kilometer nordwestlich von Wangerooge sinkt am **24. Mai** vermutlich nach Kollision mit einer Mine der norwegische Dampfer BOR aus Oslo. Vom 24. bis **25. Mai** verlegt der Tanker DITHMARSCHEN mit dem Schweren Kreuzer LÜTZOW und dem Zerstörer HANS LODY von Drontheim zurück nach Narvik. Oberleutnant Gutowski von der 9./JG 1 meldet am **28. Mai** den Abschuß einer *Liberator* über der Nordsee. Diese US-Bomber werden derzeit noch ausschließlich von britischen Besatzungen über Deutschland eingesetzt. Der dänische Dampfer NIELS R. FINSEN wird am **29./30. Mai** von britischen Flugzeugen angegriffen und versenkt.

In der Nacht **30./31. Mai** findet der erste Tausend-Bomber-Angriff der Kriegsgeschichte durch die Royal Air Force statt. 1047 Flugzeuge starten nach Köln. 886 erreichen die viertgrößte deutsche Stadt. Befohlenes Ziel ist das Zentrum. 1455 Tonnen Bomben entfachen 5000 Brände. 480 Kölner sterben, 5500 werden verletzt und 45 000 obdachlos. Von nun an steigern sich die Luftangriffe auf deutsche Städte noch einmal merklich.

Im Juni stehen Bremen und Emden ganz oben auf der Zielliste der RAF. In der Nacht **3./4. Juni** starten 170 Bomber nach Bremen. Einer der zehn Abschüsse erfolgt über der Nordsee, die sechs Mann Besatzung der viermotorigen *Halifax II* sind verschollen. Am **4. Juni** sinkt der von Hörnum kommende Frachter DOROTHEA nach Minentreffer bei Sylt. Zwei Mann sterben, nur der Matrose überlebt. Am 4./5. Juni sinkt der große Frachtdampfer KATHARINA DOROTHEA FRITZEN zehn Kilometer nördlich von Langeoog durch eine von britischen Flugzeugen geworfene Mine. Das Rettungsboot von Neuharlingersiel, zwei Minensuchboote und drei Schlepper helfen der Besatzung. Am **6. Juni** sinken bei einem Luftangriff auf Wilhelmshaven eine Kastenschute und ein Wohnboot im Hafen. Am frühen Morgen des 7. Juni werfen 206 Flugzeuge 400 Tonnen Bomben auf Emden ab, darunter 14 000 Brandbomben. Neun Bomberabschüsse werden bestätigt, darunter:

1. eine *Wellington IV* bei Norderney;[243]
2. eine *Wellington IV* bei Borkum (fünf Tote, ein Gefangener);
3. eine *Manchester I* bei Emden (ein Toter, ein Schwerverletzter, der am 10. September stirbt, und fünf Kriegsgefangene);
4. eine *Manchester I* über See;
5. eine *Manchester I* spurlos und
6. eine *Halifax II* spurlos (4. bis 6. zusammen 20 Tote).

Am **8. Juni** wird der deutsche SPERRBRECHER 15/TARONGA vor Scharhörn in der Nordsee bei Luftangriffen schwer beschädigt. Das Schiff wird nach Hamburg eingeschleppt, dort zum Totalverlust erklärt und außer Dienst gestellt. Bomber des RAF Coastal Command versenken am **12. Juni** 30 Seemeilen nördlich von Cuxhaven den schwedischen Frachter SENTA. Am **16. Juni** sinkt der Transportdampfer PLUS (früher BILBAO, davor KAMERUN) bei Borkum durch eine Mine. Am **18. Juni** wirft um 12.24 Uhr ein zweimotoriger britischer Bomber von Osten kommend vier Sprengbomben auf Langeoog. Neun Hausdächer werden abgedeckt, vier Familien müssen ausquartiert werden. Am frühen Morgen des **19. Juni** stürzt eine *Hampden* ab, die mit anderen Maschinen im Bereich der Friesischen Inseln Minen geworfen hat.

In der Nacht 19./20. Juni starten 194 Maschinen gen Emden. 140 kommen zum Bombenwurf und werfen 280 Tonnen ab. Zehn Bomber werden abgeschossen. In der darauffolgenden Nacht **20./21. Juni** sind 185 Maschinen auf die Hafenstadt angesetzt, von denen 165 zum Abwurf kommen. Sie laden 347 Tonnen ab. Acht Bomber gehen verloren, darunter eine *Halifax II* vermutlich westlich von Sylt (sieben Tote), eine *Wellington IV* über der Nordsee (sechs Tote – die am 14. und 25. Juli angeschwemmten Leichen werden in Oldenburg beigesetzt), eine *Wellington IV* bei Emden (fünf Tote) und eine *Manchester I* vor den (West-?)Friesischen Inseln (sieben Tote). Eine Maschine stürzt nach Beschuß durch einen Nachtjäger in die Elbe (fünf Tote werden in Brockeswalde westlich von Cuxhaven beigesetzt, der sechste in Wittmund; später alle nach Oldenburg umgebettet). Feldwebel Heinrich Nöcker von der 3./JG 1 meldet den Abschuß einer *Mosquito* um 13.54 Uhr westlich Helgoland.

Am 21. Juni sinkt der schwedische Erzfrachter EKNO durch eine von Flugzeugen aus geworfene britische Mine in der Wesermündung. Bei einem neuerlichen Angriff auf Emden erreichen in der Nacht **22./23. Juni** 195 britische Bomber die Stadt. 392 Tonnen Bomben gehen auf Stadt, Hafen und Umgebung nieder. In Greetsiel zerstören Brandbomben vier Häuser und beschädigen mehrere. Aus Simonswolde werden zwei Tote gemeldet. Auch holländische Grenzgemeinden sind getroffen. Das Bomber Command verliert nur sechs seiner 227 eingesetzten Flugzeuge, darunter eine *Wellington III* über See (fünf Tote), eine *Lancester I* bei Emden (sieben Tote) und eine *Stirling I* ohne Spur (sieben Tote). Am **25. Juni** um 23.16 Uhr beschießen sieben feindliche Maschinen im Tiefflug auf Langeoog die alte Funkmeßstellung „Languste" mit Bordwaffen. In Moorhausen bearbeitet ein 14jähriger Schüler eine Granate aus dem Ersten Weltkrieg mit Hammer und Beil. Als sie explodiert, stirbt der Junge. Die Erwachsenen haben gemeint, es habe sich nur um ein altes Stück Eisen gehandelt. Die Granate hat vorher 22 Jahre lang als Sehenswürdigkeit im Garten von Janßen in Grafschaft gestanden.

Am **26. Juni** wird im „Flugwechselgebiet" Dithmarschen um 2.37 Uhr ein Abschuß gemeldet. Das getroffene britische Flugzeug stürzt auf eine Haferkoppel beim Bauern Looft in Fiel bei Nordhastedt. *„Gewaltige Feuerstöße wirbelten hoch. Munition und Luftraketen explodierten. Weithin sprühte die Lohe. Das Reetdach von L. fing Feuer, so daß bereits Flammen emporloderten. Rasch entschlossen stieg der Besitzer aufs Dach und suchte mit mehreren Eimern Wasser zu löschen. Dann war auch bald die Feuerwehr zur Stelle und übernahm die weitere Bekämpfung des Feuers. Das Gewese konnte gerettet werden. Tief in den moorigen Grund hatte sich das abgeschossene feindliche Flugzeug eingebohrt."* Ein zweimotoriges Flugzeug geht 120 Meter vor dem Deich von Hedwigenkoog im Watt nieder. Die Besatzung setzt das Flugzeug in Brand und gibt sich gefangen.[244] Es handelt sich wohl um den in der Chronik von Büsum ohne Datum vermerkten Abschuß eines Bombers „in Richtung Hedwigenkoog überm Watt".[245]

Es ist die Nacht, in der die Briten ihren ersten 1000-Bomber-Angriff auf Bremen fliegen (Operation M i l l e n i u m t w o). Das Bomber Command stellt neun Zehntel und das Coastal Command ein Zehntel der Flugzeuge. Viele Besatzungen sind unerfahren, nur 713 erreichen die Stadt. Bei dem einstündigen Angriff werden überwiegend die Ausläufer der Stadt und nicht das Zentrum getroffen. 600 Häuser werden zerstört, 2500 Bremer obdachlos. Erstmals werden auch Feuerwehren aus dem Landkreis Friesland nach Bremen beordert. Die Focke-Wulf-Flugzeugwerke in Neuenlander Feld können trotz einiger Treffer weiter produzieren. Die Briten verlieren 50 Flugzeuge. Damit gilt die Operation als Fehlschlag. Eine *Wellington IC* und zwei *Halifax II* stürzen bei den Ostfriesischen Inseln in die See (17 Tote; BLC), eine *Hampden I* stürzt um 1.59 Uhr in der Nähe von Borkum brennend ab (drei Tote, ein Verwundeter erliegt seinen Verletzungen am 18. September). Auf dem Rückflug stürzt eine *Wellington III* des 115. Squadron in die Nordsee (fünf Tote). Fischer entdecken am 31. Juli den Leichnam von Sergeant H. Abbott und bringen ihn zur Beisetzung nach Büsum (später nach Kiel überführt).

Am Morgen des **28. Juni** schießt die Flak eine Bremen angreifende *Stirling I* ab, sie stürzt nahe Hohenstiefersiel (Wangerland) in die See (sieben Tote). Die Stadt Norden wird mit MG-Feuer belegt. Bomben fallen in Westermarsch, Utlandshörn, Neu-Westeel, nur Flurschaden. Wohl an diesem Tag wird ein US-Bomber von deutschen Jägern abgeschossen. Vier Besatzungsmitglieder steigen mit dem Fallschirm aus. Einer der Flieger landet bei Ulferts Höchte. Er ist am Bein verletzt. Zwei Marinesoldaten bringen ihn in die Baracke der Marinenachrichtenstelle in Utlandshörn, versorgen ihn mit warmem Essen und informieren die Polizeistation in Norden. Die beiden Polizisten treiben den Gefangenen rücksichtslos zu ihrem Kleinlaster. Empörte Soldaten machen sie darauf aufmerksam, daß er nicht gehfähig sei. Daraufhin richtet ein Polizist seine Maschinenpistole auf die Marinesoldaten und droht: „Wenn Sie noch ein Wort sagen, können Sie gleich mitkommen."[246] Die FRIELINGHAUS sinkt, als sie bei Borkumriff auf eine aus der Luft geworfene Mine gerät. In der Nacht greifen 144 zwei- und viermotorige RAF-Bomber Bremen an. Eine *Halifax* wird über dem Festland und eine über Wangerooge abgeschossen. Die Maschinen stürzen brennend ab. Sieben weitere Flugzeuge gehen den Briten bei diesem Angriff verloren.

Am frühen Morgen des **30. Juni** fliegen 253 zwei- und viermotorige Flugzeuge auf Bremen. Die Wangerooger Flak schießt eine Feindmaschine in Brand. Bei Langeoog schlägt sie aufs Wasser und zerbricht. Eine *Stirling I* stürzt vor Borkum in die See (fünf Tote, drei Gefangene). Der Bomber war möglicherweise um 2.33 Uhr mit dem Nachtjäger von Leutnant Loewa und Feldwebel Moeller von der II./NJG 2 kollidiert. Eine andere *Stirling I*, die ebenfalls Bremen angreifen sollte, wird von Flak getroffen und stürzt ab in Hartward bei Esens. Die siebenköpfige Besatzung steigt mit dem Fallschirm aus und wird gefangengenommen. Acht weitere Maschinen werden abgeschossen.

Beim Angriff auf Flensburg verliert das 105. Squadron des Bomber Command am **2. Juli** die *Mosquito IV* DK 298 GB, die um 11.49 Uhr von Horsham gestartet war. Sie stürzt in Sönnebüll, zwei Kilometer ostsüdöstlich von Bredstedt, ab.[247] Group Captain J.C. MacDonald und Flight Lieutenant A.E. Skelton geraten in Gefangenschaft. Am **3. Juli** erfolgen Angriffe auf Aurich – dort brennen mehrere Häuser aus, und es stirbt ein Soldat in der Kaserne – und auf Bremen. Eine *Wellington IV* stürzt in die Nordsee. Vier

Dienstverpflichtungen allerorten: Heider Frauen setzen gesammelte Altkleider in Stand.

Besatzungsmitglieder ertrinken im sinkenden Wrack, Flight Officer C.R. Lark wird mit schweren Verletzungen gefangengenommen. Jäger der 3./JG 1 schießen 28 Kilometer südwestlich von Helgoland um 13.54 Uhr eine *Mosquito* ab. Die *Bf 109 E-7* von Unteroffizier Karl Dietmayer (9./JG 1) muß wegen technischer Mängel bei Garding in Eiderstedt notlanden. Der Pilot verletzt sich dabei, die Maschine ist ein Totalschaden.[248] Der deutsche SPERRBRECHER 61/IRIS sinkt am **4. Juli** zwischen Borkum und Schiermonnikoog durch eine Mine. Erstmals bemannen US-Soldaten nach Großbritannien überführte amerikanische Bomber selbst.

In der Nacht **6./7. Juli** detoniert in Heerenhausen, Kreis Friesland, eine Granate der deutschen Flak als Erdkrepierer. Splitter töten den Landwirt Gerhard Boltes.

Oberfeldwebel Rudolf Mickel von der 3./JG 1 stürzt am 7. Juli beim Durchziehen durch eine Wolkendecke einen Kilometer nördlich Nessmersiel (Kreis Aurich) mit seiner *Me 109 F-4* ab und stirbt. 285 britische Bomber starten am 9. Juli zu einem Angriff auf Wilhelmshaven. Zwischen 1.16 und 3.01 Uhr klinken 250 Flugzeuge 579 Tonnen Bomben aus: 335 Sprengbomben von 250 und 500 Pfund, tausende Stabbrandbomben, hunderte Phosphorbrandbomben sowie zehn Minenbomben. Letztere sollen Dächer abdecken, damit die Brandbomben tief in die Häuser fallen können. Die Sprengbomben sollen wieder die Löschkräfte in den Bunkern halten. Obwohl die meisten Bomben westlich der Stadt ins freie Gelände fallen, sterben 17 Wilhelmshavener.

Hinzu kommen 13 Tote im Kreis Friesland: In Accum-Pingelei zerstört ein Luftmine ein Wohnhaus, wobei Margarethe Olszewski (56) stirbt. Noch verheerender wirkt sich eine Luftmine neben einem Bauernhaus aus. Hier sterben Landwirt Hinrich Logemann (56), Annchen Logemann (47), Werner Logemann (14), die in Logis wohnende Soldatenfrau Elsa Niedzwiedz und die polnische Hausgehilfin Maria Schmalyzek (22). Letztere hatte als einzige rechtzeitig den splittersicheren Keller erreicht, doch dessen Decke stürzte ein. In Mariensiel sterben vier im Gasthaus Gerdes (am Siel) einquartierte Marinesoldaten, als dieser von einer Sprengbombe getroffen wird. In dem „Russenlager" im selben Ort – die Holzbaracken für etwa 1000 bis 1500 Zwangsarbeiterinnen stehen dicht am Ems-Jade-Kanal – fallen eine Sprengbombe und etwa 70 Brandbomben. Eine Ausländerin stirbt, drei werden verletzt. In dem zum ersten Mal getroffenen Fliegerhorst Jever sterben zwei Soldaten. Fünf britische Bomber werden abgeschossen, davon zwei bei Wangerooge. Einer stürzt um 1.35 Uhr in den Jadebusen, ein weiterer zerschellt gegen 2.20 Uhr auf dem Rückflug nördlich von Wangerooge. Eine *Wellington III* geht dem Bomber Command ohne Spur verloren (fünf Tote).

59 britische Maschinen verminen am frühen Morgen des **10. Juli** die Deutsche Bucht bei Helgoland und vor den Ostfriesischen Inseln. Die Wangerooger Flak schießt um 1.39 Uhr eine der *Wellingtons* ab. Fischer holen um 13.19 Uhr zwölf Kilometer nordwestlich von Spiekeroog ihren Fang ein. Im Netz befindet sich jedoch auch eine Mine, die nun explodiert. Zwei Mann der Bootsbesatzung werden getötet und zwei schwer verletzt. Andere Boote nehmen sie auf. Eine *Wellington III* des 101. Squadron, die vor Helgoland Minen werfen soll, geht in der Nacht **11./12. Juli** verloren (fünf Tote, von denen vier in Oldenburg beigesetzt werden). Beim Feuerschiff D nördlich von Langeoog läuft ein Hafenschutzboot auf eine Mine auf, es kann die Küste aber noch mit eigener Kraft erreichen. Eine *Mosquito IV* des Bomber Command wird am **16. Juli** um 17.12 Uhr bei Heidmühle-Jungfernbusch von der Flak abgeschossen. Von vier Mann Besatzung des Fernaufklärers sind zwei tot, und zwei gehen in Gefangenschaft. Der 33 Meter lange Dreimast-Motorsegler HANS sinkt am **18. Juli** bei Helgoland nach Auflaufen auf eine von britischen

Flugzeugen abgeworfene Mine. Bei Cap Hatteras vor der US-Ostküste wird U 576 versenkt, wobei der Maat Hans Harnack (22) aus Büsum stirbt. Aus dem Amtsbezirk sterben bis Kriegsende noch einige Männer mehr in U-Booten, so am 18. 5. 1943 der Maat Bernhard Knüppel (22) aus Büsum, am 7. 6. 1943 der Matrosengefreite Karl Heinz Dowers (21) auf U 105 bei den Azoren, am 8. 7. 1943 Leutnant zur See Paul-Anton Ruhland (22), als U 514 vor dem spanischen Cape Finisterre aus der Luft durch Raketen versenkt wird, am 6. 10. 1943 der Matrosenobergefreite Georg Dettmer (22) aus Büsum und am 16. 4. 45 der Matrosenobergefreite Ernst Seel (20) aus Westerdeichstrich auf U 880 bei den Azoren.

Der 138 Meter lange Passagierdampfer CONSUL HORN sinkt am **20. Juli** bei Borkum nach Minentreffer, ebenso das Motorschiff SÜD auf der Ems bei Borkum. Als am **26. Juli** zwischen Feldhausen (zu Schortens) und dem Moorwarfer Gastweg auf einer Weide eine als Blindgänger aufgefundene deutsche Flakgranate entschäft werden soll, explodiert diese plötzlich. Vier Angehörige des Räumkommandos sterben, darunter der Schortenser Gendarmeriemeister Hermann Lange (53).

Am Abend wird „Luftgefahr Raum 2, Deutsche Bucht“ ausgegeben. 304 Maschinen nehmen Kurs auf Hamburg. Ihre Spreng- und Brandbomben entfachen mehr als 500 größere Feuer, töten 337 Menschen, verletzen 1027 weitere und machen 14 000 Hamburger obdachlos. Dennoch gibt dieser bisher schwerste Großangriff auf die Millionenstadt nur einen Vorgeschmack auf das genau ein Jahr später folgende Inferno (siehe Operation G o m o r r h a im nächsten Band).

42 Brandbomben auf den Flugplatz Borkum-Land bleiben wirkungslos.

Bomben auf den Husumer Fliegerhorst beschädigen mehrere Gebäude. Die Briten haben mit 29 Maschinen schwere Verluste. An der deutschen Nordseeküste verlieren sie folgende:

1. Eine *Stirling I* des 7. Squadron startet um 22.50 Uhr von Oakington nach Hamburg. Nahe Brunsbüttelkoog stürzt die Maschine in die Elbe. Vier Männer gehen in Gefangenschaft, die drei Toten werden in Brunsbüttelkoog beerdigt.

2.–4. Drei *Halifax II* werden vor der Küste abgeschossen: Eine wird von schwerer Flak über Hamburg getroffen, gerät dann nahe Emden in nur etwa 100 Fuß Höhe in den Geschoßhagel leichter Flak und stürzt etwa acht Kilometer vor der Küste in sehr seichtes Wasser. Drei Mann sterben, vier Überlebende waten an Land. Sie werden überflogen von einer anderen abstürzenden *Halifax*, die kurz hinter ihnen aufschlägt. An Bord sterben zwei Mann, während sich fünf an ein Flügel-Wrackteil klammern und später auch von Deutschen gefangengenommen werden. Die dritte Maschine gerät nach dem Bombenwurf auf Hamburg in eine Reihe Sperrballons, verliert Höhe, wird von einem Nachtjäger beschossen und muß notwassern in der Nordsee, wobei die Maschine in zwei Teile bricht (vier Tote, drei Gefangene). Es war wohl das am **27. Juli** um 1.24 Uhr über dem Nordosten von Spiekeroog abgestürzte Flugzeug (am 27. Juli lagen auf Spiekeroog zwei abgeschossene Maschinen).

5. Eine *Wellington IV* stürzt in der Nähe von Wesermünde ab (fünf Tote).
6. Eine *Stirling I* des 214. Squadron, die um 22.37 Uhr von Stradishall gestartet war, wird von einer *Me 109* abgeschossen und stürzt ab in Westerdeichstrich nördlich Büsum in ein Kornfeld des Bauern Johann Dyhrsen (sieben Gefangene).
7. Eine *Hampden I* des 420. Squadron, die in Waddington gestartet war, stürzt in St. Peter in Eiderstedt ab. Die drei Toten werden zunächst in Tönning beigesetzt.[249] Pilot R.N. Rayne hat überlebt und kommt in Gefangenschaft.

8. Ein *Boston III*-Störflugzeug mit Ziel Jever stürzt gegen 23 Uhr – abgeschossen vom Nachtjäger aus Wangerooge – mit der Bombenladung an der Ostkante von Langeoog ab. Die vier toten Besatzungsmitglieder werden auf Wangerooge beerdigt (später nach Oldenburg umgebettet).
9. Eine *Wellington III* mit Ziel Hamburg stürzt vor der deutschen Küste in die Nordsee[250], die fünfköpfige Crew verbringt drei Tage im Dingi, bis Deutsche sie retten. Es könnte das vom Zielfeuer der Leichten Artillerieträger WOLF, HEIMATLAND und MARGARETE am 27. Juli um 1.59 Uhr vor Wangerooge getroffene Flugzeug sein.
10. Eine Maschine explodiert um 2.02 Uhr in der Luft 15 Kilometer nördlich Wangerooge. Am brennenden Flugzeug werden sechs Fallschirme beobachtet. Da die Briten eine (zweimotorige) *Wellington III* über See vermissen und dieser Typ für gewöhnlich mit sechs Mann besetzt ist, dürfte es sich um diese handeln, obwohl deutsche Beobachter die Explosion einer viermotorigen Maschine meldeten.
11. Eine *Wellington III* stürzt bei Helgoland ab.[251] Zwei Besatzungsmitglieder sterben. Einer der drei Überlebenden, die in deutsche Gefangenschaft gehen, ist der griechische Zypriot Glafkos Clerides. Er wird später Präsident Zyperns.
12. Eine *Wellington III* wird am 27. Juli um 2.39 Uhr von Hauptmann Helmut Lent (Stab II./NJG 2) im Zielgebiet abgeschossen. Es ist vermutlich der in geringer Höhe von Hamburg über Accum zurückfliegende Bomber, der das Dorf noch heulend überquerte und dann in Brand geriet. Die Besatzung feuerte noch aus ihren Maschinengewehren. Die Maschine stürzte zwischen Haddien und Canarienhausen (alles Kreis Friesland) „lichterloh brennend“ ab.[252]
13. Die *Wellington* Z 1270 des 300. Polish Squadron wird nach der Bombardierung Hamburgs dreimal von einer *Me 110* angegriffen. Die meisten Crewmitglieder erleiden Verletzungen. Die Maschine muß zwischen 2 und 3 Uhr morgens am Westerländer Strand in Höhe des Städtischen Krankenhauses (später Altenheim) notlanden und prallt gegen eine Buhne. Zwölf Soldaten, darunter Sanitäter, eilen zu dem Bomber und leisten Erste Hilfe. Pilot Officer Boleslaw Boguszewski stirbt auf dem Weg ins Krankenhaus und wird mit militärischen Ehren beigesetzt, die übrigen vier Polen gehen in Gefangenschaft. An Bord wird eine Brieftaube gefunden, vermutlich für den Fall des Absturzes in Feindesland. Der als einziger unverletzt gebliebene Sergeant Bakalarski (29) wird noch am Morgen von einem Feldwebel mit dem Auto zum Dulag (Durchgangslager) Luft nach Frankfurt gebracht. Ihm gelingt ein Jahr später in einem oberschlesischen Lager nach mehreren Versuchen die Flucht. Über Polen, Deutschland, Frankreich, Andorra und Spanien kehrt er 1943 nach England zurück.[253]

Beim schweren Angriff auf Hamburg in der Nacht **28./29. Juli** gehen dem Bomber Command von 403 Flugzeugen über 30 verloren, davon sieben Bomber im Betrachtungsgebiet:

1. Eine *Short Stirling I* wird um 2.51 Uhr durch die den Großraum Bremen schützende 8. Flakdivision abgeschossen in Kleinhorsten (Kreis Wittmund; ein Gefangener und sechs Tote – einer starb drei Stunden nach dem Absturz im Krankenhaus in Oldenburg).
2. Eine *Wellington III* stürzt in Trockenwalde westlich Cuxhaven ab (fünf Tote). Sie wurde vermutlich gegen 1.10 Uhr von der 8. Flakdivision getroffen.
3. Eine *Stirling I* des 218. Squadron, die um 23.22 Uhr in Downham Market startete, zieht Feuer deutscher Nachtjäger auf sich, wird aber letztendlich von der Flak abge-

schossen und kracht vor Büsum in die Nordsee. Die drei Toten werden auf dem Neuen Friedhof in Büsum beigesetzt und später nach Kiel überführt. Fünf Mann gehen in Gefangenschaft.

4. Eine *Wellington III* des 75. Squadron, in Feltwell gestartet, gerät über Hamburg in die Kegel der Flakscheinwerfer, geht tiefer, wird von leichter Flak getroffen und notwassert um 1.50 Uhr vor der Eidermündung südlich Eckhof (Gemeinde Grothusenkoog).[254] Vier Mann werden gefangengenommen, der fünfte wird auf dem evangelischen Friedhof in Tönning beigesetzt und später nach Hamburg umgebettet.
5. Eine von einem Nachtjäger getroffene *Stirling I* stürzt vor Röm ins Meer, dicht an der deutsch-dänischen Grenze (sieben Tote).
6. Eine *Wellington III* stürzt über der Nordsee ab (sechs Tote, ein Leichnam spült auf Röm an).
7. Eine *Wellington III* geht über See verloren (fünf Tote). Um 1 Uhr meldet die 8. Flakdivision einen Abschuß beim Kaiser-Wilhelm-Koog, was sich auf eine der beiden letztgenannten *Wellingtons* beziehen muß. Die Koogschronik vermerkt, die Maschine sei brennend auf H. Dohrns Land gestürzt und habe sich tief in den Erdboden gebohrt. *„Die Besatzung war bis zur Unkenntlichkeit verkohlt."* 1947 lassen die Briten die Unfallstelle aufgraben in der Annahme, daß vielleicht nicht alle Leichen geborgen wurden.[255]

Der Angriff auf Hamburg ist einer der ersten, bei denen die Briten ihren Bombern *Mosquitos* als „Pfadfinder-Flugzeuge" vorausschicken, welche das Flächenziel mit Leuchtzeichen abstecken und erhellen sollen. Unteroffizier Karl Bugaj von der 11./JG 1 meldet am 28. Juli für 19.50 Uhr den Abschuß einer *Mosquito* über der Nordsee. Eine aus Richtung Sengwarden kommende britische Maschine (vermutlich ebenfalls ein Begleitjäger) stürzt nach kurzem Beschuß mit hoher Stichflamme bei Anzetel auf den Boden. Wie weit ausgreifend auch dieser Einflug war, zeigt sich in einer Mitteilung des Warnkommandos Brunsbüttelkoog. Demnach sollen am 29. Juli um 1.12 Uhr in der Nähe von Heide Bomben gefallen sein. Um 1.48 Uhr gibt Heides Bürgermeister Karl Herwig von Welmbüttel aus die Nachricht weiter, daß in der Umgegend von Tellingstedt und Schrum Bomben niedergegangen sind.

Die Luftwaffe ist über der Sowjetunion und im Mittelmeerraum gebunden und fliegt nur noch vereinzelt Bombenangriffe auf England. Flak und Jäger sind nicht mehr in der Lage, die immer wuchtigeren Schläge der Royal Air Force gegen deutsche Städte abzuwehren. Die Briten überwinden die „Kammhuber-Linie", bestehend aus grenz- und küstennahen Riegeln von Radar-, Flak- und Scheinwerferstellungen, mit vertretbaren Verlusten. Das deutsche „Himmelbett-Verfahren" zur Jägerleitung gerät durch die britische Taktik der Bomberströme an seine Grenzen und kann bis Kriegsende nur wenig verbessert werden. Die Führung reagiert hilflos, indem sie Flakgeschütze aus dem vorgelagerten Grenz- und Küstenraum abzieht und den Großstädten zuführt. Die frühzeitige Abwehr und Aufsplitterung gegnerischer Verbände gelingt somit noch seltener.

Am **30. Juli** schießt Unteroffizier Hans-Helmut Koch von der 3./JG 1 um 17.05 Uhr eine *Spitfire* südwestlich Cuxhaven ab. Jagdflieger vom selben Geschwader schießen am **1. August** zwischen 13.15 und 13.45 Uhr eine *Mosquito* nordwestlich Spiekeroog ab. Aus der Maschine springen zwei Männer mit Fallschirmen ab. Der Pilot wird vom Fischerboot Jakobs aus Neuharlingersiel verwundet gerettet und nach Jever gebracht, der zweite Mann durch ein Seenotflugzeug geborgen. Unteroffizier Robert Spreckels von der 8./JG 1 trifft um 17.56 Uhr 30 Kilometer westlich Helgoland eine *Boston III*, Leutnant Gerd Steiger von der 2./JG 1 fünf Minuten später in derselben Gegend eine *Spitfire*.

Vermutlich am **5. August** läuft erneut ein Fischerboot von Neuharlingersiel auf eine Mine und sinkt. Die Besatzung wird gerettet. Der Wangerooger Flugplatz wird am Nachmittag des **6. August** von einer Mosquito bombardiert. Das Rollfeld und drei *Ju 52*, die mit dem großen auffälligen Minensuchring ausgerüstet sind (*Mausis*), werden durch Splitter beschädigt. Auch auf Langeoog werfen Tiefflieger Bomben. Der *Heider Anzeiger* stellt den 20. Luftsieg des 24jährigen Jagdfliegers Adolf Glunz aus Heide heraus. Der Sohn von Lademeister Karl Glunz, Sandfall 20, war von Beruf Maschinenbauer. Er wurde mit 16 Jahren Segelflieger und mit 19 ehrenamtlicher Segelfluglehrer des NS-Fliegerkorps (NSFK-Sturm 11/16) in Heide. 1944 bekam er das Eichenlaub zum Ritterkreuz, eine an lediglich 882 deutsche Soldaten verliehene Auszeichnung. Bis Kriegsende verbuchte er 71 Luftsiege. Der dänische Frachter LISE läuft am **7. August** auf der Fahrt von Nordenham nach Kopenhagen vor der Wesermündung auf eine Mine und sinkt.

Der von der Insel Föhr stammende U-Boot-Kommandant Adolf C. Piening erhält 1942 das Ritterkreuz. (Foto: privat)

Eine *Do 217* stürzt am **9. August** bei der Nachtjagd vor Wenningstedt in die Nordsee. Die drei Besatzungsangehörigen sterben. Leutnant Steiger schießt am **11. August** um 12.40 Uhr eine *Spitfire* zehn Kilometer südwestlich von Helgoland ins Meer, Leutnant Gerhard Sommer von der 3./JG 1 sieben Minuten später an gleicher Position eine *Wellington*. U 515 läuft am **12. August** zur ersten Feindfahrt aus. Nach Passieren der Ausgangsschleuse Brunsbüttel gibt Kapitänleutnant Werner Henke der Besatzung das Ziel bekannt: Trinidad. Die Überraschung, daß deutsche U-Boote nun auch in der Karibik operieren sollen, ist groß. Die Besatzung soll den Frachtverkehr zwischen den USA und Brasilien abfangen. Mit zehn Versenkungswinkeln beendet das Boot 64 Tage später seine Fahrt in Lorient. Unteroffizier Oskar Born von der 9./JG 1 schießt am **17. August** um 13.23 Uhr eine *Spitfire* ab. Der Aufklärer schlägt auf Sylt auf, der belgische Pilot André Cantillon stirbt dabei. Es ist der Tag, an dem die US Army Air Force ihren ersten eigenen Bombenangriff in Europa fliegt. Am nächsten Tag stirbt RAF-Sergeant P.G.M. Strudwick (22), als er südwestlich von Süderoog abstürzt.

In der Nacht 17./18. August verminen britische Flugzeuge Fahrrinnen bei den Ostfriesischen Inseln. Im Monat August räumen *Mausis*, Minensuch-, Räum- und Hafenschutzboote in der Nordsee 140 Grundminen, die die Briten auf flachem Meeresboden gelegt haben. Der erwähnte Leutnant Sommer meldet am **19. August**, gegen 16 Uhr eine *Mosquito* bei Wesermünde abgeschossen zu haben. Wenige Stunden darauf fliegen 300 Bomber nach Flensburg, wo 118 Menschen sterben. Am Vormittag dieses Tages haben die

Fliegerhorst Husum, 17.8.1942: Der gerade seiner FW 190 A-3 entstiegene Unteroffizier Oskar Born läßt sich von seinen Kameraden für den ersten Luftsieg der III. Gruppe des JG 1 feiern.
(Foto aus: Mombeek: Reichsverteidigung)

deutschen Besatzer an der französischen Kanalküste bei Dieppe einen Invasionsversuch der Alliierten (Operation J u b i l e e) abgeschlagen. Beteiligt waren rund 250 Schiffe. Infanterie und Luftwaffe zwangen die etwa 7000 kanadischen, britischen, US-amerikanischen, französischen und polnischen Soldaten zum Rückzug. Fast 2000 alliierte und mehr als 300 deutsche Soldaten fielen. Der Fehlschlag führte zur Einsicht, daß die von Stalin geforderte zweite Front gegen Deutschland in Westeuropa noch nicht aufgebaut werden konnte. Die Operation wurde aber zur Vorbereitung auf eine spätere Landung genau analysiert.

Der 1907 in Geestemünde gebaute Fischdampfer B.S. oder ISUM sinkt am **20. August** nach Auflaufen auf eine Mine in der Außenweser. Die Kriegsmarine schließt vom **21. bis 24. August** mit den Minensperren 5a und 6a die beiden letzten Sperrlücken im deutschen Nordsee-Minenwarngebiet. Bei einem Abendangriff auf Vegesack stürzt eine *Mosquito IV* am **27. August** bei 54 Grad 30 Minuten Nord und 6 Grad Ost (nordnordwestlich von Borkum) in die Nordsee (zwei Tote). Die Leiche des Pilot Officers wird 17 Tage später etwa 200 Kilometer weiter südöstlich in Holland angespült und nach Identifikation wieder dem Meer übergeben. Auf dem Acker von Kock in Westerdeichstrich landet ein britisches Flugzeug. Die Crew gießt Treibstoff über die Maschine und will sie anzünden, damit das Flugzeug nicht den Deutschen in die Hände fällt. Der Zollbeamte Rattay versucht sie mit Gewehrschüssen an ihrem Vorhaben zu hindern. Die von der anderen Seite heranfahrende Feuerwehr unter dem Kommando von Reimer von Postel meint, die Briten haben eine Schießerei angefangen und zieht sich zurück. Die Crew flüchtet unterdessen. Landesschützen, sonst als Wachmannschaften der Kriegsgefanenenlager eingesetzt, werden mit ihrer Verfolgung beauftragt. Gendarmerieobermeister Lorenzen erblickt die Flieger beim Hof Brandt. Als er zu ihnen hinüberruft, ergeben sich die sieben Männer.

Auf Befehl von Kreiswehrführer Thöming ist inzwischen auch das brennende Flugzeug gelöscht. Eine Tragfläche mit 2000 Litern Treibstoff wurde gerettet. Nordöstlich von Husum entsteht in Kielsburg – halbwegs zwischen dem Fliegerhorst Schauendahl und dem Scheinplatz Schwesing gelegen – ein erster Bombenschaden. In der Nacht zum **28. August** wirft ein von einem deutschen Jäger bedrängter britischer Bomber zwei Sprengbomben auf Wiesen in der Gemarkung Wiemerstedt bei Hennstedt. Leutnant Dieter Gerhardt von der 2./JG 1 meldet um 13.20 Uhr den Abschuß einer *Spitfire* 40 bis 50 Kilometer westnordwestlich von Helgoland. Der Luftkampf fand in 9300 Meter Höhe statt.

SPERRBRECHER 164 läuft am **2. September** im Hubertgat auf eine Mine und sinkt. Nördlich Borkum erhält der Dampfer MATTHIAS STINNES im Elbe-Ems-Verkehr einen Minentreffer, bleibt aber schwimmfähig.[256] Bei einem frühmorgendlichen Angriff auf Emden am **4. September** gehen zwei *Wellington III* verloren (zusammen zehn Tote), davon eine über See. Marinesoldat Klaus Goritzki sieht einen einzeln fliegenden, anscheinend schon beschädigten Bomber aus Richtung Emden kommen. Er wird von einem deutschen Jagdflugzeug attackiert. Als der Bomber in nur 300 oder 400 Meter Höhe über die Empfangsfunkstelle Utlandshörn fliegt, treffen ihn zusätzlich Geschosse der 3,7-cm-Doppelflak der Marine. Die Maschine stürzt bald darauf in die Nordsee. Am Abend bombardieren die Briten Bremen. Während dort durch die Detonationen, Feuer und Rauch 124 Menschen sterben, werfen Bomber im Abschnitt Wilhelmshaven nur Flugblätter ab.

Die am 21. 3. 1943 zum „Tag der Wehrmacht und Heldengedenktag" herausgegebene Wohlfahrts-Briefmarke zeigt das Waffensystem Leichte Flak.

Ein großer Suchscheinwerfer der Flak mit 150 Zentimetern Durchmesser (Foto: Anke Laubscher, Deutsches Atlantikwall-Archiv Köln).

Die 8. Flakdivision (Großraum Bremen) meldet am **5. September** den Absturz eines nicht identifizierten Flugzeuges südwestlich der Insel Neuwerk. In der Nacht zum **6. September** stößt ein Nachtjäger wahrscheinlich mit einer britischen Maschine zusammen. Flieger finden die Leiche des deutschen Piloten bei Helgoland im Wasser treibend. Am Abend erfolgen kleinere Einflüge im Bereich Wesermünde und in der Nacht zum **7. September** einzelne Bombenabwürfe auf Emden. Unteroffizier Herbert Biermann von der 2./JG 1 meldet für 4.55 Uhr den Abschuß einer *Spitfire* 20 Kilometer nördlich von Emden. Der schwedische Frachter TYNNINGÖ sinkt vor Borkum durch Minentreffer. Am **8. September** verlegt das Linienschiff SCHLESWIG-HOLSTEIN von Wilhelmshaven nach Cuxhaven.

Im Emdener Hafen liegen ehemalige Minenräumboote der Kriegsmarine. In alliiertem Auftrag wurden sie nach 1945 zunächst der German Minesweeping Administration (GM/SA) eingegliedert. 1956 gaben die Alliierten sie an die neu gegründete Bundesmarine zurück. Dort leisteten sie noch bis in die 1960er Jahre wertvolle Dienste. (Foto: Bibliothek für Zeitgeschichte, Stuttgart)

Flugwachen wurden im Falle von Neubauten häufig aus Holz errichtet mit einem Turm. Das Flugwachkommando auf dem Gotteskoogdeich an der dritten Wehle westlich von Niebüll diente der Beobachtung feindlicher Flugzeuge. Nach dem Krieg wurden ostdeutsche Flüchtlinge darin einquartiert. In der dritten Kurve von Niebüll nach Emmelsbüll sind die Fundamente des Gebäudes heute noch sichtbar. (Sammlung Max Petersen)

Ein britisches Flugzeug greift am **10. September** in der Deutschen Bucht das Taucherfahrzeug OLDENBURG an, ohne es zu beschädigen. Oberleutnant Schulz von der 1./NJG 2 schießt nach eigenen Angaben um 23.45 Uhr südwestlich von Emden eine *Wellington* ab. Der Oberbefehlshaber der Luftwaffe, Göring, bittet die Kriegsmarine um Hilfe beim Jagdschutz im Bereich der Deutschen Bucht. Das Marinegruppenkommando Nord sagt am **12. September** zu, soweit möglich den fliegerischen Begleitschutz für schwedische Schiffsgeleite zu stellen. Am frühen Morgen des **14. September** greifen die Briten Bremen an, wobei 70 Menschen sterben. Die Royal Air Force verliert drei *Wellingtons IC* über der Nordsee (15 Tote). Von einem Flugzeug wurden Tote sowohl an der holländischen als auch an der dänischen Küste angeschwemmt; eine *Wellington* wurde um 4.16 Uhr über Nordermoor (Gemeinde Moorriem, Kreis Wesermarsch) von der Flak abgeschossen.

Der 1895 erbaute Pegelturm und der Wasserturm von 1914 auf der Brunsbütteler Schleuseninsel waren im Krieg mit Flakgeschützen bestückt. Ohne Rücksicht auf denkmalpflegerische Belange ließ das Wasser- und Schiffahrtsamt Brunsbüttel die Türme im Oktober 2006 großenteils abreißen. Die Bildmontage zeigt die kaiserzeitlichen Bauten intakt am 3. April 2005 und zerstört am 22. Oktober 2006.
(Fotos: Annette Mehlig, Brunsbüttel)

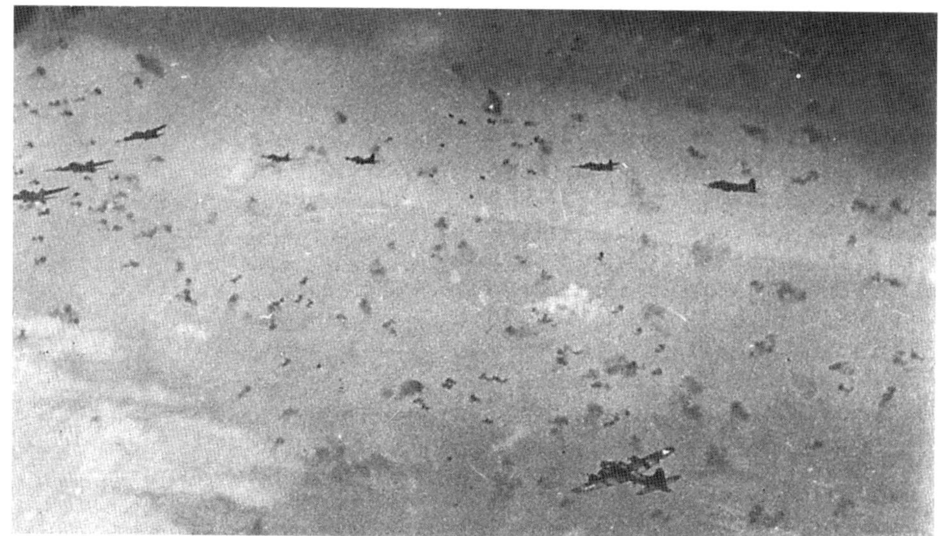

US-Bomber vom Muster B-17 fliegen ab 1941 mit britischen Besatzungen über Deutschland. In großem Stil und mit US-Besatzungen kommen sie ab 1943 zum Einsatz. Das Bild zeigt „Fliegende Festungen" der 1. Bombardment Division unter schwerem Flakbeschuß über Pölitz. Durch Pendelbewegungen versuchen die Boeing-Piloten, dem massiven Abwehrfeuer zu entgehen. (Foto: US Air Force)

Am Abend erleben die Wilhelmshavener den bisher schwersten Luftangriff. 202 Maschinen beginnen um 22.29 Uhr ihr Bombardement. Es fallen 321 Spreng- und 16 000 Stabbrandbomben, dazu hunderte Bomben mit flüssigem Phosphor. Die Zahl der Toten wird je nach Quelle mit 60 bis 92 angegeben. Allein aus einem Luftschutzkeller sollen 41 Leichen geborgen worden sein. Dutzende Menschen sind schwer verletzt, 600 Wohnungen zerstört. 1473 Wilhelmshavener sind obdachlos geworden. Die Gebäudeschäden erstrecken sich über das gesamte Stadtgebiet und mehrere Nachbargemeinden. Weil ganze Häuserzeilen brennen, kommen elf Löschzüge aus dem Land Oldenburg zur Hilfe. Das Werftkrankenhaus und das Städtische Krankenhaus sind ebenso getroffen wie die Garnisonkirche, in der Reichsbischof Ludwig Müller in seiner Zeit als Marineoberpfarrer eine Gedenkstätte für die Gefallenen der Kaiserlichen Marine eingerichtet hatte. Auf dem Gelände der Kriegsmarinewerft brennen mehrere Baracken ab, aber der Betrieb läuft weiter. Der Schlepper BALTRUM sinkt. Ein Volltreffer verwüstet die für die Ballonsperren zuständige Luftsperrstelle. Die Briten verlieren nur zwei Maschinen, also lediglich ein Prozent der eingesetzten Bomber: eine *Wellington III* stürzte über der See ab (sechs Tote), von einer *Wellington II* fehlen Nachrichten (fünf Tote). Vielleicht ist es die Maschine, die auf Langeoog abstürzte. Dort mußten die Schüler am **15. September** mehrere tausend britische Flugblätter einsammeln.

Auch in der kommenden Nacht bleibt es nicht ruhig. Die „feindliche Lufttätigkeit vor den Küsten der Deutschen Bucht" läßt den Abwurf von Minen vermuten. Bei Brunsbüttel erfolgt laut Seekriegsleitung ein Bombenabwurf. Am **16. September** melden zwei Piloten der 2./JG 1 jeweils um 10.27 Uhr den Abschuß einer *Spitfire*, zirka 25 Kilometer nordöstlich von Wesermünde. Vermutlich handelte es sich um ein und dasselbe britische Flugzeug. Leutnant Gerhard Steiger von der 2./JG 1 wird am **19. September** nach einem Alarmstart auf einen gemeldeten Einflug hin mit seiner *Bf 109 F-4* beim Durchziehen

Die Standardjäger, mit denen auch die in der Reichsluftverteidigung eingesetzten Jagdverbände ausgerüstet sind, sind die Bf 109 G (Bild) und die FW 190. (Foto aus: Girbig: Mit Kurs auf Leuna)

Wilhelmshaven: Winterlicher Betrieb im Reichskriegshafen.

durch die Wolkendecke von einer *Mosquito* südlich des Fliegerhorstes Upjever abgeschossen und stirbt.[257] In Wilhelmshaven sinken bei einem Luftangriff das Peilboot SEEPOCKE und das Motorarbeitsboot KALMAR, zwei Fahrzeuge der Kriegsmarinewerft. Nachtjäger an der Nordseeküste melden am **22. September** drei Abschüsse.[258] Wilhelmshaven wird am Abend des **23. September** angegriffen. Einige Bomben detonieren auf der Kriegsmarinewerft. Im Kreis Wesermarsch gibt es ein Todesopfer nach Bombenwürfen. Die Flak meldet den Abschuß einer *Stirling* nördlich Norderney.

Bei einem frühmorgendlichen Angriff auf Flensburg am **24. September** wird eine *Halifax II* während des Bombenwurfs in 3000 Meter Höhe von Flak getroffen und wassert zwischen Sylt und Röm (zwei Tote, fünf Gefangene). In Achtrup (damals Kreis Südtondern) zerstören Fliegerbomben das Wohnhaus und Wirtschaftsgebäude von Johann Carlsen sowie das Haus eines in

Der US-Bomber und Küstenaufklärer Lockheed Hudson wurde von 1939 an auch von der britischen Luftwaffe eingesetzt.

Die Vickers Spitfire, ein einmotoriger britischer Jäger.

Der britische Langstreckenbomber Avro Lancaster Mk 1.

Rußland geborenen staatenlosen Arbeiters. In dessen Ruine wird eine Notwohnung hergerichtet. Bei der Notlandung einer *Do 217* westlich von Blidsel (im Sylter Norden gelegen) stirbt ein Flieger.

Eine Mine geht hoch. Die Wucht der Detonation kann ohne weiteres ein Schiff zerreißen.
(Foto aus: OKW: Die Wehrmacht.)

Der Leichte Artillerieträger FORTUNA läuft um 10.22 Uhr nördlich der Signalstelle Wangerooge auf eine Mine. Hafenschutzboote bringen die Besatzung an Land. 16 Verletzte müssen ins Lazarett. Das Schiff wird nach Wilhelmshaven eingeschleppt. In der Ostsee sind britische Geräuschminen entdeckt worden. Die Seekriegsleitung hält es für vordringlich, auch für die Nordsee Spezialgerät zur Räumung anzuschaffen. Die in der Entwicklung befindlichen „Geräuschminenbrecher" sind allerdings noch nicht auf ihre Fronttauglichkeit getestet.

Deutsches Schnellboot in der Nordsee. Mit ihren Torpedos werden Schnellboote sogar Zerstörern gefährlich. Gefechte finden allerdings eher in der südlichen und westlichen Nordsee statt, ganz selten in der Deutschen Bucht. *(Foto aus: OKW: Die Wehrmacht)*

Das sowjetische U-Boot SHCH-310 torpediert am **28. September** den Frachter HÖRNUM der Nordfriesischen Reederei in der Ostsee bei Poti (Finnland), ohne zu treffen. Durch Geschützfeuer wird der Frachter beschädigt. Er kann aber weiter im Handelsdienst eingesetzt werden. Beim Minenlegen stürzt am **30. September** eine *Stirling I* in die Nordsee. Von den sieben Mann Besatzung wird nur die Leiche des Piloten geborgen und auf Helgoland beigesetzt. Die Briten finden sein Grab nach ihren heftigen Bombardierungen der Insel später nicht wieder. Bei einem Angriff auf Kiel am **13./14. Oktober** gehen dem Bomber Command zwei *Wellingtons III* verloren, die vor Brockeswalde und Cuxhaven abstürzen (acht Tote, zwei Gefangene). Eine weitere Maschine des Typs wird am **16. Oktober** um 21.40 Uhr beim Minenlegen von Flak getroffen und stürzt in die Nordsee vor Juist.[259]

SPERRBRECHER 11/BELGRANO läuft am **23. Oktober** vor Ameland auf eine Mine und bricht auseinander – dies war die 100. von ihm geräumte Mine. Das Achterteil des Schiffes wird nach Hamburg geschleppt und repariert. 500 Meter nördlich Helgoland stürzt am **25. Oktober** Unteroffizier Reinhard Lätsch von der 1./JG 1 wegen Motorschadens bei einem Überwachungsflug ab und stirbt. Bei einem Störflug werfen Mosquitos am **29. Oktober** um 15.41 Uhr jeweils vier Sprengbomben auf die Flugplätze Langeoog und Wangerooge. Auf Wangerooge werden ein Bauarbeiter getötet und vier weitere Zivilisten verletzt. Auch auf die Siedlung fallen Bomben, eine detoniert an der Westseite des Hotels Kaiserhof, ein Blindgänger durchschlägt die Südwand der Villa Gerken und kommt in einem Fremdenbett zum Liegen. Es handelt sich um 500-Pfund-Bomben. Am **31. Oktober** melden zwei Piloten des Jagdgeschwaders 1 um 14.26 Uhr und 14.30 Uhr, je eine *Blenheim* nördlich von Wangerooge abgeschossen zu haben. Eine britische Maschine ging tatsächlich 20 Kilometer vor der Insel in Flammen auf.

Soldaten der 8. Ersatz-Marineartillerieabteilung aus Husum bei einem Ausflug vor der Gastwirtschaft Rosenkranz in Rosendahl bei Husum, links der 2,09 Meter große „lange Egon", Egon Knutzen aus Wyk. (Sammlung Trittmaack)

Im Dithmarscher Landesmuseum in Meldorf versinnbildlicht ein Bombenblindgänger, der auf eine Luftaufnahme von der Erdölraffinerie in Hemmingstedt gerichtet ist, den Bombenkrieg. (Foto: Piening)

Im November 1942 ist das weiteste Vordringen deutscher Truppen in diesem Krieg erreicht. Hitler hatte in seiner Weisung Nr. 21 als Endziel im Osten die Linie Wolga–Archangelsk vorgegeben. Von diesem riesigen Gebiet ist ungefähr die Hälfte besetzt – die dreifache Fläche Deutschlands, mit einer Länge von 1700 Kilometern von der Ostsee bis zum Schwarzen Meer und einer Tiefe von bis zu 900 Kilometern. Leutnant Georg Herrmann, Staffelführer der 3./JG 1, stürzt am **6. November** kurz nach einem Alarmstart von Wangerooge um 13.35 Uhr östlich der Batterie Neudeich ab. Er stirbt, als seine *Me 109*

Kran des Luftparks (See) in Tönning an der Eidermündung. *(Sammlung M. Rickert)*

beim Aufschlag mit einer Stichflamme zerschellt. Um 14.55 Uhr schießt Leutnant Heinz Knoke von der 2./JG 1 eine *Mosquito* 50 Kilometer westnordwestlich Helgoland ab. Außerdem wird ein Abschuß bei Norderney gemeldet. Es fallen Bomben auf die Stadt Norden, wo fünf Menschen sterben. Großadmial Raeder weiht am **7. November** die IV. Hafeneinfahrt in Wilhelmshaven ein und tauft sie auf den Namen Raederschleuse. Als erstes Schiff schleust der Leichte Kreuzer EMDEN ein. Zweieinhalb Jahre später versenken in der Westkammer der Schleuse zahlreiche Besatzungen ihre U-Boote, weil die Kapitulation bevorsteht.

Eine *Stirling I*, die abends Hamburg angreifen soll, stürzt am **9. November** in die Nordsee (sieben Tote). Ein gefundener Leichnam wird zunächst auf Sylt beigesetzt und dann nach Kiel überführt. Eine *Lancaster I* mit gleichem Ziel geht bei Brockeswalde nieder (sieben Tote). Dies ist wohl der von der 8. Flakdivision um 20.35 Uhr irrtümlich als *Halifax* (der *Lancaster* ähnlich) gemeldete Abschuß über Nordholz. Eine *Wellington III* des 420. Squadron mit gleichem Ziel, gestartet um 17.53 Uhr von Middleton St. George, stürzt vor Pellworm in die Nordsee. Fünf Kanadier und zwei Briten sterben. Nur ein Leichnam wird gefunden. Die Chronik des Kaiser-Wilhelm-Kooges vermerkt an diesem Tag den Absturz eines US-Flugzeuges über dem Koog, wobei vier Flieger gestorben seien. Drei Tote barg das Leichenbergungskommando Brunsbüttel vom Land von H. Mohr. „Flugzeugteile waren über den halben Koog verstreut“.[260] Ein Flugzeug der I. Gruppe des Nachtjagdgeschwaders 3 stürzt am späten Abend bei Helgoland ab.

Der Dampfer ANNIE-HUGO STINNES 6 sinkt am **14. November** im Hubertgat infolge eines Minentreffers. Das Motorschiff MELLUM strandet tags darauf in der Wesermündung auf der Tegeler Platte. SPERRBRECHER 169/CERES sinkt am **19. November** durch eine britische Luftmine zwischen Norderney und Helgoland. In der letzten Novemberwoche treiben allein auf Wangerooge 17 Minen an: 14 englische und drei deutsche. Zwei Minen unbekannter Herkunft explodieren am Küstensaum. Vom 2. bis 4. Dezember treiben acht Minen auf Langeoog und Spiekeroog an, dazu eine britische Sprengboje.

Das Küstenfrachtschiff CHRISTEL, das 1940 an S e e l ö w e teilnahm, sinkt am **27. November** nördlich Roter Sand nach Auflaufen auf eine Mine. Auf dem Husumer Fliegerhorst macht Unteroffizier Alfred Gaedicke von der 9./JG 1 wegen Motorschadens mit seiner *Fw 190 A-4* eine Bruchlandung – Totalschaden.

Im November wird die Parole „Nieder mit Hitler“ an Wangerooger Hauswände geschrieben. Der mutmaßliche Täter ist schnell überführt. Ein Zöllner hielt Klönschnack an Bord eines im Hafen liegenden Leichten Artillerieträgers, sicherlich ARGUS oder FORTUNA. Im Tisch der Kajüte fielen ihm nach einiger Zeit Ritzspuren auf mit eben den Worten. Ein Österreicher wird auf das Festland gebracht und soll erschossen werden.[261]

In Garding gehen am 5. Dezember in der Bahnhofstraße Scheiben kaputt durch eine Minenexplosion.[262] Auf Aurich und Leer fallen am **8. Dezember** zwei Sprengbomben, eine Frau wird getötet. Eine *Halifax II* und eine *Stirling I* stürzen abends beim Minenlegen ab – die *Halifax* durch Nachtjäger nördlich Helgoland und die *Stirling* in Westermarsch (Kreis Aurich, damals Kreis Norden). In der Nacht **10./11. Dezember** sinkt der 131 Meter lange Dampfer TRAUTENFELS. Der Transporter war auf eine Minensperre bei Borkum[263] gelaufen. Die Helgoländer Flak meldet am **20. Dezember** den Abschuß einer Mosquito nordwestlich der Insel. Am **23. Dezember** sinkt SPERRBRECHER 138/FRIEDRICH KARL durch eine britischen Mine vor Borkum.

Kommen wir noch zu einigen undatierten Ereignissen in Dithmarschen. In Büsum und Schülp werden nachts auf Lichtquellen Bomben geworfen. In Gudendorf sterben laut

Gemeindechronik acht Kühe durch Bombenwürfe. Die Chronik des Nachbarortes Windbergen weiß von elf Kühen des Bauern Johannes Martens zu berichten, die in einer Nacht getötet oder so schwer verletzt werden, daß sie notgeschlachtet werden müssen. Hier und da werden Ochsen auch durch Flaksplitter getroffen. Auf dem Hemm westlich der Stadt Meldorf finden „an einem Sonntag etliche Fallschirmsprünge englischer Flieger" statt.[264] An einem Sommerabend sind zwei Tielenhemmer am Dreistrom auf Entenjagd. Einer von ihnen ist auf Fronturlaub und trägt Uniform. Da erhebt sich ein Fremder aus dem Graben. Es ist ein Pilot aus London, der sich nach Dänemark durchschlagen will. Wegen der Schüsse und der Uniform aber ergibt er sich.[265] Vom Teich- und Forstgut Quellental bei Nordhastedt brennt 1942 nach einem Brandbombenangriff das Wirtschaftsgebäude ab. An seiner Stelle wird ein Fachwerkstall gebaut. In der Neuenkirchener Chronik heißt es ganz gemütlich: *„Im Großen und Ganzen wurde unsere Gemeinde von dem Kriegsgeschehen nicht sonderlich berührt. Außer ein paar Notabwürfen von Bomben, die keinen Schaden anrichteten, drei Abschüssen von englischen Kampfflugzeugen, ein paar Tieffliegerangriffen, sowie einem Moorbrand, verursacht durch abgeworfene Brandplättchen, ist hier nichts weiter geschehen."*[266]

An der Nordseeküste war es vom ersten Kriegstag an keineswegs ruhig gewesen. Die Wehrmacht war in sehr vielen Küstenorten präsent, Uniformen prägten nun mehr denn je das Bild. In Kasernen, auf Übungsplätzen, Fliegerhorsten und Kriegsschiffen herrschte reger Schieß- und Ausbildungsbetrieb. Die Briten als Hauptgegner zeigten sich beinahe täglich im deutschen Luftraum und drangen zunehmend ins Landesinnere vor. Ihre Flugblatt-Ladungen ersetzten sie nach und nach durch Bomben. Scheinbar wahllos trafen diese bewohntes und unbewohntes Terrain, militärische und zivile Ziele. Selbst in Wilhelmshaven mit seinen weitläufigen Wehrmacht- und Werftanlagen bekam schon in der ersten Kriegshälfte am häufigsten der zivile Bereich Spreng- und Brandbomben ab.[267] Neben technischen Unzulänglichkeiten war oft das durch die Einflüge ausgelöste Flakfeuer im Küstengürtel oder Angriffe deutscher Jagdpiloten die Ursache für Bombardierung nichtmilitärischer Ziele. Auch nach dem Übergang zum strategischen Luftkrieg blieb der Feind für die Landbevölkerung vergleichsweise berechenbar: Von 1940 bis 1942 erfolgten fast nur Nachtangriffe der Briten. Diese gefährdeten allerdings wegen ihrer geringen Treffgenauigkeit selbst schwach strukturierte ländliche Regionen, die normalerweise kein lohnendes Ziel darstellten. Mit dieser relativen Sicherheit der Deutschen sollte es ab 1943 vorbei sein. Die USA nahmen nun ihrerseits von England aus Luftangriffe auf Deutschland vor, und zwar tagsüber in Ergänzung zu den weiterlaufenden nächtlichen Attacken der Briten. Die Alliierten überflogen die Küste immer häufiger und immer zahlreicher, mit besseren Flugzeugen und größeren Bombenladungen. Sie errangen die Luftherrschaft und waren in der Lage, immer wuchtigere Schläge gegen Deutschlands Städte zu führen. Das anglo-amerikanische Zusammengehen in der Luftkriegführung ab Januar 1943 markierte die endgültige Wende im Bombenkrieg zugunsten der Briten und Amerikaner. Diese Zäsur fiel zeitlich zusammen mit der Kriegswende im Osten, symbolisiert durch Stalingrad, und im Süden (Schlacht bei El Alamein in Ägypten). Und in einem weiteren Punkt wendete sich der Krieg Anfang 1943: Er wurde allumfassender und radikaler als je ein Krieg zuvor.

Für die Kamera gestellte Flakübung in den Inseldünen, die deutschen Marinesoldaten tragen ihre gute Uniform.

Ein U-Boot versorgt ein deutsches Wasserflugzeug vom Typ BV 138 C-1. (Foto: Bundesarchiv Koblenz)

Abtransport der Überreste eines abgeschossenen britischen Bombers auf einem Lastwagen. Alle Wrackteile mußten, wie die geretteten britischen und amerikanischen Piloten, zum Durchgangslager der Luftwaffe (Dulag Luft) in Oberursel geschickt werden. In Oberursel wurden die Flugzeugteile untersucht.
(Foto: Bundesarchiv Koblenz)

Flak wehrt in einer deutschen Stadt einen nächtlichen Luftangriff ab. Leuchtspurstreifen am Himmel zeigen die Bahn der Geschosse an. *(Foto: Bundesarchiv Koblenz)*

Eine Räumbootflottille läuft zum Einsatz aus. Auf der Steuerbordseite stehende Bojen dienen der Kennzeichnung des abgelaufenen Fahrwassers.

IV Widerstand und Verfolgung in Nordfriesland und Dithmarschen

Und handeln sollst du so, als hinge
Von dir und deinem Tun allein
Das Schicksal ab der deutschen Dinge,
Und die Verantwortung wär' dein.

Johann Gottlieb Fichte (1762–1814)

Zu individuellem Handeln gab es extrem wenig Raum, absichtsvoll ließen immer neue Dienstverpflichtungen niemanden zur Ruhe und auf „dumme Gedanken" kommen. Die übermäßige Beanspruchung zermürbte und ließ wenig Kraft zu Widerstand. Zwar gab es zahlreiche Verstöße gegen Gesetze wie zum Beispiel das „Abhören von Feindsendern", aber dies geschah meist aus individuellen Gründen und nicht, um Widerstand gegen das System auszudrücken oder um die Diktatur zu bekämpfen. Überwachung, Denunzianten und drakonische Strafen erstickten die meisten Ansätze zu gemeinsamem Widerstand im Keim. Besonders hinderlich für die Andersdenkenden war der breite anerzogene Konsens der Vaterlandsliebe, der keine Aktionen erlaubte, die Deutschlands Wohl oder Sieg gefährdeten, und die schnelle Nähe jedweder Sabotage zum Landesverrat und zur Gefährdung eigener Soldaten. Widerstand wurde ganz überwiegend indirekt geleistet. Wohl ballte eine Minderheit die Faust in der Tasche, aber unternommen wurde fast nichts. Die militärische Opposition und andere Widerstandsgruppen versteiften sich nicht zuletzt aufgrund der passiven Haltung der Bevölkerung auf Attentatspläne gegen Hitler, um Krieg und Diktatur zu beenden.

1 Wider den politischen Gegner – Die Gestapo

Zur Ausschaltung der politischen Gegner bediente sich die NS-Staatsführung der Geheimen Staatspolizei (Gestapo). Diese war entgegen der Einschüchterungs-Propaganda keineswegs „allwissend", erhielt aber häufig Tipps aus der Bevölkerung über abweichendes und nicht staatskonformes Verhalten. Ohne die vielen Zuträger hätte die politische Polizei nicht mit relativ wenig Personal so effektiv arbeiten können.[268]

Wie war nun die Gestapo an der Westküste strukturiert? Die Politische Abteilung der Landeskriminalpolizeistelle Flensburg war auch für Nordfriesland und Dithmarschen zuständig. In Niebüll, Böhmestraße 18, war die einzige Nebenstelle des Grenzpolizeikommissariats Flensburg angesiedelt mit sieben Mitarbeitern (1944). Die Grenzpolizeiposten in Süderlügum am Bahnhof und in der benachbarten Grenzgemeinde Böglum im Zollamtsgebäude unterstanden der Flensburger Gestapo-Stelle, der in Westerland auf Sylt in der Bornhoffstraße 22 und der in Brunsbüttelkoog dem Grenzpolizeikommissariat in Kiel. In Westerland waren etwa fünf Gestapo-Beamte und ein bis zwei Verwaltungsangestellte tätig.

Bei der Gestapo arbeiteten 1935 als Kriminalassistenten der gebürtige Langenhorner Heinrich Melfsen und Kriminalassistent August Osnabrügge aus Rösthusen in Süderdithmarschen. Melfsen leitete bis 1943 den Grenzpolizeiposten in Niebüll und übernahm dann die Flensburger Gestapo bis März 1945. Sein Nachfolger in Niebüll war der 34-jährige Kriminalrat und SS-Hauptsturmführer Hans Bothmann, der frühere zweite SS-Kommandant des KZ Kulmhof. Er war in Lohe in Süderdithmarschen als Sohn eines Bauern geboren und 1933 der SS beigetreten. Bothmann tauchte bei Kriegsende zunächst unter, wurde aber von der britischen Militärpolizei gefunden und erhängte sich am 4. April 1946 im Gefängnis in Heide. Ebenso soll sich der gleichalte Marner Walter M. nach Verhör durch die Briten zur Judenverfolgung erhängt haben. Der ab 1937 in Niebüll tätige Helmut Haack, geboren in Schülp in Norderdithmarschen als Sohn eines Bauern, seit 1932 NSDAP-Mitglied, wurde 1943 von der Gestapo zur Einsatzgruppe B nach Smolensk abgeordnet.

Im Visier der Gestapo standen längst nicht nur Kommunisten und Marxisten, sondern auch „Asoziale, dänische Minderheit, dänische Arbeiter, Emigranten, Freimaurer, Juden, Homosexuelle, Pazifisten, Reaktion" und „Opposition". Wilhelm Woinke, 1940–1943 Leiter des Grenzpolizeipostens Westerland und ab 1943 stellvertretender Leiter der Niebüller Außendienststelle von Flensburg, sagte nach dem Krieg über die Arbeit aus: *„Unsere Tätigkeit war im einzelnen Zugkontrolle auf Sonderausweise, außerdem Bearbeitung sämtlicher krimineller Angelegenheiten der Arbeiter und Soldaten. Die Ermittlungen hinsichtlich der Wehrmachtsangehörigen wurden an die Kriegsgerichte abgegeben ... Politische und kriminelle Flüchtlinge wurden den ausschreibenden Stellen gemeldet und von diesen abgeholt. Lag Haftbefehl vor, so wurden sie dem nächsten Amtsgericht zugeführt."* Die Stapo-Stelle ordnete Verwarnungen, Vorführung vor dem Richter oder Überweisung in ein Konzentrationslager an. Zwar habe er ein „gewisses Unbehagen" darüber verspürt, daß die Gestapo Menschen ohne einwandfreie Feststellung einer Schuld und ohne gerichtliches Urteil unter Umständen auf viele Jahre in Konzentrationslager sperren konnte, sein Gewissen habe er aber immer mit der Erwägung beschwichtigt, „daß es im Kriege gelte, doppelt sorgfältig seine Pflicht zu tun und die gegebenen Befehle auszuüben."[269]

Nicht nur die Nähe zur dänischen Grenze und die vielen Tausend für den militärischen Ausbau auf Sylt beschäftigten Arbeiter sorgten für die hohe Dichte an Dienststellen – die Westküstenbewohner waren der Gestapo allgemein suspekt. 1943 wurde der Rechtsanwalt Karl Wolff aus St. Peter wegen angeblicher wehrkraftzersetzender Äußerungen inhaftiert, um „unter der als oppositionell bekannten Bevölkerung der Westküste Schleswig-Holsteins einen Präzedenzfall zu schaffen"[270]. Dem Anwalt wurde auch die berufliche Tätigkeit verboten, er mußte vom Einkommen seiner Frau, die das Kinderheim Wolff betrieb, leben. Am 15. Mai 1945 setzten die Briten ihn als ersten Nachkriegs-Landrat des Kreises Eiderstedt ein.[271]

In Heide wurde am 1. März 1944 eine Gestapo-Außendienststelle neu eingerichtet an der Markt-Nordseite (Hausnummer 67). Leiter wurde Henning Oesau, ein Steinburger aus dem Dorf Kathen, früh NSDAP-, SA- und dann SS-Mitglied, aus der Landwirtschaft zur Polizei gewechselt, bei der Flensburger Gestapo, zugleich Leiter der Außenstelle Wesselburen des Sicherheitsdienstes (SD). Als 1937 der Wesselburener Bürgermeister und Führer der SS-Standarte 53, Karl Herwig, als Bürgermeister und Standartenführer nach Heide wechselte, wurde auch die SD-Außenstelle in die Kreisstadt verlegt, an die Markt-Nordseite zwischen Landratsamt und Amtsgericht.[272] Am Markt 32 kam Herwigs Standarte unter dem Dach der Polizeiverwaltung unter.

Der Kriminalsekretär und SS-Untersturmführer Oesau nannte als Aufgabengebiete der Heider Dienststelle „Heimtücke, Wehrkraftzersetzung, Rundfunküberschreitung,

Abhören ausländischer Sender, Verkehr deutscher Frauen mit Kriegsgefangenen, auch Fremdarbeiter, alle schwerwiegenden Verstöße von Fremdarbeitern." Hinzu trat die Zuständigkeit für die oben genannten Personengruppen, auch für christliche Konfessionen und für Schutzhaft. Durch diese teils bestimmten, teils vagen Kompetenzen war die Gestapo mehr als eine rein politische Polizei. Sie konnte sich theoretisch für alles und jeden zuständig erklären und jede mißliebige Personen ins Gefängnis oder KZ einweisen. Nationalsozialistische Gesetze lieferten, wenn gewünscht, immer einen juristischen Vorwand für Willkürmaßnahmen. Örtliche Machthaber konnten sich ihre Gegner, Geschäftsleute ihre Konkurrenten durch Denunziation bei der Polizei vom Hals schaffen. Besonders, wenn mehrere NSDAP-Mitglieder ein wirkliches oder angebliches Vergehen bezeugten, scheint es für Angeklagte zu drastischen Strafen gekommen zu sein. Obwohl die Gestapo personell eher schwach ausgestattet war, trug sie erheblich dazu bei, daß sich kein erfolgreicher Widerstand gegen die NS-Diktatur entwickeln konnte.

Oesau wurde am 10. Mai 1945 von britischen Soldaten bei Flensburg festgenommen, interniert und am 26. April 1948 zu seiner Familie nach Heide entlassen. Er schlug sich als Landarbeiter durch, als ihn 1949 das Flensburger Schwurgericht noch einmal zu einer mehrmonatigen Gefängnisstrafe verurteilte. Anlass war die von ihm ausgeführte Verhaftung ehemaliger Kommunalpolitiker bei der „Aktion Gewitter" (siehe Folgeband). 1951 gruppierte der Sonderbeauftragte beim Kieler Innenministerium den einstigen Heider Gestapo-Chef als entlastet ein. Von 1955 bis 1969 wirkte Oesau im Justizdienst des Landes Rheinland-Pfalz, zuletzt als Justizobersekretär beim Amtsgericht Landau.

Wegen Mißhandlungen eines Opfers bei der Gestapo in Heide wurden nach dem Krieg drei dort beschäftigt gewesene Frauen befragt. Sie standen ganz unterschiedlich zu den Methoden der Nazis. Ellen B. erklärte, *„daß wiederholt starke Mißhandlungen von Beschuldigten bezw. Eingelieferten durch die Gestapobeamten, insbesondere durch den Kriminalsekretär und SS-Oberführer Hans Dücker, stattgefunden haben. Diese Mißhandlungen waren oft so gräßlich, daß ich, die ich ja als Büroangestellte in dem Vernehmungszimmer anwesend sein mußte, mich oft umgedreht habe, um diese Mißhandlungen nicht mitansehen zu müssen."* Die Stenotypistin Ursula Sch. sah sich sogar zur Kündigung genötigt: *„Es entspricht der Wahrheit, daß in meiner Gegenwart öfters ausländische Arbeiter von dem Gestapo-Beamten Dücker geschlagen wurden. Ich konnte diese Mißhandlungen nicht mehr mitansehen und habe deshalb meine Stellung ... freiwillig aufgegeben."* Die Sekretärin Anita H. nahm hingegen den Beschuldigten in Schutz. *„Es kam schon mal vor, daß der eine oder der andere laut angeschrien wurde; man mußte aber auch den Eindruck haben, daß dies auch nötig war"*, gab sie zu Protokoll. *„Tatsache ist, daß diese Ostarbeiter zum Teil schon sehr frech waren, weil sie das nahe Kriegsende offenbar voraussahen und daraufhin wagten, sich mehr herauszunehmen ... Wenn es auch vielleicht möglich ist, daß Dücker in dem einen oder anderen Fall auch noch eine Ohrfeige ausgeteilt hat, so dürfte dieses höchstens gegenüber Ausländern passiert sein, aber auf jedem Fall handelt es sich keineswegs um eine üble Mißhandlung. Ich muß zugeben, daß mich selbst manchmal die Wut gepackt hat, wenn ich gesehen habe, in welch frecher und anmaßender Weise die Ausländer auftraten."*[273]

2 *Trotz Freispruch im KZ*

Ludwig Borstelmann aus dem Kirchenweg 32 in Keitum machte sich keine großen Sorgen, als die Westerländer Gestapo ihn einbestellte. Allerdings wurde der Geschäftsführer der örtlichen Spar- und Darlehnskasse (heute Sylter Bank) an jenem 15. Oktober 1941 gleich dabehalten. Man sperrte ihn ins Gefängnis im Rathausgebäude, im Keller unter dem Kursaal. Borstelmann hatte in einem Prozess um landwirtschaftliche Flächen Bonzen- und Vetternwirtschaft angeprangert, da sich örtliche Parteifunktionäre bereichert hatten. Zudem hatte er Jahre zuvor einmal den Hitler-Gruß nicht erwidert, weil, wie er sagte, der Wunsch „Heil" von Herzen kommen müsse. Das führte zu seiner Denunziation, durch den politischen Leiter Maximilian Johannsen und andere Parteigenossen.

Gültig für das Kalenderjahr 19 37

Ausweis

Herr / Frau / Frl. Ludw. Borstelmann ist ständiger Einwohner in Keitum, Sylt auf der Insel Sylt und gegen Vorzeigung dieses Ausweises berechtigt, bei den Reichsbahnfahrkartenausgaben Keitum, Morsum (Sylt) oder Westerland (Sylt) eine Doppelkarte nach Niebüll oder Leck ohne Dammzuschlag zu lösen.

Dieser Ausweis ist nicht übertragbar und auf Verlangen jederzeit vorzuzeigen.

Unterschrift des Inhabers

Deutsche Reichsbahn-Gesellschaft
Reichsbahndirektion Altona

Inhaber dieses Ausweises ist in Keitum, Sylt auf der Insel Sylt als ständiger Einwohner polizeilich gemeldet.

Keitum, Sylt
(Ort)
den 8. März 1937
(Unterschrift)
Siegel der Gemeinde-(Ortspolizei-)Behörde

Ausweis für Ludwig Borstelmann zur Befreiung vom Dammzuschlag bei der Benutzung der Bahn von Sylt zum Festland. Auf dem Abschnitt rechs bestätigt der Gemeindevorsteher von Keitum den polizeilichen Meldesitz. *(Foto: W. Borstelmann)*

Staatsfeindlich habe er sich geäußert – ein Fall für das Heimtückegesetz der Nazis. Nach mehreren Tagen Untersuchungshaft kam er ins Gefängnis nach Flensburg und im März 1942 ins Konzentrationslager Buchenwald bei Weimar. Sechs Wochen später wurde er bei der zweiten Hauptverhandlung in Flensburg von der Anklage der Heimtücke freigesprochen. Die Entlassung ließ aber auf sich warten. Seine Frau erhielt vom Richter die Auskunft, daß Borstelmann sich in Gestapohaft befinde und er deshalb keinen weiteren Einfluss habe. Mit dem fünfzehnjährigen Sohn Wilhelm suchte Sophie Borstelmann die Gestapo in Flensburg auf und deren übergeordnete Behörde, die Staatspolizeistelle in Kiel, Düppelstraße 23.

Die Freilassung sei nur noch eine Formalität, wurden die Sylter dort vertröstet. Der heute 82-jährige Sohn erinnert sich gegenüber dem Verfasser genau. *„Man sagte meiner Mutter: In einer Woche ist Ihr Mann zuhause."* Stattdessen kam es schlimmer: Die Gestapo entzog Ludwig Borstelmann der Zuständigkeit des Sondergerichts, indem sie ihn zurück nach Buchenwald verfrachtete und im September ins KZ Groß-Rosen in Niederschlesien verlegte. Einen Monat später erhielt die Familie die Todesnachricht. *„Für uns brach eine Welt zusammen"*, blickt Wilhelm Borstelmann zurück. Die Geschichte seines Vaters, der mit 54 Jahren qualvoll sterben mußte, beschäftigt ihn noch immer. Er reiste nach Buchenwald und erfuhr im Landesarchiv in Schleswig aus den Prozeßakten, welche Personen seinen Vater angezeigt hatten. 2009 wurden zwei Stolpersteine für Ludwig Borstelmann in Keitum verlegt, vor seinem Haus und vor seiner früheren Arbeitsstätte.

3 Künstlerschicksale

Das Schicksal der Kulturschaffenden im Dritten Reich hing sehr davon ab, wie die Nationalsozialisten zu deren Werk standen. Dies bestätigt sich auch beim Blick auf die Prominenten mit Bezug zur schleswig-holsteinischen Westküste. Die Publikationen des aus Wesselburen stammenden antisemitischen Literaturwissenschaftlers Professor Adolf Bartels – auch Verfasser des historischen Romans „Die Dithmarscher" – waren ideologisch willkommen. Der nicht minder völkisch eingestellte Barlter Schriftsteller Gustav Frenssen wurde ebenfalls gefeiert. Der sich gleichfalls für nordische und germanische Themen begeisternde Dichter Hans Friedrich Blunck wurde 1933 gar Präsident der neuen Reichsschrifttumskammer in Berlin und betrieb an führender Stelle die Gleichschaltung des literarischen Betriebs in Deutschland. Blunck war zwar in Altona geboren, aber durch seinen aus Wesselburen stammenden Vater und seine aus Brunsbüttel kommende Mutter in Dithmarschen verwurzelt. Frenssen und Blunck gehörten dem Vorstand des Eutiner Dichterkreises an, der zur NS-Zeit großen Einfluß ausübte. Eine der wenigen Frauen in dieser elitären Schriftstellergruppe war die Lehrerin Ingeborg Andresen aus Witzwort, die eine widersprüchliche Haltung einnahm. Einerseits schloß sie sich der Bekennenden Kirche an, andererseits betrachtete sie sich als „glühende Verehrerin des Führers". Mit heimatverbundenen Erzählungen und Romanen fand auch Wilhelm Ernst Asbeck Zuspruch. Der eigentlich Ernst Holm heißende Schriftsteller feierte am 16. 4. 1941 in Burg in Dithmarschen seinen 60. Geburtstag. Der auf die Wikinger fixierte Prähistoriker und Buchautor Peter Paulsen aus Klixbüll wurde in den Kriegsjahren Geschichtsprofessor in Berlin, SS-Hauptsturmführer, Dozent an der SS-Junkerschule Bad Tölz und schließlich Leiter der Germanischen Führerschule in Hildesheim. Das Kriegsende knickte seine Karriere. Paulsen war bis zur Pensionierung Mitarbeiter am Württembergischen Landesmuseum.

Der wohl bedeutendste Dithmarscher Künstler der ersten Hälfte des 20. Jahrhunderts, Hans Gross, wurde 1892 in Pahlen als Sohn des Schiffers Hinrich Gross geboren. Adolf Bartels vermittelte ihm ein Stipendium. Der Maler, Graphiker und Lyriker trat 1930 der NSDAP bei, war von 1931 bis 1933 Kreiskulturwart der Kreisleitung Norderdithmarschen und später Professor an der Nordischen Kunsthochschule in Bremen. Ein expressionistisches Landschaftsgemälde von ihm wurde 1937 wohl mehr aus Versehen beschlagnahmt. Sein jüngerer Bruder Hinrich, von Beruf Zollbeamter, war im Krieg kommissarischer NSDAP-Kreisleiter in Husum.

Der Preußischen Akademie der Künste in Berlin gehörte neben Frenssen und Hans Friedrich Blunck auch der gebürtige Heider Architekt und brandenburgische Landeskonservator Professor Erich Blunck an, Schöpfer von zehn Baudenkmälern in Berlin. Zwei nordfriesische Mitglieder der Akademie, der Landschaftsmaler Hans Peter Feddersen der Jüngere aus dem Kleiseerkoog bei Niebüll und Jacob Alberts aus Westerhever, der „Maler der Halligen", starben im Herbst 1941 hochbetagt. Während Alberts durch eine Monographie aus der Feder von Gustav Frenssen als „ein deutscher Maler" geadelt worden war, hatte Professor Feddersen 1938 die Goethe-Medaille für Kunst und Wissenschaft erhalten – trotz expressionistischer Züge seines Spätwerks. Der gefragte nordfriesische Radierer Ingwer Paulsen aus Halebüll wurde Kreiskulturwart der NSDAP in Husum.

Dagegen verfemten die Nazis den international angesehenen Expressionisten Emil Nolde aus Seebüll, obwohl er frühes NSDAP-Mitglied gewesen war. Sie diffamierten seine Bilder als „entartete Kunst". Nolde wurde im Sommer 1937 zum Austritt aus der Preußischen Akademie der Künste aufgefordert. Mit seinem Einspruch gegen diese Maßnahme hatte er offenbar Erfolg, denn er wurde weiter als Mitglied geführt. Trotz aller Widrigkeiten blieb Nolde seiner künstlerischen Linie treu. Er schuf ab 1938 heimlich winzige Aquarelle, die „ungemalten Bilder". Nolde wurde am 23. August 1941 aus der Reichskammer der bildenden Künste ausgeschlossen. Damit verbunden war ein Malverbot. Die NS-Kulturverwaltung warf dem 74-Jährigen „mangelnde Zuverlässigkeit" vor. Verbittert zog sich Nolde nach Seebüll zurück. Aus Angst vor den Kontrollen der Gestapo benutzte er keine Ölfarben mehr – der Geruch hätte ihn verraten können. Die „ungemalten Bilder" wurden für Jahre sein einziges Ausdrucksmittel. Am 15. Februar 1944 wurde seine Wohnung in Berlin in der Bayernallee durch Bomben zerstört und mit ihr seine dort lagernde Kunst. In den deutschen Museen wurden nicht weniger als 1052 Nolde-Arbeiten beschlagnahmt. Der Nordfriese war wie kaum ein anderer Maler von der „Säuberung" der Kultur durch den Nationalsozialismus betroffen. Zwei Jahre nach dem Krieg begann Hans Friedrich Blunck einen freundschaftlichen Briefwechsel mit Nolde.

Dem Holocaust fielen zwei Sylter Künstler zum Opfer. Der jüdische Maler Franz Korwan und die Malerin Elsa Saenger aus Keitum mußten ihr Haus Kirchenweg 11 verkaufen, zogen nach Baden-Baden und wurden dort 1940 verhaftet. Korwan, ehemaliger Stadtrat in Westerland, verstarb im südfranzösischen Internierungslager Noé, Saenger auf dem Transport nach Auschwitz.

4 *Friesen und Dänen*

In einem Konzentrationslager starb der vielleicht bedeutendste friesischsprachige Dichter, Jens Mungard aus dem Weidemannweg 1 in Keitum. Einst hatte er sich von den Nationalsozialisten eine stärkere Förderung der friesischen Kultur erhofft. Dann erkannte er schnell die Absicht der Machthaber, keinerlei Selbstbestimmungsbestrebungen zu dulden. Mungard bezog daraufhin als einer von ganz wenigen im Land gebliebenen Künstlern offen Opposition. Unter seinen mehr als 700 Gedichten, sechs Theaterstücken und zahlreichen Prosatexten ist auch Spott auf das NS-Regime enthalten. Mungard eckte bei führenden Sylter Nationalsozialisten an. Wegen seiner Kontakte zu Westfriesen in den Niederlanden galt er außerdem als „national unzuverlässig". 1938 erhielt Jens Mungard Schreibverbot. Unter polizeilicher Aufsicht mußte er in Flensburg in einer Gewürzmühle arbeiten. Wegen Mißachtung des Schreibverbots wurde er Anfang 1939 ins KZ Sachsenhausen verbracht. Dort erlag der aufrechte Dichter und Sprachpfleger am 13. Februar 1940 vier Tage nach seinem 55. Geburtstag einer Lungenentzündung.

Eigenständige friesische Volkstumsarbeit paßte in den Augen der Nationalsozialisten nicht zur gewünschten „deutschen Volksgemeinschaft". Diejenigen Friesen, die den Status einer nationalen Minderheit anstrebten, bekamen dabei mehr Probleme als jene, die sich als deutscher Volksstamm betrachteten. Daher stand besonders die kleine „Vereinigung der nationalen Friesen" im Visier. 1937 wurde ihre Zeitung *Der Schleswiger* verboten. Vorsitzender Johannes Oldsen erhielt ein Publikationsverbot und mußte Haussuchungen hinnehmen. Doch auch der deutschgesinnte Nordfriesische Verein für Heimatkunde und Heimatliebe fand wenig Gegenliebe mit dem Wunsch nach Förderung der friesischen Sprache. Der Vorsitzende, Pastor Rudolf Muuß, war den Nationalsozialisten ein Dorn im Auge, weil er der Gleichschaltung seines Vereins im Wege stand. 1934 erteilte ihm die NSDAP-Kreisleitung Südtondern Redeverbot zu kulturellen Themen. Vier Wochen später legte Muuß den Vorsitz nieder. Kreisleiter Johann Peperkorn, der neue Strippenzieher, funktionierte die Jahrestagungen zu NS-Massenspektakeln mit etwas friesischer Kosmetik um. Im Krieg kam ernsthafte Heimatarbeit vollends zum Erliegen.

Argwöhnisch beobachtet wurde auch die dänische Minderheit in Südschleswig. Dem eiderdänisch gesinnten Wanderlehrer Jörgen Jörgensen gelang es aber 1935, in Tönning als südlichem Vorposten eine Privatschule zu eröffnen. Noch 1936 wurde eine weitere dänische Schule in Ladelund eingeweiht. Das führende Presseorgan der Minderheit, die *Flensborg Avis*, durfte jedoch ab 1937 nur noch auf Dänisch erscheinen. Deutsche Grenzpolitiker in Südschleswig waren enttäuscht: Den Dänen blieben ihre Vereine, Schulen, Kirchen. Die Nationalsozialisten mit ihrem Faible für alles Nordische ließen in diesem Fall die liberale Minderheitengesetzgebung der Weimarer Republik fortgelten. Aufgrund der Beobachtung nahmen sich die dänischen Organisationen im Dritten Reich aber von sich aus in ihren politischen Aussagen zurück, um Verboten zu entgehen. In der Kriegszeit verstärkte sich die Beobachtung dänischer Aktivitäten durch die Gestapo.

In den „Meldungen aus dem Reich" des Reichssicherheitshauptamtes vom 15. 9. 1941 heißt es: *„Die dänische Minderheit in Süd-Schleswig ist zahlenmäßig nicht sehr stark, sie beträgt z.Zt. etwa 5–6000 Personen. Sie bildet aber auch heute noch den Ausgangspunkt der deutschfeindlichen Gerüchtebildung im Grenzgebiet … Um den zahlenmäßigen Rückgang des Dänentums aufzuhalten, bemühen sich die Dänen … die in Süd-Schleswig eingesetzten reichsdänischen … Arbeiter … zu werben, um dadurch der Minderheitenarbeit neuen Auftrieb zu geben."* Die Sicherheitsorgane gingen davon aus, daß die volkspolitische Arbeit der Minderheit weiter die Einverleibung Südschleswigs ins dänische Reich anstrebte. Dies würde auch der Jahresbericht der dänischen Schulverwaltung für 1940 „eindeutig" zeigen.[274] Berta Andersen aus Aventoft, Mitglied im dänischen Schleswigschen Verein, machte aus ihrer Gegnerschaft zum Regime keinen Hehl. 1944 verurteilte das Sondergericht Kiel die 65-jährige ehemalige Kommunistin wegen „gehässiger heimtückischer Äußerungen" zu einem Jahr Gefängnis. Sie hatte auf den Hitlergruß mit Sätzen reagiert wie „Scheiß auf deinen Hitler!" und „Das wird Euch schon noch früh genug abgewöhnt werden."[275] Die jungen Dänen zwischen Eider und Wiedau waren von der Mitgliedschaft in der Hitler-Jugend befreit, mußten aber Arbeits- und Wehrdienst leisten. In Hitlers Krieg zahlten sie einen hohen Blutzoll. So wird am 13. 4. 1942 gemeldet: *„Die Zahl der aus den Reihen der dänischen Minderheit zur Wehrmacht eingezogenen Männer beträgt etwa 200 bis 300. Von diesen seien inzwischen 20 bis 30 gefallen."*

5 *Pazifist als Schimpfwort*

Der Heider Druckereibesitzer Paul Riechert war durch seine Kriegserlebnisse zum Pazifisten geworden und gehörte damit zu einer Minderheit unter den ehemaligen Frontsoldaten. Ab 1927 verlegte er die Zeitschrift *Deutsche Zukunft*, zu deren Mitarbeitern der Gründer der Paneuropa-Union, Richard Graf von Coudenhove-Kalergi, der Hamburger Publizist Erich Lüth und der Friedensnobelpreisträger Professor Ludwig Quidde zählten, ferner Dr. med. Johannes Leonhart, der als Freisinniger zu Beginn des Jahrhunderts die Kreise Tondern, Husum und Eiderstedt im Reichstag vertreten hatte. Die pazifistische Strömung blieb in der ersten deutschen Demokratie schwach und politisch bedeutungslos. Die militärische Niederlage 1918 wurde gemeinhin einem angeblichen „Dolchstoß" kriegsmüder linker Meuterer angelastet. Pazifisten wurden entsprechend als „Vaterlandsverräter" geschmäht. Die Nationalsozialisten verfolgten Friedensaktivisten von ihrem Machtantritt an. Die führenden Köpfe der Bewegung verließen Deutschland. Paul Riechert mußte einen Schmähmarsch durch Heide erdulden und wurde finanziell bedrängt. Mit der Schädigung der beruflichen Existenz hatten die rechten Extremisten noch jeden Gegner kleinbekommen. Für Riechert war in Dithmarschen kein Bleiben mehr, er emigrierte noch 1933 nach Dänemark. Seine Frau konnte zunächst nicht nachkommen – die Verwaltung verweigerte ihr einfach einen Reisepaß.

Der Pazifismus trat im Dritten Reich kaum mehr in Erscheinung. 1939 war die Friedensbewegung gänzlich chancenlos. In den Kriegsjahren beschränkten sich pazifistische Aktionen im deutschen Machtbereich an der Nordsee auf das Verteilen von Flugblättern. Weiter gingen meist nur ausländische Zwangsarbeiter, die sich insgeheim organisierten und durch Sabotage oder die nicht minder strafbewehrte „Bummelei" Sand ins Getriebe der Rüstungsindustrie streuten. Zur Information untereinander wurden nichtdeutsche Radiosender abgehört. Selbstverständlich machte man sich gegenseitig Mut, was die militärische Lage anbetraf. So wurden des öfteren „defätistische Äußerungen" von Ausländern angezeigt und streng bestraft.

6 *Zuviel gewußt*

1940 wurde eine ältere Einwohnerin von Burg in Dithmarschen denunziert, weil sie von mehr untergegangenen deutschen Kriegsschiffen wußte als im Wehrmachtbericht erwähnt worden waren: Am 10. April 1940 unterhielten sich zwei Burger über die letzten Radiomeldungen und darüber, daß die BLÜCHER und ein weiterer Kreuzer verloren gegangen seien. Die Frau hörte dies, blieb stehen und ergänzte: „Am Tag vorher ist schon die GNEISENAU versenkt worden. Und Kapitänleutnant Prien ist überfällig." Die Burgerin gab bei ihrer polizeilichen Vernehmung an, daß sie dies gesprächsweise im Wartezimmer beim Arzt erfahren habe. Die Angelegenheit wurde nicht weiter verfolgt, zumal der U-Boot-Kommandant ja noch sehr lebendig war und die GNEISENAU sogar das Kriegsende erlebte.[276]

7 *Späte Scham*

An der schleswig-holsteinischen Westküste war der Anteil der jüdischen Bürger an der Bevölkerung so verschwindend gering, daß die damaligen Landkreise Südtondern, Husum, Eiderstedt, Norderdithmarschen und Süderdithmarschen parteiamtlich als „judenfrei" galten.[277] Nach den Nürnberger Rassegesetzen von 1935, ihrer fortschreitenden Entrechtung und Drangsalierung und insbesondere nach der „Reichskristallnacht" 1938 wanderten viele Juden aus der ländlichen Gegend ab, um in einer stärkeren Glaubensgemeinde in der Großstadt Schutz und Anonymität zu finden.

Auch die zur Kaiserzeit noch blühende jüdische Gemeinde in Friedrichstadt hatte seit dem Machtantritt der antisemitischen NSDAP keine Perspektive mehr.

Obwohl die hier lebenden Juden alle die deutsche Staatsangehörigkeit besaßen, wurde ihnen in der Pogromnacht stark von SA-Randalierern zugesetzt. In einer Orgie von Haß und Gewalt zertrümmerten aus Nachbargegenden herangefahrene „Sturmmänner" die Scheiben von Synagoge, Geschäften und Wohnungen, drangen in die Häuser ein und schlugen alles kurz und klein. Existenzen wurden vernichtet. Eine Familie nach der anderen zog weg. Fast immer war Hamburg das Ziel. 1938/39 musste die Gemeinde aufgelöst werden, 1941 verließen die letzten fünf Juden die einstige „Stadt der Toleranz".[278]

Die Erinnerung an jüdisches Leben sollte auch hier offenbar schnell ausgelöscht werden. Der Polizeipräsident von Kiel, SS-Oberführer Georg Langosch, nutzte die Gelegenheit, die ehemalige Synagoge Am Binnenhafen 17 für Wohnzwecke – vermutlich sehr günstig – zu erwerben. Er gab einen Totalumbau zu zwei Wohnungen in Auftrag. Nach den schweren Bombenangriffen auf Hamburg quartierte er hier seine nichtsahnende Familie ein. Heike Mundzeck lebte zwei Jahre in dem Gebäude mit ihrer Mutter und zwei Geschwistern. Die spätere Hamburger Filmemacherin hatte überwiegend gute Erinnerungen an die Stadt, in der sie eingeschult wurde, als sie im Jahr 2000 zu einem Besuch wiederkam. Doch vor ihrem einstigen Wohnhaus klärte sie ein 40 Jahre nach Kriegsende gesetzter Gedenkstein darüber auf, daß es sich um die frühere Synagoge handelte. „Es war ein Moment der Scham", gestand sie. Mehrere Dokumentationen zur deutsch-jüdischen Thematik hatte sie realisiert, und nun war sie persönlich betroffen. Im Stadtarchiv fand Mundzeck den Beleg, daß ihr Vater die endgültige Entweihung und Zweckentfremdung des Gotteshauses vornehmen ließ. Sie entschloß sich, diesen Schock filmisch zu verarbeiten und drehte die Dokumentation „Wer wohnte in der Synagoge von Friedrichstadt?" Der sehr persönliche Film erinnert an die Verantwortung nachfolgender Generationen. Die Stadt hat letztendlich ihre Geschichte angenommen, die Synagoge nach jahrzehntelanger Wohnnutzung in den Jahren 2001 bis 2003 zurückgebaut und zu einer Kultur- und Gedenkstätte gemacht.

8 Mehr als 1000 jüdische Opfer

An der niedersächsischen Nordseeküste ließen sich etwa 20mal soviele jüdische Bürger nieder wie an der schleswig-holsteinischen. Das Gedenkbuch „Opfer der Verfolgung der Juden unter der nationalsozialistischen Gewaltherrschaft in Deutschland 1933–1945" des Bundesarchivs in Koblenz listet jüdische NS-Opfer namentlich auf. Eine Auszählung nach Geburtsorten ergibt für die ehemaligen jüdischen Gemeinden an der Nordseeküste von Nord nach Süd und von Ost nach West folgende Zahlen:

Friedrichstadt	52
Cuxhaven	9
Lehe-Geestemünde	10 (davon 4 in Lehe und 6 in Geestemünde geboren)

Bremerhaven	13
Wesermünde	13
Wilhelmshaven	44 (davon 7 in Rüstringen geboren)
Neustadtgödens (Gemeinde Sande)	39
Jever	70
Wittmund	30
Esens	41
Aurich	238
Dornum	23
Norden	118
Emden	321

Zusammen 1021. Hinzu kommen Familien und einzelne Personen, die in verschiedenen Dörfern und Kleinstädten ohne jüdische Gemeinde geboren waren. Nennenswert sind die Zahlen für Marienhafe (15), Carolinensiel und Varel (je 8), Hage (7), Brake und Pewsum (je 5).[279]

Emden hatte eine der größten israelitischen Glaubensgemeinschaften in Norddeutschland. Sie wurde noch rigoroser drangsaliert und brutaler behandelt als die Friedrichstädter. In der „Reichskristallnacht" wurde eine Explosion in der Synagoge erzeugt und das Gotteshaus mit Brandbeschleunigern angezündet. Die Juden der Stadt wurden unter Schüssen aus ihren Wohnungen gezerrt, gedemütigt und körperlich angegriffen. Der 39-jährige Daniel de Beer wurde durch einen Schuß in den Rücken so schwer verwundet, daß er 14 Tage später starb. Am frühen Morgen hatte die SA etwa 300 jüdische Bürger auf dem Schulhof zusammengetrieben, wo sie unter Leitung von Sturmführer Bennmann schikaniert wurden. Am Morgen wurden Frauen und Kinder entlassen, die Männer aber zu Knochenarbeit im Hafen gezwungen. Am 11. November wurden sie unter Bewachung von Schutzstaffel (SS) und Gestapo zum Bahnhof getrieben, von wo aus sie in das KZ Sachsenhausen überführt wurden. Nach genau demselben brutalen Muster verlief die Schreckensnacht in der zweitgrößten jüdischen Gemeinde in Ostfriesland, in Aurich. Auch in Esens und Norden brannten die Synagogen. Aus Wilhelmshaven und allen ostfriesischen Gemeinden außer Norderney wurden die männlichen Juden nach Sachsenhausen gefahren, wo sie etwa sechs Wochen bleiben mußten. Durch die „Arisierung" waren sie ihrer wirtschaftlichen Grundlagen beraubt. Ende 1940 ordnete die Gestapo-Stelle Wilhelmshaven auf Vorschlag ostfriesischer Landräte und des Emdener Magistrats an, daß Juden ganz Ostfriesland bis 1. April 1940 zu verlassen hätten. Sie sollten sich andere Wohnungen innerhalb des Deutschen Reiches suchen, aber nicht in Hamburg. Auf jüdischen Friedhöfen wurden die Grabsteine zertrümmert, so geschehen in Esens im Frühjahr 1940. Die ländlichen Bereiche wurden „judenfrei" gemeldet.

1941 verschärften die Nazis ihre antijüdische Politik dramatisch. Nach einer Polizeiverordnung vom 19. September mußten die Juden im Deutschen Reich in der Öffentlichkeit wie im Mittelalter einen gelben Davidstern tragen. Diese Brandmarkung sollte offenbar auch die am 14. Oktober einsetzenden Massendeportationen aus Deutschland vereinfachen. Emden gehörte 1941 zu den ersten zwölf Städten in Deutschland, aus denen Juden in den Osten deportiert wurden. Am 25. Oktober wurden die ersten 122 Juden aus Emden in das Ghetto Litzmannstadt (Lodz) im Wartheland eingeliefert, die anderen folgten bis 1942. Am 20. Januar 1942 fand in Berlin die Wannsee-Konferenz zur „Endlösung" der Judenfrage statt. Die Deportierten wurden fast ausnahmslos ermordet.

V Episoden

1 Schienen für die Ostfront

Die Gemeinde Löwenstedt bekam 1926 einen Bahnhof an der Strecke Husum–Flensburg. 1928 wurde das damals kaum 500 Einwohner zählende Dorf sogar zum Eisenbahn-Knotenpunkt, als die neue Strecke nach Bredstedt eingeweiht wurde. Doch das Verkehrsaufkommen blieb unter den Erwartungen. Die Linie nach Löwenstedt wurde 1942 eingestellt. Die Gleise waren im Nu abgebaut, denn man brauchte sie in der Sowjetunion. Die russische Breitspur (1524 Millimeter) konnte nicht mit mitteleuropäischen Zügen (1435 Millimeter Normalspur) befahren werden. Um einen reibungslosen Vormarsch und Nachschub nach Osten sicherzustellen, mußte auf den Hauptstrecken immer einer der beiden Schienenstränge von den Holzschwellen gelöst und umgenagelt werden. Schienen aus Deutschland sollten das Verkehrsproblem lösen helfen. So wurden die Gleise von der Schleswigschen Geest bei Poltawa in der Ukraine wiederverwendet.

Die Amrumer Inselbahn, durch den Bau einer befestigten Straße zwischen Wittdün und Norddorf überflüssig geworden, stellte mit dem 31. Oktober 1939 ihren Betrieb ein. Die Gleisanlagen der Schmalspurbahn wurden gleich 1940 aufgenommen, um der wachsenden Stahlknappheit zu begegnen. Die Kreisbahn Schleswig–Friedrichstadt stellte den

Soldaten der Kanalwachabteilung Brunsbüttel weihen die kleine in Eigenleistung erstellte „Von-Wedel-Brücke" zu den Baracken ein. *(Sammlung Lukas Lindemann)*

Ein Boot der Kanalwachabteilung Brunsbüttel auf dem Kaiser-Wilhelm-Kanal.
(Sammlung Lukas Lindemann)

Personenverkehr 1934 ein und zudem zwischen Wohlde und Friedrichstadt 1942 den Güterverkehr. 1942/43 wurden die Gleise dieses Abschnitts aufgenommen und möglicherweise an die Front gefahren. Die Bahnstrecke von Heide nach Karolinenkoog war nur bis zum 20. Januar 1940 durchgängig, denn am 21. Januar zerstörte ein Bombentreffer die Karolinenkooger Landungsbrücke an der Eider. Am 25. Mai 1940 stellte die Reichsbahn dann die Fährverbindung zwischen Karolinenkoog und der Stadt Tönning mit dem Dampfschiff FALKE ein. Zu dieser Entscheidung soll auch die Verschlickung der Eider beigetragen haben. Der Bahnabschnitt von Karolinenkoog nach Hemmerwurth wurde am 1. November 1942 endgültig stillgelegt. Die Schienen wurden umgehend mitsamt den Schwellen demontiert, weil man an der Ostfront solche normalspurigen Gleisjoche brauchte. Es hieß, sie würden nach Rußland gebracht.

2 *Jagd auf Bronze und Kupfer*

Am 15. März 1940 kam, was kommen mußte: Göring ordnete die Erfassung aller Bronzeglocken an, damit diese für Kriegszwecke eingeschmolzen werden konnten. Jede Kirchengemeinde durfte eine Glocke behalten, bestimmte der Beauftragte für den Vierjahresplan. Da viele Dörfer schon im Ersten Weltkrieg eine Glocke abgegeben hatten, waren eine Reihe von Gemeinden nicht betroffen. Die Behörden mußten sich wohl zunächst einen Überblick verschaffen, denn die Abnahme „überzähliger“ Kirchenglocken begann vielenorts 1941. In Schwabstedt kam in jenem Jahr *„der gewaltige Schmied Seier aus Husum, um die große Glocke zu holen“*, schreibt Kirchendiener Johann Bertram. *„Man wollte sie zuerst mit dem Hammer zerschlagen, aber der Ton war so schrecklich und die Glocke zersprang nicht, sodaß man sie heil herunterbringen mußte.“* Während dieser Ausbauarbeiten schlug die Stundenglocke – *„sofort stieg Seier in den Dachreiter der Kirche und baute auch diese Glocke aus“.*

Am 29. April 1942 muß die St. Jürgen-Kirchengemeinde Heide ihre Glocken für Rüstungszwecke hergeben. (Foto: Stadtarchiv Heide)

Die Vernichtung von Kulturgut durch Einschmelzung für die Kriegswirtschaft endete nicht bei den Kirchenglocken. Deutschland sollte durch eine ausreichende Metallreserve auf alle Eventualitäten des Krieges vorbereitet sein. So ordnete Göring zeitgleich die Beschlagnahme aller Gebäudeteile und Ausstattungsstücke aus Kupfer und Messing an. Daraus entstand die „Türklinken-Aktion“. Die Aktion zielte besonders auf Wertgegenstände in und an Gotteshäusern, so daß die Kirchenleitung für die Gemeinden Ersatz aus wertloserem Metall zusammentrug. Das Kuperdach des Büsumer Rathauses sollte Ende 1943 abgedeckt werden.

In Husum kehrten die Kirchenglocken im August 1947 heim. Schwabstedt erhielt erst am 24. April 1955 wieder eine neue große Glocke. Obwohl es sich um keine „Heimführung“ handelte, wurde auch hier die Glocke für den Umzug vom Bahnhof zum Gotteshaus geschmückt. Kirchenälteste und Schulkinder folgten ihr. Die Kinder sangen zwei Choräle im Ort.

3 Besondere Vorkommnisse in Nordfriesland (1942)

Eine Reihe Koldenbüttler Seelsorger betätigte sich nebenbei im Pastoratsgarten als Imker. Hermann Petersen, der 1928 den als Heimatforscher bekannt gewordenen Pastor Emil Bruhn abgelöst hatte, setzte die Tradition fort. Der Schwiegersohn des Kunstmalers Hans Peter Feddersen wurde im Sommer beim Apfelpflücken von einer Biene gestochen und starb kurz darauf. Es war der erste von drei ungewöhnlichen Todesfällen in dem Kirchort 1942. Genau genommen erlag der 59-Jährige aber einer Gehirnentzündung. Petersens Sohn Harro folgte ihm nur drei Jahre später in den Tod, er fiel noch kurz vor Kriegsende am 28. April 1945. Der Hofbesitzer Detlef Jacobs vom Hörnhof starb mit 54 Jahren bei der Kornernte. Er stand auf dem Pferdewagen und nahm Getreidegarben entgegen. Die Arbeit war fast getan, als sich auf der Bahnstrecke Heide–Husum ein Dampfzug näherte. Durch das Tuten erschreckten sich die Pferde und gingen durch. Der Bauer stürzte von dem fast voll geladenen Wagen und geriet unter die Räder. Sein zweiter Sohn Johann fiel zwanzigjährig im August 1944. Reichsbahnarbeiter Hans Thiesen vom Norddeich schließlich verunglückte am 12. August 1942 im Dienst. Beim Rangieren eines Zuges im Güterbahnhof Husum-Nord rutschte er vom Bremserhäuschen ab, fiel aufs Gleisbett und wurde von vier Waggons überrollt. Der 44-Jährige verlor beide Beine und erlag wenige Tage später im Krankenhaus den furchtbaren Verletzungen. Seine Witwe Dorothea war zu dem Zeitpunkt mit dem sechsten Kind schwanger und mußte die Kleinen nun allein großziehen.

Zwei sowjetische Zwangsarbeiterinnen ertranken am 28. August 1942 im Alter von 17 und 18 Jahren bei Dagebüll und wurden auf dem Friedhof Fahretoft beerdigt. 1942 brach in Husum eine schwere Typhus-Epidemie aus. Das Husumer Krankenhaus mit seinen 99 Betten mußte einen hauptamtlichen Chefarzt anstellen. Bisher hatten die niedergelassenen Ärzte die Patienten dort mitversorgt.

In Ostenge (heute zur Gemeinde Enge-Sande) verleitete Heimweh ein Pflichtjahrmädel zu einer großen Dummheit. Die junge Kielerin zündete am 7. Mai 1942, um nach Hause zu kommen, den Hof von Bauer Christian Dietrich Christiansen an. Dessen Mutter, die frühere Bäuerin, erlag ihren schweren Verbrennungen. Vieh und Pferde starben, fast nichts wurde gerettet. Zwei Jahre später kam es im benachbarten Soholm (Enge-Sande) zur nächsten Katastrophe: Ein sechsjähriger Junge aus Kiel spielte am 11. Juli 1944 mit Streichhölzern und steckte Stroh in der Scheune an. Gleich zwei Häuser, das von Johannes Petersen und das von Karsten Petersen, brannten ab. Der jüngste Sohn von Johannes Petersen, noch ein Kind, starb, als das brennende Reetdach herabrutschte.

4 Doppelmord im Karolinenkoog

Am 11. Dezember 1942 spielte sich im Karolinenkoog (Norderdithmarschen) ein Liebesdrama ab. „Ein Pole hat seinen Nebenbuhler und die Geliebte erschlagen“, faßt Zeitzeuge Harro Stange, damals 19 Jahre, zusammen. Stanislaus Starak mußte auf dem Hof von

Karsten Möller in der Koogstraße arbeiten. Dort wurde er zum Mörder. Er erschlug sowohl den 17-jährigen polnischen Zivilarbeiter Wlodziomierz Caruk, als auch seine eigene Freundin, die 17-jährige polnische Zwangsarbeiterin Wera Krisa. Eifersucht war das Tatmotiv. Über das, was dann geschah, gibt es widersprüchliche Angaben. Peter August und Heinz Meyer aus dem Karolinenkoog erinnern sich folgendermaßen: „Nach der Tat versteckte er sich auf dem Heuboden und kam nur nachts heraus. Er melkte die Kühe und trank die Milch, weil er natürlich Hunger und Durst hatte. Der Pole brach nachts die verschlossenen Stalltüren auf. Das hat ihn verraten. Er nahm Feldfrüchte an sich. Karsten Möller, der gerade Fronturlaub hatte, stöberte ihn mit Hilfe eines Tagelöhners und des Schäfers auf. Der Pole sprang auf der Flucht vom hohen Heuboden in einen Selbstbinder. Er wurde dabei schwer verletzt." Telse Eggers berichtet, ihr Vater habe den Schwerverletzten mit einem Ackerwagen zum Arzt nach Lunden gefahren. Dort sei er gestorben. Der Lundener Zeuge Harro Stange meint dagegen, Starak sei gefaßt worden und hatte mit seiner Hinrichtung zu rechnen. Er habe sich im Gerichtsgefängnis in Lunden getötet, wobei möglicherweise etwas nachgeholfen worden sei. „Er ist auf jeden Fall im Gefängnis gestorben. Von dort haben wir die Leiche zu viert zum Friedhof gebracht. Der Wärter erwähnte dabei, der Mann sei ‚gestorben worden'". Sicher ist, daß Starak am 22. Dezember 1942 in Lunden starb. Er wurde als Mörder am südöstlichsten Rand des neuen Friedhofs am Fahrweg (Parkplatz) unter die Erde gebracht. Starak erhielt ein schlichtes Holzkreuz. Die beiden Getöteten wurden nebeneinander beigesetzt. Ihr Grabstein blieb jahrzehntelang erhalten.[280]

5 Abgeordnet ins „Ostland"

Im Mai 1941 unterzeichnete Hitler einen Führererlaß über die Kriegsgerichtbarkeit im Gebiet B a r b a r o s s a. Er sollte unendlich vielen Menschen das Leben kosten. *„Freischärler sind durch die Truppe im Kampf oder auf der Flucht schonungslos zu erledigen"*, heißt es darin. *„Gegen Ortschaften, aus denen die Wehrmacht hinterhältig oder heimtückisch angegriffen wurde, werden unverzüglich ... kollektive Gewaltmaßnahmen durchgeführt, wenn die Umstände eine rasche Feststellung einzelner Täter nicht gestattet."* Und, um letzte Skrupel zu beseitigen: *„Für Handlungen, die Angehörige der Wehrmacht und des Gefolges gegen feindliche Zivilpersonen begehen, besteht kein Verfolgungszwang, auch dann nicht, wenn die Tat zugleich ein militärisches Verbrechen oder Vergehen ist."* Dies war deutlich mehr als das Einstimmen der Streitkräfte auf Partisanen. Es war ein Freischein für mörderisches Wüten in den zu erobernden Räumen der Sowjetunion. Sämtliche Offiziere waren über die Grundsätze zu belehren, unter Hinweis auf die angeblich „entscheidend auf bolschewistischen Einfluß zurückzuführende" Leidenszeit des deutschen Volkes 1918 und danach. Damit schuf Hitler schon vor dem ersten Schuß die Voraussetzungen für die Ausartung des „Rußlandfeldzugs" in einen weltanschaulichen Vernichtungskrieg, der von vornherein nicht auf das militärische Geschehen an der Front beschränkt bleiben sollte.

Der Diktator weihte seine engsten politischen Vertrauten in die Pläne ein. Gauleiter Hinrich Lohse bat anschließend seine schleswig-holsteinischen Kreisleiter sowie die Landräte und Bürgermeister größerer Städte zu sich nach Kiel. *„Dort eröffnete er uns, daß Hitler beabsichtigte, einen Krieg mit Rußland zu beginnen"*, sagte der Husumer NSDAP-Kreisleiter Hermann Hansen 1964 vor der Kripo aus. *„Er sprach davon, daß die* *besetzten Ostgebiete unter die Verwaltung von Zivilbehörden gestellt werden sollten, und daß wir dazu ausersehen seien, bestimmte Gebiete zu übernehmen. Er sagte auch, daß der Rußlandkrieg nach den Berechnungen Hitlers in etwa sechs Wochen beendet sei. Ich machte damals schon meine Bedenken dagegen geltend und wurde deshalb von Lohse zurechtgewiesen, allerdings nicht in der scharfen Form, die ich erwartet hatte ... Etwa mit Beginn des Rußlandfeldzuges erhielt ich die Aufforderung, mich auf der Ordensburg Krössinsee zu melden, von dort aus rückten wir in das Baltikum ein."*[281]

Nach dem Angriff auf die Sowjetunion ernannte Hitler seinen extrem antisemitischen Chefideologen Alfred Rosenberg zum Reichsminister für die besetzten Ostgebiete. Sein Apparat in Berlin war für die Rechtsetzung, für die Ausrichtung der Zivilverwaltung und für die Organisation der Judenverfolgung zuständig. Nach militärischer „Befriedung" der ersten eroberten Räume bestellte Hitler zwei altgediente Gauleiter zu Reichskommissaren: Hinrich Lohse für das „Ostland" und Erich Koch für die Ukraine. Diese waren, wie wir gesehen haben, längst über ihre Beförderung informiert. Indem Lohse seine Verwaltung überwiegend mit Fachleuten und politischen Gefolgsleuten aus Schleswig-Holstein aufbaute, gehört das Schicksal der besetzten Gebiete mit zur Landes- und Regionalgeschichte. Pingel schreibt: „Im Reichkommissariat Ostland befanden sich im direkten Umfeld Lohses über lange Zeit nahezu ausschließlich schleswig-holsteinische Kreisleiter und Landräte".[282] Sie stellten ein Viertel der insgesamt 57 Gebietskommissare. „Das „Ostland" ist gar schon als „Schleswig-Holsteins Kolonie" bezeichnet worden.[283] Es umfaßte die baltischen Länder Estland, Lettland und Litauen und zeitweise den größten Teil Weißrußlands – mit 500 000 Quadratkilometern Fläche war es größer als Deutschland in den Grenzen von 1937 und dreißigmal so groß wie Schleswig-Holstein. Als die Besatzer eintrafen, hatte es neun Millionen Einwohner und damit sechmal so viele wie die preußische Provinz Schleswig-Holstein.

Lohses Kommissariat sollte im wesentlichen die wirtschaftliche Ausbeutung der eroberten Gebiete sicherstellen, um daraus zunächst die Wehrmacht, dann das Deutsche Reich und schließlich die einheimische Bevölkerung zu versorgen. Die Deutschen planten, größtmöglichen Nutzen für ihre Kriegswirtschaft zu ziehen. Lohse und sein Mitarbeiterstab erreichten Litauen am 25. Juli. Doch Wirtschaft und Verkehrswesen waren in unerwartetem Maße rückständig oder durch Kämpfe und Stalins „Strategie der verbrannten Erde" zerstört. Und bei ihrer Ankunft war bereits ein vieltausendfaches Töten in den früheren Baltenrepubliken im Gange. Nationalistische Widerstandsgruppen bezichtigten Juden der Unterstützung des Sowjetregimes. Nach dem Rückzug der Roten Armee nutzte der Sicherheitsdienst des Reichsführers SS die antisemitische Stimmung und stachelte zu ersten Pogromen gegen jüdische Männer an. Bald aber tat sich die Einsatzgruppe A selbst mit Massenmorden hervor und verbreitete im Rücken der Front Angst und Schrecken. Im Hochsommer weitete sie den Holocaust auf Frauen und Kinder aus. In den ersten sieben Monaten deutscher Besatzungsherrschaft tötete die Einsatzgruppe mit ihren Hilfstruppen rund 230 000 Juden.[284]

Die Kreisleiter aus Schleswig-Holstein waren nach Einschätzung von Sebastian Lehmann „sichtlich schockiert" darüber, wie die vielfach von ihnen selbst propagierte „Lösung der Judenfrage" in die Tat umgesetzt wurde.[285] Es konnte ihnen nicht verborgen bleiben, daß in ihrem neuen Dienstort Riga im Auftrag der SS mindestens 25 000 Einwohner „liquidiert" wurden, um einen ganzen Stadtteil als Ghetto für Juden aus Deutschland freizumachen. Moralische Bedenken wurden bei den vereinzelten Protesten selten geäußert, sondern vielmehr Sorge um die Außenwirkung, um die Aufrechterhaltung der wirtschaftlichen Abläufe und um den eigenen Einfluß. Auch Lohse empfand eine störende Einmischung der SS in „sein" neues Reich. Das Ostministerium in Berlin aber kanzelte die Bedenkenträger ab und gab dem Völkermord klar den Vorrang: „Wirtschaftliche Belange sollen bei der Regelung des Problems grundsätzlich unberücksichtigt bleiben. Im übrigen wird gebeten, auftauchende Fragen mit dem Höheren SS- und Polizeiführer zu regeln." Lohse mußte sich beugen. Er wies seine Stadt- und Gebietskommissare an, strenge Auflagen gegenüber der jüdischen Bevölkerung durchzusetzen wie etwa Schul- und Berufsverbote, Arbeitszwang, Beschlagnahme des Vermögens, Kennzeichnungspflicht und das Verbot, Gehsteige zu benutzen. Die Schleswig-Holsteiner stellten sich schnell auf den Holocaust ein. Sie waren nun selbst zuständig für die Erfassung und Kennzeichnung der Juden, beschlagnahmten ihr Vermögen, wiesen ihnen Arbeit zu. Damit trugen die Zivilverwalter in hohem Maße Verantwortung für die schrecklichen Lebens- und Arbeitsbedingungen der jüdischen Bevölkerung. Manche selektierten persönlich, wer getötet werden und wer zwecks Zwangsarbeit leben bleiben sollte.

Von mindestens 500 000 Juden im „Ostland" 1941 lebten nach dem deutschen Rückzug keine 10 000 mehr.[286] Zudem wurden dort unter anderem mehr als 50 000 jüdische Bürger aus dem Deutschen Reich ermordet. Die Ghettos Riga und Minsk wurden gleich nach Auschwitz zum häufigsten Sterbeort der schleswig-holsteinischen Juden. In Riga endete beispielsweise das Leben der Heider Lehrerin Lilly Wolff. Sie war 1933 aufgrund des Gesetzes zur Wiederherstellung des Berufsbeamtentums entlassen und am 5. September 1942 bei einem „Osttransport" aus Berlin deportiert worden. Zu Zeiten der Zivilverwaltung starben des weiteren mehrere hunderttausend Menschen im „Ostland" an Hunger und Seuchen, darunter – wenn auch unter Zuständigkeit der Wehrmacht – viele sowjetische Kriegsgefangene. In diesem grauenhaften Umfeld mußte auch eine zivile Verwaltung verrohen. Mit größter Rücksichtslosigkeit verfolgte sie ihre Ziele. Zwar stellte das Rosenberg-Ministerium von 1941 bis 1943 drei Milliarden Reichsmark für Industrie, Landwirtschaft und Infrastruktur im „Ostland" und in der Ukraine zur Verfügung.[287] Die wirtschaftliche „Aufbauarbeit" wurde aber im Blut unschuldiger Menschen ertränkt. Mit Blick auf die Kreisleiter schreibt Lehmann: *„In ihrer nur durch den SS-Herrschaftsapparat eingeschränkten Machtfülle entwickelten einige von ihnen das radikalisierte Selbstverständnis von Herrenmenschen, die sich nicht nur hemmungslos selbst bereicherten, sondern auch über Leben und Tod von jüdischen Ghettoinsassen entscheiden konnten."*

Die deutsche Zivilverwaltung befaßte sich auch mit der Deportation von Zwangsarbeitern ins Reich, mit der Überwachung der Bevölkerung und polizeilichen Maßnahmen gegen „reichsfeindliche Elemente". Sie war als Aufsichtsbehörde der verbliebenen örtlichen Verwaltung konzipiert und konnte daher nicht ohne versierte Fachleute auskommen. Die Abordnung von Verwaltungskräften in den Osten war keineswegs neu. So schickte der Kreis Eiderstedt 1940 einen Angestellten nach Tarnowitz und einen Regierungssekretär nach Zichenau, beides im besetzten Polen. Neu war der Umfang, mit dem Lohse 1941 gezielt Schleswig-Holsteiner anforderte, um Schlüsselstellungen zu besetzen. Die Führungskräfte nahmen zumindest ihre Sekretärin und ihren Fahrer mit ins „Ostland", einige auch Beamte, die ihr besonderes Vertrauen genossen. Anfang 1944 standen 2235 Deutsche in Diensten des Reichskommissariats, davon etwa die Hälfte in Riga.

Eine Reihe der ins „Ostland" abgeordneten Führungskräfte stammte aus Dithmarschen oder Nordfriesland. An erster Stelle ist der Marschbauer Martin Matthiessen zu nennen, 1901 in Wesselburenerkoog geboren. 1928 trat er in die NSDAP ein. 1929 übernahm er den Auhof bei Meldorf, wurde Gauredner und Kreisleiter in Süderdithmarschen. 1931 rückte Matthiessen in den Reichstag nach. Ab 1933 war er Landesobmann der Landesbauernschaft Schleswig-Holstein und Chef der Landwirtschaftskammer in Kiel. Bei Kriegsbeginn war er Landesbauernführer in Westfalen und Leiter des dortigen Ernährungsamtes. Fünf Tage vor dem Angriff auf die Sowjetunion wurde er Vizechef der Kriegsverwaltung bei der Wirtschaftsinspektion der Heeresgruppe Nord. Als Wehrmachtangehöriger stand er im Rang eines Generalmajors. Im November 1941 übertrug Lohse ihm die Hauptabteilung Landwirtschaft, 1942 auch Wirtschaft. Damit führte der Multifunktionär zwei der nur vier Hauptabteilungen des Reichskommissariats Ostland. Zu seinen Aufgaben zählten die Einziehung der produzierten Nahrungsmittel, die Anpassung der Industrie an die Bedürfnisse der deutschen Kriegswirtschaft, Preisbildung, Handelspolitik und vieles mehr. Wenn Lohse in Schleswig-Holstein zu tun hatte, vertrat Matthiessen ihn in Riga. Die Zivilverwalter wußten von den Massentötungen. Der Schriftverkehr der Rigaer Behörde nahm mit verschleiernden Begriffen vielfach darauf Bezug. Matthiessen, der neben seiner Arbeit immerhin als SS-Oberführer ehrenamtlich im Stab des SS-Oberabschnitts Ostland mitwirkte, muß sogar genauestens im Bilde gewesen sein. Dennoch wies er jede Kenntnis von Greueltaten im „Ostland" von sich, in seinen „Erinnerungen" ist davon keine Rede.[288]

Mit der Hauptabteilung Technik wurde Diplom-Ingenieur Johann Matthias Lorenzen betraut. Er hatte schon im Kieler Oberpräsidium als Leiter der „Planung Westküste" mit Matthiessen zusammengearbeitet. Als die Hauptabteilung im Frühjahr 1942 zu einem eigenständigen „Technischen Zentralamt" aufgewertet wurde, blieb der Nordfriese an dessen Spitze bis zur Räumung Rigas. Diese erfolgte am 13. Oktober 1944. Lorenzen beendete seine Karriere in den 1960er Jahren als Präsident der Wasser- und Schiffahrtsdirektion in Kiel. Nach Riga hatte er einen jungen Freund mitgebracht, den Baurat Marcus Petersen, wie er selbst ein Bauernsohn von der Insel Pellworm. Petersen war bis 1942 in Riga tätig. Das Wissen des Diplom-Ingenieurs war im Osten gefragt, denn er hatte Wasser-, Kultur- und Straßenbau studiert und Erfahrung im Deichbau. Er wurde jedoch im November 1942 als Soldat eingezogen. Nach dem Krieg promovierte Petersen und brachte es bis zum Leitenden Regierungsbaudirektor im schleswig-holsteinischen Landesamt für Wasserhaushalt und Küsten. Der Nordfriese erlebte ein volles Jahrhundert Zeitgeschichte mit.

Der Husumer Kreisleiter Hermann Hansen aus Viöl blieb in seltener Kontinuität vom August 1941 bis zum 23. Oktober 1944 in einer Funktion im „Ostland", nämlich als Gebietskommissar im lettischen Wolmar. Er war wie Matthiessen nebenher Reichstagsabgeordneter. Nach seiner Flucht aus dem Reichskommissariat arbeitete „Hermann Kreisleiter" bis Kriegsende wieder bei der Viöler Sparkasse. Dann folgte eine dreijährige Internierung durch die Briten im westfälischen Lager Staumühle. Die vom Spruchgericht verhängte Haftstrafe von knapp drei Jahren galt damit als verbüßt. Hansen schlug sich als Handelsvertreter durch und machte sich später als Viehhändler selbständig.

Der Husumer Landrat Dr. Friedrich-Wilhelm Janetzky, Sohn eines Marinepfarrers, ging als Gebietskommissar nach Narwa in Estland. Als Sturmbannführer trat er zum Stab des SS-Oberabschnitts Ostland. Im September 1944 wurde er nach Windau im südlettischen Kurland versetzt, im März 1945 zu einem Ersatzbataillon der Wehrmacht in Tondern.

Als Persönlicher Referent Lohses startete der junge Jurist Dr. Karl Eger seine Karriere. Nach zwei Jahren als Landrat in Süderdithmarschen meldete sich der inzwischen 34-Jährige „zur anderweitigen Verwendung im Kriegsdienst". So kam er im Juli 1941 als Hauptkommisssar nach Minsk. Dann leitete er die Hauptabteilung Politik des Generalkommissars für Weißrußland. Danach war Eger in Riga erneut Lohses Persönlicher Referent. Obwohl er formal bis 7. Mai 1945 Landrat in Meldorf blieb, trat er dort auch nach Auflösung des Reichskommissariats 1944 nicht weiter in Erscheinung, so daß kommissarische Landräte ernannt werden mußten.

Der Eiderstedter Landrat Dr. jur. Henning von Rumohr, in Plön geborener Sproß eines holsteinischen Rittergeschlechts, wurde auf Lohses Veranlassung mit Wirkung vom 23. August 1941 dem Generalkommissar von Weißrußland in Minsk zur Dienstleistung zugewiesen. Er war als Gebietskommissar vorgesehen, geriet aber ständig mit Eger aneinander. Auf eigenen Antrag wurde er am 29. Januar 1942 vom Dienst freigestellt. Fünf Monate später avancierte er zum Gruppenleiter im Referat für Personal und Organisation des Ostministeriums in Berlin. Gut ein Jahr später wurde er abberufen in die Feldkommandantur Athen als Militärverwaltungsrat. Er geriet dort in Gefangenschaft, galt aber bis 1. Mai 1945 offiziell als Landrat in Tönning.

Emil Paulsen hatte 1926 bis 1929 den SA-Sturm Dithmarschen und die NSDAP-Ortsgruppe Nordhastedt geführt. 1941 ging er als Pinneberger Kreisleiter ins „Ostland". Paulsen wurde zunächst Hauptkommissar in Witebsk und später Gebietskommissar in Libau. Nach dem Krieg soll er ein Versorgungsamt in Schleswig-Holstein geleitet haben.

Die NSDAP Schleswig-Holstein konnte 1927 in ihrem Kernland Dithmarschen den ersten Kreisleiter des Gaues einsetzen. Es war der erst 22jährige Leiter der Ortsgruppe St. Michaelisdonn, Willy Ehlers aus Westdorf bei Hopen. Der gelernte Bankbeamte wurde Hauptschriftleiter des Parteiorgans *Schleswig-Holsteinische Tageszeitung* und Bürgermeister in Itzehoe. 1942 leitete er im „Ostland" für einige Monate die Abteilung Propaganda.

Der in Drage bei Friedrichstadt geborene Rendsburger Kreisleiter Heinrich Carl war von September 1941 bis Juni 1944 Gebietskommissar im weißrussischen Sluzk. Formell blieb er bis zum 1. Mai 1945 Gaupersonalamtsleiter in Kiel.

Im Sommer 1944 gehörte das von den Sowjets zurückeroberte Weißrußland schon nicht mehr zu Lohses Machtbereich. Nur die Küstenregionen des Baltikums waren noch in deutscher Hand. Nach dreijähriger Herrschaft über das „Ostland" flog Lohse am 13. August endgültig in die Heimat, um sich nur noch seinen Ämtern in Schleswig-Holstein zu widmen. Ostpreußens Gauleiter Erich Koch, dem gerade sein Reichskommissariat Ukraine abhanden gekommen war, trat die Nachfolge an. Am 13. Oktober mußte die Wehrmacht auch Riga aufgeben. Die Behördenstäbe des zuvor aufgelösten Reichskommissariats „Ostland" hatten sich da schon abgesetzt – teilweise nach Schleswig-Holstein. Im Mai 1945 tauchte in Lübeck der frühere Wehrmachtbefehlshaber im „Ostland" auf, General der Kavallerie und SS-Gruppenführer Walter Braemer. Nach Flensburg flohen Koch und Rosenberg. Letzterer wickelte sich vergebens in Verbandszeug ein – die Briten verhafteten auch ihn.[289]

Eine Entsendung ins „Ostland" bedeutete für schleswig-holsteinische Beamte nach dem Krieg nicht automatisch berufliche Nachteile. Wer im Windschatten des Krieges mit Parteibuch Karriere gemacht hatte, konnte durchaus noch in hohe Ämter berufen werden. Das galt besonders für das nördlichste Bundesland. Die Landesregierung in Kiel bestand 1950 bis auf eine Ausnahme[290] ausschließlich aus ehemaligen Nationalsozialisten. Mehr oder minder unbekümmert verschafften diese Minister weiteren früheren NSDAP-Mitgliedern Stellungen.

Anhang

Landräte und NSDAP-Kreisleiter an der schleswig-holsteinischen Westküste in den Kriegsjahren 1939–1945

Großen Einfluß auf die Gestaltung des öffentlichen Lebens im Dritten Reich übten die Landräte und die Kreisleiter aus. Eine schwammige Abgrenzung von 1939 teilte die Führung der staatlichen Verwaltung den Landräten und die „Menschenführung" den Kreisleitern zu. Die Landräte waren Chefs der Kreisverwaltungen und Kreispolizeibehörde. Diese wichtige Stellung wurde ausschließlich mit Nationalsozialisten oder der NSDAP nahestehenden Persönlichkeiten besetzt. Der Landrat sollte Kreistag oder Kreisausschuß anhören. Im Krieg tagten die kommunalpolitischen Gremien aber kaum oder gar nicht mehr, weil viele der (von der Partei bestimmten) Ehrenamtler einberufen worden waren. Ohnedies sollten nicht kriegswichtige Vorhaben auf die Friedenszeit verschoben werden. Umso wichtiger war es nun für die Landräte, in wesentlichen Entscheidungen Einvernehmen mit der Parteileitung herzustellen.

Die NSDAP unterhielt Kreisverbände (Kreisleitungen), deren Gebiet sich mit den Landkreisen decken sollte. Diese Parteidienststellen kümmerten sich um die Erziehung des Volkes im nationalsozialistischen Sinne. Manche Bürger brachten dort auch Beschwerden über die staatlichen Behörden an. Die Vorsitzenden dieser Parteikreise, die Kreisleiter, bildeten eine eigene Machtelite. Von ihnen hing es ab, ob jemand als „politisch zuverlässig" betrachtet wurde, wer in öffentliche Schlüsselstellungen gelangte, ob jemand „Schutzhaft" verbüßen mußte oder wer bei Vergünstigungen, die das Regime zu vergeben hatte, zum Zuge kam. Nicht wenige Kreisleiter gefielen sich in der Rolle eines Staatsanwalts, der bei Verdacht auf Opposition oder Straftaten tätig wurde und dann Beobachtungen und Bewertungen der Kreisverwaltung und der Polizei anforderte. Die Kreisleitungen arbeiteten eng mit der Gestapo zusammen. Zunehmend ließen Kreisleiter durch sie an den Landräten vorbei Menschen verhaften. Es ging längst nicht nur um die Führung der Parteiorganisation, es ging auch um politische Schulung und Kontrolle der Bürger, um die Ruhigstellung Andersdenkender und um die Durchführung nationalsozialistischer Politik. Somit regierten die Kreisleiter den Landräten mehr oder weniger stark „hinein", obwohl sie formal in deren Geschäfte nicht eingreifen durften. Im Streit um Kompetenzen gaben die Landräte aufgrund der Unberechenbarkeit der Partei häufiger nach.

KREIS	LANDRAT	OST-LAND	KREISLEITER	OST-LAND
Südtondern	31.7.1933–14.5.1945 **Dr. August Fröbe**	nein	1.2.1935–4.1944 **Johann Peperkorn**	nein
			4.1944–8.5.1945 **Hans Jensen** komm.	nein
Husum	29.7.1936–1.3.1940 **Werner Kalmus**	nein	2.1931–6.1941 **Hermann Hansen**	ja
	1.3.1940–9.1940 **von Rumohr** (s.u.)			
	9.1940–5.1945 **Dr. Friedr. Wilhelm Janetzky**	ja	1.7.1941–18.8.1943 **Hinrich Gross** komm.	nein
	8.1941–5.1944 **Fröbe** (s.o.)		28.10.1943–30.11.1944 **Hans Kehr** komm.	nein
	5.1944–5.1945 **Dr. August Kuhn** i.V.	nein	12.1944–5.1945 **Hansen** (s.o.)	
Eiderstedt	12.1938–Mitte 1939 **Dr. jur. Erich Keßler**	nein	1.8.1929–17.8.1943 **Otto Hamkens**	nein
	Sommer 1939–1.10.1941 **Dr. jur. Henning von Rumohr**	ja	Ab August 1943 Husum-Eiderstedt, s.u. Husum	
	1941–1943 **Dr. jur. Oswald Biner Wulf**	nein		
	1943–1.5.1945 **von Rumohr** (s.o.)			
	5. 1945 **Runge** i. V.	nein		
Norder-dithmarschen	1.2.1934–9.5.1945 **Dr. Johannes Beck**	nein	9.1939–8.5.1945 **Hans Hinrichsen** komm.	nein
	1943 Kreisdeputierter **Carstens**, Heide, i. V.	nein		
Süder-dithmarschen	21.7.1939–7.5.1945 **Karl Eger**	ja	9.1939–15.3.1945 **Ferdinand Diekmann**	nein
	1942–1944 **Beck** (s.o.)		15.3.1945–8.5.1945 **Heinrich Nottelmann**	nein
	1944–1.1945 **Dr. Fritz Rietdorf** komm.	nein		
	1945 Regierungsrat **Klinkhardt** komm.	nein		

August Fröbe verwaltete zeitweise den Landkreis Flensburg mit. Johann Peperkorn nahm seinen Abschied aus gesundheitlichen Gründen. Hans Jensen wurde 1951 wieder Lehrer. Werner Kalmus leitete nach Husum das Landratsamt in Prenzlau. Hans Kehr wurde zur Parteikanzlei in München abberufen. Nach dem Krieg war der SS-Hauptsturmführer drei Jahre lang interniert, in den 1960er Jahren war er in der NPD aktiv. Erich Keßler war vorher Landrat in Stormarn und hinterher Regierungsvizepräsident in Kattowitz. Heinrich Nottelmann kam im Internierungslager Sandbostel in die Lagerleitung, kehrte 1948 nach Meldorf zurück und mußte noch einmal wegen Körperverletzung bei einer 15 Jahre zurückliegenden SA-Aktion in Meldorf ins Gefängnis. Hans Hinrichsen erhielt wegen „Engstirnigkeit" eine ungewöhnlich hohe Strafe vom Spruchgericht: dreieinhalb Jahre Gefängnis bei Anrechnung von nur eineinhalb Jahren der Internierung. Im Dezember 1949 wurde er als letzter entlassen.

Der Flensburger Kreisleiter Claus Hans war 1900 in Tönning als Sohn eines Landwirts geboren und starb 1977. Aus Oldenswort stammte Wilhelm Hamkens, dessen Landratstätigkeit in Rendsburg (ab 1933) allerdings schon 1938 endete (danach Regierungspräsident).

Deutsche und englische Dienstgrade (Luftstreitkräfte)

Nachstehende Liste soll zum besseren Verständnis der beschriebenen Luftkriegshandlungen beitragen und die im Buch *Als die Waffen schwiegen* auf S. 180 abgedruckte Tabelle ergänzen.

Deutsche Luftwaffe	**Royal Air Force**	**US Army Air Force**
Luftmarschall*	Marshal of the Royal Air Force**	General (five star)***
Generaloberst	Air Chief Marshal	
General der Flieger	Air Marshal	General (four star)
Generalleutnant	Air Vice Marshal	Lieutenant General
Generalmajor	Air Commodore	Major General
		Brigadier General
Oberst	Group Captain	Colonel
Oberstleutnant	Wing Commander	Lieutenant Colonel
Major	Squadron Leader	Major
Hauptmann; bei Seefliegern Kapitänleutnant	Flight Lieutenant; bei Seefliegern Lieutenant Commander	Captain
Oberleutnant; bei Seefliegern Oberleutnant zur See	Flying Officer; bei Seefliegern Lieutenant Captain	First Lieutenant
Leutnant; bei Seefliegern Leutnant zur See	Pilot Officer; bei Seefliegern Sub Lieutenant	Second Lieutenant
	Warrant Officer	Warrant Officer
Fähnrich	Officer Cadet	Officer Cadet
Feldwebel, Wachtmeister	Flight Sergeant	Sergeant
Unteroffizier	Corporal	Corporal
Obergefreiter	Senior Aircraftman	Senior Lance Corporal
Gefreiter	Leading Aircraftman	Lance Corporal
Flieger, Kanonier, Jäger	Aircraftman First Class	Airman First Class
	Aircraftman Second Class	Airman oder Private

* Der Oberbefehlshaber der Luftwaffe, Hermann Göring, wurde nach seiner Ernennung zum Reichsmarschall 1940 auch als „Luftmarschall" bezeichnet.
**1939–1940 Sir Edward Ellington, 1940 Cyril Newall, 1944–1945 Sir Charles Portal
*** 1942–1946 Henry H. Arnold

Größte Einheit der deutschen Luftwaffe war die **Luftflotte**. Sie entsprach einer Heeresgruppe. Das **Fliegerkorps**, gleichfalls von einem General der Flieger geführt, war dem Armeekorps vergleichbar. Eine **Fliegerdivision** wurde von einem Generalmajor geführt. Das **Geschwader** als der größte fliegende Verband der Luftwaffe entsprach dem Regiment beim Heer. Kommodore war ein Major, Oberstleutnant oder Oberst. Es bestand aus drei Gruppen und einem Geschwaderstab. Im Verlauf des Krieges wurde den Bombergeschwadern und vielen Jagdgeschwadern eine vierte Gruppe zur einsatzmäßigen Ausbildung angegliedert. Eine **Gruppe**, vergleichbar mit einem Bataillon, hatte einen Hauptmann oder Major als Kommandeur. Sie bestand anfangs aus drei Staffeln sowie einer Stabskompanie. Zur I. Gruppe gehörten in der Regel die 1. bis 3. Staffel, zur II. Gruppe die 4. bis 6. und zur III. Gruppe die 7. bis 9. Staffel. In der Mitte des Krieges erhielten viele Gruppen eine vierte Staffel. Innerhalb einer Gruppe wurde meist nur ein Flugzeugtyp geflogen. **Staffeln** entsprachen den Kompanien des Heeres, mit einem Oberleutnant oder Hauptmann als Staffelkapitän. Sie gliederten sich in **Schwärme** (einem Zug des Heeres entsprechend) aus zwei **Rotten**, die jeweils aus zwei Flugzeugen bestand. Drei Flugzeuge flogen als **Kette**.

Für den Umfang der Einheiten galt folgendes: Hatten Staffeln eine Nennstärke von neun Maschinen, dann ergaben sich für die Gruppe dreimal neun plus drei Maschinen der Stabskompanie, also eine Nennstärke von 30 Flugzeugen (Sollstärke mit Reserveflugzeugen 48 Maschinen). Das Geschwader verfügte entsprechend über eine Nennstärke von dreimal oder später viermal 30 plus vier Maschinen für den Geschwaderstab, also 94 oder später 124 Maschinen. Die Stärke des fliegenden Personals hing auch vom geflogenen Typ ab. Bei Einsitzern kam eine Jagdstaffel mit zehn bis zwölf Piloten aus. Waren mehrmotorige Maschinen zu bemannen, konnten bis zu 40 Leute benötigt werden. An Bodenpersonal war durchaus mit etwa dem zehnfachen zu rechnen, zirka 80 bis 150 Mann für eine Jagdstaffel. Das Jagdgeschwader 26 verfügte zum Beispiel am 1. Oktober 1943 über 160 Mann fliegendes Personal und 2200 Mann Bodenpersonal.

Oberste hierarchische Ebene der RAF waren die Kommandos für Bomben-, Jagd- und Küstenflieger: Bomber **Command**, Fighter Command und Coastal Command. Sie bestanden aus mehreren **Groups**, welche den deutschen Fliegerdivisionen entsprachen und meist von einem Air Vice Marshal geführt wurden. Das **Wing** ist dem deutschen Geschwader gleichzusetzen, geführt von einem Wing Commander. Es war aus mehreren **Squadrons** aufgebaut, die man noch am ehesten mit Staffeln übersetzen kann, die aber auch Züge einer deutschen Gruppe trugen. Zu einem Bomber-Squadron gehörten 15 Flugzeuge. Führer war ein Squadron Leader. Ein Squadron bestand aus mehreren **Flights** (Schwärmen) unter einem Flight Lieutenant. Kleinste Einheit war die **Section** (Rotte) mit zwei Flugzeugen.

Bei den US-Amerikanern kam unterhalb der **Luftflotte** die **Division**, geführt von einem Brigadier General oder Major General. Eine Ebene tiefer waren die Bombardment **Groups** (Bombergruppen) und Fighter Groups (Jagdgruppen) angesiedelt. Als **Wing** wurde eine Kampfgruppe einschließlich aller Versorgungseinheiten bezeichnet. Eine Group wurde von einem Colonel befehligt und bestand aus drei bis fünf **Squadrons**. Diese konnten zwischen 12 und 30 Flugzeuge umfassen und wurden von einem Major oder Lieutenant Colonel geführt. Ein **Flight** bestand aus 6 bis 10 Flugzeugen, unter dem Kommando eines First Lieutenants oder Captains. Das Flight wurde aus zwei oder mehr **Elements** gebildet aus einem bis vier Flugzeuge.

Quellen

1. Archive

National Archives, Washington
T 459 Records of the Reich Commissioner for the Baltic States (Reichskommissar für das Ostland) 1941–1945

Bundesarchiv Berlin-Lichterfelde
R 6 Reichsministerium für die besetzten Ostgebiete

Bundesarchiv-Militärarchiv (BA-MA), Freiburg
RL 2 II
53 Seekrieg Kanal, Deutsche Bucht, Nordsee. Gefechtsberichte. Enthält: Englischer Flugzeugangriff auf Kreuzer Emden (Wilhelmshaven) am 4. 9. 1939, Unternehmen der Schlachtschiffe Scharnhorst und Gneisenau vom 21.–27. 9. 1939, Englische Luftangriffe auf Helgoland 3. 12. 1939 u.a.
RL 10
506 Fliegerzielgeschwader 1 auf Sylt 1941–1942
RL 21 Fliegerhorstkommandanturen, Flugplatzkommandos
Seefliegerhorstkommandantur Borkum:
6 Kriegstagebuch der Seefliegerhorstkommandantur Borkum, 1939–1940
Kriegstagebuch der Seefliegerhorstkommandantur Borkum, 1941–1942
Fliegerhorstkommandantur Helgoland/Platzkommando:
262 Schlüsseltafeln des Funksprechbetriebs Insel-Düne o.J.
263 Verfügungen und Schlüsselunterlagen für den Funk- und Funksprechbetrieb 1944–1945
See-Fliegerhorstkommandantur List/Sylt
Luftlageberichte 1939–1945:
63 Bd. 1, enthält Kriegstagebuch der Luftwache List, 25. 8. 1939–25. 10. 1940
64 Bd. 2, enthält Kriegstagebuch der Luftwache List, 1. 1. 1940–9. 9. 1941
65 Bd. 3, enthält Kriegstagebuch des Horstgefechtsstandes, 10. 9. 1941–31. 12. 1942
66 Bd. 4, 1. 1. 1943–5. 9. 1944
67 Bd. 5, 5. 9. 1944–8. 5. 1945
Wach- und Sicherungsdienst 1942–1945:
68 Anweisungen und Befehle, enthält auch Gliederung und Stellung der Marine-Flak-Abt. 234, 1942–1945
69 Kampfanweisungen und Befehle für den Unterabschnitt Nord 1943
70 Dienstanweisungen und Wachvorschriften, enthält auch Gliederung, 1943–1944
Fliegerhorstkommandantur Tönning
118 Kriegstagebuch Nr. 1, enthält u.a. Kriegsrangliste, 24. 8. 1939–1. 3. 1941

Fliegerhorstkommandantur Westerland/Sylt
123 Bd. 1, enthält Kriegstagebuch Nr. 2, 29. 11. 1939–26. 2. 1940
124 Bd. 2, enthält Kriegstagebuch Nr. 3, 27. 2. 1940–25. 5. 1940
125 Bd. 3, enthält Kriegstagebuch Nr. 4, 26. 5. 1940–28. 8. 1940
RM 7 Seekriegsleitung
81 1 Skl B, August 1939 bis Dezember 1943
123 Die Beteiligung der Deutschen Luftwaffe an der Seekriegführung seit 1939, Teil C
1226 Frontreise des Marinekommandoamtes vom 13. 9. 1939
RM 20 Marinekommandoamt
2155 Sonderkommando OKM, A VI, Landungserprobungen u.a. bei Emden 1940
RM 45 II Dienst- und Kommandostellen im Bereich Nordsee
Kriegstagebücher Küstenbefehlshaber Nordfriesland und Ostfriesland, Kommandanten Seeverteidigung und Kommandanten in den Abschnitten Sylt, Friedrichstadt, Brunsbüttel, Helgoland, Cuxhaven, Wesermünde-Bremerhaven, Wangerooge, Norderney, Borkum und Emden
RM 108 Kriegsmarinedienststellen
88 Anlageheft Unternehmen „Seelöwe“ zum Kriegstagebuch der Kriegsmarinedienststelle Bremen/Zweigstelle Emden, o.D.
RM 110 Kommandeur der Flieger bei den Hochseestreitkräften (Marine-Luftstreitkräfte)
63 Kriegstagebuch Borkum, o.J.
64 Kriegstagebuch Norderney, o.J.
RM 118 Verbände der Marineflieger 1939–1942
Kriegstagebücher Küstenfliegerstaffeln
RW 20/10 Rüstungskommando X Hamburg
2 Befehls- und Verwaltungsverhältnisse beim Ersatzheer, Neugliederung der Ersatztruppen im Wehrkreis X, Mobilmachung der Dienststellen, Gebietseinteilung der Wehrwirtschaftsstellen der Wehrwirtschaftsinspektion X usw. 1939–1940
3 u. 4, 10, 24, 26 u. 27 Meldungen über den Mobverlauf u.a. 1939–1940
RW 31 Wirtschaftsstab Ost
260 Wirtschaftsstatistik der besetzten Ostgebiete, Band 1.
RW 48 Wehrmachtauskunftstelle für Kriegsverluste und Kriegsgefangene

Landesarchiv Schleswig-Holstein, Schleswig (LAS)
Abt. 309 Regierung zu Schleswig
36534 und 36535 Personalakte Friedrich-Wilhelm Janetzky
Abt. 317 Ausschuß zur Feststellung von Kriegsschäden
Abt. 320.4 Eiderstedt
184 Abordnungen von der Verwaltung nach dem Osten
Abt. 352 Landgerichte und Staatsanwaltschaften
1662 Lübeck, Vernehmung Ex-Kreisleiter Martin Matthiessen
1673 Lübeck, Ex-Kreisleiter Hermann Hansen
2270 Kiel, Ex-Kreisleiter Hermann Hansen, Friedrich-Wilhelm Janetzky
2274 Kiel, Karl Eger, Johann Matthias Lorenzen
Abt. 611 Innenministerium
1873 Personalakte Karl Eger
2033 Personalakte Henning von Rumohr

Kreisarchiv Nordfriesland (KANF), Husum

Aus den Abteilungen B 1 (Kreis Südtondern), B 2 (Kreis Husum) und B 3 (Kreis Eiderstedt) folgende Akten zur Feststellung von Kriegssachschäden:
B1/669, 682, 686, 694, 703, 713, 722, 728, 738
B2/1827, 1843, 2462, 2464
B3/1128, 1131, 1136 f., 1143, 1147, 1151 f., 1154, 1161, 1166 f.
D 2 Stadt Husum
3787 und 5775 Kriegschronik 1939–1947
D 31 Stadt Garding
2232 Luftfahrt, Luftschutz, Personen- und Sachschäden 1942–1968
J2 Nachlaß Nikolai Möllgaard
51 Dorfbuch Ipernstedt und Rosendahl, Gefangene, Flugblätter bis 1945
J22 Nachlaß Dr. Hans Meyer
38 Schwabstedter Familien, Kirche, Kirchenglocke o.J.
Z Zeitgeschichtliche Sammlung
665 Elly Witthahn: Meine Erinnerungen an Hallig Süderoog 1937–1948. Maschinenskript o.J.

Stadtarchiv Friedrichstadt

5-03-12 Strafen 1941
6-01-8 Ausländer 1939–1944

Stadtarchiv Heide

II. Teil (ab 1867)
424 Kriegsverluste, Gefallenenverzeichnis, Kriegstagebuch [der Polizeibehörde], Feindflugblätter 1939–1945
1752 Plakat „Verdunkeln!" 1940
1753 Plakat „Ein Jahr Krieg!" 1940
1754 Luftschutzsirenen, Luftschutz, Zeitungsausschnitte, auch über andere Vorgänge 1937–1945
1760a Frontbriefe 1939–1943
1760c Bomben auf Heide 1940–1945
1760d Verschiedenes 1941–1944
1760e Meldehefte der Luftschutzwarnzentrale Nr. 3–14, 1941–1944

2. Informationsgespräche und schriftliche Hinweise

a) Mündliche Mitteilungen von Zeitzeugen

Frenz Bertram, Mildstedt
Helmut Börner (1937–2005), Arkebek
Jürgen Christiansen, Meldorf
Walter Clausen, Koldenbüttel
Heinrich Dethlefs, Lunden
Kurt Dummann, Schulleiter i.R., Lunden
Hilde Griese (1921–2000), Odderade
Johannes Hahn, Husum
Ferdinand Heimsohn, Koldenbüttel
Claus Heitmann, St. Peter-Ording

Hans-Albert Jacobs, Koldenbüttel
Friedrich Johannsen (1915–2001), Schulleiter i.R., Tating
Broder Jürgens, Nordstrand
Hans-Alwin Ketels, Kreispräsident a.D., Garding
Kurt Klug, Realschulleiter a.D., Husum
Franz Kurowski, Schriftsteller, Dortmund
Claus Lass, Husum
Gerd Lehmann, Nordhastedt
Gerd Lill, Heide
Karl Michelson, Friedrichstadt
Elsbe Nagel, Marne
Johann Jakob Nagel, Marne
Peter Matthias Nagel, Marne
Dr. Hans-Dietrich Nicolaisen, Büsum
Lieselotte Pasternak, Bornhöved
Hans Rommel, Meldorf
Barthold Schoof, Schalkholz
Walter Schulz, Brunsbüttel
Willi Peter Sick (1919–2006), MdB a.D., Heide
Harro Stange, Lunden
Jakob Tholund, Wyk
Heinz-Otto Trittmaack, Husum
Dr. Harald Voigt (1928–2005), Westerland
Sönnich Volquardsen, Tetenbüll
Kurt Winter, Büsum

b) Mündliche Mitteilungen von sonstigen Persönlichkeiten

Martin Gietzelt, Meldorf
Michael Goltz, Pastor in Schwabstedt
Ute Hansen, Stadtarchiv Brunsbüttel
Rolf Hollander, Nordhastedt
Johann-Albrecht Janzen, Preetz
Erich Koch, früher Institut für schl.-holst. Zeit- und Regionalgeschichte, Schleswig
Christine Koch und Michaela Liebster, Stadtbücherei Heide
Henning Peters jun., Lunden
Ingeborg Petersen, Koldenbüttel
Dr. med. Wolf-Dietrich Piening, Baden-Baden
Matthias Rickert, Hüsby
Hans F. Rothert, früher Schleswig-Holsteinische Landesbibliothek, Kiel
Brigitta Seidel, Pellworm
Karsten Schrum, Stadtarchiv Meldorf
Jürgen Tantow, Schwabstedt
Renate Thiesen, Koldenbüttel
Christiane Thomsen, Stadtarchiv Friedrichstadt
Almut Ueck, Kreisarchiv Nordfriesland
Johannes Volquardsen, Bürgermeister der Gemeinde Reußenköge
Ute Volquardsen, Reußenköge
Uwe Winter, Büsum

c) **Schriftliche Mitteilungen von Zeitzeugen**
Wilhelm Borstelmann, Keitum/Sylt
Bernd Baron Freytag von Loringhoven (1914–2007), Generalleutnant a.D.

3. Handschriften und Maschinenskripte

Oberleutnant BOHNE (verantw. für den Text): Kriegstagebuch der 9. Komp. Inf. Regt. 490, 1939/1940. Kiel o.J. (1940). Als Manuskript gedruckt.
Holger PIENING: Widerstand und Verfolgung in Nordfriesland und Dithmarschen. Maschinenskript. Heide 2007.
Hermann Friedrich SCHOOF: Dorf-Chronik von Poppenwurth und Haferwisch. Handschrift von 1938, 1987 ergänzt von Dora Thiedemann, PC-Abschrift mit weiteren Ergänzungen 2009 von Barthold Schoof, Schalkholz
Emil SCHRÖDER: Lehrerbildungsanstalten in Memel, Lunden und Ratzeburg. Maschinenskript.
SCHULCHRONIK SÜDERHEISTEDT, Band 2. Nach Auflösung der Schule 1968 in Privatbesitz.

4. Vorträge

Dr. Horst BOOG, Ltr. Wiss. Dir. am Militärgeschichtlichen Forschungsamt a.D.: Der Luftkrieg gegen Deutschland – eine Strategie des Terrors? (1. 9. 2003 in Kiel).
Dr. Sebastian LEHMANN: Führer in der Provinz – Die Kreisleiter der NSDAP in Dithmarschen (27. 1. 2008 in Heide).
Holger PIENING: Kriegsereignisse in Eiderstedt 1939–1945 (29. 10. 2009 in Garding).

5. Häufiger genutzte Internetadressen

http://de.wikipedia.org (größtes Online-Lexikon)
http://www.wlb-stuttgart.de/seekrieg/chronik.htm#Z (Chronik des Seekrieges)
www.bombenkrieg.net
www.chroniknet.de
www.german-navy.de
www.lexikon-der-wehrmacht.de
www.luftfahrtspuren.de
www.lwag.org (Luftwaffe)
www.marinearchiv.de
www.naval-history.net
www.ostfriesischelandschaft.de
www.raf.mod.uk/history/
www.spurensuchesh.de
www.volksbund.de
www.ww2.dk (Luftwaffe)

Gedruckte Quellen

1. Zeitungen

Brunsbüttelkooger Zeitung (bis 1943)

Büsumer Nachrichten (bis 1945)

Eiderstedter Nachrichten (eingestellt mit der Ausgabe vom 25. Mai 1945)

Flensburger Nachrichten (eingestellt mit der Ausgabe vom 9. Mai 1945)

Friedrichstädter Zeitung (bis 1941)

Heider Anzeiger (eingestellt mit der Ausgabe vom 9. Mai 1945)

Husumer Nachrichten (eingestellt mit der Ausgabe vom 21. Juni 1945)

Jeversches Wochenblatt

Kieler Zeitung. Das gauamtliche Organ der NSDAP und amtliche Nachrichtenblatt aller Behörden

Nordwestdeutsche Zeitung/Wesermünder Neueste Nachrichten (Wesermünde)

Oldenburgische Staatszeitung

Ostfriesische Nachrichten

Ostfriesische Tageszeitung

Wilhelmshavener Kurier

2. Zeitungsartikel

DLZ = Dithmarscher Landeszeitung

[Heinrich BAUMANN]: Mobilmachung in Meldorf. In: *Meldorfer Hausfreund* 26.8.1964.

bb (Theodor LÜBBE): Massengrab für Russen am Heider Westermoorweg. Spuren des Zweiten Weltkrieges in Dithmarschen. In: *DLZ* 4. 1. 1979. Und: Luftschlacht über Dithmarschen. Serie in: *Nord- und Südanzeiger* 25. 1. 1984–6. 6. 1984.

Stefan CARL: Ein Cap Hornier aus Thalingburen. 1939 umschifft letzter deutscher Großfrachtsegler das Kap Hoorn – Rudolf Nicolaus war dabei. In: *DLZ* 22. 12. 1999.

Uwe DANKER: Vernichtung der Juden in Ostland. Dunkles Kapitel der Regionalgeschichte. *Flensburger Tageblatt* u.a. 7. 2. 1995.

Jürgen DIETRICH: Heute vor 65 Jahren: Husum macht mobil. In: *Husumer Nachrichten* 26. 8. 2004.

Sönke DWENGER: Kriegswichtige Güter aus Heide. Maschinenfabrik Köster und die Gefangenen blieben von den Bombenangriffen verschont. In: *DLZ* 16. 7. 2005.

hn: Deutsch-britische Gespräche sollten 1939 im Sönke-Nissen-Koog den Frieden retten. In: *Nordfriesland Tageblatt* 8. 5. 1970.

Angela LANGE: „Jeder wußte, daß der Krieg verloren war". In: *DLZ* 6. 5. 1995.

mst: Ein Leben mit Stolpersteinen ist fest umschlossen von Erinnerungen. In: *Sylter Rundschau* 1. 8. 2009.

Katrin NIEHAUS: Zwei Stolpersteine für Ludwig Borstelmann aus Keitum. In: *Sylter Spiegel* 29. 7. 2009.

Holger PIENING: Inselschicksal [Helgoland]. In: *DLZ* 18. 4. 2000. Und: 225 000 Ausländer leisteten im Krieg Zwangsarbeit. Studie des Instituts für schleswig-holsteinische Zeit- und Regionalgeschichte. In: *DLZ* 5. 2. 2002. Und: Westküste 1945 – Im Visier von US-Sammlern. Germany Philatelic Society sucht Dokumente aus dem Internierungsgebiet Dithmarschen. In: *DLZ* 15. 3. 2004. Und: Tagebücher aus einer schweren Zeit/Hunger, Kälte und viel Lebensmut. Für Peter Matthias Nagel aus Marne dauerte der Zweite Weltkrieg sieben lange Jahre. In: *DLZ* 29. 7. 2005. Und: Herrschaftspraxis einer Machtelite. Studie über die Kreisleiter der NSDAP in Schleswig-Holstein/Kreisleiter in Dithmarschen. In: *DLZ* 14. 7. 2007. Und: Schreckensnacht für Friedrichstadts Juden. Vor 70 Jahren verwüsteten SA-Schergen die Synagoge und alle Wohnungen der jüdischen Bürger. In: *DLZ* 8. 11. 2008. Und: Die Glocke der „Schleswig-Holstein" in Schwabstedt/Geheime Konferenz auf Elisabethbay/Im Zug an die Front. Alles in: *DLZ* 29. 8. 2009.

Holger PIENING und Jörg ENGEL: Bruchlandung in Dithmarschen. Vor 60 Jahren: 19 von 20 Crewmitgliedern zweier US-Bomber überleben Abschuss. In: *DLZ* 28. 7. 2003.

Anne Marga SPRICK: Een Seemannslegende to Leevtieden [Herbert Suhr]. In: *DLZ* 15. 12. 2007. Und: Ok över Dithmarschen luur de Gefohr. In: *DLZ* 15. 5. 2010.

Wiebke REIßIG: Stolpersteine auch in Burg. Erinnerung an Willi Max Beenke und Johannes Gerhard Kratzat. In: *DLZ* 18. 10. 2008. Und: Von Waschfrauen und NS-Erziehern – Erinnerungen an die Burger Lehrerbildungsanstalt. In: *DLZ* 8. 5. 2009. Und: Widerstand mit dem Leben bezahlt. In: *DLZ* 3. 7. 2009. Und: Gelitten und aufrecht erlebt. In: *DLZ* 21. 7. 2009. Und: Erinnerung leben lassen. Stolpersteine in Burg verlegt. In: *DLZ* 31. 7. 2009.

ts (Thomas STEENSEN)/xx: Vor vierzig Jahren im Sönke-Nissen-Koog: Der „letzte Versuch" des Birger Dahlerus. In: *Nordfriesland Tageblatt* 11. 8. 1979.

Eckart WITTKE: Vor 70 Jahren: Aufmarsch in Dithmarschen. Unternehmen Weserübung leitet die Besetzung Dänemarks und Norwegens ein. In: *DLZ* 7. 4. 2010.

o.V.: Sylter – von den Nazis gedemütigt und entrechtet. In: *Sylter Rundschau* 1. 8. 2009.

3. Quelleneditionen

AKTEN ZUR DEUTSCHEN AUSWÄRTIGEN POLITIK 1918–1945. Serie D: 1937–1941. 13 Bände. Göttingen 1950–1970. Serie E: 1941–1945. 8 Bände. Götttingen 1969–1979.

AUSWÄRTIGES AMT (Hrsg.): Urkunden zur letzten Phase der dt-poln. Krise. Berlin 1939. Und: Dokumente zur Vorgeschichte des Krieges. Berlin 1939. Und: Die polnischen Greueltaten an den Volksdeutschen in Polen. Berlin 1940.

Helmut HEIBER (Hrsg.): Hitlers Lagebesprechungen. Die Protokollfragmente seiner militärischen Konferenzen 1942–1945. Stuttgart 1962.

Walther HUBATSCH (Hrsg.): Hitlers Weisungen für die Kriegführung 1939–1945. Erlangen 1999.

INTERNATIONALES MILITÄRTRIBUNAL (Hrsg.): Der Prozeß gegen die Hauptkriegsverbrecher vor dem Internationalen Militärgerichtshof. Nürnberg 14. November 1945–1. Oktober 1946. Amtlicher Wortlaut in deutscher Sprache. 42 Bände. Nürnberg 1947–1949.

Kurt MEHNER (Hrsg.): Die geheimen Tagesberichte der deutschen Wehrmachtführung im Zweiten Weltkrieg 1939–1945. 12 Bände. Osnabrück 1984–1995.

Martin MOLL (Hrsg.): „Führer-Erlasse" 1939–1945. Stuttgart 1997.

INSTITUT FÜR ZEITGESCHICHTE (Hrsg.): Akten der Partei-Kanzlei der NSDAP. Rekonstruktion eines verlorengegangenen Bestandes. Sammlung der in anderen Pro-

venienzen überlieferten Korrespondenzen, Niederschriften von Besprechungen usw. mit dem Stellvertreter des Führers und seinem Stab sowie mit Heß und Bormann persönlich. Teil I. München 1983.
Werner RAHN und Gerhard SCHREIBER (Hrsg.): Kriegstagebuch der Seekriegsleitung 1939–1945. Teil A. 68 Bände, Bonn 1988–1995. Beiheft „Vorläufiges Verzeichnis der Abkürzungen, Decknamen und Stichworte; Marine-Quadratkarten“ Bonn 1997.
Percy Ernst SCHRAMM (Hrsg.): Kriegstagebuch des Oberkommandos der Wehrmacht. Eine Dokumentation. Studienausgabe, zusammengestellt und erläutert von Hans-Adolf Jacobsen. Band 1 und 2: 1940/41. Band 3 und 4: 1942. Bonn um 1990.
Gerhard WAGNER (Hrsg.): Lagevorträge des Oberbefehlshabers der Kriegsmarine vor Hitler 1939–1945. München 1972.

Literatur

Ermöglicht ein Titel eine regionalspezifische Zuordnung, so hat diese hier Vorrang gegenüber dem Sachbereich. So sind etwa Bücher über die Bombardierung niedersächsischer Städte unter Regionalliteratur Niedersachsen zu finden und nicht unter Bombenkrieg.

Zweiter Weltkrieg allgemein

Birger DAHLERUS: Der letzte Versuch. London–Berlin Sommer 1939. München 1973 (die schwedische Originalausgabe wurde bereits 1945 veröffentlicht).

Michael FREUND: Geschichte des Zweiten Weltkrieges in Dokumenten. Band I: Der Weg zum Krieg 1938–1939. Freiburg 1953.

Karl-Heinz FRIESER: Blitzkrieg-Legende. Der Westfeldzug 1940. München 1995 (Operationen des Zweiten Weltkrieges, 2)

Bernhard HANSE: Volksbund Deutsche Kriegsgräberfürsorge (Hrsg.): Schicksal in Zahlen. Kassel 2005 (Taschenbuch).

Andreas HILLGRUBER: Hitlers Strategie, Politik und Kriegsführung 1940–1941. Frankfurt/Main 1965.

Andreas HILLGRUBER und Gerhard HÜMMELCHEN: Chronik des Zweiten Weltkrieges. Kalendarium militärischer und politischer Ereignisse 1939–1945. Frankfurt/Main 1966, 2., erg. Auflage Düsseldorf 1978.

Walther HOFER: Die Entfesselung des Zweiten Weltkrieges. Mit Dokumenten. Frankfurt am Main 1964.

Hans Adolf JACOBSEN: 1939–1945. Der Zweite Weltkrieg in Chronik und Dokumenten. Darmstadt 1961.

Karl KLEE: Das Unternehmen „Seelöwe“. Die geplante deutsche Landung in England 1940. Göttingen 1958. Und: Dokumente zum Unternehmen Seelöwe. Göttingen 1959.

Basil LIDDELL-HART: History of the Second World War. London 1970, 6. deutsche Auflage unter dem Titel „Geschichte des Zweiten Weltkrieges“. Wiesbaden 1985.

Heinz MAGENHEIMER: Die Militärstrategie Deutschlands 1940–45. Führungsentschlüsse, Hintergründe, Alternativen. München 1997.

MILITÄRGESCHICHTLICHES FORSCHUNGSAMT (Hrsg.): Das Deutsche Reich und der Zweite Weltkrieg. Zehn Bände. Stuttgart 1979–2008. Band 1: Ursachen und Voraussetzungen der deutschen Kriegspolitik. Stuttgart 1979. Band 2: Die Errichtung der Hegemonie auf dem europäischen Kontinent 1939–Sommer 1941. Stuttgart 1979. Band 4: Der Angriff auf die Sowjetunion. Stuttgart 1987.

Rolf-Dieter MÜLLER und Hans-Erich VOLKMANN (Hrsg.): Die Wehrmacht. Mythos und Realität. München 1999.

OBERKOMMANDO DER WEHRMACHT (Hrsg.): Die Wehrmacht. 1940. Der Freiheitskampf des großdeutschen Volkes. Bearbeitet von Karl Fischer. Berlin 1940.
Manfred OVERESCH: Das Dritte Reich 1939–1945 (Droste Geschichts-Kalendarium Band 2/II). Düsseldorf 1983.
Peter SCHENK: Landung in England. Das geplante Unternehmen „Seelöwe". Der Beginn der amphibischen Großunternehmen. Berlin 1987.
Gitta SERENY: Das Ringen mit der Wahrheit. Albert Speer und das deutsche Trauma. München 1995.
Marlis STEINERT: Hitlers Krieg und die Deutschen. Stimmung und Haltung der deutschen Bevölkerung im Zweiten Weltkrieg. Düsseldorf 1970.
Werner UHLICH: Decknamen deutscher Unternehmen und Vorhaben im Zweiten Weltkrieg. In: Jahresbibliographie der Bibliothek für Zeitgeschichte, 44 (1972), S. 490–534.
VELHAGEN & KLASINGS GROSSER VOLKSATLAS. Hrsg. von Wolfgang Preuss. Bielefeld und Leipzig 1939.
Karlheinz WEIßMANN: Der Weg in den Abgrund. Deutschland unter Hitler 1933 bis 1945. Berlin 1995 (Propyläen Geschichte Deutschlands, Band 9)
Christian ZENTNER (Hrsg.): Der Zweite Weltkrieg. Ein Lexikon. Wien 1998.
Wilhelm ZIEGLER: Großdeutschlands Kampf. Ein Rückblick auf das Kriegsjahr 1939/40 in Politik und Kriegführung. Leipzig 1941.

Besetzung Dänemarks

David BROWN: Naval Operations of the Campaign in Norway, April–June 1940. Neuausgabe Abingdon 2004 (Naval staff Histories).
Fritz Otto BUSCH: Die Kriegsmarine in der Aktion Dänemark–Norwegen. Berlin 1940.
Vilhelm la COUR: Danmark under Besaettelsen. 3 Bände. Kopenhagen 1946–1947.
Douglas C. DILDY: Denmark and Norway 1940. Hitler's boldest operation. Westminster 2007.
Knut HENDRIKSEN: Vaben i klitterne: Noter om det tyske invasionsforsvar i Danmark 1940–1945. 2. Auflage, Vinderup 1985.
Walther HUBATSCH: „Weserübung". Die deutsche Besetzung von Dänemark und Norwegen 1940. 2. Auflage, Göttingen 1960.
INSTITUT FOR SAMTIDSHISTORIE ved Kobenhavns Universitet (Hrsg.): 1940 – Da Danmark blev besat. Historisk status pa 50 ars afstand. Red.: Hans Kirchhoff. Kopenhagen 1990.
Eberhard JÄCKEL: Hitlers Nord- und Westpolitik. In: Thomas Steensen (Hrsg.): Dänemark und die Niederlande unter deutscher Besetzung. Bredstedt 1991, S. 7–14.
Daniel-Erasmus KHAN: Die deutschen Staatsgrenzen. Tübingen 2004.
Siegfried MATLOK (Hrsg.): Dänemark in Hitlers Hand. Der Bericht des Reichsbevollmächtigten Werner Best über seine Besatzungspolitik in Dänemark. Husum 1988.
Gustav MEISSNER: Dänemark unterm Hakenkreuz. Die Nord-Invasion und die Besetzung Dänemarks 1940–1945. Berlin und Frankfurt/Main 1990.
Johan Peter NOACK: Det danske mindretal i Sydslesvig 1920–1945. 2 Bände. Apenrade 1989.

Hans-Martin OTTMER: Weserübung. Der deutsche Angriff auf Dänemark und Norwegen im April 1940. München 1994 (Operationen des Zweiten Weltkrieges, 1).
Henning POULSEN: Die deutsche Besatzungspolitik in Dänemark. In: Robert Bohn, Jürgen Elvert, Hain Rebas und Michael Salewski: Neutralität und totalitäre Aggression. Nordeuropa und die Großmächte im Zweiten Weltkrieg. Stuttgart 1991, S. 369–380. Und: Dänemark unter deutscher Besetzung. In: Thomas Steensen (Hrsg.): Dänemark und die Niederlande unter deutscher Besetzung. Bredstedt 1991, S. 15–20.
René RASMUSSEN: Nordschleswig „heim ins Reich" 1940. In: Grenzfriedenshefte 1/2003, S. 24–28.
Walter RUDOLF: Deutsche Seegrenzen. In: Liber amicorum Judge Shigeru Oda. Band 2. Den Haag 2002, S. 1143–1161.
Hans SCHULTZ HANSEN und Henrik Skov KRISTENSEN (Hrsg.): Sönderjylland under Krig og Besaettelse 1940–1945. Apenrade 2003.
Erich THOMSEN: Deutsche Besatzungspolitik in Dänemark 1940–1945. Düsseldorf 1971.
Rüdiger WOLFRUM: Küstenmeergrenzen der Bundesrepublik Deutschland. In: Archiv des Völkerrechts, Bd. 24, 1986.

Besetzung Rußlands, Reichskommissariat Ostland

Klaus BÄSTLEIN: Das „Reichskommissariat Ostland" unter schleswig-holsteinischer Verwaltung und die Vernichtung der europäischen Juden. In: Beirat für Geschichte/ Landesregierung Schleswig-Holstein (Hrsg.): 50 Jahre nach den Judenpogromen. Reden zum 9./10. November 1983 in Schleswig-Holstein. Kiel, Pressestelle des Landtags 1989, S. 65–85. Und: Völkermord und koloniale Träumerei. Das „Reichskommissariat Ostland" unter schleswig-holsteinischer Verwaltung. In: Alfred Gottwaldt u.a. (Hrsg.): NS-Gewaltherrschaft. Beiträge zur historischen Forschung und juristischen Aufarbeitung, Berlin 2005, S. 217–246.
Otto BRÄUTIGAM: Überblick über die besetzten Ostgebiete während des 2. Weltkrieges. Tübingen 1954.
Bernhard CHIARI: Alltag hinter der Front. Besatzung, Kollaboration und Widerstand in Weißrußland 1941–1944. Düsseldorf 1998.
Alexander DALLIN: Deutsche Herrschaft in Rußland 1941–1945. Eine Studie über Besatzungspolitik. Düsseldorf 1958.
Uwe DANKER: Frühheimkehrer. Schleswig-holsteinische Verwaltungskräfte kehren aus dem „Reichskommissariat Ostland" zurück. In: Ende und Anfang im Mai 1945. Das Journal zur Ausstellung. Kiel 1995, S. 213–217. Und: Der gescheiterte Versuch, die Legende der „sauberen" Zivilverwaltung zu entzaubern. Staatsanwaltschaftliche Komplexermittlungen zum Holocaust im „Reichskommissariat Ostland" bis 1971. In: Robert Bohn (Hrsg.): Die deutsche Herrschaft in den „germanischen" Ländern 1940–1945. Stuttgart 1997, S. 159–185.
Christoph DIECKMANN: Deutsche Besatzungspolitik und Massenverbrechen in Litauen 1941–1944. Täter, Zuschauer, Opfer. Diss. Freiburg 2002.
Jörn HASENCLEVER: Die Befehlshaber der rückwärtigen Heeresgebiete in der besetzten Sowjetunion 1941–1943. Münster 2006.
Max KAUFMANN: Die Vernichtung der Juden Lettlands. München 1947.

Helmut KRAUSNICK und Hans-Heinrich WILHELM (Hrsg.): Die Truppe des Weltanschauungskrieges. Die Einsatzgruppen der Sicherheitspolizei und des SD 1938–1942. Stuttgart 1981.

Rolf-Dieter MÜLLER und Gerd R. UEBERSCHÄR: Hitlers Krieg im Osten 1941–1945. Ein Forschungsbericht. Überarb. Neuausgabe Darmstadt 2000.

Bogdan MUSIAL: „Konterrevolutionäre Elemente sind zu erschießen". Die Brutalisierung des deutsch-sowjetischen Krieges im Sommer 1941. Berlin und München, 2. Auflage 2001.

Armin NOLZEN: Das „Reichskommissariat Ostland". Tatort und Erinnerungsobjekt: Konstruktionen. Tagungsbericht 28. 05. 2009–30. 05. 2009 in Flensburg.

Wulf PINGEL: Von Kiel nach Riga. Schleswig-Holsteiner in der Zivilverwaltung des Reichskommissariats Ostland. In: Zeitschrift der Gesellschaft für Schleswig-Holsteinische Geschichte, Band 122. Neumünster 1997, S. 439–466.

Dieter POHL: Die Herrschaft der Wehrmacht. Deutsche Militärbesatzung und einheimische Bevölkerung in der Sowjetunion 1941–1944. München 2008.

Reinhard POHL: Reichskommissariat Ostland: Schleswig-Holsteins Kolonie. In: Gegenwind/enough is enough in Zusammenarbeit mit anderes lernen: Schleswig-Holstein und die Verbrechen der Wehrmacht, November 1998, S. XIIf.

Walter POST: Unternehmen Barbarossa. Deutsche und sowjetische Angriffspläne 1940/41. Hamburg 1995.

Mechthild ROESSLER: Der Generalplan Ost. Hauptlinien der nationalsozialistischen Planungs- und Vernichtungspolitik. Berlin 1993.

Hans-Jürgen SERAPHIM: Der deutsche Wirtschaftsaufbau in den besetzten Ostgebieten. Braunschweig 1942.

Bernd WEGNER (Hrsg.): Zwei Wege nach Moskau. Vom Hitler-Stalin-Pakt zum „Unternehmen Barbarossa". München 1991.

Hans-Heinrich WILHELM: Die Einsatzgruppe A der Sicherheitspolizei und des SD 1941/42. Diss. 1975, erweitert Frankfurt a.M. u.a. 1996.

Wehrmacht allgemein, Heer, Waffen-SS

Rudolf ABSOLON: Wehrgesetz und Wehrdienst 1935–1945. Das Personalwesen in der Wehrmacht. Boppard 1960. Und: Die Wehrmacht im Dritten Reich. Band IV: 5. Februar 1938 bis 31. August 1939. Boppard 1979. Band V: 1. September 1939 bis 18. Dezember 1941. Boppard 1988. Band VI: 19. Dezember 1941 bis 09. Mai 1945. Boppard 1995.

Hans BREITHAUPT: Die Geschichte der 30. Infanterie-Divison 1939–1945. Bad Nauheim 1955.

GESCHICHTE DES INFANTERIE-REGIMENTS 46. Neumünster, Rendsburg, Eutin, Heide. 1. Oktober 1934 bis 8. Mai 1945. Zum 11. Rgts.-Treffen am 22.–23.9.1984 in Neumünster-Boostedt anläßlich der 50. Wiederkehr der Aufstellung unseres Regiments. Neumünster 1984.

Felix HARTLAUB: Im Sperrkreis. Aufzeichnungen aus dem zweiten Weltkrieg. Hrsg. von Geno Hartlaub. Stuttgart 1955, rororo-Ausgabe Hamburg 1955.

Heinz HÖHNE: Der Orden unter dem Totenkopf. Die Geschichte der SS. 2 Bände, Frankfurt 1969.

Franz KUROWSKI: Deutsche Kommandotrupps 1939–1945. „Brandenburger“ und Abwehr im weltweiten Einsatz. Stuttgart, 3. Auflage 2004.
Philippe MASSON: Die deutsche Armee. Geschichte der Wehrmacht 1935–1945. München 1996.
Rolf-Dieter MÜLLER und Hans-Erich VOLKMANN (Hrsg.): Die Wehrmacht. Mythos und Realität. München 1999.
Rüdiger OVERMANS: Deutsche militärische Verluste im Zweiten Weltkrieg. München 1999 (Militärgeschichtliches Forschungsamt: Beiträge zur Militärgeschichte, 46).
Helmut RÖMHILD: Geschichte der 269. Infanterie-Division. Bad Nauheim 1967.
George H. STEIN: Geschichte der Waffen-SS. Düsseldorf 1969.
Joachim F. WEBER (Hrsg.): Armee im Kreuzfeuer. München 1997.

Deutsche Luftwaffe, Bombenkrieg

Cajus BEKKER: Angriffshöhe 4000. Ein Kriegstagebuch der deutschen Luftwaffe. Oldenburg 1964, 15. Auflage (Taschenbuchausgabe) München 1983.
Winfried BOCK: Die Luftschlacht über der Deutschen Bucht [18. 12. 1939, 1. Teil]. In: Luftfahrt international 2/1983, Herford 1983, S. 73–76
Horst BOOG: Luftkriegsführung im Zweiten Weltkrieg. Ein internationaler Vergleich. Herford 1993 (Militärgeschichtliches Forschungsamt: Vorträge zur Militärgeschichte, 12).
Karl BORN: Rettung zwischen den Fronten. Seenotdienst der deutschen Luftwaffe 1939–1945. 3., überarb. Auflage Hamburg 2001.
Fritz Otto BUSCH: Englands erste Schlappe. Der englische Luftangriff auf Wilhelmshaven. Berlin 1939 (Kriegsbücherei der deutschen Jugend, Heft 16).
Hans-Eduard DETTMANN: Unsere Adler über der Nordsee. Berlin 1940.
Erich HAMPE (Hrsg.): Der Zivile Luftschutz im Zweiten Weltkrieg. Dokumentation und Erfahrungsberichte über Aufbau und Einsatz. Frankfurt a.M. 1963.
Karl Otto HOFFMANN: Ln – Die Geschichte der Luftnachrichtentruppe. 2 Bände. Neckargemünd 1965–1973.
Hans HOLL: Luftkampf über der Nordsee. Sommer 1940 – Einsatzszenen vor Beginn der „Schlacht um England“. Aus der Sicht deutscher und britischer Flieger. Der Landser, Nr. 1462. Rastatt 1986.
Gerhard HÜMMELCHEN: Der Einsatz deutscher Luftstreitkräfte über der Nordsee vom 3. 9. 1939–9. 5. 1940. In: Marine-Rundschau 55, 1958, S. 301–311. Und: Die deutschen Seeflieger 1935–1945. München 1976.
Klaus KIRCHNER: Flugblätter aus England 1939/40/41. Erlangen 1978 (Flugblatt-Propaganda im 2. Weltkrieg, Band 1).
Albert KLAPPROTT: Jagdgeschwader Schumacher räumt auf [Kriegserzählung der Bertelsmann-Reihe „Spannende Geschichten“ zu den Luftschlachten vom 14. und 18. Dezember 1939 in der Deutschen Bucht]. Gütersloh o.J. (um 1940)
Franz KUROWSKI: Seekrieg aus der Luft. Die deutsche Seeluftwaffe im Zweiten Weltkrieg. Herford 1979. Und: Chronik des Bombenkrieges. Würzburg 2006.
Eric MOMBEEK: Reichsverteidigung. Die Geschichte des Jagdgeschwaders 1 „Oesau“. Norfolk 1993.
Sönke NEITZEL: Der Einsatz der deutschen Luftwaffe über dem Atlantik und der Nordsee 1939–1945. München 1995. Dissertation.

JOCHEN PRIEN: Einsatz des Jagdgeschwaders 77 von 1939 bis 1945. Ein Kriegstagebuch nach Dokumenten, Berichten und Erinnerungen. Teil 1: 1934 bis Mai 1941. Hamburg 1992.

Jochen PRIEN, Gerhard STEMMER, Peter RODEIKE und Winfried BOCK: Die Jagdfliegerverbände der Deutschen Luftwaffe 1934 bis 1945. Teil 2: Der „Sitzkrieg". 1. 9. 1939 bis 9. 5. 1940. Teil 3: Einsatz in Dänemark und Norwegen 9. 4. bis 30. 11. 1940. Der Feldzug im Westen 10. 5. bis 25. 6. 1940. Teil 5: Heimatverteidigung 10. Mai 1940 bis 31. Dezember 1941. Einsatz im Mittelmeerraum Oktober 1940 bis November 1941. Einsatz im Westen 22. Juni bis 31. Dezember 1941. Die Ergänzungsjagdgruppen, Einsatz 1941 bis zur Auflösung Anfang 1942. Teil 7: Heimatverteidigung 1. Januar bis 31. Dezember 1942. Einsatz im Westen 1. Januar bis 31. Dezember 1942. Teil 10: Reichsverteidigung 1943. 1. 1. bis 31. 12. 1943. In drei Teilbänden, von denen der erste 2007 und der zweite 2008 herauskam. Alle Eutin o.J. (um 2000)

Carl SCHUMACHER: Der 18. Dezember 1939. Der deutsche Luftsieg über die Royal Air Force in der Deutschen Bucht. In: Gemeinschaft der Jagdflieger (Hrsg.): Jägerblatt für Angehörige ehemaliger Jagdfliegereinheiten. Bd. XII, Nr. 6 (Juni 1963), S. 6–15. Frankfurt am Main 1963.

Royal Air Force

W.R. (Bill) CHORLEY: Bomber Command Losses of the Second World War. Aircraft and Crew Losses. Herausgegeben von der Royal Air Force. Volume 1: 1939–40. Leicester 1992. Volume 2: 1941. Leicester 1993. Volume 3: 1942. Leicester 1994.

Bernhard FITZSIMONS: Warplanes & Air Battles of World War II. London 1973.

Max HASTINGS: Bomber Command. London 1979.

IMPERIAL WAR GRAVES COMMISSION (Hrsg.): The War Dead of the British Commonwealth and Empire. The Register of the Names of those who fell in the 1939–1945 War and are buried in Cemeteries in Germany. Hamburg Cemetery, Ohlsdorf (zwei Bände). Berkshire 1979 und 1981. Und: Kiel War Cemetery. Berkshire 1981.

Norman MACMILLAN: The Royal Air Force in the World War. Volume I: 1919–1940. Volume IV: 1940–1945 (II). London, Toronto, Bombay und Sidney 1942 bzw. 1950.

Martin MIDDLEBROOK und Chris EVERITT: The Bomber Command War Diaries 1939–1945. New York 1985 und Leicester 1996.

Ross McNEILL: Coastal Command Losses of the Second World War. Volume 1: Aircraft and Crew Losses 1939–1941 (mehr nicht erschienen). Leicester 2002.

Alastair REVIE: „... war ein verlorener Haufen." Die Geschichte des Bomber Command der RAF von 1939 bis 1945. Stuttgart 1974.

Christopher SHORES u.a.: Fledgling Eagles. The complete account of air operations during the phoney war and Norwegian Campaign 1940. London 1991.

John WEAL: Bf 109 D/E Aces 1939–41. Oxford 1996. Und: Ju 88, Kampfgeschwader on the Western Front. Oxford 2000.

Sir Charles WEBSTER und Noble FRANKLAND: The Strategic Air Offensive Against Germany 1939–1945. Volume I: Preparation. Volume II: Endeavour. Volume III: Victory. Volume IV: Annexes and Appendices. Alle Bände London 1961 (Her Majesty's Stationery Office [Hrsg.]: History of the Second World War, United Kingdom Military Series).

Kriegsmarine und Handelsflotte

Hans-Jürgen ABERT: Die deutsche Handelsflotte 1870–2000. Sieben Bände. Ratzeburg (Eigenverlag) 2002.

Kurt ASSMANN: Deutsche Seestrategie in zwei Weltkriegen. Heidelberg 1957.

Rolf BATHE: Der Kampf um die Nordsee. Chronik des Luft- und Seekrieges im Winter 1939/40 und des norwegischen Feldzuges. Oldenburg i.O. und Berlin 1941.

Erwin BECKERT und Gerhard BREUER: Öffentliches Seerecht. Berlin und New York 1991.

Gerhard BIDLINGMEIER: Einsatz der schweren Kriegsmarineeinheiten im ozeanischen Zufuhrkrieg. Neckargemünd 1963.

Heinz BONATZ: Die deutsche Marine-Funkaufklärung 1914–1945. Darmstadt 1970. Und: Seekrieg im Äther – Die Leistungen der Marine-Funkaufklärung 1939–1945. Herford 1981.

Jochen BRENNECKE: Das große Abenteuer. Deutsche Hilfskreuzer 1939/45. Biberach/R. 1958.

DEUTSCHER FISCHEREI-ALMANACH 1939. Verzeichnis der Fischerfahrzeuge der Nord- und Ostsee. Hamburg 1938. Hrsg. unter Mitwirkung der Nautischen Abteilung des Admirals der Kriegsmarine, Dienststelle Hamburg, sowie Behörden- und Fischerei-Interessenten.

Ludwig DINKLAGE und Hans Jürgen WITTHÖFT: Die Deutsche Handelsflotte 1939–1945. Die Schicksale aller Seeschiffe über 100 BRT. Sonderausgabe zwei Bände in einem. Hamburg 2001.

Zvonimir FREIVOGEL: Deutsche Hilfskeuzer des Zweiten Weltkriegs. Kaperfahrer auf den Weltmeeren. Stuttgart 2003.

Josef GRÄSER: Nordsee-Patrouille. Als wir gegen England fuhren. Stuttgart 1940 (Nordsee-Vorpostenbootflottille im 1. Weltkrieg in Skagerrakschlacht).

Erich GRÖNER: Die deutschen Kriegsschiffe 1815–1945. 2 Bände. München 1966 und 1968. Fortgesetzt von Dieter JUNG und Martin MAASS. 8 Bände Koblenz 1982–1986.

Dieter JUNG, Berndt WENZEL und Arno ABENDROTH: Die Schiffe und Boote der Seeflieger 1912–1976. Stuttgart 1977.

Arnold KLUDAS: Die Seeschiffe des Norddeutschen Lloyd 1857 bis 1970. Band 2: 1920–1970.

Hans KOHL: Fischdampfer und Walfangboote im Krieg. Der Einsatz der 17. U-Jagdflottille. Hamburg, Berlin und Bonn 2002.

Gerhard KOOP, Kurt GALLE und Fritz KLEIN: Von der Kaiserlichen Werft zum Marinearsenal. Wilhelmshaven als Zentrum der Marinetechnik seit 1870. München 1982.

Gerhard KOOP und Erich MULITZE: Die Marine in Wilhelmshaven. Eine Bildchronik zur deutschen Marinegeschichte von 1853 bis heute. Koblenz 1987.

Gerold KRETSCHMER: Die deutsche Prisenrechtsprechung im Zweiten Weltkrieg. Bonn 1964.

Franz KUROWSKI: Jäger der sieben Meere. Die berühmtesten U-Boot-Kommandanten des II. Weltkriegs (ursprünglich unter dem Pseudonym Karl ALMAN mit dem Titel „Ritter der sieben Meere“). 2. Auflage, Stuttgart 1998.

Richard LAKOWSKI: Die unbekannte Flotte. Die Sicherungsstreitkräfte der Kriegsmarine. Hamburg, Berlin und Bonn 2006.

Albert RÖHR: Handbuch der deutschen Marinegeschichte. Oldenburg und Hamburg 1963.
Jürgen ROHWER und Gerhard HÜMMELCHEN: Chronik des Seekrieges 1939–1945. Oldenburg und Hamburg 1968. Neu herausgegeben von der Bibliothek für Zeitgeschichte, Württembergische Landesbibliothek, Stuttgart 2007 (Online-Version s. Internetadressen).
Stephen W. ROSKILL: The War at Sea. Volume I: The Defensive. Volume II: The Period of Balance. Volume III: The Offensive. Volume IV: 1st June 1944–1th August 1945. London 1954–1961 (Admiralstabswerk; deutsch: Royal Navy. Oldenburg und Hamburg 1961). Und: Der Seekrieg im Wandel der Zeiten. Von Heinrich VIII. bis zur Neuzeit. Tübingen 1964.
Janusz ROSZKO und Jacek ZEBROWSKI: Dziennik dzialan bojowych pancernika „Schleswig-Holstein“ od 25. 8. do 7. 9. 1939. Kriegstagebuch Linienschiff „Schleswig-Holstein“ für die Zeit von 24. 8. bis 14. 9. 1939. Krakau 1995.
Reinhart SCHMELZKOPF: Die deutsche Handelsschiffahrt 1919–1939. Band 2: Liste sämtlicher über 500 BRT großer Schiffe mit allen technischen und historischen Daten. Oldenburg 1975.
Willi SCHULTZ: Das vierte Leben des Linienschiffes Schleswig-Holstein. In: Köhlers Flottenkalender 2006. Hamburg 2005, S. 164–167.
Günther STEINWEG: Die deutsche Handelsflotte im Zweiten Weltkrieg. Göttingen 1954.
Heinrich TRIEPEL: Konterbande, Blockade und Seesperre. Berlin 1918.
UK MINISTRY OF DEFENCE (Hrsg.): Naval staff History of British Mining Operations 1939–1945.

Regionalgeschichte Schleswig-Holstein

AKENS = Arbeitskreis zur Erforschung des Nationalsozialismus in Schleswig-Holstein e.V.
ZEW = Zwischen Eider und Wiedau. Heimatkalender für Nordfriesland
Weitere benutzte Ortschroniken sind in *Westküste 1945* auf S. 252–254 genannt.

Jann ABRAHAM: Die Olversumer und Tönninger Krabbenfischer. Ein Rückblick auf die Fischerei in Olversum und Tönning. Niebüll 2004.
AKENS (Hrsg.): Geschichte und Biografie. Jüdisches Leben, Nationalsozialismus und Nachkriegszeit in Schleswig-Holstein. Festschrift für Erich Koch, als AKENS-Info 33/34, September 1998.
AMT KIRCHSPIELSLANDGEMEINDE ALBERSDORF (Hrsg.): 700 Jahre Kichspiel Albersdorf 1281–1981. Albersdorf 1981.
Max ARNHOLD: Schiffsunglücke vor Helgoland 16. bis 20. Jahrhundert. Hamburg 2008.
Asmus ASMUSSEN, Ferdinand PAULS und Sönnich VOLQUARDSEN (Bearb.): 700 Jahre Tetenbüller Trockenkoog. Traditionen im Eiderstedter Land. Hrsg. vom Festausschuß Drögekoog. Tetenbüll 1985.
Frenz BERTRAM: Über die Kirchenglocken in Schwabstedt – Bimmel, bammel, beier … In: ZEW 1988. Husum 1987, S. 118–134.

Arne BEWERSDORFF: Zwangsarbeitende im Deichbau und Küstenschutz. In: Uwe Danker, Nils Köhler, Eva Nowottny und Michael Ruck (Hrsg.): Zwangsarbeitende im Kreis Nordfriesland 1939–1945. Bielefeld 2004, S. 240–270.

Oskar BEBER: Marne im Wandel der Zeiten. Marne 1954.

Hermann BOLLE (Bearb.): Aus dem Leben der Dörfer Jützbüttel, Osterrade, Süderrade und ihrer Außensiedlungen. Gemeinde Osterrade 2003.

Johanna BRUNKHORST (Hrsg.): 200 Jahre Kronprinzenkoog. Heide 1987.

Uwe DANKER und Astrid SCHWABE: Schleswig-Holstein und der Nationalsozialismus. Handbuch – Lehrbuch – Lesebuch. Neumünster 2005.

Jürgen E. DIETRICH: Kriegschronik der Stadt Husum 1939. In: ZEW 2005. Husum 2004, S. 39–51.

Irene DITTRICH: Heimatgeschichtlicher Wegweiser zu Stätten des Widerstandes und der Verfolgung 1933–1945. Band 7: Schleswig-Holstein. I: Nördlicher Landesteil (mehr nicht erschienen). Frankfurt 1993.

Sabine DRÜKE-CARSTENSEN: Geschichte der Gemeinde Windbergen. Windbergen 2004.

Kurt DUMMANN: Lehe in drei Jahrhunderten. Lunden 1978. Und: 200 Jahre Karolinenkoog. Chronik und Heimatbuch. Breklum 1999. Und: Die Gemeinde Lehe an der Zeitenwende. Eine Dokumentation zum Jahr 2000. Husum 2001.

FÖRDERVEREIN FREUNDESKREIS zur Unterstützung der Polizei Schleswig-Holstein (Hrsg.): Täter und Opfer unter dem Hakenkreuz. Eine Landespolizei stellt sich der Geschichte. Kiel 2001.

Rudolf GASTMEIER: Hundert Jahre Friedrichskoog. Friedrichskoog 1955.

GEMEINDE BÜTTEL (Hrsg.): Büttel an der Elbe. Erinnerungen an ein Dorf zwischen Brunsbüttel und Brokdorf. Oldenburg o.J. (1989).

GEMEINDE DELLSTEDT (Hrsg.): Chronik der Gemeinde Dellstedt. Husum 1991.

GEMEINDE ENGE-SANDE (Hrsg.): Chronik der Gemeinde Enge-Sande. Band I: Chronik des Kirchspiels und des Dorfes Enge. Niebüll, 2. Ausgabe 2008. Band II: Chronik des Kirchspiels Enge und besonders des Dorfes Sande. Niebüll 2008.

GEMEINDE KAISER-WILHELM-KOOG (Hrsg.): Heimatbuch des Kaiser-Wilhelm-Kooges. Kaiser-Wilhelm-Koog 1974.

GEMEINDE WESTERHEVER (Hrsg.): Dorfgeschichte Westerhever. Die Gemeinde im Nordwesten Eiderstedts. Westerhever 2004.

GEMEINDE WROHM (Hrsg.): Chronik der Gemeinde Wrohm. Wrohm 1995.

Bettina GOLDBERG: Verfolgung und Selbstbehauptung. Jüdische Familien in Schleswig-Holstein während der NS-Zeit. In: Zeitschrift der Gesellschaft für Schleswig-Holsteinische Geschichte 2001. Neumünster 2001, S. 95–118.

Ulrike GUTZMANN: Von der Hochschule für Lehrerbildung zur Lehrerbildungsanstalt. Die Neuregelung der Volksschullehrerausbildung in der Zeit des Nationalsozialismus und ihre Umsetzung in Schleswig-Holstein und Hamburg. Düsseldorf 2000.

Hans Peter HADENFELDT (Hrsg.): 500 Jahre St. Annen. 1491–1991. Husum 1991.

Reimer HANSEN: Hans Hartz (1943–2002). Ein deutscher und internationaler Rockmusiker aus Dithmarschen. In: Dithmarschen 4/2008, S. 16–26.

Gerhard HOCH: Volksschullehrer des Dritten Reiches. Die Lehrerbildungsanstalt in Lunden/Dithmarschen. In: AKENS-Info 29, Juni 1996, S. 34–40.

Inge HURTIENNE: Aus den Akten der Ortspolizeibehörde Burg 1934–1944 über Personen, die sich nicht „gleichschalten" ließen. Teil 3. In: Dithmarschen 2/1990, S. 25–31.

Elke IMBERGER: Jüdische Gemeinden in Schleswig-Holstein. Neumünster 1996.
Peter INGWERSEN: Bärenfell im Kohlenstaub. Erinnerungen eines Soldaten und Kriegsgefangenen. Norderstedt 2005.
INSTITUT FÜR REGIONALE FORSCHUNG UND INFORMATION IM DEUTSCHEN GRENZVEREIN UND LANDESINSTITUT SCHLESWIG-HOLSTEIN FÜR PRAXIS UND THEORIE DER SCHULE (Hrsg.): Quellen zur Geschichte Schleswig-Holsteins. Teil III: Von 1920 bis zur staatlichen Neuordnung nach dem Zweiten Weltkrieg. Kiel 1982.
Rudolf JOHANNSEN: Kirchspiel Neuenkirchen im Wandel von 666 Jahren. Ohne Ort (1989).
Boder KETELSEN: Zwischen Segelsbüll und „Huk“. In: ZEW 1978. Husum 1977, S. 184–189.
Erna KLAUS: Erinnerungen an eine Bombennacht in Tönning. In: Mitteilungsblatt der Gesellschaft für Tönninger Stadtgeschichte, Heft 13. Tönning, März 1994, S. 106 bis 110.
Nils KÖHLER und Sebastian LEHMANN: Lager, Ausländerunterkünfte und Kriegsgefangenenkommandos in Schleswig-Holstein 1939 bis 1945. In: Uwe Danker, Robert Bohn, Nils Köhler und Sebastian Lehmann (Hrsg.): „Ausländereinsatz in der Nordmark“. Zwangsarbeitende in Schleswig-Holstein 1939–1945. Bielefeld 2001, S. 103–174.
Walter KROPATSCHECK: Nächte und Tage auf Helgoland. Aufzeichnungen des Inselarztes. Pfullingen 1972.
LANDESZENTRALE für Politische Bildung Schleswig-Holstein (Hrsg.): Ausgegrenzt – Verachtet – Vernichtet. Zur Geschichte der Juden in Schleswig-Holstein. Kiel 1994 (Gegenwartsfragen, 74). Und: Nationalsozialistische Herrschaftsorganisationen in Schleswig-Holstein. Kiel 1996 (Gegenwartsfragen, 79).
Sebastian LEHMANN: Kreisleiter der NSDAP in Schleswig-Holstein. Bielefeld 2007.
Stephan LINCK: Der Ordnung verpflichtet. Deutsche Polizei 1933–1949. Der Fall Flensburg. Dissertation, Paderborn 2000.
Helmut von der LIPPE: „Diese Nacht vergesse ich nie“. Lübeck Palmarum 1942. Eine Stadt im Bombenhagel. Lübeck 1992.
Niklas MANITIUS: Jenseits von Eden. In: das neue band. Mitteilungsblatt der Vereinigung „Die Ehemaligen des Werner-Heisenberg-Gymnasiums e.V.“. 79. Jahrgang, Heft 173, Dezember 2007.
Martin MATTHIESSEN: Erinnerungen aus der ersten Hälfte des XX. Jahrhunderts. Meldorf 1980.
Gerhard MEYER: Lübeck 1945. Lübeck 1986.
Hans MEYER: 5000 Jahre Schwabstedter Geschichte. Schwabstedt 1968.
Karl MICHELSON: Friedrichstadt in den Jahren 1933 bis 1941. Über das Leben in der Stadt im „Dritten Reich“. Erschienen als 55. Mitteilungsblatt der Gesellschaft für Friedrichstädter Stadtgeschichte (Sommer 1998), 550 Seiten.
Gerhard PAUL: Staatlicher Terror und gesellschaftliche Verrohung. Die Gestapo in Schleswig-Holstein. Hamburg 1996. Und: „Flensburg meldet: …!“ Flensburg und das deutsch-dänische Grenzgebiet im Spiegel der Berichterstattung der Geheimen Staatspolizei und des Sicherheitsdienstes (SD) des Reichsführers-SS (1933–1945). Flensburg 1997.

Gerhard PAUL und Miriam GILLIS-CARLEBACH (Hrsg.): Menora und Hakenkreuz. Zur Geschichte der Juden in und aus Schleswig-Holstein, Lübeck und Altona (1918–1998). Neumünster 1998.

Ulrich PFEIL: Vom Kaiserreich ins „Dritte Reich“. Heide 1890–1933. Heide 1997.

Wilhelm PHILIPPSEN: Heimatbuch des Kaiser-Wilhelm-Kooges. Zum 75jährigen Bestehen am 13. März 1949. Uetersen 1949.

Holger PIENING: Als die Waffen schwiegen. Das Kriegsende zwischen Nord- und Ostsee – Die Internierung der Wehrmachtsoldaten 1945/46. Heide 1995; vierte, durchgesehene Auflage 2001. Und: Westküste 1945. Nordfriesland und Dithmarschen am Ende des Zweiten Weltkrieges. Heide 2000. Und: Scheinwerferstellungen im Zweiten Weltkrieg. In: Domaals un hüüt. Veröffentlichungen des Vereins Kombüttler Dörpsgeschichte Heft 10/Dezember 2000, S. 8–11. Und: Warum die Landgesellschaft den Fuchshof kaufte. In: Domaals un hüüt. Heft 28/Dezember 2009, S. 31–34.

Fiete PINGEL und Thomas STEENSEN (Hrsg.): Jüdisches Leben und die Verfolgung der Juden in den Frieslanden. Bredstedt 2001.

Marie-Elisabeth REHN: Heider gottsleider. Kleinstadtleben unter dem Hakenkreuz. Basel 1992. Und: Die Ausländergemeinde in Heide während des Zweiten Weltkrieges. In: AKENS-Info 16, Oktober 1989, S. 4–42. Nachdruck in: Dithmarschen 3/1992, S. 49–56, und 1/1993, S. 8–14.

Brar V. RIEWERTS: Hermann Neuton Paulsen und die Hallig der Jungs. In: ZEW 1968. Husum 1967, S. 50–55. Und: Mit Herz und frischer Brise. Hermann Neuton Paulsen und die Hallig Süderoog. Bredstedt 1990.

SCHLESWIG-HOLSTEINISCHER LANDKREISTAG (Hrsg.): 125 Jahre Kreise in Schleswig-Holstein. Neumünster 1992.

Albrecht SCHREIBER: Als Feuer vom Himmel fiel. Lübecks Passion im Luftkrieg 1942. Lübeck o.J. (1982).

Kurt SCHULTE: Büsum. Von der Insel zum Nordseeheilbad. Eine Chronik. Heide 1989.

Broder SCHWENSEN und Dieter NICKEL: Flensburg im Luftkrieg 1939–1945. Flensburg 2008.

Brigitta SEIDEL: Aufbruch. Pellwormer in der Fremde – Fremde auf Pellworm. Ausstellung 17. 5.–20. 10. 1998. Pellworm 1998 (Schriften des Nordfriesischen Museums Nissenhaus, 45).

Sven SIMON (Hrsg.): Sylt. Abenteuer einer Insel. Hamburg, 2. Auflage 1980.

Christian M. SÖRENSEN: Politische Entwicklung und Aufstieg der NSDAP in den Kreisen Husum und Eiderstedt 1918–1933. Neumünster 1995.

ST. PETER-ORDING. Aus der Ortsgeschichte. Heft 18, 1996.

STADT TÖNNING (Hrsg.): Tönning im Wandel der Zeiten. Bürger schreiben über ihre Stadt. Husum 1990.

Thomas STEENSEN: 19. und 20. Jahrhundert. In: Nordfriisk Instituut (Hrsg.): Geschichte Nordfrieslands. Heide 1995, 2. durchgesehene und aktualisierte Auflage 1996.

Wilhelm STOCK: Heimatbuch Dieksanderkoog. 1935–1960. Friedrichskoog 1960. Teilweise nachgedruckt in: ders.: Chronik der Gemeinde Friedrichskoog. Meerland am Gestade der Nordsee. Rendsburg 1979.

Harald VOIGT: Der Sylter Weg ins 3. Reich. Münsterdorf 1977. Und: Antisemitismus auf Sylt. In: Die Heimat 90 (1983). Und: Die Festung Sylt. Geschichte und Entwicklung der Insel Sylt unter militärischem Einfluß 1894–1945. Bredstedt, 2. Auflage 1994.

Sönnich VOLQUARDSEN: Lebensspuren eines „Schutzhäftlings“. Das Schicksal Ludwig Borstelmanns. In: Nordfriesisches Jahrbuch 1998. Bredstedt 1998, S. 9–37.
Lutz WILDE: Bomber gegen Lübeck. Eine Dokumentation der Zerstörungen in Lübecks Altstadt beim Luftangriff im März 1942.
Jürgen WILKE (Red.): 100 Jahre Werner-Heisenberg-Gymnasium Heide. Festschrift 2003.
Kurt WINTER: Die Fischerei in Büsum. Heide 1984. Büsum – Hafen und Fischerei im 20. Jahrhundert. Teil II: 1930–1959. Selbstverlag (Büsum) 2004.

Regionalgeschichte Niedersachsen

Georg BESSELL: Heimatchronik der Stadt Bremerhaven. Köln 1955.
Chris-G. DALLINGA und Dietrich JANSSEN: Emder Bombenopfer 1940–1945. „Sie gaben ihr Leben“, 1999.
Holger FRERICHS: Der Bombenkrieg in Friesland. Eine Dokumentation der Schäden und Opfer im Gebiet des Landkreises Friesland. 2. Auflage, Jever 1998.
Edgar GRUNDIG: Chronik der Stadt Wilhelmshaven. 2 Bände. Hrsg. von der Stadt Wilhelmshaven. Wilhelmshaven 1957.
Johann HADDINGA: Kriegsalltag in Ostfriesland. Norden 1985.
Dietrich JANSSEN: Emden geht unter. Zerstörung und Kriegsende 1944–1945. Gudensberg-Gleichen 2004.
Hans-Jürgen JÜRGENS: Zeugnisse aus unheilvoller Zeit. Ein Kriegstagebuch über die Ereignisse 1939–1945 im Bereich Wangerooge–Spiekeroog–Langeoog sowie die Lage im Reich und an den Fronten. 2. Auflage, Jever 1991.
Heinz MEYER: Luftangriffe zwischen Nordsee, Harz und Heide. Eine Dokumentation der Bomben- und Tiefangriffe in Wort und Bild 1939–1945. Hameln 1983.
Herbert OBENAUS (Hrsg.): Historisches Handbuch der jüdischen Gemeinden in Niedersachsen und Bremen. 2 Bände. Göttingen 2005.
Herbert REYER: Aurich im Nationalsozialismus. Hrsg. von der Ostfriesischen Landschaft. Aurich 1989.
Rolf UPHOFF: Als der Tag zur Nacht wurde – und die Nacht zum Tage. Wilhelmshaven im Bombenkrieg. Oldenburg 1992.

Quellenkunde

Astrid M. ECKERT: Bundesdeutsche Souveränität und die Rückgabe diplomatischer Akten. In: Aus Politik und Zeitgeschichte 17/2005.
Gerhard ENDERS: Die ehemaligen deutschen Militärarchive und das Schicksal der deutschen Militärakten nach 1945. In: Zeitschrift für Militärgeschichte 8. 1969, S. 559–608.
Paul HEINSIUS: Das Aktenmaterial der deutschen Kriegsmarine. Seine bisherige Auswertung und sein Verbleib. In: Die Welt als Geschichte 13. 1953. Unter dem Titel „Der Verbleib des Aktenmaterials der deutschen Kriegsmarine“ in: Der Archivar. 8. Jahrgang, 1955, Sp. 75 ff.

Anmerkungen

1 Der britische Luftfahrtexperte Dr. Alfred Price hält die deutschen Abschußmeldungen für genauer als die der Alliierten. Dabei hebt er die strengen Anforderungen („rigorous checking") der Abschußkommission der Luftwaffe für die Bestätigungen hervor. Das Verfahren sei gründlicher gewesen als bei den alliierten Luftstreitkräften. Daß deutsche Piloten höhere Abschußzahlen als britische oder amerikanische vorwiesen, führt er auf ihre größeren Möglichkeiten zum Erreichen von Luftsiegen und auf ihre längeren Fronteinsatzzeiten zurück.

2 Ulrich von Hassell wirkte im Widerstand unter anderem mit dem Nordschleswiger Wirtschaftswissenschaftler Professor Jens Jessen zusammen. Schon 1943 diskutierten sie ein Attentat auf Hitler durch einen Offizier. Beide wurden 1944 hingerichtet.

3 Der Bau der TIRPITZ für sich allein genommen stellte noch keine besondere Bedrohung Europas dar. 1938 bis 1939 stellten Großbritannien und Frankreich elf Schlachtschiffe, Dutzende Kreuzer und 42 Zerstörer in Dienst; Deutschland lediglich zwei Schlachtschiffe, zwei Kreuzer und 15 Zerstörer.

4 Dahlerus S. 32

5 Die anderen Höfe des Nissen-Nachlasses hießen Kalkfontein, Karrasland, Lüderitzbucht, Kolmannskuppe, Keetmanshoop und Seeheim.

6 Er konnte nicht ahnen, daß Göring gegenüber Hitler niemals dessen Kriegsplänen widersprach.

7 Internationales Militärtribunal, 8. März 1946 (Vernehmung General Bodenschatz), Protokoll S. 9859 f. Walther Hofer vertrat die Meinung, Dahlerus sollte als „Sondergesandter" Görings „ganz offensichtlich zur Eliminierung der britischen Intervention benutzt" werden (Hofer S. 270; vgl. Militärgeschichtliches Forschungsamt Bd. 1 S. 697, 699). Als Zeuge in dem Nürnberger Kriegsverbrecher-Prozeß bekannte Dahlerus 1946 selbst desillusioniert: „Hätte ich gewußt, was ich heute weiß, so wäre mir klar gewesen, daß meine Bemühungen unmöglich Erfolg haben konnten" (Internationales Militärtribunal, 19. März 1946, Protokoll S. 10943).

8 Das reetgedeckte Refugium „Min Lütten" diente nach Kriegsende britischen Soldaten als Offiziersheim. Über ihren Anwalt Hanns Ziegelhöfer forderte Emmy Göring (1893–1973) die Immobilie 1961 von der englischen Krone zurück. Nach der Rückgabe verkaufte sie das von dem Sylter Architekten Otto Heilmann entworfene Strandhaus. Es befindet sich in Privatbesitz.

9 Noch nach Beginn des deutschen Angriffs auf Polen bemühte sich Dahlerus um eine Verständigung. Erst als Großbritannien am 3. September 1939 in Erfüllung seiner Garantie für Polen Deutschland den Krieg erklärte, gab Dahlerus auf. Er konnte nichts mehr tun, hatte aber für eine gute Sache alles versucht, was in seiner Macht stand.

10 Absolon: Wehrmacht S. 151 f. Eine Flut von Gestellungsbefehlen war am 25. August 1939 aber bereits unterwegs zu den Reservisten.

11 Zuletzt Kraftfahrabteilung 906, siehe Baumann (Zeitungsartikel).

12 Ruge: Küstenvorfeld S. 28.

13 Michelson S. 481. Ein Gedenkstein für die Gefallenen des Infanterieregiments 333 steht in Albersdorf.

14 Der erste Lehrgang in Heide begann bereits am 10.1.1935, also vor Einführung der Wehrpflicht. Bis 1936 war es das Ergänzungs-Bataillon 57.

15 Die 269. Division sammelte aktive und reaktivierte Soldaten sowie Reservisten aus Schleswig-Holstein, Hamburg, Niedersachsen, Oldenburg und Bremen.

16 Der Westpreuße Gerhard Pick, der im Frieden Chef der 15. Kompanie des Ergänzungsbataillons/IR 46 in Heide gewesen war, erhielt am 2.11.1941 als Hauptmann und Kommandeur des II. Bataillons/IR 490 das Ritterkreuz und später (19.8.1944) als Major und Kommandeur des Grenadierregiments 577 das Ritterkreuz mit Eichenlaub. Er war zuletzt Oberst.

17 Römhild S. 13.

18 Knabenbürgerschule; in zahlreichen Schulen der Provinz waren Rucksäcke für den Mobilmachungsfall eingelagert.

19 Bohne S. 2 u.6 (im Quellenverzeichnis unter Maschinenskripte).

20 Die Wehrpflicht wurde 1935 wieder eingeführt. Sie betrug erst ein Jahr und ab 1936 zwei Jahre.

21 Im Februar 1941 wurde der Bereich Ostfriesland mit Nordfriesland zusammengelegt und der Küstenbefehlshaber Ostfriesland in Küstenbefehlshaber Deutsche Bucht umbenannt. Im September 1944 wurde der Küstenbefehlshaber zum Kommandierenden Admiral Deutsche Bucht.

22 Asmussen und andere S. 16: Tagebuchaufzeichnungen des Landwirts Johan Redlef Volquardsen (1902–71) aus dem Trockenkoog.

23 Dinklage S. 22 f., Roskill: Royal Navy S. 28, Bonatz S. 61, *www.wlb-stuttgart.de/seekrieg/39-08.htm*

24 Der 133 Meter hohe Sendefunkmast wenige hundert Meter hinter dem Nordseedeich wurde am 8. 11. 1997 von einer Abbruchfirma umgelegt.

25 Dinklage Bd. 2 S. 167.

26 Die CORRIENTES wurde bei Beginn des deutschen Westfeldzugs am 10. Mai 1940 in Las Palmas liegend von einem französischen Handelsschiff oder U-Boot beschossen. Treffer vom Kaliber 15 cm beschädigten das Schiffsinnere (Dinklage Bd. 2, S. 99 f., 238; Maass S. 430, 432. Schon seit September 1942 konnte das Deutsche Reich seine Etappen in Spanien nicht mehr zur Versorgung von Kriegsschiffen und U-Booten nutzen).

27 Jürgens: Zeugnisse S. 48.

28 Kropatscheck S. 7–9.

29 Jürgens: Zeugnisse S. 83.

30 Zum Beispiel in Büsum. Dort wurden in den Jahren vor dem Krieg jeweils etwa 6000 Kurgäste und KdF-Urlauber gezählt. 1942 stieg die Gästezahl aber von 1300 bereits wieder auf immerhin 4500 an. 1945 war dann wirklich kein Fremdenverkehr mehr möglich.

31 Als Hauptquelle seines Skripts nennt Meyer „Joh. Bertrams Aufzeichnungen, die er 1970 auf meine Veranlassung niederschrieb". Johann Bertram erwähnt aber in seiner Handschrift die SCHLESWIG-HOLSTEIN nicht. Meyers Quelle bleibt in diesem Punkt also verborgen (vgl. Kreisarchiv Nordfriesland, J 22/38).

32 Ab 1936 fuhr das Schiff als PLAVNIK unter jugoslawischer Flagge, 1946 bis zur Außerdienststellung 1961 als UZICE. Im Zeitungsartikel „Die Glocke der ‚Schleswig-Holstein' in Schwabstedt" ging der Verfasser noch davon aus, daß die Glocke von dem 1921 in Dienst gestellten mittelgroßen Dampfer SCHLESWIG-HOLSTEIN (2369 BRT) stamme. Auch Bertram nannte dieses Schiff als alternative Herkunft der Glocke. Die Kriegsmarine wollte es für das Unternehmen „Weserübung" zum Lazarettschiff umbauen und taufte es 1941 in HERKULES um (vgl. Dinklage und Abert). Man hat dabei vermutlich eine neue Schiffsglocke in Auftrag gegeben und die alte abgebaut. Eingehendere Recherchen ergaben jedoch, daß dieses Schiff nur von 1938 bis 1945 SCHLESWIG-HOLSTEIN hieß, zuletzt als Artillerieschulschiff. Davor hieß es HORNCAP, dann YALTA, dann HANSBURG; nach 1945 HERKULES und OCHAKOV. Die Glocke ist aber sicher nicht erst 1938 gegossen worden. Der 1920 gebaute Dampfer SCHWALBE (215 BRT), am 3.10.1944 nordwestlich von Anholt nach Minentreffer gesunken, hieß vorher ELISE SCHRÖDER und dann SCHLESWIG HOLSTEIN (ohne Bindestrich).

33 Im Schlagring 410 Millimeter Durchmesser, Höhe 480 Millimeter (Gutachten vom 9. 10. 1985 des Glockensachverständigen Eberhard Fölster, Hamburg). Fölster erwähnt lediglich, daß die Glocke „angeblich auf einem Schiff gewesen" sei.

34 Meyer: Schwabstedt S. 97 f., Bertram S. 126 f., Dinklage Bd. 2, S. 279, Jürgens: Zeugnisse S. 47, Kludas, Schmelzkopf, Roszko/Zebrowski, Schultz. Internet: *www.marinearchiv.de*, *www.miramarshipindex.org.nz/ship/show/328797* (aus Miramar Ship Index) *www.plimsollshipdata.org/ship.php?ship_id=34454&name=Schleswig-Holstein* (aus Lloyd's Register of Ships 1930–1945)

35 Steinert S. 85. Manitius: Jenseits von Eden.

36 Breithaupt S. 9.

37 Bohne S. 3.

38 Bohne S. 8. Für die 9. Kompanie aus Heide läßt sich der gesamte Marschweg durch die Niederlande, Belgien und Frankreich nachvollziehen.

39 3. Frontbrief der NSDAP-Kreisleitung Norderdithmarschen, 20. 4. 1941.

40 Angaben ergänzt durch Unterlagen der Heider Polizei und des Volksbundes Deutsche Kriegsgräberfürsorge.

41 Hitler bezifferte die Verluste der Wehrmacht in Polen in seiner Reichstagsrede vom 6. 10. 1939 auf 10 572 Gefallene, 3409 Vermißte und 30 322 Verwundete. Die Zahlen wurden später nach oben korrigiert, s. Overmans S. 54.

42 Allein der nur in einem Teil Norderdithmarschens verbreitete *Heider Anzeiger* nennt – nur im September 1939, also auch ohne Vermisste – 13 Gefallene. Für Norderdithmarschen insgesamt ist mit etwa 16 Gefallenen zu rechnen.

43 Ebensowenig war das Heider Bataillon „beim Einmarsch ins Sudentenland mit von der Partie", wie es bei Rehn: Heider gottsleider S. 71 anklingt. An dessen abschnittsweiser Besetzung waren vom 8. bis 24.

Oktober lediglich das I. bis III. Bataillon beteiligt. Um dies zu erkennen, muß die auch von Rehn als Quelle herangezogene Jubiläumsschrift „Geschichte des Infanterie-Regiments 46" genau gelesen werden.

44 Vgl. Breithaupt S. 35, 317.

45 Hans Gollnick ist schon in *Als die Waffen schwiegen* und *Westküste 1945* mehrmals erwähnt worden. Bei Kriegsende war er General der Infanterie und Kommandierender General des 28. Armeekorps, am 15. Mai 1945 ist er zum Wehrmachtbefehlshaber Flensburg ernannt worden (bis 5. 2. 1946!).

46 Das Oberkommando der Wehrmacht nannte in seinem zusammenfassenden Bericht über den Feldzug in Frankreich am 2. Juli 1940 folgende Verlustzahlen: 27 074 Gefallene, 18 384 Vermißte und 111 034 Verwundete. Frankreich beklagte 92 000 Tote, Großbritannien 69 637. Die Wehrmacht nahm 1,9 Millionen französische Soldaten gefangen.

47 Es kam aber bis Juni 1940 zehnmal Ersatz bei der 9./IR 490 an. Von diesen später zur Kompanie gestoßenen Soldaten sind neun mit einem Kreuz versehen.

48 Die 269. Infanteriedivision hatte übrigens in Norwegen ein „Friesen-Bataillon" eingesetzt. Es verteidigte als Untergruppe im Raum Kopervik verschiedene Stützpunkte an der südlichen Westküste – im November 1943 als „Untergruppe Haugesund" ein Stückchen nach Norden verlegt.

49 Quelle ist der 5. Frontbrief der NSDAP-Kreisleitung Norderdithmarschen, in dem die bisherigen Gefallenen, aber nachweislich auch einige Vermisste, namentlich aufgelistet sind nach Zuständigkeitsbereichen der NSDAP-Ortsgruppen. 25 Gefallene kamen demnach aus dem Bezirk der Ortsgruppe Büsum, 5 aus dem der Ortsgruppe Dellstedt, 3 Delve, 1 Dörpling, 78 Heide, 3 Hemme, 7 Hennstedt, 6 Hollingstedt, 3 Kleve, 3 Linden, 20 Lunden, 3 Neuenkirchen, 4 Pahlhude, 8 Rehm-Flehde, 2 Reinsbüttel, 3 Süderheistedt, 1 Süderholm, 2 Schelrade, 2 Schlichting, 1 St. Annen, 2 Stelle-Wittenwurth, 8 Tellingstedt, 1 Tielenhemme, 5 Weddingstedt, 3 Welmbüttel, 24 Wesselburen, 2 Wiemerstedt-Fedderingen, 6 Wöhrden, 7 Wrohm. Außerdem listet der Frontbrief die 3 Luftkriegstoten von Wrohm auf, damit sind es 241 Namen (Stadtarchiv Heide II./1760a).

50 0,4 Prozent der 5,318 Millionen im Zweiten Weltkrieg gefallenen deutschen Soldaten starben 1939, 1,5 Prozent 1940, 6,7 Prozent 1941, 10,8 Prozent 1942, 15,3 Prozent 1943, 33,9 Prozent 1944, 29 Prozent 1945 und die übrigen 1946 und später (Overmans S. 237–243). Die meisten Gemeinden besitzen Ehrenmale für ihre in den Weltkriegen gefallenen Soldaten. Durch bloßes Auszählen der darauf verewigten Namen ließe sich die Zahl der 1939–1945 gefallenen Dithmarscher allerdings nicht ermitteln, denn aufgeführt sind in manchen Dörfern auch (aber selten vollständig) die Angehörigen zugezogener Heimatvertriebener. Wo nicht nähere Angaben dokumentiert wurden, dürfte dies heute kaum noch nachzuholen sein.

51 Heider Anzeiger 6. 7. 1944.

52 Ketelsen S. 187, vgl. Köhler/Lehmann S. 172 und Bewersdorff S. 246.

53 LAS Abt. 454 Nr. 4 II; näheres im Kapitel „Hungertod russischer Gefangener" im geplanten Folgeband.

54 Die Gemeindeämter hatten Polenabzeichen für 10 Pfennig das Stück bei ihrer Kreisverwaltung zu bestellen (Stadtarchiv Friedrichstadt 6-01-8, 5-03-12).

55 Kriegstagebuch Küstenbefehlshaber Nordfriesland (BA-MA RM 45/II 117).

56 Shores S. 49, Moyes S. 368, MacMillan S. 80, Jürgens: Zeugnisse S. 61 u. 63, Frerichs S. 7 f., Mombeek S. 9, Kurowski: Chronik des Bombenkrieges S. 35, Hoffmann: Ln S. 10, Overesch S. 11, Schramm Bd. 2 S. 1149, Zentner: Stichwort „Luftkrieg", Kirchner.

57 Jürgens: Zeugnisse S. 189; Stadtarchiv Heide II./424.

58 Die Prisenordnung vom 28. 8. 1939 „ist nach dem Zweiten Weltkrieg formell nicht außer Kraft gesetzt worden, wurde aber 1964 neu überarbeitet und in der neuen Fassung als ‚Ständiger Befehl' für die Bundesmarine erlassen (Ständiger Befehl der Flotte Nr. 10)", s. Beckert/Breuer S. 350.

59 Ziegler S. 70–73, Hartlaub S. 19.

60 Overesch S. 13.

61 Kropatscheck S. 7.

62 Lakowski S. 40–46, Kohl S. 27.

63 Kurowski: Seekrieg S. 38, McNeill S. 13.

64 BA-MA RM 45 II Nr. 162, Bomber Command Losses 1939 S. 11 f.

65 Kurowski: Luftkrieg S. 69 nennt 17 Uhr als Startzeit von sechs Hampden-Bombern, während Shores S. 50 von zwölf Hampdens schreibt („six Hampdens each from 49 and 83 Squadrons"). Allerdings kann Kurowskis Startzeit von 13 Uhr für die zehn Blenheims, die Wilhelmshaven angriffen, nicht stimmen – trotz Zeitunterschieds. Großbritannien hatte im ersten Kriegsjahr noch die einfache (später doppelte) britische Sommerzeit, also Greenwich mean time plus eine Stunde. Dies entsprach der Mitteleuropäischen (Winter-)Zeit. Deutschland führte erst am 1. April 1940 die Sommerzeit ein (wie im Ersten Weltkrieg!). Sie galt ununterbrochen bis 2.11.1942, als wieder die Normalzeit (MEZ) eingeführt wurde, be-

währte sich aber nicht im Winter. Ab 29. März 1943 gab es die Sommerzeit wieder, aber ausschließlich in der hellen Jahreshälfte.

66 Das Jagdkommando der RAF beschränkte sich zunächst auf die Verteidigung Großbritanniens. Ab 1940 flog es auch Angriffe über dem Ärmelkanal und Nordfrankreich. Im Herbst 1942 übernahm das Fighter Command den ersten Begleitschutz für die herangeschafften US-Bomber vom Typ B-17 und B-24. 1943 wurde es aufgeteilt in „Air Defence of Great Britain" und die „Second Tactical Air Force".

67 Heider Anzeiger 5. und 6. 9. 1939, MacMillan I unter dem 4. 9. 1939 und S. 80–82, Shores S. 50 f., Overesch S. 12, Kurowski: Luftkrieg S. 67–69 und Chronik des Bombenkrieges S. 35, mündliche Mitteilungen von Franz Kurowski an den Verfasser, Brennecke: Schlachtschiff Tirpitz S. 20, Elfrath 1 S. 91, 154, 4 S. 11, 183, 186, Schramm 2 S. 1150, Jürgens: Zeugnisse S. 62–65, Heinz Meyer, Moyes S. 368, Prien: Einsatz des Jagdgeschwaders 77, Teil 1, S. 96–100; BA-MA RL 2 II/53; zu Falke s. Prien u.a.: Jagdfliegerverbände, Teil 2, S. 363, berichtigt in Teil 10/III S. 369; Bomber Command Losses 1939 S. 11–15.

68 In der Literatur heißt es regelmäßig, Held habe den ersten britischen Bomber abgeschossen und Troitzsch dann den zweiten Abschuß im Westen erzielt; z.B. Der erste Tommy. In: Jägerblatt Heft 4/1963, April 1963, vgl. Prien: Einsatz des Jagdgeschwaders 77, Teil 1, S. 97, 100 und Weal: Bf 109, S. 18–20. Der damalige Kommandeur Schumacher widerspricht dem an sehr versteckter Stelle, am Schluß eines Artikels zu einem anderen Thema (Schumacher S. 14: Nochmals: Der erste Tommy). Demnach erzielte Troitzsch den ersten Erfolg bei Wilhelmshaven.

69 Jürgens: Zeugnisse S. 62 u. 64.

70 Gemeinde Büttel S. 30, Gemeinde Kaiser-Wilhelm-Koog S. 71 f., Stock: Dieksanderkoog S. 157, und Friedrichskoog S. 129, 175, Meier: Chronik des Amtes Marne-Land S. 180.

71 Stock: Friedrichskoog S. 175.

72 Stock: Friedrichskoog S. 129.

73 Gemeinde Büttel S. 30.

74 BA-MA RL 21 Nr. 118. Ungenauer ist die Darstellung in der heimatkundlichen Literatur. Demnach überflogen am 3. September (statt richtig 4.) zwei britische Bomber die Stadt Tönning. „Einer wurde von der Flak getroffen und ließ seine explosive Last in den Klei fallen" (Stadt Tönning S. 126).

75 Jürgens S. 85, Moyes S. 368.

76 Luftfahrt-Staatssekretär Captain Harold Balfour erklärte am 28.1.1942 im Unterhaus, der erste deutsche Angriff auf britischen Boden seien die Bomben auf die Orkney-Inseln am 16. März 1940 gewesen, der erste britische Angriff auf deutsches Territorium der Angriff auf Sylt in der Nacht 19./20. März 1940. Bomber Command-Chef Harris schrieb in der US-Zeitschrift Flying („Special Royal Air Force Issue", Ausgabe September 1942): „Die ersten britischen Bomben auf deutsches Festland fielen in der Nacht zum 11. Mai 1940", womit er die Bombenwürfe hinter die deutschen Angriffslinien in Flandern und in den Niederlanden meinte. Auch britische Historiker werten meist den 11.5.1940 als eigentlichen Kriegsbeginn für das Bomber Command.

77 Michelson S. 476: Tagebuch des Max Nommensen aus Friedrichstadt, vom Verfasser ins Deutsche übersetzt.

78 Beber S. 100.

79 Weal: Bf 109, S. 20.

80 u.a. Heider Anzeiger 5. und 6. 9. 1939, Jeversches Wochenblatt, Priller S. 55, Hampe S. 109, MacMillan S. 81.

81 Busch: Englands erste Schlappe.

82 Militärgeschichtliches Forschungsamt Bd. 2.

83 Seelagebericht vom 5. 9. 1939; Internationales Militärtribunal, 7. Mai 1946 (Dönitz' Verteidiger Otto Kranzbühler), Protokoll S. 16090 f.

84 Chorley S. 12 f.

85 Ziegler S. 75 f., Bathe S. 26 f., Böddeker S. 45; Kurowski: Jäger S. 46, 175–177, 229 f., Zentner S. 45, 84.

86 Hudson-Bomber des Coastal Command übernahmen die Überwachung des Gebiets (*www.naval-history.net*).

87 Ruge S. 41.

88 Internationales Militärtribunal, 14. Januar 1946 und 1. Oktober 1946, Protokoll S. 5186, 29710 f.

89 Frerichs S. 8.

90 Kropatscheck S. 8 f.

91 New York Times 9. 9. 1939. Demnach habe es Flakabwehrfeuer und Bombendetonationen gegeben. Voigt berichtet allerdings nichts davon, obwohl er die Sylt betreffenden Kriegstagebücher ausgewertet hat.

92 Prien: Einsatz des Jagdgeschwaders 77, Teil 1, S. 101, 112, Schumacher, Weal: Bf 109, S. 20.

93 Bekker: Angriffshöhe 4000 S. 64–68, Kurowski: Seekrieg aus der Luft S. 52 f., Shores.

94 Oberleutnant Günther Specht meldete je einen Abschuß um 10.01 und 10.05 Uhr, Unteroffizier Helmut Pirch einen um 10.02 Uhr, Unteroffizier Pollack einen um 10.03 Uhr, und Hauptmann Friedrich-Karl Dickoré (alle 3./ZG 26) traf eine Hampden um 10.04 Uhr.

95 Born S. 24; Shores S. 78; Chorley S. 12 u. 17 nennt auch 16 Tote und vier Gefangene. MacMillan beschreibt die Ereignisse unter dem 29. 9. und auf S. 90, Kurowski: Seekrieg auf S. 40 und Jürgens: Zeugnisse auf S. 71.

96 Born S. 26 f., S. 30.

97 Hampe S. 109.

98 Shores S. 78, Chorley S. 15.

99 Jürgens: Zeugnisse S. 75–77.

100 Shores S. 88 f.

101 Dr. Walter Delius (NSDAP) blieb Oberbürgermeister. Bremen hatte sich das Gebiet des Überseehafens gesichert und konnte durch Eingemeindung von acht preußischen Orten seine Stadtfläche verdoppeln. 1947 wurde Wesermünde in Bremerhaven umbenannt und ins Land Bremen eingegliedert.

102 Chorley S. 22. Es könnte ein Flieger aus einer dieser beiden Maschinen gewesen sein, der Anfang Dezember in St. Peter-Böhl anspülte und in Tönning mit militärischen Ehren beigesetzt wurde. Die dortige Fliegerhorstkommandantur legte einen Kranz nieder. Propst Anton Tödt hielt die Trauerrede.

103 Kurowski: Seekrieg S. 41.

104 Shores S. 121.

105 Dinklage Bd. 2 S. 79–81.

106 Jacobsen S. 118 f.

107 Dinklage Bd. II S. 265; in Bd. I auf S. 49 nennt Dinklage den 26. 1. 1940; *www.schiffswrackliste* hat den 25.11.1939, *www.wlb-stuttgart.de/seekrieg/sch-ndx.htm* den 26. 11. 1939 als Verlusttag.

108 Logger: Segelschiff für die Küstenfischerei mit zwei bis drei Masten.

109 Wehrmachtbericht 7. 12. 1939, Bathe S. 434.

110 Jürgens S. 86 f., 92, Prien: Einsatz des Jagdgeschwaders 77 S. 122, Bathe S. 53–56, OKW-Bericht vom 15. 12. 1939 (spricht von Luftkampf im Gebiet der *Nord*friesischen Inseln – dies trifft nur auf Helgoland zu), Wilhelmshavener Kurier 15. 12. 1939, Bock S. 74, Hoffmann: Ln S. 11 f.; Hampe S. 109, Shores S. 130–133, Bomber Command Losses S. 13, 24 f., Fitzsimons S. 30, MacMillan S. 93; BA-MA: Anlagen zum 2. Kriegstagebuch der Fliegerhorst-Kommandantur Jever, 24. 11. 1939 und 8. 8. 1940.

111 Die an der Luftschlacht beteiligten Jäger gehörten zur II./JG 77 in Jever und auf Wangerooge, zum Stab/JG 1 in Jever, zur 10. (Nachtjagd-)Staffel des JG 26 in Jever und zur 3. Staffel der Jagdgruppe 101 in Neumünster. Die Zerstörer gehörten zur I./ZG 76 in Jever.

112 Die Monate Dezember 1939, Januar und Februar 1940 waren 5,2 Grad kälter als gewöhnliche Winter im Durchschnitt der Jahre 1901 bis 2010. Der als besonders streng empfundene Schneewinter 2009/2010 lag nur 1,5 Grad unter dem langjährigen Durchschnitt (Pressemitteilung des Deutschen Wetterdienstes vom 26. 2. 2010).

113 Bathe S. 55.

114 Ruge S. 42 f.

115 Hampe S. 109.

116 Weisung Nr. 23 für die Kriegführung vom 6. 2. 1941 (Hubatsch: Weisungen S. 102)

117 Department of the Navy/Bureau of Ordnance (ed.): German Underwater Ordnance-Mines. 14 June 1946. Restricted. Zitat S. 10: *"The greatest weakness in the mining program was the lack of cooperation between the Navy and the Luftwaffe".*

118 Lübbe: Luftschlacht 1. 2. 1984 (dort ohne Jahreszahl); Schulte S. 55, 138 f.; Winter S. 45.

119 Ziegler S. 80, Bathe S. 26, Bonatz 1970 S. 206, Masson S. 105, Overesch S. 17 u.a.

120 Order in Council framing Reprisals for restricting further the Commerce of Germany, 27th November 1939.

121 Kretschmer S. 254 ff.

122 Zusammenfassender Wehrmachtbericht vom 3. 3. 1940; die Luftwaffe versenkte nach deutscher Zählung allein von Januar bis Mitte Februar 1940 34 Handelsdampfer (und 18 feindliche Vorpostenboote; Bathe S. 67, 83 f.).

123 Prien: Einsatz des Jagdgeschwaders 77 S. 141.

124 Ruge S. 5.

125 Jürgens: Zeugnisse S. 96 f.

126 Die Angaben schwanken zwischen 10 und 20 Seemeilen, wobei 20 am häufigsten genannt werden.

127 Ruge S. 45.

128 Ruge, Rohwer/Hümmelchen, *www.naval-history.net/xDKWW2-4001-10JAN01.htm.* Datum und Hergang sind nicht ganz sicher. Nach einer Meldung der Gruppe West erfolgte die Vernichtung eines briti-

schen U-Bootes bereits am 29. Dezember 1939 durch den SPERRBRECHER IV (OAKLAND). Dessen Crew bemerkte am Nachmittag zwischen Elbe und Weser südöstlich Helgoland ein Sehrohr, rammte das Unterwasserhindernis und stellte anschließend einen Ölfleck fest. Nach anderer Quelle lief vermutlich die HMS SEAHORSE am 29. oder 30. Dezember 1939 auf 55 Grad 26 Minuten Nord und 7 Grad 2 Minuten Ost (das wäre 60 Kilometer westlich von Blavands Huk) auf eine Mine.

129 Ruge S. 45.

130 Die Wehrmacht rechnete diesen Bereich noch zur Deutschen Bucht (Bathe S. 62).

131 Hampe S. 109, MacMillan S. 98. In Voigts Verzeichnis der Luftangriffe auf Sylt fehlt dieses Datum, so daß der Schaden nicht so groß gewesen sein kann.

132 Kurowksi: Jäger S. 233.

133 Diese Schlußfolgerung ergibt sich daraus, daß Chorley in den „Bomber Command Losses" (S. 29) keinen dazu passenden Verlust ausweist.

134 Die Geschichte mit dem deutschen Jäger wird von Jürgens: Zeugnisse S. 103 auf den 22. Februar datiert, paßt aber nur zu dem Abschuß vom 21. Februar, vgl. Shores S. 168, Bathe S. 79, Hoffmann S. 13, Bomber Command Losses S. 29.

135 Shores S. 169.

136 Prien nennt in Jagdfliegerverbände, Teil 2, S. 9 folgende Fakten für die Deutsche Bucht und Nordwestdeutschland: Vom 3. September 1939 bis Mai 1940 meldeten die Jagdflieger und Zerstörerpiloten 54 Abschüsse britischer Gegner (sämtlich zweimotorige Bomber und Aufklärer; lt. Hoffmann S. 15 wurden in diesem Zeitraum etwa 17 bis 20 Prozent der Abschüsse durch die Flak und nicht durch Jäger erzielt, so daß eine Gesamtzahl von rechnerisch 65 bis 70 abgeschossenen britischen Maschinen entsteht – bekanntlich war aber nicht jede Meldung auch wirklich ein britischer Verlust). Die eigenen Kampfverluste beschränkten sich auf sechs Gefallene im Bereich der Deutschen Bucht, keine Gefangenen und ein Verwundeter. 36 *Bf 109* waren infolge Feindeinwirkung mit Schadensgraden von über 60 Prozent abzuschreiben.

137 Voigt, der sich auf das Kriegstagebuch der Fliegerhorstkommandantur Westerland beruft, S. 113. *http://forum.12oclockhigh.net/showthread.php?t=295* schreibt von vier toten Besatzungsmitgliedern beim Einladen.

138 Internationales Militärtribunal, 7. Dezember 1945, Protokoll S. 2816; Bonatz S. 83, Ruge S. 48.

139 Shores S. 179; daß vor Borkum zu dem Zeitpunkt Flakkreuzer oder schwimmende Flakbatterien lagen, ist dem Verfasser nicht bekannt – wahrscheinlich sind einfach Schiffe mit stärkerer Flak gemeint.

140 Shores S. 179.

141 Bei Webster heißt es, Hörnum sei ausgewählt worden, weil die Ortschaft isoliert lag und die Zerstörung des Ziels keine Zivilisten gefährdete (S. 140). Das schließt nicht aus, daß Spiros Informationen genutzt wurden. Spiro starb 1948 an einem Herzschlag. Sein Sohn Rex verkaufte 1953 das Achteckhaus in Westerland (Simon S. 216–223).

142 Simon S. 250, Hampe S. 109, Kurowski: Chronik S. 36, Kurowski: Luftkrieg S. 72 f., Middlebrook S. 30, Shores S. 179 f., Bomber Command Losses 1939 S. 14

143 Förstemann wurde dann an die Westfront verlegt. 1944–1948 war er in englischer Gefangenschaft.

144 Ausgabe vom 22. März 1940.

145 Voigt S. 132–140, Kurowski, Revie, Middlebrook/Everitt, Chorley S. 14; Liddell Hart Centre for Military Archives: Liddell 15/4/129 (1939–1940): Analysis of effectiveness of RAF raid on German seaplane base on Sylt island 19 Mar 1940.

146 Ziegler S. 109.

147 Laut Voigt S. 247 erfolgte der Abschuß dagegen „nordöstlich List".

148 Zum Beispiel warf die Minenschiffgruppe Nord am 26./27. Januar als Nordverlängerung die Minensperre 20 „Pommern" aus und am 27./28. Januar die Sperre 21 „Oder". Einen Monat später wurde als dritter Teil der Nordverlängerung die Sperre 23 „Swine" gelegt, zwischen den Shetland-Inseln und dem Korsfjord bei Bergen in Norwegen.

149 Internationales Militärtribunal, 17. Mai 1946 (Vernehmung Raeder), Protokoll S. 17212; 22. Mai 1946 (Vernehmung Schulte-Mönting), Protokoll S. 17704 f.

150 Hubatsch: „Weserübung", Ottmer, Jäckel S. 10, Brown. Eine breite Schilderung der Ereignisse enthalten u.a. Shores S. 213–325 und die Netzseiten *www.chakoten.dk/cgi-bin/fm.cgi?lang=dk&n=591* und *www.milhist.dk/besattelsen/9april/9_april_dk.htm*

151 Tabelle bei Schramm Bd. 1, S. 60E.

152 ERICH GIESE war am 31. 8. 1939 vom Sperrzeugamt Cuxhaven als Minenschiff ausgerüstet worden, HANS LÜDEMANN am 1. 9. 1939.

153 Hellmuth Heye trat 1914 in den Marinedienst ein und brachte es im Zweiten Weltkrieg zum Vizeadmiral. Er vertrat 1953 bis 1961 als CDU-Politiker den Wahlkreis Wilhelmshaven-Friesland im Bundestag und war anschließend Wehrbeauftragter.

154 Die ADMIRAL HIPPER führte danach im Nordmeer Handelskrieg, nahm Brennstoff vom Tanker DITHMARSCHEN über und war am 11. August wieder in Wilhelmshaven.
155 Ruge S. 50.
156 Quelle u.a. *www.dengang.dk/readarticle.php?article_id=185*
157 Brown S. 45 f., *www.naval-history.net*
158 Zahlreiche Schiffe von der deutschen Nordseeküste waren nun in Skandinavien wiederzufinden. So lief am 15. April 1940 die UTLANDSHÖRN in Oslo ein, gefolgt am 16. April von der HOHENHÖRN, am 20. April die SCHARHÖRN und am 29. April die EIDER.
159 Prien: Einsatz des Jagdgeschwaders 77, Teil 1, S. 199 ff. Auch Prien u.a.: Jagdfliegerverbände, Teil 2, S. 464.
160 Die II./JG 77 besetzte die dänischen Flughäfen von Husum aus. In einem Zeitungsartikel heißt es, sie landeten dort „von ihrem Einsatz gegen Dänemark und Norwegen zurückkehrend" (Dietrich: Heute vor 65 Jahren).
161 Wittke (Zeitungsartikel).
162 Akten zur deutschen auswärtigen Politik 1918–1945. Serie D, Bd. IX, Frankfurt 1962, Nr. 77, S. 93. Weitere Quellen zur deutschen Besetzung Dänemarks im Literaturverzeichnis: Zweiter Weltkrieg allgemein.
163 Rudolf S. 1154, Wolfrum S. 267, Khan S. 347.
164 Chorley S. 39, Shores S. 267.
165 Bathe S. 204, 213 f., 221.
166 Voigt S. 249.
167 Die von Paulsen geborgenen Leichen wurden am 3. Mai 1940 auf Pellworm beerdigt. Voigt S. 171, Chorley S. 41, Shores S. 290.
168 McNeill; bei Jürgens: Zeugnisse S. 119 ist die Rede von einem *holländischen* zweimotorigen *Lockheed*-Bomber (also *Hudson*) den Jäger vor Norderney abschossen. Mc Neill nennt aber die Zugehörigkeit zum Coastal Command und den britisch klingenden Pilotennamen I.L. Gray.
169 Dies könnte die nach einem Nachteinsatz nach Hamburg vermißte *Hudson I* des Coastal Command sein, ebenfalls vom 206. Squadron.
170 Das Läuten der Kirchenglocken wurde vielfach als örtliche Besonderheit wahrgenommen und nach dem Krieg teilweise als Zeichen für eine NS-freundliche Gesinnung des Pastors mißdeutet. Tatsächlich aber erfolgte es landauf landab auf Anweisung der Kirchenleitung. Interessant wären Angaben, in welchen Gemeinden nach den Feldzügen n i c h t geläutet worden ist.
171 Dagegen laut Ruge S. 55 bei Räumung einer britischen Minensperre vor der Ems gesunken.
172 Bomber Command Losses 1940 S. 92
173 Jürgensen: Zeugnisse S. 140, 146.
174 St. Peter-Ording, Heft 18, S. 145.
175 KANF Z-665, S. 13; Mitteilung von Kurt Klug; Riewerts: Paulsen und Herz
176 Allein bis zum 31. August 1940 verloren die Deutschen in der Luftschlacht um England 252 Jagd- und 215 Bombenflugzeuge (zusammen 467). Die Briten verloren 359 Flugzeuge. Bis 31. Oktober lagen die Verluste der Luftwaffe bei 1733 und die der Royal Air Force bei 915 Maschinen.
177 Am 27. 8. 1940 verkürzte Hitler den Landungsabschnitt auf die englische Südostküste zwischen Folkestone im Osten (westlich von Dover) und Eastbourne im Westen, ein Küstenabschnitt von 140 Kilometern Länge, Luftlinie nur etwa die Hälfte. Das war die „kleine Lösung".
178 Übrigens erhielt die Marineartillerieabteilung 244 im Jahr 1941 die Großbatterie „Schleswig-Holstein" mit riesigen 41-cm-Geschützen.
179 BA-MA RM 20/2155.
180 Voigt S. 155–160.
181 Gröner Band 8/2, S. 282–305.
182 Von Dezember 2009 bis März 2010 zeigte das Schifffahrtsmuseum Nordfriesland in Husum die Sonderausstellung „Operation Seelöwe – aus idyllischem Provinzhafen in den Kriegseinsatz 1940".
183 Winter II S. a26–a29.
184 Geschildert nach Schulte S. 144 f. und Winter S. 45 f.
185 Christiansen hatte 1927/28 den berühmten „Flieger von Tsingtau", Gunther Plüschow, für eine Forschungsreise mit seinem damaligen Kutter FEUERLAND nach Chile gebracht. Dieses erste Schiff mit Namen FEUERLAND fuhr 2005 noch als Fähre zwischen den Falklandinseln, bis es der Würzburger Bernd Buchner wiederentdeckte und kaufte. Es wird in Harburg für den Büsumer Museumshafen restauriert. – Nach dem Unternehmen S e e l ö w e erhielt Christiansen ein Kommando im Mittelmeer. Danach kam er nach Büsum zurück und fuhr als Minensucher zwischen Cuxhaven und List. Von Juni 1943 bis Juli 1945 war er im Seenotdienst in der Nordsee tätig. 1950 gehörte er zu den Büsumer Nordseefischern,

die sich wegen der erdrückenden holländischen und dänischen Konkurrenz eine neue Existenz in Chile aufbauten.

186 Geschichte des Infanterie-Regiments 46, Teil III S. 29.

187 Am 15. Dezember 1940 waren alle Husumer Kutter in ihren Heimathafen zurückgekehrt.

188 KANF B 3-1137, 1152 und 1166. Auch mindestens drei im Fahrgastbetrieb eingesetzte Motorboote wurden von der Kriegsmarinedienststelle Hamburg eingezogen und gingen durch Kriegseinwirkung verloren: die HILLIGENLEI von Schiffer Hans Jacob (Langeneß), als D 19 P mot. in Dünkirchen eingesetzt, die BETTY von Stelter (Wyk), zunächst in Emden, und die VIKTORIA aus Wittdün, gesunken am 23. 4. 1942 (KANF B1-669 und 738 und B2-1843).

189 Kurowski: Jäger S. 387.

190 Kurowski: Jäger S. 388. Im Dezember 1940 fuhr Topp, inzwischen Kaleu, mit dem neuen U 552 und dem größten Teil der U 57-Besatzung nach Erprobungsfahrten in der Ostsee bei Eisgang durch den Kaiser-Wilhelm-Kanal. Operationsgebiet war der Nordatlantik.

191 Im April 1943 schleppte man die ADMIRAL HIPPER wegen Gefährdung durch Fliegerangriffe von Wilhelmshaven nach Pillau. Einen letzten Einsatz erlebte das Schiff bei der Flüchtlingsrettung aus Gotenhafen. Mit 1500 Flüchtlingen an Bord erreichte sie am 2. Februar 1945 Kiel. Nur einen Tag später erhielt sie bei einem Bombenangriff auf die Ostseestadt einen Volltreffer. Ein weiterer Angriff in der Nacht vom 9. auf den 10. April traf die HIPPER wieder schwer und zerstörte die Aufbauten weitgehend. Teile der Besatzung wurden nun Erdeinsätzen zugeteilt, unter anderem Marinepanzerjagdkommandos. Die Restbesatzung sprengte das Wrack am 3. Mai 1945 im Dock der Deutschen Werke in Kiel.

192 1951 zog Hessler mit seiner Firma von Brunsbüttel nach Bochum-Gerthe. 1968 starb er im Alter von 58 Jahren in Bochum-Laer. 1996 berichteten seine Witwe Ursula und sein Sohn Klaus Hessler als Zeitzeugen in der ZDF-Chronikreihe „Hitlers Helfer" von Guido Knopp über „Dönitz: Der Nachfolger".

193 Bomber Command Losses S. 127.

194 Arnhold S. 65 f., 158.

195 Nach dem Krieg Unterkunft für Besatzungstruppen, später für Privatfirmen. Am 2. Januar 1956 rückten in die Ebkeriege-Kaserne die ersten Freiwilligen der Bundesmarine überhaupt ein, bis 2008 Zentrum für Nachwuchsgewinnung der Marine, danach noch Marinemusikkorps Nordsee.

196 Kollhorst schreibt (S. 57) über die Kriegsjahre insgesamt: „Etwa 1000 Brandbomben werden zwischen der Heese und dem Dorf abgeworfen."

197 Rohwer/Hümmelchen hat 30.11.1940 als Datum, Dinklage/Witthöft 31. 12. 1940.

198 Ende 1951 zum Abwracken in Hamburger Werft (Gröner Bd. 8/1 S. 229).

199 Laut Dinklage/Witthöft hieß der Dampfer P.L.M. 24; 1921 in Frankreich gebaut.

200 Laut Hampe flog die Royal Air Force 1939 und 1940 155 Angriffe auf das Reichsgebiet (S. 304). Die schon beschriebene Nadelstichtaktik der Störangriffe raubten der Bevölkerung den Schlaf und machte aggressiv. Die Gestapo Wilhelmshaven meldete aus ihrem Bereich eine Häufung der Unpünktlichkeit am Arbeitsplatz und Aufsässigkeit gegen Arbeitgeber.

201 Gemeinde Westerhever S. 195 f.

202 Luftangriffe sollen auf Ziele der englischen Wehrwirtschaft konzentriert werden, befahl Hitler in seiner Weisung Nr. 23 für die Kriegführung am 6. Februar 1941. „Von planmäßigen Terrorangriffen auf Wohnviertel und von Angriffen gegen Befestigungsanlagen an den Küsten ist dagegen kein kriegsentscheidender Erfolg zu erwarten." Damit endete die Luftschlacht um England, endgültig wurde sie am 10. Mai 1941 aufgegeben.

203 Jürgens: Zeugnisse S. 182.

204 Kurowski: Jäger S. 191.

205 Laut Rohwer/Hümmelchen und Dinklage/Witthöft durch Minentreffer gesunken.

206 *www.schiffswrackliste.de* nennt einen finnischen Frachter RAINER mit 2609 BRT, gesunken nördlich von Norderney-Leuchtturm.

207 Bathe S. 46. Kommodore Ahrens hat seine Erinnerungen damals in seinem Buch „Die Siegesfahrt der BREMEN" (Berlin 1940) festgehalten.

208 Ruge S. 42.

209 Tiesenhausen gerät 1942 in britische Gefangenschaft und wird mit anderen im Lodgemore Camp bei Sheffield gefangenen U-Boot-Kommandanten im November 1947 aus repatriiert und in Holstein entlassen.

210 Chorley 1941 nennt Eddelak als Absturzort, berichtigt aber im Band 1945 S. 218 in Averlak.

211 Der Schwerpunkt der Kriegsmarine sollte laut Hitlers Weisung Nr. 21 für den Fall B a r b a r o s s a vom 18. 12. 1940 „auch während eines Ostfeldzuges eindeutig gegen England gerichtet" bleiben.

212 Geschichte des Infanterie-Regiments 46, Teil III S. 28.

213 Der Deutsche stirbt im Januar 1992 (Chorley 1941, S. 56). In Chorleys Nachtrag im Band 1943, S. 488, ist als Absturzort kurioserweise „Grünlaus“ angegeben. Der Absturz ist auch erwähnt in Stadt Tönning S. 131 und im 13. Mitteilungsblatt der Gesellschaft für Tönninger Stadtgeschichte.

214 Die Ortsbezeichnung Platenhörn ist bei Chorley nicht unter dem Jahr 1941 genannt, sondern in dem im Band 1945 enthaltenen Nachtrag (S. 218).

215 Jürgens: Zeugnisse S. 208.

216 Dummann: Zeitenwende S. 316 (Aus alten Zeitungen, unter dem 13. 6. 1941).

217 Hoch: Volksschullehrer. Danker/Schwabe S. 62 nennen Knoop fälschlich den „strammen Leiter“ der LBA Lunden. Weiterführende Literatur zur Lehrerbildung: Gutzmann S. 599–609. Zu Hartz neuerdings auch Reimer Hansen.

218 Mit Beginn der sowjetischen Winteroffensive im Januar 1944 mußte die 30. Infanteriedivision den Rückzug auf die „Panther-Stellung“ antreten. Im Sommer Rückzugskämpfe bis ins Baltikum, ab Oktober 1944 im Kurland. Im Mai 1945 ging die Division im Memelland in sowjetische Gefangenschaft. Am Ende bestand sie nur noch aus vier Bataillonen, kaum ein Viertel der Stärke von 1943.

219 Absturzort lt. Chorleys Nachtrag im Band 1945, S. 218. In seinem Nachtrag im Band 1943, S. 488, war nur von Ostenfeld, 11 km ostsüdöstlich von Husum die Rede. Anders in Kühl/Petersen S. 117: Demnach stürzte am 26. Juni eine *Short Stirling* in Schwesing ab, wobei es drei Tote und zwei Verwundete gegeben habe.

220 Dagegen kolportiert Heide die Gefangennahme von sechs Mann, vermutlich eine anfängliche Fehlinformation. In der „Dorfgeschichte Westerhever“ (Hrsg. Gemeinde Westerhever, S. 281) heißt es, im Juni und August 1941 wurden die Leichen zweier englischer Flieger und eines unbekannten englischen Soldaten angeschwemmt. Das könnten also schon drei der vier gefundenen Leichen sein. Diese Toten vom Westerhever-Strand wurden mit einer Ansprache auf dem Friedhof der Namenlosen beigesetzt. Weitere fünf Gräber britischer und alliierter Personen kamen hinzu. Die Bemerkung, daß sie in ihre Heimat überführt worden seien, ist nicht ganz richtig, vielmehr führte die Besatzungsmacht britische Leichname auf zentralen Soldatenfriedhöfen in Deutschland zusammen.

221 Siehe Chorley 1941 und seinen Nachtrag im Band 1943, S. 488.

222 Gemeinde Dellstedt S. 114.

223 Gemeinde Wrohm S. 172 f.

224 Beigesetzt auf dem Lister Kirchenfriedhof; 1945 werden die Leichname umgebettet nach Kiel.

225 Prien u.a., Teil 5 S. 73. Abstürze ohne Todesfolge werden im weiteren nur noch für den Raum Nordfriesland/Dithmarschen erwähnt, weil es ihrer zu viele gab.

226 Gemeinde Enge-Sande Bd. II, S. 84, 135, 160.

227 Früherer Name KURT SANDKAMP; dazu enthält die Akte BA-MA RM 45 II/160 der Hafenschutzflottille Borkum einen Bericht.

228 Philippsen S. 72.

229 Moll S. 216.

230 Frerichs S. 112.

231 Mombeek S. 83 und Prien u.a., Teil 5 S. 101.

232 Die GNEISENAU endete 1945 als Blockschiff vor Gotenhafen. Der Schwere Kreuzer PRINZ EUGEN lag bei Kriegsende im Schwimmdock der Kriegsmarinewerft Wilhelmshaven. Er wurde US-Beute, überstand noch als Zielschiff die beiden Atombombenversuche der USA 1946 im Bikini-Atoll, kenterte aber kurz darauf. Eine der drei gewaltigen Schiffsschrauben ist vor dem Marine-Ehrenmal in Laboe ausgestellt.

233 Mombeek S. 83.

234 Voigt S. 172. Die Briten gingen von einem Schiffsflaktreffer und Absturz in die Helgoländer Bucht aus. Die vier toten Besatzungsmitglieder wurden zunächst in Westerland beerdigt.

235 Jürgens: Zeugnisse S. 266 und 269.

236 Ausführlich schildert der Marineschriftsteller Fritz-Otto Busch die Eisnotrettung vom 5. März 1942 in dem Heft „Packeis vor Langeoog. Nach Originalunterlagen und Augenzeugenberichten“ aus der DGzRS-Reihe „Katastrophen zur See“.

237 In: Institut: Quellen zur Geschichte Schleswig-Holsteins, S. 129–132. In Lübeck wollte die RAF herausfinden, wieviel eine bekannte Anzahl von Flugzeugen von der Stadt zerstören konnten. Auch dem Briten MacMillan scheint es „mehr ein Terrorangriff als ein wohldefinierter militärischer Zweck“ gewesen zu sein (MacMillan IV S. 94).

238 Steinert S. 286.

239 Jochen von Lang schreibt: „Bei anderer Gelegenheit meinte der Propagandaminister, es sei ein Glück, daß die Bomben vorwiegend die Städte im Norden träfen, denn die Holsteiner, Friesen und Niedersach-

sen seien härter im Nehmen als die Süddeutschen" (Die Partei, Taschenbuchausgabe München 1991, S. 313). Auch Hitler war „froh, daß die englischen Luftangriffe den bestrassischen Teil unseres Volkes treffen. Der behält noch die beste Haltung" (Goebbels-Tagebuch 1. 4. 1941 nach dem Angriff auf Wilhelmshaven).

240 Es war mitunter festzustellen, daß ein Leichnam im Wasser in Monatsfrist vom Bereich der deutsch-holländischen Grenze bis zu den Nordfriesischen Inseln gelangte.

241 In Philippsens Koogschronik S. 72 ist das Abschußdatum nicht ganz richtig mit „Nacht zum 5. Mai 1942" angegeben.

242 Jürgens: Zeugnisse S. 287, Lappöhn S. 94, Gastmeier S. 129.

243 Chorley 1942 schreibt Emden und berichtigt im Nachtrag im Band 1943 S. 491 in Norderney.

244 Lübbe: Zeitungsartikel Luftschlacht 14. 3. 1984.

245 Schulte: Büsum S. 143.

246 Erinnerung des Marinesoldaten Klaus Goritzki auf der Internetseite *http://www.pust-norden.de/dan_ww2.htm*

247 Chorley im Nachtrag im Band 1943 S. 493.

248 Prien u.a., Teil 5, S. 101.

249 Abgeschossen möglicherweise von Leutnant Gerhard Raht (Stab II./NJG 3), der um 1.09 Uhr südwestlich Pellworm einen Luftsieg meldete. Chorley nennt unter 1942 Tönning als Absturzort, korrigiert diese Angabe aber im Nachtrag im Band 1943 S. 492 in Sankt Peter, 30 km westsüdwestlich Tönning. Die Leichname werden nach dem Krieg nach Kiel überführt.

250 Chorleys im Nachtrag im Band 1943 S. 492.

251 Chorley nennt zunächst Abschuß durch Nachtjäger als Absturzursache und im Nachtrag 1943 S. 492 einen Treffer durch Flak.

252 Chorley, Frerichs S. 139.

253 Bei Chorley fehlt der Absturz. Angaben nach Voigt S. 165 f. und *www.polishsquadronsremembered.com*

254 Chorley nennt im Nachtrag im Band 1943 S. 492 etwas ungenauer die Eidermündung südwestlich Tönning. Der Ort ergibt sich aus dem für den Folgeband *Nordseeküste im totalen Krieg 1943–45* vorgesehenen Anhang „Abgeschossene Flugzeuge im Abschnitt Brunsbüttel 1940–1945", wonach bereits das Zielfeuer der im südlichen Dithmarschen stationierten Flak das Flugzeug getroffen hat. Es flog dann noch zig Kilometer nach Norden weiter bis vor den Grothusenkoog (ortskundige Zeitzeugen schließen aus, daß der drei Kilometer weiter westlich gelegene Eckhof in St. Peter gemeint ist). Vermutlich ist dieser Absturz derselbe, den Lübbe unter diesem Datum „nördlich von Hillgroven" (Norderdithmarschen) verortet, wobei er allerdings von fünf mit dem Fallschirm abgesprungenen Männern berichtet, die „von Zollbeamten gefangengenommen" worden seien, s. Lübbe: Luftschlacht (Zeitungsartikel) 14. 3. 1984.

255 Philippsen S. 72.

256 Kriegstagebuch der Seekriegsleitung.

257 Prien: Jagdfliegerverbände, Teil 7, S. 33. Laut Frerichs S. 154 in der Nähe des Forsthauses Upjever. Prien schreibt aber im selben Band auf S. 47 von einem Absturz nach Luftkampf bei Pfahlhausen – eine Bauerschaft im Süden des Kreises Wesermarsch.

258 Voigt S. 250.

259 Chorley im Nachtrag im Band 1945, S. 219. Vier der fünf Toten werden in Oldenburg beigesetzt.

260 Philippsen S. 72 f.

261 Jürgens: Zeugnisse S. 330.

262 KANF D 31/2232.

263 Laut Rohwer/Hümmelchen bei Terschelling.

264 Baumann (Zeitungsartikel).

265 Der Vorfall muß zwischen 1941 und 1943 gewesen sein, vgl. Sprick (Zeitungsartikel).

266 Johannsen S. 39.

267 Das ergibt sich aus der Luftschutz-Übersicht des Wehrmachtkommandanten 1939–1943, s. Koop/Mulitze S. 145.

268 1944 verfügte die Kieler Gestapo in Schleswig-Holstein über etwa 350 V-Leute und Gewährspersonen. Viele waren zu dem Zeitpunkt Ausländer, die die in jedem größeren Ort vorhandenen Zwangsarbeiterlager überwachen sollten.

269 Paul: Flensburg meldet S. 32 f., 44.

270 Paul: Terror S. 266.

271 Karl Wolff blieb bis zum 31. März 1946 Landrat in Eiderstedt. Anschließend leitete er als Oberkreisdirektor die Eiderstedter Verwaltung bis Ende November des Jahres.

272 In der Gestapo-Außenstelle Heide arbeiteten nur Oesau, ein weiterer Beamter, ein Soldat der Waffen-SS und zwei Stenotypistinnen. Hauptamtlicher Geschäftsführer der SD-Außenstelle Heide war Boy Stöhrmann. Bürgermeister Karl Herwig war der ehrenamtliche Leiter. Er ließ die Dienststelle drei Wochen vor der Kapitulation auflösen (Rehn: Heider S. 86).
273 Linck S. 331 f., Förderverein S. 139.
274 Paul: Flensburg meldet S. 310–312, 314. Nach anderen Zahlen schrumpfte die dänische Minderheit von 3900 Mitgliedern 1933 auf 2700 im Jahr 1945.
275 Dittrich S. 131.
276 Hurtienne S. 28.
277 Danker/Schwabe S. 105, *Westküste 1945* S. 46 f.
278 Piening: Schreckensnacht (Zeitungsartikel).
279 In den Zahlen sind auch Personen enthalten, bei denen von einem Verfolgungsschicksal auszugehen war, zu denen jedoch keine konkreten Verfolgungsdaten vorliegen und Personen, die den Freitod der Deportation vorzogen (*www.bundesarchiv.de/gedenkbuch/*).
280 Dummann: 200 Jahre S. 211; Dittrich S. 85. Zeitungsartikel Lange. Mündliche Mitteilungen Harro Stange, Kurt Dummann und Henning Peters jun.
281 LAS Abt. 352, Lübeck, Nr. 1673, Blatt 168 f.
282 Wulf Pingel S. 449.
283 Reinhard Pohl.
284 Der Befehlshaber der Einsatzgruppe A, SS-Brigadeführer Walter Stahlecker, meldete in seinem Bericht vom 31. Januar 1942: „Die systematische Säuberungsarbeit im Ostland umfaßte gemäss den grundsätzlichen Befehlen die möglichst restlose Beseitigung des Judentums. Dieses Ziel ist mit Ausnahme von Weissruthenien im wesentlichen durch die Exekutionen von bislang 229 052 Juden erreicht." Vgl. auch Sereny S. 297.
285 Lehmann: Kreisleiter S. 375–407, hier S. 397.
286 Danker: Vernichtung (Zeitungsartikel).
287 Reichsministerium für die besetzten Ostgebiete (Hrsg.): Bericht über die Tätigkeit der Chefgruppe Wirtschaft im Reichsministerium für die besetzten Ostgebiete, 20. November 1944. Enthalten in: BA-MA RW 31 Nr. 260.
288 Nach knapp dreijähriger Internierung wurde Matthiessen 1948 nach Hause entlassen, obwohl das Spruchgericht Stade ihn gerade zu zwei Jahren Gefängnis verurteilt hatte – die Internierungszeit wurde wie üblich angerechnet.
289 *Als die Waffen schwiegen* S. 53. Die Fluchtversuche von Koch und Lohse sind in *Westküste 1945* S. 101–103 nachzulesen.
290 Innenminister Dr. Dr. Paul Pagel (CDU).

Ortsregister

Aachen 48f.
Aalborg 134f., 138f.
Abel 138
Accum (s.a. Westeraccum) 59, 228, 230
Achtrup 239
Adolf-Hitler-Koog (Dieksanderkoog) 165, 200, 224
Ahrenviöl 195
Altenbruch 188
Altenfähre 204
Altengrabow 138
Altenwalde 154
Altona 109, 256
Ameland 82, 90, 110, 207f., 243
Amrum 37, 93, 100, 103, 120, 156, 188, 190, 217, 223, 262
Antwerpen 48, 105, 149, 222
Anzetel 231
Archsum 177
Augsburg 16f.
Augustenkoog 55
Aurich 11f., 35, 114, 154, 190, 211, 213, 227f., 246, 261
Auschwitz 27, 257, 268
Aventoft 136, 258
Averlak 190, 303
Baden-Baden 257
Bad Tölz 256
Bäkke 139
Baltrum 59, 109, 148, 202, 218
Barmstedt 204
Barth 134
Bath 221
Bederkesa 120
Bennewohld 159
Bergen (Niedersachsen) 49
Bergen (Norwegen) 49, 62, 90, 123, 125, 130, 134f., 185, 194, 301
Berlin 16, 86, 97, 99, 116f., 125, 128, 142, 161, 166, 180, 193, 206, 208, 211, 224, 256f., 261, 267f., 270, 276
Binbrook 222
Blavands Huk 130, 218, 301
Blidsel 222, 241
Blyth 73, 173, 211
Bochum 303
Bockhornerfeld-Jührdenerfeld 149, 151, 179
Bodenwinkel 144
Bodney 207
Böglum 252
Bönninghardt 93
Bordelum 161
Borgholz 51
Borkum 12f., 32, 61, 63, 74, 84, 86, 89–91, 93f., 100, 105, 109–112, 115f., 118, 120, 144–149, 152, 156, 173, 177, 179, 181, 185, 187, 189f., 195f., 200, 202, 204, 207–211, 213f., 221, 223–229, 233f., 236, 246, 301
Bösbüttel 179
Boulogne 166, 168, 173, 215
Braaken 158
Braderup 206
Brake 261
Bramstedt 139
Bredebro 138
Bredewatt 139, 141
Bredstedt 23f., 109, 161, 227, 262
Bremen 12, 16, 48, 58, 88, 120, 146, 149, 151, 162, 174, 178f., 181, 185, 187f., 190, 193, 201f., 208f., 213f., 224–227, 230, 234, 236f., 256, 296, 300
Bremerhaven (s.a. Wesermünde) 10, 12, 88, 176f., 185–187, 201, 261, 300
Brest 151f., 188, 195, 215
Brockeswalde 225, 243, 246
Brörup 139
Brunsbüttel 10, 12, 22, 31f., 36, 45, 61f., 64f., 69–72, 82, 85f., 99f., 106, 109, 114, 122–124, 128, 131, 162, 172, 176–179, 181f., 184, 187, 190, 201, 204, 215f., 232, 237f., 246, 256, 262f., 279
Brunsbüttelkoog 65, 67, 81f., 153f., 177, 181, 214f., 229, 231, 252
Buchenwald 255f.
Burg i.D. 27, 199, 256, 259
Büsum 4, 13, 27f., 48, 50, 53, 55, 59, 103, 113, 121f., 153, 162–168, 173, 177, 195, 203, 205–208, 226, 229, 231, 246, 264, 279, 297f.
Büttel 65
Cäciliengroden 201
Calais 166, 170
Canarienhausen 230
Canterbury 221
Carolinensiel 179, 196, 209, 214, 261
Cloppenburg 183
Coningsby 201
Connhausen 213
Cromer 90, 96, 154
Cuxhaven 12, 32, 46, 60–62, 64, 89, 94, 106f., 114, 118, 120, 122, 124, 127, 129–131, 145, 159, 164f., 171, 173f., 177, 179, 182, 185, 187–190, 201, 206, 208f., 211, 218, 224–226, 230f., 236, 243, 260, 302
Dagebüll 265
Danzig 22, 41f.
Deichshausen 177
Delfzyl 166

Dellstedt 203, 298
Delve 298
Dessau 17
Deutsche Bucht 7f., 12–14, 39, 57f., 60–64, 72f., 75–77, 81, 83f., 88, 91, 93, 95–97, 100f., 103, 105, 106–110, 112, 115f., 121, 123–126, 128, 130, 133, 136, 143–145, 148f., 151, 153, 159, 161, 168, 173f., 177, 185, 187, 190, 194–196, 200, 203, 206, 215f., 228f., 237f., 242, 301
Dieksanderkoog 65, 173, 200
Dikjen Deel 206
Dishforth 118
Dithmarschen 7, 10, 12, 20, 27, 30, 48, 51f., 54f., 68, 93, 138, 153, 170, 174, 200, 202, 205, 208, 212, 226, 246, 252, 256, 259f., 268, 270, 304f.
Doggerbank 13, 75, 111
Dornum 213, 261
Dörpling 212, 298
Dorum 222
Döse 224
Dover 62, 91, 162, 302
Downham Market 230
Drage 270
Dresden 42
Drontheim (Trondheim) 127, 129f., 135f., 146, 151, 177, 224
Duhnen 118
Dünkirchen 89, 156, 168, 173, 215, 303
Dunum 213
Düren 48
Eddelak 303
Edemissen 108
Egersund 86, 131
Eggstedt 51
Eider 8, 33, 37, 65, 67f., 149, 152, 154, 177, 193, 199, 204, 231, 245, 258, 263, 305
Eiderstedt 7, 10, 50f., 54f., 67, 133, 143, 157, 172, 192f., 201f., 212, 214, 217, 228f., 253, 259f., 268, 270, 272
Eifel 48, 52
Elbe 12, 37, 63, 65, 105f., 114, 118, 122–124, 126, 144, 166, 182–185, 189, 210, 225, 229, 234, 301
Elbe-Weser-Dreieck 12
Elisabethbay 23–26
Ellens 190
Emden 12, 32, 37, 40, 46, 115, 154, 156, 159, 162, 166, 168, 170, 172, 174, 177–179, 182, 185, 188–190, 201f., 206–209, 211–214, 216, 218, 225f., 229, 234, 261, 277, 303, 305
Emmelsbüll 236
Ems 12, 90, 93, 105, 109, 114, 143f., 146, 149, 156, 158, 185, 205, 207f., 210f., 229, 234, 236f., 302
Ems-Jade-Kanal 228
Enge (Südtondern, s.a. Sande) 51, 53, 265
Erkrün 203
Esbjerg 62, 70, 114, 131, 133f., 136, 139, 149, 151, 187, 205f., 224
Esens 217f., 227, 261
Essen 221
Eutin 256
Exeter 221
Extum 213
Fahretoft 265
Falster 128, 135
Fanö 76, 118, 131
Fedderingen 298
Fedderwardengroden 152
Feldhausen 229
Feltwell 231
Fiel 226
Firth of Forth 82, 87f., 92
Flensburg 22, 44, 51, 53, 81, 128, 138, 178f., 187, 227, 232, 239, 252–255, 257, 262, 270, 273
Föhr 136, 147, 174, 210, 214, 232
Frederikshavn 138
Freiburg 13, 182, 276
Friedrichsgabekoog 50
Friedrichshafen 16
Friedrichskoog 53, 65, 173, 200
Friedrichstadt 8, 19, 27, 48, 55f., 67f., 199f., 260–263, 264, 278f.
Friesische Wehde 175
Friesland 12, 22, 149, 151, 175, 178–181, 183, 209, 213, 226, 228, 230, 301
Fulkum 213
Fünen 128
Garding 50, 55, 133, 202, 228, 246, 279f.
Geestemünde 233, 260
Genf 46, 157, 174
Gleiwitz 50
Glückstadt 31, 173
Gotenhafen (Gdingen) 42, 176, 179, 303f.
Gotteskoog 55, 236
Grafschaft 226
Greetsiel 211, 226
Grindsted 139
Große Fischerbank 31, 76, 82, 101, 146
Großenkneten 157
Groß-Rosen 256
Grothusenkoog 231
Grünental 152
Grünhaus 191–193
Gudendorf 181, 246
Haddien 230
Hadeln 12
Hage 106, 261
Halebüll 257
Hamburg 13, 16, 22, 33–37, 44, 52, 58, 60, 89, 91, 105, 123f., 128, 132, 136, 149, 151, 161f., 166, 177, 179–181, 187, 190f., 193, 195, 201f., 208f., 219, 222, 224f., 229–231, 243, 246, 259–261, 296, 302
Hamburg-Rahlstedt 52
Hannover 11f., 88, 188, 207

Hanstholm 125
Harblek 67
Harwich 90, 102, 106
Haumühle 49
Hedwigenkoog 27, 67, 205f., 226
Heerenhausen 228
Heide 8, 27–30, 45f., 48–52, 54f., 59, 81f., 113, 132, 136, 138, 144f., 149, 152f., 158f., 175, 177, 180f., 188, 194–198, 201, 203–206, 211, 217, 222f., 227, 231f., 253f., 257, 259, 263–265, 268, 272, 278f., 296–298, 304, 306
Heidmühle-Jungfernbusch 228
Helgoland 10, 12f., 22, 32, 36, 40, 46, 58, 60, 62, 67, 73, 75–77, 82f., 85, 87f., 90–94, 100, 103, 105–111, 114–116, 118, 120, 124f., 129–131, 144, 146, 149, 151f., 154, 159, 162, 166, 173, 177f., 180, 184f., 187, 190f., 193–195, 199f., 206–209, 214f., 217–219, 221–224, 226, 228–230, 232, 234, 236, 243, 246, 300f.
Helgoländer Bucht 62, 75f., 111, 149, 304
Helmsand 193
Helse 200
Hemme 53, 175, 263, 298
Hemmingstedt 30, 153, 158, 203, 244
Hemswell 201
Henne 62
Hennstedt 217f., 234, 298
Hermann-Göring-Koog 54
Herning 138
Hessen 136
Heuwisch 208, 222
Hildesheim 256
Hillgroven 305
Hindenburgdamm 108f., 117f., 222
Hochdonn 202
Hoek van Holland 105, 123
Hohenlieth 175
Hohenstiefersiel 226
Hohenwestedt 221
Hohn 193
Hollingstedt (Schleswig) 61
Hollingstedt (Norderdithmarschen) 298
Holstedt 139
Holtenau 33, 87, 184
Hooksiel 185
Hopen 270
Hornsriff 61f., 73, 75, 108, 125
Hörnum 57, 85, 87f., 90, 93, 109, 115, 118–120, 135f., 145f., 153, 164, 178, 185, 188, 190, 207, 217, 224f., 301
Horsham 227
Horumersiel 110, 156
Hoyer-Schleuse 207
Hoyerswort 8
Hubertgat 89, 144, 149, 182, 185, 234, 246
Humber 60, 87, 90, 102
Huntingdon 65
Husum 10, 27f., 30, 38, 48, 51, 86, 103, 113, 132–134, 138, 145, 147, 152–154, 159, 165f., 172–174, 181, 187–189, 193, 195, 199, 201f., 208, 211, 217, 229, 233f., 243, 246, 256f., 259, 262, 264–266, 269, 272f., 278f., 302, 304
Hvide Sande 13
Insterburg 191
Ipernstedt 201
Irmenhof 156
Itzehoe 52, 54f., 270
Jade 37, 58, 63, 73, 75, 91, 94, 100, 110f., 115, 120f., 126, 150, 156, 185, 213, 217
Jever 32, 45, 64, 90–94, 96, 100, 106, 110, 116, 120, 133f., 149, 152f., 156, 159, 176, 181f., 185, 187, 208f., 215, 228, 230f., 261, 300
Juist 93, 100, 145f., 148, 156, 176, 185, 188, 190, 195, 202, 205, 207f., 223, 243,
Jütland 75, 113, 119, 125, 128, 131–134, 136, 138–141, 181, 185
Kaiser-Wilhelm-Kanal (s.a. Nord-Ostsee-Kanal) 34, 37, 39, 72, 74–77, 109, 121–124, 131, 146, 148, 150–152, 173, 177, 179, 188, 195, 202, 206, 212, 214f., 263, 303
Kaiser-Wilhelm-Koog 34, 65, 159, 222, 224, 231, 246
Kampen 110, 206, 208f., 213
Karolinenkoog 175, 263, 265f.
Kathen 253
Kating 50, 55, 159
Kattowitz 273
Kiel 31, 33, 37, 41f., 64, 75f., 86f., 109, 121, 123f., 128, 133, 136, 150–154, 157, 162, 176–181, 184f., 187f., 190, 194, 200f., 206–209, 211, 214–219, 221–224, 226, 231, 243, 246, 252, 254f., 258, 260, 265f., 269f., 303–305
Kieler Bucht 143, 145, 179, 224
Kielsburg 234
Kleine Fischerbank 76, 101, 133
Kleinhastedt 179
Klein-Heiselhusen 213
Kleinhorsten 230
Klein-Schweinebrück 190
Kleve (Norderdithmarschen) 298
Kleve am Rhein 161
Klixbüll 256
Klockries 208
Kniphausen 180, 185
Kohlscheid 49
Koldenbüttel 34, 54, 68, 212, 265, 278f.
Köln 221, 225
Königshafen 85, 118
Kopenhagen 49, 117, 119, 128, 133, 136, 140f., 143, 232
Korsör 128, 136
Kranenburg 48

Krefeld 52
Krempel 53
Kristiansand 125, 130, 134, 144, 157
Krössinsee 267
Krusau 136
Kudensee 51
Kulmhof 253
Laboe 304
Ladelund 258
Landau 254
Langeneß 303
Langeoog 32, 58f., 73, 83f., 94, 100, 108, 110–112, 150–154, 156f., 174, 176, 179–181, 188, 190, 195, 196, 201f., 205, 207–209, 211, 214, 217f., 221f., 225–228, 230, 232, 238, 243, 246, 304
Leconfield 58
Leeming 193
Leer 12, 156, 209, 246
Le Havre 170, 173, 215
Lehe (Norderdithmarschen) 53, 66f, 179, 202
Lehe-Geestemünde 260
Lemwerder 177
Limfjord 76, 119, 131, 174, 216
Linden 51, 205, 298
Lindholm 208
List 32, 57, 63f., 75f., 85f., 88, 103, 108–110, 118, 120, 135, 142, 149, 157, 195f., 206, 224, 301f., 304
Lista 120
Litzmannstadt (Lodz) 261
Lohe 253
London 13, 24, 26, 35, 58, 104, 117f., 147, 161, 168, 171, 184, 191, 214, 216, 247
Löwenstedt 262
Lübeck 37, 133, 135, 151, 219–221, 270, 304
Lügumkloster 136, 139
Lunden 44, 53, 65f., 68, 138, 154, 159, 179, 199f., 266, 278f., 298, 304
Lüneburger Heide 136
Marham 193
Marienhafe 261
Mariensiel 228
Marne 27, 46f., 54, 65, 67, 159, 200, 212, 253, 279
Marx 134, 143, 146
Medelby 53
Meldorf 27, 34, 36, 44, 55, 176f., 181, 244, 247, 269f., 273, 278f.,
Meldorfer Bucht 193
Mellum 63f., 110, 150f.
Middleton 246
Minsen 185
Moorhausen 180f., 226
Moorriem 237
Mulsum 222
München 273
Münster 138
Narrenthal 133
Nebel 189
Nessmersiel 228
Neudorf (Friesland) 209
Neuenburg 181
Neuenkirchen (Norderdithmarschen) 203, 208, 222, 247, 298
Neuenlander Feld 226
Neuenwege 185
Neufeld 165, 173
Neufelderkoog 65
Neuharlingersiel 211, 225, 231f.
Neukirchen (Südtondern) 55
Neumühlen 109
Neumünster 51, 90, 94, 96, 111, 114, 300
Neustadt in Holstein 166
Neustadtgödens 261
Neuwerk 236
Neu-Westeel 226
Newmarket 92
Niebüll 25, 55, 82, 132, 138, 236, 252f., 257
Niedersachsen 12, 108, 157, 260, 295f., 304
Nordby 131
Norddeich 34f., 121, 212, 265
Norddorf 262
Norden 12, 35, 183, 211, 213, 226f., 246, 261
Nordenham 46, 119, 178, 187, 232
Norderdithmarschen 10, 45, 51–53, 66, 145, 151, 179, 193, 203, 205, 212, 218, 222, 253, 256, 260, 265, 272, 297f.
Norderfriedrichskoog 55
Nordermoor 237
Norderney 32, 40, 57, 60, 62–64, 76, 82–85, 87–92, 102, 108f., 114, 121, 135, 145f., 148, 150, 152, 174, 178–180, 185, 188, 190f., 194f., 201f., 205f., 208f., 211, 218, 225, 239, 246, 261, 302f., 305
Norderoog 152, 195
Norderpiep 207
Nordfriesische Inseln 13, 45, 120, 174, 189, 305
Nordfriesland 8, 10, 12, 23, 25, 27, 41, 51, 55, 133f., 136–138, 145, 161, 166, 170, 173, 181, 195, 199f., 208, 243, 252, 257f., 265, 268, 278f., 304
Nordhastedt 226, 247, 270, 279
Nordholz 31, 64, 82, 90, 100, 110, 120, 134, 147, 177, 246
Nord-Ostsee-Kanal (s.a. Kaiser-Wilhelm-Kanal) 34, 36, 39, 51, 172f.,
Nordschleswig 139–142, 296
Nordstrand 8, 90, 174, 209, 279
Norwich 221
Nürnberg 126, 178, 260, 296
Oakington 229
Oberursel 63, 250
Odderade 27, 46, 278

Oder 166
Oksböl 139
Oldenburg 11f., 157, 183, 185, 206f., 212, 214, 224–226, 228, 230, 238, 296, 305
Oldenswort 8, 54f., 67, 214, 273
Oldeoog 32, 106, 110f., 154, 156f., 206
Oslo 128f., 133f., 136, 142, 224, 302
Oste 65
Ostende 124f., 166, 168, 170, 215
Ostenfeld 193, 201, 304
Osterende 54
Osterhever 54
Osterloog 35
Ostfriesische Inseln 12f., 41, 63, 84, 87, 89, 94, 99, 108f., 116, 145, 148f., 185, 208–211, 217, 222, 224, 226, 228, 232,
Ostfriesland 12, 134, 159, 174, 183, 195, 209, 218, 261
Ostholstein 143, 166
Oslo 128f., 133f., 136, 142, 224, 302
Ostpreußen 22, 51, 181, 191, 270
Ostrohe 203, 217f.
Ottendorf 221
Pahlen 212, 256
Pahlhude 298
Pahlkrug 51
Paris 147, 162, 170
Pattburg 141
Pellworm 86, 103, 113, 144f., 165, 174, 193, 195, 223f., 246, 269, 279, 302, 305
Peterhead 135, 208
Pewsum 261
Pfahlhausen 305
Pillau 303
Pinneberg 10, 19, 270
Platenhörn 193, 304
Plön 178, 270
Pommern 134
Portland 60
Potsdam 13, 16
Preil 21, 65–68
Prenzlau 273
Puan Klent 217
Quellental 247
Ramhusen 65
Rantum 135, 144, 146, 157, 223
Reepsholt 154
Rehm-Flehde-Bargen 53, 298
Reinsbüttel 298
Rendsburg 34, 38, 51, 54, 152, 159, 204, 221, 270, 273
Rheinland-Pfalz 254
Rickelshof 203
Ringköbing-Fjord 13, 62, 125
Ripen 138f.
Risum-Lindholm 208
Rödding 139
Roggenstede 213
Röm 108, 118, 133, 143, 188, 209, 223, 231, 239
Rosendahl 243
Rosenkranz 138
Rösthusen 252
Rostock 16, 221
Roter Sand 40, 93, 97, 190, 208, 246
Rotterdam 36, 105, 123f., 146, 148, 162, 211
Rottum 91
Rügen 35
Ruhrgebiet 58, 89, 115
Rüsdorf 177
Rüstringen 261
Ruttebüll 138
Ruttel 151
Saarbrücken 72
Sachsenhausen 258, 261
Sage 157, 190, 209
Sandbostel 273
Sande (Südtondern) 208
Sande (Friesland) 87, 183, 261
Sandelermöns (Friesland) 213
Sankt Annen 151, 179, 298
Sankt Michaelisdonn 51, 270
Sankt Peter 33, 54, 156, 190, 217, 229, 253, 305
Sankt Peter-Böhl 300
Sankt Peter-Ording 110, 144, 157, 193, 278
Sarkhörn 20
Scapa Flow 75, 88, 115–117, 120, 144, 146
Scampton 190, 201
Schaag 147
Scharhörn 179, 182, 225
Schauendahl 133, 234
Schelrade 298
Scherrebek 139
Schiermonnikoog 74, 149, 204, 206, 209, 211, 228
Schillig 64, 115, 151
Schillig-Reede 12, 63, 94, 96, 100, 129, 178
Schleiden 48
Schlesien 51, 230, 256
Schleswig 51, 55, 90, 134f., 205, 256, 262, 277, 279
Schleswig-Flensburg 53
Schleswig-Holstein 10–12, 23, 30, 51f., 54f., 91, 114f., 122, 128, 136, 140, 145, 148, 153, 157, 162, 165, 172, 191, 193, 200, 205, 220, 253, 256, 259f., 266–271, 277, 291, 296, 302, 305
Schleswigsche Geest 262
Schlichting 298
Schönböken 34
Schoost 181
Schortens 154, 181, 229
Schrum 231
Schülp 246, 253
Schwabstedt 8, 41f., 44f., 264, 278f.
Schwerin 134

Schwesing 234, 304
Seebüll 257
Seeland 128, 135f.
Sengwarden 170, 231
Sieversfleth 54
Sillenstede 213
Simonswolde 226
Skagen 62, 114, 116, 138
Skagerrak 37, 40, 73, 75, 77, 102, 113f., 120, 125, 131, 133, 135, 154, 186f.
Soholm 265
Söllstedt 138
Sönke-Nissen-Koog 23, 25
Sönnebüll 227
Southampton 36
Spiekeroog 32, 64, 83, 92, 94, 97, 100, 110, 154, 156, 176, 185, 191, 193, 201f., 207, 210, 228f., 231, 246
Stade 11, 135, 306
Staumühle 269
Stavanger 134f., 144, 179
Stedesand 182
Steinburg 65, 253
Stelle-Wittenwurth 298
Stettin 146
Stollberg 161
Stormarn 273
Stradishall 229
Südbrookmerland 190
Süderbrarup 90f.
Süderdeich 206
Süderdithmarschen 10, 51, 54, 149, 152, 159, 224, 252f., 260, 269, 272
Süderhastedt 179
Süderheistedt 138, 298
Süderholm 144f., 203f., 298
Süderlügum 138, 252
Süderoog 75, 144f., 157, 174, 203, 232
Süderpiep 121f.
Südschleswig 136, 258
Südtondern 10, 51, 53, 55, 139, 205, 239, 258f., 272
Sylt 8, 10, 12f., 25, 31f., 53, 57, 60, 63f., 76, 82f., 85, 87f., 91f., 99f., 103, 108–110, 115–120, 124, 133, 135f., 143–145, 154, 156f., 164, 174, 177, 189, 195f., 201, 206–209, 213, 217, 222–225, 232, 239, 241, 246, 252f., 255–257, 276f., 280, 299, 301
Tating 54, 212, 279
Tegeler Plate 40, 246
Tellingstedt 51, 231, 298
Terschelling 13, 61, 73, 75, 89, 111, 125, 195, 215, 305
Tertiussand 4, 162f.
Tetenbüll 34, 46, 50, 54, 67, 279
Tettens 179, 213
Texel 13, 90, 147, 159, 174, 195, 215
Thalingburen 36
Themse 90, 102, 162
Thüringen 136
Tielenhemme 247, 298
Tingleff 139
Tondern 137–139, 141, 207, 259, 269
Tönning 27, 33, 37f., 50, 55, 65–67, 81–83, 91, 99, 133, 151, 165f., 172f., 177, 179, 191, 193, 202, 204, 229, 231, 245, 258, 263, 270, 273, 299f., 305
Treene 41, 61
Trier 52
Trockenwalde 230
Tucheler Heide 52
Tümlauer Koog 54
Twixum 209
Uelvesbüll 54
Uetersen 135
Upgant-Schott 35
Upjever 22, 64, 153, 156, 161, 181, 239, 305
Utlandshörn 35, 226f., 234
Varel 64, 134, 147, 152, 178f., 182f., 213, 261
Vechta 67, 134, 183
Vegesack
Viborg 138
Victorbur 190
Viersen 147
Viöl 269
Voslapp 221
Waddington 229
Walle 213
Wangerland 226
Wangerooge 32, 40, 62–65, 73, 75f., 82–84, 86f., 89, 91–94, 96f., 100, 106, 110f., 114f., 118, 121f., 145–152, 154, 156f., 159, 174–176, 179–182, 185, 187f., 190, 193, 196, 202, 207–215, 217, 221–224, 227f., 230, 232, 242f., 245f., 300
Warschau 22, 50, 54, 83, 218
Wartheland 261
Warwerort 53, 165, 173
Washington 13, 183, 213, 276
Weddingstedt 27, 59, 204, 298
Weesby 53, 139
Weimar 255
Welmbüttel 231, 298
Welt 54
Wenningstedt 25, 57, 144f., 189, 232
Weser 40, 63, 118, 126, 143f., 181, 187f., 202, 209, 211, 226, 232f., 246, 301
Weser-Ems 11f., 224
Wesermarsch 12, 177f., 181, 237, 239, 305
Wesermünde (s.a. Bremerhaven) 10, 12, 31f., 35, 46, 76, 88, 94, 120, 129f., 165, 176, 185–188, 201, 207, 215, 222, 229, 232, 236, 238, 261, 300
Wesselburen 193, 206, 222, 253, 256, 298
Wesselburenerkoog 93, 165, 268

Westdorf 270
Westeraccum 213
Westerbur 114
Westerdeichstrich 195, 229, 233
Westerhever 55, 157, 182, 192, 201, 257, 304
Westerland 32, 41, 46, 53, 83, 86–88, 96, 106, 108, 114–118, 133–135, 144, 147, 157, 164, 177, 188, 190, 196, 201, 206–208, 210f., 218, 222–224, 230, 252f., 255, 257, 279, 301, 304
Westermarsch 226, 246
Westfalen 269
Westfriesische Inseln 13, 74, 206, 215, 225
Westfriesland 257
Westpreußen 42, 49, 103, 296
Wiedau 258
Wiemerstedt 234, 298
Wight 162
Wildpfahl 204
Wilhelminenkoog 212
Wilhelmshaven 10, 12, 18, 31f., 40, 43, 46, 58, 60–64, 67, 69, 71–75, 81, 83, 85, 87–89, 93f., 96, 100, 107, 109f., 114–116, 121–123, 128–130, 133, 143–146, 150–154, 156, 158f., 161f., 165, 174, 176–185, 187–190, 194–196, 201, 203, 208f., 211–218, 221f., 225, 228, 234, 236, 238f., 242, 246f., 261, 298f., 301–305
Windbergen 181, 247
Wittdün 190, 262, 303
Wittmund 12, 213, 226, 230, 261
Wittmundhafen 207, 210
Witzwort 54, 193, 256
Wohlde 263
Wöhrden 179, 298
Wollersum 154, 159, 199
Wolmersdorf 20f.
Wrohm 203f., 221f., 298
Würselen 48
Wursten 94, 224
Württemberg 256
Wyk 136, 144, 147, 174, 207, 210, 243, 279, 303
Wyton 58
York 221
Zetel 190
Zetelermarsch 190
Zissenhausen 213
Zweidorf 65

Personenregister

Abbott, H. 226
Agge, Georg 203
Ahnert, Heinrich-Wilhelm 207
Ahrens, Adolf (1879–1957), ab 1949 Bundestagsabgeordneter (DP) 186, 303
Alberich 194
Alberts, Jacob (1860–1941) 257
Albrecht, Gerhard 103
Andersen, Berta 258
Anderson, J. 193
Andersson, Rudolf 51
Andresen, Ingeborg (1878–1955) 256
Andrews, Paul 65
Angern, Günther (1893–1943) 136
Arnold, Henry H. 274
Asbeck, Wilhelm Ernst alias Ernst Holm (1881–1947) 256
Aschemann, Karl 189
Asmussen, Willy 29
B., Ellen 254
Bachmann, Johannes 206
Backhaus, Otto 136
Bahr, Willi 181
Bakalarski 230
Balfour, Harold 299
Bartels, Adolf (1862–1945) 256
Bartels, Hans 112
Baskerville 118
Bassenge, Fritz 111
Bathe, Dr. Rolf (1898–1943 gef.) 96, 145
Beck, Dr. Johannes (1900–1951) 55, 272
Becker, Alfred 113
Beer, Daniel de 261
Behrend, Hermann 154
Behrens, Karl 194
Behrens (Oberleutnant) 30
Behrmann, Hans 110
Bennmann 261
Benz, Jörg 157
Berelsen 179
Bergert, Friedrich 38
Bertram, Frenz 41, 44, 278
Bertram, Johann 42, 264, 297
Best, Dr. Werner (1903–1989), Reichsbevollmächtigter in Dänemark 143
Bickerstaff, A. 92
Bickford 76f., 186
Biermann, Herbert 236
Bischof, Carl 195
Blunck, Erich (1872–1950) 257
Blunck, Hans Friedrich (1888–1961) 256f.
Bock, Rickmer 180
Bodenschatz, Karl H. (1890–1979) 23, 296
Boerner 174
Boguszewski, Boleslaw 230
Böhm, Bertha 179
Böhmer, Kurt 159
Bohne (Oberleutnant) 30, 48
Bölck, Karl-Friedrich 120
Boltes, Gerhard 228
Bonin, Eckart-Wilhelm von 193
Bonte, Friedrich (1896–1940), Führer der Zerstörer 111
Booth, G.F. 63
Borgas 36
Borley, I.E.M. 65
Born, Karl (1910–2004) 83f.
Born, Oskar 232f.
Borstelmann, Ludwig (1888–1942) 255f.
Borstelmann, Sophie 255f.
Borstelmann, Wilhelm 255f.
Both, Walter 208
Bothmann, Hans 253
Böttcher 50
Böttger, Dr. 23, 25
Bottomley, Air Vice Marshal 92
Braemer, Walter (1883–1955) 270
Brandt 233
Brauchitsch, Walther von (1881–1948), Generalfeldmarschall 164
Braukmeier, Friedrich 92
Brey, Georg 202
Briesen, Kurt von, General 51
Brinkmeier, August 180
Bruhn, Emil (1860–1940) 265
Bubbers, Werner 195
Buchner, Bernd 302
Bugaj, Karl 231
Bülow-Bothkamp, Harry von 91, 133
Busch 53
Busse, Christoph 23
Canaris, Wilhelm 113, 128
Cantillon, André 232
Carl, Heinrich (1895–1995), Kreisleiter 270
Carl, Herbert (1914–1974) 52
Carlsen, Johann 239
Carstens 272
Carstens, Joern 38
Carstens, Theo 38
Caruk, Wlodziomierz (1925–1942) 266
Cerberus 215
Chamberlain, Neville, britischer Premierminister 58, 117, 147
Christian X. (1870–1947), König von Dänemark 140, 143
Christiansen 53
Christiansen, Christian Dietrich 265

Christiansen, Paul (gest. 1985) 166, 205, 302
Churchill, Winston (1874–1965) 72, 74, 88, 148, 207, 214, 221
Ciliax, Otto (1891–1964), Vizeadmiral 215f.
Clausen, Hermann 50
Claußen, Hermann 180
Claußen, Willy 159
Claussen, Johann 180
Clerides, Glafkos (geb. 1919), 1974 und 1993–2003 Präsident von Zypern 230
Cooper, Duff (1890–1954) 161
Cooper, H.D.H. 202
Coors, Karl 19
Cornils 205
Cotton, Sidney 57
Coudenhove-Kalergi, Richard Graf von (1894–1972) 259
Cramm 210
Curt 38
Dahlerus, Birger 23–26, 296
Dähne, Paul-Heinrich 207
Dawartz 166
Decker 144
Dee, Orlando John 195
Deichsler 87
Deinat, August 51
Delius, Walter (1884–1945) 300
Demes, Heinz 85, 92, 144
Densch, Hermann (1887–1963), Admiral 187
Dethlefs, Heinrich 21, 66f., 278
Dettmer, Georg 229
Dickoré, Friedrich-Karl 300
Diehl, Hermann 93f.
Diekmann, Ferdinand (1897–1945), Kreisleiter 272
Diener, Klaus 205
Dietl, Eduard (1890–1944) 129
Dietmayer, Karl 228
Dill, Hans-Ulrich 40
Dohrn, H. 231
Dohrwardt, Antje-Dora 222
Dohrwardt, Ernst 203f.
Dönitz, Karl (1891–1980), Befehlshaber der U-Boote 75, 109, 170, 178
Dönitz, Ursula 178, 303
Donner, Sieghard 114
Doran, Kenneth Christopher 70, 144
Dowers, Karl Heinz 229
Dreessen, Arthur 91
Dummann, Kurt 278, 306
Dürbas, Karl-Heinz 87
Dyhrsen, Johann 229
Dyrssen 203
Ebeling 158
Eckardt, Reinhard 190
Eckhardt 193
Edwards, L.H. 62
Eger, Dr. Karl (geb. 1907) 269f., 272
Eggers, Telse 266
Ehle, Walter 192
Ehlers, Willy (1905–1993) 270
Ellington, Sir Edward 274
Elvers, Hermann 203
Elvers, Karl-Heinz 50
Emden, H.L. 63f.
Emmerich, Peter 146
Erich Giese 129, 301
Essberger, John T. (1886–1959) 35
Falck, Wolfgang 97, 110, 134
Falke, Hans 64
Feddersen, Hans Peter d. J. (1848–1941) 257
Fein 215
Felmy, Hansjörg (1931–2007) 22
Felmy, Hellmuth (1885–1965) 22
Fennel, E.O. 118f.
Fenske, Walter 207
Fichte, Johann Gottlieb 252
Fischer, Ingrid 190
Fisher, John 224
Flor, Roger de (1266–1305), Großherzog und Caesar im Byzantinischen Reich 214
Fölster, Eberhard 297
Förstemann, Rudolf 108, 117f., 301
Förster, Hermann 114, 145f.
Förster, Paul 154
Francke, Karl 83
Fraser, D.W. 193
Frenssen, Gustav (1863–1945) 256f.
Freuwörth, Wilhelm 208
Fricke, Friedrich 120
Fröbe, Dr. August (1901–1994) 272f.
Fröhlich, Wilhelm 76
Fuchs, Robert 134
Fuhrmann, Johannes 97
Gaedicke, Alfred 246
Gaefke, Arno 196
Gamelin, Anne Maria 153
Gary 82
Gehlsen, J.H. 55
Gerdes 228
Gerhardt, Dieter 234
Gerken 243
Gerlach, Fritz 27
Gill, J.V. 202
Glunz, Adolf (1918–2002), Jagdflieger (Eichenlaubträger) 232
Glunz, Karl 232
Goebbels, Dr. Josef (1897–1945) 117, 220, 305
Gollnick, Hans (1892–1970), General 52, 298
Gollob, Gordon (1912–1987), Jagdflieger (Schwerterträger) 94
Goltz, Michael 42, 279
Göring, Emmy 116, 296

Göring, Hermann (1893–1946) 23–25, 57, 59, 83, 91, 97, 144, 237, 263f., 274, 296
Goritzki, Klaus 234
Graner, Georg 144
Graßmuck, Berthold 191
Grau 107
Gray, I.L. 302
Gregersen 53
Gregory, George David Archibald 75
Gresens, Walter 94
Greve, Otto 173
Griener 208
Griese, Hilde 27, 46, 278
Grimm, Heinz 210
Gröner, Erich 165f.
Gross, Hans (1892–1981) 256
Gross, Hinrich (1896–1973), Kreisleiter 256, 272
Gruber 90
Gruhlke, Alfred 103
Gruhlke, Max 103
Gumprich, Günther 123
Gutowski 224
H., Anita 254
Haack, Helmut 253
Haakon VII. (1872–1957), König von Norwegen 140
Habekost, Johannes (1907–1940 gef.), U-Boot-Kommandant 115
Habermehl, Hans-Helmut 181
Haiungs, Cornelius 224
Haiungs, Helmut 224
Halder, Franz (1884–1972), Generaloberst 164
Hamann 159
Hamkens, Otto (1887–1969) 272
Hamkens, Wilhelm (1883–1962) 273
Hammerl, Karl 196
Haney, J. 207
Hans, Claus, Kreisleiter 273
Hansen 193
Hansen (Hauptmann d.R.) 30
Hansen, Helmut 50
Hansen, Hermann 51
Hansen, Hermann (1898–1973), Kreisleiter 266, 269, 272, 277
Harder, Detlef 53
Hargens 159
Harlinghausen, Martin (1902–1986), zuletzt Generalleutnant der Bundeswehr 114
Harms, Gerd 65
Harnack, Hans 229
Harris, Sir Arthur (1892–1984), ab 1943 Air Chief Marshal 217, 219, 221, 299
Hartlaub, Dr. Felix (1913–1945 verm.) 51, 59
Hartmann, Hans 224
Hartmann, Werner (1902–1963), U-Boot-Kommandant (Eichenlaubträger) 88, 122
Hartz, Hans jun. (1943–2002) 23, 199f.
Hartz, Hans sen. (1905–1966) 199
Hartz, Sophie (geb. 1903) 199
Hassell, Ilse von 18
Hassell, Ulrich von (1881–1944) 18f., 296
Hauck, Friedrich 174
Hawxby, N. 111
Heaton-Nichols, D.G. 85
Heger, Adolf 157
Heilmann, Fritz 100
Heilmann, Otto 296
Heilmeyer, Erwin 97
Held, Alfred 65, 82, 299
Hempfling, Walter 203
Henke, Werner (1909–1944 erschossen), U-Boot-Kommandant 232
Hennings, Johann 181
Henz, Helmut 92
Herrmann, Georg 245
Herwig, Karl 54, 205, 231, 253, 306
Herzog, Gerhard 193
Hessler, Günter (1909–1968), U-Boot-Kommandant 178, 303
Hessler, Klaus 303
Heydemann 184
Heye, Hellmuth (1895–1970), Admiral, 1961–1964 Wehrbeauftragter 129, 301
Hildebrand 149
Hinrichs, Fritz 181
Hinrichsen, Hans (1904–1982), Kreisleiter 205, 272f.
Hinsley, Harry 184
Hinz, Ernst
Hinz, Hugo
Hitler, Adolf (1889–1945) 18f., 22, 24f., 26–28, 40, 46, 57–60, 70, 72, 74, 89, 96f., 102, 112, 114, 125–128, 133, 142, 147, 151, 161f., 170f., 179, 191, 212, 217f., 245f., 252, 255, 258, 266f.
Hofer, Walther 296
Hoffmann 215
Hogg, G.W. 193
Hollborn, Karl-Heinz 192
Hollington, J.R. 85f.
Holm, Anna 187
Holm, Ernst s. Wilhelm Ernst Asbeck
Holm, Marie 187
Holmer 158
Hoppe 67
Hornig, Alfred 180
Houselle, Otto 143
Hubatsch, Walther (1915–1984), Historiker 127
Ihnken 213
Jackson, Alan Spencer 107
Jacob, Alfred (1883–1963), General der Pioniere 164
Jacob, Hans 303
Jacobs, Detlef (1887–1942) 265

Jacobs, Johann 265
Jaeger, Peter 38
Jäger 111
Jahny, Gerhard 114
Jannasch, Adolf 50
Janßen, Friederike 213
Janzen, Johann-Albrecht 44, 279
Jenetzky, Dr. Friedrich Wilhelm (geb. 1909) 269, 272
Jensen, Hans (1894–1964), Kreisleiter 272f.
Jensen, Lorenz 53
Jessen, Prof. Jens (1895–1944) 296
Jörgensen, Jörgen 258
Jürgens, Curd 113
Jürgens, Frieda 87, 92, 152, 183
Jürgens, Hans-Jürgen 96, 193
Jürgens, Johann 203
Jodl, Alfred (1890–1946) 116
Johannsen 181
Johannsen, Maximilian 255
Johnson, Roland Harry 195
Jürgens, Johann 203
K. 183
Kaiser, Herbert 146
Kaldrack, Rolf 96
Kalmus, Werner 272f.
Kammhuber, Josef (1896–1986), General der Nachtjäger 97, 231
Kantzow, Thomas (von; 1912–1973) 24
Kaufmann, Karl (1900–1969), Gauleiter 105
Kaupisch, Leonard (1878–1945) 136, 141
Kehr, Hans (geb. 1910), Kreisleiter 272f.
Keitel, Wilhelm 151
Kellet, Richard 93
Kentrat, Eitel-Friedrich (1906–1974), U-Boot-Kommandant 151
Keßler, Dr. Erich (geb. 1899) 272f.
Khan, Daniel-Erasmus 142
Kitzinger, Adolf 209
Kjölsen, Frits A. 128
Kleemann, Gerhard 201
Kleikamp, Gustav 41
Klinkhardt 272
Kloth 181
Klotz 85
Klug, Hans-Joachim 208
Knoke, Heinz (1921–1993), Jagdflieger, 1951–1952 Landtagsabgeordneter in Niedersachsen (SRP) 246
Knoop, Karl (geb. 1911) 200, 304
Knüppel, Bernhard 229
Knutzen, Egon 243
Köberich, Günter 223
Koch, Erich (1896–1986), Gauleiter 267, 270, 306
Koch, Fritz 120
Koch, Hans-Helmut 231
Kock 233
Ködderitzsch, Gerhard 190
Köhn, Erwin 113
Kohnert, Gottfried 205
Konstantin, Leopoldine (1886–1965) 117
Korwan, Franz (1865–1942) 257
Krause, Harry 196
Kretschmer, Otto (1912–1998), U-Boot-Kommandant 151
Krisa, Wera (1925–1942) 266
Kröger, Fritz 51
Kropatscheck, Walter 40, 60, 82
Krösus 49
Kruse, H. 222
Krüss, James (1926–1997) 200
Kugler, Randolf 165
Kuhn, Dr. August 272
Kurowski, Franz (geb. 1923) 176, 184, 279, 298f.
Kutscha, Herbert 92, 110
Lambach, Karl 203
Lange, Hermann 229
Langosch, Georg (1902 geb.), 1943–1945 Polizeipräsident in Kiel 260
Langton, R.T. 154
Lark, C.R. 228
Lass, Claus (geb. 1919) 166, 279
Laß, Gustav 103
Lätsch, Reinhard 243
Lauterbacher, Hartmann (1909–1988), Gauleiter 188
Leeb, Wilhelm Ritter von (1876–1956), Generalfeldmarschall 169
Leesmann, Karl Heinz (1915–1943) 195
Legg, W.J.A. 193
Lehmann, Sebastian 267
Leisner 144
Lemp, Fritz-Julius (1913–1941 gef.), U-Boot-Kommandant 184
Lent, Helmut (1918–1944 gef.) 94, 193, 201, 207, 230
Leonhart, Dr. Johannes 259
Leydholt 166
Linde, Paul 205
Linke, Lothar 193
Lipski, Josef 22
Liska, Hans 85
Loebel, Walter 134
Loewa 227
Logemann, Annchen 228
Logemann, Hinrich 228
Logemann, Werner 228
Lohse, Hinrich (1896–1964), Gauleiter 266–270
Looft 226
Lorenzen 233
Lorenzen, Adolf (1904–1941), Kreisleiter 205
Lorenzen, Johann M. (1900–1972), Diplom-Ingenieur 269

Lorey, Jörgen 90
Ludlow-Hewitt, Sir Edgar Rainey (1886–1973), Air Chief Marshal 118
Lührs, Julius 109
Lüken, Siegfried 208
Lundt, Wilhelm 166
Luserke, Dieter (1918–2005) 176
Luserke, Martin (1880–1968) 44, 176
Lüth, Erich 259
Lutze, Viktor (1890–1943), SA-Stabschef und Oberpräsident 188
M., Walter 253
Maaß 87
MacDonald, J.C. 227
Machold, Wilhelm 82
Manitius, Dr. Walter 46
Martens, Hans 103
Martens, Johannes 247
Martens, Otto (1897–1977) 53
Matthiessen, Martin (1901–1990), Kreisleiter 268f., 306
Mc Kerr, A. 193
McSweyn, A.F. 202
Meindl 90
Melfsen, Heinrich 252
Mellies, Günter 53
Mellies, Lothar 53
Mellies, Richard 53
Mellor, H.M. 149
Messer, Friedrich 204
Messer, Jonny 50
Methmann, Johann 204
Mettcker, Enno 181
Metz (Leutnant, gest. um 1960) 64f.
Metzler, Fritz 207
Metzler, Jost 184
Meyer, Dr. Hans 41
Meyer, Heinz 266
Meyer-Quade, Jochen (1897–1939), Führer der SA-Gruppe Nordmark, 1934–1939 Polizeipräsident in Kiel 51, 205
Meynerts, Bruno 204
Michelson, Karl 27, 279
Mickel, Rudolf 228
Moeller 227
Mohr, H. 246
Möller, Karsten 266
Möller, Lorenz 53
Mommsen, Paul P. 53
Morgan, A.B. 193
Morris, M.L. 144
Müller, Dr. Josef (1898–1979), 1945–1949 CSU-Vorsitzender 147
Müller, Karl 157
Müller, Ludwig 238
Mundzeck, Heike 260
Mungard, Jens (1885–1940) 257f.
Munz, Karl 195
Murphy, J.D. 120
Mussolini, Benito (1883–1945) 26, 151
Muuß, Rudolf (1892–1972) 258
Nagel, Peter Matthias 200, 279
Nehm, Walther (1914–1988) 147
Newall, Cyril 274
Nicholls, D.W.G. 120
Nicolaus, Rudolf 36f.
Niedzwiedz, Elsa 228
Nissen, Anna 55
Nissen, Elisabeth 23–25
Nissen, Sönke (1870–1923) 23f., 296
Niven, Bob 58
Nöcker, Heinrich 226
Nolde, Emil (1867–1956) 257
Nordmann, Heinz 76f.
Nottelmann, Heinrich (1910–1978), Kreisleiter 272f.
Oesau, Henning (geb. 1904) 253f., 306
Offt, Willi 181
Oldsen, Johannes (1894–1958) 258
Olszewski, Margarethe 228
Osnabrügge, August 252
Oster, Hans 128, 147
Ott 40
Ottmer, Hans-Martin 127
Pagel, Dr. Dr. Paul 306
Parlow 146
Pasternack, Andreas 213
Pasternak, Lieselotte 46f., 54, 279
Paulsen 53
Paulsen, Emil (1897–1974), Kreisleiter 270
Paulsen, Ingwer (1883–1943) 257
Paulsen, Hermann Neuton (1898–1951) 145, 157, 302
Paulsen, Otto 50
Paulsen, Peter (1902–1985) 256
Peltzer, Joseph 108
Peperkorn, Johann (1890–1967), Kreisleiter 258, 272f.
Pester, Kurt A. (1908–1945)
Peters, Henning jun. 279, 306
Petersen, Freya 91
Petersen, Hans 172f.
Petersen, Hans Hinrich Karl 90f.
Petersen, Harro 265
Petersen, Hermann (1882–1942) 265
Petersen, Johannes 265
Petersen, Karsten 265
Petersen, Dr. med. Lorenz (1890–1952) 61
Petersen, Marcus (geb. 1910, lebt noch 2010) 269
Petzel 107
Pfeiffer, Friedrich 110
Phillips, George Chesterman 74, 76f.

Pick, Gerhard (1910–1987) 30, 296
Piening, Adolf Cornelius (1910–1984), U-Boot-Kommandant, 1956–1969 Kapitän der Bundesmarine 214, 232
Pingel, Julius 180
Pingel, Wulf 267
Pining, Didrik (um 1430–1491), Seefahrer und Entdecker 214
Pirch, Helmut 300
Pitts, R.S. 85
Plüschow, Gunther (1886–1931) 302
Poggensee, Ernst August 205
Pohle 87
Pohlmann 38
Pollack 300
Ponzet, Paul 185
Portal, Sir Charles (1893–1971), Air Marshal 118, 148, 274
Postel, Hans 51
Postel, Reimer von 233
Preußen, Wilhelm von (1882–1951) 96
Price, Dr. Alfred 296
Prickner 203
Prien, Günther (1908–1941gef.), U-Boot-Kommandant (Eichenlaubträger) 75, 115, 153, 259
Prince, A.S. 63
Quidde, Ludwig 259
Rabe, Hans 25
Raeder, Erich (1876–1960), Großadmiral 18, 60f., 75, 102, 126, 170, 246, 301
Rahlmeier, Heinz 211
Ralfs, Friedrich 180
Rattay 233
Rayne, R.N. 229
Reinecke, Günther 134
Reinfelder, Rudolf 211
Restemeyer, Werner 92
Revie, Alastair 118
Reymer, Rudolf 205
Riechert, Paul (1874–1951) 259
Riesen, Horst von 87
Rietdorf, Dr. Fritz (geb. 1914) 272
Ritter, Hans 195
Ritters, Hans 50
Ritters, Helene 50
Robertson, J.S. 202
Rohlfs, J.H. 183
Rohwer 206
Rolfs, Willy 144
Rommel, Max 181
Ronneburger, Jan Diedrichsen 50
Ronneburger, Uwe (1920–2007) 50
Roope, Gerard (1905–1940) 130
Roosevelt, Franklin D. (1882–1945) 207
Rosenberg, Alfred 267f., 270
Rothfelder, Dietmar 209
Röver, Carl (1889–1942), Gauleiter 224
Ruckteschell, Hellmuth Max von (1890–1948), Korvettenkapitän 123
Rudolf, Walter 142
Ruff, Johann 103
Ruge, Friedrich (1894–1985), Kommodore, später Inspekteur der Bundesmarine 27, 75, 100, 106, 131, 187
Ruhland, Paul-Anton 229
Rumohr, Dr. Henning von (geb. 1904) 54, 270, 272
Rundstedt, Gerd von (1875–1953), Generalfeldmarschall 169
Runge 182, 272
Rusch, Hein 27
Saalwächter, Alfred (1883–1945) 61, 133
Saenger, Elsa (1878–1944) 257
Sawallisch, Erwin 88, 92
Sch., Ursula 254
Schachtbeck, Hubert 143
Schaper, Hauptmann 30
Schepke, Joachim (1912–1941 gef.) 107
Schiller, Friedrich von (1759–1805) 13
Schilling 90
Schirmböck, Georg 133f.
Schmalyzek, Maria 228
Schmidt, Armin 148
Schmidt, Claus 204f.
Schmidt, Gustav 187
Schneider, Jacob 181
Schoenert, Rudolf (1912–1988), Nachtjäger (Eichenlaubträger) 208, 211
Scholtz, Klaus (1908–1987), U-Boot-Kommandant (Eichenlaubträger) 195
Schönherr, Johann 191, 193
Schoof, Karl 212
Schopper, Hans-Wilhelm 146
Schröder, Christel Matthias (1915–1996), 1936–1951 Pastor in Jever
Schröder, Heinrich 212
Schulte-Mönting, Erich (1897–1976) 127
Schultze, Herbert (1909–1987), U-Boot-Kommandant (Eichenlaubträger) 109
Schulz 237
Schulze, Herbert 75
Schumacher, Carl (1896–1967), 1939 Kommandeur der II./JG 77, anschl. Geschwaderkommodore des JG 1 und Jagdfliegerführer Deutsche Bucht 64, 70, 93f., 97, 100, 144, 159, 299
Schütze, Viktor (1906–1950), U-Boot-Kommandant (Eichenlaubträger) 107
Schwantke, Hans-Joachim, U-Boot-Kommandant 123
Seel, Ernst 229
Seeliger, Heinrich 92
Seier 264
Shirer, William L. (1904–1993) 99

Shores, Christopher 112, 298
Siedler 208
Siems, Hinrich 204f.
Simpson, J.H. 202
Skelton, A.E. 227
Slattery, L.J. 63
Söllner, Gerda 220
Sommer, Gerhard 232
Sörensen, Bubi 46
Späte, Otto 112
Specht, Günther 90, 300
Spencer, Charles F. 25
Spiers, J.A.C. 94
Spiro, Rex 301
Spiro, Stanley (1896 oder 1900–1948) 116f., 301
Spreckels, Robert 231
Stahlecker, Walter (1900–1942) 306
Stange, Harro 265f., 279, 306
Starak, Stanislaus (gest. 1942) 265f.
Steen, Rolf 193
Steffens, Hermann 51
Steiger, Gerhard 232, 238
Steimle, Heinrich 179
Stein, Niki 7f.
Steinert, Marlis 46
Steinhoff, Johannes (1913–1994), Jagdflieger (Schwerterträger), 1970–1974 Vorsitzender des NATO-Militärausschusses 96, 110
Stelter 303
Stiegler, Roman 97
Stöhrmann, Boy 306
Stohwasser, Hans (1884–1967), Konteradmiral 159
Stolley, Anna 204
Stord 88
Storm, Heinrich 203
Storp, Walter (1910–1981), General der Kampfflieger 83
Strasser, Josef 96
Struckmann, Edgar 92
Strudwick, P.G.M. 232
Suhr, Herbert (1912–2009) 36
Swift, J.F. 209
Tantow, Jürgen 42
Tegtmeier, Fritz 181
Thedens, Willy 51
Thee, Irma 204
Thews 223
Thiesen, Dora (1902–1995) 265
Thiesen, Hans (1898–1942) 265
Thöming 234
Thomsen, Moritz 51
Tice, G.H. 110
Tiesenhausen, Hans Diedrich von (1913–2000), U-Boot-Kommandant 188
Tietgen, Otto Heinrich 50
Timm, Willy Georg 138
Tirpitz, Alfred von (1849–1930), Großadmiral 18
Tödt, Anton 300
Topp, Erich (1914–2005), U-Boot-Kommandant (Schwerterträger) 176, 303
Troitzsch, Hans 65, 97, 299
Turner, A.J. 65
Turner, G.A. 149
Turner, T.A. 108
Tyse 138
Vehrs, Gustav 136
Voigt 38
Voigt, Dr. Harald 279, 299
Volquardsen, Johan Redlef 34, 46, 67
Vollert, Trude 182
Voß 212
Wagenknecht, Gerhard 179
Walley, Brian S. 211
Wandt, Jens (1875–1950), Vogelwärter 152
Weal, John 70
Weers, Gina 201
Weyher, Kurt 122
White, David 145
Wiebling, Heinrich (1914–1945) 173
Wilcke, August 121
Wilkens 53
Willms, Hermann 201
Willms, Hilde 201
Willms, Martin 201
Willms, Toni 201
Wimberley, P.A. 94
Winter, Kurt 165, 168, 173
Winterer 86
Witt, Adolf 38
Witthahn, Elly 157
Wohlfahrt, Herbert 111
Woinke, Wilhelm 253
Wolff, Karl 253, 305
Wolff, Lilly (1896–1942) 268
Wolff, Ludwig (1886–1950), General der Flieger 164
Wolny, Bruno 214
Woltersdorf, Helmut 210
Wolfrum, Rüdiger 142
Wulf, Dr. Oswald Biner 272
Wulff, Claus 27
Wunder, Oskar 195
Zähter, Willy 41
Ziegelhöfer, Hanns 296
Zörn, Hauptfeldwebel 30

Verzeichnis der Schiffsnamen

Adele Ohlrogge (1371 BRT) 185
Admiral Graf Spee 31, 72
Admiral Hipper 63, 74, 111, 127, 129f., 150f., 173, 177, 302f.
Admiral Scheer 63f., 156, 173, 179, 214–216
Adolf Leonhardt (2990 BRT) 91
Adriana (997 BRT) 182
AHK 5 173
AHK 10/Albert 173
AHK 28/Diamant 173
AHK 40/Hanna 173
AHK 63/Fahrewohl 173
Akka 202
Alte Weser 36, 40
Altmark 128
Amazone, französisches U-Boot 125
Amerika (7463 BRT) 115
Amphion 61
Amrumbank 37f.
Annemarie 33
Annie-Hugo Stinnes 6 (1486 BRT) 246
Antiope, französisches U-Boot 125
Anton Schmidt 129
Arandora Star 153
Arcona 99, 156
Argentina (159 BRT) 194
Argus 246
Ark Royal, britischer Flugzeugträger 82f.
Asien 205
Aspe 208
Athenia (13 581 BRT) 73, 184
Atlantis/Schiff 16 (7862 BRT) 121f.
August Nebelthau 224
Ausseneider 37
Baltrum (68 BRT) 238
Beemsterdijk 122
Belt (322 BRT) 128
BEP 118
Bernd von Arnim 129
Bernhard (592 BRT) 206
Bernhard von Tschirschky 76, 109f., 120
Beskytteren (1970 Tons) 131
Bessel (1895 BRT) 37
Betty 303
Birmingham 146
Bismarck 195
Blücher 259
Bodenwinkel (256 BRT) 144
Boltenhof (3307 BRT) 194
Bor 224
Bore VIII 185
Borkum (280 BRT) 182
Borkumriff III 40
Bothnia (1343 BRT) 123
Bremen (51 731 BRT) 174, 176, 186f., 303
Bremen II, später Leuchtschiff R 40
Bremse 130
Bruinvisch 118
Brummer 159
Bruno Heinemann 83, 129, 188
Bürgermeister Kirchenpauer, dann Leuchtschiff K 40
BÜS 45/Margaretha 113
BÜS 52/Jupiter 113
BÜS 80/Emma 103
BÜS 100 173
Carl Peters 130, 149
Carl Röver 64
CH 92 (238 BRT) 206
Christel (155 BRT) 246
Cobra 60, 110, 114f., 125, 144, 146, 154, 159, 185
Consul Hintz (1547 BRT) 196
Consul Horn (8384 BRT) 229
Continental (542 BRT) 180
Coronel s. Togo
Corrientes ex Nord Friesland (4565 BRT) 37, 297
Courageous, britischer Flugzeugträger 73, 104
Deime 4, 162
Deutschland, Panzerschiff 31
Deutschland (432 BRT) 120
Diether von Roeder 129
Dithmarschen (10 821 BRT) 150f., 224, 302
Ditmar Koel (5088 BRT) 195
Doggerbank (5154 BRT) 123
Domala (8441 Tons) 114
Dorothea (125 BRT) 225
Edmund Hugo Stinnes 4 (2189 BRT) 119
Eider 224, 302
Ekno (1847 BRT) 226
Emden 61, 64, 70, 129, 246, 276
Emsstrom (4517 BRT) 146
Enak (180 BRT) 185
Erich Giese 129, 301
Erich Koellner 111, 129
Erich Steinbrinck 188
Erillas 94
Esk 114, 146, 174
Ester 211
Europa (Schnelldampfer) 174, 176, 186f.
Express 114, 146
F 3 s. Hai
F 9, Flottenbegleiter (1147 BRT) 77, 187
Fafnir 189
Falke 216, 263
Falkenfels 36

Feuerland I s. SC 11
Feuerland II s. SC 21
Feuerschiff D 228
Feuerschiff F s. Weser II
Fortuna 242, 246
Frankfurt (5522 BRT) 36f.
FRI 75/Alice 166
Friedrich Eckholdt 129
Friedrich Ihn 188, 216
Frielinghaus (4339 BRT) 227
Friesland (6252 BRT) 188
Fronde 206
General San Martin (11 251 BRT) 36
Georg Thiele 129
Germania (9851 BRT) 174
Gerrit Fritzen (4128 BRT) 89
Gertrud 207
Glorious, britischer Flugzeugträger 151
Glowworm 130
Gneisenau 63–65, 82, 86, 89, 94, 129f., 150f., 215f., 259, 304
Graf Zeppelin 64
Gratia (2068 BRT) 109
Greif 130,
Grille 61
Gunther Plüschow 64, 82, 302
H 432 189
H 453/Gretchen (211 BRT) 189
H 642 s. LAT 4
Hai 159
Hamburg 123
Hans (175 BRT) 228
Hans Lody 224
Hans Lüdemann 129, 301
Hans Rolshoven 110, 112
Hansestadt Danzig 154
Havborg (1234 BRT) 181
Hedda (1472 BRT) 100, 211
Heide, Begleittanker 195
Heimatland 230
Heimkehr 205
Helene (2160 BRT) 149
Helgoland 179
Hermann Künne 129
Hermann Schoemann 130
Hessen (Schlachtschiff, später Zielschiff) 121
Hilligenlei 303
Hinrich (72 BRT) 179
Hohenhörn 302
Hood, britischer Schlachtkreuzer (41 200 BRT) 83, 195
Hörnum ex Holnis (1467 BRT) 87, 243
H.P. Hanssen 195
Hugo Homann s. V 811
HUS 9 166
HUS 15/Hans 172f.
HUS 25 173
Icarus 114
Ilmar 84
Impulsive 114
Inga Essberger 206
Ingeren (6123 BRT) 209f.
Intrepid 106, 108–110, 146
Iron Duke 116
Isum ex Robert de Neufville 233
Ivanhoe 106, 108–110
Johann 214
Johann Wessels (4659 BRT) 208
Jupiter (233 BRT) 181
Kaiser 60, 146, 154
Kalmar 239
Karlsruhe 130
Katharina Dorothea Fritzen (7843 BRT) 225
Kellerwald (5032 BRT) 218
Kim 121
Knut Willemoes 206
Knute Nielson 121
Köln 61, 76, 130
Komet (3287 BRT) 123
Königin Luise 60, 125, 131, 154
Königsberg 61, 130, 183
Königsberg-Preußen (2530 BRT) 183
Kurt Sandkamp s. LAT 4
Langeoog 201
L. 23, britisches U-Boot 77
LAT 4/H 642 ex Kurt Sandkamp (245 BRT) 187, 210, 304
Leberecht Maaß 111f.
Leipzig 61, 76f., 91
Leopard 121, 130
Lise 232
Lotte Halm (1193 BRT) 207
Luchs 122, 130
Luna/AW 3 203
Lusitania 73
Lützow 224
M 1 112, 131
M 7 (874 BRT) 108, 114
M 61 75, 131
M 98 109
M 132 75, 107
M 225 218
M 1307/Neufisch I (538 BRT) 224
M 1407 90
M 1802 ex Friedrich Müller (497 BRT) 151
M 1808 109
Magda (137 BRT) 90
Maja (2203 BRT) 183
Margarete 230
Matthias Stinnes 234
Max Schultz 111f.
Mellum (676 BRT) 246

Michel (4740 BRT) 124
Mimi (43 BRT) 211
Minerva 179
Mohawk 87
Montan (1275 BRT) 158
Monte Pascoal 179
Narvik (5823 BRT) 208
Narvik 123, 208
Narwhal 120, 157
NEU 128 173
Niels R. Finsen (1850 BRT) 225
Norden 211
Norderney II, später Feuerschiff E (380 BRT) 40
Nord Friesland s. Corrientes
Nordstrand (30 BRT) 62
Norfolk 116
Nürnberg 61, 76, 91, 146
Oldenburg 237
Olive Bank (2795 BRT) 62
Oluf Maersk 211
OLV 1/Marie Wilhelmine 172f.
OLV 9/Wilhelmine 173
Orinoco (9660 BRT) 188
Orion/Schiff 36 (7021 BRT) 121–124
Orkney (25 BRT) 149
Ossian (1796 BRT) 194
Passat (4 BRT) 212
Paul Jacobi 83, 129, 146, 212, 216
Peter Wessels (135 BRT) 208
Pickhuben 206
P.L.M. 23 (5417 BRT) 182, 303
Plus (früher Kamerun, 2451 BRT) 225
Poseidon 202
Potsdam (17 528 BRT) 174
Preussen 113
Preußen 125, 146, 154
Prinz Eugen 195, 215f., 304
Priwall (3185 BRT) 36
Rainer 303
Rawalpindi 89
Reichspräsident von Hindenburg s. V 808
Renown 130
Reuben James, US-Zerstörer (1190 Tons) 212
Rheiderland 89
Rheinland 100
Richard Beitzen 77, 130, 216
Robert Ley 22
Roland 60, 114f., 125, 144, 146, 154, 159
Rolshoven 89
Rona 176
Royal Oak 75
Rüstringen (450 BRT) 218
S 9 130
S 14 130
S 16 130
S 30 130
S 31 130
S 32 130
S 33 130
Salmon, britisches U-Boot 76, 91, 186
Santa Godelieva (34 BRT) 115
Sayn (2321 BRT) 144
SC 11 (22 BRT) 205f., 302
SC 21 166
Scharhörn 302
Scharnhorst 64, 89, 94, 111, 120, 129f., 150f., 214–216
Schaumburg-Lippe (200 BRT) 185
Schiff 9/Koblenz 130
Schiff 18/Alteland 118, 130
Schiff 37/Schleswig 118
Schleswig-Holstein (Linienschiff, 14 218 Tons) 41f., 44f., 136, 236, 297
Schleswig-Holstein (später Matignon; 2745 BRT, laut Lloyds Register 2762 BRT) 44
Schleswig-Holstein (später Herkules, 2369 BRT) 297
Schleswig Holstein (215 BRT) 297
Schwerin 171
Seahorse, britisches U-Boot (640 Tons) 73, 107, 301
Sealion, britisches U-Boot 77, 153
Seawolf, britisches U-Boot 125
Seeadler 122, 130, 216
Seefahrer (2978 BRT) 223
Seepocke 239
Senta (1497 BRT) 225
Severn, britisches U-Boot 125
Seydlitz s. Jupiter
Shark, britisches U-Boot 77, 125, 153
Shch-310, sowjetisches U-Boot 243
Shropshire 91
Sizilien (4657 BRT) 224
Snapper, britisches U-Boot 77
Söstjernen (19 BRT) 149
Southampton 87
Sowjet 123
Spearfish, britisches U-Boot 75, 149
Sperrbrecher 4/Oakland 301
Sperrbrecher 11/Belgrano (6095 BRT) 243
Sperrbrecher 15 /Taronga (7003 BRT) 225
Sperrbrecher 36/Eider 224
Sperrbrecher 38/Porjus (764 BRT) 181
Sperrbrecher 61/Iris (1078 BRT) 228
Sperrbrecher 138 /Friedrich Karl (1262 BRT) 246
Sperrbrecher 164 234
Sperrbrecher 169/ Ceres (1078 BRT) 246
Stadt Rüstringen (410 BRT) 115, 152
Starfish, britisches U-Boot (640 Tons) 107f.
Stier (4778 BRT) 124
Stig Gorthon (2262 BRT) 202
Sturgeon, britisches U-Boot 75–77
Süd (564 BRT) 229

Süderoog 224
Suffolk 144
Sund (517 BRT) 188
Sunfish, britisches U-Boot 111
Talyn (50 BRT) 218
Tanger, Transporter (1742 BRT) 100
Taronga s. Sperrbrecher 15
Teviotbank 114
Theodor Riedel 129, 146
Thistle, britisches U-Boot 77
Thor (3862 BRT) 123
Tilsit (950 BRT) 181
Tirpitz (52 600 BRT) 18f., 63, 156, 183, 185, 209, 296
Togo (5042 BRT; später Coronel) 89, 124
TÖN 5/Hulda 113
TÖN 14/Seestern 172
TÖN 17 173
TÖN 40 173
TÖN 44 173
Trautenfels (6418 BRT) 246
Trident, britisches U-Boot 151, 216
Trio 156
Triumph, britisches U-Boot 77
Truant, britisches U-Boot 77, 119
Tsingtau 130
Tynningö 236
U 1 121
U 2 125
U 3 73, 75
U 4 73, 75
U 8 151
U 13 75, 82
U 14 110f., 114, 121
U 19 107
U 21 74f.
U 23 60
U 23 74
U 25 107
U 29 73, 104
U 30 73, 120
U 31 74, 115
U 35 74
U 36 74, 76
U 37 88, 122, 187
U 43 123
U 44 116
U 46 184
U 47 75, 116, 153
U 48 75f., 109
U 50 121
U 54 110
U 57 176, 303
U 64 122
U 67 194
U 69 184
U 74 185
U 99 151
U 105 229
U 107 178
U 108 184, 195
U 110 184
U 155 214
U 331 188
U 480 194
U 514 229
U 515 232
U 552 212, 303
U 576 229
U 880 229
Ubena (9523 BRT) 35f.
Uckermark 123
UJ 1203/Heinrich Günther 222
Undine, britisches U-Boot (540 Tons) 75, 107
Unity, britisches U-Boot 77, 125, 133
Ursula, britisches U-Boot 74–77, 187
Utlandshörn (2643 BRT) 218, 302
V 105 ex Cremon (268 BRT) 143
V 209 ex Gauleiter Telschow (428 BRT) 75f.
V 808 ex Reichspräsident von Hindenburg (321 BRT) 190
V 811 ex Hugo Homann (383 BRT) 146
V 2001 (283 BRT) 218
Viktoria 303
Vollrath Thamm (5805 BRT) 211
von der Groeben 106, 131
Wasgenwald (4990 BRT) 36
Weissenburg 195
Weser ex Norderney I, später Leuchtschiff H 37
Weser II, später Feuerschiff F (255 BRT) 40, 111, 215
Westerwald 31
Widar (5972 BRT) 187
Widder/Schiff 21 (7851 BRT) 121, 123
Wiegand 142
Wilgum 100
Wilhelm Gustloff 54
Wilhelm Heidkamp 129
Wirma (3232 BRT) 185
Wisa 207
Wolf 121, 130, 230
Wolfgang Zenker 129
Wolfram (3648 BRT) 214
Wulf 224
Z 24 177
Z 25 216
Z 26 177
Z 30 177

Verzeichnis der militärischen Einheiten

Deutsche Teileinheiten und Verbände:

Abwehrstelle Büsum 113
Abwehrstelle Dänemark 113
Admiral Deutsche Bucht 12, 297
Admiral der Marinestation der Nordsee 187
Amt Ausland/Abwehr 113, 128
9. Armee 162
16. Armee 162, 191
28. Armeekorps 298
30. Artillerieregiment 51
66. Artillerieregiment 51
Bataillon Hampe 28, 48
Bataillonsstab I 150
Befehlshaber des Luftgaues XI 91, 164
Befehlshaber der Schlachtschiffe 215
Befehlshaber der Sicherung der Nordsee 109, 116
Befehlshaber der Sicherung der Ostsee 159
Befehlshaber der U-Boote 75, 106, 170, 178
Beobachtungsdienst der Kriegsmarine 31
Bordfliegergruppe 196 64, 153, 195
Brandenburg s. Spezialregiment
Dulag Frankfurt 230
Dulag Oberursel 63, 250
Ergänzungs-Bataillon 57 296
1. Fallschirmjägerregiment 135
FEP Büsum 113
Fernaufklärungsstaffel List 149
Flakbatterie Graf Spee (Wangerooge) 151f.
Flakbatterie Jade (Wangerooge) 75, 151
Flakbatterie Neudeich (Wangerooge) 86, 151f., 182, 188, 190, 245
Flakbatterie Ostdüne (Wangerooge) 146, 181f.
Flakbatterie Schleswig-Holstein 302
Flakbatterie Schröder (Helgoland) 40
Flakbatterie Wittdün (Sylt) 57, 217
8. Flakdivision 200, 202, 211, 230f., 236, 246
8. Flakregiment 138
Flakruko Helgoland 93
Flakschießplatz Hedwigenkoog 67, 205
Fliegerhorst Husum 133, 153, 159, 229, 233f., 246
Fliegerhorst Jever (Upjever) 32, 64, 92f., 96, 149, 208, 228, 239, 300
Fliegerhorst Tönning (s.a. Luftpark) 33, 65–67, 81, 245, 300
Fliegerhorst Varel 179
X. Fliegerkorps 72, 90, 99, 134, 136
Fliegerzielgeschwader 1 276
Flugmeldedienst 22, 32f., 65, 115
Flugmelde-Versuchskompanie 93
Flugplatz Borkum-Land 229
Friesen-Bataillon 298
Führer der Minensuchboote Ost 159
Führer der Minensuchboote West 131, 27
Führer der Zerstörer 111
Funkmeßstellung Languste 226
3. Gebirgsdivision 129
138. Gebirgsjägerregiment 127, 129
139. Gebirgsjägerregiment 129
Geleitflottille 187
General der Kampfflieger 83
Generalstab der Luftwaffe 174
German Minesweeping Administration 236
490. Grenadier-Ausbildungsbataillon 49
490. Grenadier-Ersatzbataillon 49
Hafenschutzflottille Boulogne 168
Hafenschutzflottille Cherbourg 173
Hafenschutzflottille Guernsey 173
Hafenschutzflottille Jersey 173
Hafenschutzflottille Le Havre 173
2. Hafenschutzflottille (Wilhelmshaven) 89, 190
4. Hafenschutzflottille (Cuxhaven) 185, 189, 205f.
6. Hafenschutzflottille (Borkum) 173, 187, 210, 304
Heeresarchiv 13
Heeresgruppe A 169
Heeresgruppe C 169
Heeresgruppe Nord 269
Heeres-Nachrichtentruppe 22
Heeres-Remonteamt Schönböken 34
Höheres Kommando z.b.V. XXXI 136, 138
20. Infanteriedivision 52
30. Infanteriedivision 51, 147, 162, 191, 200, 304
69. Infanteriedivision 130, 135
83. Infanteriedivision 49
110. Infanteriedivision 200
131. Infanteriedivision 49
163. Infanteriedivision 130f., 173
170. Infanteriedivision 128, 131, 136, 138
198. Infanteriedivision 136
225. Infanteriedivision 48
269. Infanteriedivision 30, 48f., 52, 296, 298
6. Infanterieregiment 191
26. Infanterieregiment 51, 191
46. Infanterieregiment 28, 51f., 147, 162, 171, 191, 200, 296, 298
(dessen Ergänzungsbataillon 28–30, 51, 296)
76. Infanterieregiment 52
193. Infanterieregiment 135
252. Infanterieregiment 200
333. Infanterieregiment 27, 48, 296
434. Infanterieregiment 49
490. Infanterieregiment 29f., 48f., 52, 296, 298
(dessen Ersatzbataillon 30)
Jagdfliegerführer Deutsche Bucht 12, 93, 100

Jagdgeschwader 1 93, 114, 144, 147, 149, 154, 159, 185, 208, 214, 217, 224, 226, 228, 231–234, 236, 238, 243, 245f., 300
Jagdgeschwader 2 114, 120, 145, 147, 150
Jagdgeschwader 11 90
Jagdgeschwader 26 96f., 100, 300
Jagdgeschwader 27 209
Jagdgeschwader 52 110, 191, 195f., 202, 207f., 211
Jagdgeschwader 53 203, 211
Jagdgeschwader 54 181, 185, 190, 196, 209
Jagdgeschwader 77 64f., 82, 85, 88, 91f., 94, 97, 100, 110, 116, 120, 133f., 174, 300, 302
Jagdgruppe 1 109
Jagdgruppe 101 86–88, 96, 106, 300
Jagdgruppe Bülow 91, 133
Kampfgeschwader 4 134
Kampfgeschwader 26 72, 83, 93, 108, 111, 114, 116, 134, 143, 222,
Kampfgeschwader 30 72, 83, 87, 110, 115f., 120, 134, 144
Kampfgeschwader 54 90
Kampfgeschwader z.b.V. 1 53, 134
Kampfgruppe 100 112, 134
Kampfgruppe 126 146
Kampfgruppe z.b.V. 128 135
Kampfgruppe 506 222
Kanalwachabteilung Brunsbüttel 262f.
Kommandant der Befestigungen in Nordfriesland 32
Kommandant der Befestigungen in Ostfriesland 32
Kraftfahrabteilung 616 27
Kraftfahrabteilung 906 296
Kriegsmarinedienststelle Hamburg 172f., 303
Kriegsmarinewerft Kiel 173
Kriegsmarinewerft Wilhelmshaven 153, 156, 180, 201, 212, 214, 238f., 304
Küstenbefehlshaber Deutsche Bucht 187, 200, 206, 297
Küstenbefehlshaber Nordfriesland 31f., 45, 57, 164, 277, 297
Küstenbefehlshaber Ostfriesland 32, 106, 277, 297
Küstenfliegergruppe 106 32f., 57, 62, 82, 88–90, 102, 135, 146
Küstenfliegergruppe 108 135
Küstenfliegergruppe 406 32, 57, 63, 88, 109, 120, 135, 146, 206
Küstenfliegergruppe 506 90, 120, 135f., 146, 148, 179, 190, 196, 210f., 218
Küstenfliegergruppe 606 87, 157
Küstenfliegergruppe 706 87
Küstenfliegergruppe 806 118, 135
Küstenfliegergruppe 906 89f., 102, 136, 146, 148, 208
Küstenhorchanlage Wangerooge 76, 106
Landesschützen-Bataillon III/X 55
682. Landesschützenbataillon 55
2. Lehrgeschwader 108, 136, 144, 147
Leibstandarte-SS Adolf Hitler 199, 205
Luftgaukommando XI 33, 57, 91, 164
8. Luftgau-Nachrichtenregiment 139
Luftnachrichtentruppe 22, 138, 215
Luftnachrichten-Versuchsregiment 93, 145
Luftpark (See) Tönning 33, 191
Luftschutzwarnzentrale Brunsbüttelkoog s. Warnkommando
Luftverteidigungskommando Hamburg 33
Luftwaffen-Bauleitung 109
Luftwaffenflak 22, 188, 206
4. Marine-Artillerieabteilung 31
8. Ersatz-Marine-Artillerieabteilung 154, 243
244. Marine-Artillerieabteilung 302
312. Marinebaubataillon 183
Marineflak 22, 35, 70, 118, 151, 187, 221
212. Marineflakabteilung 94
214. Marineflakabteilung 94
216. Marineflakabteilung 86, 112
222. Marineflakabteilung 94
244. Marineflakabteilung 94
252. Marineflakabteilung 94
262. Marineflakabteilung 94
264. Marineflakabteilung 85, 94
272. Marineflakabteilung 94
Marinegruppenkommando Nord 237
Marinegruppenkommando West 88, 113
Marinekommandoamt 162
Marinemusikkorps Nordsee 303
Marinenachrichtenstelle Utlandshörn 227
Marinepanzerjagdkommandos 303
Marine-Signalstelle Wangerooge 106, 242
Marinestation der Nordsee 31, 131, 187, 199
Marine-Unteroffizier-Lehrabteilung 173
Marinewaffenhauptamt 113
4. MG-Bataillon 138
14. MG-Bataillon 136
Minenschiffgruppe Nord 301
1. Minensuchflottille 107f., 112, 124
2. Minensuchflottille 124, 131
4. Minensuchflottille 75, 131, 173
6. Minensuchflottille 109
12. Minensuchflottille 107, 131
13. Minensuchflottille 224
18. Minensuchflottille 109, 114, 151
Motorbootabteilung Emden 170
60. Motorbootflottille 170
80. Motorbootflottille 170
Nachschubkompanie 1/See 33
Nachschub-Kolonnenabteilung 616 27
Nachtjagdgeschwader 1 190, 192f., 201, 207f., 210
Nachtjagdgeschwader 2 154, 210, 222, 227, 230, 237
Nachtjagdgeschwader 3 223, 246, 305
Nebelträgergruppe Brunsbüttel 172

Oberbefehlshaber der Luftwaffe 237, 274
Oberbefehlshaber der Marine 19, 60, 195
Oberkommando des Heeres 164
Oberkommando der Kriegsmarine 31, 34, 57
Panzerabteilung z.b.V. 40 136
Pferdesammelstelle X/10 34
234. Radfahrschwadron 131
2. Räumbootflottille 131
3. Räumbootflottille 106, 131, 152
6. Räumbootflottille 207
Regiment General Göring 139
Scheinflugplatz Archsum 177
Scheinflugplatz Bockhornerfeld 179
Scheinflugplatz Langeoog 150f., 205
Scheinflugplatz Norderney 185, 191
Scheinflugplatz Schwesing 234
10. Schiffsstammabteilung 31
14. Schiffsstammabteilung 31
1. Schnellbootflottille 130, 149
2. Schnellbootflottille 149
4. Schnellbootflottille 196
11. Schützenbrigade 128, 136–138
110. Schützenregiment 136
111. Schützenregiment 136
Seefliegerhorst Borkum 89, 91, 146, 209, 211
Seefliegerhorst Drontheim 135
Seefliegerhorst Hörnum 118, 136, 190
Seefliegerhorst List 57, 108, 118, 206
Seefliegerhorst Norderney 109, 121, 146
Seefliegerhorst Rantum 135, 144
Seefliegerhorst Wangerooge 40, 64, 83, 212f.
Seefliegerhorst Westerland 96, 108, 116–118, 144, 177, 188
Seekriegsleitung 17, 31, 58, 88, 107, 109, 113f., 128, 174, 238, 242
See-Luftstreitkräfte West 32, 99, 195
Seenotbezirksstelle Norderney 85, 108
Sperrzeugamt Cuxhaven 301
Spezialregiment Brandenburg 4, 113, 162–164
Stammlager XA 55
Stammlager XB 55
2. Torpedobootflottille 123
5. Torpedobootflottille 159
Torpedoerprobungskommando 173
Trägergruppe 186 87, 92, 100, 110, 114, 121, 145–149
Transportgruppe 108 135
Truppenübungsplatz Bergen 49
2. U-Flottille 194
12. U-Jagdflottille 222
Versuchsbataillon des OKH 164
542. Volksgrenadierdivision 49
1. Vorpostenflottille 143, 181
2. Vorpostenflottille 76, 120
7. Vorpostenflottille 144
8. Vorpostenflottille 190
11. Vorpostenflottille 120
20. Vorpostenflottille 218
Warnkommando Brunsbüttelkoog 45, 231
Wehrkreis IX 136
Wehrkreis X 11, 27, 51, 136, 277
Wehrmachtbefehlshaber Dänemark 141
Wehrmachtbefehlshaber Flensburg 298
Wehrmachtbefehlshaber Ostland 270
1. Zerstörer-Flottille 61, 83, 106, 111
2. Zerstörer-Flottille 102
3. Zerstörer-Flottille 102
4. Zerstörer-Flottille 102, 108
5. Zerstörer-Flottille 188
8. Zerstörer-Division 144
Zerstörergeschwader 1 134
Zerstörergeschwader 26 64, 83, 90, 300
Zerstörergeschwader 76 92–94, 97, 106, 108, 110, 121, 134f., 300

Alliierte Verbände:

1. Bombardment Division 238
Britische Admiralität 34, 57f., 73f., 88, 104, 133
6. britische Flottille 73
Britische Home Fleet 60, 82
Coastal Command 62f., 73, 79, 85f., 100, 108, 144f., 148f., 154, 174, 181, 185, 187, 190, 195, 204, 206f., 209f., 224–226, 275, 299, 302
Fighter Command 63, 275, 299
8. französische Zerstörerdivision 144
7. Squadron 223, 229
9. Squadron 64f.
10. Squadron 193
12. Squadron 222, 224
18. Squadron 195, 206
21. Squadron 190, 194, 202
22. Squadron 149
37. Squadron 153
40. Squadron 193
49. Squadron 145, 201, 298
50. Squadron 145
51. Squadron 118, 211
57. Squadron 222
61. Squadron 156, 201
75. Squadron 224, 231
82. Squadron 115, 120, 206f.
83. Squadron 190, 298
97. Squadron 193, 201
99. Squadron 91
101. Squadron 228
105. Squadron 227
106. Squadron 217, 223
107. Squadron 120, 195, 201
110. Squadron 110, 119, 144, 152
115. Squadron 202, 224, 226

139. Squadron 58
144. Squadron 83, 214
149. Squadron 64
206. Squadron 148f., 302
214. Squadron 229
218. Squadron 230
224. Squadron 85, 108
300. (Polish) Squadron 222, 230
301. Squadron 191
420. Squadron 229, 246